Alain Ehrenberg

Das Unbehagen in der Gesellschaft

Aus dem Französischen
von Jürgen Schröder

Suhrkamp

Titel der Originalausgabe:
La Société du malaise © Odile Jacob, 2010

Die Veröffentlichung erfolgt mit freundlicher Unterstützung
des Französischen Ministeriums für Kultur – Centre National
du Livre und der Maison des sciences de l'homme.
Ouvrage publié avec le concours du Ministère francais chargé
de la culture – Centre National du Livre et la Maison des
sciences de l'homme.

Bibliografische Information der Deutschen Nationalbibliothek
Die Deutsche Nationalbibliothek verzeichnet diese Publikation
in der Deutschen Nationalbibliografie;
detaillierte bibliografische Daten sind im Internet
über http://dnb.d-nb.de abrufbar.

Erste Auflage 2011
© der deutschen Ausgabe Suhrkamp Verlag Berlin 2011
Satz und Druck: Memminger MedienCentrum AG
Printed in Germany
Erste Auflage 2011
ISBN 978-3-518-58561-0

1 2 3 4 5 6 – 16 15 14 13 12 11

SV

Zum Gedenken an meinen Vater,
Leib Ehrenberg, genannt Léo.

Wir fühlen [...] uns immer von neuem zu ganz unsinnigen begrifflichen Formulierungen gedrängt, wie etwa ›Individuum *und* Gesellschaft‹, die es so erscheinen lassen, als ob ›Individuum‹ und ›Gesellschaft‹ zwei verschiedene Dinge seien, wie Tisch und Stuhl, wie Topf und Tiegel. Man kann sich dann in lange Diskussionen darüber verwickelt finden, welche Beziehung zwischen diesen scheinbar getrennt existierenden Objekten bestehe [...].

Norbert Elias
Was ist Soziologie?, 1970

Wir haben nicht zuviel Verstand und zuwenig Seele, sondern wir haben zuwenig Verstand in den Fragen der Seele.

Robert Musil
Das hilflose Europa, 1922

... mein Hauptkriegsziel wird es sein, zu beweisen, daß [...] es auf dasselbe hinausläuft, über das Wesen der Philosophie und über das Wesen der Sozialforschung Klarheit zu gewinnen. Denn jede lohnende Untersuchung der Gesellschaft muß philosophischen Charakters sein, und jede lohnende Philosophie muß es mit der Natur der menschlichen Gesellschaft zu tun haben.

Peter Winch
Die Idee der Sozialwissenschaft und ihr
Verhältnis zur Philosophie, 1958

Einleitung

Die personale Wende des Individualismus: Unbehagen in der Kultur oder Wandel des Geistes der Institutionen?

Erster Teil
Der amerikanische Geist der Persönlichkeit

1. Kapitel

Das beunruhigte Selbstvertrauen: vom moralischen Individualismus zum amerikanischen Charakter

2. Kapitel

Das psychodynamische Ich
der amerikanischen Psychoanalyse

3. Kapitel

Von Ödipus zu Narziß:
Die Krise der *self-reliance*

Zweiter Teil
Der französische Geist der Institution

4. Kapitel

Das Subjekt der französischen Psychoanalyse

Schluß

Wahlverwandtschaften oder die individualistische Haltung gegenüber ihren Gegnern

14

Einleitung

Die personale Wende des Individualismus:
Unbehagen in der Kultur
oder Wandel des Geistes der Institutionen?

Die Subjektivität, die Affekte, die Emotionen, die moralischen Gefühle, das psychische Leben prägen heute die gesamte Gesellschaft und hinterlassen deutliche Spuren innerhalb der Wissenschaften. Begriffe wie seelische Gesundheit und psychisches Leiden, die vor der Wende der 1980er Jahre kaum von Bedeutung waren, nehmen nunmehr eine wichtige Stellung ein. Ihre Verbreitung begleiteten zunächst die Bewegung der Emanzipation der Sitten zu Beginn der 1970er Jahre und anschließend die Wandlungen der Organisation von Unternehmen und die Krise des Systems der sozialen Sicherheit, die in den 1980er Jahren begannen und sich im Laufe der 1990er Jahre beschleunigt haben. In den letzten vier Jahrzehnten hat sich ein gewaltiger und uneinheitlicher Markt für das innere Gleichgewicht ausgebildet, der zahlreiche Berufssparten mobilisiert und die verschiedensten Therapie- oder Betreuungsformen einsetzt. Parallel dazu wurde das psychische Leben in der Wissenschaft zu einem fachübergreifenden Gegenstand für die Biologie durch die Neurowissenschaften anhand der Themen der Empathie und der Entscheidungsfindung, für die Philosophie durch die Welle der naturalistischen Philosophie des Geistes und für die Soziologie oder die Anthropologie durch »die Rückkehr des Akteurs«, »den neuen Individualismus«, »die Rückkehr des Subjekts« oder »die Subjektivierung«. Ob krank oder gesund, die individuelle Subjektivität steht im Vordergrund des Geschehens, und es gibt zahlreiche Leute, die das Geheimnis der menschlichen Vergesellschaftung durch die Erkenntnis der Emotionen zu finden hoffen.

Ob es um seelische Gesundheit oder um psychisches Leiden geht, die Emotionen haben sich in relativ kurzer Zeit an der Schnittstelle von Psychologie, Neurowissenschaften und Soziologie angesiedelt. In diesem Zusammenhang wissen wir nicht mehr so genau, wo wir im Spannungsfeld zwischen dem biologischen, dem psychologischen und dem sozialen Menschen eigentlich stehen. Auch wenn diese Ungewißheit nicht neu ist, ist sie doch zu einem Schlachtfeld geworden: Eine Atmosphäre von Lärm und Raserei prägt die Beziehungen zwischen den Praktiken, deren Ziel es ist, die Psyche des Menschen umzuwandeln. Diese Streitigkeiten zeichnen sich insbesondere dadurch aus, daß sie deutlich über die therapeutischen, klinischen oder ätiologischen Kontroversen hinausgehen, die man in anderen Krankheitsbereichen antrifft. Die Akteure sind schnell mit der Metaphysik bei der Hand, springen sofort in die Marktlücke der Ethik und streiten munter über ihre verschiedenen Vorstellungen des menschlichen Subjekts.

Diese Wandlungen vollzogen sich unter der Schirmherrschaft von Werten, die durch den Begriff der Autonomie vereint werden. Dieser bedeutet heute zunächst zweierlei: die Wahlfreiheit im Namen der Selbstmächtigkeit und die Fähigkeit, in den meisten Lebenssituationen selbst zu handeln. Die Autonomie spielt eine Hauptrolle in der Ausrichtung der Gesellschaft und des Wissens auf die individuelle Subjektivität, weil sie eine allgemeine Haltung impliziert: Sie besteht in der Selbstbehauptung, in der persönlichen Behauptung, die im gesellschaftlichen Leben Frankreichs bis zum Ende der 1970er Jahre nur eine begrenzte Stellung innehatte. Die Selbstbehauptung ist sowohl eine Norm, weil sie zwingend ist, als auch ein Wert, weil sie wünschenswert ist. Die Verallgemeinerung der Werte der Autonomie auf die Gesamtheit des gesellschaftlichen Lebens ist gleichbedeutend mit einer *personalen Wende* des Individualismus. Dieser entwirft eine Atmosphäre unserer Gesellschaften, die der seelischen Gesundheit und dem psychischen Leiden ihren sozialen Wert verleiht.

Der Gegenstand dieses Buches ist ein zweifacher. Sein Ziel besteht zunächst darin, Rechenschaft abzulegen über die Veränderungen, die die Vorstellungen von Subjektivität und Autonomie, welche heute systematisch miteinander verbunden sind, zu Schlüsselbegriffen für unsere Gesellschaften erheben. Genauer handelt es sich darum, die Tatsache zu klären, daß die sozialen Beziehungen sich nunmehr in einer Sprache des Affekts darstellen, der sich zwischen dem Übel des psychischen Leidens und dem Wohl der persönlichen Entfaltung oder der seelischen Gesundheit aufteilt. Das Buch trägt außerdem die Hoffnung zu zeigen, daß wir entgegen der landläufigen Meinung viel mehr über die Beziehung zwischen den beiden Kategorien des »Psychologischen« und des »Sozialen«[1] wissen, als wir glauben.

Dieses Buch setzt in einer erneuten Bemühung eine Reihe von Untersuchungen fort, die der Verbreitung der Normen und Werte der Autonomie gewidmet sind, deren beide Facetten das eroberungslustige und das leidende Individuum sind. Die Depression hat die Rolle einer klinischen Entität gespielt, die zwischen der alten Welt der Psychiatrie und des Wahnsinns und der neuen Welt der seelischen Gesundheit und des psychischen Leidens vermittelt. Im Laufe der zweiten Hälfte des 20. Jahrhunderts hat sie die Verschiebung von der Disziplin zur Autonomie begleitet, indem sie zunehmend die Stellung der Freud'schen Neurose, jener Pathologie der Schuld, einnahm, um zum Schatten des Individuums zu werden, dessen Norm die Autonomie ist. Bei einem Lebensstil, der durch die traditionelle Disziplin geprägt ist, gehörte die Frage, die sich für jedermann stellte, zu einem »neurotischen« Typus: Was *darf* ich tun? Bestimmt jedoch der Bezug zur Autonomie die Geister, wird die Vorstellung, daß jeder aus eigener Kraft es zu etwas bringen kann, indem er aus eigenem Antrieb Fortschritte macht, zu einem Ideal, das in unsere Alltagsgebräuche eindringt, gehört die Frage, die sich für jedermann stellt, zu einem »depressiven« Typus: Besitze ich die *Fähigkeit*, es zu tun? Die neurotische Schuld ist offensichtlich kaum verschwunden, sondern hat die Gestalt der depressiven Unzulänglichkeit angenommen. Bei der Verschiebung von dem, was man darf, zu dem, was man kann, treten die persönliche Behauptung, die Selbstbehauptung ins Zentrum der demokratischen Gesellschaftsverfassung. Die Fähigkeit, sich auf beherrschte und angemessene Weise zu behaupten, wird zu einem wesentlichen Bestandteil der Sozialisation auf allen Ebenen der sozialen Hierarchie. Dieser Wandel der Normativität stellt das Individuum auf eine Linie, die von der Fähigkeit zur Unfähigkeit reicht. Wenn der Meßschieber sich der Unfähigkeit nähert, läßt die Unfähigkeit sein Schuldgefühl hervortreten, der jeweiligen Sache nicht gewachsen zu sein. In diesem Modus des Defizits, der Unzulänglichkeit oder der Behinderung erscheint die Schuld.

---

1 Ein zweiter Band wird den Beziehungen zwischen dem »Lebendigen« und dem »Sozialen« gewidmet sein, zwischen der Biologie und der Soziologie, und zwar anhand der Neurowissenschaften und dem Auftreten dessen, was man die Gestalt des Kognitionstherapeuten nennen könnte.

Zunächst werde ich die Probleme und die vorzuschlagenden Hypothesen aufzeigen, die in diesem Buch untersucht werden, um dann die empirischen Gegenstände, anhand derer sie behandelt werden, und schließlich die verwendete Vorgehensweise zu nennen.

Autonomie und Subjektivität:
individualistische Soziologie
und Soziologie des Individualismus

Die seelische Gesundheit und das psychische Leiden bilden in Frankreich den Gegenstand einer Debatte über »das Unbehagen in der Kultur«. Diese Debatte läßt sich in der zweifachen Vorstellung zusammenfassen, daß die soziale Bindung schwächer wird und daß das Individuum im Gegenzug mit Verantwortlichkeiten und Prüfungen überladen ist, die es zuvor nicht kannte. Der Beweis für dieses Unbehagen ist in den Sozialpathologien zu finden, bei jenen Erkrankungen der Bindung, die sich in unserer modernen Welt entfalten. Die Fachleute für seelische Gesundheit sind alle intensiv mit den Beziehungen zwischen der Entwicklung von Werten und Normen des Gesellschaftslebens einerseits und den psychopathologischen Problemen andererseits beschäftigt. Tatsächlich gibt es in den Debatten über das psychische Leiden und die seelische Gesundheit einen ständigen Bezug auf das Gesellschaftsleben und auf die Wandlungen von Institutionen und Normen. So denkt eine große Zahl von Klinikern, daß die Pathologien der sozialen Bindung im Wachstum begriffen sind (wie zum Beispiel die Sucht, der posttraumatische Streß oder die Verhaltensstörungen); die Akteure in den Unternehmen (Arbeitgeber- und Gewerkschaftsverbände, die Leitung von Personalabteilungen, Unternehmensberatungen) werden durch das Leid bei der Arbeit und den Streß mobilisiert, die angeblich die Auswirkung eines neuen Drucks seien, der sich aus dem Wandel der Art und Weise des Managements ergibt; die Städte und Gemeinden befassen sich mit den psychischen Leiden der Ausgeschlossenen, Armen, Frauen und Minderheiten, indem sie sich auf den neuen Begriff des psychosozialen Leidens beziehen (denn das soziale Leiden ist psychologischer Natur). Auf verschiedenen Ebenen und in verschiedenen Zusammenhängen (der gemobbte Angestellte oder jemand mit einer Psychose sollten unterschiedlich behandelt werden) scheint die seelische Gesundheit den Akteuren sowie den Beobachtern dieses Bereichs die Frage nach dem Zusammenleben zu stellen, die Frage nach dem Schicksal der sozialen Bindung in den demokratischen Gesellschaften, in denen der Massenindividualismus und der globalisierte Kapitalismus herrschen. Die Mauern der Anstalt sind zwar gefallen, aber zugleich quillt von überall grenzenloses psychisches Leiden hervor, das seine Antwort in der Suche nach seelischer Gesundheit findet.

Das Thema des Unbehagens, ein Etikett, das zumindest in Frankreich all diese Leiden vereint, ist besonders prägnant. Der alltäglich gewordene Gebrauch von traditionell psychopathologischen Entitäten (Depression, Trauma, Angst usw.) in äußerst zahlreichen und verschiedenartigen Situationen führt sehr häufig dazu, daß sowohl die Akteure als auch die Beobachter von einer Psychologisierung, Psychiatrisierung, Pathologisierung, Medizinisierung und sogar von einer Biologisierung des Gesellschaftslebens sprechen. Die gesellschaftliche Bindung wird schwächer, und als Folge davon muß sich der einzelne immer mehr auf sich selbst stützen, auf seine persönlichen Fähigkeiten, seine Subjektivität, seine »Innerlichkeit«. Daraus ergeben sich jene massenhaften psychischen Leiden und die Vervielfältigung psychologischer, medizinischer, spiritueller Techniken oder sozialer Unterstützung, die sich dieser »Bindungspathologien« annehmen. Die Sorge um die Subjektivität und die Verankerung der Autonomie nähren die Vorstellung, daß unsere Gesellschaften einem dreifachen Prozeß der Entinstitutionalisierung, der Psychologisierung und der Privatisierung des menschlichen Lebens gegenüberstehen. Diese »-isierung« aller Art sagt uns vor allem eines: Die wahre Gesellschaft existiere in der Vergangenheit. Die Leiden seien angeblich durch jenes Verschwinden der wahren Gesellschaft *verursacht*, jener Gesellschaft, in der es echte Arbeitsplätze, echte Familien, eine echte Schule und eine echte Politik gab, in der man zwar beherrscht, aber beschützt wurde, in der man zwar neurotisch, aber strukturiert war.

Dieser Topos ist stark in Mode gekommen, und die Gesellschaftstheorien, die ihn theoretisch beleuchten, gleichgültig ob sie von professionellen Psychoanalytikern, Neurowissenschaftlern, Philosophen oder Soziologen formuliert werden, haben einen grundlegenden gemeinsamen Zug: Sie sind individualistisch. Die Analysen, die ich gerade angesprochen habe, sind in dem großen Problem gefangen, das den Individualismus zur Unklarheit verurteilt: der Gegensatz zwischen Individuum und Gesellschaft und unmittelbar danach der Gegensatz zwischen Subjektivität und Objektivität, Innerlichkeit und Äußerlichkeit, Natur und Kultur. Diese Reihe von Gegensätzen läßt sich in einer Gleichung zusammenfassen, die seit zwei Jahrhunderten immer wiederholt wird: »Aufstieg des Individualismus = Niedergang der Gesellschaft«, oder ihrer Äquivalente: der sozialen Bindung, der Solidarität, der Gemeinschaft, der Orientierung, der Politik usw., die alle auf das Gemeinschaftsleben verweisen, das die Bedingung des Menschen ist. Das psychische Leiden und die seelische Gesundheit sind heutzutage der soziologische Test, der den Grad dieses Niedergangs mißt. Die Furcht vor der Auflösung der Gesellschaft ist ein Zug der individualistischen Gesellschaftstheorien. Aber dieser Zug existiert auch deshalb, weil diese Vorstellung in diesen Gesellschaften verbreitet ist, weil sie eine *soziale Vorstellung* ist. Einerseits muß man also diese Furcht als Merkmal unserer Gesellschaften akzeptieren, sie aber andererseits als Soziologie *des* Individualismus überwinden. Darin besteht das ganze Problem der folgenden Arbeit.

Vom Zeitalter der Disziplin zu dem der Autonomie verschiebt sich der Akzent zwar auf einen »persönlichen« Aspekt, aber das Problem ist, daß der Begriff der Person von der französischen Soziologie im allgemeinen nach einer Gleichung betrachtet wird, in der »persönlich« mit »psychologisch« (die Psychologisierung der sozialen Beziehungen) und »privat« (die Privatisierung des Lebens) gleichgesetzt wird. Die individualistische Soziologie kennzeichnet die Autonomie durch die Begriffsreihe persönlich-psychologisch-privat. Die Selbstverständlichkeit dieser Begriffsreihe gilt es aufzubrechen, um eine bessere Deutung der Gesellschaft des Menschen als Individuum zu geben: Das menschliche Leben ist nicht deshalb weniger sozial, weniger politisch oder weniger institutionell, weil es heute als persönlicher erscheint. Vielmehr ist es auf andere Weise sozial.

Um von einer individualistischen Soziologie zu einer Soziologie des Individualismus überzugehen, werden in diesem Buch zwei Hypothesen vorgeschlagen.

Die erste besagt, daß der Institutionsbegriff in den Sozialwissenschaften an einer Unklarheit leidet, die die Regeln betrifft, die *in jeder Gesellschaft*, sei sie nun individualistisch oder nicht, den Anteil des Unpersönlichen und des Persönlichen bestimmen: Persönliches und Subjektives gibt es nur, weil es zunächst eine Welt von kohärenten, unpersönlichen Bedeutungen gibt, ohne die die Subjektivität schlichtweg nicht artikulierbar wäre. Folglich besteht die Alternative, die ich vorschlage, darin, die zeitgenössischen Entwicklungen nicht in Begriffen der Abschwächung der sozialen Bindung oder des Niedergangs der sozialen Ordnung zu analysieren, sondern in Begriffen von Wandlungen der sozialen Ordnung und des Geistes der Institutionen. Diesen Thesen setze ich die Vorstellung entgegen, daß wir es mit der Verankerung neuer Ideale für das Handeln zu tun haben, die sich im Laufe der letzten Jahrzehnte des 20. Jahrhunderts herausgebildet haben. Die autonome Handlung ist der am höchsten bewertete *Handlungsstil*, derjenige, den wir am meisten *erwarten* und den wir am meisten *achten*. Er besitzt das größte *Ansehen*, weil er als der in instrumentaler Hinsicht wirkungsvollste und in symbolischer Hinsicht würdevollste betrachtet wird. Diese Ideale sind in unsere Gebräuche eingeflossen, haben sich in die meisten Alltagssituationen eingegliedert und bilden unsere neue Gewohnheit. Wir haben es mit einem neuen Geist des Handelns zu tun, der auf den höchsten Wert bezogen ist, den heutzutage die Autonomie darstellt.

Die zweite Hypothese schlägt vor, einen Schritt über die Vorstellung hinauszugehen, der zufolge die Gesellschaft als solche psychische Leiden verursacht. Die Behauptung einer Verbindung zwischen seelischen Pathologien und sozialen Werten oder Normen ist kein neues Thema: Es trat am Ende des 19. Jahrhunderts mit der »Nervosität in der Kultur« und der großen Welle der Neurasthenie in Europa und den Vereinigten Staaten in Erscheinung. Aber seit drei oder vier Jahrzehnten hat diese Bewegung eine tiefgreifende Erneuerung in Gang gesetzt: Das Unbehagen ist zunehmend zu einem Merkmal unserer Lebensweisen geworden, und ein massiver Konsens hat sich auf die Kausalbeziehung zwischen seelischer Pathologie und Gesellschaft gegründet. Das psychische Leiden ist zwar vielleicht ein Grund, um auf die eigene Gesundheit zu achten, aber heute stellt es zugleich auch einen Grund dar, auf gestörte soziale Beziehungen einzuwirken. Mit anderen Worten, wir haben eine *Veränderung des sozialen Status des psychischen Leidens* erlebt. Dieses Leiden hat einen Wert angenommen, der bei weitem über die Psychopathologie hinausgeht – worauf der Begriff des *sozialen* oder *psychosozialen* Leidens nachdrücklich hinweist. Daraus ergibt sich das zentrale Axiom der folgenden Analysen: Die Vorstellung, daß die Gesellschaft Leiden hervorruft, ist eine gesellschaftliche Idee und folglich ein Gegenstand für die Soziologie. Das bedeutet, daß die seelische Gesundheit nicht bloß als ein Problem der öffentlichen Gesundheit oder als ein wichtiger pathologischer Bereich erörtert werden kann, wie zum Beispiel Krebs oder Herz-Kreislaufererkrankungen, denn sie entspricht nicht nur einer präzisen Wirklichkeit, die man im gesellschaftlichen Leben abgrenzen könnte, oder einer Liste von Problemen. Sie gehört zu einer allgemeinen gesellschaftlichen Haltung, sie kennzeichnet eine bestimmte Atmosphäre unserer Gesellschaften, sie ist ein *Geisteszustand*.

Meine Alternative besteht in der Entwicklung einer Intuition, die Marcel Mauss in einem berühmten Aufsatz formuliert hat, der 1921 veröffentlicht wurde: »L'expression obligatoire des sentiments« (Der verpflichtende Ausdruck der Gefühle). Dieser Aufsatz geht auf die Rituale der Trauer ein, auf die Tränen, das Wehklagen und den Kummer, der diese Rituale begleitet, aber er scheint mir besonders relevant für das Verständnis dessen zu sein, was sich in unseren Gesellschaften um das psychische Leiden und die seelische Gesundheit herum abspielt.

> Eine beachtliche Kategorie mündlicher Ausdrucksformen von Gefühlen und Emotionen hat überhaupt nur kollektiven Charakter [...]. Fügen wir sogleich hinzu, daß dieser kollektive Charakter in keiner Weise der Intensität der Gefühle Abbruch tut, sondern im Gegenteil. [...] Alle diese kollektiven Ausdrucksformen, die gleichzeitig existieren und einen moralischen Wert und eine bindende Kraft im Hinblick auf die Gefühle des Individuums und der Gruppe besitzen, sind mehr als bloße Kundgaben. Sie sind Zeichen, verstandene Ausdrucksformen, mit einem Wort, eine Sprache. Diese Wehklagen sind wie Sätze und Wörter. Man muß sie sagen, aber wenn das so ist, dann deshalb, weil die ganze Gruppe sie versteht. Man tut also mehr, als nur seine Gefühle kundzugeben. Man gibt sie den anderen kund, weil man sie ihnen kundgeben muß. Man gibt sie sich selbst kund, indem man sie gegenüber den anderen und um der anderen willen kundgibt. Es handelt sich wesentlich um eine Symbolik.[2]

Mauss hat klar herausgestellt, worin der soziale Charakter der Subjektivität, des Affekts, der Emotionen und der Gefühle besteht: Man unterliegt keinem physischen Zwang, sie zum Aus-

---

2 M. Mauss [1921], »L'expression obligatoire des sentiments«, in: Œuvres, 3. Bd., Paris 1969, S. 277-278.

druck zu bringen, wie man zum Beispiel eine Zitrone ausprefßt, um ihren Saft zu gewinnen. Es handelt sich nicht um eine Kausalbeziehung zwischen der Trauer und den Gefühlen und ebensowenig um eine soziale Konstruktion, die der Natur durch die Kultur auferlegt wird, sondern eben vielmehr um die Tatsache, daß die Affekte ausgedrückt werden, daß dieser Ausdruck in einem Kontext und nach sozialen Regeln stattfindet und Gestalt annimmt, die ihre Anerkennung und ihren Einsatz für verschiedene Zwecke ermöglichen. Deshalb sind diese Emotionen und Gefühle, wie Mauss hervorhebt, zugleich verpflichtend und willentlich, erwartet und spontan.

Die Hypothese besteht demnach darin, daß die seelische Gesundheit zu *der* zeitgenössischen Sprache geworden ist, zur verpflichtenden Ausdrucksform nicht nur des Unwohlseins und des Wohlbefindens, sondern auch von Konflikten, von Spannungen oder von Dilemmata eines Soziallebens, das sich an der Autonomie orientiert und das den Individuen bestimmte Weisen des Sprechens und des Handelns vorschreibt. Dem Wandel der Beziehungen zwischen Akteur und Handlung, welche die Autonomie ausmachen, entspricht ein Wandel der Beziehungen zwischen Patient und Erleiden, die den neuen Status des psychischen Leidens charakterisieren. Der Entinstitutionalisierung als Ursache des psychischen Leidens setze ich also die Vorstellung entgegen, daß die seelische Gesundheit ein neues Sprachspiel darstellt, das ein Sprechen und Handeln angesichts der Probleme, Dilemmata und Konflikte ermöglicht, die von der Autonomie hervorgerufen werden. Das Unglück, das Unheil, die Not, die Krankheit sind die Bestandteile dieses Sprachspiels, das darin besteht, persönliches Unheil und gestörte soziale Beziehungen, gemessen am psychischen Leid, zueinander in Beziehung zu setzen und auf diese Weise das individuelle und das gemeinsame Ungemach miteinander zu vereinen. Diese Sprache besitzt ihre Grammatik und ihre Rhetorik, sie legt die Bedeutungen fest und reguliert die Affekte. Sie ermöglicht den sozial geregelten Ausdruck der Klage, denn die Klage ist ein Sprechakt, das heißt, sie richtet sich an Gesprächspartner, die sie verstehen und gegebenenfalls zum Handeln nutzen sollen. Im Unterschied zur herkömmlichen Psychopathologie oder zur klassischen Psychiatrie gehört die seelische Gesundheit somit zu den allgemeinen Phänomenen des Kollektivlebens, die sowohl die soziale Kohäsion als auch die Bedeutung von Ereignissen betrifft, das heißt die soziale Kohärenz.

Diese neue Situation der Psychopathologie wird durch das Wesen der seelischen Pathologie ermöglicht. Der Bereich der Psychiatrie zeichnet sich in der Tat durch den besonderen Zug aus, daß er moralische und soziale Aspekte hervorhebt, die in anderen pathologischen Bereichen weniger präsent sind. Die Pathologie betrifft das Subjekt in seiner »Subjektivität«, seiner »Persönlichkeit«, seiner »Innerlichkeit«, das heißt gerade in dem, was die demokratischen Gesellschaften als das Wesen des Menschseins postulieren. Die seelischen Pathologien sind solche der Seele in dem Sinne, daß sie die Vorstellungen, die man sich von sich selbst und den anderen macht (Verfolgung, Verachtung), die moralischen Gefühle (Scham, Schuld) und die Emotionen (Traurigkeit, Verzweiflung, Angst) beeinflussen. Es ist also das Beziehungsleben, das von diesen Pathologien betroffen ist.

Untersuchungsgebiet:
die Pathologien des Ideals

Das Thema des Unbehagens in der Kultur spielt hier für die Soziologie also nicht die Rolle eines Mittels, um die Gesellschaft zu verstehen, sondern eines Gegenstands, den sie ausarbeiten soll.

Um meine Alternativhypothese abzustützen und dadurch den Strang der Verwirrung zwischen dem psychologischen und dem sozialen Menschen zu entflechten, werde ich mich auf eine Klasse von Pathologien stützen, die das Auftauchen einer neuen Subjektivität, einer neuen Persönlichkeit symbolisiert, welche mit der Autonomie verbunden ist, und die sich gerade im Zentrum dieser Verwirrung befindet.

Im Laufe der 1970er Jahre setzt sich die Vorstellung durch, daß der öffentliche Mensch zugunsten des privaten Menschen im Niedergang begriffen ist. Als Folge davon wird die Gesellschaft vom Ich der Individuen überwältigt, und die sozialen Bindungen verlieren an Kraft. Diese Vorstellung des Niedergangs fand ihre genaue Entsprechung in einer Klasse von Pathologien, die von der Psychoanalyse in Großbritannien und Amerika seit den 1940er Jahren klar herausgestellt wurde: die narzißtischen Pathologien und die Grenzzustände. Sie bilden die Gruppe der Charakterneurosen. Diese Neurosen sind durch eine Auflösung der Persönlichkeit gekennzeichnet, die es in den »klassischen« Neurosen, den sogenannten Übertragungsneurosen (Hysterie, Obsession, Phobie) nicht gab, und durch eine Problematik des Verlusts, die die Problematik des Konflikts in den Hintergrund drängt. Einer ihrer wichtigsten Züge ist die Beeinträchtigung der Selbstachtung und der Persönlichkeit.

Ausgehend von dieser Klasse von Pathologien verhalfen zwei amerikanische Soziologen, nämlich Richard Sennett 1974 in *Verfall und Ende des öffentlichen Lebens* und vor allem Christopher Lasch 1979 in *Das Zeitalter des Narzißmus*, der Vorstellung zum Erfolg, daß das Individuum narzißtisch geworden ist. Die Kandidatur dieses psychoanalytischen Begriffs zur Wahl als soziologischer Begriff wurde seither mit schöner Einstimmigkeit akzeptiert: Im Hinblick auf den Individualismus wurde ein breiter moralischer und sozialer Konsens gebildet, um die Behauptung durchzusetzen, daß Ödipus seinen Platz Narziß überlassen hat. Mehr noch, die Art und Weise, wie sich diese beiden Soziologen auf die Psychoanalyse stützen, um Soziologie zu betreiben, wurde zum großen methodologischen Vorbild, wenn man von den Übeln sprechen wollte, die die individualistischen Gesellschaften hervorbringen.[3] In Frankreich greifen die Vertreter dieser These auf die Begriffe von Jacques Lacan zurück, wie zum Beispiel auf den der symbolischen Ordnung, der nunmehr in eine Krise geraten sollte, oder den der väterlichen Imago, der sich heute im Niedergang befindet. Aber es ist dasselbe Vorbild, das hier wirksam ist. Mit Narziß haben wir einerseits eine politische und moralische Sichtweise des Individualismus und andererseits eine Methode, um Soziologie und Psychoanalyse miteinander zu kombinieren. Diese Sichtweise und diese Methode sollen im vorliegenden Buch besprochen werden.

Diese Pathologien machen die große zeitgenössische Neurose aus, und zwar nicht nur deshalb, weil sie die meisten Patienten betreffen, sondern auch deshalb, weil sie seit mehreren Jahrzehnten Gegenstand einer fruchtbaren Literatur sind, in der aufgezeigt wird, wie die Psychoanalyse und die Soziologie (oder die Anthropologie) das Problem der Beziehungen zwischen Symptomen, Persönlichkeit und sozialen Normen sowohl stellen als

---

3 So würdigte 2002 Marcel Gauchet, einer der wichtigsten französischen Philosophen des Individualismus, Lasch dafür, daß er sehr früh schon »den Erdrutsch« identifiziert hatte, der im »Prozeß der Privatisierung des Lebens« bestehen sollte. M. Gauchet, *La Démocratie contre elle-même*, Paris 2002, S. VI.

auch lösen. Sie verschränken zwei Fragen miteinander, die die klassische Neurose beiläufig stellte: die der Wandlungen des klinischen Bildes und die des sozialen Wandels. Die Psychoanalytiker neigen zu der Vorstellung, daß sie es weniger mit einem klinischen Bild der Unterdrückung und dem Verbot, dem der Übertragungsneurosen, und mehr mit einem klinischen Bild des Ideals, dem der Charakterneurosen, zu tun haben. Die neue Erscheinung wird im allgemeinen als das Ergebnis eines sozialen Wandels [...], den man [...] folgendermaßen charakterisieren kann: Es [...] nicht mehr darum, das Individuum von Zwängen zu befrei[...], die es daran hinderten, es selbst zu werden, sondern es den [...] Verführungen der Ideale zu entziehen, die es dazu [...] es selbst zu werden.» Der *Übergang von einer Verhind[...]* [...] licht, diese Verschiebung h[...] [...]ität hervorgebracht: die be[...] Schwäc[...] [v]on den Verboten und von d[...] [...] erzeugen. Die unterdrückte Subjektivität [...] an Übertragungsneurosen, die befreite Subjektivität leide angeblich an den Pathologien des Ideals. In diesen versammeln sich die Spannungen, die von den Werten und Normen der Autonomie ausgehen. Diese Werte und Normen vergrößern die individuelle Verantwortung in einem solchen Maß, daß die Gesellschaft sozusagen ihre Autorität über die Individuen verliert, indem die Zwänge zur Disziplinierung des Verhaltens gelockert werden, die die Individuen traditionellerweise hinnehmen mußten. Die Leiden am Ideal stellen sich also als Preis für diesen Autoritätsverlust, für diesen Niedergang der sozialen Pflicht dar. Sie seien für die Werte der Autonomie angeblich das, was die klassische Neurose für die Werte der Disziplin war.[4]

Die Pathologien des Ideals würden somit den hervorstechendsten Aspekt dessen ausdrücken, was wir als menschliche Gemeinschaft geworden sind: Sie würden eine besondere Art von Subjektivität bestimmen, einen Persönlichkeitstyp, eine Art von Innerlichkeit, eine gewisse Tonart unserer kollektiven Psycholo-

---

4 Die Ersetzung der Neurose durch die Depression warf dasselbe Problem auf. Siehe A. Ehrenberg, *La Fatigue d'être soi. Dépression et société*, Paris 1998; dt.: *Das erschöpfte Selbst*, Frankfurt/M. 2008. Diese Frage wurde im 4. Kapitel zu schnell abgehandelt, ohne daß ich mir jedoch des Ausmaßes bewußt gewesen wäre. Dieser Grund hat mich veranlaßt, sie im Einzelnen wieder aufzunehmen.

gie. Anhand dieses Wahrzeichens würden sich die eigentliche Identität des modernen Subjekts sowie das moralische und soziale Schicksal unserer Gesellschaften vollziehen.

Es gibt eine optimistische Antwort auf die pessimistische These des Unbehagens, die man vor allem in den Gesellschaftstheorien des Selbst oder des Subjekts findet, deren beide Hauptvertreter der britische Soziologe Anthony Giddens und der Franzose Alain Touraine sind: Die Institution spielt zwar nicht mehr ihre traditionelle Rolle, aber das ist auch gut so, denn sie sperrt die Individuen ein, indem sie sie an ihrer Selbstwerdung hindert (das ist eine konservative Vorstellung). Darüber hinaus wäre sie auch überflüssig, weil die Individuen innere Dispositionen haben (ein Ich, ein Selbst etc.), die es ihnen gestatten, sich als Subjekte oder Akteure zu gestalten und intersubjektive Beziehungen mit den anderen zu begründen.

Ob die Diagnose nun pessimistisch oder optimistisch ist, die Art und Weise, wie man sich die Sache vorstellt, ist vollkommen ähnlich, denn die beiden Lager stimmen darin überein, daß wir es mit einer Doppelbewegung zu tun haben, deren beide Teile in gegenläufiger Richtung Hand in Hand gehen: die Entinstitutionalisierung der sozialen Beziehungen in der einen Richtung und ihre Psychologisierung in der anderen.

Damit wäre die Akte also geschlossen.

Das Ziel dieses Buches besteht darin, sie wieder zu öffnen. Zunächst soll beschrieben werden, wie die Ideale einen solchen Status errungen haben und wodurch sie unsere tiefsten individualistischen Überzeugungen nähren. Anschließend soll gezeigt werden, daß sich die Verworrenheit zwischen dem psychologischen und dem sozialen Menschen etwas auflösen läßt.

Der Psychoanalytiker J.-B. Pontalis hatte 1974 bemerkt, daß die Grenzen der Psychoanalyse bei der Erklärung sozialer Tatsachen und seelischer Pathologien, die in ihr Zuständigkeitsgebiet fallen, in ein und demselben Problem wurzelten:

Beide betreffen den *rechtmäßigen* Gebrauch des Instruments der Psychoanalyse. Wenn man beispielsweise fragt, unter welchen Bedingungen ein Psychoanalytiker dazu berechtigt ist, soziale oder ästhetische Tatsachen zu *behandeln* – eine Frage, die nicht nur die Psychoanalytiker angeht –, ist man dann wirklich so weit, wie man meint, von der Sorge entfernt, nach genauen Kriterien die Fälle zu bestimmen, die dem Zuständigkeitsbereich einer psychoanalytischen *Behandlung* unterliegen? In beiden Fällen geht es doch darum, die Grenzen des Feldes der Psychoanalyse festzulegen, zu entscheiden, was sich ihm seinem Wesen nach entzieht.[5]

Pontalis stellt diese Frage den Psychoanalytikern, aber man muß sie genauso den Soziologen und Philosophen stellen, die psychoanalytische Begriffe verwenden, um aus dem klinischen Material soziologische und politische Schlußfolgerungen zu ziehen. Die Sache geht sie genauso an wie die Kliniker und Fachleute für seelische Gesundheit, die sich immer wieder fragen, welchen Einfluß die Veränderungen in der Kultur und der Gesellschaft auf die Patienten ausüben. Die Frage läßt sich also in beide Richtungen entfalten: Was kann die Soziologie für sich selbst aus dem klinischen Bild gewinnen und unter welchen Bedingungen? Wie beeinflußt der globale soziale und moralische Kontext einer Gesellschaft die Psychopathologie? Das sind die beiden Fragen, auf die dieses Buch eine Antwort zu geben versucht.

Anhand welcher Vorgehensweise?

Vorgehensweise: die amerikanische und die französische Art der Verknüpfung von individuellen Beschwerden und gestörten sozialen Beziehungen

Das Methodenproblem, das diese Themen aufwerfen, ist ein zweifaches: Erstens beschränken sich die Debatten auf den typisch französischen Rahmen; außerdem bleiben sie abstrakt, insofern sich der Diskurs des Unbehagens auf der Ebene von Kennzeichnungen wie die »Moderne«, die »Postmoderne«, die »Gesellschaft«, der »Individualismus« usw. vollzieht. Diese beiden Probleme sind miteinander verknüpft: Man extrapoliert vom Falle Frankreichs auf die Allgemeinheit. Dadurch verliert man ein absolut entscheidendes Element aus dem Blick: den Kontext, in den sich diese Fragen einfügen und der ihnen ihre konkrete Bedeutung verleiht. Mehr noch, man vergißt auf diese Weise, auch wenn der Individualismus ein umfassendes System von Vorstellungen und Werten ist, daß er doch gemäß *den konkreten* Gesellschaften verschiedene Gestalten und Inhalte annimmt. Ein Anliegen des

5 J.-B. Pontalis, »Bornes ou confins?«, in: »Aux limites de l'analysable«, *Nouvelle revue de psychanalyse*, Herbst 1974, Nr. 10, S. 5.

vergleichenden Ansatzes besteht darin, aus der nationalen Sicht-weise dieser Fragen herauszutreten, indem man sie in einen weiteren Rahmen stellt, der am Ende ermöglicht, sie besser ein-zuordnen und vielleicht über sie hinauszugehen, wobei der Ver-gleich zwischen zwei konkreten Gesellschaften auf vorteilhafte Weise die Abstraktion ersetzt, in der »der Diskurs der Moderne« besteht.

Der entscheidende Punkt ist, daß der Mensch nicht einfach *in* Gesellschaft lebt, sondern in *einer besonderen* Gesellschaft, die ein konkretes und bedeutsames Ganzes bildet, in dessen Schoß er sich sozialisiert, während er sich gleichzeitig personalisiert. Um aus der nationalen Verzerrung und aus der Verzerrung der Ab-straktion herauszutreten, verfolge ich daher den vergleichenden Ansatz, der es ermöglicht, eine Wahrheit durch den Kontrast herauszuarbeiten.[6] Das Prinzip dieses Ansatzes läßt sich leicht formulieren: Man muß die Unterschiede berücksichtigen. Ich habe mich dafür entschieden, zwei individualistische Gesell-schaften miteinander zu vergleichen: die Vereinigten Staaten und Frankreich. Der amerikanische und der französische Individua-lismus weisen in ihren Konzeptionen von Gleichheit und Freiheit starke Kontraste auf. Was das Problem angeht, das uns hier be-schäftigt, so hat sich der Vergleich zwischen diesen beiden Ge-sellschaften im wesentlichen aufgrund zweier Hauptunterschie-de aufgedrängt, die der Leitfaden dieses Buches sind. Der erste liegt in der Stellung und dem Wert, den die beiden Individualis-men der Autonomie zuweisen: Der Begriff der Autonomie *spaltet* die Franzosen, während er die Amerikaner *vereint*. Wie wir se-hen werden, hat dieser Wertunterschied auch mit den Inhalten zu tun, die in den beiden Gesellschaften dem Begriff der Autonomie zugeordnet werden. Der zweite Unterschied besteht darin, daß die Persönlichkeit oder das Selbst (*Self*) die Stellung einnimmt, die die Institution in Frankreich besitzt. In Amerika ist der Be-griff der Persönlichkeit eine Institution, während in Frankreich die Berufung auf die Persönlichkeit als Entinstitutionalisierung erscheint. Anhand des Vergleichs haben wir also Ansatzpunkte,

6 Die gesamte Lehre von Marcel Mauss wird Louis Dumont später in *Homo hierarchicus. Le système des castes et ses implications* systematisieren (Pa-ris 1966); dt.: *Gesellschaft in Indien*, übers. v. M. Venjakob, Wien 1976. Siehe auch: L. Dumont, *Essais sur l'individualisme. Une perspective an-thropologique sur l'idéologie moderne*, Paris 1983; dt.: *Individualismus. Zur Ideologie der Moderne*, Frankfurt/New York, 1991.

um diese beiden Begriffe zu klären, indem wir sie in ihren jeweiligen Kontexten beschreiben.

Die eigentliche Art und Weise, wie ich die Frage formuliert habe – Unbehagen in der Kultur oder Wandel des Geistes der Institutionen? –, ist französisch, denn das Unbehagen ist kein amerikanisches Sprachspiel, wie wir in den folgenden Ausführungen feststellen werden.

Die Hin- und Herbewegung zwischen den Vereinigten Staaten und Frankreich wird durch den Kontrast die konkreten Besonderheiten dieser beiden Individualismen, dieser beiden Weisen der Vergesellschaftung[7] einerseits und die Besonderheiten zweier Sprachspiele andererseits hervorzuheben gestatten, die das individuelle Übel mit dem gemeinsamen Übel vereinen. Sie wird die Besonderheiten der beiden psychoanalytischen Traditionen und zweier Weisen der Artikulation von Psychoanalyse und Soziologie erkennen lassen. Aussagekräftige Unterscheidungen werden sich aus der Art und Weise der Auffassung der Beziehungen zwischen« den Veränderungen der »Persönlichkeit« und den Veränderungen der Normen und Werte ergeben. Es ist bekannt, daß die französische Psychoanalyse, vor allem durch Lacan, das Prunkstück der amerikanischen Psychoanalyse, die Ich-Psychologie, lebhaft kritisiert hat. Es gibt zwar begriffliche Auseinandersetzungen, die sich auf das eigentliche Wesen der Psychoanalyse beziehen. Aber man hat nicht gesehen, daß es ebenfalls Mißverständnisse gibt, die mit Unterschieden im psychoanalytischen Stil zu tun haben, die wiederum auf Unterschiede zwischen den beiden Weisen der Vergesellschaftung zurückgehen.

Da das klinische Bild der Psychoanalyse eine wichtige Stellung in den Beziehungen zwischen den Symptomen, der Persönlichkeit und der Gesellschaft einnimmt, werde ich die Debatten über den Narzißmus, die Grenzzustände und die Ideale innerhalb der amerikanischen und der französischen Psychoanalyse vorstellen. Die Stellung der Psychoanalyse wird durch die Tatsache bestimmt, daß sie im 20. Jahrhundert die Erkenntnis der menschlichen Seele dadurch völlig veränderte, daß sie sich als höchster Bezugspunkt durchsetzte, indem sie den Geist der Finesse der Literatur und den Geist des Systems der Wissenschaft zur Synthese brachte. Sie hat die Sprache der »leidenschaftlichen Äußerung«

---

7 J. Donzelot (unter der Mitarbeit von C. Donzelot und A. Wivekens), *Faire société. Les politiques de la ville aux États-Unis et en France*, Paris 2003.

erfunden, die den Menschen gezeigt hat, daß sie, wie Stanley Cavell schrieb, »Opfer des Ausdrucks sind – in jeder ihrer Handlungen und Gesten lesbar; jedes ihrer Worte und jede ihrer Handlungen ist imstande, ihren Sinn zu verraten«[8]. W. H. Auden hat das in seinem Gedicht »Zum Andenken an Sigmund Freud« von 1939 folgendermaßen ausgedrückt: »Für uns ist er keine Person mehr/ sondern ein ganzes geistiges Klima.« Die Psychoanalyse, »die das Leid so sehr in die Öffentlichkeit gerückt/ und die Zerbrechlichkeit unseres Bewußtseins der Kritik einer ganzen Epoche ausgesetzt hat«,[9] gestaltete das Klima des 20. Jahrhunderts, indem sie die *subjektiven* Elemente klar herausstellte, auf denen unsere Dilemmata als Individuen gründen.

Ich werde also eine Soziologie der Individualismen skizzieren, indem ich mich auf die verschiedenen Auffassungen der Beziehungen zwischen »Persönlichkeit und Gesellschaft« in den Vereinigten Staaten (erster Teil) und in Frankreich (zweiter Teil) konzentriere. Mein Ziel ist es, den Geist, in dem die beiden Gesellschaften den Individualismus auffassen, und seine Transformationen anhand von Argumenten zu beschreiben, die zum Thema der Beziehungen zwischen individuellem Leiden und sozialen Beziehungen entfaltet werden. Anhand dieses Themas untersuche ich zwei Versionen des Mythos der Schwächung der sozialen Bindung. Das ist der zweite Punkt der hier verwendeten Methode.

Themen, die Haß und Zorn hervorrufen: Wahrheits- und Kriterienprobleme

Die Schwächung der Bindung einen Mythos zu nennen bedeutet, die *Tiefe* des Themas auszuloten und seinen Anteil an der Wahrheit herauszuarbeiten, aber nicht, es als falsche Ansicht zu bekämpfen. Deshalb unterscheide ich zwischen zwei Analyseebenen in diesem Gewirr von neuen Leiden und Sittenwandel. Auf der soziologischen Ebene betrachte ich sie als Erzählungen, die

8 S. Cavell, »La passion«, in: *Quelle philosophie pour le XXIe siècle?*, Paris 2001, S. 380. Der englische Originaltitel ist »Passionate Utterance«, »Leidenschaftliche Äußerung«.
9 W. H. Auden, »In Memory of Sigmund Freud«, 1939, in: ders., *Another Time*, London 1940, entnommen aus: ⟨www.poets.org/viewmedia.php/ prm-MID/15543⟩.

eine der demokratischen Gesellschaft eigentümliche Sorge inszenieren, wobei der Kontrast zwischen den Vereinigten Staaten
und Frankreich dazu dient, ihre Kosmologien deutlich hervorzuheben und zwei Varianten des Individualismus zu skizzieren. Gezeigt werden soll, in welcher Hinsicht diese Erzählungen die
Rhetorik der Gruppe, ihre Kosmologie zum Ausdruck bringen.[10]
In diesem Sinne sind sie keine philosophischen oder soziologischen Irrtümer, sondern *Notwendigkeiten* unseres Soziallebens.
Man muß die Schwächung der Bindung in ihren Beziehungen
zum Individualismus genauso betrachten wie das, was Wittgenstein über die »Metaphysik als eine Art von Magie« schreibt:
»Worin ich weder der Magie das Wort reden noch mich über
sie lustig machen darf. Von der Magie müßte die Tiefe behalten
werden.« Wittgenstein fügt hinzu: »Ja, das Ausschalten der Magie hat hier den Charakter der Magie selbst.«[11] Wenn man die
Schwächung der Bindung als Irrtum betrachtete, würde man sich
damit begnügen, eine Gegenmythologie vorzuschlagen. Auf dieser Ebene werde ich mich also nicht für die Wahrheit oder
Falschheit dieser Erzählungen interessieren, sondern vielmehr
für ihren Erfolg oder Mißerfolg. Dagegen werde ich diese Thesen
auf der erkenntnistheoretischen Ebene, das heißt als Analyseinstrumente, kritisieren, indem ich zu zeigen hoffe, daß es sich dabei um Hirngespinste, um individualistische Beschreibungen,
und nicht um Beschreibungen des Individualismus handelt, denn
sie sind einer Kollektivpsychologie verpflichtet, die sie reproduzieren, anstatt sie fernzuhalten.

Der In meinem Text gibt es also einen polemischen Aspekt, aber
dieser hat mit dem Wesen der untersuchten Probleme zu tun: Es
sind Themen, die Haß und Zorn hervorrufen.

Die Kontroversen in der Psychoanalyse, in der Soziologie und
zwischen diesen Disziplinen sind keine wissenschaftlichen, das
heißt sie sind nicht darauf aus, einen wirklichen Konsens auf der
Grundlage von reproduzierbaren und verallgemeinerbaren Experimenten zu erreichen, die Beweise dafür liefern und festlegen,

10 V. Descombes, »Note sur la comparaison des cosmologies«, in: *Proust.*
   Philosophie du roman, Paris 1987, S. 187-192.
11 Zitiert von R. Rhees, »Note préliminaire« zu L. Wittgenstein, *Bemerkun-*
   gen über Frazers ›The Golden Bough‹, gefolgt von J. Bouveresse, *L'Ani-*
   mal cérémoniel. Wittgenstein et l'anthropologie, Lausanne 1982, S. 12;
   dt.: »Bemerkungen über Frazers ›The Golden Bough‹«, in: R. Wiggershaus (Hg.), *Sprachanalyse und Soziologie*, Frankfurt/M. 1975, S. 38.

ob eine Hypothese wahr oder falsch ist. »Die Einigkeit (oder das Fehlen von Uneinigkeit) darüber, was Wissenschaft, wissenschaftliche Verfahren, wissenschaftliche Evidenz konstituiert«, schreibt Stanley Cavell, »ermöglicht es uns, einzelne Fälle von Uneinigkeit auf bestimmte Weise zu lösen. Wissenschaftler zu sein bedeutet einfach, sich auf diese Lösungsformen zu verpflichten und sie kompetent zu handhaben.«[12] Im Hinblick auf die sozialen Gegenstände befinden wir uns nicht in einer solchen Situation, denn wir verfügen über keinerlei Verfahren, um zu einer solchen Einigkeit zu gelangen. Wir befinden uns vielmehr in der Nähe der moralischen Debatten, einer »Art von Uneinigkeit, die Haß und Zorn hervorruft«, um mit Sokrates zu sprechen.[13] Cavell beschreibt den Typus von Rationalität, der sich in diesen Debatten manifestiert, folgendermaßen: »Gesetzt aber, es wäre für eine moralische [oder soziologische] Auseinandersetzung einfach charakteristisch, daß die Rationalität der Antagonisten nicht davon abhängt, daß es zu einer Einigung zwischen ihnen kommt, daß es so etwas wie eine *rationale Uneinigkeit* hinsichtlich einer Konklusion gibt.«[14] Die Probleme, die hier untersucht werden, gehören zu diesem Typ: Keine Disziplin und keine Methode können zu einem Konsens wissenschaftlicher Art führen, auch wenn sie sich noch so sehr auf die Wissenschaft berufen. Wir haben es hier mit Problemen zu tun, bei denen es Gründe dafür gibt, sich uneinig zu bleiben. Die Argumente, die von Psychoanalytikern, Soziologen und Philosophen ausgetauscht werden, zielen darauf ab (oder sollten jedenfalls darauf abzielen), die Frage zu beantworten, die Sokrates zu den Themen stellte, die Haß und Zorn erregen: Seine »erste Sorge« war: »Um was für eine *Art* von Fragen handelt es sich dabei?«[15] Das Problem besteht

12 S. Cavell, *Les Voix de la raison. Wittgenstein, le scepticisme, la moralité et la tragédie*, übers v. S. Laugier und N. Balso, Paris 1996 (Originalausgabe: *The Claim of Reason. Wittgenstein, Scepticism, Morality, and Tragedy*, Oxford 1979), S. 384; dt.: *Der Anspruch der Vernunft: Wittgenstein, Skeptizismus, Moral und Tragödie*, übers. v. Ch. Goldmann, Frankfurt/M. 2006, S. 428.

13 Es handelt sich um den Dialog zwischen Sokrates und Eutyphron über Themen, die Haß und Zorn hervorrufen, und solche, die das nicht tun, zitiert von Cavell, S. 373; dt.: S. 415.

14 S. Cavell, *Der Anspruch der Vernunft*, a. a. O., S. 417, Hervorhebung des Autors.

15 S. Cavell, *Der Anspruch der Vernunft*, a. a. O., S. 417 f.

darin, nicht beobachtbare Entitäten zu identifizieren. Diese Disziplinen haben es mit kriteriologischen Problemen und nicht mit Beweisproblemen zu tun: Die Argumente sind zu nichts anderem in der Lage, als zu der Ausarbeitung von Kriterien beizutragen, die gestatten, die Art von Wirklichkeit zu erhellen, um die es geht. Mit anderen Worten, diese Disziplinen haben es mit einem Problem zu tun, das Wittgenstein ein grammatisches nennt: »Welche Art von Gegenstand etwas ist, sagt die Grammatik.«[16]

Die Frage, die sich in Frankreich und in den Vereinigten Staaten anhand der Pathologien des Ideals stellt, ist typischerweise eine Frage, die Haß und Zorn hervorruft. Sie läßt sich folgendermaßen formulieren: Haben wir es mit einer Radikalisierung des Individualismus zu tun, der sich am Ende sowohl gegen die Gesellschaft *als auch* gegen das Individuum wendet? Diese Pathologien polarisieren den destruktiven Aspekt des Individualismus. Das ist ein Teil der Wahrheit des Mythos. Um diesen Aspekt jedoch richtig zu beschreiben, um ihm gerecht zu werden, muß man die Frage: »Was ist die Ursache für diese Pathologien?« durch eine andere Frage ersetzen: »Was versuchen wir darzustellen?« Meine Antwort ist, daß wir durch die Pathologien des Ideals einer Sorge Gestalt verleihen, die für die demokratische Lebensweise kennzeichnend ist und sehr bald schon von Alexis de Tocqueville identifiziert wurde, nämlich die Sorge um die soziale Auflösung, um den Substanzverlust des Gemeinschaftslebens. Die folgende Arbeit möchte zeigen, daß der Glaube daran, daß der »Aufstieg des Individualismus« gleichbedeutend sei mit einer »Abschwächung der sozialen Bindung«, ein *natürlicher* Zug der Demokratie ist, der praktischen Notwendigkeiten entspricht, und kein Übel, das sie unweigerlich zerstört. Diese Sorge drückt sich in Frankreich und in den Vereinigten Staaten verschieden aus: Bei uns konzentriert sie sich um den Begriff der Institution, während sie sich in den USA auf das Selbst oder die Persönlichkeit bezieht.

---

16 L. Wittgenstein, *Philosophische Untersuchungen*, Frankfurt/M. 2004 (Originalausgabe 1953), § 373.

Erster Teil

Der amerikanische Geist
der Persönlichkeit

Die Demokratie gibt dem Volk nicht die gewandteste Regierung, aber sie bringt das zustande, was die geschickteste Regierung nicht beizubringen vermag, sie verbreitet in dem ganzen sozialen Körper eine unruhige Geschäftigkeit, einen Überschuß an Kraft, einen Tatwillen, die ohne jene unmöglich sind und die, wenn die Bedingungen nur einigermaßen günstig sind, Wunder vollbringen können. Da liegen ihre wahren Vorzüge.

Alexis de Tocqueville
Über die Demokratie in Amerika
Band 1, 1835, S. 366

Ich bin durch die Le Moyne Street gegangen und habe nach dem Haus gesucht, in dem die Familie Bellow vor einem halben Jahrhundert gewohnt hat, aber ich fand nur ein leeres Grundstück [...]. Ringsum nichts als Leere, keine Spur vom alten Leben. Nichts. Doch vielleicht ist es gut so, daß es nichts Greifbares gibt, an das man sich klammern kann. Das zwingt einen, nach innen zu schauen, nach dem zu suchen, was überdauert. Gibt man Chicago nur eine kleine Chance, macht es einen noch zum Philosophen.

Saul Bellow
»Chicago: Die Stadt, wie sie war, die Stadt, wie sie ist«
1995, S. 236

Diesseits und jenseits des Atlantiks gebrauchen wir dieselben Wörter: Demokratie, Republik, Individualismus, Freiheit, Gleichheit, Autonomie, öffentlich, privat usw. Hier und dort haben sie aber nicht genau dieselbe Bedeutung. Wir verwenden auch unterschiedliche Wörter: So beziehen sich die Amerikaner beispielsweise ständig auf den Begriff der Gelegenheit oder

Chance, der in unserer Tradition nicht existiert. Wenn wir diesen Begriff hören, weisen wir ihm einen negativen Wert zu und sind der Meinung, daß die Amerikaner Utilitaristen und Materialisten seien. Diesen Begriff assoziieren wir mit einem anderen, der ebenfalls negativ besetzt ist, weil er mit der Schwäche staatlicher Regulierung und sozialer Absicherung identifiziert wird: dem Liberalismus. Liberalismus und Utilitarismus verbinden sich für uns schließlich auch noch mit Materialismus und Konformismus, das heißt mit einer ganzen Reihe von Begriffen, die die Franzosen negativ auffassen usw. Wir verwenden also einerseits dieselben Wörter, anhand derer wir zu verstehen meinen, während sie doch andere Bedeutungen haben, und andererseits auch verschiedene Wörter, von denen wir glauben, daß sie vielleicht für die Amerikaner angemessen sein mögen, aber nicht für uns. Dasselbe gilt für jene: Unsere Brüderlichkeit, ohne die Freiheit und Gleichheit für uns keinen Sinn haben, ist für sie gleichbedeutend mit einem Gouvernantenstaat (*nanny state*). Sie betonen das Verdienst, wir die Absicherung. Hier haben wir es mit zwei Logiken der Reziprozität zu tun.[1]

Zwischen den beiden Gesellschaften herrschen zwar viele Mißverständnisse, aber das folgenreichste beruht darauf, daß die Grundlage des amerikanischen Individualismus liberal ist, während die des französischen Individualismus antiliberal oder illiberal ist.[2] Für die Franzosen bedeutet er in erster Linie Antietatismus. Aber der Begriff ist eigentlich weiter und geschmeidiger. Über die politische Doktrin einer Partei hinaus ist der Liberalismus eine bestimmte Weise, die Gesellschaft zusammenzuhalten, der gemeinsame Fundus der politischen Philosophie der Amerikaner und ihrer demokratischen Kultur. Selbst die politische Spaltung zwischen Konservativen und Liberalen muß innerhalb des Liberalismus verstanden werden. Sein Wesen bildet übrigens den Gegenstand wiederkehrender Debatten bei Historikern und Politologen jenseits des Atlantiks. Diese geistige Situation fußt darauf, daß ihr Spektrum vom Wirtschaftsliberalismus bis zum Fortschrittsglauben reicht, für den der Kampf gegen Ungleich-

1 S. Morel, *Les Logiques de la réciprocité. Les transformations de la relation d'assistance aux États-Unis et en France*, Paris 2000. Morel setzt den amerikanischen Brauch des Verdienstes dem französischen Brauch der Solidarität entgegen.
2 Hier verweise ich auf die Arbeiten François Furets und Pierre Rosanvallons, siehe unten, 5. Kapitel.

heiten ein politisches Hauptziel darstellt. Roosevelts New Deal, Trumans Fair Deal und Johnsons Krieg gegen die Armut, drei Arten von Politik, die ein massives Eingreifen seitens des Bundesstaates beinhalteten, sind dennoch Teil des Liberalismus. Dieser besitzt einen vielgestaltigen Charakter und hat die Rolle eines »Sozialismusersatzes«[3] gespielt. Aber der entscheidende Punkt ist, daß die individuelle Autonomie durch ihn ihren konsensuellen Wert erhalten hat.

Die amerikanische Konstellation des Individualismus zeichnet sich durch die Verbindung des Privaten und des Öffentlichen auf derselben Ebene aus: Persönlicher Erfolg und der Aufbau der Gemeinschaft sind hier unzertrennlich. Die amerikanische Eigenart erscheint gegenüber der französischen in einer Kategorie, die den amerikanischen Stil ausmacht, den *american way*: das Selbst. Noch vor seiner Rolle als philosophischer oder psychologischer Begriff, stellt das Selbst eine spezifisch amerikanische, anthropologische Kategorie dar, eine Kategorie, deren Ursprünge gesellschaftlicher Natur sind. Es handelt sich um eine kollektive Vorstellung, eine Idee, die der amerikanischen Gesellschaft gemein ist, und nicht um eine Frage der persönlichen Wahl oder um einen Geisteszustand. Das Selbst ist Ausdruck eines gemeinsamen Lebensstils, der sich in Sprach- und Handlungsweisen, Vorstellungen von der Wirklichkeit und Verhaltensnormen offenbart. Die amerikanische Verbindung zwischen dem Privaten und dem Öffentlichen vollzieht sich unter der Schirmherrschaft der *persönlichen Behauptung*, der *self-reliance*,[4] die sowohl Selbstvertrauen als auch Unabhängigkeit bedeutet.

Die persönliche Behauptung ist ein System von Überzeugungen, von Normen und Werten, das aus wechselseitig voneinander abhängigen Elementen besteht, die im Verlauf des ersten Kapitels schrittweise in Erscheinung treten werden. Sie zeigt sich zunächst im self-government, das das eng miteinander verbundene Paar der Autonomie des Individuums *und* der Gemein-

---

3 G. Gerstle, »The Protean Character of American Liberalism«, in: *The American Historical Review*, Oktober 1994, Bd. 99, S. 1045. Siehe auch J. T. Kloppenberg, »In retrospect: Louis Hartz's ›The Liberal Tradition in America‹«, in: *Reviews in American History*, September 2001, Bd. 29, Nr. 3. Zum Fair Deal siehe A. L. Hamby, »The Vital Center, the Fair Deal and the Quest for a Liberal Political Economy«, in: *The American Historical Review*, Juni 1972, Bd. 77, Nr. 3.
4 Siehe L. Dumont, *Individualismus*, a. a. O., S. 253-260.

schaft als Fähigkeit der Selbstverwaltung bezeichnet. Dann verweist sie aber auch auf ein anderes Paar von Schlüsselwerten: die persönliche Leistung, das *achievement*, das seine Quelle im Puritanismus hat, und die Gleichheit, die sich vom demokratischen Charakter der Gesellschaft ableitet. Die Gleichheit ist wesentlich an die Leistung gebunden und wird als Chancengleichheit definiert: Es geht darum, den Schwächsten die Fähigkeit zu geben, Chancen zu ergreifen, um dann in Konkurrenz miteinander zu treten und Selbsterfüllung im Erfolg zu finden. Gelegenheit und Konkurrenz begleiten die Leistung und die Gleichheit, wobei das Ganze die eigenartige Gestalt des amerikanischen Individualismus ausmacht.[5] Ein anderer Begriff, der in Amerika entscheidend ist, muß noch hinzugefügt werden. Selbstvertrauen ist in einer Gesellschaft unverzichtbar, die die Konkurrenz so sehr wertschätzt, es ist aber ebenso unverzichtbar wegen jenes anderen Werts, nämlich der Kooperation. Die Autonomie ist nicht nur eine Unabhängigkeit, die es zu erwerben gilt, sie ist auch eine Fähigkeit zum gemeinsamen Handeln mit den anderen, mit seinen *fellow men* in der gemeinsamen Welt zu bestehen. Die Autonomie gliedert sich also in die drei wechselseitig voneinander abhängigen Aspekte der Konkurrenz, der Kooperation und der Unabhängigkeit.

Das Selbst ist keine isolierte Entität im Inneren der Person, sondern die Naht zwischen dem Persönlichen und dem Unpersönlichen, dem jeweils einzelnen und dem Gemeinsamen. Es ist der Motor jener unruhigen Aktivität, die schon Tocqueville bemerkt hatte. Denn die Unruhe ist allgegenwärtig: Die Krise des Selbst ist eine Konstante der amerikanischen Geschichte, die den Fall und die Erlösung in einer Pendelbewegung zwischen »Individualismus« und »Gemeinschaft« einerseits und in einer Spannung zwischen »Leistung« und »Gleichheit« andererseits dekliniert. Das Pendel und die Spannung sind die Koordinaten, anhand deren sich die amerikanische Erzählung von den Beziehungen zwischen dem persönlichen Unglück und der gestörten Sozialbeziehung gestaltet. Sie ist durch drei Hauptzüge charakte-

5 »Der Wert, den wir der Leistung zuweisen, ist ein Korollar unseres Glaubens an die Gleichheit. [...] Die Leistung ist eine Funktion der Chancengleichheit.« S. M. Lipset, *The First New Nation: The United States in Historical and Comparative Perspective*, New York 1979, (1. Aufl. 1963), S. 2.

risiert: durch eine Verbindung zwischen Psychologie und Demokratie, durch die Auffassung der Psychotherapie als Lebensform
und eine Weise, sich die Welt vorzustellen, und in jüngerer Vergangenheit durch die Schöpfung des narzißtischen Individuums.

Seit den 1970er Jahren ist die Psychotherapie zweifellos der
bevorzugte Bereich der Analysen und Vorstellungen des Individualismus: Sie versammelt die Themen des psychologischen
Menschen, der Psychologisierung der sozialen Beziehungen, der
Personalisierung der zwischenmenschlichen Beziehungen, des
Narzißmus, des Aufgehens in sich selbst und im Privatleben zu
Lasten des Engagements für das Gemeinschaftsleben. Die Psychotherapie ist zwar eine Gesamtheit von Techniken, aber sie ist
mehr als das geworden: eine Weltanschauung.[6] Das ist die These
von Philip Rieff in *The Triumph of the Therapeutic*, einem Buch,
das 1966 erschien. Dieses Werk stellt den Wendepunkt dar, von
dem an der Individualismus und die Psychotherapie sich nicht
mehr trennen lassen. Darauf folgen die beiden Bücher von Richard Sennett (*The Fall of Public Man*, 1974; *Verfall und Ende
des öffentlichen Lebens*, 1983) und Christopher Lasch (*The Culture of Narcissism. American Life in an Age of Diminishing Expectations*, 1978; *Das Zeitalter des Narzißmus*, 1979), die den
Narzißmus zum Wahrzeichen eines neuen Individualismus machen. 1985 veröffentlichen Robert Bellah und seine Arbeitsgruppe eine große qualitative Untersuchung zum Individualismus und
Engagement in den Vereinigten Staaten, *Habits of the Heart*.
»Heute«, verkünden sie, »nehmen wir mit großer Wahrscheinlichkeit nicht nur die Ehe, sondern auch die Familie, die Arbeit,
die Gemeinschaft und die Gesellschaft in therapeutischen Begriffen wahr.« Die Autoren fügen hinzu: »Das ›Zwischenmenschliche‹ scheint der Schlüssel zu vielen Lebensbereichen zu sein.«[7]
Ihnen folgt im Jahr 2000 die Veröffentlichung des Werkes des
Harvard-Politologen Robert Putnam, *Bowling Alone* (ein Welt-

---

6 Das *self*, die Psychotherapie und Amerika sind so eng miteinander verbunden, daß eine Kulturgeschichte der Psychotherapie den Titel trägt *Constructing the Self, Constructing America. A Cultural History of America*,
v. P. Cushman, Cambridge, Mass. 1995.

7 R. Bellah, R. Madsen, W. M. Sullivan, A. Swindler, S. M. Tipton, *Habits of
the Heart. Individualism and Commitment in American Life*, Berkeley
1985, S. 113; dt.: *Gewohnheiten des Herzens. Individualismus und Ge-
meinsinn in der amerikanischen Gesellschaft*, übers. v. J. Peikert, Köln
1987, S. 143.

erfolg), in dem er es unternimmt, Stärke und Schwäche der sozialen Bindung durch die Verwendung eines beeindruckenden Korpus quantitativer Studien zu messen. Die Kosten für das bürgerliche Disengagement der Amerikaner sind hoch. Bellah und Putnam scheinen den Analysen von Rieff, Sennett und Lasch zu den Wandlungen der Persönlichkeit und der sozialen Beziehungen recht zu geben.

Ablauf und Methode

Um Rechenschaft über die Art und Weise abzulegen, wie die Kausalbeziehung zwischen persönlichem Unglück und der Störung der gesellschaftlichen Beziehungen in den Vereinigten Staaten zum Ausdruck gelangt, werde ich in drei Kapiteln vorgehen. Das erste beschreibt die Grundlegung des amerikanischen Selbst und dann die Geburt der Psychotherapie und das Aufkommen der Begriffe des sozialen Charakters und der kollektiven Persönlichkeit, die den Zusammenhang bilden, ohne den man die Investition in das narzißtische Individuum nicht verstehen kann. Das zweite Kapitel beschreibt die Wandlungen innerhalb der Psychoanalyse, aus denen die narzißtischen Pathologien und die Grenzpathologien hervorgegangen sind. Sie lieferten Vorstellungen vom Individuum, die zu einer erkenntnistheoretischen und moralischen Allianz zwischen Psychoanalyse und Soziologie zum Zwecke der Kritik der Veränderungen geführt haben, von denen die amerikanische Gesellschaft der 1960er und 1970er Jahre betroffen war. Das dritte Kapitel zeigt, wie und in welchem Sinne das psychoanalytische Thema des Narzißmus sich in einen soziologischen Begriff verwandelt hat, der Spannungen symbolisiert, die dem amerikanischen Individualismus eigentümlich sind.

Im wesentlichen habe ich Sekundärquellen benutzt, die es ermöglichen, einen Überblick über die Geschichte des amerikanischen Individualismus zu geben, insbesondere im ersten Kapitel. Außerdem habe ich mich auf Werke gestützt, die einen intellektuellen (und kommerziellen) Erfolg hatten, wie die bereits erwähnten, die die Dilemmata des Individualismus aufzeigen. Sehr viele Punkte würden zwar eine besondere Untersuchung verdienen, aber das Ziel besteht darin, die Rhetorik der amerikanischen Gruppe hervortreten zu lassen, ihre verschiedenen Herangehensweisen, die Konflikte dieser Gruppe zu begreifen und vorzustellen, ihre besondere Art der Vergesellschaftung. Es ist also weniger die Wahrheit der Beschreibungen, auf die es ankommt, sondern es sind die Beschreibungen selbst, das heißt was als Vorstellung der sozialen Beziehung gilt. Gegenstand der Untersuchung sind die *amerikanischen Sprachspiele*. In diesen Sprachspielen kommen Vorstellungen und Werte zum Ausdruck, die die Verhältnisse zwischen dem persönlichen Unglück und der Störung der sozialen Beziehung betreffen. Sie stellen die rhetorische Bühne dar, auf der sich eine soziale Dramaturgie vollzieht: Dabei geht es um die Art und Weise, wie die Amerikaner individuelle und kollektive Verantwortung auffassen, die Beziehungen zwischen Akteur und Handlung, Gerechtigkeit und Ungerechtigkeit. Diese Formulierungen bilden eine Schnittstelle zwischen Fragestellungen und praktischen Antworten zum Selbst, zu den Beziehungen zum Anderen und zur Entwicklung des Gemeinschaftslebens. Darin zeigt sich eine durchgängige Haltung der amerikanischen Gesellschaft gegenüber einer Art von Widrigkeit, die mit den gesellschaftlichen Beziehungen zusammenhängt. Es drückt sich darin ein Stil des Erleidens aus, der mit *ihren* Handlungsweisen verschränkt ist.

Meine Hypothese besagt, daß diese Erzählungen zu einer rhetorischen Gattung gehören, die der Literaturhistoriker Sacvan Bercovitch in einem Buch, das 1978 mit dem gleichlautenden Titel erschien, »die amerikanische Jeremiade« nannte. Die Kennzeichnung ist deskriptiv. Ursprünglich bezeichnet sie die politischen Predigten der puritanischen Pastoren Neuenglands im 17. Jahrhundert, die »einen Klagegesang und eine Verherrlichung in der erneuten Bekräftigung des Auftrags Amerikas miteinander verbanden«.[8] Im allgemeinen weist die Jeremiade folgende Struktur auf: die Berufung auf die Heilige Schrift, die an die gemeinsamen Normen erinnert, eine prophetische Vision, die ankündigt, daß die Zeit zwischen der Vergangenheit und der Zukunft ausgefüllt werden wird, die eventuelle Strafe Gottes, die als Korrekturmaßnahme vorgestellt wird.[9] Dabei handelt es sich um ein amerikanisches Ritual, »das ersonnen wurde, um die Gesellschaftskritik mit der spirituellen Erneuerung, die private mit der öffentlichen Identität und die Verschiebungen der ›Zeichen der Zeit‹ mit bestimmten Symbolen, Themen und Metaphern zu ver-

---

8 S. Bercovitch, *The American Jeremiad*, Madison 1978, S. 11.
9 Ebd., S. 16.

binden«,[10] die für alle Personen einen Sinn ergeben, welche im amerikanischen Brauchtum sozialisiert sind. Diese Predigten sind oft pessimistisch, aber selbst dann, wenn sie optimistisch sind, bringen sie eine tiefe Besorgnis über den Lauf der Zeit zum Ausdruck. Die Gattung schließt auch die Antijeremiade ein, die Amerika zwar der Lüge beschuldigt, dies aber in derselben Form wie jene tut, die ihren Glauben an Amerika verkünden. »Die Jeremiade und die Antijeremiade belasten die Alternativen mit einer Hypothek: die eine, indem sie die Hoffnungen der Menschheit im Sinne Amerikas aufnimmt, die andere, indem sie in Amerika die Nichtigkeit und Täuschung der Hoffnung selbst erkennt.«[11] Von den 1970er Jahren an findet dieses Sprachspiel einen neuen Ausdruck in einer rhetorischen Allianz zwischen Psychoanalyse und Soziologie, die neue Symptome oder eine neue Persönlichkeit mit einer Krise der amerikanischen Gemeinschaft verbindet (Kapitel 3). Narziß verkörpert die *demokratische* Jeremiade.

10 Ebd., S. xi.
11 Ebd., S. 191.

44

1. Kapitel
Das beunruhigte Selbstvertrauen: vom moralischen Individualismus zum amerikanischen Charakter

Ich bin nicht aus Versehen Amerikanerin. Ich habe mich freiwillig dafür entschieden. Aber es ist eine Maske. [...] Wo immer wir auch hergekommen sind, hat man aufgehört zu reden, gab es keinen Platz mehr, keine Luft; nur hier kann man atmen. Die Schuld vergeht nicht: Ich lebe – wie sollte ich auch nicht? – mit meiner Last der Erbsünde. Aber in Amerika, wo uns allein die Zukunft zusammenhält, kann ich unbelastet erscheinen, wie ein neuer Mensch. Und lange Zeit reichte der Schein.

Claire Messud
Und dazwischen das Meer (The Last Life), 2001

Die Selbstkultur in Amerika hat weniger die Verwirklichung der Einzigartigkeit als vielmehr die der Ähnlichkeit zum Ziel. Das ist eine Behauptung, deren Erfassung vielen Franzosen [...] die größten Schwierigkeiten bereitet.

Cora DuBois
American Anthropologist, 1955[1]

»In einem bestimmten Sinn ist der Liberalismus das Wesen Amerikas«, schrieb Arthur Schlesinger Jr. 1956 in einem Aufsatz, der den Europäern diese Idee nahebringen sollte.[2] Der britische Schriftsteller H. G. Wells sagte 1906 genau dasselbe in einem Essay über die Zukunft in Amerika: »Alle Amerikaner sind, von einem englischen Gesichtspunkt aus betrachtet, Liberale der einen

---

1 C. DuBois, »The dominant Value Profile of American Culture«, in: *American Anthropologist*, Dezember 1955, Bd. 57, Nr. 6, S. 1236-1237.

2 »In einem gewissen Sinn besteht ganz Amerika im Liberalismus«, Arthur Schlesinger Jr., »Liberalism in America. A Note for Europeans« (1956), in: *The Politics of Hope and The Bitter Heritage, American Liberalism in the 1960's*, Nachdruck, Princeton 2008, S. 83.

oder anderen Art.«[3] Denn die Amerikaner sind im Unterschied zu den Europäern als Freie geboren, was sie zugleich »der Traditionen der Reaktion und der Revolution« beraubt hat. Natürlich muß diese Behauptung relativiert werden, denn die Europäer kamen mit ihrer Vergangenheit nach Amerika. Aber sie ist insofern richtig, als, nachdem sie nach Amerika gekommen waren, sie diese Vergangenheit ausgelöscht haben, um sich um eine gemeinsame Vorstellung und einen gemeinsamen Wert zu versammeln, ein Glaubensbekenntnis, in das sie ihre Bemühungen um Veränderung einzeichnen: die Zukunft. Der Gründer der liberalen Philosophie, John Locke, hatte angeblich erklärt: »Im Anfang war die ganze Welt Amerika«,[4] kein Natur-, sondern ein Gesellschaftszustand, in dem die Menschen frei und gleich in selbstverwalteten Gemeinschaften lebten. Amerika bricht mit den Hierarchien »Europas und den alten Brüstungen«, es ist der jungfräuliche Text, »die Chaussee« auf der sich eine Prophezeiung abzeichnet, nämlich die einer Wiedergeburt, worauf die Amerikaner das Ideal gründen, etwas aus sich zu machen.

Dieses Kapitel beschreibt die amerikanischen, gesellschaftsbezogenen Begriffe, auf deren Grundlage eine Tradition der soziopolitischen Introspektion errichtet wird, nämlich die der Untersuchungen des amerikanischen Charakters, deren Erbin die Gestalt von Narziß ist. Jenseits der divergierenden Bewertungen, die diese Untersuchungen zum Zustand Amerikas mit sich führen mögen, besteht ihr gemeinsamer Ansatz darin, in ein und demselben Blick die »kollektive Persönlichkeit« und »die individuelle Persönlichkeit« zu umfassen. Damit verständlich wird, in welchem Sinn es um die »Persönlichkeit« geht, werde ich zunächst die dreifache Grundlegung des amerikanischen Selbst zurückverfolgen, die puritanische Grundlegung im 17. Jahrhundert, die politische Grundlegung mit der Revolution am Ende des 18. Jahrhunderts und die romantische Grundlegung im 19. Jahrhundert.[5] Anschließend werde ich einen Überblick über die Be-

---

3 H. G. Wells, *The Future in America*, New York, 1906; dt.: *Die Zukunft in Amerika*, übers. v. P. Fohr, Jena 1911; zitiert von S. M. Lipset, *American Exceptionalism. A double-edged Sword*, New York 1996, S. 32.

4 Zitiert von A. Schlesinger Jr., a. a. O., S. 83.

5 Ich habe mich vor allem auf folgende Werke gestützt: S. Bercovitch, *The Puritan Origins of the American Self*, New Haven u. London 1975 und *The American Jeremiad*, a. a. O.; P.-Y. Pétillon, *L'Europe aux anciens parapets*, Paris 1986 und *La Grand-Route. Espace et écriture en Amérique*,

standteile geben, die zwischen der neurasthenischen Epoche Amerikas (1880-1920) und der Veröffentlichung von David Riesmans *Die einsame Masse* im Jahr 1950 aus der »Persönlichkeit« ein Warenzeichen der amerikanischen Sozialwissenschaften machen.

Puritanismus, Liberalismus, Romantik: Die dreifache Grundlegung des amerikanischen Self

Der Vorstoß ins Unbekannte (*frontier*), die Erkundung neuer Welten und die Reformation, die die Menschen vom Katholizismus reinigt, damit sie den authentischen, ursprünglichen Glauben wiederfinden, den der persönlichen Beziehung des Christen zu seinem Gott, sind der zweifache Schlüssel der »amerikanischen Fiktionen.«[6] Die amerikanische Erzählung beginnt mit der göttlichen Angst vor der Spaltung des Selbst, setzt sich fort in der Suche nach dem Glück des self-government und findet seinen Abschluß in der Versöhnung des persönlichen mit dem gemeinschaftlichen Selbst. Calvin, Locke, die Gründerväter und Emerson (der einflußreichste Denker der amerikanischen Romantik) sind die Herolde dieser theologisch-politischen Konstellation.

Puritanismus: der Bürgerkrieg inmitten des Selbst

Die Puritaner Neuenglands legten den Grund für die amerikanische mythische Erzählung und die Vorstellung, die die Amerikaner sich von sich selbst machen. Sie gehören zu einer Minderheitsströmung des englischen Calvinismus, den Kongregationalisten. Ihre Grundidee besteht darin, daß jede Kirche eigenständig ist und sich auf einen Bund oder eine Allianz (*cove-*

Paris 1979; P. Miller (Hg.), *The American Puritans. Their Prose and their Poetry*, New York 1956 (Ursprünglich gehen alle diese Arbeiten über den Geist Neuenglands auf Miller zurück); S. M. Lipset, *The First New Nation*, a. a. O., und *American Exceptionalism*, a. a. O.; J. P. Hewitt, *Dilemmas of the American Self*, Philadelphia 1989; J. H. Rubin, *Religious Melancholy and Protestant Experience in America*, New York u. Oxford 1994.
6 P.-Y. Pétillon, *Histoire de la littérature américaine. Notre demi-siècle, 1939-1989*, Paris 1992, S. 11.

nant) zu gründen hat, in der jedes Mitglied sich aus eigenem Willen beteiligt. Jede Kongregation ist selbstverwaltet und wählt ihren Pastor. Während es sich ursprünglich um eine theologische Konzeption handelte, wird sie nun zu einer Gesellschaftstheorie, nach der die Regierten der Allianz zustimmen müssen. John Winthrop, der erste Gouverneur der Kolonie der Bucht von Massachusetts (dem zukünftigen Neuengland), hält eine berühmte Predigt vor der Landung in der Bucht im Jahr 1630, *A Model of Christian Charity*,[7] in der er die zu schaffende Welt als »Stadt auf dem Hügel« präsentiert. Die Neue Welt ist weniger eine Kolonie als vielmehr das Neue Jerusalem, das den Gottesstaat und den der Menschen miteinander versöhnen wird. »Die Puritaner Neuenglands«, schreibt Sacvan Bercovitch, »haben Amerika den Status sichtbarer Heiligkeit verliehen.« Diese gestaltete den *American way*, »den amerikanischen Traum, die sichtbare Bestimmung, die erlösende Nation und im Grunde das amerikanische Selbst als Repräsentant der universellen Wiedergeburt [rebirth]«.[8]

Im Unterschied zu den Katholiken legen die Protestanten die Betonung auf das Individuum, aber im Unterschied zu den Humanisten betrachten sie dieses nicht als einen autonomen Mikrokosmos, sondern als einen »Mikrochristus«. Sie legen einen Subjektivismus an den Tag, der in der katholischen Welt unbekannt ist. Die Betonung des Individuums zeigt sich in den beiden wohlbekannten Botschaften Luthers: »allein der Glaube« und »allein die Schrift« (die Bibel ist aufgrund von Übersetzungen für jedermann zugänglich, und jeder ist selbst ein Exeget). Es ergibt sich eine Verschiebung von der Kirche zur Seele (jeder Mensch ist eine Kirche, jeder Mensch trägt eine Kirche in sich). Diese Tatsache

---

7 Die Predigt ist bei Miller, *The American Puritans*, a. a. O., S. 79-84, veröffentlicht. Er ist der Ansicht, daß dieser Text das puritanische Gesellschaftsideal verkörpert, S. 78.

8 S. Bercovitch, *The Puritan Origins*, a. a. O., S. 136. »Die Vereinigten Staaten haben ihre *raison d'être* ideologisch definiert. Wie der Historiker Richard Hofstadter bemerkt hat: ›Unser Schicksal besteht darin, eine Nation zu sein, die keine Ideologie hat, sondern eine ist.‹ Damit hat Hofstadter den Nachdruck wiederholt, den Ralph Waldo Emerson und Abraham Lincoln auf die ›politische Religion‹ legten, und spielte in der Tat auf die Feststellung an [...], ›daß Amerikaner zu werden ein religiöser und somit ideologischer Akt war.‹«, S. M. Lipset, *American Exceptionalism*, a. a. O., S. 18.

ist zwar wohlbekannt, aber diese Verschiebung führt uns zum zentralen Problem dieses Buchs: den Beziehungen zwischen Gleichheit, Individualismus und Subjektivität oder Affekt. Luthers Lehre behauptet nachdrücklich eine egalitäre Konzeption, wie Dumont bemerkt:

> Zwischen dem ›geistlichen‹ und dem ›weltlichen‹ Menschen besteht kein Unterschied, alle Gläubigen haben in geistlichen Angelegenheiten gleiche Autorität; [...] die auf Hierarchie beruhende Kirchendoktrin stellt lediglich ein päpstliches Machtinstrument dar; der Dualismus von Seele und Körper ist ein Problem für jeden Christen, kann aber der Organisation von Kirche und Gemeinschaft der Gläubigen nicht als Modell dienen [...]; die Gleichheit erscheint – zum ersten Mal – als mehr denn eine rein innere Eigenschaft: als ein *existentielles Gebot*.[9]

Dagegen bleibt das Bild der Gesellschaft organisch oder holistisch. Ablehnung der Hierarchie in religiösen Dingen, Aufrechterhaltung in allen anderen.

Die calvinistische Lehre von der doppelten Prädestination behauptet, daß manche geboren wurden, um gerettet zu werden, und andere, um verdammt zu werden, wobei jeder Mensch, was auch immer sein Schicksal sei, auf diese Weise den Ruhm Gottes offenbart. Sie impliziert, daß die Gleichheit in geistlichen Dingen nicht von einer neuen Freiheit begleitet wird, sondern von einer gesteigerten Unterordnung unter Gott, dessen Ratschlüsse den Menschen unverständlich bleiben und bleiben müssen, denn seine Größe ist unermesslich. »In ihrer pathetischen Unmenschlichkeit«, schreibt Max Weber, »mußte diese Lehre nun für die Stimmung einer Generation, die sich ihrer grandiosen Konsequenz ergab, vor allem eine Folge haben: ein Gefühl einer unerhörten inneren *Vereinsamung des einzelnen Individuums*.«[10] Die Kombination der religiösen Gleichheit, die die Deutung der Texte demokratisiert, mit der Unterordnung unter die doppelte Prädestination, die das Schicksal des Individuums von seinen Verdiensten unabhängig macht und auf diese Weise seine Seele zerreißt, bringt eine Askese hervor, in der die Selbstprüfung eine zentrale Rolle spielt. Dabei handelt es sich um ein nachdrücklich empfohlenes und höchst anerkanntes Verhalten, das der Stellung

---

9 L. Dumont, *Individualismus*, a. a. O., S. 92; meine Hervorhebung.
10 M. Weber, *Die protestantische Ethik und der Geist des Kapitalismus*, München 2004, S. 145; Hervorhebung des Autors.

der Beichte im Katholizismus entspricht, insbesondere hinsichtlich der Ungewißheit des Auserwähltseins. »Die puritanische Askese«, schreibt Weber, »[...] arbeitete daran, den Menschen zu
befähigen, seine ›konstanten Motive‹, insbesondere diejenigen,
welche sie selbst ihm ›einübte‹, gegenüber den ›Affekten‹ zu behaupten und zur Geltung zu bringen: – daran also, ihn zu einer
›Persönlichkeit‹, in *diesem*, formal-psychologischen Sinne des
Wortes zu erziehen.«[11]

Als Anhaltspunkte für diese Prüfung verfügen die Gläubigen
über eine neue literarische Gattung: die beispielhaften Autobiographien der Puritaner, deren Vorbild die *Bekenntnisse* Augusti-
nus' sind, wobei das Alte Testament selbst als eine Reihe beispielhafter Biographien gelesen wurde. Diese reichhaltige Literatur
zeigt, worin »das Dilemma der puritanischen Identität« besteht:
»Die Selbstprüfung dient nicht zur Befreiung, sondern zum
Zwang; die *selfhood* erscheint als ein Zustand, der überwunden,
entwertet werden soll, und die Identität wird durch einen Akt der
Unterwerfung unter eine absolute Transzendenz behauptet.«[12]
Die beispielhafte Autobiographie wiederholt endlos die Zerflei-
schung des Selbst: Ist es von Gott verlassen oder besitzt es die
Gnade? Die persönlichen Schriften werden nach dem Modus ei-
nes »Rituals der Verherrlichung und des Exorzismus«[13] gestaltet, denn die puritanische Zerreißprobe währt stetig. Das wahre
Selbst erkennt sich in der von Gott zugestandenen Gnade, einer
Gnade, die man empfängt, ohne zu wissen warum und ohne zu
wissen, ob man sie überhaupt empfangen hat, die aber dennoch
Gegenstand einer dauernden aktiven Suche sein soll. Der Gläubige ist zugleich Patient und Akteur des religiösen Lebens. Der Re-
formierte ist aktiver als der Katholik, da er eine Kirche ist, und
passiver als dieser, da die Gnade nicht von seinem Verdienst abhängt. Der Begriff der Auserwähltheit kennzeichnet diese zweifache Ausrichtung auf das Handeln und das Erleiden. »Die beispielhaften Lebensgeschichten stellen die kraftvolle Abwehr der
Reformation gegen den Subjektivismus dar.«[14] Gleichzeitig gestatten sie den Kampf gegen die Gefahr der Fragmentierung, die
daraus erwächst, daß jedermann die Bibel interpretieren kann,

---

11 Ebd., S. 156 ff. Hervorhebung des Autors.
12 S. Bercovitch, *The Puritan Origins*, a. a. O., S. 13.
13 Ebd., S. 21.
14 Ebd., S. 25.

und die Milderung der Angst der Gläubigen, die in der Darstellung dieser Lebensgeschichten eine Inszenierung ihrer Dilemmata und deren Auflösung fanden. Die andächtige *imitatio* ist nicht das kontemplative Leben des katholischen Mönchs, sondern eine aktive Erfahrung. In der puritanischen Grundlegung ist die Krise des Selbst seine normale Funktionsweise: auserwählt oder verdammt? Diese bohrende Frage erzeugt einen »wiederkehrenden psychischen Druck«, der gleichbedeutend ist mit einem Bürgerkrieg innerhalb des Selbst. In »Auto-Machia« (1607), einem beliebten Gedicht der puritanischen Literatur, schreibt George Goodwin: »Ich besinge mein SELBST, meine inneren Bürgerkriege [*I sing my SELF; my Civil Warrs (sic) within*].« »Ich kann weder mit meinem Selbst noch ohne es leben«, schreibt er an anderer Stelle.[15] Dieser »tödliche Narzißmus«, einer Formulierung Bercovitchs zufolge, läßt sich in den äußersten Spannungen des Selbst erkennen, in der peinlich genauen und ständigen Selbstprüfung, die der Puritaner praktiziert. Hochwürden Richard Baxter erinnert daran, daß »das große Mittel zur Überwindung dieser Ungewißheit die Selbstprüfung ist«,[16] die sich auf den Glauben und die Bibel stützt. Der Gläubige schwankt zwischen Beschwichtigung und Verzweiflung hin und her. Die beispielhaften Lebensgeschichten, die von den Pastoren veröffentlicht werden, verhelfen den Konvertiten, den wahren Gläubigen, zu einer vernünftigen Handhabung dieser Prüfung. Die *psychomachia* ist eine literarische Gattung, der das puritanische Amerika größten Wert beimißt.

Die am meisten gelesene dieser geistlichen Autobiographien war die von John Bunyan, *Grace Abounding to the Chief of Sinners* (1666). In vielen Einzelheiten erzählt er, wie er schrittweise im Laufe von fünfzehn Jahren von einem Zustand, in der er »eine Bürde und ein Schrecken« war, und zwar so sehr, daß es ihm unmöglich erschien, »daß ihm vergeben und daß er vor dem kommenden Zorn gerettet werde«, zu einem anderen überging, in dem, wie er sagt, »es war, als ob ich aus einem Albtraum erwachte«.[17] Diese Erzählungen zeigen Wege auf, um den Seelenfrieden und die spirituelle Ruhe wiederzufinden. Übrigens hat es den An-

15 Ebd., S. 13 und 19.
16 Zitiert ebd., S. 28.
17 Zitiert von J. H. Rubin, *Religious Melancholy and Protestant Experience*, a. a. O., S. 34-35.

schein, daß in Neuengland fast »jeder Puritaner, der lesen und schreiben kann, eine Art Tagebuch führt«.[18]

Die innerweltliche Askese ist der bevorzugte Heilsweg, den die Lehre von der doppelten Prädestination hervorgebracht hat. Im 18. Jahrhundert erfährt die Lehre Calvins auf dem europäischen Kontinent durch den Pietismus und in den Vereinigten Staaten durch den Methodismus verschiedene Änderungen. Weber zitiert eine Passage von John Wesley, dem Begründer des Methodismus: »Wir müssen alle Christen ermahnen, zu gewinnen was sie können und zu sparen was sie können, das heißt im Ergebnis: reich zu werden.«[19] Die folgenden Ausführungen präzisieren, daß sie nicht nur sparen, sondern auch geben sollen, was sie nur können. Der Methodismus hat dem Puritanismus ein affektives und fröhliches Element hinzugefügt: Der echte Konvertit konnte auf Erden eine wahrhafte Glückseligkeit im Angesicht Gottes genießen, wodurch der Puritanismus gemildert und eine »Kultur der *Affektivität*« geboren wird. Im Gegensatz zum Calvinismus ist bei Wesley »die Gewißheit rein empfunden«.[20] Das Empfundene – der Affekt, die Emotion, das Gefühl – zeigt, daß die Versöhnung mit Gott anstelle der Einsamkeit und der Angst möglich wird.

Andere Strömungen des Puritanismus kennen keine solche Milderung. Der Bürgerkrieg des Selbst, die Selbstentzweiung, die *automachia* offenbart sich in der religiösen Schwermut, insbesondere bei den evangelikalen Pietisten. Sie »erzeugt ein extremes Schuldbewußtsein angesichts der Sünde«.[21] Diesen Typ von

18 P. Miller, T.-H. Johnson, *The Puritans*, Cambridge, Mass. 1924, S. 461, zitiert von C. Taylor, *Quellen des Selbst. Die Entstehung der neuzeitlichen Identität*, übers. v. J. Schulte, 1. Aufl., Frankfurt/M. 1996, S. 329.

19 M. Weber, *Die protestantische Ethik und der Geist des Kapitalismus*, a. a. O., S. 197. Weber hebt diesen Satz hervor. Über Wesley, siehe S. 171-174.

20 Ebd., S. 168 und 171. »Der ausdrückliche Konservatismus des Methodismus ging Hand in Hand mit einer gewissen ›Modernisierung‹ in dem Sinne, daß er über seinen Protest gegen eine austrocknende Religion hinaus zur Bewegung der Subjektivierung des Glaubens beigetragen hat, indem er das affektiv Empfundene stark hervorhob. Außerdem hat der Methodismus an der egalitären Dynamik der Moderne gearbeitet, indem er die Prädestination wieder in Frage stellte.« F. Champion, *Les Laïcités européennes au miroir du cas britannique. XVIIe-XXe siècle*, Rennes 2006, S. 60.

21 J. H. Rubin, *Religious Melancholy and Protestant Experience*, a. a. O., S. 5. Diese Strömung wird im 2. Kapitel behandelt, S. 42-81.

Schwermut hat Robert Burton in seiner *Anatomie der Melancholie* (1621) isoliert. Er widmet ihm einen sehr langen Abschnitt im dritten Teil der Abhandlung, der der Liebesrmut gewidmet ist, wobei der Verlust des geliebten Objekts die Analogie zum Verlust Gottes darstellt. Burton schreibt, daß »dieser Typ von Schwermut allen anderen gleicht, von denen ich schon gehandelt habe, daß er wohl noch verbreiteter und daß seine Wirkungen viel überspannter sind, daß er die Menschen mehr abstumpft und beherrscht als alle anderen schon genannten Typen von Schwermut«.[22] Während man sie im 17. und 18. Jahrhundert als eine Gnade Gottes betrachtete, die einer vom Dämon in Versuchung geführten Person gewährt wurde, wird sie im Laufe des 19. Jahrhunderts, und zwar in dem Maße, in dem der Kontext sich säkularisiert, zu einer Nervenkrankheit.

Die Puritaner haben auch die Bildung betont und dadurch die Investition in die Leistung bevorzugt. Sie erwarteten, daß jede Gemeinde oder jede Stadt jedermann ein Minimum an Bildung zukommen lasse, was immer auch ihre Ressourcen seien.[23]

Liberalismus: das politische Glaubensbekenntnis des self-government

Das zu gründende Amerika ist »ein großer Plan und [...] ein großes Werk der Vorsehung«, erklärt John Adams 1765.[24] Die religiöse Dimension durchdringt die amerikanische politische Vorstellungswelt der auserwählten Nation. Mit dem Puritanismus im Hintergrund, der, wie Tocqueville betonte, »fast ebenso eine politische Theorie wie eine religiöse Lehre« war,[25] bietet die Konzeption Lockes ein politisches Modell von Freiheit, das sich vom puritanischen *calling* unterscheidet und im Zentrum der amerikanischen Revolution steht. Eigentum bedeutet bei Locke dasjenige, was jedem einzelnen unmittelbar gehört. Die Men-

22 R. Burton, *Anatomie de la mélancolie*, übers. v. B. Hoepffner, Paris 2000, III. Bd., S. 1657. Am Anfang des Abschnitts schreibt er, »daß kein Arzt jemals wirklich über dieses Thema geschrieben hat.« S. 1655.

23 S. M. Lipset, *The First New Nation*, a. a. O., S. 94-95.

24 Zitiert von H. Arendt, *Über die Revolution*, München 1963, S. 25.

25 A. de Tocqueville, *De la démocratie en Amérique*, Paris 1981, Bd. 1, S. 94; dt.: *Über die Demokratie in Amerika*, übers. v. H. Zbinden, Zürich 1987, S. 53.

schen verlassen den Naturzustand und wollen sich mit anderen zusammenschließen, um »eine Körperschaft zur gegenseitigen Erhaltung ihres Lebens, ihrer *Freiheiten* und ihrer Güter zu bilden; diese bezeichne ich mit einem allgemeinen Begriff als Eigentum«.[26] Lockes Eigentumsindividualismus ist durch eine sehr weite Auffassung von Eigentum gekennzeichnet. Sie gründet sich auf die Arbeit, was bedeutet, wie Dumont betont, daß sie »sich nicht aus Notwendigkeiten der gesellschaftlichen Ordnung [herleitet], sondern von einer intrinsischen Eigenschaft des Menschen als Individuum«. Für ein Verständnis des amerikanischen Individualismus ist Locke insofern interessant, als mit ihm die holistische Auffassung zur individualistischen umschwenkt: »Das Verschwinden der Unterordnung als soziales Prinzip [...] wird in großem Maß durch die moralische Pflicht ersetzt«, wobei die engen Bindungen zwischen der Freiheit und der moralischen Pflicht von Gott garantiert werden. Die Moral ist »eine Verinnerlichung von unmittelbar gesellschaftlichen Werten«.[27] Bei Locke »steht das Ökonomische nicht mehr einfach neben dem Politischen, sondern ist ihm hierarchisch übergeordnet«,[28] was durch die individualistische Moralität ermöglicht wird, insofern sie das Äquivalent der holistischen Gesellschaftsordnung ist. Der politische Individualismus setzt den religiösen Individualismus in der Sorge fort, eine Gesellschaft auf der Grundlage von Eigenschaften zu schaffen, die dem Individuum innewohnen, das als Wesen verstanden wird, das die Fähigkeit besitzt, sich selbst zu steuern. Der amerikanische Individualismus ist moralisch: Die Moralität ist der amerikanische Sozialbegriff, dessen französisches Äquivalent der Staat ist. Die eine wie der andere sind Garanten der gesellschaftlichen Ordnung, des Gemeinschaftslebens. Wie Seymour Martin Lipset betont, »ist die Gemeinschaft der amerikanischen pluralistischen Demokratie im Individuum als moralischem und denkendem Akteur verwurzelt, und nicht in einer Gruppensolidarität«.[29] Diese innere Disposition ist eine Weise der Vergesellschaftung und keine psychologische Eigenschaft.

26 *Treatise on Government*, ii, § 123, zitiert von L. Dumont, »Les ›Deux traités‹ de Locke: émancipation du politique«, in: ders., *Homo aequalis. Genèse et épanouissement de l'idéologie économique*, Paris 1977, S. 73.
27 Ebd., S. 74 und 76.
28 Ebd., S. 82.
29 S. M. Lipset, *American Exceptionalism*, a. a. O., S. 275.

Locke ist der wichtigste philosophische Inspirator der politischen Gründung Amerikas.[30] Seine Philosophie vereint die englische liberale Lehre, die die Rechte der einzelnen schützt, mit der Demokratie, der Teilhabe des Volkes an der Regierung. Hannah Arendt hat einen scharfen Kontrast zwischen der amerikanischen und der Französischen Revolution hervorgehoben: Erstere konzentriert sich auf die Suche nach dem Glück und letztere auf die soziale Frage. Das Fehlen eines transatlantischen Elends und seine Existenz bei uns haben offensichtlich eine Rolle gespielt.[31] Der Gegensatz zwischen Armut, gepaart mit extremer Ungleichheit, und der relativen Gleichheit der Bedingungen verleiht der sozialen Frage in Frankreich beträchtliches Gewicht. Die Französische Revolution und die amerikanische Revolution haben verschiedene Probleme zu lösen, weil die jeweiligen Situationen völlig verschieden sind. Ferner sind die Amerikaner freie Menschen, die im Konflikt mit dem britischen Parlament stehen (das sie verpflichtet, Steuern zu zahlen, obwohl sie nicht vertreten werden), während die Franzosen ein repräsentatives Regime aus dem Boden stampfen.[32] Die Amerikaner arbeiten eine Unabhängigkeitserklärung aus, und die Franzosen eine Erklärung der Menschenrechte. Die französische Erklärung geht von den *Naturrechten* der Bürger aus, deren Freiheit durch ihre Beteiligung an der Ausarbeitung des Gesetzes geschützt wird, verstanden als allgemeiner Wille, der aus der Nation hervorgeht; die amerikanische Erklärung geht vom *Naturgesetz* aus, das von Gott begründet wurde, wobei die Regierung die Pflicht hat, es zu schützen.

---

30 »Es ist bemerkenswert festzustellen, wie stark sich unser gegenwärtiges Verständnis der gesellschaftlichen Wirklichkeit von der ursprünglichen Institution des 18. Jahrhunderts (der ›Gründung‹) herleitet und wie stark es vom Denken Lockes abhängig war. [...] Er versprach eine unerhörte, individuelle Freiheit, unbegrenzte Möglichkeiten der Konkurrenz um materiellen Wohlstand und eine beispiellose Begrenzung der willkürlichen Macht der Regierung, mit der individuellen Initiative zu interferieren.« R. N. Bellah, R. Madsen, W. M. Sullivan, A. Swindler, S. M. Tipton, *The Good Society*, New York 1991, S. 67.

31 Dieses Fehlen verblüfft die französischen Besucher im 18. Jahrhundert, zum Beispiel Crèvecœur, zitiert von Arendt, *Über die Revolution*, a. a. O., (über das Elend, S. 93-103). Dagegen beruht ein Teil des amerikanischen Systems auf der Sklaverei.

32 P. Raynaud, »Révolution américaine«, in: F. Furet, M. Ozouf (Hg.), *Dictionnaire critique de la Révolution française*, Paris 1988.

Arendt meint, daß die Leidenschaft für öffentliche Angelegenheiten in Frankreich eine Vorliebe und in den Vereinigten Staaten eine Erfahrung ist. Dieser Unterschied wird in der Sprache spürbar:

> [...] die Tatsache, daß die Amerikaner gemeinhin vom ›öffentlichen Glück‹ (*public happiness*) sprachen, wenn die Franzosen sich der Worte ›öffentliche Freiheit‹ bedienten, weist deutlich auf diesen Sachverhalt hin. Die Amerikaner wußten offenbar, daß öffentliche Freiheit in der unmittelbaren Anteilnahme an einem öffentlichen Leben besteht und daß die öffentlichen Angelegenheiten, in denen sie tätig waren [...] ihnen [...] ein Gefühl innerer Befriedigung verschafften, das sie in keiner rein privaten Beschäftigung zu finden vermochten.[33]

Wetteifer, die Möglichkeit, sich auszuzeichnen, gesehen zu werden, sind die Bestandteile dieses Glücks. Allerdings ersetzt Thomas Jefferson, der Autor der Unabhängigkeitserklärung, das »Eigentum« im Locke'schen Sinne durch »Suche nach dem Glück«, was Arendt zufolge »wesentlich die spezifisch amerikanische Ideologie bestimmen würde«.[34] In Wirklichkeit bedeutete die Formel in einer liberalen Perspektive, daß jedermann frei entscheiden konnte, sein Glück im Diesseits oder im Jenseits zu suchen.[35] Die Zweideutigkeit der Jefferson'schen Formulierung bestimmt den gedanklichen Rahmen, der die beiden Pole des amerikanischen Pendels zwischen dem Erfolg im »privaten Glück« und dem Erfolg im »öffentlichen Glück« vorzeichnet.

Vor allem gegenüber der Sklaverei hat der autonome Bürger nicht nur als Wähler, sondern im Unterschied zur französischen Bürgerschaft auch als jemand, der seinen Lebensunterhalt verdient, seinen Wert im ökonomischen Sinne angenommen. Die Arbeitsethik ist der Ausdruck politischer Werte, sie begründet die amerikanische Staatsbürgerschaft und hat »jenes seit jeher lebenskräftige Ideal des Selfmademan hervorgebracht, der sich

---

33 H. Arendt, *Über die Revolution*, a. a. O., S. 152. Zur Unterscheidung zwischen öffentlicher Freiheit und Willensfreiheit als innerer Freiheit siehe S. 159.
34 Ebd., S. 164. Die Freude am Diskurs usw. war für Jefferson »ein Vorgeschmack der ewigen Seligkeit«, S. 169.
35 J. N. Shklar, »Thomas Jefferson et une république étendue«, in: F. Furet, M. Ozouf (Hg.), *Le Siècle de l'avènement républicain*, Paris 1993, S. 83.

selbst genügt«.[36] Das Recht, seinen Lebensunterhalt zu verdienen, ist für den Status des Bürgers wesentlich. Der amerikanische Bürger trägt dadurch, daß er durch seine Arbeit Reichtum schafft, zum öffentlichen Glück bei und hat das Recht, daraus den persönlichen Anteil für sein privates Glück zu ziehen. Die Vorliebe der Amerikaner für Geld ist dabei mit »einem Verlangen nach Autonomie [verbunden], einem Willen, ihr Leben so zu führen, wie sie wollen«.[37] Die Unabhängigkeit, die durch die Arbeit erreicht wird, ist das amerikanische Äquivalent zur Tugend des französischen Bürgers. Dieser Tugendkreis aus öffentlichem Glück und privatem Glück ist ein grundlegender Zug der Chancengleichheit: das Gefühl der Nützlichkeit, der Stolz, durch eigenes Handeln Erfolg gehabt zu haben, seine *Erfüllung* gefunden zu haben aufgrund von Anstrengung und Arbeit, die einem zu Geld, also zu Wert und Ansehen verholfen haben, die einem die Freiheit verschafft haben, von niemandem abhängig zu sein und sich, wenn man es wünscht, dem öffentlichen Wohl, der gegenseitigen Unterstützung widmen zu können. Der europäische Feudalismus, der dem Adel unbegründete Privilegien eingeräumt hat, ist der große Gegensatz hierzu. Der Antietatismus ist im weiteren Sinne ein Nebenprodukt dieser Furcht: Neue Privilegien zu schaffen ist Gift für das Selbstvertrauen. Die große Unterscheidung soll nicht zwischen Armen und Reichen stattfinden, sondern zwischen denen, die arbeiten, und denen, die nicht arbeiten. Das einzige Tätigkeitsfeld des Staats, das entwickelt werden soll, ist das der Bildung, weil sie den Geschmack an der Anstrengung und den Bürgersinn vermittelt und so die Fähigkeiten erhöht, Chancen wahrzunehmen.

Die politische Vertretung ist in zweifacher Hinsicht liberal: Sie wird als Anerkennung der Pluralität von Interessen und als Begrenzung der Macht des Gesetzgebers aufgefaßt. »Die Vielfalt der Interessen und Meinungen ist der natürliche Zustand der Amerikaner, denn ihr Vaterland wurde geboren aus der Pluralität religiöser Sekten, von denen keine den anderen ihr Gesetz aufgezwungen hat.«[38] In *The Federalist*, einer Reihe von Aufsät-

36 J. Shklar, *La Citoyenneté américaine. La quête de l'intégration*, Paris 1991, S. 89.
37 Ebd., S. 92.
38 P. Raynaud, »L'idée républicaine et ›Le Fédéraliste‹«, in: F. Furet, M. Ozouf (Hg.), *Le Siècle de l'avènement républicain*, a. a. O., S. 76. In diesem Absatz folge ich der Analyse Raynauds.

zen, die 1787 und 1788 veröffentlicht wurden und die die klassische Abhandlung der amerikanischen Politikwissenschaft darstellen, ist folgendes, sehr bezeichnende Argument zu lesen: »In einer Regierung müssen die Bürgerrechte auf dieselbe Weise verteidigt werden wie die Rechte der Religion. Das Mittel ist im einen Fall die Interessenvielfalt und im anderen die Vielfalt der Sekten.«[39] Zum Zeitpunkt des Ausbruchs der amerikanischen Revolution in den 1770er Jahren ist die Erfahrung des self-government in den Kolonien mit ihren gewählten Versammlungen und der Besprechung öffentlicher Angelegenheiten eine weitgehend entwickelte Praxis. Die lokale Autonomie ist ein Wert, der in den Sitten verankert ist, und zwar umso mehr, als das Land sehr groß ist und die Verbindungen zwischen den Gemeinden schwach sind. Es gibt also schon Gebräuche, die in diese Richtung gehen: Das öffentliche Glück, von dem Arendt spricht, ist eine gemeinsame Erfahrung.

Die liberale politische Philosophie und der amerikanische Protestantismus, was auch immer ihre Unterschiede sein mögen, legen die Betonung auf das Handeln in der Welt und die Selbstverwaltung. Das politische Regime muß den Austausch zwischen den Menschen anstreben. Was in Gestalt der Selbstverwaltung angestrebt wird, ist die bürgerliche Gesellschaft.

In Frankreich ist es eine politische Gesellschaft, die die bürgerliche Gesellschaft anstößt, wie die Kirche es mit ihren Schäfchen tut. Es ist eine Gesellschaft, die vom Gesetz als einmütig aufgefaßt wird, worin der allgemeine Wille zum Ausdruck kommt, der die Einzelinteressen unter sich begreift – die von den Franzosen angenommene Rousseau'sche Lösung lehnt bekanntlich jedes Zwischenglied zwischen dem allgemeinen Willen und dem besonderen und privaten Interesse des Individuums ab (darauf werden wir im 5. Kapitel zurückkommen).

Das Jefferson'sche Ideal der Suche nach dem Glück ist das einer Gesellschaft, die von relativ gleichen Individuen[40] selbstver-

---

39 *The Federalist*, Nr. 51, zitiert von P. Raynaud, ebd., S. 75. Siehe auch C. R. Sunstein, »The Enlarged Republic. Then and now«, *The New York Review of Books*, 26. März 2009. Siehe auf S. 46 ein Zitat von Madison über die Notwendigkeit der Vermehrung der Sekten. Sunstein ist Professor für Jura in Harvard und leitet das Office of Information and Regulatory Affairs der Obama-Administration.

40 Um eine lange Detailanalyse der Sklaverei zu vermeiden, orientiere ich mich an Tocqueville: »Ich spreche hier von den Amerikanern, die die

waltet wird, welche die maßlosen Unterschiede im Reichtum nicht kennen, die man in Europa feststellen konnte, die aber die Sklaverei aktiv vergessen, indem sie sie aus ihrer politischen Kosmologie ausschließen, Individuen, deren Ideal der unabhängige Farmer ist, der in wirtschaftlicher Autarkie lebt. Während eines Teils des 19. Jahrhunderts, den Tocqueville beobachtete, stellt die Kleinstadt, die von unabhängigen Farmern bewohnt wird, welche sowohl ihren Wohlstand durch die Arbeit steigern als auch am öffentlichen Leben teilhaben können, ein ausgewogenes Ideal dar, das sich aus religiösem Einsatz und bürgerlichem Engagement zusammensetzt.[41]

Romantik: Das Selbstvertrauen ist ein Vertrauen auf Amerika

Die Romantiker führen eine literarische Gattung ein, die amerikanische Autobiographie, die sich an den beispielhaften Autobiographien der Puritaner orientiert: Darin verherrlichen sie ihr eigenes Selbst als Stellvertreter Amerikas »und das amerikanische Selbst als die Personifizierung eines universellen prophetischen Plans«.[42] Ralph Waldo Emerson (1803-1882) war zugleich Philosoph, Schriftsteller und Dichter. In einer berühmten Rede, die er 1837 in Harvard gehalten hat, »The American Scholar«, fordert er, daß die amerikanische Literatur sich von Europa unabhängig machen soll: »Warum sollten wir noch unter den vertrockneten Gebeinen der Vergangenheit graben und die lebende Generation mit den abgenutzten, abgelegten Kleidern einer verblichenen Welt herausputzen?«[43] Den romantischen Naturalismus und die puritanische Hermeneutik verschmilzt er in der Idee des amerikanischen Selbst: »Das amerikanische Unternehmen vermischt im Unterschied zu anderen die persönliche und die gemeinschaftliche Leistung des Selbst.«[44] 1842 veröf-

Länder bewohnen, in denen es keine Sklaverei gibt. Sie allein vermögen das vollständige Bild einer demokratischen Gesellschaft zu bieten.« Tocqueville, *Über die Demokratie in Amerika*, a. a. O., 2. Bd., Anm. 3, S. 577.

41 R. Bellah et al., *Gewohnheiten des Herzens*, a. a. O., S. 65 ff.

42 S. Bercovitch, *The Puritan Origins*, a. a. O., S. 136.

43 Zitiert von P.-Y. Pétillon, *La Grand-Route*, a. a. O., S. 10.

44 S. Bercovitch, *The Puritan Origins*, a. a. O., S. 169.

fentlicht er in einer Textsammlung einen philosophischen Essay, »Das Selbstvertrauen«,[45] der genauso berühmt ist wie seine Erklärung der literarischen Unabhängigkeit und ihm internationalen Ruhm einbringt.

Seine Autobiographie ist die des amerikanischen Selbst, und das Vertrauen Emersons ist ein Glaubensakt in bezug auf sich selbst und *ipso facto* in bezug auf Amerika. Sie ist die Erzählung der Wiedergeburt (*rebirth*), die von Amerika verkörpert wird, dem Morgenstern, dem alle Nationen folgen sollen. Jesus ist nur ein Vorgänger, der uns auffordert, die »Ressourcen in *uns*« zu finden. Hilft Gott nicht denen, die sich selbst helfen? »Emersons Verschmelzung des Privaten mit dem nationalen Traum kennzeichnet die Erzählungen der meisten amerikanischen Romantiker, einschließlich derjenigen, die am aggressivsten antinationalistisch sind«,[46] wie die von Thoreau. Das Persönliche und das Historische verschmelzen in einer eschatologischen Perspektive. »Die Ermahnung Emersons zur Größe zielt direkt auf die Paradoxien der Literatur, die sich zugleich der Verherrlichung des Individuellen und der Suche nach der vollkommenen Gemeinschaft widmet. Auf diese beiden Extreme gründet sich das Selbstvertrauen. Es ist der vollendete Ausdruck einer Kultur, die der Unabhängigkeit einen gewaltigen Wert zuweist, während sie zugleich alle Formen von Exzentrizität und Elitedenken anprangert.«[47]

Die Unabhängigkeit ist ebensosehr die des Dichters, der die Welt der Zeichen handhabt, wie die des Unternehmers, der die Welt der menschlichen Beziehungen nutzt. Sie gründet in derselben persönlichen Behauptung, und jeder geht auf seine Weise der Eroberung von Chancen nach, der eine, um die Sprache zu persönlichen Zwecken zu nutzen, indem er eine Gegenwelt erschafft, der andere, um die menschlichen Ressourcen auszubeuten, die diese Welt bietet.

Nichts war demokratischer als das Ideal des Selfmademan – ein Ideal, das sich nicht unbedingt auf den Menschen bezieht, der sein Vermögen durch harte Arbeit erworben hat, sondern auf eine Vorstellung von der

45 R. W. Emerson [1841-1844], *Versuche. Abtheilung 1: Geschichte. Selbstvertrauen u. a.*, Hannover 1858.
46 S. Bercovitch, *The Puritan Origins*, a. a. O., S. 173.
47 Ebd., S. 176. Über »die Hypertrophie des Ich« siehe P.-Y. Pétillon, *La Grand-Route*, a. a. O., S. 137.

menschlichen Vollkommenheit, die im ›jungen Amerika‹ verbreitet war. Der neue Mensch, den Emerson vergötterte, ist ein junger Mann, der keinen bestimmten Platz in der Gesellschaft hat, kein Erbe besitzt, sich nicht an einen einzigen Beruf hält und sich jenen widersetzt, die ihn auf eine Rolle, auf einen Status reduzieren wollen. Er kann auf sich selbst zählen, denn er besitzt keine sozialen Kennzeichen; er ist völlig autonom und auf zahlreichen Gebieten fachkundig.[48]

Allerdings ist diese Welt für den amerikanischen Individualismus auch noch etwas anderes als eine Gesamtheit von Mitteln. Sie verlangt nach ihrem Gegensatz: die Welt nicht als etwas, das Chancen bietet, die zum Handeln auffordern, sondern als das, was das Individuum mit seinem Gewicht erdrückt. »Das einsame Individuum ist sich nicht so sehr seiner Rechte, seiner Freiheit und Chancen aller Art bewußt, als daß es vor einem gesellschaftlichen Schauspiel erstarrt, welches so umfassend ist, daß es eine übertriebene persönliche Behauptung und eine Identität erfordert, die sich auf eine persönliche Verkündigung gründet, welche ebenfalls umfassend ist.«[49] Wir werden feststellen, daß diese Behauptung im Begriff der »Persönlichkeit« und in einer Disziplin angelegt ist: der Psychologie.

Wenn für die Puritaner jeder Mensch eine Kirche ist, dann ist für die Romantiker jedes Individuum ein »souveränes Königreich«. Emerson verkündet die Verschmelzung des Individuellsten mit dem Gemeinschaftlichsten: Die Beziehung des Individuums zu Amerika ist so direkt wie die des Gläubigen zu seinem Gott; er braucht jene Institutionen nicht, die zwischen dem jeweils einzelnen und dem Gemeinschaftlichen vermitteln.

Das amerikanische Individuum ist eine Person, die gezwungen ist, ihren Sinn insgesamt von der sozialen Wirklichkeit zu beziehen. Am Rande wird es durch die Familie, die Klasse, die Tradition und die Region vermittelt. Diese Bestandteile bleiben für das undeutliche soziale Schauspiel zweitrangig. Man selbst zu sein bedeutet vor allem, mit diesem Schauspiel verwandt zu sein. Die Bedeutung des Problems der Selbstbestimmung und der Bestimmung der Nation läßt sich nicht leicht voneinander trennen.[50]

48 J. Shklar, »Thomas Jefferson et une république étendue«, a. a. O., S. 104.
49 Q. Anderson, »John Dewey's American Democrat«, in: *Daedalus*, Sommer 1979, Bd. 108, Nr. 3, S. 146.
50 Ebd., S. 146.

Wie wird dieses Problem gelöst? John Dewey (1859-1952) liefert das fehlende Element. Denn es mangelt Emerson, den Dewey »den Philosophen der Demokratie« nannte, daran, eine Methode angegeben zu haben, um eine gemeinsame Sichtweise sicherzustellen und den demokratischen Geist in das Bewußtsein jedes Bürgers einzupflanzen.

Die Psychologie als demokratische Methode

1886 stellt Dewey in »Die Psychologie als philosophische Methode« das Problem der Realisierung des Hegel'schen Weltgeists aus der individualistischen Perspektive Emersons: »Der Transzendentalismus [des deutschen Idealismus] war unvollständig, bis er erkannte, daß das universelle Bewußtsein nur in einem individuellen Träger verwirklicht werden konnte.«[51] Wie läßt sich der deutsche Idealismus auf eine Weise umgestalten, daß er in den amerikanischen demokratischen Individualismus paßt, der das Individuum nicht der Verwirklichung der Idee unterwerfen soll, deren Spielzeug es ist, sondern die Idee, die Gesamtheit der Erfahrung, in diesen individuellen Träger hineinbringen soll? 1897 wird die Antwort darauf in »Die Bedeutung des Erkenntnisproblems« erbracht: die Wissenschaft. »Da wir keine Wahrheit mehr haben, die durch das Vertrauen in die Autorität aufgezwungen wird, gibt es keinen sicheren Rückgriff, um die Autorität der Wahrheit abzusichern.«[52] Und diese Wissenschaft ist die praktische Methode der Klärung und Berichtigung, die ihr Erfinder, Charles Sanders Peirce, Pragmatismus genannt hat. Sie setzt eine Gemeinschaft von Wissenschaftlern voraus, die ihre Ergebnisse voreinander rechtfertigen sollen. Anderswo oder früher konnte man die Wahrheit dem Individuum aufgrund einer äußeren Autorität aufzwingen, weil der Wert dieses Individuums gering war. In einer Demokratie muß es eine Methode geben, die jedermann zu prüfen gestattet, daß er sich in derselben Welt wie die anderen befindet und daß es eine gemeinsame Verständigung gibt.

1899 schreibt Dewey in »Die Psychologie und die philosophische Methode«:

51 Ebd., S. 151.
52 Ebd., S. 153.

Ich wage die Behauptung, daß die Psychologie, die uns eine Erkenntnis dessen liefert, wie sich die Erfahrung verhält, eine Auffassung der Demokratie darstellt. Ihr Postulat besteht darin, daß, da die Erfahrung sich in Individuen erfüllt und da sie sich durch ihre Vermittlung vollzieht, die Erklärung des Verlaufs und der Methode dieser Leistung bedeutsam und unverzichtbar ist. Die Demokratie [...] verfügt über Werkzeuge, um die Wahrheit im einzelnen und Tag für Tag schrittweise zu gewinnen. [...] Das moderne Leben vergöttert das Hier und Jetzt; das Besondere, das Einzelne, das Einzigartige, das Einmalige und besitzt keinen anderen Wertmaßstab als den, den dieses in sich trägt.[53]

Diese Vergötterung wird durch das Individuum getragen, das die unendliche Vielfalt von Erfahrungen assimiliert. Deshalb »ist die Psychologie die zum Bewußtsein gekommene demokratische Bewegung«.[54] Sie ist das eigentliche moralische Werkzeug, das die Ressourcen des Individuums mobilisiert, und soll im öffentlichen Raum auf solche Weise eingesetzt werden, daß jedermann eine Art von vollkommenem Kommunikator ist, daß er die Wissenschaft zu nutzen weiß, um hinreichend sicher zu sein, daß er sich in der gemeinsamen Welt befindet.

Für den Pragmatismus liegt die soziale Steuerung im deskriptiven Sinne der *Regulation* von Verhaltensweisen gänzlich in den Situationen. Die allgemeine Form des Soziallebens besteht darin, daß jeder weiß, was er in dieser oder jener Situation zu tun hat, daß er über das ganze notwendige Alltagswissen verfügt. Es ist keineswegs notwendig, die historische Erklärung in Anspruch zu nehmen, genausowenig wie die Prüfung der großen Institutionen, der Familie oder Schule, um die Abhängigkeit des Gemeinschaftlichen und des Individuellen zu verstehen. 1916 schreibt Dewey in *Demokratie und Erziehung*: »Das gemeinsame Verständnis der Mittel und Ziele der Handlung ist das Wesen der gesellschaftlichen Steuerung. Diese ist indirekt oder emotional, und nicht direkt oder persönlich. Mehr noch, sie ist ein Teil der Disposition der Person, und nicht äußerlich und zwingend.«[55] In der amerikanischen demokratischen Gesellschaftsform dreht sich alles um die Themen der Innerlichkeit, der Disposition, der Moralität, der Persönlichkeit. Die Gruppe ist sozusagen im Indi-

---

53 Ebd., S. 154.
54 »Psychology is the democratic movement come to consciousness«, zitiert von Q. Anderson, »John Dewey's American Democrat«, a. a. O., S. 152.
55 Zitiert von Q. Anderson, ebd., S. 149.

viduum. Der moralische Individualismus Amerikas liegt in einer Behauptung der Person, die die gemeinsame Welt nicht aus den Augen verliert. Von Emerson bis Dewey wird ein neues Universum entdeckt, das der Psychologie. Sie ist die säkulare Ressource der Demokratie, wenigstens der amerikanischen. Aber zwischen Emerson und Dewey vollzog sich ein wichtiger Wandel: Die Demokratie der selbstverwalteten Kleinstadt schwindet zugunsten dessen, was Graham Wallas 1914 »die große Gesellschaft« (*The Great Society*) genannt hat. Parallel dazu werden aus der Psychologie als Werkzeug der Demokratie die Psychotherapie und der Begriff der Persönlichkeit hervorgehen.

Die erste Krise
des amerikanischen Individualismus:
Persönlichkeit, Psychologie, Psychotherapie

In der neuen Gesellschaft, die sich zwischen dem Ende des Bürgerkriegs und dem Beginn des 20. Jahrhunderts konstituiert,[56] entstehen zwei große Themen in der amerikanischen individualistischen Erzählung: die Unpersönlichkeit der Beziehungen zwischen den Massen von Individuen und die Verschiebung des Charakters, einer moralischen Entität, zur Persönlichkeit, einer psychologischen Entität. Die Unpersönlichkeit der sozialen Beziehungen in der Großstadt wie im Großunternehmen und das Erfordernis von Persönlichkeit, um sich damit auseinanderzusetzen, nähren sich gegenseitig.

Das Jefferson'sche Ideal des unabhängigen Eigentümers und der selbstverwalteten Stadt wurde nach dem Bürgerkrieg durch die Bildung eines nationalen Marktes, der sich auf die Eisenbahn und das Telefon stützte, durch die Entwicklung von Großunternehmen, in denen die Arbeit rationalisiert wurde, und von Großstädten, die Einwanderungswellen und eine zuvor unbekannte Armut vereinigen, zunehmend ausgehöhlt, während sich gleichzeitig eine viktorianische Bourgeoisie bildet. Zwischen dem Bürgerkrieg und dem Ersten Weltkrieg führt diese Reihe

---

56 Zwischen 1870 und 1900 nimmt die Bevölkerung von 40 auf 76 Millionen Einwohner zu, und die Stadtbevölkerung verdreifacht sich (von 10 auf 30 Millionen). R. Putnam, *Bowling Alone. The Collapse and Revival of American Community*, New York u. a. 2000, S. 370.

von Veränderungen dazu, daß die amerikanische Gesellschaft von Kleinstädten zur industriellen Großstadt übergeht (Chicago, ein großer Marktflecken in den 1860er Jahren, hat um 1900 zwei Millionen Einwohner und ist die Industriehauptstadt Amerikas). Die große Gesellschaft ist im Unterschied zur kleinen Gesellschaft der Gemeinden aus unsichtbaren, das heißt unpersönlichen Verbindungen gewebt. Diese Veränderungen geben Anlaß zu einer Gesellschafts- und Moralkritik bezüglich des Niedergangs des Jefferson'schen Ideals, in dem sich die Bibel und der republikanische Bürgersinn miteinander verbanden. Die Vereinigten Staaten werden zu einer Klassengesellschaft, in der der Klassenkampf eine extreme Heftigkeit aufweist.[57] Die Schaffung eines nationalen Markts »bezog zunehmend mehr Amerikaner in den nationalen Arbeitsmarkt ein, dessen Anforderungen in Bildung, Mobilität und der Fähigkeit zu konkurrieren bestand«.[58] Mit dem Auftauchen des Großunternehmens wird eine neue Konzeption der Mittelschicht um den Begriff der »Karriere« herum eingerichtet. Sie eröffnet den Ambitionen des sozialen Aufstiegs neue Möglichkeiten. Die Begeisterung für materiellen Fortschritt und sozialen Erfolg ist allgegenwärtig.[59] Im Laufe dieses »goldenen Zeitalters« des amerikanischen Kapitalismus, dem der *robber barons*, in dem sich die Großunternehmen des 20. Jahrhunderts bilden, zerbricht die Allianz zwischen persönlichem Erfolg und der Bildung der Gemeinschaft.[60] Daraus gehen

57 Siehe T. J. Jackson Lears, *No Place of Grace. Antimodernism and the Transformation of American Culture. 1880-1920*, New York 1981; R. Bellah, *Gewohnheiten des Herzens*, a. a. O.; R. Putnam, *Bowling Alone*, a. a. O., Kap. 23.

58 R. Bellah et al., *Gewohnheiten des Herzens*, a. a. O., S. 148.

59 T. J. Jackson Lears, *No Place of Grace*, a. a. O., R. Bellah et al., *Gewohnheiten des Herzens*, a. a. O., oder R. Putnam, *Bowling Alone*, a. a. O., geben zahlreiche Beispiele.

60 Robert und Helen Merrel Lynd beschreiben in der ersten sorgfältigen Untersuchung einer amerikanischen Kleinstadt in den 1920er Jahren die Änderungen im Verhalten der Bewohner seit 1890, das Jahr, das sie als Wendepunkt betrachten, der »einen verschlafenen, ländlichen Marktflecken (...) in eine Industriestadt verwandeln sollte.« Robert und Helen Merrel Lynd, *Middletown. A Study in modern American Culture*, San Diego u. a. 1929, S. 5. »In weniger als vier Jahrzehnten wurde die Klasse der Händler und die Klasse der Arbeiter, die Arbeitgeber und ihre Angestellten von der Industrie, diesem neuen Zug der Stadtkultur, der den Rahmen des ganzen Lebens bestimmt, eingeholt.« S. 87.

zwei Figuren hervor, die eine zentrale Stellung in der Erzählung einnehmen werden, die Amerika seit dem Ende des Zweiten Weltkriegs von sich selbst gibt: der Psychotherapeut und der Manager.

Der neurasthenische Moment
oder die Krise des moralischen Charakters

Wie auch in Europa entwickelt sich in Amerika eine kritische Literatur über die negativen Aspekte der Kultur anhand der Thematik des Drucks des modernen Lebens. Eine pathologische Entität, die von George M. Beard in einem Aufsatz von 1869 und dann von dem Physiologen Silas Weir Mitchell, einem der Gründer der American Physiology Society, beschrieben wurde, wird die Vorstellungen von der Gesellschaft als *moderner* Gesellschaft mit einer Nervenkrankheit verbinden.[61] Die Neurasthenie, diese »vornehme Krankheit«, wie Beard sie bezeichnet, ist eine Nervenschwäche, die durch Müdigkeit und Lethargie, durch Schlafstörungen und Kopfschmerzen charakterisiert ist. Die Neurasthenie symbolisiert die moralische und soziale Krise, die durch die Ersetzung der kleinen Gemeinde durch die große Gesellschaft hervorgerufen wurde. Sie leitet die Tradition der Krankheiten des modernen Lebens ein, das heißt die Vorstellung, daß das Leben in der Gesellschaft eine Ursache für moralische Leiden ist, die mit unserer Lebensweise zu tun haben. Die amerikanische Nervosität, *The American Nervousness*, Titel des Buches, das Beard 1881 veröffentlicht, fügt die Ambivalenzen dieser brutalen Veränderungen in einem pathologischen Begriff zusammen: Das Selbst wird dort aus der Gemeinschaft herausgerissen. »Das unabhängige Selbst schien kaum mehr standhalten zu können. [...] Und wenn die Autonomie eingedämmt wurde, dann wurde auch die persönliche moralische Verantwortlichkeit geschwächt.«[62] Das Selbst verliert das, was die Gemeinschaft ihm bot: einen Boden. 1905 schrieb ein Soziologe: »Wie viele meiner

61 T. Lutz, »Varieties of medical experience. Doctors and patients, psyche and soma in America«, in: M. Gijswijt-Hofstra, R. Porter (Hg.), *Cultures of Neurasthenia. From Beard to the First World War*, Amsterdam u. New York 2001.
62 T. J. Jackson Lears, *No Place of Grace*, a. a. O., S. 32.

Lebensinteressen erfordern es bei unseren gegenwärtigen Lebensgewohnheiten, daß ich jemand anderem vertraue!«[63] Die Unruhe, die aus dieser Nervosität hervorquillt, hängt mit einer wichtigen Veränderung der wechselseitigen gesellschaftlichen Abhängigkeit zusammen. Diese Veränderung ist durch eine quantitative Zunahme der Beziehungen des Individuums sowie durch eine Oberflächlichkeit und eine Unpersönlichkeit der Kontakte gekennzeichnet. Das wurde von zahlreichen amerikanischen Historikern und Soziologen als Verschiebung vom Charakter zur Persönlichkeit bezeichnet.[64] Das Selbst verliert zwar etwas, aber zugleich öffnet es sich auch, denn die sozialen Beziehungen werden kompliziert; sie müssen von der wachsenden Masse der Bevölkerung individuell entziffert werden. Ein Teilnehmer an einem Kongreß über die Scheidung beteuert 1908, daß »die Tugend sich nicht mehr in einer wörtlichen Befolgung willkürlicher Maßstäbe ausdrückt, die von der Gemeinschaft oder der Kirche gesetzt wurden, sondern vielmehr in einem Verhalten, das mit den Erfordernissen einer im Wachstum begriffenen Persönlichkeit übereinstimmt«. Der Historiker T. J. Jackson Lears sieht in diesem Verhalten die Verschiebung »stabiler Werte zu Werten, die sich in ständiger Bewegung befinden. Es markierte den Beginn einer Kultur, die die Betonung auf die persönliche Erfüllung legte (*self-fulfillment*) – die herrschende Kultur unserer Zeit.«[65] Im Gegensatz zum geregelten Verhalten in der selbstverwalteten Stadt haben die aus der Gemeinschaft herausgerissenen Individuen keine andere Wahl, als eine neue eigenständige Anstrengung zu entwickeln. Genauer geht es darum, sich eine Persönlichkeit zu schmieden, und dieser Zwang ist mit neuen Wahlmöglichkeiten verbunden, die der Massenkonsum und die

63 E. A. Ross, »New Varieties of Sin«, in: *Athlantic Monthly*, Mai 1905, zitiert von T. J. Jackson Lears, *No Place of Grace*, a. a. O., S. 34.
64 T. J. Jackson Lears, zum Beispiel in *No Place of Grace*, a. a. O., S. 53. »Eine affiliative Gesellschaft hängt viel stärker von der Integration der Persönlichkeit ab als eine traditionelle Gesellschaft«, schreibt A. Abbott, *The System of Professions. An Essay on the Division of Expert Labor*, Chicago u. London 1988, S. 283.
65 Ebd., S. 54. R. Bellah et al. schreiben über dieselbe Zeit: »In der neuen, mobilen Welt der Mittelschicht mußte ein autonomes Individuum einem anderen autonomen Individuum gegenübertreten, wobei die Selbstachtung und die Erfolgsaussichten von der Fähigkeit abhingen, Eindruck zu machen und Verhandlungsgeschick zu beweisen.« *Gewohnheiten des Herzens*, a. a. O., S. 148.

Großstadt durch ihre vielen Begegnungen mit Unbekannten eröffnet, die verschiedenartige Lebensweisen und Ursprünge aufweisen.[66]

Das Selbst wurde als ein »Charakter« bestimmt, nämlich als jener der strengen Askese des Puritaners. Künftig wird es eine »Persönlichkeit« sein. Der Charakter zeichnet sich durch die moralische Dimension aus. Die Persönlichkeit besitzt dagegen eine psychologische Dimension. Diese Verschiebung bewirkt eine hierarchische Umkehrung: Die moralische Rechtschaffenheit wird dem Begriff der Persönlichkeit zunehmend untergeordnet. Das Umschwenken des »Charakters« zur »Persönlichkeit« in den ersten drei Jahrzehnten des 20. Jahrhunderts deckt sich mit der Verschiebung von der Gemeinschaft zur Gesellschaft in einem künftig säkularen Kontext, in dem die Gruppe eine untergeordnete Stellung einnimmt, und zwar umso mehr, als der liberale Protestantismus einen beträchtlichen Aufschwung erfuhr. Das Selbst ist nun ein neu zu erkundendes Gebiet, eine innere Grenze, die Neurologen, Mediziner und Psychologen aller Arten im Ausgang von der Neurasthenie vermessen werden.

Die Emanzipation des Individuums von der sich selbst verwaltenden Gemeinde eröffnet Möglichkeiten materiellen Erfolgs, die zuvor nur für wenige zugänglich waren. Daher »fragten sich viele, [wo] neue Grenzen und Richtungen für individuelle Initiative jenseits der gelösten Bindungen an die lokale Selbstverwaltungsgemeinde gefunden werden [können]«.[67] Der Wandel in der Art der wechselseitigen sozialen Abhängigkeit, den der Übergang zu einer Nationalgesellschaft mit sich bringt, wird als Schwächung der sozialen Bindungen gedeutet, die jenes entwurzelte Selbst mit seinen krankhaften Dilemmata und seinem kranken Willen hervorbringt. Die Gesellschaftskritik hebt hervor, wie viel das Individuum, ob es nun dem neuen Proletariat oder den oberen Klassen angehört, von seinem Gewicht an Wirklichkeit und Sta-

---

66 Die Zunahme der Beziehungsdichte ist eine Konstante. Daniel Bell schreibt dazu folgendes: »Mit der wachsenden Zahl der Menschen und ihrer Ansammlung in den Städten weitete sich die gesellschaftliche Interaktion aus, vollzog sich ein Synkretismus von Erfahrungen, der eine unverhoffte Aufgeschlossenheit für neue Lebensstile und geographische und soziale Mobilität mit sich brachte, die früher unbekannt gewesen war.« D. Bell, *Die kulturellen Widersprüche des Kapitalismus*, übers. v. I. Presser, Frankfurt/M. 1991 (Originalausgabe 1976), S. 64.

67 R. Bellah et al., *Gewohnheiten des Herzens*, a. a. O., S. 68.

bilität[68] in der Großstadt verliert. Die Krise des traditionellen Individualismus – der Wandel der Gesellschaft – inszeniert noch einmal die Erzählung des Falls: Der Mensch, der in der Gemeinschaft sein eigener Herr war, wird zu einem, der von den anderen abhängig (im Großunternehmen) oder zur inneren Spaltung des Selbstbewußtseins verurteilt ist – ein zutiefst romantisches Thema. Virginia Woolf schreibt: »Im Dezember 1910 oder ungefähr zu dieser Zeit hat sich das Wesen des Menschen verändert.«[69]

Die Neurasthenie läßt eine neue Art von Expertentum entstehen, die der Soziologe Andrew Abbott »die Rechtshoheit über persönliche Probleme«[70] genannt hat. Diese werden zu einem zentralen Anliegen der amerikanischen Gesellschaft zwischen den beiden Weltkriegen und begünstigen dadurch die Herausbildung von Berufen, die sich auf eine vielgestaltige Praxis spezialisieren: die Psychotherapie. Zwischen dem Beginn der neurasthenischen Epoche Amerikas in den 1880er Jahren und ihrem Ende im Laufe der 1920er Jahre treten zwei neue Figuren als Begleiterscheinung auf: Der Psychotherapeut und der Manager. Letzterer geht aus der neuen Organisation der rationalisierten Arbeit, die zunächst tayloristisch und dann fordistisch war, und aus der Entwicklung der Vertriebsabteilungen hervor: Er handhabt Beziehungen, um die Arbeit effizienter zu gestalten und um den Verkauf der Produkte des Unternehmens zu erhöhen. Auf der anderen Seite entwickelt der Therapeut diejenige Art von Fähigkeit, die das bürokratische Unternehmen braucht: Therapien, die darauf abzielen, die Beziehungsfähigkeiten zu steigern, wodurch ein angemessenes Reagieren auf die mannigfaltigen Herausforderungen ermöglicht wird, die auf das Selbst einwirken können, ohne daß es von ihnen überfordert wird. Diese Therapien stellen das bevorzugte Mittel dar, um Selbstvertrauen und die Fähigkeit zu erlangen, sich innerhalb dieses neuen Stils von wechselseitiger Abhängigkeit zu orientieren.

---

68 »In einer säkularisierten Kultur, in der die umfassendsten Orientierungsrahmen schwinden, wird die antimoderne Suche nach dem ›wirklichen Leben‹ auf das Selbst allein fokussiert; die intensive Erfahrung wird zu einem Zweck an sich.« schreibt T. J. Jackson Lears, *No Place of Grace*, a. a. O., S. 58.

69 Zitiert von D. Bell, *Die kulturellen Widersprüche des Kapitalismus*, a. a. O., S. 64.

70 A. Abbott, *The System of Professions*, a. a. O. Ich beziehe mich hier auf das Kapitel 10.

Zwei Berufsgruppen engagieren sich bei den persönlichen Problemen: die Neurologen und der Klerus. Der Klerus befindet sich schon von Berufs wegen auf diesem Terrain, aber ab der zweiten Hälfte des 19. Jahrhunderts tritt ein liberaler Protestantismus in Erscheinung, der mit dem alten evangelikalen Stil bricht und für den Mitgefühl und Unterstützung der Evangelisierung vorausgehen müssen:[71] Der Gläubige hat nicht nur eine Seele, die gerettet werden muß, er besitzt auch eine leidende Psyche. William James, dessen Vater Pastor war, faßt 1902 die Wandlungen des Protestantismus zusammen: »Der Fortschritt des Liberalismus [...] innerhalb des Christentums im Laufe der letzten fünfzig Jahre kann berechtigterweise der Sieg [...] eines gesunden Geisteszustands über einen krankhaften Geisteszustand genannt werden, mit dem die alte Theologie des Höllenfeuers harmonisch verbunden war.«[72] Eine Kombination aus Religiosität und Populärpsychologie erscheint im Kontext der Verschiebung der traditionellen Ethik der Selbstbeherrschung zur viktorianischen Bourgeoisie. Die liberale Theologie entfernt sich vom sittenstrengen Calvinismus, um ein Glaubensbekenntnis zu formulieren, »das den spirituellen und materiellen Fortschritt miteinander verband und das allumfassende Heil predigte«.[73] Wenn die

71 Ebd., S. 300.
72 W. James, *The Varieties of Religious Experience*, London 1904, zitiert von Rubin, a. a. O., S. 199; dt.: *Die Vielfalt religiöser Erfahrung*, übers., hg. und mit einem Nachwort versehen v. E. Herms, Frankfurt/M. 1997. Pericles Lewis weist auf das Fortbestehen des Themas der *automachia* und der Bekehrung in Henry James' Roman *The American* (1877) hin: »In Begriffen der religiösen Erfahrung [...] impliziert einer der kennzeichnenden Züge des modernen Selbst – seine Uneinigkeit mit sich selbst – eine erneuerte Aufmerksamkeit auf ein Problem, das in der traditionellen amerikanischen Religion zentral war.« Der Held, Christopher Newman, der Geld verdient, als ob er einem *calling* folgte und sich sozusagen zum Kapitalismus bekehrt hat, läßt sich von einer anderen Figur als Methodist bezeichnen. Der Gegensatz Europa/Vereinigte Staaten und Protestantismus/Katholizismus bildet den Leitfaden des Romans. Pericles Lewis, »Christopher Newman's Haircloth Shirt: Worldly ascetism, conversion, and ›Auto-Machia‹ in *The American*«, in: *Studies in the Novel*, Herbst 2005, Bd. 3.
73 T. J. Jackson Lears, *No Place of Grace*, a. a. O., S. 23 sowie S. 44-45 und 48-49; A. Abbott, *The System of Professions*, a. a. O., S. 300 f. Zum Handel, der Religion und der psychotherapeutischen Kultur siehe W. Leach, *Lands of Desire. Merchants, power and the rise of a new American culture*, New York 1993, Kap. 7 und 8.

Gläubigen »auch Freiheit von der Angst gewannen, so verloren sie doch die Möglichkeiten der Ekstase«, die von der alten Rhetorik eingeräumt wurden. Die emotionale und spirituelle Intensität, die die Ungewißheit des Auserwähltseins hervorrief, wurde zugunsten eines Humanismus schwächer, der Gott mit einem säkularen moralischen Prinzip identifizierte. Die viktorianische Bourgeoisie der Großstädte hält zwar am Ethos der Selbstbeherrschung fest, aber befreit vom Ballast seiner Bezüge zum Jenseits: Es handelt sich um einen Kodex der Achtbarkeit, den Kodex des amerikanischen Gentleman. Die »Wertschätzung der Selbstbeherrschung«, so die Einschätzung Webers, führte in den protestantischen Gesellschaften zu unvorhersehbaren Folgen. So läßt sie sich zu Beginn des 20. Jahrhunderts vollkommen »in den besten Typen noch des heutigen englischen und angloamerikanischen ›gentleman‹« ausmachen.[74] Dieses Ethos hält ebenfalls die Tradition der Selbstprüfung und der Praktiken der Introspektion aufrecht: Bei den unsicheren Nachfahren der protestantischen Tradition, »für die das Heil unwirklich geworden war, erzeugte die Selbstprüfung eine diffuse Angst.«[75] Anstatt den Weg der Mobilität einzuschlagen, blieben sie im Bett, niedergeschlagen von ihrer Nervosität und mit gelähmtem Willen, der an den Qualen der Unentschlossenheit litt. Die Neurasthenie ist eine Krise des Selbstvertrauens.

Als Freud 1909 die Vereinigten Staaten besucht, ist die Psychotherapie dank der Emmanuel-Bewegung, einem Bündnis zwischen Ärzten und episkopalischen Pastoren, schon präsent. Dieses Bündnis ruft nicht nur eine ganz neue Berichterstattung in den Medien und eine Begeisterung der Öffentlichkeit hervor, sondern »verpflichtet die amerikanische Ärzteschaft [auch] dazu, ein Feld zu betreten, das sie lange vernachlässigt hat«.[76] Ein Ethos der Selbstverwirklichung, das dasjenige der Selbstbeherrschung überholt, verbreitet sich im Laufe der ersten beiden Jahrzehnte des 20. Jahrhunderts, und zwar vor allem in den Groß-

74 M. Weber, *Die protestantische Ethik und der Geist des Kapitalismus*, a. a. O., S. 156.
75 T. J. Jackson Lears, *No Place of Grace*, a. a. O., S. 49.
76 E. Caplan, »Popularizing American Psychotherapy. The Emmanuel Movement 1906-1910«, *History of Psychology*, 1998, Bd. 1, Nr. 4, sowie R. Plas, »Aux origines des thérapies comportementales et cognitives: psychanalyse, behaviorisme et scientisme aux États-Unis 1906-1970«, in: F. Champion (Hg.), *Psychothérapie et société*, Paris 2008.

städten. Die Ratgeberliteratur für die städtischen Mittel- und Oberschichten wird schnell zu einer literarischen Gattung: Sie konzentriert sich auf die Selbstentfaltung und auf das Pflegen der Beziehungen zu den anderen. Der Druck, den das moderne Leben auf das Individuum ausübt, wird immer wieder in den Zeitschriften thematisiert. Anscheinend zeigen sich hier bei den gebildeten Schichten neue emotionale Bedürfnisse, die sich aus dem Niedergang der Pioniersmoral und des Einflusses der Religion auf eine Bevölkerung ergibt, die früher auf dem Land wohnte. Eine Vielzahl von *positive thinkers* erscheint und bildet die erste Gruppe von Profis für das Wohlbefinden. Die protestantischen Liberalen bemächtigen sich dieses Ethos', um die religiöse Spiritualität an das städtische Milieu anzupassen. In den 1920er Jahren beschwört Harry E. Fosdick, einer der einflußreichsten dieser Pastoren, in seinen Predigten die Vitalität von Jesus Christus und sein Vertrauen auf das menschliche Potential: »Nicht der äußere Tempel, sondern die innere Persönlichkeit des Menschen mit all ihren Möglichkeiten und Fähigkeiten [...] ist unendlich heilig.«[77] Ist nicht jeder Mensch für sich allein eine Kirche?

Die Neurologen erhalten eine immer größer werdende Bedeutung aufgrund des Aufsehen erregenden Erfolgs des Buches von George Beard, der die negativen Auswirkungen der »modernen Kultur« zusammenfaßt. Die nervöse Erschöpfung trifft man häufiger in der Stadt als auf dem Land an, in den Büros mehr als an den Verkaufsständen oder auf den Farmen. Beard erhebt sie in den Rang eines »Zentralafrikas der Medizin – ein unerforschtes Gebiet, das wenige Menschen betreten«.[78] Die Literatur der Epoche ist der Auffassung, daß die Neurasthenie soziale Ursachen habe – die schnellen Veränderungen der Gesellschaft – und daß es sich um eine funktionelle Krankheit handelt. Im Unterschied zum Klerus verstanden die Neurologen die persönlichen

77 H. E. Fosdick, *Adventurous Religion and Other Essays*, New York 1926, zitiert von T. J. Jackson Lears, »From Salvation to Self-realization. Advertising and the Therapeutic Roots of the Consumer Culture 1880-1930«, in: R. Wightman Fox, T. J. Jackson Lears (Hg.), *The Culture of Consumption. Critical Essays in American History 1880-1930*, New York 1983, S. 14.
78 Zitiert von A. Rabinbach, *The Human Motor. Energy, Fatigue, and the Origins of Modernity*, Berkeley u. Los Angeles 1990, S. 153; dt.: *Motor Mensch: Kraft, Ermüdung und die Ursprünge der Moderne*, übers. v. E. M. Vogt, Wien 2001, S. 182.

Probleme viel stärker in medizinischen Begriffen, mit Symptomen, Mechanismen und Ursachen. Sie hatten auch spezifische Therapien: im wesentlichen die Erholungskur und die Diäten. Gleichzeitig erteilten sie Ratschläge für das Alltagsleben und förderten die Verhaltenstherapie. Die Psychotherapie gewinnt die Aufmerksamkeit der Ärzte und Neurologen aufgrund der Übersetzung mehrerer Werke über Verhaltenstherapie, der Veröffentlichung Dutzender Aufsätze über diese Technik ganz zu Beginn des 20. Jahrhunderts, der Reisen von Pierre Janet im Jahr 1904 und von Sigmund Freud im Jahr 1909 in die Vereinigten Staaten.

Die Psychologen besetzen das Gebiet der Erteilung von Ratschlägen. Sie berufen sich auf einen wissenschaftlichen Ansatz, um Eheprobleme oder Probleme der Kindererziehung zu behandeln. John B. Watson, der Gründer des Behaviorismus, hat beispielsweise ein Buch über Kindererziehung geschrieben, das großen Erfolg hatte. Gleichzeitig wurde die angewandte Psychologie von zahlreichen Kritikern verspottet und aufgrund der nur geringen wissenschaftlichen Erkenntnisse, die sich angesammelt hatten, als Scharlatanerie betrachtet. Der Ton wird schärfer, als die Neurasthenie beginnt, zum Gegenstand einer wachsenden Welle des Protests zu werden, deren zentrales Argument darin bestand, daß das Wort in Wirklichkeit eine weitgehende Unwissenheit bemäntelte. Dieser Komplex von Symptomen sollte entweder als eine Gesamtheit verschiedener Pathologien (Symptom und Krankheit wurden verwechselt) oder als Reaktion und nicht als Krankheit betrachtet werden.[79] Von den Neurologen immer mehr zugunsten von genauer abgegrenzten Krankheitsbildern aufgegeben, wird die Neurasthenia zur »wichtigsten diagnostischen Kategorie, die von den Allgemeinmedizinern für zahlreiche emotionale, psychologische oder nervöse Störungen verwendet wird.«[80]

Zu Beginn noch wenig zahlreich (einige hundert im Jahr 1900), gesellen sich den Neurologen immer mehr Psychiater zu, die im Laufe der 1920er Jahre ihren Zuständigkeitsbereich über die psychiatrischen Krankenhäuser hinaus auf eine liberale Klientel, aber auch auf soziale Probleme (wie zum Beispiel die Jugendkriminalität) ausdehnen. Sie betreten den Markt mit einer

79 T. Lutz, »Varieties of Medical Experience. Doctors and Patients, Psyche and Soma in America«, a. a. O., S. 58-60.
80 Ebd., S. 64.

zweifachen Theorie der Anpassung und der Prävention: Die nervösen Geistesstörungen ergeben sich aus einer Fehlfunktion der Anpassung zwischen Individuum und Gesellschaft, und das Verständnis dieses Mechanismus, so behaupten sie, ermöglicht es, Geisteskrankheiten sowie sozialer Devianz vorzubeugen. Während dieses Jahrzehnts wird ein Konsens erzielt, um zwischen (neurologischen) Läsionspathologien und (psychiatrischen) Funktionspathologien zu unterscheiden. In diesem Konsens spielt das psychoanalytische Modell eine Hauptrolle, indem es gegenüber dem allgemeinen Eklektizismus eine professionelle Lehre lieferte.

Andrew Abbott hat gezeigt, daß die rechtshoheitlichen Ansprüche durch drei Modalitäten gekennzeichnet sind: »Ansprüche der Klassifikation eines Problems, über es nachzudenken und es zu behandeln; in formaleren Begriffen: zu diagnostizieren, Schlußfolgerungen zu ziehen und zu behandeln.«[81] In einem Bereich wie dem der Geisteskrankheiten, in dem die Verbindungen zwischen Diagnose und Behandlung gewagt sind, nimmt die Schlußfolgerung eine entscheidende Stellung ein. Nun hat die Psychoanalyse ein solides Schlußfolgerungsverfahren geliefert, indem sie in einem kohärenten Ganzen die Ätiologie der Neurosen, die Beschreibung ihrer differenzierten psychischen Mechanismen und ihre Behandlung mit Hilfe der Sprache formuliert hat. Zahlreiche Neurologen sind zu Psychoanalytikern geworden, die Psychiater haben im allgemeinen den Freud'schen (»psychodynamischen«) Stil angenommen, ohne im strengen Sinne Psychoanalytiker zu sein, und unmittelbar danach ist »die« Psychotherapie zu *der* Behandlungsart geworden.[82] In der Psychiatrie haben die ersten biologischen Methoden zur Behandlung von Geisteskrankheiten im Laufe der 1940er Jahre die Verwendung der Psychotherapie für psychiatrische Populationen angeregt.[83]

81 A. Abbott, *The System of Professions*, a. a. O., S. 40.
82 Die Geschichte der psychiatrischen Abteilung des Mount Sinai Hospital in New York zeigt den Archiven zufolge deutlich die Rolle der Psychoanalyse in der Festsetzung dieser rechtshoheitlichen Grenze. M. Stein, »The establishment of the department of psychiatry in the Mount Sinai Hospital: A conflict between neurology and psychiatry«, in: *Journal of the History of Behavioral Sciences*, Sommer 2004, Bd. 40, Nr. 3.
83 A. Abbott, *The System of Professions*, a. a. O., S. 310. Zum entsprechenden Punkt in Frankreich siehe A. Ehrenberg, *Das erschöpfte Selbst*, a. a. O., Kapitel II.

Von den 1920er Jahren an ist die Psychoanalyse in den Vereinigten Staaten und in Großbritannien Gegenstand eines massiven Interesses in der akademischen Welt, der Presse und in den Verlagen. So arbeitet das sehr einflußreiche *Journal of Nervous and Mental Disease*, das von 1902 bis 1945 von Smith Ely Jelliffe und William A. White geleitet wurde, im Laufe dieses Jahrzehnts eine neue Klassifikation von Geisteskrankheiten aus, die der Psychoanalyse eine wichtige Stellung einräumt. White schreibt in dieser Zeitschrift 1922, daß »Freuds Beitrag so betrachtet werden kann, daß er für die Psychopathologie von derselben Bedeutung ist wie der Darwins für die Biologie«.[84] Über den Weg von Presse und Buchveröffentlichungen hat die Psychoanalyse zu »offeneren Diskussionen über das Geschlechtliche [beigetragen], als das bislang der Fall war«, und hat den Sorgen der Epoche um das »innere Selbst« eine Sprache verliehen. Der britische Schriftsteller H. G. Wells dachte, daß die Psychoanalyse die Treuhänderin großer Hoffnungen war und daß sie im Laufe des 20. Jahrhunderts »eine wachsende Tendenz zur Psychologisierung der rechtlichen, politischen, finanziellen und ökonomischen Zustände [hervorbringen sollte]«.[85] Die Feindseligkeit Freud gegenüber bezog sich im wesentlichen auf die sexuelle Ätiologie, wohingegen Adler und Jung oder Stekel auf viel günstigere Weise präsentiert wurden. Eine Vielzahl eklektischer Bücher, die von der Psychoanalyse im wesentlichen nur die Begriffe des dynamischen Unbewußten und der psychischen Konflikte zurückbehielten, wurde von der Presse sehr wohlwollend aufgenommen. Sie repräsentierten »den wichtigsten Beitrag zur Verbreitung und Aneignung der Psychoanalyse innerhalb der großen, gebildeten Öffentlichkeit«.[86] Im Unterschied zu Frankreich wurde in den Vereinigten Staaten die Psychoanalyse im Zusammenhang eines allgemeinen Interesses an der Psychologie eingeführt, und zwar einer Psychologie, die die Hoffnung trug, persönliche Fähigkeiten zu optimieren, um erfolgreich mit den anderen in Kontakt zu treten. Seit der Zeit zwischen den beiden Weltkriegen ist die amerikanische Psychoanalyse demokratischer als die europäische:

84 T. Lutz, »Varieties of Medical Experience. Doctors and Patients, Psyche and Soma in America«, a. a. O., S. 62.
85 Zitiert von D. Rapp, »The Reception of Freud by British Press. General Interest and Literary Magazines, 1920-1925«, in: *Journal of the History of the Behavioral Sciences*, April 1988, Bd. 24, S. 192.
86 Ebd., S. 198.

Zu den Psychoanalytikern »kamen in viel größerem Maße Industriearbeiter, Sekretärinnen und arme Künstler.«[87] 1956 konnte der Literaturkritiker Alfred Kazin in der *New York Times* schreiben, daß Freuds Erfolg »an sein nachdrückliches Betonen der individuellen Erfüllung, des Glücks und der Befriedigung« gebunden war: »Niemand kann die Menschen zählen, die jede beliebige Krise als persönliches Scheitern auffassen und sich der Psychoanalyse oder der psychoanalytischen Literatur wegen einer Erklärung ihrer Leiden zuwenden.«[88]

Psychoanalyse, Soziologie, Kulturalismus: die Stimmen der Persönlichkeit (1930-1950)

Ein weiteres Element unterscheidet die beiden Psychoanalysen sowie die Beziehungen zwischen Soziologie und Psychoanalyse auch noch: Die Rolle, die die Frankfurter Schule und der Kulturalismus in der Gunst gespielt hat, die das Thema der Persönlichkeit in den Vereinigten Staaten genoß. Diese Dinge vollziehen sich zwischen den 1930er Jahren, mit den Arbeiten von Erich Fromm und Karen Horney, und 1950, dem Jahr der Veröffentlichung von David Riesmans *Die einsame Masse*. Der Transformation des ehemals moralischen Charakters in die neue psychologische Persönlichkeit fügen diese Arbeiten den Begriff des *sozialen* Charakters oder der *kollektiven* Persönlichkeit hinzu, wobei beide Begriffe äquivalent sind. Dieser Begriff eröffnet einen Raum des Austauschs zwischen Psychoanalyse und Soziologie, wobei die Psychoanalyse die Individualpsychologie und die Soziologie die Kollektivpsychologie behandelt. Mit der Charakterneurose, die einen immer größer werdenden Raum in der Psychoanalyse einnehmen wird (siehe 2. Kapitel), verleihen diese Arbeiten der Erzählung Amerikas eine neue, soziologische und anthropologische Stimme, nämlich die des amerikanischen Charakters. Sie haben am *american way* teil, an jenem moralischen Individualismus, der der Verschmelzung des persönlichen und des gemeinschaftlichen Selbst einen unübertrefflichen Wert zu-

---

87 E. Kurzweil, *The Freudians. A Comparative Perspective*, New Haven u. London 1989, S. 50.

88   Zitiert v. N. Hale, *The Rise and Crisis of Psychoanalysis in the United States. Freud and the American. 1917-1985*, Oxford 1995, S. 288.

weist. Die Frankfurter Schule, die Schule von »Kultur und Persönlichkeit« usw. sind ebenso viele Beiträge zur amerikanischen Art und Weise, sich das Gemeinschaftsleben im Ausgang vom Individuum als einem selbstmotivierten Akteur vorzustellen. Sehr häufig ist implizit oder explizit die Methode der Typenbildung Max Webers das bevorzugte Werkzeug – man könnte sagen, daß die amerikanische Stimmung weberianisch, die französische Stimmung dagegen durkheimianisch ist.

Das Problem der Persönlichkeit und des Charakters ist sehr präsent im Kulturalismus dieser Dissidenten der Psychoanalyse oder Neofreudianer, nämlich bei Erich Fromm, einem Psychoanalytiker und Soziologen, der mit der Theorie der Libido in den 1930er Jahren bricht (ausgebildet am Institut für Sozialforschung in Frankfurt, das 1923 gegründet und seit 1930 von Max Horkheimer geleitet wurde), Karen Horney, seiner Mitarbeiterin, Harry Stack Sullivan (mit dem Freud in den Jahren 1930-1940 häufig zusammengearbeitet hat) oder Abraham Kardiner. Fromm war zwischen den 1940er Jahren und dem Beginn der 1960er Jahre in intellektueller und kommerzieller Hinsicht ein sehr einflußreicher Autor.[89] 1929 hatte er eine Studie zur Sozialpsychologie der Arbeiter im Auftrag des Instituts für Sozialforschung durchgeführt, die den Ursprung von Untersuchungs- und Meßmethoden bildet, die Adorno und seine Mitarbeiter in *Die autoritäre Persönlichkeit* (1950) verwenden werden, insbesondere die *F-Skala* (F für Faschismus), die gestattet, den Grad von Autoritarismus zu messen. Fromm führte zwar die Psychoanalyse am Institut für Sozialforschung ein, aber am Ende der 1930er Jahre vollzog sich der Bruch mit Horkheimer und Adorno aufgrund der unterschiedlichen Auffassungen vom Stellenwert der Triebe, wobei Letztere am Trieb festhielten, da »die materialistische Biologie« für ihre Soziologie wesentlich war. Nachdem Fromm 1933 in die Vereinigten Staaten gegangen war, wurde er im Jahre 1941 mit der Veröffentlichung von *Escape from Freedom* berühmt. Robert K. Merton, einer der wichtigsten amerika-

---

89 Zu Fromm stütze ich mich auf zwei Arbeiten des Soziologen Neil McLaughlin, »How to become a forgotten Intellectual. Intellectual Movements and the Rise and Fall of Erich Fromm«, in: *Sociological Forum*, Juni 1998, Bd. 13, Nr. 2 und »Origin Myths in the Social Sciences. Fromm, the Frankfurt School and the Emergence of Critical Theory«, in: *Canadian Journal of Sociology/Revue canadienne de sociologie*, Winter 1999, Bd. 24, Nr. 1.

nischen Soziologen des 20. Jahrhunderts, war der Ansicht, daß dieses Buch beispielhaft dafür war, was man tun mußte, um die Verbindungen zwischen Gesellschaftsstrukturen und Sozialpsychologie zu verstehen. Die Hauptvertreter der Kulturanthropologie (wie zum Beispiel Margaret Mead oder Ruth Benedict) haben diesem Buch Studien gewidmet, und Fromm beteiligte sich am Ausbau dieser Strömung.[90]

Fromm zufolge besteht das Ziel der Psychoanalyse in der Befreiung des wahren Ich. In einem Aufsatz von 1934, der auf deutsch veröffentlicht wurde, faßt er seine Konzeption der Verbindungen zwischen der individuellen und der kollektiven Persönlichkeit zusammen:

> Zusammenfassend kann man sagen, daß der patrizentrische Typ durch einen Komplex charakterisiert ist, in dem strenges Überich, Schuldgefühle, gefügige Liebe gegenüber der väterlichen Autorität, Herrschlust gegenüber Schwächeren, Akzeptieren von Leiden als Strafe für eigene Schuld und gestörte Glücksfähigkeit dominierend sind. Der matrizentrische Komplex ist hingegen durch ein Gefühl optimistischen Vertrauens in eine unbedingte mütterliche Liebe, geringeres Schuldgefühl, geringere Stärke des Überichs und stärkere Glücks- und Genußfähigkeit gekennzeichnet.[91]

Den Patrizentrismus bezieht er auf den analen Charakter und den Matrizentrismus auf den oralen Charakter. Daher muß sich die Psychoanalyse um den Einfluß der sozialen Phänomene kümmern und die Soziologie die Individualpsychologie integrieren.[92] Das ist bei Fromm eine Konstante. Um die Verbindung zwischen der Psyche und dem Sozialleben zu begründen, benutzt er die Weber'sche Typenbildung und die psychoanalytische Charakterologie. Eine solche Position impliziert, daß »die Unterscheidung zwischen dem normalen und dem neurotischen Charakter allerdings ein ganz fließender und in erster Linie vom Grad der gesellschaftlichen Unangepaßtheit her zu bestimmen [ist]«.[93] Halten

90 N. McLaughlin, »How to become a forgotten Intellecual«, a. a. O., S. 230.
91 E. Fromm [1934], »Die sozialpsychologische Bedeutung der Mutterrechtstheorie«, in: E. Fromm, *Gesamtausgabe: Analytische Sozialpsychologie*, Stuttgart 1980, S. 104.
92 Ebd., S. 109.
93 E. Fromm [1932], »Die psychoanalytische Charakterologie und ihre Bedeutung für die Sozialpsychologie«, in: E. Fromm, *Gesamtausgabe: Analytische Sozialpsychologie*, a. a. O., S. 59.

wir fest, daß das Privileg, das der Wirklichkeit und der wirklichen Geschichte des Patienten in der Ätiologie der Neurosen zugestanden wird, beträchtlich ist.

1937 veröffentlicht Karen Horney *Der neurotische Mensch unserer Zeit*. Mit dieser Bezeichnung meint sie [nicht nur], daß »es neurotische Menschen gibt, die wesentliche Absonderlichkeiten miteinander gemein haben, sondern auch, daß ihre fundamentalen Ähnlichkeiten im wesentlichen durch die Schwierigkeiten, die in unserer Zeit und Kultur existieren, hervorgerufen werden.«[94] Die Konditionierung durch die Kultur ist eine der Hauptursachen für die Neurose, und der Analytiker muß versuchen, den Patienten zu verstehen, damit er sich an sein Milieu anpassen kann. Nach Horney ist die Psychoanalyse ein Mittel zur Selbstverwirklichung, sie kritisiert den Biologismus Freuds. Fromm und Horney unterstellen Freud eine mechanistische Biologie und werfen ihm vor, die kulturellen Faktoren vernachlässigt zu haben. Fromm zufolge darf man den Charakter nicht in Abhängigkeit von der Sexualität verstehen, sondern »als das Produkt zwischenmenschlicher Beziehungen«.[95] Fromm und Horney vertreten den Kulturalismus Malinowskis. Für Horney ist die Psychoanalyse eine Methode, die dem Menschen ermöglicht, seine Potentiale zu entwickeln, um so den Mut zu finden, er selbst zu werden. Ihr letztes Buch *Neurose und menschliches Wachstum* (1950) trägt den Untertitel *Das Ringen um Selbstverwirklichung*.

Der Charakter ist auch der *Topos*, anhand dessen die Frage nach den Beziehungen zwischen der Persönlichkeit und der gesellschaftlichen Normativität erscheint. In einer Ausgabe des *American Journal of Sociology* aus dem Jahr 1939, die gänzlich Freud gewidmet war, hält der Soziologe Ernest Burgess von der Universität Chicago eine Lobrede auf die Psychoanalytiker, die durch die Revision Freuds die Psychoanalyse der Soziologie angenähert haben. Sie stellen »die systematischsten Versuche einer Grundlegung des psychoanalytischen Beitrags und einer Integra-

94 K. Horney, *Der neurotische Mensch unserer Zeit*, übers. v. G. Lederer-Eckhardt, Stuttgart 1951, S. 23. Neben diesem Werk Horneys habe ich mich auf Y. Bres, *Freud et la psychanalyse américaine: Karen Horney*, Paris 1970, gestützt.

95 E. Fromm, »Die Furcht vor der Freiheit«, in: *Gesamtausgabe: Analytische Sozialpsychologie*, S. 387. Siehe Y. Bres, *Freud et la psychanalyse américaine*, a. a. O., S. 75.

tion dieser Grundlagen in die Beiträge der Soziologie und der Kulturanthropologie dar«.[96] Er bezieht sich auf die Neo-Freudianer (Franz Alexander, Harry Stack Sullivan, Karen Horney). Horney vertritt ihm zufolge »den systematischsten Versuch«. Er zitiert aus einem ihrer Werke: »Die Störung der menschlichen Beziehungen wird zum entscheidenden Faktor in der Entstehung der Neurosen. Eine vornehmlich soziologische Ausrichtung nimmt die Stelle der anatomisch-physiologischen Orientierung ein.«[97] Daran ist also der Soziologe interessiert, hier hofft er die Psychologie nutzen zu können, um Soziologie zu betreiben. In derselben Ausgabe bestreitet Karen Horney die Unterscheidung zwischen Übertragungs- und Charakterneurosen: »Jede Neurose ist wesentlich eine Störung des Charakters« und die Symptome »sind nur ein Nebenprodukt davon«[98] – das englische Wort hat sowohl die Bedeutung von »Charakter« als auch von »Persönlichkeit«. Und der Charakter schließt, wie Horney nachdrücklich betont, die Einführung eines gesellschaftlichen Gesichtspunkts »in ein Gebiet [ein], das bis heute von der medizinischen Psychiatrie in Anspruch genommen wurde. Höhenangst oder ein gelähmter Arm können als Krankheit betrachtet werden. Aber eine starre Einstellung oder eine zwanghafte Tendenz deuten auf soziale Bewertungen hin.«[99]

Von den 1930er Jahren an macht sich in der amerikanischen Psychoanalyse eine besondere Tonart geltend, die einerseits durch ein Ideal der Anpassung und andererseits durch die Selbstverwirklichung oder das persönliche Wachstum gekennzeichnet ist. Sie setzt sich in den 1950er Jahren mit der Schule der Ich-Psychologie fort, aus der die psychoanalytische und anschließend die soziologische Debatte über den Narzißmus hervorgehen wird. Diese Tonart der Anpassung, die lebhafte Kritik seitens

96 E. Burgess, »Freud and Sociology in the United States«, in: *The American Journal of Sociology*, November 1939, Bd. 45, Nr. 3, S. 369.

97 Ebd., S. 370.

98 K. Horney, »What is a Neurosis?«, in: *The American Journal of Sociology*, ebd., S. 427. Bei A. W. Green findet man eine scharfe Kritik an Horney und Fromm, »Sociological Analysis of Horney and Fromm«, in: *The American Journal of Sociology*, Mai 1946, Bd. 51, Nr. 6. »Vergeblich sucht man«, so Green, »in den Schriften von Horney nach einer Tatsache über die Art und Weise, wie kulturelle Tendenzen zu Persönlichkeitstendenzen werden.« S. 534.

99 Ebd., S. 427.

der französischen Psychoanalytiker hervorrief und immer noch hervorruft, muß soziologisch so verstanden werden, daß sie auf dem amerikanischen Ideal der Demokratie beruht, das die Unabhängigkeit und die wechselseitige Abhängigkeit in der persönlichen Behauptung des Selbst miteinander verschmilzt.

Ein Mann in der Schwebe: die analytische Einstellung zwischen Puritanismus und Demokratie

Ein Roman gestattet die Beschreibung der geistigen Landschaft, die für den Stil einer Einstellung charakteristisch ist, welche von der individualistischen Welle der Selbstverwirklichung mitgerissen wurde: die analytische Einstellung,[100] die für den demokratischen Menschen das ist, was die Selbstprüfung für den Puritaner war. 1944 veröffentlicht Saul Bellow seinen ersten Roman *Der Mann in der Schwebe*, der in Chicago spielt, einer Stadt, die den neuen Kapitalismus vom Ende des 19. Jahrhunderts verkörpert. Der Held, Joseph, der auf die Einberufung zum Militär wartet, ist in eine Periode persönlicher Selbstbefragung eingetreten, die sich aus der zweifachen Aufgabe seines Berufslebens und seiner Rolle als kommunistischer Aktivist ergibt. Diese Periode der Schwebe endet mit seiner Einberufung in die amerikanische Armee, die das Ende des Interimszustands besiegelt – der Roman beginnt am 15. Dezember 1942, das heißt etwas mehr als ein Jahr nach dem japanischen Angriff auf Pearl Harbour. Dieser Roman scheint mir beispielhaft dafür zu sein, wie die puritanische Selbstprüfung durch die demokratische Ungewißheit verändert wird.

Im Zustand der Demoralisierung, gefangen in einem Gefühl der Weltentfremdung, hat Joseph das spontane Einvernehmen verloren, das ihn in die Gemeinschaft der Menschen einfügte (die der kommunistischen Partei und die der amerikanischen Gesellschaft, wobei die beiden sich überschneiden). Wenn Joseph hier und da auf seine Depression anspielt, handelt es sich nicht um den Bericht über eine Depression, sondern um eine Haltung der

---

100 »Kein Buch kennzeichnete so gut wie dieses, auf welche Weise Freud Marx ersetzt hat.«, schreibt P.-Y. Pétillon, *Histoire de la littérature américaine*, a. a. O., S. 72. Ich übernehme den Ausdruck der analytischen Einstellung von Philip Rieff. Siehe unten, 3. Kapitel.

Selbstprüfung. Dieser Zustand entfernt ihn »weit vom notwendigen Vertrauen [...], das dem gesunden Verstand zur Seite steht«, denn, »[wenn] man ganz auf sich selbst zurückgeworfen ist, werden die Tatsachen des einfachen Daseins zweifelhaft«.[101] Der Roman hat die Form eines Tagebuchs. Er ist zugleich die Erzählung der Auflösung von Bindungen[102] und einer Selbstprüfung. Er erzählt den Bruch einer Person im Übergang, für die der Übergangszustand eine Lebensweise ist. Sie ist nirgendwo mehr zu Hause. Von Anfang an erinnert das Tagebuch daran, daß »[es] eine Zeit [gab], als die Menschen der Gewohnheit frönten, die Rede häufig an sich selbst zu richten, und sich keineswegs schämten, ihre inneren Transaktionen aufzuzeichnen.« Diese Zeit der Selbstprüfung ist unter der Last eines neuen Kodex verschwunden, »dem Kodex des Athleten, des rauen Gesellen – ein amerikanisches Erbteil [...] des englischen Gentleman, jener sonderbaren Mischung aus Streben, Askese und Starre«, die Hemingway in den amerikanischen Briefen verkörpert. Dort, wo der Schriftsteller als Ausreißer seinem Ich durch die Begegnung mit einem Stier oder einer faschistischen Konterrevolution mannhaft die Stirn bietet, verfügt Joseph über diese Vermittlun-

---

101 Ich verwende den Originaltext (in der Ausgabe von Penguin Books, 1996), denn die Übersetzung von Michel Déon ist unzuverlässig (*Mind/cerveau* [Gehirn], *feeling*/sensations [Empfindungen], *thoughtful*/inquiet [beunruhigt, besorgt] usw.). Ich habe sie modifiziert, wenn es nötig war.

102 Pétillon zufolge löst sich Joseph von der Erzählung der Aufklärung los, »aber diese Loslösung wird selbst in die Erzählung aufgenommen, die die Darstellung eines Bruchs, eines Risses im Gewebe der Zeit ist: eine Zeit des Übergangs, in der die alte Welt stückweise in einer Erschütterung auseinanderfällt, die zunächst nur durch einige ›sporadische Symptome‹ angezeigt wird, während man die neue Konstellation der kommenden Welt zunächst nur undeutlich erkennt.«, P.-Y. Pétillon, *L'Europe aux anciens parapets*, a. a. O., S. 63. In Chicago »hält man sich an die alte Regel der republikanischen Ethik, die in den 20er Jahren von Präsident Harding [›This is essentially a business country‹] und Präsident Coolidge erlassen wurde: ›*The business of America is business.*‹«, P.-Y. Pétillon *La Grand-Route*, a. a. O., S. 127. Von diesem Augenblick an lebt der Schriftsteller im Exil. Business schließt auch die Tatsache ein, daß man geschäftig ist, immer *restless*. »Im grobschlächtigen Chicago [raw Chicago] konnte man den menschlichen Geist unter dem Industrialismus studieren«, erklärt der Held von S. Bellows *Humboldt's Gift* [1975], S. 108; dt.: *Humboldts Vermächtnis*, übers. v. W. Hasenclever, Köln 1980, S. 128.

gen nicht mehr; die Konfrontation ist unvermittelt.[103] Er präsentiert diesen Kodex in Gestalt einer Reihe von Fragen und Antworten:

»Hast du Empfindungen? Man kann sie auf rechte und auf unrechte Weise zeigen. Hast du ein Innenleben? Das geht niemanden an als dich. Hast du Leidenschaften? Würge sie ab. [...] Das Ernste ist den Hartgesottenen zumeist verschlossen. Sie sind in der inneren Einsicht nicht geübt und daher schlecht gerüstet, mit Gegnern fertig zu werden, die sie nicht wie Großwild niederschießen oder im Wagemut übertreffen können.« Sein Tagebuch dient ihm nicht dazu, seine Klage auszubreiten, jedenfalls nicht mehr, als im literarischen Ausdruck eine moralische Erleichterung zu suchen, sondern dazu, »mit [sich] selbst zu reden«,[104] etwas Klarheit in der Verwirrung zu finden, die Spannung zwischen seiner persönlichen Verlangsamung und der Beschleunigung einer immer aktiven, immer geschäftigen Welt zu erforschen.

Dieses Tagebuch setzt die Tradition der puritanischen Erzählung fort, aber im weltlichen Kontext der Business-Gesellschaft, des Konsums und der Großstadt. Es beschreibt die unterirdische Welt des gespaltenen Selbst. Als er ein Adagio von Haydn anhört, scheint er in das beispielhafte Leben des Puritaners zu schlüpfen: »Seine einfachen Anfangstakte, Vorbereitungen eines gedankenvollen Bekenntnisses, zeigten mir, daß ich im Leiden und in der Demut noch ein Lehrling war. [...] Was ich mit ihnen beginnen, wie ich ihnen begegnen sollte, war in der zweiten Erklärung beantwortet, mit Gnade und ohne Bosheit.«(S. 75) Diese Erzählung ist jedoch nicht mit Blick auf ein mögliches Heil im Jenseits oder eine Erleichterung im Diesseits konstruiert. Joseph wird durch die Verachtung seinesgleichen in Versuchung geführt: »Es konnte kein Zweifel bestehen, daß diese Reklametafeln, Straßen, Geleise, Häuser, häßlich und blind, auf das Innenleben Bezug hatten.«(S. 26) Aber er gibt ihr nicht nach und plädiert zugunsten des Menschen: »Ich hatte mich immer bemüht, Vorwürfe gegen sie zu vermeiden. [...] In ihren Geschäften und ihrer Politik, ihren Gaststätten, Angriffen, Scheidungen,

103 Bellow, schreibt Pétillon, zeigt »die Verwirrung, die diesen offiziellen Helden der ›amerikanischen‹ Kultur überwältigt«, als er direkt »mit den Emotionen [konfrontiert ist], die in der Arena des Ich aufsteigen, die er sich so sehr mit einem Schutzwall einzugrenzen bemüht hatte.« P.-Y. Pétillon, *La Grand-Route*, a. a. O., S. 74.
104 S. Bellow, *Der Mann in der Schwebe*, a. a. O., S. 8.

Morden versuchte ich unablässig eindeutige Zeichen ihrer gemeinsamen Menschlichkeit zu entdecken.« (S. 26) Denn er muß sich anstrengen, um dies einzuräumen und sich nicht der Verachtung oder dem Skeptizismus gegenüber jenen hinzugeben, die nicht aus dem materialistischen *mainstream* ausscheren. In diesem Sinne ist Josephs Tagebuch vom demokratischen Geist durchdrungen, dem Geist eines Menschen, der sehr konkret nach dem Maßstab der »Auflösung der Orientierungspunkte der Gewißheit« lebt, aber »dessen Ehre darin besteht«, wie Claude Lefort schreibt, »zu denken und zu handeln, ohne in den Nihilismus zu verfallen«.[105] Joseph ist das demokratische Heldentum in Person. Über die Welt sagt er: »[Es] ist zu leicht, ihr abzuschwören oder sie zu verabscheuen.« (S. 158) Es gibt keine Alternative zu dieser Welt, die ihren Anreiz verloren hat. Es bleibt nur die demokratische Eintönigkeit, die Wiederholung desselben: »[Für] mich trifft es unzweifelhaft zu, daß die Tage ihre Unterscheidbarkeit verloren haben. Früher gab es Backtage, Waschtage, Tage, die Geschehnisse einleiteten, und Tage, die sie beendeten. Aber jetzt sind sie ununterschieden, alle gleich [...].« (S. 92) Das ist nicht die Gleichheit der Rechte, sondern der von Tocqueville identifizierten Nivellierung, der Langeweile,[106] der Depression. Die Einzelheiten des Alltags haben jeglichen märchenhaften Charakter verloren. Man darf vor der Abwesenheit der Magie, vor der Entzauberung nicht zurückweichen, jedenfalls nicht mehr, als vor der Verachtung für das Amerika des Konformismus und des Komforts, denn »[wir dürfen] aus unserem Gefühl kein Dogma machen.« (S. 159) Es geht weniger darum zu wissen, ob das Schicksal Amerika rettet oder verdammt, als vielmehr um die

105 C. Lefort, *Écrire. À l'épreuve du politique*, Paris 1992. Dem »Geist der Alternativen« gegenüber, der ebenfalls »aber andererseits« oder »Tu as raison aussi« (Du hast auch recht) [auf Französisch im Text] genannt wird, erklärt er: »Wir verketzern die Gegenwart zu sehr, findest du nicht?« (S. 157), denn, auch wenn man Frau und Kinder verlassen kann, so ist es doch unmöglich, die Welt zu verlassen, denn, auch wenn es für den Puritaner eine andere gibt, dann gilt das doch nicht mehr für den demokratischen Menschen, der, gerade um demokratisch zu sein, sich um die Welt sorgen muß – ein überaus Arendt'sches Thema.

106 In *Humbolds Vermächtnis* plant der Held, Charlie Citrine, ein großes Buchprojekt über die Langeweile, ein umfassendes Projekt, dessen Vorbild Hegels *Phänomenologie des Geistes* ist. Diese Schrift ist die »Chiffre« von Bellows Werk, schreibt P.-Y. Pétillon, *L'Europe aux anciens parapets*, a. a. O., S. 71.

mühsame und sorgfältige Suche nach der gemeinsamen Menschlichkeit.»Natürlich leiden wir an bodenloser Gier. Unser Leben
ist uns so kostbar, daß wir uns vor Verschwendung hüten. Oder
vielleicht wäre eine bessere Bezeichnung dafür der Sinn für das
persönliche Schicksal. Das ist sicher besser als Gier.« (S. 100)
Das Tagebuch führt den Dialog eines Individuums mit sich
selbst vor Augen, das seine gesellschaftliche Fassade abbröckeln
ließ, die Fassade einer Gesellschaft, die in der Phrasendrescherei
lebt (des Sowjetkommunismus, der Terror bei sich verbreitet, der
amerikanischen Gesellschaft, die nur an den gesellschaftlichen
Erfolg denkt, während Krieg herrscht).»Lange Zeit waren ›gemeinsame Menschlichkeit‹ und ›mich zu einem Zugeständnis
aufraffen‹ meinem Geist völlig fremd gewesen. Und auf einmal
merkte ich, wie sehr ich von dem anderen Ich abgefallen war,
dem sie natürlich gewesen waren.«(S. 27) Dennoch ist Joseph
weniger eine Figur des puritanischen *self-denial*, als ein Buchhal-
ter der Schuld. Wenn es überhaupt noch das andere Selbst gibt
(*that other self*), dann nur noch aus Gründen der rechtlichen
Identität, denn »[von] dem Joseph des Vorjahres gefällt mir sehr
wenig.« (S. 28) Sein anderes Selbst besaß jedoch Würde: »Er will
die kleinen Konflikte des Nonkonformismus vermeiden, damit
er seine ganze Aufmerksamkeit der Verteidigung seiner inneren
Differenzen widmen kann, die wirklich ins Gewicht fallen.«
(S. 29) Der alte Joseph ist ein Mann, der weiß, was er will. Und
das Tagebuch läßt diese alte Identität des »Geschöpfs mit Plä-
nen«, das Ziele besitzt und auf sein Selbst Wert legt, wieder lebendig werden: »Er hatte sich eine Frage vorgelegt, die ich immer
noch gerne beantwortet hätte, nämlich: ›Wie soll ein guter
Mensch leben, und was soll er tun?‹« (S. 42) Aus dieser Frage ergaben sich Pläne, und aus ihr kam auch das Engagement in der
Partei. »Was er wollte, war eine ›Kolonie des Geistes‹ oder eine
Gruppe, deren Satzungen, Haß, Blutdurst und Grausamkeit verboten.« (S. 43) Er lehnt die Ratschläge seines Bruders Amos ab,
der ihn zu einer Offiziersausbildung treibt, weil er »den ganzen
Krieg [als] ein Unglück [betrachtet]. Ich will mich nicht durch
ihn verbessern.« »Viele Männer übertragen ihren Ehrgeiz aus
dem Zivilleben und haben nichts dagegen, auf den Rücken der
Toten hochzusteigen, sozusagen. Es ist keine Schande, einfacher
Schütze zu sein, weißt du das? Sokrates war ein einfacher Fuß-
soldat, ein Hoplit.« (S. 71) Und die Zukunft? Und die Zeit nach
dem Krieg? Daran muß man denken, sagt Amos, der die Bot-

schaft des hebräischen Propheten mit demselben Namen um-
kehrt: Dem Volk Israels, das sich durch die göttliche Auserwähltheit und die Opferpraxis vor Unheil sicher wähnte und das sich
von seinen Pflichten gegenüber dem Ewigen und den Forderungen der Gerechtigkeit abwandte, erklärt Amos, daß allein die
moralische Rechtschaffenheit und die Gerechtigkeit Gott gemäß
sind, und nicht die Opfer, und die Rituale sind nichts weiter als
Magie.[107] »Es gibt keine persönliche Zukunft mehr« (S. 73), erwidert Joseph Amos, der blind gegenüber der Tragödie ist, wie
all jene, die auf unverschämte Weise eine amerikanische Zukunft
des sozialen Erfolgs beschwören.

Er hat sein anderes Selbst des Amerikaners, der Pläne schmie-
det, mobil ist, weiß, was er will, aufgegeben, während er in seinem Zimmer immer unbeweglicher wird und in seinem Interims-
zustand die Orientierung verliert, aber er will sich nicht als
Randfigur in der großen Tragödie des Krieges bewegen. In einem
Gespräch mit »dem Geist der Alternativen«, einer imaginären
Gestalt, die ihm den Ball wie in einem philosophischen Dialog zu-
spielt, sieht er gerade keine Alternative zum gemeinsamen Schicksal. »Ich fürchte mich etwas vor der Vermessenheit des Gedankens, daß ich den Weg zur Klarheit selber finden kann. Aber es ist
noch wichtiger zu wissen, ob ich das Recht für mich in Anspruch
nehmen kann, mich vor der Flut des Todes am Leben zu erhalten,
die so viele meines Schlages weggerissen [...] hat [...]. Es ist
angemessen zu fragen, ob ich die Legitimation habe, mich vor
demselben Schicksal zu bewahren.« (S. 193-194) Was steht auf
dem Spiel? Ein Mensch zu sein, das heißt, nicht sein Leben zu erhalten, sondern *oneself*. Nicht sich selbst, sondern vielmehr *sein*
Selbst »das Selbst, das wir beherrschen müssen.« »Es ist unsere
Menschlichkeit, daß wir dafür verantwortlich sind, unsere Würde und unsere Freiheit. Nun, in einem Falle wie dem meinen
kann ich nicht verlangen, vom Kriege verschont zu sein. Ich muß
das Risiko des Am-Leben-Bleibens auf mich nehmen und wie
früher auch das der Kinderkrankheiten und aller Gefahren und
Unfälle, durch die hindurch ich es immerhin fertiggebracht habe,
Joseph zu sein.« (S. 194-195) Die Einberufung, der Krieg ist ein
calling, ein Appell, auf den man pflichtgemäß antworten muß:

107 Edmond Ortigues zufolge »leitet Amos den langsamen Prozeß der ›Entzauberung der Welt‹ ein.« E. Ortigues, *Le Monothéisme. La Bible et les
philosophes*, Paris 1999, S. 53.

»Wenn ich einberufen werde, werde ich gehen und nicht protestieren. [...] Aber ich wäre lieber ein Opfer als ein Nutznießer.
Ich unterstütze den Krieg, obwohl es vielleicht müßig ist, dies zu
sagen; wir haben die Gewohnheit, derartige Sachen zu Angelegenheiten der persönlichen Moral und des eigenen Willens zu
machen, die sie überhaupt nicht sind.« (S. 95) Wir entscheiden
uns für das, was der *Appell* für uns entschieden hat. Aber der Appell des Puritaners wird durch die demokratische Idee verzerrt:
»Und außerdem sind jene Künste der Phantasie [er bezieht sich
auf die Gemäldeausstellung eines Freundes] im strengsten Sinne
des Wortes nicht persönlich. Durch sie ist er mit dem besten Teil
der Menschheit verbunden. [...] Das Gute wird nicht im leeren
Raum geschaffen, sondern in Gesellschaft anderer Männer [...].«
(S. 104) Joseph selbst ist in seinem Zimmer, seinem Gefängnis.
»Manche Männer scheinen genau zu wissen, wo ihre Möglichkeiten liegen; sie brechen aus Gefängnissen aus und durchqueren
ganz Sibirien, um ihnen nachzujagen. Mich hält ein einziges
Zimmer fest.« (S. 104)
In seiner Verwirrung wird er unempfänglich für das Urteil der
anderen und versucht kaum, deren Zustimmung zu erhalten.
Schließlich verliert er sie, als er seine Gelassenheit wegen einer
Anhäufung kleiner Spannungen verliert, die von einem lärmen-
den und schmutzigen Mitbewohner erzeugt werden, wegen Lap-
palien des gewöhnlichen Lebens. Für Joseph wird es Zeit, dem
Appell zuvorzukommen und die Verantwortung für sich selbst
zu *suspendieren*. Das Unglück, die Gemeinschaft zu verlieren,
und die Unmöglichkeit, in ihr zu existieren, dieses Dilemma wird
durch die Einberufung gelöst. Am Tag seiner Mobilisierung, die
das Ende des Tagebuchs besiegelt, drückt er seine Erleichterung
aus: »Man kann mich nicht mehr für mich verantwortlich machen; dafür bin ich dankbar. Ich bin in anderen Händen, von der
Selbstbestimmung erlöst, der Freiheit enthoben.« (S. 222) Dieser
Bericht über die Loslösung eines Ich[108] gehört zu dem Charakter-
typ, den David Riesman innengeleitet genannt hat und für den
»die Tatsache, ein Tagebuch zu führen, ein sehr bezeichnendes
Symptom darstellt.«[109]

---

108 Siehe P.-Y. Pétillon, *L'Europe aux anciens parapets*, a.a.O., S. 61-71.
109 D. Riesman (in Zusammenarbeit mit R. Denny und N. Glazer), *La foule
solitaire*, Paris 1964, Vorwort von Edgar Morin, S. 74; dt.: *Die einsame
Masse*, Darmstadt 1956.

1950: David Riesman und die Forderung
nach Persönlichkeit

Das berühmte Buch des amerikanischen Soziologen David Riesman (1909-2002), *Die einsame Masse* (*The Lonely Crowd*) wird 1950[110] in den Vereinigten Staaten und 1964 in Frankreich mit einem Vorwort von Edgar Morin veröffentlicht. Es war der populärste Essay der amerikanischen Soziologie und ihr größter kommerzieller Erfolg.[111] Riesman, Professor an der Universität Chicago, war übrigens der erste *social scientist*, der (1953) auf der Titelseite des *Time Magazine* erschien. In den akademischen Zeitschriften bis 1980 äußerst häufig zitiert, wird es anschließend kaum mehr gelesen. Dennoch liefert es, zusammen mit Tocquevilles Buch, das große und unerschöpfliche Analysevorbild, dem die vielen Essays der folgenden Jahrzehnte über den amerikanischen Charakter unermüdlich folgen. Riesmans Buch erscheint im selben Jahr wie die amerikanische Übersetzung des Buches *Die autoritäre Persönlichkeit* von Adorno und dessen Forschungsgruppe am Frankfurter Institut, ein Buch, das aus der psychodynamischen Perspektive Freuds geschrieben wurde. In Harvard entwickelt Talcott Parsons seit dem Ende der 1930er Jahre ein umfangreiches Programm für eine Wertsoziologie, das berufen ist, den alten Positivismus zu ersetzen, für den der Mensch ein Organismus in seiner Umwelt ist. Die Abteilung für Sozialwissenschaften gründet eine Society for the Psychological

110 E. Lunbeck betont, daß dieses Buch eines »der ersten in einer langen Reihe von Kritiken ist, die die charakterologische Verschiebung registrieren, die sich in den Erzählungen des Niedergangs so breit entfaltet.«, E. Lunbeck, »Borderline Histories: Psychoanalysis inside and out«, in: *Science in Context*, 2006, Bd. 19, Nr. 1, S. 151-173, S. 156. Im Hinblick auf die Zugehörigkeit des Buches zur Lamento-Literatur stimme ich Lunbeck nicht zu, und ich habe in seinem Buch auch keine Stützung auf Tatsachen der Psychopathologie gefunden, sondern nur einige Anspielungen (zum Beispiel auf S. 318).

111 D. Bell, *Die kulturellen Widersprüche des Kapitalismus*, a.a.O., S. 59. Das Werk wurde als (gekürzte) Taschenbuchausgabe in 1,4 Millionen Exemplaren verkauft. Kein soziologisches Buch hat einen solchen Verkaufserfolg in den Vereinigten Staaten erreicht. Zur Rezeption des Buches siehe D. Wrong, »›The Lonely Crowd‹ revisited«, in: *Sociological Forum*, Juni 1992, Bd. 7, Nr. 2, S. 381-389, und R. Zussman, »Still lonely after all these years?«, in: *Sociological Forum*, März 2001, Bd. 16, Nr. 1, S. 157-166.

Study of Social Issues, und Parsons richtet 1948 das Harvard Values Study Project innerhalb des Labors für gesellschaftliche Beziehungen an der Universität ein. Der soziale Charakter, die Persönlichkeit, die Werte, der Funktionalismus Parsons' und der Kulturalismus prägen einen Erkenntnisstil, der versucht, aus der Soziologie und der Psychologie zwei sich ergänzende Disziplinen zu machen.[112]

Die Untersuchung des »sozialen Charakters« oder des »Konformitätsmodus«, die von Riesman in Angriff genommen wurde, folgt einer Forschungsrichtung, die sich ganz ausdrücklich auf Erich Fromm und allgemeiner auf die »Kultur und Charakter«-Schule bezieht (Margaret Mead, Ruth Benedict, Karen Horney, Abraham Kardiner). Um die Verbindungen zu verstehen, die zwischen der Bildung des Charakters und der Anpassung an das Gemeinschaftsleben bestehen, legt Fromm etwas dar, was man eine funktionalistische Psychosoziologie nennen könnte: »Wenn eine Gesellschaft gut funktionieren soll, müssen sich ihre Mitglieder einen Charakter aneignen, aus dem heraus sie genau so handeln *wollen*, wie sie auf Grund ihrer Zugehörigkeit zu dieser Gesellschaft oder einer besonderen Klasse innerhalb dieser handeln müssen [...]. Sie müssen genau das *zu tun wünschen*, was sie notwendigerweise tatsächlich *zu tun haben*. *Äußerer Druck* wird durch *inneren Zwang* [...] ersetzt.«[113] Fromm hat eine Charakterkunde entwickelt, die er ab 1932 durch folgende Frage bestimmt: »Was waren Ursprung und Bedeutung bestimmter Merkmale, die man sowohl bei den Kranken als auch bei den Gesunden antrifft?«[114] Für Riesman ist der soziale Charakter weder die Persönlichkeit, »ein Terminus, der in der gegenwärtigen

---

112 Zur Society for the Psychological Study of Social Issues siehe M. Brewster Smith, »The Authoritarian Personality. A Re-review«, in: *Political Psychology*, 1997, Bd. 18, Nr. 1, S. 159-160. Zur Soziologie der Werte siehe J. L. Spates, »The Sociology of Values«, in: *Annual Review of Sociology*, Bd. 9, 1983.

113 E. Fromm, »Individuals and Social Origins of Neurosis«, in: *American Sociological Review*, 1944, Bd. 9, S. 380, zitiert von D. Riesman, *Die einsame Masse*, a. a. O., S. 32. Der Aufsatz wurde in einer Textsammlung wiederaufgenommen, C. Kluckhorn, H. Murray (Hg.), *Personality in Nature, Society, and Culture*, New York 1948.

114 E. Fromm, »Die psychoanalytische Charakterologie und ihre Bedeutung für die Sozialpsychologie«, Kapitel IX von *Die Krise der Psychoanalyse*, a. a. O. Der Aufsatz wurde 1932 auf deutsch in der *Zeitschrift für Sozialforschung* veröffentlicht, 1932, Bd. 1, S. 253-277.

Sozialpsychologie«, so Riesman, »zur Bezeichnung des ganzen Selbst [...] benutzt wird«,[115] noch der individuelle Charakter. Er ist ein Charakter, der mehreren bedeutenden gesellschaftlichen Gruppen gemein ist. Und er stützt sich auf die Sozialisation des Kindes.

Man sollte betonen, daß dieses Buch sich wenig um die Pathologien kümmert. Sein Forschungsziel besteht darin, die Wandlungen der Sitten und sozialen Beziehungen in derjenigen Periode zu verstehen, in der die amerikanische Gesellschaft sich auf den Konsum und die Massenkommunikationsmittel konzentriert. Das Werk spricht den Wandel der Familie und der Erziehung, des Unternehmens und der Politik an. Es unterscheidet drei Charaktertypen, denen ebenso viele Konformitätsmodi im Hinblick auf die gesellschaftliche Norm entsprechen: den traditionsgeleiteten (*tradition-directed*), den innengeleiteten (*inner-directed*) und den außengeleiteten (*other-directed*). Er reformuliert den Gegensatz zwischen Tradition und Moderne, indem er innerhalb letzterer zwei Konformitätsmodi unterscheidet. Darin liegt zweifellos eine der Quellen von Riesmans Erfolg. Er macht deutlich, daß er eine soziale Charakterologie entwickelt, das heißt, er abstrahiert, indem er Typen bildet: »Konstruktionen, die in Wirklichkeit nicht existieren und die auf einer für diese Untersuchung getroffenen Auswahl historischer Probleme basieren.«[116] Die drei Typen sind universell, das heißt sie kommen zwar in jeder Gesellschaft vor, aber jede wählt einen dominanten Charakter für ihre funktionalen Bedürfnisse aus.

Der an der Tradition ausgerichtete Charakter unterwirft sich der Gruppe, und das vorherrschende moralische Gefühl ist die Scham. Beim innengeleiteten Charakter wird die Konformität durch eine Sozialisation gesichert, die darin besteht, sich von frühester Kindheit an »ein Schema von verinnerlichten Lebenszielen anzueignen«,[117] was dazu führt, daß das Individuum gegenüber der Anerkennung anderer relativ gleichgültig ist. Die Menschen verfügen über einen »Kreiselkompaß«, der ein Gefühl von Schuld in ihnen erzeugt, wenn sie vom vorgezeichneten Weg abweichen. Für Riesman »stellt das wachsame Über-Ich« Freuds »diese Situation in großartiger Weise dar« und, so Riesman wei-

---

115 D. Riesman, *Die einsame Masse*, a. a. O., S. 30.
116 Ebd., S. 68.
117 Ebd., S. 36.

ter, »[die] Charakterstruktur des innen-geleiteten Menschen, könnte man sagen, besteht eben gerade in der Spannung zwischen Über-Ich, Ich und Es«.[118] Diese Struktur impliziert eine strenge Erziehung. Riesman faßt die Innengeleitetheit folgendermaßen zusammen: »Wir können das Wesen der Innen-Lenkung auf die Formel bringen, daß in einer Gesellschaft, in der sie vorherrscht, das Individuum von den anderen distanziert und geschützt ist, sich selbst dadurch aber um so näher und verwundbarer ist.«[119]

Beim außengeleiteten Charakter wird die Konformität durch die »Tendenz, für die Erwartungen und Wünsche anderer empfänglich zu sein«,[120] garantiert. Sie kennzeichnet die Gesellschaft der Großstädte, die sich seit dem Ende des 19. Jahrhunderts entwickeln, als der Kreis von Kontakten eines Individuums, seine soziale Mobilität und seine persönlichen Entscheidungen sich in einem allgemeinen Umfeld wirtschaftlichen Wohlstands und demographischer Veränderungen beträchtlich ausweiten. Der Außengeleitete hat weniger einen Kreiselkompaß als vielmehr eine »Radaranlage« zur Verfügung und fällt weniger dem Schuldgefühl als »einer diffusen Angst«[121] zum Opfer: »[...] und die Eltern sehen in dem Vergehen gegen innere Wertsetzungen einen geringeren Fehler, als wenn das Kind unbeliebt oder nicht in der Lage ist, mit den anderen Kindern gut auszukommen.«[122] Es handelt sich nicht mehr um die innere Schuld des Innengeleiteten, sondern um die einer Person, die den Anforderungen an Beziehungen nicht genügt. Die Ausweitung der Welt ist die Sprungfeder der außengeleiteten Persönlichkeit, und ihre Folge ist die Schwierigkeit, seinem eigenen Weg im Alleingang zu folgen – Riesman weist darauf hin, daß ihm das Bild des Außengeleiteten durch das nahegelegt wurde, was Fromm den »vermarkteten Menschen« genannt hat.

Die Beziehungen zu anderen werden zum wesentlichen Problem in »[diesem] nie zu befriedigende[n] seelische[n] Bedürfnis nach Anerkennung, was die Großstadtbewohner des heutigen amerikanischen Mittelstandes [auszeichnet]«.[123] Beispielsweise

118 Ebd., S. 85.
119 Ebd., S. 198.
120 Ebd., S. 36.
121 Ebd., S. 60.
122 Ebd., S. 54.
123 Ebd., S. 56.

zwingt die Verkleinerung der Familie auf das Elternpaar und wenige Nachkommen das Kind dazu, »unmittelbar den seelischen Spannungen der Eltern ausgesetzt [zu sein]. Unter diesen Umständen erhöht sich die Selbstbewußtheit in den Beziehungen zu anderen, besonders deshalb, weil auch die Eltern in steigendem Maße sich ihrer selbst bewußt sind.«[124] Die Rolle der Peergruppe gewinnt beträchtlich an Bedeutung (»der Vater ist nicht mehr derjenige, der alles regelt«), was sich an der Tatsache zeigt, daß »die Eltern [...] Druck auf das gesellschaftliche Leben des Kindes aus[üben]«.[125] Bei der Erziehung interessieren sich die Lehrer für die Entwicklung der intellektuellen Fähigkeiten der Schüler, aber auch für andere Aspekte ihrer Persönlichkeit, und zwar insbesondere für ihre Fähigkeit, gute Beziehungen zu ihren Kameraden zu entwickeln (»Die emotionalen Energien der Lehrer werden demzufolge auf das Gebiet der Gruppenbeziehungen abgelenkt.«[126]). Im Unternehmen interessiert sich die Leitung weniger für die berufliche Qualifikation als vielmehr für die Beziehungen zwischen den Angestellten und zwischen den Angestellten und der Leitung. Denn am Ende der 1940er Jahre »ist das jetzt gefragte Produkt nicht mehr der Rohstoff oder die Maschine, sondern die Persönlichkeit«.[127]

Riesman registriert den Aufstieg der subjektiven Meinung in der neuen Entwicklung der amerikanischen Gesellschaft (und ebenso den Aufstieg des Glamours, vor allem in der Politik) anhand der drei Themen der Anerkennung durch die anderen, was einen echten persönlichen Radar erfordert, der Verbreitung einer individuellen Angst und der Fokussierung der Gesellschaft auf die Beziehungen. Er bemerkt, daß das höchste Ziel des außengeleiteten Menschen die Autonomie ist. Sie besteht in einer Konformität mit dem, was man von ihm erwartet, aber er behält seinen freien Willen. Der größte Wert, das gesellschaftliche Ideal, besteht immer darin, mit den anderen konform zu gehen, angepaßt zu sein, während man zugleich seine Zurückhaltung, die Unabhängigkeit *und* die Kooperation bewahrt, die die Autonomie kennzeichnen.

Am Ende des Werkes hebt Riesman zwei hauptsächliche Hin-

124 Ebd., S. 92.
125 Ebd., S. 123 und 124.
126 Ebd., S. 114.
127 Ebd., S. 88.

dernisse für das Ideal der Autonomie im Sinne der Außengeleitet-heit hervor: »der falsche persönliche Ton in den Beziehungen« bei der Arbeit und »die erzwungene Privatisierung« bei den Frei-zeitaktivitäten und der Zerstreuung. Der erste erschöpft den Au-ßengeleiteten durch seinen Mangel an Authentizität und seinen »verbindlichen« Charakter: »[Die] persönliche Behandlung ist ebenso wie die rivalisierende Zusammenarbeit, von der sie ein Bestandteil ist, eine Aufforderung an die Angestellten und ihre Vorgesetzten, mit der eigenen und der Person der anderen zu ma-nipulieren.« Man braucht also Glamour in diesen sozialen Bezie-hungen, in denen die Qualität der Arbeit weniger zählt als die Person dessen, der sie ausführt. Die »emotionalen Bedürfnisse« werden auf die persönliche Ebene transponiert. Die Privatisie-rung ergibt sich aus dem Wandel der Freizeitaktivitäten, die kei-nen kleinen Anhang neben der Arbeit mehr darstellen, sondern einen weiten Raum, in dem sich »die Ansprüche des individuel-len Charakters«[128] entfalten können.

Die Themen der Personalisierung und der Privatisierung wer-den von seinen Nachfolgern weitgehend wiederaufgenommen, und zwar in einem solchen Maße, daß sie die beiden großen Fi-guren bilden, die in keinem moralischen und sozialen Essay über den amerikanischen Charakter fehlen dürfen.

Riesman verdeutlicht, daß er den Außengeleiteten in der Kon-frontation zwischen den beiden Charaktertypen eine schlechte Rolle spielen ließ und daß man das Gleichgewicht wiederherstel-len muß: »Es ist schwierig, dem Außen-Geleiteten überhaupt ge-recht zu werden. Der Terminus als solcher läßt auf Oberfläch-lichkeit und Seichtheit im Vergleich mit dem Innen-Geleiteten schließen...« »[Es] ist der Versuch, das Bild einer Gesellschaft zu entwerfen, die die neuen Möglichkeiten für Muße, Sympathie und Wohlstand nicht ablehnt, sondern akzeptiert.«[129] Dieses Buch gehört nicht zur Gattung der »amerikanischen Jeremiade«, es stellt keine moralische Reflexion dar, die an ein plötzliches Er-wachen appelliert. Riesman zeigt keinerlei Nostalgie für die Ver-gangenheit[130] und beweist seine Aufmerksamkeit für die Wider-sprüche der Gesellschaft und für die Dilemmata der Menschen, die in dieser Gesellschaft leben. In seinen Analysen ist er differen-

128 Ebd., S. 414, 412 und 432.
129 Ebd., S. 253 und 256.
130 Siehe ebd. zum Beispiel S. 122-123 oder S. 184.

ziert, bringt der gesellschaftlichen Wirklichkeit Aufmerksamkeit entgegen und ist frei von jeglichem Moralismus. Er versucht, die neue Gesellschaftsverfassung nachzuzeichnen, die die amerikanischen Sitten prägt.

In *Humboldts Vermächtnis*, einem Roman, den Saul Bellow 1975 veröffentlicht, setzt eine bestimmte Figur die *Archai*, die »Geister der Persönlichkeit«, den *Exousiai*, den »Geistern der Form« entgegen. Die ersteren haben sich den letzteren ergeben. Joseph gehört noch zu einer Welt, in der »die Geister der Form« herrschen, »jene Gestalter des Schicksals«. »Und Amerika brachte unter der Zuständigkeit der Archai, oder der Geister der Persönlichkeit, autonome moderne Individuen hervor, mit aller Narrheit und Verzweiflung der Freien und von hundert Seuchen infiziert, die während der langen Bauernepochen unbekannt gewesen waren.«[131] In den 1970er Jahren werden diese Leiden gerade durch die Gestalt von Narziß versammelt. Wenn die Verwirrung, Zerrissenheit, Ungewißheit Josephs – des Innengeleiteten, der ein Tagebuch führt – ihre Lösung im *Appell* findet, der die Unterordnung unter die Autorität des Militärs ist, versucht sich Narziß seinerseits zu Lasten dieser Gesellschaft zu verwirklichen, koste es, was es wolle. Er gehört zu der Welt, in der die Geister der Persönlichkeit herrschen: das Selbst besitzt keine Form mehr. Es ist gleichsam nackt, was zugleich Leere und Verlorenheit in seiner Suche nach sozialer Anerkennung bedeutet. Damit es zu einem Symbol des Individualismus wird, muß die Psychoanalyse ihm eine hervorgehobene Stellung in ihrem psychopathologischen Pantheon zuweisen.

---

131 S. Bellow, *Humboldts Vermächtnis*, a. a. O., S. 339.

2. Kapitel
Das psychodynamische Ich
der amerikanischen Psychoanalyse

Der ehrgeizige Mann ist, wie zu allen Zeiten, bei uns auch heute noch anzutreffen; er braucht jedoch subtileren Unternehmungsgeist und eine größere Fähigkeit, die Demokratie der Gefühle zu manipulieren, wenn er sich seine selbständige Identität bewahren und sie durch Erfolg ersichtlich steigern will. ... Die sexuellen Probleme des Neurotikers, der sich um die Mitte des Jahrhunderts auf den Wettstreit um ein kurzlebiges Renommee in Manhattan einläßt, sind gänzlich verschieden von den Problemen des Neurotikers im Wien der Jahrhundertwende. Die Geschichte verändert die Ausdrucksformen von Neurosen, wenn sie auch nicht die ihnen zugrundeliegenden Mechanismen verändert.

Philip Rieff
Freud. The Mind of the Moralist, 1961[1]

In der klinischen Literatur ist der Narzißmus mehr als ein bloß metaphorischer Ausdruck für Selbstbezogenheit. [...] Er [wird] heute als wichtigstes Element bei den sogenannten Charakterstörungen erkannt [...], die einen Großteil der psychiatrischen Aufmerksamkeit auf sich gelenkt haben, die vordem den Hysterien und Zwangsneurosen galt.

Christopher Lasch
Das Zeitalter des Narzißmus, 1980[2]

In den 1950er Jahren wird der außengeleitete Mensch, der von einer diffusen Angst angesichts der Forderung nach Persönlich-

---

1 P. Rieff, *Freud. The Mind of the Moralist*, New York 1961, S. 372, zitiert von C. Lasch, *Das Zeitalter des Narzißmus*, übers. v. G. Burmundt, München 1980 (Originalausgabe 1978), S. 76.
2 Ebd., S. 57.

keit und der Suche nach Anerkennung durch die anderen geplagt ist, zu einer Schlüsselfigur der amerikanischen Erzählung des Individualismus. Wie Riesman 1964 hervorheben wird, wollten die Leser der weißen Mittelschicht in den Großstädten dem Bild des innengeleiteten Menschen entsprechen, weil dieser als das wirklich autonome Individuum erschien. »Es ist natürlich«, meinte er, »daß die Öffentlichkeit [...] das nostalgische Bild des innengeleiteten Cowboys dem allzu realistischen Porträt des außengeleiteten *organization man* vorzieht. [...] Wir haben die Härte, die kleinliche Anmaßung, die Heuchelei vergessen, die oft mit der Innengeleitetheit einherging, und tragen dem Verständnis und der Empfindsamkeit, die glücklicherweise die außengeleitete Verwundbarkeit begleiten, keine Rechnung.«[3] Zehn Jahre später werden seine Verwundbarkeit und seine Angst durch das Thema des Narzißmus eine zentrale Stellung in der individualistischen Dramaturgie einnehmen: Das narzißtische Individuum wird zum Symbol einer Vertrauenskrise, von der Amerika sich selbst gegenüber erfaßt wird und die durch einen zweiten Bruch zwischen dem Streben nach dem privaten und dem öffentlichen Glück gekennzeichnet ist. Von den 1970er Jahren an wird dies *die* Figur der amerikanischen Jeremiade sein. Sie entwickelt sich anhand der Wandlungen der Klinik und der psychoanalytischen Theorie, die von nachfreudianischen Autoren vollzogen wurden.

Eine bestimmte Klasse von Pathologien ruft in den 1950er und 1960er Jahren leidenschaftliche Diskussionen innerhalb der amerikanischen Psychoanalyse hervor: die narzißtischen und die Grenzpathologien. Die Stellung und Rolle des Narzißmus in der Ätiologie und der Behandlungsmethode dieser Pathologien sind in diesen Debatten Gegenstand einer durchgängigen Fragestellung, die bis zum Ende der 1970er Jahre anhält. Es geht um die Unterscheidung zwischen Patienten, deren Leiden in den Bereich der Psychoanalyse fallen, und denen, die durch eine Psychotherapie behandelt werden sollen – seit den 1980er Jahren wird die Debatte angesichts der Pluralisierung einer Psychoanalyse hinfällig, die sich nicht mehr von den Psychotherapien unterscheidet, insbesondere weil Triebe, Phantasievorstellungen und Sexualität in ihr nur noch eine Randposition einnehmen. Die Unterscheidung zwischen den beiden Klassen von Pathologien ist unklar. Man kann die Ansicht vertreten, daß die Grenzpatho-

3 D. Riesman, *La foule solitaire*, Paris 1964, S. 17.

logien insgesamt eine Gruppe von Patienten bezeichnen, die sich auf der Grenze zwischen Neurose und Psychose befinden, und daß die narzißtischen Pathologien innerhalb dieser Grenzfälle eine Gruppe von Patienten auszeichnen, für die die Narzißmusproblematik zentral ist. Bei den narzißtischen Pathologien, aber nicht bei den sogenannten Übertragungsneurosen (Hysterie, Obsession, Phobie), geht es um eine wirksame geistige Entität: die Selbstachtung.[4]

Wenn man die Debatten innerhalb der Psychoanalyse über die narzißtischen Pathologien und die Grenzzustände darstellen wollte, würde man an allen Fäden der Psychoanalyse zugleich ziehen und alle Konflikte zwischen Analytikern über Wesen und Grenzen der Psychoanalyse ins Spiel bringen. Mein Ziel besteht hier, wie im 4. Kapitel, das dem Thema der französischen Psychoanalyse gewidmet ist, darin, die psychoanalytischen Überlegungen vorzustellen und ihre Logik – die Probleme, für die die Psychoanalytiker nach Lösungen suchen, und die Argumente, mit denen sie sie dann lösen –, sowie die Gründe für Meinungsverschiedenheiten verständlich zu machen.

Der Zweck der Vorstellung dieser Überlegungen liegt für den Soziologen darin zu zeigen, daß die Psychoanalyse Vorstellungen vom Individuum und der Gesellschaft für die gesellschaftliche, politische und moralische Reflexion geliefert hat. Für Christopher Lasch »[sind Freuds] klinische Untersuchungen [...] eine Fundgrube an unentbehrlichen Ideen«.[5] Unentbehrlich, insofern sie gestatten, den Moralismus und die Vereinfachung durch den Egoismus zu vermeiden, die Lasch zufolge die Kritik der Sitten belasten: »In Wirklichkeit aber rührt die Betonung des Privaten keineswegs aus einer starken Geltung der Persönlichkeit, son-

---

4 J. P. Hewitt, *The Myth of Self-Esteem. Finding Happiness and Solving Problems in America*, London 1998. »Die Selbstachtung trägt alle Merkmale eines herrschenden kulturellen Mythos, eine Erzählung, die uns sagt, wofür wir uns anstrengen sollen, die uns erklärt, wie wir es suchen sollen und uns vor den Fallen warnt, die uns erwarten.« S. XII. »Er [der Mythos] verkörpert und liefert eine Sprache, um über einige der Schlüsselwerte unserer Kultur zu sprechen, wie zum Beispiel den Erfolg und das Glück. Er stellt eine konventionelle Weisheit bereit, mit der wir unser Verhalten sowie das der anderen erklären und die Schwierigkeiten des Lebens meistern können. Er ist eine Quelle erbaulicher Geschichten der persönlichen Wiedergeburt [*rebirth*], der Erlösung und der Hoffnung auf die Zukunft.«, S. XII-XIII.

5 C. Lasch, *Das Zeitalter des Narzißmus*, a. a. O., S. 56.

dern aus ihrem Zusammenbruch.«[6] Damit aber die Psychoanalyse ein Reservoir brauchbarer Vorstellungen sein kann, ist es notwendig, daß die Übertragungsneurosen von den Nachfreudianern anhand von Wandlungen relativiert werden, die gerade die Begriffe des Charakters und der Persönlichkeit ins Zentrum der Psychoanalyse gestellt haben, und hier sind die beiden Begriffe identisch. Diese inneren Wandlungen haben den Schlüssel zur Interpretation der Veränderungen geliefert, die in der amerikanischen Gesellschaft zwischen dem Ende des Zweiten Weltkriegs und den 1970er Jahren stattfanden, und neuen Ängsten einen Namen gegeben. Sie bilden den Gegenstand des ersten Abschnitts dieses Kapitels.

Diese Wandlungen vollzogen sich in Europa ungefähr zwischen 1920 und 1950, aber der Tenor der transatlantischen Diskussionen findet im Umfeld einer psychoanalytischen Auffassung statt, die die große amerikanische Lehre darstellt, die Ich-Psychologie,[7] und einer weltweit einzigartigen institutionellen Situation der Psychoanalyse, die tief in der Psychiatrie und der Psychotherapie verankert ist, wobei letztere selbst eine Ressource persönlichen Wachstums darstellt, die ihre Verankerung in der Lebensweise der amerikanischen Mittelschicht in den Großstädten findet. Die Ich-Psychologie betont eine Auffassung des sich in der Analyse befindlichen Subjekts, das sich durch die Fähigkeit auszeichnet, Frustrationen zu ertragen, die die Wirklichkeit für das Individuum notwendigerweise bereithält, und weist der Wirklichkeit eine Hauptrolle bei der Behandlung zu, aber ohne die Freud'sche Triebtheorie aufzugeben. Ihre Zielrichtung ist die Gewinnung des autonomen Ich durch Anpassung. Sie ist durchdrungen von Sozialbegriffen der amerikanischen Gesellschaft, die aus der Psychologie eine demokratische Methode machen, nämlich eine, die zu überprüfen ermöglicht (oder jeden zu einer solchen Überprüfung zwingt), ob eine Person wirklich in der gemeinsamen Welt lebt. Sie wird Gegenstand des zweiten Abschnitts dieses Kapitels sein.[8]

6 Ebd., S. 51.
7 Ich schreibe Ich-Psychologie (anstatt Psychologie des Ich), wenn ich den Ausdruck verwende, um die psychoanalytische Schule zu bezeichnen, die dieses Attribut angenommen hat.
8 Hier steht man der Spärlichkeit von Arbeiten der Sozialgeschichte und historischen Soziologie der Psychoanalyse gegenüber, insbesondere was die nationalen psychoanalytischen Kulturen angeht. Zu diesem Punkt siehe

Rückkehr nach Europa:
Ist das Neurosenmodell hinreichend angemessen?

Bei den narzißtischen Pathologien und den Grenzzuständen handelt es sich um Fälle, die besondere Probleme des *therapeutischen Widerstands* gegen die Heilung aufwerfen, der *Begrenzung des Aktionsradius* der Psychoanalyse und des *Wandels des eigentlichen Rahmens* der Behandlung. Diese Probleme bilden den Gegenstand klinischer und metapsychologischer Diskussionen dreier Fragen, die eng miteinander verbunden sind: 1. die Analysierbarkeit und die Indikationen für die Behandlung; 2. das von Freud entwickelte Neurosenmodell und seine Gültigkeit für die Psychopathologien, die sich konkret in der Praxis des Analytikers zeigen; 3. die Rolle der Umwelt in der psychischen Wirklichkeit des Patienten, der wirklichen Beziehungen, die er als Kleinkind mit der Mutter erlebt hat, insbesondere die schweren Traumata aus dieser Zeit.

Um diese Debatten und das, was in ihnen auf dem Spiel steht, zu verstehen, muß man damit beginnen, wie das Problem der schwierigen Fälle und der Grenzen der Behandlung aufgeworfen wurde. Es läßt sich unter drei Aspekten betrachten: die negative therapeutische Reaktion, die Unterscheidung zwischen Charakter- und Übertragungsneurosen und die Ausweitung der Psychoanalyse auf die präödipale Phase.

J. Forrester, *Dispatches from the Freud Wars. Psychoanalysis and its Passions*, Cambridge, Mass. 1997, insbesondere »A whole climate of opinion« (übersetzt in *Esprit*, November 2004, unter dem Titel »Freud, baromètre du xxe siècle«) und E. Kurzweil, *The Freudians*, a. a. O. Ich habe mich vor allem gestützt auf: N. Hale, *The Rise and Crisis of Psychoanalysis in the United States*, a. a. O.; G. Makari, *Revolution in Mind. The Creation of Psychoanalysis*, New York 2008; G. E. Zaretsky, *Le Siècle de Freud. Une histoire sociale et culturelle de la psychanalyse*, Paris 2008 (Originalausgabe 2004); H. Tessier, *La Psychanalyse américaine*, Paris 2005; J. F. Battan, »The ›New Narcissism‹ in 20th Century America. The Shadow and Substance of Social Change«, in: *Journal of Social History*, 1983, Bd. 17, Nr. 2 und E. Lunbeck, »Borderline Histories: Psychoanalysis inside and out«, a. a. O.

Die negative therapeutische Reaktion:
lieber krank bleiben als gesund werden[9]

Auf dem Grund der menschlichen Psyche haben für Freud die
Triebe Vorrang: Bei der Geburt des Individuums gibt es kein Ich;
statt dessen gibt es Triebe, und diese unterscheiden sich noch
nicht nach Objekt-Libido und Ich-Libido. Liebe und Hunger
sind zu Beginn des menschlichen Lebens noch verschmolzen. In
dem, was man gemeinhin die erste Topik genannt hat, wirkt die
Verdrängung der Libido – dem Sexualtrieb – entgegen. Die
Selbsterhaltungstriebe setzen sich den Sexualtrieben entgegen,
die sie ins Unbewußte verdrängen. Der Konflikt zwischen den
beiden Arten von Trieben erklärt die neurotischen Symptome.
Das Unbewußte *ist* Verdrängung, und das Unbewußte ist pathogen, insofern es Symptome erzeugt. Die Topik wird aus drei Entitäten gebildet, nämlich dem Bewußtsein, dem Vorbewußten und
dem Unbewußten (das mit der Verdrängung identifiziert wird).

In den Jahren nach 1910 wird der Widerstand einer gewissen
Zahl von Patienten, sogar die Verschlimmerung ihres Zustands
trotz der Aufhebung der Verdrängung, zu einem entscheidenden
Problem: Der Patient ist Gefangener eines Narzißmus, der ihn
dem Einfluß der Behandlung entzieht. Die Behandlung wirkt
nicht nur nicht befreiend, sondern, was noch beunruhigender ist,
die Symptome verschlimmern sich. »[Bei den] Neurotikern [...]
scheint [es], als ob ein solches narzißtisches Verhalten [...] eine
der Grenzen ihrer Beeinflußbarkeit herstellt.«[10] Der Begriff des
Narzißmus führt zu einer Wendung im Denken Freuds, die ihn
dazu veranlaßt, den Begriff der Melancholie zu entwickeln
(»Trauer und Melancholie«, 1917), indem er etwas Neues einführt: den Konflikt innerhalb der Libido, die sich zwischen der
Besetzung eines (äußeren) Objekts und der Besetzung des Ich
aufteilt. Die Melancholie ist eine Pathologie, deren Funktionsweise der Trauer ähnlich ist. Anstatt sich jedoch auf ein äußeres
(verlorenes) Objekt zu beziehen, besetzt es das Ich selbst. Es han-

9 »Lieber krank bleiben als *gesund werden*«, schreibt J.-B. Pontalis, »Non,
   deux fois non. Tentative de définition et de démantèlement de la ›réaction
   thérapeutique négative‹«, in: »L'emprise«, *Nouvelle Revue de Psychanalyse*, Oktober 1981, Nr. 24, S. 54.
10 S. Freud [1914], »Zur Einführung des Narzißmus«, in: *Psychologie des
   Unbewußten*, Studienausgabe, Bd. III, Frankfurt 1975, S. 41.

delt sich um »einen Kleinheitswahn«, um Freuds Formulierung zu gebrauchen.

Die Feststellung, daß der Einfluß der Psychoanalyse auf die Heilung an eine Grenze stößt, führt Freud zu dem Nachweis, daß der Patient (unbewußt) an seinem Leiden festhält, daß sein Symptom nicht nur ein klinisches Zeichen ist, von dem man ihn befreien muß, sondern etwas, an dem er hängt. Hier haben wir die Entdeckung einer tiefen Ambivalenz in der menschlichen Seele: Die Krankheit weist einen Vorteil auf, und dieser Vorteil hat mit dem Wesen der Neurose, der Verschränkung des moralischen Gefühls mit der Krankheit zu tun. In »Das Ich und das Es« (1923) schreibt Freud: »Jede Partiallösung, die eine Besserung oder zeitweiliges Aussetzen der Symptome zur Folge haben sollte und bei anderen auch hat, ruft bei ihnen [diesen Personen] eine momentane Verstärkung ihres Leidens hervor, sie verschlimmern sich während der Behandlung, anstatt sich zu bessern. Sie zeigen die sogenannte *negative therapeutische Reaktion.*« Er fügt hinzu, daß »bei diesen Personen [...] nicht der Genesungswille, sondern das Krankheitsbedürfnis die Oberhand [hat]«.[11]

Die Entdeckung der negativen therapeutischen Reaktion stellt den therapeutischen Optimismus in Frage, der im ersten Jahrzehnt des letzten Jahrhunderts herrschte: Die Patienten werden nicht mehr gesund. Dieser Punkt veranlaßt eine wesentliche Änderung der Theorie, das heißt der Unzulänglichkeit der Erklärung, die mit der Verdrängung operiert. Diese Unzulänglichkeit beruht auf einem Widerstand des Ich, das nicht mehr nur als Akteur betrachtet werden kann, der etwas ins Unbewußte verdrängt: Es handelt sich um einen unbewußten Widerstand des Ich, der also notwendigerweise einen Anteil am Unbewußten haben muß, einen Anteil, der nicht verdrängt wird und diese negative therapeutische Reaktion erzeugt. »[Wir werden] ›gelebt‹ [...] von unbekannten, unbeherrschbaren Mächten«, die nicht nur verdrängt sind und die Freud das Es nennt. Diese Bezeichnung bedeutet »[das] andere Psychische [...], in welches es [das Ich] sich [unbewußt] fortsetzt«.[12] »Es ist leicht einzusehen, das Ich ist der durch direkten Einfluß der Außenwelt [...] veränderte Teil des Es.« »Die Wahrnehmung spielt für das Ich die Rolle,

11 S. Freud [1923], »Das Ich und das Es«, in: *Psychologie des Unbewußten,* a. a. O., S. 316; Hervorhebung von Freud.
12 Ebd., S. 292.

welche im Es dem Trieb zufällt.«[13] Freud betont, daß es nicht die hohen moralischen Werte sind, die sich im Bewußtsein befänden, während die niederen Triebe im Unbewußten sind, sondern daß das Unbewußte das Erhabenste enthält:

> Wir lernen in unseren Analysen, daß es Personen gibt, bei denen die Selbstkritik und das Gewissen, also überaus hochgewertete seelische Leistungen, unbewußt sind und als unbewußt die wichtigsten Wirkungen äußern. [...] Die neue Erfahrung aber [...] nötigt [uns] trotz einer besseren kritischen Einsicht, von einem *unbewußten Schuldgefühl* zu reden [...]. [Bei] einer großen Anzahl von Neurosen [spielt ein solches unbewußtes Schuldgefühl] eine ökonomisch entscheidende Rolle und [legt] der Heilung die stärksten Hindernisse in den Weg.[14]

Dieses unbewußte Gefühl erzeugt ein »Strafbedürfnis«, einen »moralischen Masochismus«, der den Widerstand der Patienten gegenüber dem Einfluß der Behandlung erklärt: »[Die] Stärke einer solchen Regung [bedeutet] für den Erfolg unserer ärztlichen oder erzieherischen Absichten [einen der schwersten Widerstände und die größte Gefahr]. [...] [Das] Leiden, das die Neurose mit sich bringt, ist gerade das Moment, durch das sie der masochistischen Tendenz wertvoll wird.«[15] Freud gibt die Erklärung durch den Narzißmus für den Wiederholungszwang auf, der das Wesen der Triebfunktion ausmacht: Dieser Zwang verurteilt den Patienten dazu, die Wiederholung seines Ungemachs zu erleiden. Er ist die große Kraft, die dem kreativen Potential der Libido entgegenwirkt und das Steckenbleiben der Patienten in der Behandlung erklärt. Das ist »die Wende der 1920er Jahre«, die der zweiten Topik, die auch »Strukturtheorie« genannt wird: Das Es, das Ich und das Über-Ich sind die psychischen Instanzen des Subjekts, die in einem System von Kräften und Gegenkräften wirksam sind. In der zweiten Topik steht der Narzißmus gemeinsam mit den Sexualtrieben auf der Seite der Lebenstriebe.

13 Ebd., S. 293.
14 Ebd., S. 295, Hervorhebung von Freud. »Man kommt endlich zur Einsicht, daß es sich um einen sozusagen ›moralischen‹ Faktor handelt, um ein Schuldgefühl, welches im Kranksein seine Befriedigung findet und auf die Strafe des Leidens nicht verzichten will. [...] Aber dies Schuldgefühl ist für den Kranken stumm, es sagt ihm nicht, daß er schuldig ist, er fühlt sich nicht schuldig, sondern krank.« S. 316.
15 S. Freud [1924], »Das ökonomische Problem des Masochismus«, in: *Psychologie des Unbewußten*, a. a. O., S. 349 (Strafbedürfnis).

In »Neurose und Psychose« (1924) unterscheidet Freud zwischen Übertragungsneurose (Konflikt zwischen dem Ich und dem Es), narzißtischer Neurose (Konflikt zwischen dem Ich und dem Über-Ich) und Psychose (Konflikt zwischen dem Ich und der Außenwelt). Freud zufolge enthält die Klasse der narzißtischen Pathologien im wesentlichen die Melancholie, und es ist kaum mehr die Rede von Grenzzuständen.

Nachdem er beschrieben hat, worin die negative therapeutische Reaktion besteht, fügt er eine Präzisierung hinzu: »Was hier beschrieben wurde, entspricht den extremsten Vorkommnissen, dürfte aber in geringerem Ausmaß für sehr viele, vielleicht für alle schwereren Fälle von Neurose in Betracht kommen.«[16] Diese Reaktion ist also bei den Neurotikern weit verbreitet und hängt vom Schweregrad der Neurose ab. Soll dies zur Entwicklung neuer nosographischer Kategorien führen? Hier haben wir den entscheidenden Punkt der Auseinandersetzung bei Freuds Erben. Um diese Frage zu diskutieren, werden die Psychoanalytiker Argumente und Gegenargumente vorbringen.

Die Charakterneurosen, zweite Wende der 1920er Jahre

Zur negativen therapeutischen Reaktion, die alle Neurotiker betrifft, müssen wir einen besonderen Widerstand hinzufügen, insofern er sich durch die ganze Behandlung hindurchzieht: den Widerstand der Patienten, die durch eine Charakterneurose gekennzeichnet sind, in der der Charakter – die Persönlichkeit oder das Ich, welche Begriffe äquivalent sind – betroffen ist.

Die Psychoanalytiker sprechen von der Wende der 1920er Jahre als dem Übergang von der ersten zur zweiten Topik. Im Laufe desselben Jahrzehnts vollzieht sich eine zweite Wende: die der Charakterneurosen, die nun beginnen, diejenige Stellung einzunehmen, welche von den Übertragungsneurosen, die Freud in den 1890er Jahren entdeckt hat, bis zu diesem Zeitpunkt monopolisiert wurde.

Auch wenn Freud über den Charakter geschrieben hat, so gibt es von ihm doch keinen Text über die Neurosen, die diesen Namen tragen. Er verwendet das Wort, um den Charakter des Ich zu bezeichnen. So muß die Besetzung des äußeren Objekts, die

16 S. Freud, »Das Ich und das Es«, a. a. O., S. 317.

bei der Melancholie durch eine Identifikation mit diesem Objekt ersetzt wird, das ins Ich introjiziert wird, als ein allgemeineres Phänomen betrachtet werden: »Wir haben seither verstanden, daß solche Ersetzung einen großen Anteil an der Gestaltung des Ich hat und wesentlich dazu beiträgt, das herzustellen, was man seinen *Charakter* heißt.«[17] In »Die Disposition zur Zwangsneurose« bemerkt er: »[Beim] Charakter [fällt weg], was dem Neurosenmechanismus eigentümlich ist, das Mißglücken der Verdrängung und die Wiederkehr des Verdrängten. [...] Darum sind die Prozesse der Charakterbildung undurchsichtiger und unzugänglicher als die neurotischen.«[18] Freud hat regelmäßig wiederholt, daß er seine Methode auf die Übertragungsneurosen gegründet hat, und behandelte vorzugsweise die Angst und die Verdrängung.

> [...] alles, was ich hier über Verdrängung, Symptombildung und Symptombedeutung sage, [ist] an drei Formen von Neurosen, der Angsthysterie, der Konversionshysterie und der Zwangsneurose gewonnen worden [...] und [gilt] zunächst auch nur für diese Formen [...]. Diese drei Affektionen, die wir als ›*Übertragungsneurosen*‹ in einer Gruppe zu vereinigen gewohnt sind, umschreiben auch das Gebiet, auf welchem sich die psychoanalytische Therapie betätigen kann.[19]

Die Charakterneurose weist anscheinend keine echte Pathologie auf, aber in den Gefühlsbeziehungen des Individuums stellt sie dennoch eine gravierende Krankheit dar.

Die Wörterbücher und Register der Psychoanalyse weisen alle auf dieselben Texte hin: den Aufsatz über den Analcharakter (»Analcharakter und Erotik«, 1908) als Ausgangspunkt und die Arbeiten von Karl Abraham, Sandor Ferenczi und Wilhelm Reich. Bei diesen Autoren tauchte die Charakterfrage in der Behandlungspraxis als ein wiederkehrendes Hindernis für den Fortschritt der Analyse auf.

In Berlin um Karl Abraham werden diese Neurosen zum Gegenstand der Reflexion. 1919 veröffentlicht er einen Aufsatz über gewisse Formen des Widerstands gegen die Psychoanalyse,

17 Ebd., S. 296.
18 S. Freud [1913], »Die Disposition zur Zwangsneurose«, in: *Zwang, Paranoia und Perversion*, Studienausgabe, Bd. VII, Frankfurt 1989, S. 115.
19 S. Freud, *Vorlesungen zur Einführung in die Psychoanalyse*, Studienausgabe, Bd. I, Frankfurt 1989, S. 296. Es handelt sich um Vorlesungen, die 1916 und 1917 gehalten wurden.

die sich durch eine extreme Schwierigkeit der Assoziation auszeichnen: Die Patienten haben einen leeren Kopf, oder umgekehrt ist ihr Sprechen viel zu kohärent und erfolgt in einem unun-
terbrochenen Wortfluß. Diese Patienten instrumentalisieren die
Behandlung in einer narzißtischen Perspektive. Beispielsweise
erwartet ein Patient von der Analyse die Möglichkeit, seine Autobiographie zu schreiben oder durch ein besseres Verständnis
seiner selbst sein intellektuelles Niveau anzuheben: »Unter meinen Patienten waren es gerade die mit dem stärksten Narzißmus
behafteten, welche sich der psychoanalytischen Grundregel wie
geschildert widersetzten.«[20] Dieser Narzißmus hat eine unzurei-
chende Übertragung gegenüber dem Analytiker zur Folge, den
die Patienten häufig übertreffen wollen. Aus der Behandlung
machen sie »ein Wortgefecht mit dem Arzt, ein Debattieren ums
›Rechthaben‹ [...]«.[21] Diese Patienten haben zwanghafte Neigungen und praktizieren eine Selbstanalyse, deren Ergebnisse
und Kommentare sie ihrem Therapeuten unterbreiten, wie das
Kleinkind seine Exkremente als Geschenk anbietet. Sie weisen
sadistisch-anale Charakterzüge auf: Der Patient »[entledigt sich]
psychischer Inhalte« nach dem Modus der »Darmentleerung«.
Ihr Narzißmus ist »eine Auflehnung gegen den ›Vater‹«. Offenbar ist der Widerstand dieser Patienten so hartnäckig, daß die
therapeutischen Perspektiven kaum noch günstig sind. Abraham
bemerkt, daß Freuds Text über den Narzißmus ihm weitgehend
dabei half, diesen Widerstand zu verstehen und »das größte Gewicht auf eine erschöpfende Analyse des Narzißmus der Patienten« zu legen.[22]
   1925 führt Abraham nochmals eine psychoanalytische Untersuchung zur Charakterbildung durch, in der er das Vorhandensein einer Kategorie von Patienten nachweist, die zwar einen systematischen Widerstand zeigen, der jedoch im Gegensatz zu
jenem Widerstand steht, den wir gerade angesprochen haben: Sie
zeigen keinerlei persönliche Initiative und müssen für alles erst
eine Genehmigung erhalten, selbst für das freie Assoziieren. Er
schließt seinen Aufsatz mit dem Hinweis ab, daß »die Praxis [...]

20 K. Abraham [1919], »Über eine besondere Form des neurotischen Widerstandes gegen die psychoanalytische Methodik«, in: *Psychoanalytische Studien*, Bd. II, Frankfurt 1971, S. 256.
21 Ebd., S. 257.
22 Ebd., S. 258 f. und 261.

uns keineswegs bloß vor die Aufgabe [stellt], neurotische Krankheitserscheinungen im engeren Sinne zu behandeln. Oft genug haben wir neben diesen oder sogar in erster Linie krankhafte Spielarten der Charakterbildung zu behandeln.« Und er präzisiert, »daß die ›Charakteranalyse‹ zu den schwierigsten Leistungen gehört, die vom Psychoanalytiker gefordert werden, sicher aber auch in einem Teil der Fälle zu den dankbarsten«.[23]

Berlin ist diejenige Stadt, die nicht nur die Charakterneurosen lanciert, sondern auch die moderne Psychoanalyse. Beide Neuerscheinungen sind miteinander verbunden. Die erste psychoanalytische Klinik, die Poliklinik, wird hier 1920 unter der Leitung von Abraham eingerichtet und bietet der Psychoanalyse eine neue Klientel, nämlich Handwerker, Angestellte, Angehörige der Mittelschicht. Sie wird zu einem Ausbildungsinstitut für die Anwärter der Psychoanalyse. Man bietet dort theoretische und praktische Kurse an, aber vor allem führt das Berliner Institut die didaktische Psychoanalyse ein sowie die Supervision der unerfahrenen Psychoanalytiker durch erfahrene. Das Institut zieht zahlreiche Studenten an, die aus ganz Europa kommen. »In Berlin wurde eine Dynastie aufgebaut, die ihm die Macht verlieh, die Psychoanalyse für die kommenden Jahrzehnte zu formen.«[24] Franz Alexander, Sándor Radó, Karen Horney werden hier ausgebildet und teilen Abrahams Interesse am Charakter, wozu sie vieles beitragen, das sie über ihre eigenen Schüler (viele Amerikaner werden bei Alexander eine Analyse machen) und mit ihrer eigenen Emigration Anfang der 1930er Jahre in die Vereinigten Staaten importieren. Franz Alexander erhält 1931 den ersten in den Vereinigten Staaten an der Universität Chicago eingerichteten Lehrstuhl für Psychoanalyse, und das Council for Professional Training, das 1932 von der Amerikanischen Psychoanalytischen Vereinigung (APA) gebildet wurde, veröffentlicht 1938 seine *Standards and Principles of Psychoanalytic Association*, die das Vorbild der Berliner Ausbildung wieder aufgreifen.

Von den gesellschaftlichen Einstellungen wird die Untersu-

23 K. Abraham [1925], »Psychoanalytische Studien zur Charakterbildung«, in: *Psychoanalytische Studien*, Bd. 1, S. 226.
24 G. Makari, *Revolution in Mind*, a. a. O., S. 388. Für E. Kurzweil »hat sich der Erfolg dieses Unternehmens in ein Vorbild für alle anderen Psychoanalytikervereinigungen verwandelt.« *The Freudians*, a. a. O., S. 46. Die meisten Angaben stützen sich auf G. Makari, *Revolution in Mind*, a. a. O., S. 367-388.

chung des Charakters und seiner Bildung abgeleitet, wobei diese Einstellungen durch das (orale, anale) Stadium definiert werden, auf das der Patient »fixiert« geblieben ist. Sie werden in Begriffen der Typenbildung formuliert. So bestehen Abraham zufolge »im sozialen Verhalten [...] ebenfalls bemerkenswerte Unterschiede je nach der Entwicklungsstufe der Libido, von welcher sich die Charakterentwicklung herleitet. Die im frühesten Stadium Befriedigten zeigen sich heiter und umgänglich, die auf der oral-sadistischen Stufe Fixierten feindselig und bissig, während mit dem analen Charakter ein mürrisches, unzugängliches, verschlossenes Wesen einhergeht.«[25] Mit den Charakterneurosen »konnten die Psychoanalytiker künftig in deskriptiven Begriffen reden, die nicht nur die mit der Sexualität in Zusammenhang stehenden Konflikte betrafen, sondern sich auch auf die Psychologie der Charaktere bezogen, die im Alltagsleben leicht zu erkennen waren. Da sie sich um den Charakter und die Identität herum organisierte, konnte die Psychoanalyse leichter in den öffentlichen Raum eindringen.«[26] Nachdem Freud es abgelehnt hatte, für sechs Monate nach New York zu ziehen, um Psychoanalytiker auszubilden, werden die meisten Amerikaner nach Berlin, anstatt nach Wien kommen, weil das Berliner Institut den Ruf größter Strenge genoß und ihm nachgesagt wurde, daß dort die jüngsten Neuerungen in der klinischen Praxis stattfanden.[27]

Die Charakterkrankheiten wurden traditionellerweise von den Psychiatern so betrachtet, daß sie zur Verfassung von Individuen gehörten, die gegen die gesellschaftlichen Regeln verstoßen – eingefleischte Lügner, Psychopathen usw. Mit Abraham können die Psychoanalytiker nun zeigen, daß die Charaktere an Fixierungen auf dieses oder jenes Stadium gebunden sind und daß sie folglich durch die Behandlung verändert werden können. Durch die Hinzufügung des charakterlichen Defekts zum neurotischen Konflikt wird es nun möglich, eine Ausweitung der Psychoanalyse auf die Behandlung von Straftätern und Abnormalen ins Auge zu fassen. Man konnte sich nun auch vorstellen, die kollektiven Aspekte des Charakters, insbesondere die gesellschaftlichen Ideale, einzubeziehen. Freud hatte übrigens den Weg dazu in »Massenpsychologie und Ich-Analyse« gewiesen, indem er die Mechanis-

25 K. Abraham, »Psychoanalytische Studien«, a. a. O., S. 215.
26 G. Makari, *Revolution in Mind*, a. a. O., S. 386.
27 E. Kurzweil, *The Freudians*, a. a. O., S. 51.

men der kollektiven Identifikation zerlegte: In der Masse »[gibt] der Einzelne sein Ichideal auf [...] und [vertauscht] es gegen das im Führer verkörperte Massenideal [...]«.[28] Ein Ableger des Berliner Instituts wird 1929 in Frankfurt gegründet und arbeitet mit dem Institut für Sozialforschung zusammen, insbesondere mit Erich Fromm und Frida Fromm-Reichmann.

Anderswo schreibt man ebenfalls über den Charakter. In Wien wurde 1922 eine Sprechstunde eingerichtet, die Wilhelm Reich leitete, für den jeder Neurotiker eine zugrundeliegende Charakterneurose hat, in Budapest eine mit Sandor Ferenczi. Für Reich leidet der Charakterneurotiker nicht an einer dumpfen Erinnerung, er ist sich nicht einmal dessen bewußt, daß er krank ist. Also muß in der Behandlung das Augenmerk auf die Analyse seines Widerstands gelegt werden. »Die passive Technik [die den Trauminhalt analysiert] mag zwar für die weniger schlimmen Neurosen angemessen sein [...], aber der neurotische Charakter erforderte, daß man sich auf die [häufig negative] Übertragung und auf den Widerstand konzentriert.«[29] Reich zufolge ist der Charakter ein Überbleibsel von Widerständen, die schließlich die Rüstung oder den Panzer des Individuums darstellen. »Die Panzerung des Charakters sollte in der *Form* des menschlichen Verhaltens gefunden werden. [...]. So wies [er] über die Psychopathologie auf eine allgemeine Psychologie hinaus.«[30]

In einem Aufsatz, der 1930 veröffentlicht wird, schreibt Ferenczi, daß der Charakter »das neueste Anwendungsgebiet« der Psychoanalyse ist.[31] Er betont, daß er am Beginn seiner Laufbahn darauf achtete, nicht auf die Persönlichkeit des Kranken einzuwirken, um dessen Zusammenarbeit in der Analyse zu erleichtern, »doch in vielen anderen Fällen sah ich mich gezwun-

28 S. Freud [1921], »Massenpsychologie und Ich-Analyse«, in: *Kulturtheoretische Schriften*, Frankfurt/M. 1986, S. 120.

29 G. Makari, *Revolution in Mind*, a. a. O., S. 391.

30 Ebd., S. 395.

31 S. Ferenczi [1928], »Die psychoanalytische Therapie des Charakters«, in: *Bausteine zur Psychoanalyse*, Bd. III, Bern 1964, S. 441. In einem Aufsatz von 1930 über den neurotischen Charakter, hebt Franz Alexander hervor, daß im Unterschied zu dem, was bei den Übertragungsneurosen geschieht, bei denen das Individuum seine Energie in nutzlosen Tätigkeiten verschwendet, es in der Charakterneurose zwar ein aktives Leben führt, dabei aber keinerlei Befriedigung verspürt. Franz Alexander, »The Neurotic Character«, in: *The International Journal of Psychoanalysis*, 1930, Nr. 11, S. 292.

gen, auch an diese zweite, heiklere [gemeint ist die tiefergreifende Analyse des Charakteraufbaus; A. d. Ü.] energischer heranzugehen, da der Mechanismus des Symptoms allzu innig mit pathologischen Charakterzügen verzwickt war«.[32] Der Patient leistet aufgrund seines Charakters Widerstand, der sich im Wiederholungszwang zeigt. Ferenczi ist der Ansicht, daß die Behandlung des Charakters außerhalb von streng pathologischen Fällen von Übertragungsneurosen erfolgen kann. »Auch dem sogenannten Normalmenschen, der mit gewissen Übertreibungen und Empfindlichkeiten bei sich unzufrieden ist, gibt die Analyse Gelegenheit zu einer ökonomischeren Lösung seiner Reaktionen.«[33] Otto Fenichel, dessen *Psychoanalytische Neurosenlehre*, die vor dem Krieg in Deutschland begonnen und 1945 veröffentlicht wurde, als Denkmal der psychoanalytischen Orthodoxie, nämlich der Ich-Psychologie, gilt, legt das Augenmerk auf diese Patienten: »Bei den ›neurotischen Charakteren‹ haben wir es nicht mit einer einheitlichen Persönlichkeit zu tun, die einfach nur durch irgendein störendes Ereignis verunsichert ist; sie ist so deutlich verändert und gespalten und häufig so eng mit der Krankheit vermischt, daß man nicht sagen könnte, wo das ›Symptom‹ anfängt und die ›Persönlichkeit‹ endet.«[34] Die Widerstände des Charakters sind viel schwieriger aufzuheben als zeitweilige Widerstände, weil sie »Einstellungen sind, die zuvor vom Patienten erworben wurden, um seine Verdrängungen aufrechtzuerhalten, und die er jetzt in seiner Analyse manifestiert. Man muß zunächst diese Einstellungen abbauen, um die Verdrängungen aufheben zu können.«[35]

Das Einbeziehen des Charakters in die Psychoanalyse hat also bei tiefgreifenden Veränderungen der Behandlung mitgewirkt, indem es sie auf die Analyse der Widerstände zu Lasten der Untersuchung unbewußter Inhalte zentriert hat. Es stützte sich auf die zweite Topik, die das Ich, das Über-Ich und das Es in den Vordergrund schob. Es läßt die Psychoanalyse auch weniger fremdartig erscheinen: Wenn die Vorstellung des unbewußten Begehrens des gegengeschlechtlichen Elternteils dem gesunden

---

32 S. Ferenczi, »Die psychoanalytische Therapie des Charakters«, a. a. O., S. 436.
33 Ebd., S. 437.
34 O. Fenichel, *La Théorie psychanalytique des névroses*, Paris 1979, Vorwort von M. Fain, S. 21.
35 Ebd., S. 33.

Menschenverstand zuwiderlief und starke Widerstände hervorrief, »würde sich [dagegen] kein Patient über die Vorstellung lustig machen, daß er ein ›Ich‹ oder ein Gewissen [das Über-Ich] besäße, das ihn überwacht«.[36] Der Charakter besaß auch den großen Vorteil, die Psychoanalyse mit der Atmosphäre sozialer Reformen und individueller Emanzipation zu verknüpfen, die Berlin und Wien in den 1920er Jahren durchdrang. Mit der Auswanderung ihrer wichtigsten Vertreter in die Vereinigten Staaten nach der Machtergreifung Hitlers im Jahre 1933 gestattete er die Einschaltung der Psychoanalyse sowohl in die Thematik der Anpassung als auch in die Strömung von »Kultur und Persönlichkeit«, die den Erfolg von Riesmans Buch ausmachte: Die Charakterneurose verband sich mit den Essays über den amerikanischen Charakter, um der kollektiven Vorstellung des Individuums als selbstmotivierten Akteurs, der das Selbst ist, einen gesellschaftlichen, psychologischen und politischen Inhalt zu verleihen. Lasch erkennt die Gesamtheit dessen an, was er dieser weniger fremdartigen Psychoanalyse für seine soziologische Konstruktion schuldet: »Untersuchungen von Persönlichkeitsstörungen [...], sind zwar ausschließlich für Fachpsychiater und ohne jeden Anspruch auf die Klärung gesellschaftlicher oder kultureller Probleme geschrieben, zeichnen aber einen Persönlichkeitstyp, der, wenn auch in abgeschwächter Form, von Beobachtern der zeitgenössischen kulturellen Szene sofort wiedererkannt werden müßte.«[37] Um in die Kultur überzugehen, wird die Persönlichkeitsstörung noch auf eine dritte innere Wandlung angewiesen sein, die mit der Entdeckung der Mutter-Kind-Beziehung erfolgt.

Die Wende der Mutter-Kind-Beziehung

Übertragungs- und Charakterneurosen werden fortan unter dem Begriff der Neurose zusammengefaßt. Nach dem zweiten Weltkrieg werden in den Vereinigten Staaten die schwersten Fälle von Patienten, die an einer Charakterneurose leiden, zum Gegenstand einer Auseinandersetzung, bei der es darum geht herauszufinden, ob sie in die Zuständigkeit einer analytischen Behand-

36 G. Makari, *Revolution in Mind*, a. a. O., S. 386.
37 C. Lasch, *Das Zeitalter des Narzißmus*, a. a. O., S. 60.

lung oder einer Psychotherapie fallen. Sie werden durch die beiden Etiketten der Grenzzustände und der narzißtischen Pathologien zusammengefaßt und ergeben sich aus der psychoanalytischen Hinwendung zur Mutter, die den Schlüsselbegriff dieser Pathologien zu Tage treten ließ: die Objektbeziehung.

Die narzißtischen Pathologien und die Grenzzustände haben gemein, daß sie im Hinblick auf die neurotischen Abwehrmodi durch sogenannte archaische Abwehrmodi charakterisiert sind: Die neurotischen Abwehrmodi zeichnen sich durch die Erzeugung von Symptomen aus, die im Zusammenhang mit ödipalen Verboten stehen, während die archaischen Abwehrmodi, wie zum Beispiel die Spaltung, aus einer narzißtischen Trennung hervorgehen. Die Grenzzustände dienten traditionell als Standarddiagnose für Patienten, die weder psychotisch noch neurotisch waren. Von den 1930er Jahren an wurden diese Fälle mit allen möglichen Arten von Diagnosen belegt: schizoide Persönlichkeiten, Identitätsstörungen, falsche Persönlichkeiten, Ich-Defekte, Als-ob-Persönlichkeiten (Patienten, die außerhalb einer depressiven Dekompensation keine Symptome aufweisen), psychopathische, perverse und straffällige Persönlichkeiten, schwere Charakterneurosen usw. Diese Liste findet man mit einigen Variationen in zahllosen Aufsätzen wieder. Den Autoren zufolge sind die beiden Begriffe entweder identisch oder teilweise zu unterscheiden. Das Hauptproblem besteht darin, daß hinter den Etiketten und deskriptiven Definitionen, die sie begleiten, das Wesen der Störungen den Gegenstand von Meinungsverschiedenheiten unter Psychoanalytikern bilden und die Arten von Reaktionen daher verschieden sind.

Im Laufe der 1930er Jahre vollzieht sich eine dreifache Verschiebung »vom Vater zur Mutter, von der Kastration zur Trennung, von der Autorität zur Abhängigkeit.«[38]

Zwei Psychoanalytikerinnen[39] werden in den 1930er Jahren zu Schlüsselautoren: Melanie Klein, die 1927 nach Großbritannien emigriert (wo die British Society in den 1930er Jahren 40 % Frauen aufweist) und Anna Freud. Beide haben ihre Laufbahn mit der Beobachtung und der Behandlung von Kindern begon-

---

38 E. Zaretsky, *Le Siècle de Freud*, a. a. O., S. 248.
39 Bei allem Folgenden stütze ich mich auf G. Makari, *Revolution in Mind*, a. a. O., S. 418-445, und E. Zaretsky, *Le Siècle de Freud*, a. a. O., Kapitel 10 (»Die Mutter-Kind-Beziehung«), S. 313-345.

nen – Anna Freud wollte Lehrerin werden, bevor sie sich der Psychoanalyse zuwandte, und war an sozialen Reformprojekten in Wien und Berlin beteiligt. Unter den vielen (wohlbekannten) Gegensätzen zwischen den beiden Frauen springt einer für unseren Zweck besonders hervor: Klein konzentriert sich auf die Innenwelt des Kindes, während Anna Freud der Umwelt eine wichtige Rolle zuschreibt. Klein verdanken wir die Entwicklung der Theorie der Objektbeziehung.

1934 stellt sie ihre Theorie in einem Beitrag auf dem Kongreß der IPA (Internationale Psychoanalytische Vereinigung) in Luzern vor, um die Ängste in der Innenwelt des Kleinkinds zu erklären. Diese Theorie besagt, daß das Kleinkind seine Objekte erlebt, indem es sie in zwei Kategorien einteilt: die guten und die schlechten. Die mütterliche Brust ist ein solches Objekt: »Die schlechte Brust war nicht so sehr das Ergebnis des normalen Abstillens, sondern eine Schöpfung der projizierten Angst des Kindes. Im Hinblick auf dieses eingebildete Ungeheuer lebt das Kind in einer paranoiden Angst und findet Erleichterung, wenn es sich mit der guten Brust identifiziert.«[40] Die Welt des Kleinkinds ist eine schauerliche und tragische Welt, in der alles zwischen gut und schlecht aufgeteilt ist. Um das zu erklären, schlägt sie den Begriff der Setzung vor, die ein Komplex aus Abwehrmaßnahmen gegen die Angst ist. Das Kleinkind schwankt zwischen zwei Setzungen hin und her. Die schizoid-paranoide Setzung entspricht der Phase, in der es von der Mutter nicht getrennt ist: Wenn die Brust fehlt, ist sie schlecht und ihr Fehlen bedrohlich, wenn es von ihr gestillt wird, ist sie gut. Die depressive Setzung ist die Anerkennung, daß die Mutter ein vom Kind getrenntes, also verlorenes Objekt ist, und findet ihren Abschluß in der Einsetzung der Mutter als inneres Objekt. Da sie normalerweise am Ende des ersten Lebensjahres erworben wird, ermöglicht sie die Konstitution der Subjektivität.

Obwohl Melanie Klein den Ödipuskomplex auf ein sehr frühes Alter ausgedehnt hat, spricht man kurzerhand von präödipaler Phase. Hier handelt es sich also nicht mehr um das Problem des neurotischen ödipalen Konflikts, sondern um das Akzeptieren der Trennung von der Mutter, die Fähigkeit, die Abhängigkeit und das unerträgliche Schwanken zwischen gut und schlecht zu überwinden. Dieses Akzeptieren hindert das Kind nicht dar-

40 G. Makari, *Revolution in Mind*, a. a. O., S. 435.

an, später neurotisch zu werden, aber wenn das nicht stattfindet, wenn das Kind die depressive Setzung nicht vollziehen konnte, und zwar insbesondere aufgrund von Unzulänglichkeiten in der mütterlichen Fürsorge oder aufgrund einer frühzeitigen Trennung, befinden sich die Geistesstörungen, die im Anschluß daran auftreten können, auf der Grenze zwischen Neurose und Psychose. Bei der Behandlung werden die Psychoanalytiker feststellen, daß diese Patienten das Schwanken zwischen gut und schlecht reproduzieren, wobei ihre Deutungen bedrohlich sein können.

Die Theorie der Objektbeziehung führt zwei große Stoßrichtungen mit sich: Bei der ersten, die darauf abzielt, Freuds Triebtheorie zu ergänzen, ist das Objekt ein inneres und gehört zur Phantasievorstellung und zur Sexualität; bei der zweiten ist das Objekt ein äußeres. Es gehört zur Wirklichkeit und nimmt die Stelle des Triebs ein, was bedeutet, daß in ein und derselben Bewegung die Phantasievorstellung und die Sexualität ihren psychoanalytischen Wert verlieren. Sie liefern keine Erklärung mehr für die Psychopathologie. Diese Theorie der Objektbeziehung führt wie die Charakterneurosen, nur unter einem anderen Blickwinkel, die Beziehung zur Wirklichkeit in die analytische Behandlung ein.

Die Objektbeziehung hat den Raum für einen Konflikt zwischen denen vorgezeichnet, die wie Klein dem Trieb und der Phantasievorstellung die wesentliche Rolle zuschreiben, und jenen, die die Objektbeziehungen als Grundtatsache auffassen, was dazu führt, daß die wirklichen Beziehungen des Subjekts zu seiner Umwelt mit berücksichtigt werden. Innerhalb dieser zweiten Strömung muß man die Briten von den Amerikanern unterscheiden. Auf britischer Seite wird die Berücksichtigung der Objektbeziehungen mit einer *Erweiterung* der Psychoanalyse auf die Übernahme von schwerkranken Patienten verbunden sein. Diese Patienten befinden sich an der Grenze zur Psychose und leiden eher an Trennungsängsten als an neurotischen Konflikten. Im Ausgang von der Behandlung dieser Patienten entwickeln zuerst Melanie Klein und dann Donald Winnicott ihre Auffassungen (die übrigens voneinander abweichen) der psychoanalytischen Praxis. Auf der Grundlage einer Konzeption der Objektbeziehung, derzufolge das Objekt ein äußeres ist, hat die amerikanische Psychoanalyse ihre Entwicklung aufgebaut, und zwar in Abhängigkeit von einer *Einschränkung* der Therapieindikation auf die Übertragungsneurosen, die manifeste Symptome aufweisen, während die anderen Kategorien von Patienten zum Gegenstand einer analytisch inspirierten Psychotherapie werden sollen.

Anna Freud nimmt eine ganz andere Perspektive ein als Melanie Klein: Ihre Aufsätze gehen von dem Anliegen aus, Kinder zu beobachten, um die Erwachsenen besser zu verstehen, und thematisieren die besonderen Methoden, die sich für die Behandlung von Kindern eignen (wie zum Beispiel die Notwendigkeit, daß sich der Analytiker bemüht, die Zuneigung des Kindes zu gewinnen). Es ist jedoch ihr Buch *Das Ich und die Abwehrmechanismen*, das 1936 auf deutsch und 1937 auf englisch erschien, welches die Psychoanalyse erschüttern und Amerika seine psychoanalytische Prägung verleihen wird. Der Historiker George Makari erinnert daran, daß dieses Buch ein Plädoyer für die Toleranz war und die zentrifugalen Neuerungen von beinahe zwei Jahrzehnten zu integrieren gestattete:

> Die Analytiker sollten dem Ich einen wesentlichen Teil ihrer Aufmerksamkeit zuwenden, insofern es innerhalb eines sogenannten Strukturmodells des Geistes bestimmt wird. Anstatt sich auf die Frage zu konzentrieren, ob die Geistesinhalte bewußt oder unbewußt sind, bot dieses Modell die Hoffnung, die Konflikte zwischen den inneren geistigen Strukturen zu verstehen – die unbewußten Triebe, das Ich, das Über-Ich. Der Ansatz von Anna Freud hielt am Primat des Unbewußten fest, ließ jedoch offen, was interpretiert werden sollte. Über das Wesen des Unbewußten stellte sie überhaupt keine Behauptung auf.[41]

Die meisten Analytiker konnten sich in dieser psychoanalytischen Minimallehre wiedererkennen, die ausreichend Platz für alle möglichen gegensätzlichen Auffassungen ließ. Die Frage nach dem Ich wird hier über die Kriterien entscheiden, die einzuschätzen erlauben, ob jemand analysierbar ist oder nicht und wie er analysiert werden soll, nämlich durch die Konzentration auf seine Abwehrmechanismen. Die Abwehrmechanismen werden den großen Konsens der amerikanischen Psychoanalyse bilden.

41 Ebd., S. 444.

Die Ich-Psychologie
oder die Rückkehr zu Freud in der
amerikanischen Psychoanalyse

Für die Franzosen, die kulturell vom Lacanismus geprägt sind, stellt die Ich-Psychologie gegenüber Freud eine Abweichung und sogar einen Verrat dar. Für die Amerikaner ist das Gegenteil der Fall. Sie ermöglichte es zumindest vorläufig, das Umkippen der Psychoanalyse in den Kulturalismus (Fromm ist in den 1950er Jahren sehr populär) oder den Environmentalismus (mit Franz Alexander oder Sándor Radó) zu verhindern und sie mit der humanistischen Psychologie zu verschmelzen (Carl Rogers und Abraham Maslow, ihre beiden großen Wegbereiter, sind seit den 1950er Jahren berühmt).[42]

Gesundes Ich, neurotisches Ich und narzißtisches Selbst: Wer und wie wird in den Vereinigten Staaten analysiert?

Diese Frage stellt sich offensichtlich für die gesamte Psychoanalyse. Aber die amerikanische Psychoanalyse trägt spezifische Antworten zu ihr bei. »Wer« analysierbar ist, damit wird die Frage nach der Diagnose und der Therapieindikation gestellt, während das »Wie« die Frage nach der Technik und den Arbeitszielen der Therapie aufwirft.

Um 1950 stimmen zahlreiche amerikanische Psychoanalytiker in der Behauptung überein, daß Patienten mit narzißtischen und Grenzpathologien einen großen Teil ihrer Klientel ausmachen. 1951 behauptet Victor W. Eisenstein, daß 30 % seiner Privatklientel und des Therapiezentrums, in dem er arbeitet, »Grenzreaktionen« aufweisen. Er präzisiert, daß »zahlreiche therapeutische Mißerfolge klassischer Analysen zu dieser Gruppe gehören«.[43] Ralph Greenson bietet 1958 eine Darstellung der psychopatho-

---

42 F. Castel, R. Castel, A. M. Lovell haben einige Hinweise auf die Geschichte des persönlichen Wachstums in *La Société psychiatrique avancée*, Paris 1979, gegeben.

43 V. W. Eisenstein, »Psychotherapie différentielle des états-limites«, entnommen aus *The Psychiatric Quarterly*, 1951, Bd. 25, Nr. 3, in: G. Bychowski, J.-L. Despert (Hg.), *Techniques spécialisées de la psychothérapie*, Paris 1958, S. 256.

logischen Entwicklung der Klientel von Psychoanalytikern, der viele Psychoanalytiker zustimmen:

> In den Anfängen der Psychoanalyse litten die Patienten, die sich einer Behandlung unterzogen, an neurotischen Symptomen, einer fest umgrenzten und relativ eindeutigen Gruppe von Krankheitsbildern. Das klinische Bild änderte sich in dem Maße, wie sich die Gesellschaft veränderte, und nach dem Zweiten Weltkrieg war man der Ansicht, daß die Patienten, die nach einer Behandlung suchten, an einer Charakterneurose litten, einer Gruppe von schlecht bestimmten und heterogenen Neurosen. [...] Nach dem Zweiten Weltkrieg scheint es mir abermals eine Veränderung im vorherrschenden klinischen Bild von Patienten gegeben zu haben, die nach einer psychotherapeutischen Behandlung verlangen. Dieser Kampf um die Festlegung des Selbstbilds oder der Vorstellung von sich selbst wurde in der jüngeren psychoanalytischen Literatur durch die Arbeiten von Erikson, Jacobson und Hartmann erhellt. Erikson ist derjenige, der am weitesten ging, um zu begründen, daß das Studium der Identität einen ebenso großen strategischen Wert besitzt wie das Studium der Sexualität zu Zeiten Freuds. Es besteht kein Zweifel, daß die Störungen des Selbstbilds heute viel häufiger beschrieben werden.[44]

Diese Kranken gehören zwar in der Mehrzahl immer noch zur Gruppe der Charakterneurosen, aber die Pathologie scheint sich nunmehr auf eine mangelhafte Entwicklung des Selbstbilds, auf eine Identitätsstörung, zu konzentrieren. Diese Patienten bemühen sich um die äußere Wirklichkeit, um die mangelhafte Kontrolle über ihre innere Wirklichkeit zu überdecken. Somit stehen die alten Neurosen, bei denen die individuelle Identität trotz behindernder Symptome tragfähig war, den neuen Neurosen gegenüber, bei denen das Selbst, die Persönlichkeit, die Identität des individuellen Subjekts erkrankt ist. Mit anderen Worten, diese Patienten weisen etwas anderes als Symptome auf: Sie besitzen eine mangelhafte Selbstachtung, und zwar unabhängig vom Grad ihres *achievement*.

In den 1950er Jahren beschreiben viele Psychoanalytiker Patienten, die zwar, gesellschaftlich gesprochen, erfolgreich sind, aber von Größenphantasien besessen und den anderen gegen-

---

44 R.R. Greenson, »On Screen Defense, Screen Hunger and Screen Identity«, in: *Journal of the American Psychoanalytic Association*, 1958, Nr. 6, S. 242.

über gleichgültig sind.[45] Greenson zeichnet folgendes Porträt von ihnen:

> Sie scheinen bereit und begierig zu sein, Kontakte herzustellen und mit anderen zu kommunizieren. Sie sind sehr um ihre Geschicklichkeit oder Ungeschicklichkeit im Gebrauch von Wörtern und Sprache besorgt. Sie scheinen warmherzig und mitteilsam zu sein, wenn es darum geht, ihre Lebensgeschichten zu erzählen. Obwohl sie bei ihrer Arbeit Erfolg haben, würdigen sie ihre Leistungen herab und haben nur ein schwaches Vertrauen in ihre tatsächlichen Verdienste. Sie sind mit einem Gespür für die kreativen Aspekte ihres Zuständigkeitsbereichs begabt, aber ihre Produktivität ist unregelmäßig und sporadisch. Sie sind unangemessen stark mit ihrem sozialen Status beschäftigt.[46]

Äußerlich mögen diese Patienten als gesellschaftliche Ideale gelten, aber innerlich weisen sie dramatische Stimmungsänderungen auf, zeigen sprunghaftes Handeln und lügen häufig. Greenson fügt unmittelbar eine Erklärung an: »Das ergibt sich sicherlich zum Teil aus unserem besonderen Interesse, die Ich-Entwicklung zu erforschen.«[47]

Zwischen 1952 und 1971 ist die Zahl von Patienten, die an Charakterneurosen, Grenzzuständen oder narzißtischen Pathologien leiden, anscheinend von 25 % auf 50 % der Analytikerklientel gestiegen. 1976 war ein Viertel der amerikanischen Psychoanalytiker der Ansicht, daß ihre Couch von Patienten belegt war, die an solchen Störungen litten.[48] Auch wenn die Mehrheit der Psychoanalytiker behauptet, daß eine Veränderung in der Symptomatologie ihrer Klienten aufgetreten ist, so gibt es doch keinen Konsens. Beispielsweise meint Leo Rangell, daß »der Narzißmus kein besonderes Segment der Psychopathologie definiert, sondern daß er genauso zentral ist wie die Angst und man sich [im Rahmen einer typischen Therapie] ebenso um ihn kümmern muß«.[49]

---

45 E. Lunbeck, »Borderline Histories«, a. a. O., S. 165-166.

46 R. R. Greenson, »On Screen Defense, Screen Hunger and Screen Identity«, a. a. O., S. 243.

47 Ebd., S. 242.

48 J. F. Battan, »The ›New Narcissism‹ in 20th Century America. The Shadow and Substance of Social Change«, a. a. O., S. 200.

49 L. Rangell, »Psychoanalysis and dynamic psychotherapy. Similarities and differences twenty-five years later«, in: *Psychoanalytic Quarterly*, 1981, Bd. 50, zitiert von Battan, »The ›New Narcissism‹ in 20th Century America. The Shadow and Substance of Social Change«, a. a. O., S. 203.

1975 wählt die Internationale Psychoanalytische Vereinigung (IPA) als Thema für ihren Kongreß, der in London stattfindet, »Die plötzlich aufgetretenen Veränderungen in der analytischen Theorie und Praxis«. Die beiden einleitenden Berichte werden von dem Amerikaner Leo Rangell, der »das Interesse, das [...] der Narzißmus als eigenständige Entität erweckt«,[50] weder versteht noch teilt, und dem Franzosen André Green verfaßt, der den Narzißmus ins Zentrum seiner Arbeit gestellt hat, aber im Sinne einer Problematik, die von der Ich-Psychologie ganz verschieden ist (wie wir im 4. Kapitel sehen werden). Ein Zeichen für das wachsende Interesse am Narzißmus ist die Anzahl von Aufsätzen, die diesen Begriff enthalten: In einem Register, das die Gesamtheit der Veröffentlichungen in der Psychologie versammelt, findet man zwischen 1927 und 1968 62 Aufsätze und zwischen 1972 und 1981 287.[51]

Diese kurze phänomenologische Übersicht läßt die wesentlichen Fragen unberührt: In welcher Hinsicht gibt es eine Veränderung der Symptome, und nach welchen Kriterien identifizieren die Psychoanalytiker diese Veränderungen? Haben sich die Patienten verändert? Oder der Blick der Psychoanalytiker? Oder handelt es sich um Veränderungen in der Zusammensetzung der psychoanalytischen Klientel?

Die amerikanische Debatte über die Grenzen des Neurosenmodells wird durch zwei Besonderheiten der amerikanischen Psychoanalyse strukturiert: das Krankheitsmodell der Ich-Psychologie, das das Defizit, welches sich aus einem Stillstand der Ich-Entwicklung ergibt, der von wirklichen traumatischen Erfahrungen im Kleinkindalter verursacht wird, dem neurotischen und psychosexuellen Konflikt gegenüberstellt; die Unterscheidung zwischen Psychotherapie und Psychoanalyse für die Therapieindikation.

Das Ich und das Selbst

Die Psychoanalyse der Nachkriegszeit ist der Ansicht, daß es in einer typischen Therapie unanalysierbare Fälle gibt, die auf

---

50 L. Rangell, »Psychanalyse et changement«, a. a. O., S. 335.
51 J. F. Battan, »The ›New Narcissism‹ in 20th Century America. The Shadow and Substance of Social Change«, a. a. O., S. 203.

einen Stillstand der Entwicklung auf einem prägenitalen oder präödipalen Stadium zurückgehen. Die Patienten leiden an schweren Ich-Defekten und sind Gefangene eines Narzißmus, der die Anwendung der Übertragung durch den Analytiker verhindert. Diese Psychoanalyse gehört zu einer Konzeption der Ich-Psychologie, die zunächst von Anna Freud und dann von Heinz Hartmann, aber auch von Rudolph Loewenstein und Ernst Kris entwickelt wurde. Hartmann macht seine Analyse bei Sándor Radó. Er ist stark von dem marxistischen Philosophen Karl Mannheim vom Frankfurter Institut beeinflußt.[52] Nachdem er in die Vereinigten Staaten emigriert ist, wird er zunächst Ausbildungsleiter am New Yorker Institut (das die größte Welle von Emigranten aus Deutschland und Österreich aufnimmt und, quantitativ betrachtet, das wichtigste amerikanische Institut ist) und dann Präsident der Internationalen Psychoanalytischen Vereinigung (IPA). Die Strömung, die Hartmann in Europa vertritt, übernimmt 1946 die Macht in der Amerikanischen Psychoanalytischen Vereinigung, wendet sich gegen die environmentalistischen Neofreudianer (Horney, Radó, Fromm), insbesondere in der Debatte Psychoanalyse/Psychotherapie, und wird in den Vereinigten Staaten zur Freud'schen Orthodoxie.[53]

Im Laufe der 1940er Jahre verbreitet sich die *ego-psychology* in der amerikanischen Psychoanalyse und wird um 1950 bis in die 1960er Jahre dominierend. Ihr Ziel bestand darin, auf der Grundlage der Psychoanalyse eine allgemeine Psychologie zu begründen, das heißt eine Psychologie der Pathologie und der Normalität. Hartmann zufolge ist ein solches Projekt nur durchführbar, wenn man sich auf das Ich konzentriert, und nicht auf das Es. Die Gründer dieser Schule versammeln sich mit dem Ziel, eine »psychoanalytische Psychologie« zu entwickeln. Die Stärke der Ich-Psychologie besteht darin, die Freud'sche Tradition der Triebe und der Sexualität aufrechtzuerhalten, aber wie bei den Neofreudianern mit einer größeren Anerkennung der Rolle der Umwelt, also möglicher gesellschaftlicher Faktoren. Auf der Grundlage von Arbeiten, die Hartmann in den 1930er Jahren an Zwillingen durchführt, gelangt er zu dem Schluß, daß der Charakter in Abhängigkeit von der gesellschaftlichen Umwelt variiert. In seinen Augen »gründete sich die Psychoanalyse auf den

---

52 Zu Hartmann siehe G. Makari, *Revolution in Mind*, a. a. O., S. 449-455.
53 Ebd., S. 479-483.

Rationalismus, den Empirismus und den Naturalismus, und ihr moralischer Kodex bestand in der Steigerung des Glücks und der Linderung von Leid.«[54] Hartmann fügt Anna Freuds Ich den Begriff der Anpassung hinzu. Dieser Begriff entstand direkt aus der von Mannheim (in *Ideologie und Utopie*, 1929) entwickelten Vorstellung, daß das menschliche Bewußtsein gesellschaftlich in dem Sinne ist, daß es einen gesellschaftlichen Kontext besitzt, was bedeutete, daß die menschliche Erkenntnis immer auf eine bestimmte Situation bezogen ist. Hartmann stellt den Begriff der Anpassung auf einem Kongreß von 1937 vor, und 1939 wird sein Text auf deutsch veröffentlicht. Aber erst nach seiner Ankunft in den Vereinigten Staaten schenkt man ihm verstärkte Aufmerksamkeit:»Im Grunde«, schreibt die Historikerin Elizabeth Kurzweil,»stimmte er mit der Volksideologie des melting-pot überein und bot eine Theorie für gemeinsame Überzeugungen an«.[55]

Freud hatte geschrieben, daß das Ich zwei Herren diene, dem Es und dem Über-Ich. Hartmann isolierte das Ich, wies ihm den höchsten Wert zu und führte einen dritten Herrn ein, die Außenwelt.[56] Die Ich-Psychologie kulminiert im dualen Begriff der Anpassung: Dieser soll sowohl im Hinblick auf die inneren Konflikte zwischen den Instanzen als auch im Hinblick auf die Konflikte mit der Außenwelt verstanden werden. Wenn die seelische Gesundheit nur eine äußere Anpassung ist, gibt es keinen Unterschied mehr zwischen Geisteskrankheit und sozialer Abweichung oder umgekehrt zwischen seelischer Gesundheit und sozialem Konformismus:»Eine Voraussetzung (ihre übrigen Voraussetzungen bleiben hier außer Betracht) ist eben: Ausrüstung *für durchschnittlich zu erwartende* Außenweltsituationen und *durchschnittlich zu erwartende* innere Konflikte.«[57] Indem er die Argumente entkräftet, die gegen die Neofreudianer vorgebracht wurden, nämlich daß sie die Triebe aufgeben, um nur

54 Ebd., S. 451.
55 E. Kurzweil, *The Freudians*, a. a. O., S. 257.
56 »Man kann die Entwicklung des Ich durch jene Konflikte beschreiben, die es im Kampf mit dem Es und Über-Ich zu lösen hat; man kann auch die Konflikte mit der Außenwelt einbeziehen und es so in einem Dreifrontenkrieg verfolgen«, schreibt Hartmann, *Ich-Psychologie und Anpassungsproblem*, Stuttgart, 1970, S. 15. Der Text wurde 1958 auf englisch und 1968 auf französisch veröffentlicht.
57 Ebd., 49.

noch die sozialen und kulturellen Faktoren zu berücksichtigen, verleiht Hartmann dem amerikanischen Ideal der Verschmelzung des Persönlichen mit dem Unpersönlichen einen psychoanalytischen Ausdruck.[58]

Die Ich-Psychologie postuliert restriktive Bedingungen für die Entscheidung, ob ein Patient analysierbar ist; Bedingungen, die die Wirklichkeit ins Spiel bringen, aber in einem Sinn, der sich vom Realitätsprinzip unterscheidet, nämlich dem der Umwelt.

Sie definiert das Ich auf zwei Weisen: als Instanz und als Person.[59] In Freuds zweiter Topik (Ich, Es, Über-Ich) ist es eine Instanz, und insofern ist das Ich Gegenstand von Konflikten und in Konflikte zwischen den Instanzen verstrickt. Aber es ist auch eine Entität, die das *Organ* der Anpassung an die äußere Wirklichkeit oder an die Umwelt ist, weil es Sitz von sensorischen und kognitiven Funktionen ist. Das impliziert eine Autonomie des Ich, die außerhalb der Konflikte zwischen Instanzen angesiedelt ist und dem Kleinkind die Anpassung an die Umwelt ermöglicht. Heinz Hartmann schrieb 1939, daß »die analytische Psychologie bisher ganz vorwiegend Konfliktpsychologie [war]; die konfliktfreien Wege einer realitätsangepaßten Verarbeitung und Entwicklung sind demgegenüber in den Hintergrund getreten.«[60] Er schlägt vor, den Blick auf Ich-Funktionen auszuweiten, die nicht mit psychischen Konflikten verbunden sind. Wenn die Psychologie des Konflikts der *dynamische* Angriffswinkel ist, dann fügt Hartmann die *Entwicklung* des Individuums hinzu. Die Psychoanalyse ist auch eine genetische Psychologie. Das bedeutet, daß man sich genauer dafür interessiert, »wie weit Art und Ausmaß der Abwehr indirekt durch Ich-Funktionen getrennt sind, die nicht unmittelbar dem Konflikt zugehören« und die die Anpassung zwischen »dem Organismus und seiner Umgebung«[61] ermöglichen, das heißt für die Wahrnehmung, die Motorik, das Lernen usw. Wenn das Ich als Instanz eine Resultante des Konflikts ist, dann ist das Ich als Person eine »synthetische Funktion«: »Bei der Geburt verfügt der Mensch über Apparate, die dazu dienen, die Außenwelt zu beherrschen, und die im Laufe ih-

---

58 »Seine Vorstellungen von Anpassung paßten gut zu den amerikanischen Werten der *self-reliance*.«, G. Makari, *Revolution in Mind*, S. 482.
59 Um die Unterscheidung von J. Laplanche und J.-B. Pontalis zu verwenden, *Vocabulaire de la psychanalyse*, Paris 1967, S. 242.
60 H. Hartmann, *Ich-Psychologie und Anpassungsproblem*, a. a. O., S. 17.
61 Ebd., S. 19 und 25.

rer Entwicklung einer Reifung unterworfen sind. [...] Zwischen dem normalen Neugeborenen und seiner durchschnittlich zu erwartenden Umgebung besteht streng genommen vom ersten Tag an ein Zustand der Anpassung.«[62] Deshalb muß die Psychoanalyse auch »eine allgemeine Entwicklungspsychologie sein«. Folglich muß sie sich *für die wirklichen Beziehungen* des Subjekts zu seiner Umwelt, insbesondere im Kleinkindalter, und nicht nur für seine Phantasievorstellungen interessieren. »An den praktischen Zielen analytischer Therapie, so an dem Ziel, den Menschen zu einer besser funktionierenden Synthese und zu einer besser funktionierenden Außenweltbeziehung fähig zu machen, wird durch diese Überlegung nichts geändert.«[63]

Für Hartmann gehört die Hierarchie der Werte zu den integrativen oder synthetischen Funktionen des Ich. »Die überindividuelle Natur solcher Wertsysteme und Idealbildungen erleichtert [...] auch die Zusammenarbeit mit dem Nebenmenschen und damit die Anpassung.« Hier bezieht sich Hartmann auf die Idealbildungen, die Freud in *Massenpsychologie und Ich-Analyse* beschrieben hat, aber auch auf die rationale Handlung Webers und auf John Dewey, für den die Ziele widersprüchliche Tendenzen beim Individuum zu vereinheitlichen gestatten.[64]

Für die Mehrheit der Anhänger der Ich-Psychologie ist dasjenige Subjekt analysierbar, dessen Ich-Person (oder Ich-Organ) strukturiert ist und dessen Ich-Instanz an Konflikten leidet. Denn die autonomen Funktionen des Ich »sind wesentlich und beständig an der Behandlung beteiligt«.[65] Der Mangel und die Frustration sind in der Neurose strukturierend, die nach der berühmten Formulierung Hartmanns eine »durchschnittliche, gewöhnliche Umwelt« voraussetzt. Die traumatischen Erfahrungen, die sich aus einer unzulänglichen Umwelt ergeben, gestatten eine halbwegs strukturierte Entwicklung des Subjekts und führen zu narzißtischen Pathologien oder zu Grenzzuständen. Die symptoma-

---

62 Ebd., S. 38 und 46. Hartmann beschränkt seinen Begriff der Anpassung nicht auf den »kulturellen« Sinn dieses Ausdrucks. Es handelt sich um einen wirklich umfassenden Begriff, wobei die Anpassung als ein fortwährender Prozeß aufgefaßt wird, der in der biologischen Struktur wurzelt.

63 Ebd., S. 68.

64 Ebd., S. 64 für das Zitat und die Bezüge zu Weber und Dewey.

65 R. Loewenstein, zitiert von S. Nacht, »Perspectives ouvertes par les fonctions autonomes du moi«, in: *Revue française de psychanalyse*, 1966, S. 795-797.

tischen Manifestationen dieser »narzißtischen Neurosen« sind beispielsweise ein ständiges Bedürfnis, seines eigenen Werts sicher zu sein, Abwehrmodi, die sich in Gestalt der Hypochondrie, der Wut und in sprunghaften Handlungen zeigen. Der Narzißmus ist »ein Ausscheidungskriterium bestimmter Patienten, die zu Übertragungen nicht in der Lage sind, und zwar aufgrund der narzißtischen anstatt objekthaften Ausrichtung der Libido; die narzißtischen Neurosen [die keine Melancholien sind] stehen im Gegensatz zu den Übertragungsneurosen«.[66] Diese Patienten sind sozusagen trügerisch, weil sie pseudo-neurotisch sind. Ein Patient mit einem Grenzzustand, schreibt ein Psychoanalytiker 1951, »leidet trotz eines relativ normalen Verhaltens und einer offensichtlich neurotischen Erscheinung an sehr tiefgehenden, primitiven narzißtischen Befürchtungen und Verletzungen«.[67] Die Kategorie des Konflikts ist relevant und operativ für diejenigen, bei denen ein Teil ihres Ich gesund geblieben ist, und die des Defizits für diejenigen, deren Entwicklung in diesem oder jenem Stadium zum Stillstand kam, ein Stillstand, der sich in einer Charakterneurose äußert.

Psychotherapie und Psychoanalyse:
eine amerikanische Sorge

Worum es bei der Diskussion über den Konflikt und das Defizit geht, hat gewiß mit der Psychoanalyse zu tun (sollen diese Patienten eine Standardbehandlung erhalten oder nicht?), aber auch mit Institutionen, denn die Diskussion entfaltet sich im Kontext einer intensiven Kontroverse innerhalb der amerikanischen Psychoanalyse über die Unterscheidung zwischen Psychoanalyse und Psychotherapie.

Die Hervorhebung dieser Patientenkategorie hat ihren Grund im phänomenalen Erfolg, den die Psychoanalyse in den Vereinig-

66 A. Oppenheimer, *Kohut et la psychologie du self*, Paris 1996, S. 15. »Das Dämonische des Unbewußten, wie es sich in der Zeitlosigkeit der Wiederholung und in der Auflösung der Bindungen ausdrückt, erfuhr in der amerikanischen Psychoanalyse ebenfalls keine bedeutende Weiterentwicklung und gehört nicht zu den Anliegen der zeitgenössischen Richtungen.« H. Tessier, *La Psychanalyse américaine*, a. a. O., Paris 2005, S. 39.
67 V. W. Eisenstein, »Psychothérapie différentielle des états-limites«, a. a. O., S. 258.

ten Staaten erlebt. Institutionell ist sie in den medizinischen Hochschulen, in den Staatskrankenhäusern, den Kliniken oder der Sozialarbeit präsent. Die Psychodynamik ist der Schlüsselbegriff, der der Psychoanalyse zum Durchbruch verhilft. 1953 erinnert Robert Knight, der zu jener Zeit Präsident der Amerikanischen Psychoanalytischen Vereinigung (APA) ist, daran, daß »in diesem Land die psychoanalytische Klinik dahin gelangt ist, immer mehr mit der Medizin und der Psychiatrie identifiziert zu werden«. »Die moderne dynamische Psychiatrie«, fügt er hinzu, »ist einfach eine Assimilation der psychoanalytischen Psychologie an die psychiatrische Theorie«.[68] »Der Begriff der Psychodynamik«, schreibt Robert Wallerstein 1989, »ist zu einem Euphemismus geworden, durch den das psychoanalytische Denken in der amerikanischen Psychiatrie im Laufe des Jahrzehnts, das auf den Zweiten Weltkrieg folgte, mit Begeisterung angenommen wurde«.[69] Die Psychoanalyse hat dieses spezifisch amerikanische Phänomen der psychodynamischen Psychotherapie hervorgebracht.[70] Die Ich-Psychologie hat aufgrund ihrer Perspektive als Allgemeine Psychologie die geistige Architektur geliefert, indem sie die Psychiatrie und die Psychoanalyse unter der Schirmherrschaft dieses Begriffs miteinander verband.

Die Ausdehnung der psychodynamischen Prinzipien der Psychoanalyse auf die Psychiatrie ist von den 1940er Jahren an gesichert. Man beobachtet damals eine Ausweitung des Aktionsradius der Psychoanalyse und gleichzeitig eine gestiegene Nachfrage nach Hilfeleistungen. »Um auf diese Nachfrage zu reagieren, begannen die sogenannten Grenzzustände die Aufmerksamkeit der Psychoanalytiker anzuziehen«, schreibt Leo Rangell 1955.[71] Warum? Die Antwort darauf wird 1953 von Knight gegeben: »Die psychoanalytische Technik wurde in den letzten fünfzehn Jahren bei erfolgreichen Behandlungsversuchen von Psychosen,

68 R. P. Knight, »The present Status of organized Psychoanalysis in the United States«, in: *Journal of the American Psychoanalytic Association*, 1953, Bd. 1, Nr. 2, S. 213 f.

69 R. S. Wallerstein, »Psychoanalysis and Psychotherapy. A historical Perspective«, in: *International Journal of Psychoanalysis*, 1989, Bd. 70, Anm. 4, S. 566.

70 »Die psychodynamische Psychotherapie war ein amerikanisches Phänomen«, schreibt Wallerstein außerdem, ebd., S. 565.

71 L. Rangell, »Panel Reports. The Borderline Case«, in: *Journal of the American Psychoanalytic Association*, 1955, Bd. 3, Nr. 2, S. 286.

Grenzzuständen, Charakterstörungen und diversen psychosomatischen Beschwerden, die sich in Zukunft in wachsender Zahl
zur Therapie vorstellen, in vielerlei Hinsicht modifiziert.«[72] Die
Indikationen für eine Behandlung durch die Psychoanalyse sind
weit gefaßt:

> Man kann sagen, daß seit einem oder zwei Jahrzehnten zumindest in
> den Vereinigten Staaten jede Pathologie oder jedes Problem mit einer
> emotionalen Komponente in seiner Ätiologie zu einer möglichen Indi-
> kation für die Psychoanalyse geworden ist. Die hoffnungslosen oder
> schwerwiegenden Situationen, der Mangel an Talent oder Fähigkeit
> (der allgemein als ›Hemmung‹ betrachtet wird), das Fehlen einer ange-
> messenen Lebensphilosophie oder auch die meisten chronischen kör-
> perlichen Krankheiten können zur Psychoanalyse als Heilverfahren
> (*cure*) führen.[73]

Zahlreiche Psychiater werden in der Psychoanalyse ausgebildet,
und bei ihnen verwischt sich die Unterscheidung zwischen Psychoanalyse und Psychotherapie zusehends. Sie verwischt sich
umso stärker, als in der Folge der von Europa kommenden Aus-
wanderungswelle auf amerikanischem Territorium zahlreiche
Strömungen vorzufinden sind, die sich auf die Psychoanalyse berufen.

Die Eingliederung in die Medizin führt dazu, daß sich die Gemeinschaft der Mediziner gedrängt fühlt, die Wirksamkeit der
Behandlungen zu bewerten. Sie verpflichtet die Psychoanalytiker, ihre Heilungskriterien weiter zu fassen, indem sie Verhal-
tenskriterien integrieren, die die Anpassung des Patienten an das
Gesellschaftsleben – an die Wirklichkeit – betreffen. Bereits 1942
legt Robert Knight der amerikanischen Vereinigung für Psychiatrie eine Liste vor: Dem Verschwinden neurotischer Symptome
und der Verbesserung der Geistesfunktion (*insight*, Triebtole-
ranz, die Fähigkeit, sich selbst zu akzeptieren und frei von Hemmungen zu sein, Freisetzung der »für die Selbsterhaltung, den
Erfolg, den Wettbewerb und den Schutz der eigenen Rechte«

---

72 R. P. Knight, »The present Status of organized Psychoanalysis in the United States«, a. a. O., S. 216.
73 L. Stone, »The widening Scope of Indications for Psychoanalysis«, in:
Journal of theAmerican Psychoanalytic Association, 1954, Bd. 2, Nr. 4,
S. 568, zitiert von Wallerstein, »Psychoanalysis and Psychotherapy. A historical Perspective«, a. a. O., S. 576.

notwendigen Aggressivität) gesellen sich die Fähigkeiten zur Anpassung an die Wirklichkeit hinzu.[74] All dies macht aus einer erfolgreichen Psychoanalyse eine Verkörperung von *achievement*: Das Selbstvertrauen, zu dem sie führt, ist ein Vertrauen gegenüber den anderen.

Die Psychotherapie ging, wie wir gesehen haben, der Etablierung der Psychoanalyse voraus. Die Auseinandersetzung wird insbesondere durch Positionen ausgelöst, die der aus Ungarn stammende Psychoanalytiker Franz Alexander, einer der führenden Köpfe des Chicagoer Instituts für Psychoanalyse, vertritt. In seinen Augen ist die Psychoanalyse ein Mittel, um die Ich-Entwicklung zu verfolgen. Dem Arsenal Freuds (Wiedererinnerung, Übertragung usw.) muß sie die »korrektiven emotionalen Erfahrungen« hinzufügen. Die Praxis soll sich sogar auf diese konzentrieren, und die Therapie besteht darin, die Emotionen neu auszurichten. Der Analytiker muß eine aktive Rolle spielen. Dabei bezieht sich Alexander auf einen anderen Ungarn, Ferenczi, und auf dessen aktive Technik.

> Jeder beliebige, gut ausgebildete psychodynamische Psychotherapeut [...] wäre damit einverstanden, daß der Patient unter dem Einfluß von intellektuellen und emotionalen Erfahrungen auf der Couch in die Lage versetzt wird, wohltuende Erfahrungen zu erlangen – im Berufsleben mit seinen Vorgesetzten und Untergebenen, mit seiner Frau oder seiner Liebhaberin, mit seinen Kindern – und daß der Behandlungserfolg sich teilweise aus seinen Lebenserfahrungen ergibt.[75]

Die Behandlung soll den Patienten den emotionalen Situationen des Kleinkindalters, die er nicht kontrollieren konnte, erneut aussetzen, um sie mithilfe der Übertragung auf den Analytiker zu überwinden. Er betrachtet den Analytiker als einen Hypnotherapeuten, der diese Erfahrungen unter einer Art von Narkose für seinen Patienten wieder aufleben läßt. »Das Geheimnis jedes profunden therapeutischen Resultats besteht darin, den alten ungeregelten Konflikt mit einer neuen Zweckbestimmung noch

74 J. Sandler, A. U. Dreher, *Que veulent les psychanalystes? Le problème des buts de la thérapie analytique*, Paris 1991, S. 85-86. Das Zitat ist S. 86 entnommen.

75 F. Alexander, T. M. French et al., *Psychoanalytic Therapy. Principles and Application*, New York 1946, Kap. 2, ⟨http://www.psychomedia.it/pm/modther/probpsiter/alexan-2.htm⟩.

einmal zu durchleben.«[76] Für Alexander verwischen sich die Grenzen zwischen Psychotherapie und Psychoanalyse.

Diese Sichtweise wird zum Gegenstand lebhafter Reaktionen seitens der Fürsprecher der Ich-Psychologie, die die Mehrheit der Analytiker stellen. 1947 richtet die APA ein Committee on Evaluation of Psychoanalytic Therapy (Komitee zur Bewertung der psychoanalytischen Therapie) mit dem Ziel ein, zu einem Konsens darüber zu gelangen, was die Psychoanalyse im strengen Sinne und die analytische Psychotherapie auszeichnet. »Die Aufgabe war«, schreibt Rangell 1962, »[...] die Identität der Psychoanalyse festzustellen und sie dadurch von ihren Nachbarn, insbesondere von den engsten, wie der Psychotherapie und der Psychiatrie, zu trennen«.[77] Das Komitee reicht seinen Bericht 1952 ein und stellt das Scheitern des Konsenses fest.

Kurt Eissler, ein Mitarbeiter von Hartmann, der später von Anna Freud mit der Leitung der Archive ihres Vaters beauftragt wird, hat die Auffassung Alexanders 1950 heftig angegriffen. Mit Robert Knight, Leo Rangell, Leo Stone, Merton Gill und der Unterstützung von Anna Freud in London, setzt er eine Lehre durch, die Psychotherapie und Psychoanalyse deutlich voneinander unterscheidet. Im Kern der Überlegungen steht die Tatsache, daß man nicht mehr zwischen Psychoanalyse und Psychotherapie unterscheiden würde, weil es nicht mehr darum ginge, dem Patienten einen Zugang zu seinen Konflikten zu ermöglichen, sondern die Therapie auf adaptive Funktionsstörungen des Individuums gegenüber der Gesellschaft zu begrenzen. Der Psychoanalytiker sieht nicht mehr das Ich des Patienten, das Gegenstand der Behandlung sein soll, sondern die Gesellschaft durch die Betonung der wirklichen und gegenwärtigen Probleme des Patienten. Das Ziel der Therapie ist nicht mehr *insight*, die Klärung von Konflikten, die bestenfalls eine sekundäre Stellung einnimmt, sondern die Neuausrichtung der Emotionen. Es geht nicht darum zu leugnen, daß Abänderungen der Therapie wirksam sein können, sondern Eissler ist »hauptsächlich an jenem Bereich interessiert, der nur aufgrund einer Standardpsychoanalyse zugänglich ist«. Die Psychoanalyse erlaube aufgrund der

76 Ebd., Hervorhebung des Autors.
77 L. Rangell, »Prospect and Retrospect. An interim Report by the President«, in: *Journal of the American Psychoanalytic Association*, 1962, Bd. 10, Nr. 4, S. 234.

Analyse seiner Abwehrmechanismen einen tieferen Zugang zum Patienten und im Idealfall eine Umbildung der Persönlichkeit. »Ich habe«, stellt er klar, »dieselbe erstaunliche Erfahrung gemacht, die die Autoren beschreiben. Patienten, die an Syndromen chronischer Erschöpfung leiden, an Zuständen akuter Angst, schizoide Persönlichkeiten reagieren auf eine große Vielfalt von Techniken, die von einer Bromidgabe bis zur einfachen Ermutigung oder gelegentlichen Deutungen reichen«. Er fügt hinzu, daß

man nicht vergessen darf, daß in diesem Land der Wunsch nach Adäquatheit der sozialen Maschine gegenüber und der Wunsch, wie jedermann zu handeln, einer der tiefsten Beweggründe für die große Mehrheit unserer Patienten ist. [...] Der durchschnittliche Patient wünscht nicht eine bessere Einsicht in seine Probleme, [...] er will genau das, was die Autoren anbieten, nämlich ›gesellschaftliche Anpassung‹ in dem Sinne, daß er in der Lage ist, sich so zu verhalten, wie es von der Mehrheit der Bevölkerung akzeptiert wird.[78]

Das *achievement* des Patienten ist außengeleitet. Die aktive Technik der emotionalen Korrektur entspricht also nur dem üblichen Verlangen nach Heilung: Es ist ein Verlangen nach besserer gesellschaftlicher Anpassung, weil das Symptom das Individuum am gesellschaftlichen Erfolg hindert. Wenn der Mensch im Vollbesitz seiner seelischen Gesundheit ein Ich besitzt, das sowohl an die Konflikte zwischen den Instanzen als auch an die Konflikte mit der äußeren Wirklichkeit angepaßt ist, dann verfehlt die Psychotherapie den ersten Aspekt. Allein die Psychoanalyse gestattet dem Individuum, eine authentische Innerlichkeit bei gleichzeitiger echter gesellschaftlicher Anpassung zu bewahren. Mit anderen Worten, sie ermöglicht die Verschmelzung der Unabhängigkeit mit der wechselseitigen Abhängigkeit, ohne die eine der anderen unterzuordnen.

Im Anschluß an die Veröffentlichung eines Aufsatzes von Knight über die Grenzzustände im Jahre 1953 richtet die APA 1954 und 1955 drei Arbeitsgruppen ein. Knight meint, daß

78 K. Eissler, »The Chicago Institute of Psychoanalysis and the sixth Period of Development of Psychoanalytic Technique«, in: *The Journal of General Psychology*, 1950, Bd. 42, Nr. 1, S. 42. Hélène Tessier bemerkt, daß »die Unterscheidung zwischen Psychotherapie und Psychoanalyse dort nur in der Zeit der *ego-psychology* wirklich umstritten war, während die Gruppe um Hartmann eine klare Trennung der beiden bevorzugte.« H. Tessier, *La Psychanalyse américaine*, a. a. O., S. 26.

der Begriff ›Grenzzustand‹ keinen offiziellen Status in der psychiatrischen Nomenklatur erworben hat und zu keiner anderen Diagnose einlädt als zu der Vorstellung, daß der Kranke zwar ernsthaft erkrankt, aber nicht offensichtlich psychotisch ist. [...] Infolgedessen enthält die Bezeichnung ›Grenzzustand‹, wenn sie als Diagnose verwendet wird, mehr Informationen über die Ungewißheit und die Unentschlossenheit des Psychiaters als über den Zustand des Patienten.[79]

Das Panel zielt also auf eine Klärung der Situation ab. Für manche handelt es sich um einen ungeeigneten Begriff, weil er eine medizinische Klassifikation nach dem Vorbild von Kraepelin mit ihren diskreten Entitäten impliziert, während doch die Psychoanalyse den Patienten in seiner Gesamtheit betrachtet und im Grunde »alle Fälle Grenzfälle sind«; für andere handelt es sich um authentische Fälle, deren »wesentliche Pathologie in den Ich-Funktionen liegt«,[80] die durch das Eindringen von Primärprozessen im Laufe der Therapie in ihrer Struktur aufgelöst werden, was einen psychotischen Schub auslöst. Einer der Psychoanalytiker bringt schon soziologisch-moralische Argumente über die Auflösung der Familie, den Rückgang der Hysterie und den Anstieg von Grenzzuständen vor. Er bemerkt, daß »diese Menschen nach Liebe und Zuneigung hungern, sich leer fühlen und ständig auf der Suche nach Aufregung sind«.[81] Ein anderer betont, daß sich bei einem Teil der Kinder von schlecht informierten Leuten, psychoanalytisch gesprochen, ein »Mangel an äußerer Kontrolle festgesetzt hat, woraus sich schwere und zahlreiche Probleme von Grenzzuständen ergeben«.[82] Rangell selbst ist der Ansicht, daß sich bestimmte Fälle auf der Grenze zwischen Neurose und Psychose befinden und daß man zwischen den chronischen und den vorübergehenden unterscheiden muß.[83]
Das zentrale Problem besteht in der Frage, ob man die Abwehrmechanismen des Ich verstärken oder ob man sie zerschlagen soll, damit das Ich in der Therapie wiederhergestellt wird. Die Patienten, die zu krank sind – deren Ich zu zerbrechlich ist –,

---

79 R. P. Knight, »Borderline States«, in: *Bulletin of the Menninger Clinic*, 1953, Bd. 17, Nr. 1-2, S. 1, zitiert von R. S. Wallerstein, »Psychoanalysis and Psychotherapy«, a. a. O., S. 568.
80 L. Rangell, »Panel Report«, a. a. O., S. 287 f.
81 Ebd., S. 290.
82 Ebd., S. 297.
83 Ebd., S. 290.

sollen lieber eine unterstützende Therapie anstatt eine Ausdruckstherapie wie die Psychoanalyse erhalten. Das Risiko, solche Patienten einer Analyse zu unterziehen, besteht zum Beispiel darin, daß dadurch ein psychotischer Schub ausgelöst wird, der aus der Regression entsteht. Dagegen werden neurotische Patienten, die für eine Analyse im strengen Sinne eigentlich zu gesund sind, von einer Ausdruckstherapie analytischer Provenienz profitieren, um eine Gefühls- oder Berufskrise zu beheben. Wir stellen also fest, daß zugleich klinische und institutionelle Fragen zu lösen sind. In den 1950er Jahren unterscheidet sich die amerikanische Psychoanalyse nicht mehr sonderlich von der Psychiatrie, aber auch nicht von der humanistischen Psychologie, die ihre psychodynamische Perspektive integriert hat. Darüber hinaus wird sie von den Neofreudianern, insbesondere von Erich Fromm, in populären Büchern und zahlreichen Presseartikeln angegriffen, die den Ödipuskomplex oder die Triebe in Frage stellen.[84] Die Ausdehnung der Psychoanalyse auf viele Patientenkategorien jenseits der Übertragungsneurosen führt zu klinischen Risiken für diejenigen Patienten, deren Ich zu schwach ist, aber auch zu institutionellen Risiken, wenn diese Patienten der Konkurrenz überantwortet werden sollen.

Die Rückkehr des ausgeschlossenen Patienten

Da sie von der Standardtherapie ausgeschlossen oder zumindest Gegenstand einer pessimistischen Prognose seitens vieler Analytiker sind, geben diese schwierigen Fälle Anlaß zu Wendungen im psychoanalytischen Denken, die sie wieder in den Schoß der Analyse, wenigstens der amerikanischen, zurückführen. Britische (Melanie Klein, Donald Winnicott, Michael Balint) und amerikanische Psychoanalytiker (Margaret Mahler, Otto Kernberg, Heinz Kohut) entwickeln eine Theorie, die der Objektbeziehung die wesentliche Stellung zuweist, die bei Freud der Trieb einnimmt. Die Theorie der Objektbeziehung der englischen Schule wurde in den Vereinigten Staaten populär, nachdem die Ich-Psychologie in die psychoanalytische Theorie integriert wor-

---

84 N. McLaughlin, »How to become a forgotten Intellectual«, a.a.O., S. 234. »Dadurch stellte er sowohl eine Bedrohung für den Stammkunden als auch für die Vorstellungen der Freudianer dar.« S. 234.

den war. Diese Theorie erklärt, daß die affektiven Mangelerscheinungen wie auch die schweren und tatsächlichen traumatischen Erfahrungen im Kleinkindalter die normale Entwicklung des Kindes behindern, das auf Stadien fixiert bleibt, die es daran hindern, ein (neurotischer) Erwachsener zu werden. Die Ätiologie der Störung liegt also in einer ungewöhnlich schlechten familiären Umgebung.

Hartmann hatte noch eine andere Unterscheidung in das Ich eingeführt:

> Wenn man den Begriff Narzißmus verwendet, scheint man oft zwei Paare von Gegensätzen zu verwechseln: Das erste betrifft das Selbst (*self*), die eigene Person im Gegensatz zum Objekt, das zweite betrifft das Ich [als psychisches System] im Gegensatz zu den anderen Teilstrukturen der Persönlichkeit. Dennoch ist der Gegensatz der Objektbesetzung nicht die Ich-Besetzung [...], sondern die Besetzung der eigenen Person [...]; wenn wir von der Besetzung des Selbst sprechen, bedeutet das nicht, daß die Besetzung im Es, im Ich oder im Über-Ich angesiedelt ist [...]. Man würde die Dinge aufhellen, wenn man den Narzißmus als libidinöse Besetzung nicht des Ich, sondern des Selbst bestimmen würde.[85]

Mit anderen Worten, das Selbst bezeichnet die Person in ihrer Gesamtheit.

Von den 1960er Jahren an kehrt der Narzißmus in den Schoß der amerikanischen Psychoanalyse zurück, und zwar mit Heinz Kohut[86] und Otto Kernberg, die beide Präsidenten der Amerikanischen Psychoanalytischen Vereinigung (APA) waren, wobei der zweite auch noch Präsident der Internationalen Psychoanalytischen Vereinigung (IPA) gewesen ist. Der eine wie der andere betont die Notwendigkeit der Entwicklung des Therapierahmens, um das ganz konkrete Problem zu lösen, das das massive Vor-

---

85 H. Hartmann, »Comments on the Psychoanalysis Theory of the Ego«, in: *Psychoanalytic Study of the Child*, 1950, Bd. V, S. 84-85. Siehe auch J. Laplanche, J.-B. Pontalis, *Vocabulaire de la psychanalyse*, a. a. O., S. 242.

86 A. Oppenheimer, *Kohut et la psychologie du self*, a. a. O. Der amerikanische Psychoanalytiker Lewis A. Kirshner spricht von der »Kohut'schen Revolution, die die klinische Praxis in den Vereinigten Staaten zweifellos völlig verändert hat.« A. Oppenheimer, »Kohut et la science de l'empathie«, in: *Revue française de psychanalyse*, Juli 2004, Bd. 68, S. 801.

handensein der narzißtischen und Grenzpathologien darstellt. Beide beziehen sich auf die Ich-Psychologie, deren Aktionsradius sie zu erweitern bestrebt sind. Was auch immer die Meinungsverschiedenheiten zwischen diesen beiden Autoren sein mögen, so werden doch diese schwierigen Fälle als in einer analytischen Therapie analysierbar betrachtet. Es gibt keinen Grund, eine analytisch inspirierte Psychotherapie zu praktizieren, außer unter der Bedingung, daß Modifikationen bezüglich der Übertragung und des Analyserahmens vorgenommen werden: Die verwendete Methode muß diese Defizite, diese Defekte des Ich kompensieren. Offensichtlich bleibt man bei einer vollkommenen Ambiguität zwischen neu geordneter analytischer Therapie und analytisch inspirierter Psychotherapie. Letztendlich ist die Unterscheidung zwischen den beiden Arten von Therapie viel weniger starr geworden, auch wenn die Auseinandersetzung noch bis zum Ende des 20. Jahrhunderts fortdauert.[87]

Indem er das Ich vom Selbst unterscheidet und in der Folge den normalen Narzißmus als Besetzung des Selbst (*self*) bestimmt, tritt Kernberg in die Fußstapfen von Hartmann. Wenn die neurotischen Patienten unter narzißtischen Problemen leiden, gegen die sie sich durch *Charakterzüge* zur Wehr setzen, gibt es doch schwere Formen, die Abänderungen des Therapierahmens notwendig machen. »Die Besetzung des Selbst beim normalen Narzißmus des Erwachsenen hat Ziele, Ideale, reife Erwartungen zum Inhalt, während die infantile Besetzung des Selbst exhibitionistisch ausgelegt ist, hohe Ansprüche stellt und sich an der Macht orientiert. [...] Der Unterschied besteht zwischen der Reziprozität des Erwachsenen und der abhängigen, infantilen Idealisierung.«[88] Die infantile Fixierung verhindert, daß

87 M. N. Eagle, L. Wolitski, »Psychoanalytic Theories of Psychotherapy«, in: D. K. Freedham (Hg.), *History of Psychotherapy. A Century of Change*, Washington DC 2003, S. 110 f. Die Autoren stellen fest, daß »die zeitgenössische psychoanalytische Theorie sich durch eine relative Verschiebung der Psychologie des Konflikts zu der der Mängel, der Defizite und des Stillstands in der Entwicklung auszeichnet.« S. 150.

88 O. Kernberg, »Narcissisme normal et narcissisme pathologique«, »Narcisses«, in: *Nouvelle revue de psychanalyse*, Frühjahr 1976, Nr. 13, S. 188. Für Otto Kernberg besteht das, »was die narzißtischen Patienten von den Grenzzuständen unterscheidet, in einer zuträglichen sozialen Funktionsweise, einer besseren Triebkontrolle [sowie] [...] der Möglichkeit, auf bestimmten Gebieten eine zusammenhängende Arbeit zu leisten, was ihnen teilweise gestattet, ihren Größenwahn zu befriedigen und die

der Erwachsene ein integriertes Selbst hat, und diese Verhinderung läßt sich an Zuständen der Ich-Spaltung, und nicht an Konflikten, erkennen. Alles geschieht so, als ob es zwei »Ichs« gäbe. In den schwersten Fällen wird das primitive grandiose Selbst auf Objekte projiziert, die ihm als Stellvertreter dienen. Das bedeutet, daß es keine Beziehung mehr zwischen dem Selbst und dem äußeren Objekt gibt, denn das Objekt ist nur eine Projektion des Selbst. Diese Patienten haben nicht die Angst der ödipalen Schuld, sondern eine primitivere Kastrationsangst, die auf das Selbstgefühl ausstrahlt. In diesem Fall »hat eine narzißtische Beziehung die Objektbeziehung ersetzt«.[89] Das sind die narzißtischen Persönlichkeiten im eigentlichen Sinne:

Diese Patienten gehen in sich selbst auf; gleichzeitig passen sie sich auf der gesellschaftlichen Ebene mit oberflächlicher Leichtigkeit und Wirksamkeit an, aber ihre inneren Beziehungen mit den anderen unterliegen schweren Verzerrungen. Sie weisen in unterschiedlichen Graden Kombinationen von intensivem Ehrgeiz, Größenphantasien, Minderwertigkeitsgefühlen und eine übermäßige Abhängigkeit von äußerer Bewunderung und Zustimmung auf; sie leiden ständig an Gefühlen der Langeweile und der Leere, versuchen unablässig ihre Bestrebungen nach Glanz, Reichtum, Macht, Schönheit zu befriedigen und haben schwere Defizite in ihrer Fähigkeit, die anderen zu lieben und sich um sie zu kümmern.[90]

Dieses Bild wird in der soziologischen Verwendung des Narzißmus aufgenommen. Aber zuvor mußten sich diese Vorstellungen in den psychoanalytischen Institutionen durchsetzen. Mit Kernberg gehen in wenigen Jahren die Begriffe der Spaltung, internalisierter Objekte oder projektiver Identifikation in das gängige Vokabular der amerikanischen Psychoanalytiker ein. Die Schnelligkeit, mit der seine Thesen verankert werden, und die ge-

Anerkennung der anderen zu erlangen.« O. Kernberg, »À propos du traitement des personnalités narcissiques« [1979], in: H. P. Blum (Hg.), *Dix ans de psychanalyse en Amérique. Anthologie du »Journal of the American Psychoanalytic Association«*, Paris 1981, S. 151.

89 O. Kernberg, »Narcissisme normal et narcissisme pathologique«, a. a. O., S. 189.

90 Ebd., S. 194. Diese Persönlichkeitsstruktur hat Ähnlichkeit mit den Grenzstrukturen aufgrund des Mechanismus der Spaltung, unterscheidet sich aber von diesen durch die Tatsache, daß das grandiose Selbst strukturiert bleibt.

ringe Anzahl von Kritiken, die gegen ihn vorgebracht wurden, machen aus seinen Ideen »ein gesellschaftliches Phänomen, das in vielerlei Hinsicht einer Kultbewegung innerhalb einer wissenschaftlichen Gemeinschaft gleicht«,[91] wie 1975 zwei Psychoanalytiker betonen, die Kernberg gegenüber sehr kritisch eingestellt sind.

Das Selbst im Sinne Kohuts und seine Unterscheidung vom Ich gehen auf Hartmann zurück. Ohne auf die Einzelheiten seiner Überlegungen eingehen zu wollen, möchte ich doch auf einen Punkt hinweisen. Für ihn ist die Beeinträchtigung der Selbstachtung in den Übertragungsneurosen sekundär, während sie im Zentrum der narzißtischen Pathologien steht: »Die Hauptquelle des Leidens ist daher das Ergebnis der Unfähigkeit der Psyche, die Selbstachtung zu regulieren und sie auf einem normalen Niveau zu halten.«[92] Diese Patienten sind zwar durch jeden Verlust eines Objekts verletzbar, aber nicht durch die Kastrationsangst – das Umgekehrte gilt für die Übertragungsneurosen. Der Übertragungsneurotiker fürchtet die Bestrafung, während der narzißtische Patient Angst hat, seine Objekte zu verlieren, denn für ihn ist die Trennung und nicht die Schuld zentral.

Die Rückkehr der narzißtischen Persönlichkeiten und Grenzzustände in den Schoß der Psychoanalyse trägt dazu bei, die Grenzen zwischen Psychoanalyse und Psychotherapie zu verwischen, die die Ich-Psychologie klären wollte, wobei »Psychodynamik« zum Schlüsselbegriff wurde. Sie hat auch die Akzentverschiebung vom Trieb zur Realität (die wirklichen traumatischen Erlebnisse), zu den frühen Objektbeziehungen (das heißt die Differenzierung von Selbst und Objekt) und zu den präödipalen Individuations- und Trennungsprozessen erleichtert. Das Interesse der Psychoanalytiker hat sich so vom Kernkonflikt der Übertragungsneurosen auf die Charakterneurosen verschoben, in denen der Ödipuskonflikt marginal und der Narzißmus zentral ist. Durch die Aufgabe der Triebe verschwindet die Phantasievorstellung von der psychoanalytischen Bühne Amerikas.

91 V. Calef, E. M. Weinshel, »The New Psychoanalysis and Psychoanalytic Revisionism. Book Review Essay on ›Borderline Conditions and Pathological Narcissism‹«, in: *The Psychoanalytic Quarterly*, 1979, Bd. 48, S. 471.

92 H. Kohut, *Narzißmus: eine Theorie der psychoanalytischen Behandlung narzißtischer Persönlichkeitsstörungen*, Frankfurt/M. 1975 (Originalausgabe 1971), S. 38.

Halten wir jedoch einen wichtigen Punkt fest: In den Auseinandersetzungen um diese Patienten erscheint die Frage der gesellschaftlichen Veränderung nur undeutlich im Hintergrund. Richard Sennett hat übrigens darauf hingewiesen: »Angesichts der Zunahme narzißtischer Störungen, wie die psychoanalytische Klinik sie nachweist, muß es überraschen, daß sich die Analytiker nicht auch Gedanken machen darüber, ob die Gesellschaft, in der sich das Selbst bewegt, diese Symptome nicht fördert.«[93] Man wird warten müssen, bis das psychoanalytische Thema des Narzißmus und der Grenzzustände mit den Untersuchungen über den amerikanischen Charakter zusammentrifft, damit Narziß zur Personifikation der Krise der *self-reliance* wird.[94]

Gesellschaftliche Wirklichkeit und klinische Realitäten: der Einfluß des Ich-Ideals auf das Über-Ich.

Das Problem der Grenzzustände und der narzißtischen Pathologien in der Klinik betrifft Veränderungen, die an eine Doppelbewegung der massiven Zunahme und der Diversifizierung der Klientel gebunden sind, aber es betrifft nicht die Veränderung gesellschaftlicher Werte. Dem Psychoanalytiker Georges Klein zufolge dachte Hartmann, daß sein Projekt »das Niemandsland zwischen Soziologie und Psychoanalyse«[95] erschließen würde. Das ist zweifellos richtig, denn die Beziehungen zwischen den klinischen Entitäten und der gesellschaftlichen Wirklichkeit werden in den Begriffen der Ich-Psychologie formuliert.

Robert Wallerstein schlägt 1972 in seinem Vortrag anläßlich des Endes seiner Präsidentschaft der APA, der Gemeinschaft der amerikanischen Analytiker, ein »oft vergessenes« Thema zum Nachdenken vor: »die psychoanalytische Untersuchung der

---

93 R. Sennett, *Verfall und Ende des öffentlichen Lebens*, übers. v. R. Kaiser, Frankfurt/M. 1983 (Originalausgabe 1974), S. 366.

94 1982 widmet die *New York Times* in ihrem Wochenendmagazin der Borderline-Persönlichkeit einen sehr professionellen Artikel mit dem Untertitel: »Eine neue Diagnose von Geisteskrankheit, die in psychologischen Kreisen Anlaß zu Kontroversen gibt, ist eine Metapher für unsere instabile Gesellschaft.« L. Sass, »The Borderline Personality«, in: *The New York Times Magazine*, 22. August 1982.

95 Zitiert von E. Zaretsky, *Le Siècle de Freud*, a. a. O., S. 516.

Wirklichkeit«.[96] Er postuliert, daß »die Wirklichkeit als eine psychische Instanz betrachtet werden kann«, fügt jedoch hinzu, daß es zur Zeit Freuds zweifellos viel leichter gewesen sei, dies als offensichtlich zu akzeptieren und sich folglich dieser Sichtweise anzuschließen. Wenn die Welt nicht stabil wäre, dann »wäre es die Auffassung der Welt«. »Es gab *einen stillschweigenden Konsens über die Wirklichkeit*. [...] Der Einfluß der Wirklichkeit ließ sich in der glücklichen Formel zusammenfassen, die von Hartmann entwickelt wurde[...]: *average expectable environment* (durchschnittlich zu erwartende Umwelt).«[97] Nun wird aber genau diese Formulierung durch den Wandel der Gesellschaft (Wertekrise, Generationenkonflikt, Vorwürfe homosexueller und feministischer Vereinigungen an die Psychoanalyse usw.) und durch die Vervielfältigung gegensätzlicher Weltanschauungen in Frage gestellt. Daher »ist es schwieriger, äußere und innere Wirklichkeit zu unterscheiden«, während es zugleich nicht mehr möglich ist, »sicher zu sein, wie die unmittelbare Zukunft aussieht«.[98]

Freud hatte sich bekanntlich von der Wirklichkeit des kindlichen Traumas als Entstehungsursache der Neurose abgewendet. Die Wirklichkeit kehrte in den Schoß der Psychoanalyse zurück, aber, so Wallerstein, man muß über die »durchschnittlich zu erwartende Umwelt« hinausgehen, weil die Vorstellung zu vereinfachend ist: Sie spricht weder vom sozialen Milieu noch vom Verhältnis Individuum/Gesellschaft. Heutzutage »ändert sich und schwankt [die Umwelt] ständig«. Sie ist »undurchsichtig«,[99] instabil und unvorhersehbar. Diese neue normale Umwelt muß einen Einfluß auf die inneren psychischen Instanzen haben. Ansonsten ist es auch nicht möglich, sich auf die elterlichen Vorbilder zu beschränken, wenn man nicht den sozialen Boden sieht, auf dem sie sich bilden. Kohut meinte beispielsweise, daß, »auch wenn die Probleme des Selbst nicht neu sind, sie heute doch wichtiger sind, da sich die Zeiten gewandelt haben und da die Er-

96 R. Wallerstein, »Psychoanalytic perspectives on the problem of reality«, in: *Journal of the American Psychoanalytic Association*, 1973, Bd. 21, Nr. 1, wiederabgedruckt in: H. Blum (Hg.), *Dix ans de psychanalyse en Amérique. Anthologie du »Journal of the American Psychoanalytic Association«*, a. a. O., S. 263.
97 Ebd., S. 264-265.
98 Ebd., S. 266.
99 Ebd., S. 269.

ziehung eine Freiheit begünstigt, die das Über-Ich schwächt und die Niedergeschlagenheit verschlimmert«.[100] Es gibt eine Beziehung zwischen den äußeren gesellschaftlichen Strukturen und den Instanzen (Es, Ich, Über-Ich) der internen psychischen Strukturen. Beispielsweise beklagen sich immer mehr junge männliche Patienten über sexuelle Impotenz. Der Grund dafür habe mit Veränderungen des »durchschnittlich zu erwartenden« Sexualverhaltens der Frauen (größere Bereitschaft, aber auch höhere Ansprüche) zu tun, die die Kastrationsangst der Männer anregen. Es gibt also parallele Veränderungen zwischen dem Sozialen und dem Psychischen. »Das empfindliche Gleichgewicht zwischen äußeren und inneren Kräften kann durch irgendeine Veränderung der äußeren Wirklichkeit gestört werden: Jede Veränderung muß notwendigerweise die innere Funktionsweise beeinflussen.«[101] Konkret bedeutet das, daß der Analytiker die Wandlungen der gesellschaftlichen Rolle der Frau berücksichtigen muß und sich hinsichtlich dieser Rolle dem Analysanden nicht widersetzen soll (»die Behandlung kann in einer Sackgasse enden«[102]). »Die richtige Einstellung, die einen Abschluß der Analyse ermöglicht, trägt allen Schattierungen der Wirklichkeit Rechnung, die der Patient mit sich bringt, einer Wirklichkeit, die von ihm auf der Grundlage einer Welt geschaffen wurde, die sie bestätigt.«[103] Die analytische Therapie ist eine Arbeit, die sich auf die dysfunktionale Beziehung zwischen dem Subjekt und der wirklichen Umgebung richtet. Aber diese Auffassung beinhaltet, daß die Umgebung die Gesellschaft, das heißt der *allgemeine* Kontext des Patienten ist, der Kontext jeder Person, und nicht *ihr besonderer* Kontext.

Wie wirkt nun diese »äußere« allgemeine Wirklichkeit auf die »innere« Wirklichkeit ein? Wallersteins Antwort verweist auf einen Parallelismus zwischen dem Äußeren und dem Inneren: »Die Wirklichkeiten, denen sich der Psychoanalytiker zuwendet [...], werden geschaffen, entwickelt, strukturiert und ›mit Sinn erfüllt‹ nach Prinzipien, die denen gleichen, welche die Funktionsweise der psychischen Instanzen regieren.«[104] Diese Behauptung bleibt

100 A. Oppenheimer, *Kohut et la psychologie du self*, a. a. O., S. 126.
101 R. Wallerstein, »Psychoanalytic Perspectives on the Problem of Reality«, a. a. O., S. 271.
102 Ebd., S. 283.
103 Ebd., S. 283.
104 Ebd., S. 274 und 276.

sehr dunkel, denn es wird keinerlei Mechanismus beschrieben, und man bleibt letztlich ganz im Allgemeinen. Man erkennt nicht, wie die neue Wirklichkeit, »die von den Begriffen der schwankenden Anpassung und der radikalen Veränderung dominiert wird«, sich *im Einzelnen* auf ein besonderes Individuum auswirkt, das sich in einer Analyse befindet. Es geht deutlich hervor, daß der Kontext des Patienten und der allgemeine gesellschaftliche Kontext nicht voneinander unterschieden werden. Mit anderen Worten, man hält sich an eine allgemeine Psychologie und an Begriffe, die sich auf ein durchschnittliches Individuum beziehen. »So werden wir dazu geführt«, schließt Wallerstein, »unsere psychoanalytischen Vorstellungen von der Kultur und der Persönlichkeit zu präzisieren«.[105] Die fehlende Unterscheidung zwischen den beiden Arten von Kontext hat damit zu tun, daß der Trieb und die Phantasievorstellung, welche die Elemente sind, in denen sich die Einzigartigkeit des Individuums zeigt, aufgegeben werden. Es bleibt nur noch das Individuum gegenüber der Welt, der Wirklichkeit oder der Gesellschaft übrig.

Die Beziehungen zwischen Kultur und Persönlichkeit sind nun gerade eines der Themen, die 1975 auf dem Kongreß der IPA angesprochen werden. Es wird eine Podiumsdiskussion über die Veränderungen in den Erwartungen der Patienten veranstaltet. Die Psychoanalytiker nehmen drei Tendenzen wahr. Die erste ist die Veränderung der sozialen Umstände, die zu einer Psychoanalyse führen: Sie betonen, daß die soziokulturellen Einflüsse sich auf der Ebene der Analyseindikationen und der Abstimmung der Technik auswirken, daß es mehr Grenzfälle, narzißtische Pathologien und Charakterneurosen gibt, »aber daß die Rolle des Analytikers im Grunde dieselbe bleibt«.[106] Sie führen das Ich-Ideal an, das ihnen »die vermittelnde Struktur [zu sein scheint], die den Einfluß der soziokulturellen Faktoren [...] auf das Ich und das Über-Ich ausdrückt; das Ich-Ideal gibt an, was möglich ist, und zwar in Abhängigkeit vom sozialen Kontext, in bezug auf die Forderungen des Über-Ich«.[107] Sie unterstreichen die Rolle, die das klinische Bild des Jugendlichen und der Wandel der

105 Ebd., S. 284.
106 B. Cramer, O. Flournoy, »Panel on ›The Changing Expectations of Patients and Psychoanalysts Today‹«, in: *The International Journal of Psychoanalysis*, 1976, Nr. 57, S. 420.
107 Ebd., S. 420.

Familie im jüngsten Interesse der Psychoanalytiker am Ich-Ideal spielt: Sie stelle nicht mehr die geeigneten Mittel für eine präödipale Trennung und Individuation bereit und verursache eher Identitätsängste als neurotische Konflikte. Die zweite Tendenz ist die Veränderung der Arten von Psychopathologie, die man in der Analyse antrifft. Die Gruppe behauptet übereinstimmend, daß es viel mehr Grenzfälle als früher gäbe. Die dritte bezieht sich auf die Veränderungen von Erwartungen aus intrapsychischer Sicht: Der Sittenwandel veränderte zwar die Ansprüche, ließe aber die unbewußten Wünsche unberührt. »Patienten und Analytiker«, so die Schlußfolgerung des Podiums,

> haben nicht mehr die Erwartung, spezifische Probleme zu lösen, verborgene Bedeutungen zu entdecken, unterdrückte Gefühle zu finden, sondern miteinander auszukommen (*get along together*). Dies könnte wohl die gegenwärtige Unsicherheit des Menschen widerspiegeln; der Mensch versucht, aus seiner narzißtischen Einsamkeit auszubrechen, die ihn mehr mit dem Problem des Fehlens von Objekten als mit einem fehlenden Objekt konfrontiert.[108]

Für das Individuum läßt ein fehlendes Objekt Raum für ein Ziel (einen Wunsch?), während die Abwesenheit des Objekts es mit der Leere konfrontiert. Wenn es kein Objekt mehr gibt, bleibt nur noch die ängstigende Rückkehr zu sich selbst und die Ausbalancierung zwischen dem grandiosen und dem armseligen Selbst. Wie soll man prüfen, daß man der gemeinsamen Welt angehört? Die Schwierigkeit, auf diese Frage zu antworten, führt zu einem neuen Bürgerkrieg innerhalb des Selbst, zu einer puritanischen *automachia*, aber im Zeitalter der Anbetung des Geschaffenen. Das ist die Tragödie von Narziß.

108 Ebd., S. 427.

3. Kapitel
Von Ödipus zu Narziß:
Die Krise der *self-reliance*

Heutzutage sind »die anderen« zum großen Problem Amerikas geworden. [...] Das zeitgenössische Leben hat durch die Vielzahl seiner Wahlmöglichkeiten zahlreichere und subtilere Formen von Angst hervorgebracht, aber auch den Zugang zu viel umfassenderen Möglichkeiten als in der Vergangenheit eröffnet.

David Riesman
La foule solitaire, 1964[1]

Vieles, was heute über den Narzißmus geschrieben wird, ist pure Soziologie – aber den meisten Autoren bleibt das verborgen, sie tun so, als würden sie nur eben eine bislang unzureichend erfaßte Dimension des psychischen Lebens erschließen und erklären.

Richard Sennett
Verfall und Ende des öffentlichen Lebens, 1974[2]

Die Behauptung einer Kausalität zwischen Geisteskrankheiten und Gesellschaftsverhältnissen ist schon ein altes Thema, wie uns das Beispiel der Neurasthenie in Erinnerung brachte. Aber seit den 1970er Jahren ist sie aufgrund der Diskussion über die Verschiebung von Ödipus zu Narziß Gegenstand eines wachsenden intellektuellen Konsenses. Dennoch sollte man drei Unterschiede festhalten. Erstens wurde die Neurasthenie ihrer Substanz sowie ihres Werts beraubt. Sie wurde in mehrere Entitäten zerstückelt und durch die Depression ersetzt, während die narzißtische Persönlichkeit und die Persönlichkeitsstörungen im weiteren Sinne zentrale Anliegen der *gesamten* heutigen Psychia-

---

1 D. Riesman, »Vorwort« zur französischen Ausgabe, *La Foule solitaire*, Paris 1964, S. 18-19.
2 R. Sennett, *Verfall und Ende des öffentlichen Lebens*, Frankfurt/M. 1983, S. 365.

trie sind, ob sie nun psychodynamisch oder kognitiv ist – 2008 geben die gründlichsten epidemiologischen Untersuchungen zu narzißtischen Persönlichkeitsstörungen in den Vereinigten Staaten eine Häufigkeit von 4 % an.[3] Außerdem hatte der Neurastheniker Symptome, während der Narzißt und der Borderline-Patient ihre Persönlichkeit als Symptom haben. Schließlich ist zwischen der neurasthenischen und der narzißtischen Epoche eine bestimmte Weise der Beschreibung des Gesellschaftslebens, wie sie in *Die einsame Masse* vorgeführt wird, zu einer privilegierten Gattung soziologischer und politischer Analyse geworden. Die Essays über »den amerikanischen Charakter« stellen eine Art von gesellschaftspolitischer Introspektion dar. In den Sozialwissenschaften sind sie das Äquivalent zur romantischen Autobiographie nach dem Vorbild Emersons: Sie sondieren das Selbstvertrauen Amerikas.

Die Auseinandersetzungen innerhalb der Psychoanalyse zu der Frage, ob diese Pathologien durch eine typische Therapie behandelt werden sollten oder nicht, waren am Rande mit Fragen gesellschaftlicher Normativität verknüpft. Sie gingen sowohl auf konkrete Besorgnisse im Hinblick auf den Widerstand von Patienten zurück als auch auf berufliche Konkurrenz, die dazu führte, daß die Psychoanalyse sich von den Psychotherapien deutlicher unterschied. Im Laufe der 1960er Jahre bringt die Psychoanalyse die »Persönlichkeit« wieder in die analytische Therapie ein, wobei sie die Modifikation des Theorierahmens für die Grenzzustände und die narzißtischen Pathologien akzeptiert.

Die Entwicklung psychoanalytischer Ideen zur individuellen Persönlichkeit (die Charakterneurosen, die Betonung der Mutter-Kind-Beziehung und der präödipalen Phase) und soziologischer Ideen zur kollektiven Persönlichkeit (die Untersuchungen zum amerikanischen Charakter) wird zu einem erkenntnistheoretischen und moralischen Bündnis zwischen den beiden Disziplinen führen, innerhalb dessen die Frage nach der Veränderung des gesunden und des kranken Menschen gesondert ausgearbeitet wird: Dieses Bündnis wird »die amerikanische Jeremiade« des letzten Drittels des 20. Jahrhunderts bilden. Die Veränderungen in der Psychopathologie, die von Otto Kernberg und Heinz

<hr>

3 Siehe J. Kay, »Toward a clinically more useful Model for diagnosing Narcissistic Personality Disorder«, in: *The American Journal of Psychiatry*, November 2008, Bd. 165, Nr. 11, S. 1379-1382.

Kohut in das Porträt des narzißtischen oder Borderline-Patienten eingezeichnet wurden, sind das Material, auf dem eine soziale, moralische und politische Kritik der Entwicklung aufbaut, die die amerikanische Gesellschaft durchlaufen hat. Die psychoanalytische Klinik wird als Anhaltspunkt dafür verwendet werden, was sich in der Wirklichkeit des Einzelnen ereignet. Denn sie wird auf sehr konkrete Weise erkennen, wie dieses Selbst sich selbst (*self-conscious*) in Verlegenheit bringt, diese Persönlichkeit, die man von außen zwar wertschätzt, die jedoch innerlich zusammenbricht. Sie zeigt den Zustand der Hinfälligkeit des Selbst, wenn die Verfolgung des privaten und des öffentlichen Glücks auseinanderstreben und dadurch die Ideale Amerikas verraten.

Meiner Hypothese zufolge ergibt sich die Wandlung des Narzißmus zu einem soziologischen Begriff an der Wende der 1970er Jahre aus dieser Begegnung zwischen Psychoanalyse und Soziologie in einem neuen Kontext, den ich aufgrund zweier Erscheinungen charakterisieren werde. Die erste besteht in etwas, das man das Ende des liberalen Zyklus nennen könnte, der unter Roosevelt mit der Durchführung einer öffentlichen Politik begonnen hatte, deren Ziel es war, die Ungleichheiten zu reduzieren und einen Wohlfahrtsstaat zur Steigerung der Chancen aller einzurichten. Die zweite ist der Sittenwandel, der durch die Welle der sexuellen Befreiung, die Wertschätzung der Selbstmächtigkeit und die Suche nach der eigenen Authentizität sowie durch die Emanzipationsbewegungen von Minderheiten repräsentiert wird, die den Sinn und den Wert des »Persönlichen« modifizieren. Diese beiden Erscheinungen sind miteinander verbunden, denn die politischen Maßnahmen, die auf den Schutz der Schwächsten abzielten, haben zu der Forderung nach dem »Persönlichen« beigetragen. Das amerikanische Paradox besteht darin, daß sich ein neuer Individualismus dank des Schutzes durch den Staat entwickelt hat. Er führt zu einer Krise des Liberalismus, die zugleich eine Krise der *self-reliance* ist.

Die amerikanische Jeremiade oder die neuen Kleider der puritanischen Askese

Die erste Krise des amerikanischen Individualismus endet mit einer staatsbürgerlichen Wiedergeburt im Laufe des »Zeitalters des Fortschritts«. Hier gibt es einerseits ein beträchtliches Wachstum freiwilliger Vereinigungen seit Beginn des 20. Jahrhunderts und andererseits eine neue staatliche Intervention mit den Präsidentschaften des Republikaners Theodor Roosevelt (1901-1909) und des Demokraten Thomas Woodrow Wilson (1913-1921) – letzterer läßt 1913 ein Gesetz beschließen, das die Einkommensteuer einführt. Die Ziele der Vereinigungen sind äußerst verschiedenartig, da sie von der Freizeitgestaltung bis zur Bildung reichen, aber alle begünstigen jene Stärkung der sozialen Bindung, die von der Großen Gesellschaft gefährdet wurde. In dieser Bewegung haben die Kirchen eine wesentliche Rolle gespielt, indem sie »die religiöse Inspiration, die Verbesserung des Selbst und das bürgerliche Engagement«[4] miteinander verbanden. Diese Bewegung zielte darauf ab, die guten nachbarschaftlichen Beziehungen (*good neighbouring*) wiederherzustellen, die durch das städtische Leben und die polypenartigen Großstädte verlorengegangen waren. Anschließend werden von Roosevelt bis Kennedy und Johnson eine Sozialgesetzgebung und bundespolitische Maßnahmen zum Kampf gegen Ungleichheiten erlassen. Von den 1930er Jahren an verfestigt sich der Gegensatz zwischen Liberalen und Konservativen bezüglich der Frage nach der Intervention des Bundes und bezüglich der Risiken, die die Infragestellung der persönlichen Verantwortung aufwirft.[5] Im Laufe der 1960er Jahre interveniert der Bundesstaat zugunsten der Bürgerrechte (Civil Right Act von 1964, gefolgt von der Politik der *affirmative action*), verstärkt den *welfare* (mit der Schaffung von Medicare) und erklärt der Armut den Krieg (Economic Opportunity Act vom August 1964), indem mehrere, auf Bundesebene koordinierte Programme eingerichtet werden. Seymour Martin Lipset, der 1979 auf die vergangenen 20 Jahre zurückblickt, wird schreiben können, daß »die allmähliche Übernahme

---

4 R. Putnam, *Bowling Alone*, a. a. O., S. 391.
5 L. P. Rebuffo, »Why there is so much Conservatism in the United States and why do so few Historians know about it«, in: *The American Historical Review*, April 1994, Bd. 99, Nr. 2, S. 438-449.

von Verantwortung seitens der Gemeinschaft für die Verbesserung des Lebens der weniger Privilegierten Amerikas eine wichtige Verschiebung unserer Werte im Hinblick auf das erste und gleichsam einzige Ziel der Chancen darstellt, um die es in den ursprünglich protestantischen Orientierungen aus den Anfängen der Republik ging«.[6] Während das Vertrauen der Bevölkerung in die amerikanischen Institutionen während der 1930er Jahre noch schwach ist, erreicht es zu Beginn der 1960er Jahre ein hohes Niveau. Ein Politologe schreibt dieses Vertrauen gleichermaßen dem Wohlstand der Konsumgesellschaft und der Erhöhung des Bildungsniveaus zu. Seit den 1930er Jahren bis zum Beginn der 1960er Jahre wurden die Ungleichheiten verringert, und man konnte mit gutem Gewissen behaupten, daß »die amerikanische Gesellschaft bestrebt ist, ein optimales Gleichgewicht zwischen ihrem traditionellen Ideal der Chancengleichheit und einem wachsenden Engagement für die Ergebnisgleichheit zu finden«.[7] Die politischen Maßnahmen des *welfare*, die ein starkes öffentliches Handeln mit sich bringen, und zwar insbesondere auf der Bundesebene, bezeugen die Wichtigkeit der Sorge um die Gleichheit. Aber ab 1964 kommen die Dinge ins Stocken, und das Vertrauen beginnt zu schwinden. Der Liberalismus und die *self-reliance* geraten in eine Krise. Genauer sieht sich der Liberalismus mit dem *big government* identifiziert und widersetzt sich nun der *self-reliance*.

Hat sich der amerikanische Charakter verändert?

Als David Riesman 2002 starb, erinnert ein Journalist an die Atmosphäre, die nach seiner Buchveröffentlichung zu Beginn der 1950er Jahre herrschte: »Man konnte die Leute bei Cocktail-Partys fragen hören: Sind Sie *inner-directed*? Ist er oder sie *other-directed*?«[8] Während der gesamten 1950er Jahre diskutieren Soziologen, Anthropologen und Politologen über folgende Frage: Hat sich die Innen-Lenkung aufrechterhalten, oder hat die Außen-Lenkung die Oberhand gewonnen?

6 S. M. Lipset, *The First New Nation*, a. a. O., S. xxiv.
7 Ebd., S. xxiv.
8 R. Fullford, »David Riesman's *The Lonely Crowd*«, in: *The National Post*, 3. Juli 2002.

Nach dem Erscheinen von *Die einsame Masse* werden zahlreiche Studien zum amerikanischen Charakter und seinen Veränderungen veröffentlicht. Die berühmteste ist *The Organization Man* von William H. Whyte (1956), die sowohl ein großer intellektueller als auch kommerzieller Erfolg ist. Gleichzeitig machen mehrere Werke von Psychoanalytikern die Idee populär, daß sich der Charakter oder die Persönlichkeit des Patienten geändert haben. *Kindheit und Gesellschaft* von Erik Erikson (1950) oder *The Quest for Identity* von Allen Wheelis (1958) beschreiben einen neuen Patienten, der die neurotischen Störungen der Epoche Freuds nicht mehr kennt, sondern Identitätsstörungen, Störungen des Selbstbildes,[9] mit anderen Worten, Pathologien, bei denen das soziale und moralische Ideal des Individuums auf dem Spiel steht. Häufig weisen diese Patienten keine offenen Symptome auf, sondern ein vages und dauerndes Unbehagen. Die Bücher von Riesman oder Whyte signalisieren, daß der amerikanische Charakter sich im Sinne einer Schwächung der puritanischen Ethik der persönlichen Leistung zugunsten der Sorge, anderen zu gefallen, indem man ihren Wünschen entspricht, verändert hatte. Für William Whyte war die puritanische Ethik im Begriff, beim »Organisationsmenschen« durch »eine soziale Ethik« ersetzt zu werden, die von »einem Glauben an die Gruppe als Quelle von Kreativität [getragen wurde], einem Glauben an die ›Zugehörigkeit‹ als tiefstes Bedürfnis des Menschen«.[10] Diese Tendenz ergab sich aus dem Schwinden der kleinen Familienunternehmen und der Zunahme der Großunternehmen mit bürokratischer Struktur. Umgekehrt macht der Harvard-Anthropologe Clyde Kluckhohn, die Haupttriebfeder der Gruppe Werteforschung, 1958 geltend, daß es einen fälschlichen Gegensatz zwischen den beiden Einstellungen gibt:

> Der heutige Typ von ›Konformität‹ könnte durchaus ein weiterer Schritt zu einer authentischeren Individualität in den Vereinigten Staaten sein. Die ›Konformität‹ ist weniger ein persönliches und psychologisches Problem – weniger geprägt von Angst und Schuld. Wenn jemand die Konventionen seiner Gruppe offen akzeptiert, kann er eine

9 E. Lunbeck, »Borderline Histories«, a. a. O., S. 156 f. Über Wheelis und die Identität siehe J. P. Hewitt, *Dilemmas of the American Self*, a. a. O., S. 41-52.

10 W. H. Whyte, *The Organization Man*, New York 1956, zitiert von S. M. Lipset, *The First New Nation*, a. a. O., S. 103.

größere psychische Energie zur Entwicklung und Verwirklichung seiner privaten Fähigkeiten als einzigartige Person an den Tag legen. Ich
kenne keinen schlagkräftigen Beweis dafür, daß diese ›Konformität‹
eine pflichtbewußt ›innere‹ sein soll.[11]

1963 veröffentlicht der Soziologe Seymour Martin Lipset, Professor an der Universität Stanford, *The First New Nation*, ein
Werk, das direkt in der Fortsetzung der Wertanalyse von Parsons
steht und das eine bedeutende Dokumentation über den amerikanischen Charakter sowohl aus der Vergangenheit als auch aus
der Gegenwart zusammenträgt. Das Buch ist als Stellungnahme
zu Riesmans Thesen angelegt. Lipset schließt ein Kapitel, das
spezifischere Fragen zu den Veränderungen des amerikanischen
Charakters enthält, mit den Worten ab: »Ebenso wie die Status-
forschung das Nebenprodukt eines starken Egalitarismus ist,
können die Konformität und die Außen-Lenkung eine innere
Autonomie gestatten und sogar erfordern.«[12] Zwischen diesen
beiden sozialen Charakteren besteht also kein Widerspruch.
Man muß sie als Pole auffassen, die sich gegenseitig nähren, und
nicht als ein Widerspruch zwischen gegensätzlichen Einstellungen. Die Autonomie hat also nicht abgenommen, sondern nur
ihre Inhalte gewechselt. Die Empfindsamkeit für die Meinung
der anderen begleitet nämlich eine gestiegene Toleranz der jungen Generationen gegenüber der Verschiedenartigkeit der anderen und macht aus dieser Verschiedenartigkeit einen Wert an
sich:[13] Die Außen-Lenkung fügt der traditionellen Autonomie
die Sorge um die anderen hinzu, wer auch immer sie sein mögen.
Die Konformität ist nicht mit dem Konformismus identisch, der
seinerseits Zeichen eines Mangels an *self-reliance* ist, sondern ein
wesentlicher Bestandteil der amerikanischen Gleichheit und Leistung, jener Überzeugung, daß man umso persönlicher ist, je
mehr Anteil man an der gemeinsamen Welt hat. Die Konformität
ist für den amerikanischen demokratischen Menschen notwen-

11 C. Kluckhohn, »Have there been discernible Shifts in American Values
   during the past Generation?«, in: E.E. Morison (Hg.), *The American
   Style. Essays in Value and Performance*, New York 1958, zitiert von
   S.M. Lipset, *The First New Nation*, a.a.O., S. 138 f. Kluckhohn sagt
   dasselbe noch einmal in »Shifts in American Values«, in: *World Politics*,
   Januar 1959, Bd. 11, Nr. 2, S. 258.
12 S.M. Lipset, *The First New Nation*, a.a.O., S. 139.
13 C. Kluckhohn, »Shifts in American Values«, a.a.O., S. 259.

dig, sagen Lipset oder Kluckhohn; sie weist auf seine Fähigkeit und seinen Willen zur Kooperation hin, aber auch auf seine Ablehnung des Elitedenkens. Sie bringt weniger einen Reflex oder eine Angst gegenüber den anderen zum Ausdruck, als vielmehr das Ergebnis einer überlegten Wahl. Wie es eine Anthropologin hervorhebt, die am Projekt über die Werte mitgearbeitet hat: »Wenn der Mensch ein mechanisches Universum durch seine Anstrengungen beherrschen soll, muß er mit seinen Gefährten kooperieren.«[14] Die persönliche Leistung ist egalitär, sie legt die Betonung auf den gemeinen, gewöhnlichen Menschen, der sich in Gesellschaft anderer wohlfühlt. Das Selbstvertrauen und die Eigeninitiative können nur dank dieser Konformität wirklich existieren. Hier liegt ein heikles Gleichgewicht vor, das am Ende der 1950er Jahre den Gegenstand eines Konsenses seitens der Forscher bildet, die am Projekt über die Werte mitarbeiten: »Das amerikanische Wertesystem weist eine äußerst wirksame Integration des Individuums in die Gesellschaft auf.«[15]

Um 1960 sieht es eindeutig so aus, daß die Große Gesellschaft eine wirkliche Gesellschaft ist.

Auf zwei Veränderungen weist Kluckhohn noch eindringlich hin. Zuallererst erkennt man in den Untersuchungen über die Werte den Aufstieg des Hedonismus: »Vergnügen, Freizeit, expressive und ästhetische Tätigkeiten. Die Amerikaner schätzen sich selbst mehr, und zwar mit weniger Schuldgefühl.«[16] Zweitens erkennt man die gewachsene »Sorge um ›die seelische Gesundheit‹ mit der sehr psychologischen Atmosphäre, die in den Familien wie auch in der Schule herrscht, und mit der Psychotherapie, die solche Ausmaße angenommen hat, daß verständlich wird, warum manche sie als zwanghaft betrachten. Dieser Aufstieg war mit der Domestizierung der Psychoanalyse in Amerika und mit dem enormen Anwachsen des psychologischen Selbstbewußtseins verbunden.«[17] Auf der einen Seite entdeckt man eine Tendenz zur Lockerung der puritanischen Ethik, auf der anderen eine Verwirrung im Hinblick auf den Ort der Wahl, der von der Psychotherapie eingenommen wird. Denn *self-consciousness* ist

14 C. DuBois, »The dominant value profile of American culture«, a. a. O., S. 1236.
15 Ebd., S. 1237.
16 C. Kluckhohn, »Shifts in American values«, a. a. O., S. 257.
17 Ebd., S. 259.

nicht nur eine Verfeinerung des Selbstbewußtseins, sondern auch eine Selbstbefangenheit. Die amerikanische psychoanalytische Literatur über narzißtische und Grenzstörungen der Persönlichkeit wird angesichts dieser Verwirrung eine Reihe von Wahlmöglichkeiten anbieten, indem sie der Krise der drei Aspekte der Autonomie, nämlich Konkurrenz, Kooperation und Unabhängigkeit, ein Gesicht verleiht.

Von der Institution zum Trieb: eine Bedeutungsverschiebung des persönlichen Werts

Im Jahr 2000 trägt der amerikanische Politologe Robert D. Putnam ein sehr reichhaltiges Korpus quantitativer Studien zusammen, die einen Überblick über die Tendenzen hinsichtlich der Stärke oder Schwäche sozialer Bindungen gestatten. Er weist empirisch nach, daß »die Amerikaner während der ersten zwei Drittel des 20. Jahrhunderts von einer mächtigen Welle zu einem ständig zunehmenden Engagement im Leben ihrer Gemeinschaft getragen wurden, diese Welle sich aber vor einigen Jahrzehnten – stillschweigend und ohne Vorankündigung – umgekehrt hat und wir von einer heimtückischen Strömung von Spaltungen eingeholt wurden. Ohne es zunächst bemerkt zu haben, wurden wir voneinander und von unserer Gemeinschaft getrennt.«[18] Im Laufe der 1960er und 1970er Jahre gerät der amerikanische Individualismus zum zweiten Mal in eine Krise, die durch denselben Bruch zwischen der Verfolgung des privaten und des öffentlichen Glücks gekennzeichnet ist. Sie gab Anlaß zu einer reichhaltigen Literatur und breiten Medienberichten anhand zweier Themen: Die Psychotherapie tritt als eine Weltanschauung auf, und das narzißtische Individuum erscheint als neue Figur auf der gesellschaftlichen Bühne.

Der Sittenwandel ist von einem Wert bestimmt, der seit den 1960er Jahren von zwei Soziologen analysiert wird. 1962 schrieb Edward Shills in »The Theory of Mass Society«, daß

der individuelle Organismus zu einem Sucher von Erfahrungen, einem Sammler von Erfahrungen, einem phantasievollen Aufbereiter von Erfahrungen geworden ist. In größerem Maße als in der Vergangenheit wird die Erfahrung der gewöhnlichen Person zumindest in der Jugend-

18 R. Putnam, *Bowling Alone*, a. a. O., S. 27.

zeit vom Gewissen gebilligt und wird zu einem zentralen Bestandteil des individuellen Horizonts. Es hat sich eine größere Öffnung zur Erfahrung hin vollzogen, ein Aufblühen und eine Intensivierung der Empfindsamkeit [...]. In grober und häufig grotesker Weise hat die Massengesellschaft den Anstieg der Wertschätzung von persönlicher Erfahrung in breiten Sektoren der Gesellschaft erlebt.[19]

1969 schreibt Ralph Turner, Präsident des amerikanischen Verbands für Soziologie: »Zum ersten Mal in der Geschichte erlebt man heute überall heftige Empörung über die Tatsache, daß den Menschen ein Sinn für ihren persönlichen Wert abgeht, daß ihnen ein innerer Seelenfrieden fehlt, der sich aus einem Gefühl für ihre persönliche Würde oder einem deutlichen Identitätsgefühl ergibt.«[20] Das Gefühl für persönlichen Wert ist nicht mehr nur ein Problem des privaten Glücks oder Unglücks, sondern ein öffentliches Problem der Gerechtigkeit, das im Slogan »das Persönliche ist politisch« zusammengefaßt wird. Die sozialen Bewegungen der 1960er Jahre (Bürgerrechtsbewegungen, Black Panther und Frauenbewegung) knüpfen die Forderung nach Gerechtigkeit und Rechtsgleichheit an eine Gleichheit der *Anerkennung* des persönlichen Werts des Individuums. Persönlich, Anerkennung, Erfahrung: Es geht nicht mehr nur um die Anerkennung der Rechte, sondern auch um die der Lebensstile, die ebensosehr auf die Erforschung wie auf die Entwicklung der eigenen Persönlichkeit jedes Individuums abzielen. Die Lebensstile werden sich in den folgenden Jahrzehnten nach dem Vorbild der protestantischen Sekten vervielfachen.

Diese Erforschung der eigenen Persönlichkeit ist keine Selbstprüfung, sondern ein eher körperliches Abenteuer auf dem Gebiet der Empfindungen, des *feelings*, der Schwingungen des Gefühls und des Körpers. Diese Bewegungen sind Teil einer

19 E. Shills, »The Theory of Mass Society«, in: *Diogenes*, Herbst 1962, Bd. 10, Nr. 39, S. 58 f., zitiert von R. H. Turner, »The real Self. From Institution to Impulse«, in: *The American Journal of Sociology*, März 1976, Bd. 81, Nr. 5, S. 989-1016, S. 1006. »Es gibt deutliche Anzeichen dafür, daß die letzten Jahrzehnte Zeugen einer Verschiebung des geometrischen Ortes des Selbst vom institutionellen zum Triebpol waren.« S. 990. Er betont, daß das institutionelle Selbst dem Innengeleiteten nahe steht, während das Triebselbst äquivalent zum Außengeleiteten ist, S. 996.

20 R. H. Turner, »The Themes of Contemporary Social Movements«, in: *The British Journal of Sociology*, 1969, Bd. 20, Nr. 4, S. 395.

Expansionsdynamik des Selbst, das die Drogen kurz und bündig präzisieren.

» Wenn man die Milchstraße zu erforschen beginnt«, schreibt Pierre-Yves Pétillon, »muß sich der Hunger nach anderen Welten auf ›den geistigen Innenraum‹ zurückziehen«.[21] Um 1960 geben zwei neue Welten der amerikanischen Vorstellungswelt von Grenze und *wilderness* Nahrung: die Eroberung des interstellaren Raums und die Eroberung des Innenraums. Die Suche nach dem wahren Selbst ist durch die Rebellion der Jugend und den Protest gegen künstliche Ideale des Erfolgs und des Konformismus Teil der politischen Agenda geworden, aber sie beschäftigt sich auch mit der Anwendung neuer Techniken für ihre Expansion. *Spacey* ist eines der Wörter, die häufig verwendet wurden, um die 1960er Jahre zu bestimmen. *Space out*, wörtlich »weg sein«, unter dem Einfluß von Drogen stehen, den räumlichen Schwindel, den sie vermitteln, die Bewußtseinserweiterung erfahren, die die Drogen ermöglichen. Die bevorzugten Drogen sind Cannabis, LSD und halluzinogene Pilze, psychedelische Drogen, Drogen zur Erforschung der Psyche. Sie decken das ganze amerikanische Kulturrepertoire ab. So hatte zum Beispiel Timothy Leary, der kurz zuvor als Professor nach Harvard berufen wurde, unter der Wirkung von LSD eine Erleuchtung, die einer Wiedergeburt (*rebirth*) gleichkommt. Sie wischt die Vergangenheit weg, ermöglicht ihm, sich von dieser Vergangenheit loszureißen, die die Individualität einzwängt und das wahre Selbst daran hindert aufzublühen. Das LSD ermöglicht die Rückkehr zu einem primitiven und wilden Zustand, um das Gehirn neu zu programmieren. »Die Beschreibung, die Timothy Leary vom Gehirn gibt, ist eine Version der *wilderness*. Das Gehirn ist eine Art von neuronaler *wilderness*, die das LSD wie zu Beginn der amerikanischen Geschichte uns wiederzuerlangen hilft.«[22] Learys berühmter Slogan »*Turn on, tune in, drop out*«, »Schalt ein, spitz' die Ohren [für die Musik, für dein Gefühl], steig aus [den gesell-

---

21 P.-Y. Pétillon, »Paysages mentaux de la drogue: voyages transatlantiques«, in: A. Ehrenberg (Hg.), *Individus sous influences. Drogues, alcools, médicaments psychotropes*, Paris 1991, S. 136. Dieser Absatz nimmt sowohl Bestandteile des Textes von Pétillon als auch von meiner Analyse der Anfänge der Massendrogen in *L'Individu incertain*, Paris 1995, auf.

22 P.-Y. Pétillon, »Paysages mentaux de la drogue: voyages transatlantiques«, a. a. O., S. 132.

schaftlichen Konventionen, der Erfolgsgier aus]«, mag vielleicht die amerikanische Gegenkultur und die Sensibilität der *sixties* symbolisiert haben, aber mehr noch bezog er sich auf die amerikanischen kulturellen Themen des authentischen Selbst, der Bekehrung, des *rebirth* usw. Übrigens wurde er von Billy Graham, *dem* Pastor wiederaufgenommen, der die evangelikale Erneuerung in den 1960er Jahren symbolisiert: »*Turn on Christ, tune in to the Bible and drop out of sin.*« Diese Erneuerung bricht mit dem liberalen Protestantismus der gesellschaftlichen Evangelien, bietet erneut eine Botschaft der persönlichen Erlösung an und stellt das Gefühl wieder ins Zentrum der Predigt. Der amerikanische Evangelikalismus ist ein reines Produkt der 1960er Jahre.

Die *sixties* erleben das Erscheinen einer zweifachen Kritik, einer konservativen und einer progressiven, in der die kulturalistische Perspektive der Sozialpsychologie eine wichtige Stellung einnimmt.

Die berühmteste progressive Kritik ist zweifellos die des Philosophen Herbert Marcuse, der in *Der eindimensionale Mensch*[23] eine Bilanz der repressiven Gesellschaft zieht. Marcuses Buch gehört zur Strömung der neuen radikalen Linken, aus der viele Veröffentlichungen hervorgingen, die von der Psychoanalyse inspiriert waren. Der Mensch ist nicht mehr nur materiell entfremdet, wie Marx dachte. Er ist es sogar bis in seinen eigenen Privatbereich, weil der Kapitalismus des Massenkonsums unfähig macht, sich seiner eigenen Beherrschung bewußt zu werden. Marcuse und die anderen Freudo-Marxisten wandeln die Bedeutung des Begriffs der Entfremdung um: Sie geben ihm einen psychologischen Sinn. »Die Entfremdung des Menschen ist nun«, schreibt außerdem Turner, »eine Trennung des Individuums von sich selbst oder ein Scheitern im Hinblick darauf, sein authentisches Selbst zu finden, das es als Grundlage für die Organisation seines Lebens einsetzen muß«.[24] Marcuse, der berühmteste der Philosophen der New Left, plädiert für eine Gesellschaft, in der die Sublimation selbst nicht repressiv wäre, denn jeder Zwang, den

23 H. Marcuse, *Der eindimensionale Mensch*, Neuwied 1964. Der Vorgänger dieses Werkes war *Eros und Kultur*, 1955. Viele Themen ziehen in dem düsteren Buch Adornos über die Zerstörung der Individualität, *Minima Moralia*, auf, das 1951 erschien und von dem ein Großteil während des Krieges geschrieben wurde.

24 R. Turner, »The Themes of Contemporary Social Movements«, a. a. O., S. 396.

man auf den Trieb ausübt, ist ihm zufolge eine Entfremdung. Die interne Debatte innerhalb der Psychoanalyse zwischen Freudianern, Verfechtern der Triebe, und Neofreudianern, Verfechtern der Objektbeziehung, oder gar des gesellschaftlichen Ursprungs der Neurose, wie zum Beispiel den Kulturalisten, wird von Marcuse in einer gesellschaftspolitischen Perspektive wieder aufgenommen. Politisch attackiert er 1955 die Revisionisten in *Eros und Kultur*, indem er sein Argument auf den revolutionären Charakter von Freuds Libidotheorie gründet. Und unter den Revisionisten ist der theoretische und politische Hauptgegner Fromm (der nie genannt wird). Marcuse lehnt jene positiven Therapien ab, die »die sozialen Probleme in geistige Besorgnisse umwandeln und bestimmt die Neurose als moralisches Problem«.[25] Sein Programm strebt die Befreiung des Triebes an, und seine Utopie ist eine Gesellschaft ohne Triebunterdrückung. In *Der eindimensionale Mensch* greift er den Ödipuskomplex insofern an, als dieser nicht mehr die Sozialisation erklärt, denn das Kind wird durch den kapitalistischen Staat in der prägenitalen Phase sozialisiert, also noch bevor sein eigenes Ich sich in der ständigen Auseinandersetzung mit dem andersgeschlechtlichen Elternteil hätte entwickeln können. Diese Gesellschaft macht glauben, daß sie »entsublimiert«, indem sie den Wohlstand, den Konsum, den Erfolg aller wertschätzt, aber in Wirklichkeit handelt es sich um eine »repressive Entsublimierung«, um eine falsche Authentizität. Trotzdem hält er an der These fest, die er in *Eros und Kultur* vertrat, daß der Narzißmus ein anderes Realitätsprinzip als das des Verzichts bietet, der von Freud angepriesen wurde, und daß es daher auch eine Sublimation geben könne, die nicht repressiv ist.

Das Wahrzeichen der konservativen Kritik ist gewiß das Buch des Soziologen Daniel Bell, *The Cultural Contradictions of Capitalism*. Diese Aufsatzsammlung, die im Laufe der 1960er Jahre geschrieben und für einen Band, der 1976 erschien, neu bearbeitet wurde, kritisiert einen Modernismus, der seinen äußersten Ausdruck in »der Vorstellung vom entfesselten Ich«[26] gefunden hat. Er hat die protestantische Sparsamkeit durch den Hedonismus und die konventionelle Rolle durch die Persönlichkeit ersetzt. Jedenfalls »[gibt es] im modernen Bewußtsein [...] kein ge-

25 N. McLaughlin, »Origin Myths in the Social Sciences«, a. a. O., S. 122.
26 D. Bell, *Die kulturellen Widersprüche des Kapitalismus*, a. a. O., S. 26.

meinsames Wesen mehr, sondern nur ein *Selbst,* das sich mit seiner individuellen Authentizität befaßt«. Die Moderne hat letztlich die künstlerische Kreativität erschöpft, die Rebellion gegen die bourgeoise Ordnung, die sie darstellte, wurde institutionalisiert, und »der Modernismus ist zur leeren Hülle geworden«,[27] wo doch die Avantgarde den Auftrag hatte, »unablässig nach einer neuen Sensibilität zu suchen«.[28] Das »beliebige Sozialverhalten«,[29] für das die persönlichen Dispositionen bei weitem wichtiger sind als die gesellschaftlichen Konventionen und das die Person und ihre Rollen voneinander trennt, führt zum »Verlust der sozialen Distanz«. Der Hedonismus, der der Sparsamkeit entgegengesetzt wird, und die Persönlichkeit, die im Gegensatz zur Rolle steht, bewirken, daß »das moderne Leben eine Aufspaltung von Rolle und Person mit sich [bringt], die für den empfindsamen Menschen eine Qual bedeutet«.[30] Der Hedonismus bleibt die einzige Rechtfertigung des Kapitalismus. »Er führt zur Suche nach der Triebhaftigkeit als Lebensweise«, was nur auf einen neuen Nihilismus hinauslaufen kann.

Das authentische Selbst wird ebensosehr von den einen als Speerspitze des sozialen Fortschritts in den Himmel gehoben, wie es von den anderen als Zeichen der Dekadenz der gesellschaftlichen Ordnung geschmäht wird. Die neue Linke und der Konservatismus haben eine gemeinsame Zielscheibe: den Liberalismus.[31] Philip Rieff wird eine bestimmte Praxis, die Therapie, als Kultur in Frage stellen, Richard Sennett und Christopher Lasch werden der Gestalt, die die Krise des Liberalismus verkörpert, einen Namen geben. Diese Krise tritt in der zweiten Hälfte der 1970er Jahre unverhüllt auf.

---

27 Ebd., S. 28 f.
28 Ebd., S. 50.
29 Ebd., S. 54.
30 Ebd., S. 141 und 118.
31 So schreibt zum Beispiel Bell: »Der Hedonismus ist die kulturelle, wenn nicht gar moralische Rechtfertigung des Kapitalismus geworden – das Vergnügen als Lebensstil. Und bei dem heute herrschenden liberalen Ethos ist der modernistische Impuls mit dem ideologischen Grundprinzip des dynamischen Strebens als Verhaltensmuster zum kulturellen Leitbild geworden. Gerade darin liegt der kulturelle Widerspruch des Kapitalismus, und das hat zur Doppelbindung des Modernismus geführt.« Ebd., S. 30.

1966: der Triumph der Therapie oder das Ende der vertikalen Autorität

In dieser Atmosphäre veröffentlicht der Soziologe Philip Rieff (1922-2006) *The Triumph of the Therapeutic*.[32] Mit Triumph meint er, daß die Therapie nicht mehr nur ein Mittel ist, um die Menschen zu behandeln, sondern auch und vor allem eine Weltanschauung, die den gesellschaftlichen Menschen in den psychologischen Menschen verwandelt hat, in jene neue Persönlichkeit, die »den Niedergang der asketischen Kultur« besiegelt und »die Antwort auf die Abwesenheit Gottes«[33] gibt. »Die Therapie ist die symbolische Wahrheit des gegenwärtigen Zeitalters«, die des Endes »der vertikalen Dimension der Autorität«.[34]

In *Humboldts Vermächtnis* (1975) erklärt der Held, ein mondäner Schriftsteller, einem Anhänger der Mafia, der Rieffs Buch auf einem Tisch sieht: »Nach Ansicht dieses Schriftstellers kommen, wenn die Kultur nicht mehr imstande ist, mit dem Gefühl der Leere und der Panik, zu welcher der Mensch disponiert ist [...], fertig zu werden, andere Kräfte zum Zuge, um uns mit Therapie, mit Leim oder Schlagwörtern oder Spucke zusammenzuflicken [...].«[35] Für Rieff ist der zu Schuldgefühlen neigende Mensch im Verschwinden begriffen. Die »Geister der Persönlichkeit« haben einen endgültigen Sieg über die »Geister der Form« errungen.

Das Buch beginnt mit dem berühmten Vers aus Yeats' Gedicht *The Second Coming*: »Things fall apart, the center cannot hold.« Denn das neue Zentrum ist das Selbst, das ganz allein standhält, wenn die Gemeinschaft zerfallen ist. Das Werk verkündet, daß die Therapie »die symbolische Wahrheit des gegenwärtigen

---

32 T. J. Jackson Lears bestreitet die These Rieffs, daß die Psychotherapie als Weltanschauung Freuds Erben zu verdanken sei, denn ihm zufolge geht sie auf das Zeitalter der Neurasthenie zurück. Siehe T. J. Jackson Lears, *No Place of Grace*, a. a. O., S. 55 f. Zu einer Untersuchung des Werkes von Rieff, siehe K. S. Piver, »Philip Rieff. The Critic of Psychoanalysis as Cultural Theorist«, in: M. S. Micale, R. Porter (Hg.), *Discovering the History of Psychiatry*, Oxford 1994, S. 191-215.

33 P. Rieff, *The Thriumph of the Therapeutic. Uses of Faith after Freud*, Chicago u. London 1966, 1987 mit einem neuen Vorwort, S. 54 und 40.

34 Ebd., S. XII.

35 S. Bellow, *Humboldts Vermächtnis*, a. a. O., S. 205. Piver hat dies ebenfalls bemerkt, »Philip Rieff. The Critic of Psychoanalysis as Cultural Theorist«, a. a. O., S. 199.

Zeitalters« ist, weil in diesem Zeitalter der »psychologische Mensch« herrscht. Dieser Mensch ist nicht mehr empfänglich für »den instinkthaften Verzicht«, den »die Autorität einer Kultur [mit sich bringt], die in Begriffen eines gemeinsamen Ziels organisiert ist«. Er befindet sich im Zustand der Selbstanbetung (*self-worship*). Diese Lehren vom psychologischen Menschen sind individualistisch, weil sie »in tiefem Gegensatz zu den alten Formen der Selbsterlösung (*self-salvation*) stehen, die durch die Identifikation mit einem gemeinsamen Ziel vermittelt waren«.[36] Der Überfluß führt zur »Entwicklung einer Person, die weiß, anstatt zu einer Person, die glaubt, und die in der Lage ist, das Leben zu genießen, ohne symbolische Hindernisse zu errichten«. Das zeichnet auf einzigartige Weise die im Entstehen begriffene Kultur aus, die insofern eine »Antikultur« ist, als sie einzig und allein »auf eine ewige Interimsethik der Lockerung überkommener Kontrollstrukturen« abzielt. »Der religiöse Mensch wurde geboren, um erlöst zu werden; der psychologische Mensch dagegen, um befriedigt zu werden. Der Unterschied entstand vor langer Zeit, als der Ruf des Asketen ›Ich glaube‹ seine Überlegenheit zugunsten des Kennzeichens der Therapeutik ›Man fühlt‹ verlor. Und wenn die Therapeutik gewinnen soll, dann muß ganz gewiß der Therapeut sein spiritueller Führer sein.«[37] Das führt zu dem Schluß, daß »die nächste Kultur lebensfähig sein wird, ohne gültig sein zu müssen«, das heißt ohne jene Tiefe zu haben, die den Menschen über sein materielles Leben und seine Genüsse emporhebt. Die Zukunft der gesellschaftlichen Ordnung liegt dann in »Lehren, die darauf hinauslaufen, jedem zu gestatten, ein versuchsweises Leben zu führen«. Rieff kündigt eine »milde« Apokalypse an, für die »die Aufhebung des Sinns für das Tragische [...] keine Tragödie darstellt«.[38]

»Was würde dem therapeutischen Ideal am besten entsprechen, wenn nicht die vorherrschende Pietät dem Selbst gegenüber? Das verbesserte Selbst ist das letzte Anliegen der modernen Kultur.«[39] Es gab eine Zeit (im 19. Jahrhundert), als die Gemeinschaft heilbringend war, weil jeder sich in ihr unter der Leitung von Führern mit beispielhaften Tugenden, die man nachahmen

36 P. Rieff, *The Triumph of the Therapeutic*, a. a. O., S. 9 f.
37 Ebd., S. 24 f. und 23.
38 Ebd., S. 26 und 27.
39 Ebd., S. 62.

konnte, engagierte. Diese Gemeinschaft war in dem Sinne positiv, daß sie »dem Individuum eine Art von Heil aufgrund seiner aktiven Zugehörigkeit«[40] anbot. Diese Gemeinschaft wird von Rieff als »eine Therapie des Engagements« interpretiert, eine Therapie des eingespannten Selbst. Freud hätte seine Theorie auf dem Niedergang dieser Gemeinschaften aufgebaut: Die Übertragung auf den Analytiker, der in keiner Weise ein beispielhafter Mensch ist, wie Rieff betont, setzt in einer individualistischeren Gesellschaft die verschwundenen Vorteile der Gemeinschaft fort. »Der Analysand lernt dort jenen besonderen losgelösten Stil, dem gemäß seine Individualität mit einem größeren Spektrum von Alternativen [als in der Gemeinschaft] operieren und dies dennoch mit einem größeren Bewußtsein seiner persönlichen Grenzen tun kann.« Die Psychoanalyse ermöglicht dem Individuum zu leben, indem sie seine Instinkte ohne die Unterstützung (oder die Überwachung) der positiven Gemeinschaft bändigt. Sie hilft ihm dabei, seine Wahlfähigkeiten zu steigern, aber ohne in eine Ideologie der Wahl zu verfallen oder die richtige Wahl vorzuschreiben. In der negativen Gemeinschaft überlebt man mit »Techniken der Selbstunterstützung«.[41] Die Auflösung der Übertragung gestattet dem Subjekt, das sich einer Analyse unterzieht, seine illusorischen erotischen Phantasievorstellungen von Allmacht zu reduzieren, seine Fähigkeit, Frustrationen zu ertragen, zu erhöhen und auf diese Weise in seinen wirklichen Beziehungen des Alltagslebens weniger verwundbar – weniger neurotisch –zu werden. Freuds Psychoanalyse geht somit einher mit »dem Anstieg des demokratischen Individualismus«.[42] Sie ist ein Mittel zur Steigerung der persönlichen Fähigkeiten, während sie zugleich die illusorischen Freiheitserwartungen verringert, die die Zunahme von Wahlmöglichkeiten jedermann verschafft. Es ist diese analytische Einstellung Freuds, die Rieff gegen »die adaptive Einstellung« verteidigt, die von seinen Nachfolgern angepriesen wird.

40 Ebd., S. 71.
41 Ebd., S. 72. Zu den Wahlmöglichkeiten, S. 87.
42 Ebd., S. 75 und 76. »Freud hat unseren Glauben systematisiert, er ist jedoch das anregendste Anti-Glaubensbekenntnis, das einer post-religiösen Kultur angeboten wurde«, S. 40. »Die Analyse ist keine Initiation, sondern eine Gegeninitiation, die Schluß macht mit dem Bedürfnis nach Initiation«, S. 77.

Was Rieff die »positive Gemeinschaft« nennt, war »getragen vom Schuldgefühl. [...] Im Gegensatz dazu kann das moderne Individuum die Gemeinschaft als notwendiges Forum für seine Selbstoptimierung«[43] verwenden, indem es sich vom Schuldgefühl zugunsten des Triebs befreit. Nachdem sie »von einer modalen asketischen Persönlichkeit dominiert wurde«, erlebt die westliche Kultur »die erste Kulturrevolution, die keinen anderen Zweck als eine größere Breite und einen größeren Reichtum des Lebens selbst verfolgt«. Dieser Zweck läßt sich in der Verschiebung einer »repressiven und sublimierenden Verfassung« zu einer »impulsiven und expressiven Verfassung«[44] erkennen, deren Zentrum die Selbstverwirklichung und die persönliche Leistung ist, welche ihrerseits durch die Konsumgesellschaft begünstigt werden sowie durch den Beginn der Emanzipation der Sitten, die im Laufe der 1960er Jahre in Gang gesetzt wird. Der »Angst der Asketik« folgt »die Langeweile der Therapeutik«,[45] die innere Leere, die durch die Therapie kompensiert wird. »Reich sehnte sich«, so Rieff, »nach einer Revolution der Stimmung«,[46] während Marcuse von einer Gesellschaft träumte, die dem Verzicht ein Ende bereiten und aus dem Narzißmus das Realitätsprinzip machen würde. Der Mensch, der der Therapeutik unterworfen ist, »ist ängstlich darauf bedacht, sein psychologisches Kapital zu vergrößern, ohne dabei gefährliche Risiken einzugehen«.[47]

Der psychologische Mensch, die Sorge um das Private, Unterwerfung unter den Trieb und Lockerung der gemeinschaftlichen Bindungen, Wachstum des psychologischen Kapitals: Alle Themen und Begriffe, die in den Vereinigten Staaten genauso wie in Frankreich schnell zu Gemeinplätzen der Kritik am Individualismus werden, sind Mitte der 1960er Jahre schon vorhanden. Alle außer einem. Für Rieff »[besteht] die merkwürdige neue Lektion, die wir in unserer Zeit zu lernen begonnen haben, darin, wie man es vermeidet, die schweren persönlichen Kosten der gesellschaftlichen Organisation zu tragen«.[48]

43 Ebd., S. 52.
44 Ebd., S. 241 und 245 f.
45 Ebd., S. 254.
46 Ebd., S. 187.
47 Ebd., S. 255 f.
48 Ebd., S. 239.

Die Tragödie von Narziß oder die Weigerung des Ich, das alles auf sich zentriert

Die Figur des narzißtischen Individuums wird von den beiden Büchern von Richard Sennett (geboren 1943) und Christopher Lasch (1932-1994) lanciert, die jeweils 1974 und 1979 veröffentlicht wurden. Diese Figur fand ihre ursprüngliche Form im puritanischen Geist, der von dem geprägt war, was Sacvan Bercovitch einen »tödlichen Narzißmus [*Liebestod*]« genannt hat, der ständig verordnet wurde, weil es unmöglich war, ihn zu verwirklichen: »Das Individuum behauptet seine Identität, indem es sich gegen seine eigene Macht der Selbstbehauptung wendet. Aber Behaupten und Leugnen sind zwei Aspekte der Einbeziehung des Selbst [*self-involvement*].«[49] Narziß inszeniert noch einmal diesen Bürgerkrieg des Selbst, in dem sich die Selbstbehauptung und die Selbstverneinung in einem endlosen Kampf miteinander verschränken. Wenn der Narzißmus nach der subtilen Formulierung Sennetts »eine Selbstverleugnung [ist], die die Aufmerksamkeit auf das Selbst lenkt«,[50] dann erbt er auch das Dilemma des Puritaners, der nicht weiß, ob er auserwählt oder verdammt ist. Er reproduziert es im Schwanken zwischen einem grandiosen und einem armseligen Selbst, das den Mangel an *self-reliance* bezeichnet.

Wenn Sennett großen intellektuellen Erfolg hatte und heute immer noch ein Klassiker der amerikanischen Soziologie ist, dann hatte Laschs Buch eine phänomenale Resonanz. Es wurde von den Medien breit vermittelt (Berichte unter anderem in der *Times* und in *Newsweek*). Es brachte seinem Autor eine Einladung ins Weiße Haus durch Jimmy Carter ein und wurde in zahlreichen akademischen Zeitschriften besprochen, allerdings häufig negativ. Dennoch ist die Grundidee immer noch weltweit Gegenstand eines Konsenses. Lasch kam zwar von der Neuen Linken, aber seit 1965, erstmals in *The New Radicalism in America*, kritisierte er die Verwechslung zwischen dem Privaten und dem Öffentlichen und lancierte ein Thema, das zum Gemeinplatz der heutigen Soziologie geworden ist, die Politisierung und die Ausbeutung der Gefühle:

49 S. Bercovitch, *The Puritan Origins*, a. a. O., S. 20.
50 R. Sennett, *Verfall und Ende des öffentlichen Lebens*, a. a. O., S. 375.

Jedes Gefühl [...] wurde auf subtile Weise politisiert. Die Freund-
schaft, die früher ein Ideal an sich war, konnte sich nur im Zusammenhang größerer Erwartungen entwickeln. Das Private und das Öffentliche vermischen sich unmerklich [...]. Die Verfolgung des Privaten
kommt dahin, daß sie steril erscheint, wenn sie nicht mit politischen
Bedeutungen besetzt wird, während die Politik [...] immer mehr dazu
gelangt, nicht mehr als Forum für die Abstimmung über konkurrieren-
de Interessen zu dienen, sondern als Bildschirm, auf den die inneren
Bestrebungen der Menschen und ihre geheimen Ängste im grellsten
Licht projiziert werden.[51]

Die Resonanz und die Stärke Laschs haben ihren Grund insbesondere darin, daß er eine konservative Kritik in radikaler Perspektive übt.[52]

Richard Sennett und Christopher Lasch beschreiben neue
»persönliche Kosten«, wobei sie sich auf die Psychoanalyse Kohuts und Kernbergs stützen.[53] Anhand dieser Autoren geben sie
an, worin diese Kosten bestehen: »Jedem einzelnen«, schreibt
Sennett,

ist das eigene Selbst zur Hauptbürde geworden. Sich selbst kennenzulernen ist zu einem Zweck geworden, ist nicht länger ein Mittel, die
Welt kennenzulernen. Und gerade weil wir uns so sehr in uns selbst
vertieft haben, fällt es uns ungemein schwer, uns selbst oder anderen
ein klares Bild davon zu machen, woraus unsere Persönlichkeit besteht. Der Grund hierfür ist: Je mehr die Psyche privatisiert, das heißt
ins Private gedrängt wird, desto weniger wird sie stimuliert und desto
schwieriger ist es für uns zu fühlen oder Gefühle auszudrücken.[54]

Die Psychoanalyse lehrt sie, daß der Narzißmus eine Tragödie
und kein Egoismus ist, eine Tragödie des Eingesperrtseins in sich,

51 Zitiert von F. Siegel, »The Agony of Christopher Lasch«, in: *Reviews in
American History*, September 1980, Bd. 8, Nr. 3, S. 288.
52 Wie Siegel bemerkte: »Lasch ist zum linken Gegenstück des neokonser-
vativen Chores geworden.« Ebd., S. 289.
53 Der Soziologe Jerome Rabow hat 1983 eine Literaturübersicht über die
Beziehungen zwischen Soziologie und Psychoanalyse zusammengestellt,
in der er fünf Verwendungsweisen der Psychoanalyse unterscheidet.
Rieff, Sennett und Lasch werden in das, was er »die Perspektive der Anerkennung« nennt, eingeordnet. Sie stützt sich auf psychoanalytische Begriffe, um Soziologie zu treiben, »Psychoanalysis and Sociology«, in: *Annual Review of Sociology*, 1983, Bd. 9, S. 555-578.
54 R. Sennett, *Verfall und Ende des öffentlichen Lebens*, a. a. O., S. 16.

die zwischen armseligem und grandiosem Selbst schwankt. Diese gut angepaßten, aber verletzlichen Persönlichkeiten sind ein Brennpunkt wirklicher menschlicher Spannungen und Dilemmata. Das ist die Grundidee, die die psychoanalytische Klinik zur Soziologie Sennetts und Laschs beiträgt – und dies ist wohl auch eine der Triebfedern für den dauerhaften Erfolg ihrer Ideen, die zu Beginn des 21. Jahrhunderts immer noch zur gemeinsamen Kultur gehören. »Da diese Autoren [die in jüngster Zeit über den Narzißmus schreiben] die psychologische Dimension außer acht lassen«, meint Lasch, »verfehlen sie auch die soziale.«[55] Die Psychoanalyse hat ihnen ermöglicht, den Moralismus zu verlassen, in dem Rieff noch befangen war, weil er die individuelle Tragödie nicht sieht.

Sind sie von der Nostalgie einer amerikanischen Vergangenheit befallen, die den unbeugsamen Individualismus des Pioniers mit der Solidarität der Gemeinschaften verflechtet? »Das vorliegende Buch«, schreibt Lasch, »beschreibt jedoch einen niedergehenden Lebensstil – die Kultur des vom Konkurrenzdenken geprägten Individualismus, die in ihrem Niedergang die Logik des Individualismus ins Extrem eines Krieges aller gegen alle getrieben und das Streben nach Glück in die Sackgasse einer narzißtischen Selbstbeschäftigung abgedrängt hat«.[56] Sennett geht in dieselbe Richtung: »Aber man hat es heute gar nicht mit einem kruden Individualismus zu tun, sondern vielmehr mit einer Angst vor individuellem Empfinden, die in den Vorstellungen der Individuen vom Funktionieren der Welt einen breiten Raum einnimmt.«[57] Jenseits des nostalgischen Scheins ist ihre gesellschaftliche, moralische und politische Kritik ein Ritual der Feier Amerikas und seiner verlorenen Ideale der Verfolgung des privaten und öffentlichen Glücks. Ihre beiden Bücher loben Amerika, wobei sie den alten, echten Individualismus dem neuen, künstlichen Individualismus des Gefühls, des Körpers, der Affekte, der Triebe entgegensetzen. Sie stehen ganz in der Tradition der amerikanischen Jeremiade, der sie mithilfe der jüngsten Sprache der Psychopathologie Ausdruck verleihen, die die Psychoanalyse der Neurosen modernisiert hat und den Dilemmata Rechnung trägt, mit denen die heutigen Menschen konfrontiert sind.

55 C. Lasch, *Das Zeitalter des Narzißmus*, a. a. O., S. 54.
56 Ebd., S. 14.
57 R. Sennett, *Verfall und Ende des öffentlichen Lebens*, a. a. O., S. 18.

Sennett und Lasch beziehen sich beide auf Riesman, Lasch außerdem auch auf Fromm.[58] Zwischen den Jahren der Nachkriegszeit, die von diesen beiden klassischen Autoren analysiert wurden, und den 1970er Jahren findet folgender Wandel statt: »Die amerikanische Übung in Freundlichkeit verschleiert einen mörderischen Wettstreit um Güter und Positionen; sie merzt ihn nicht aus; dieser Wettstreit ist in unserem Zeitalter schwindender Erwartungen sogar noch heftiger geworden.«[59] Diese Entzauberung bezeugt »der Triumph der Therapie«: Die Suche nach der eigenen Leistung hat die Eroberung der Natur genauso ersetzt wie den Aufbau der Gemeinschaft. Lasch und Sennett heben die tragische Dimension dieser Entwicklung hervor: »Das zeitgenössische Klima ist eben nicht religiös, sondern therapeutisch. Heute sehnen sich die Menschen nicht nach Erlösung, [...] sondern nach dem Empfinden, der momentanen Illusion von persönlichem Wohlbefinden, von Gesundheit und seelischer Geborgenheit.«[60] Ihre Hauptverbündeten sind die Therapeuten, die ihnen die Hoffnung geben, »psychische Gesundheit«[61] zu erlangen. Die Emanzipation von traditionellen institutionellen Zwängen verschafft dem Individuum nicht »die Freiheit, autonom zu sein und Gefallen an seiner Individualität zu finden«. Ganz im Gegenteil, sie trägt zu einer persönlichen Unsicherheit bei, die es nur dadurch beherrschen kann, daß es sein Selbst in der Aufmerksamkeit reflektiert sieht, die ihm die anderen zuwenden: »Für den Narzißten ist die Welt ein Spiegel, während der robuste Individualist in ihr nichts als freie Wildnis sah, die er nach seinem Willen formen konnte.«[62] Lasch wirft den Gesellschaftsanalysen, die den Narzißmus und den Egoismus einander angleichen, vor, daß sie nicht auf die klinischen Arbeiten über die pathologischen Narzißmus eingehen, denn »die Selbstbezogenheit [...] rührt nicht aus Selbstzufriedenheit, sondern aus Verzweiflung«.[63] Das Über-Ich wird umso strenger, je mehr die geachteten Autoritätsfiguren geschwunden sind. Die Individuen finden in

---

58 Ebd., S. 17, aber Sennett möchte die Hypothese der *inner-direction* umkehren, C. Lasch, *Das Zeitalter des Narzißmus*, a. a. O., S. 90.
59 Ebd., S. 90.
60 Ebd., S. 23.
61 Ebd., S. 31.
62 Ebd., S. 27.
63 Ebd., S. 46.

ihrem Ich nur noch Leere oder Allmacht. Sie sind Gefangene einer Position, die im Gegensatz zur *self-reliance* steht.

Sennett präzisiert, daß »in unserem Jahrhundert [...] die klinischen Symptome, von denen die Psychoanalyse ihren Ausgang nahm, mehr und mehr verschwunden [sind]. Zwar begegnet man auch heute noch Hysterien und hysterischen Formationen, aber sie machen nicht mehr den Hauptteil psychischer Störungen aus.«[64] Die neuen Nöte sind mit Charakterstörungen verbunden, oder die Symptome sind weniger präzise als bei der Hysterie oder der Zwangsneurose. Sie ergeben kein klares nosographisches Bild und haben manchmal die Tendenz, gestaltlos zu sein. Die Daten zeigen »ein psychisches Unbehagen, das [...] sich eher durch seinen vagen und gestaltlosen Charakter offenbart«. Dieses Unbehagen besitzt eine zweifache Charakteristik: das Gefühl innerer Leere und die Suche nach Empfindungen, um diese Leere auszufüllen. Der Patient beklagt sich über »ein vages und diffuses existentielles Unbefriedigtsein«, in dem er zwischen Gefühlen depressiver Leere und Allmachtsphantasien hin- und herschwankt. Diese Vagheit der Symptomatologie entsteht aufgrund der Auslöschung der Grenze zwischen dem Ich und der Welt. So werden zum Beispiel im Unternehmen »die Grenzen zwischen dem Selbst und der Arbeit zunächst durch Mobilisierungsstrukturen innerhalb von Betrieb und Behörde ausgelöscht«.[65] Diese Individuen »fügen sich gesellschaftlichen Regeln mehr aus Angst vor Strafe als aus Schuldgefühlen«.[66] Dieser moralische Verlust ergibt sich aus dem Schwinden der vertikalen Autorität.

Die Radikalen, die noch gegen den Autoritarismus und den Konformismus protestieren, haben nicht verstanden, daß sich die Persönlichkeit verändert hat. Sie nehmen sich einen Gegner zum Ziel, der schon verschwunden ist. »Der neue Narziß wird nicht von Schuldgefühlen gequält, sondern von Ängsten. Er versucht [...] im Leben einen Sinn zu finden. Vom Aberglauben der Vergangenheit befreit, bezweifelt er sogar die Realität der eigenen Existenz. [...] Zugleich [geht er] jedoch der Sicherheit von Gruppenloyalitäten verlustig und faßt jedermann als Rivalen

---

64 R. Sennett, *Verfall und Ende des öffentlichen Lebens*, a. a. O., S. 363.
65 Ebd., S. 368.
66 C. Lasch, *Das Zeitalter des Narzißmus*, a. a. O., S. 60.

[...] auf.«[67] Denn die Emanzipation der Sitten hat die Konkurrenz auf alle Lebensbereiche ausgedehnt, während sie zugleich deren traditionelle moralische Stützen geschwächt hat. Nun zerstört sie die Einheit von Selbstvertrauen und Unabhängigkeit, in der die *self-reliance* besteht, und stürzt die Menschen in die Abhängigkeit von der Meinung der anderen.

Die Intimität ist eine Tyrannei, die die Schranken zu beseitigen versucht, welche die Menschen trennen, aber, so Sennett, »in Wirklichkeit [...] führt dieser Prozeß zur Psychologisierung der Herrschaftsstrukturen in dieser Gesellschaft«[68] oder, wie Lasch meint, zu »neuen Formen gesellschaftlicher Kontrolle«,[69] die die Gerechtigkeit, die Erziehung der Kinder oder die hierarchischen Verhältnisse im Unternehmen »therapeutisieren«. Die Intimität, führt Sennett weiter aus, unterwirft alles ihrem Prinzip, das darin besteht, daß »[die] Gesellschaft [...] heutzutage einzig in psychologischen Kategorien gemessen [wird]«.[70] Sie schwächt die moralische Verantwortung und die traditionelle Fähigkeit, ein autonomes Leben zu führen, die sich beide auf den Willen, oder den Mangel an Willen, des Individuums, auf seine moralische Disziplin bezogen. Die Gesellschaft enthebt das Individuum von der Schuld, aber, indem sie es auf seine Unfähigkeit zur Autonomie verweist, »legitimiert [sie] das Abweichen von der Norm als Krankheit, erklärt den Patienten jedoch gleichzeitig für unfähig, allein mit seinem Leben zurechtzukommen, und liefert ihn den Händen von Spezialisten aus«.[71]

Sennett und Lasch entwickeln die tragische Vision einer Gesellschaft, in der alles zum Spiegel des Ich wird. Diese Situation führt die Menschen dazu, »im Privatbereich das zu suchen, was ihnen im äußeren Bereich verweigert wird«.[72] »Und die Lehre vom persönlichen Wachstum, die oberflächlich optimistisch wirkt, zeigt eine tiefe Verzweiflung und Resignation.«[73] Für Sennett wird der Narzißmus von einer Vision der Gemeinschaft in Begriffen der Identität anstatt des kollektiven Handelns begleitet: Die Gemeinschaft ist nicht mehr das Mittel zum gemein-

67 Ebd., S. 14 f.
68 R. Sennett, *Verfall und Ende des öffentlichen Lebens*, a. a. O., S. 377.
69 C. Lasch, *Das Zeitalter des Narzißmus*, a. a. O., S. 279.
70 R. Sennett, *Verfall und Ende des öffentlichen Lebens*, a. a. O., S. 380.
71 C. Lasch, *Das Zeitalter des Narzißmus*, a. a. O., S. 287.
72 Ebd., S. 27.
73 Ebd., S. 75.

schaftlichen Handeln.[74] Er verknüpft den Narzißmus, den die gesamte Kultur aktiviert und der bis ins Zentrum aller zwischenmenschlichen Beziehungen dringt, mit dem Kult der Authentizität, die zum Kriterium wird, an dem man die privaten Verhältnisse mißt. Beide Soziologen führen beständig den tragischen Aspekt der narzißtischen Persönlichkeit an, die unfähig zur Sublimation ist und daher »von äußeren Kräften bedrängt wird«, gegen die sie eine ohnmächtige Wut zum Ausdruck bringt. Der Narzißmus macht auf die unerwarteten Spannungen aufmerksam, die sich aus der Emanzipation der Sitten ergeben: eine Krise des amerikanischen Zusammenlebens, der *self-reliance*, die der traditionelle Individualismus mit seiner ausgeglichenen Allianz von konkurrenzorientierter Spannkraft, Kooperation mit den anderen und persönlicher Unabhängigkeit symbolisierte.

Darüber hinaus ist der Narzißmus aber auch eine Art von Askese, wie Sennett betont, für den er »die protestantische Ethik der Moderne«[75] ist. Haben wir hier ein Paradox? Nein, denn es ist die protestantische Askese im Zeitalter der Anbetung des Geschöpfs, die sich in der neuen demokratischen Kultur der Gefühle zeigt, und zwar in zwei Hinsichten: in der Ablehnung der Befriedigung, die die Selbstbeherrschung mit sich bringt, und in der großen Bedeutung der Affektivität.

So wie sich der Puritanismus von dem befreit hat, was er als katholische Inszenierungen auffaßte, die die Herstellung einer direkten Beziehung zwischen dem Gläubigen und seinem Gott verhindern, führt die Personalisierung der Beziehungen und die Authentizität, die sie erfordert, dazu, daß die Masken fallen: Verlangt wird sowohl, daß man sich ausdrückt, als auch, daß man sich beherrscht. Der Narzißmus stellt das moderne Individuum in die Spannung des Calvinisten, der nicht mehr über die Linderung »der Magie als Heilmittel«[76] verfügt. Der Calvinis-

---

74 »Gemeinschaft ist zu einer Dimension von kollektivem *Sein* statt von kollektivem *Handeln* geworden«, schreibt Sennett, *Verfall und Ende des öffentlichen Lebens*, a. a. O., S. 254; Hervorhebung des Autors.

75 J. Owen King III bemerkt in einer Rezension des Werkes, daß Laschs Buch »von einem Puritaner hätte geschrieben werden können, der die Zerstörung seines eigenen Selbst beschreibt.« In: *Social Science History*, Sommer 1981, Bd. 5, Nr. 3, S. 343-346. Er ordnet das Werk übrigens auch in die Gattung der amerikanischen Jeremiade ein, S. 345.

76 M. Weber, *Die protestantische Ethik und der Geist des Kapitalismus*, a. a. O., S. 154. »Die radikale Entzauberung der Welt [zu verstehen als

mus ist die Ablehnung jeglicher »Voraussagung des Geschöpfs«: Das Handeln des Christen bestätigt seine Gnade nur dann, wenn er zum »größeren Ruhme Gottes« handelt, dessen Zwecke unpersönlich sind. »Jede rein gefühlsmäßige [...] *persönliche* Beziehung von Mensch zu Mensch«, so Weber, »verfällt eben in der puritanischen, wie in jeder asketischen, Ethik sehr leicht dem Verdacht, Kreaturvergötterung zu sein«.[77] Diese Art von Beziehungen lenkt den Menschen von den göttlichen Zwecken ab. Der Narzißmus symbolisiert die umgekehrte Operation, obwohl er an der asketischen Einstellung festhält: Er fördert die Anbetung des Geschöpfs durch die Personalisierung der Beziehungen – das sind Sennetts »Tyranneien der Intimität«.

Sennett betont, daß das Problem der Affektivität im Puritanismus und im Narzißmus ähnlich ist: »Die Frage: ›Was fühle ich?‹ wird zu einer wahrhaften Obsession.« Rieff spricht übrigens von der »permissiven« Psychotherapie als von einer »Art permanentem institutionellem Apparat unserer Kultur – eine Art von *säkularem Methodismus* für diejenigen, die sich mit ihren Freuden auf hartnäckige Weise unzufrieden fühlen«.[78] Wir erinnern uns daran, daß es dem Gründer des Methodismus, John Wesley, zu verdanken ist, die Betonung auf die Affektivität und die Freude gelegt und die Gläubigen ermutigt zu haben, Geld zu verdienen, wodurch er einen sanfteren Weg eröffnet hat, als es der Calvinismus tat.

Die neue protestantische Askese, die narzißtische Askese, diese Weigerung des auf das Ich zentrierten Ichs fügt sich zwar in die puritanische Tradition der *automachia* ein, aber sie erneuerte das Sprachspiel, indem sie aus den Entdeckungen der Psychoanalyse schöpfte. Narziß befindet sich bei seiner ständigen Selbstprüfung in der peinvollen Spannung zwischen seinem Gefühl innerer Leere, die ein drängendes Bedürfnis nach den ande-

Ausschaltung der Magie] ließ einen anderen Weg als die innerweltliche Askese innerlich nicht zu.« S. 178.

77 Ebd., Anm. 31, S. 210.

78 P. Rieff, *The Triumph of the Therapeutic*, a. a. O., S. 238 f., Hervorhebung des Autors. Eli Zaretsky zufolge, der sich hier Rieff sehr anzunähern scheint, »war die Psychoanalyse der Calvinismus der zweiten industriellen Revolution. Sie hat in den Anfängen des Kapitalismus eine dem Calvinismus analoge Rolle gespielt und eine dem Methodismus analoge Rolle in bezug auf die Industrialisierung.« E. Zaretsky, *Le Siècle de Freud*, a. a. O., S. 19.

ren erzeugt, um diese neue Einsamkeit zu kompensieren, und der Notwendigkeit, seine Gefühle, seine persönliche Authentizität auszudrücken, die nun als innere Bedrohung erlebt wird. Und wenn die anderen ihn nicht verstehen, dann »verstärkt das die Überzeugung, daß unsere eigenen Triebe die einzige Wirklichkeit ausmachen, auf die wir zählen können. Das, was man fühlt, zu bestimmen, wird nun zum Ziel einer zwanghaften Suche.«[79] Narziß kennt vielleicht keine Schuld, aber dafür wird er wie der Klein'sche Säugling im schizoid-paranoiden Zustand von jenem anderen verfolgt, nach dessen Anerkennung er sucht.

Sennett und Lasch entwerfen ein Bild, das zugleich puritanisch, politisch und romantisch ist; sie beerben die dreifache Begründung des amerikanischen Selbst, dessen Zerstörung sie diagnostizieren. Narziß ist der säkulare (und aus der Perspektive der Objektbeziehung betrachtete) Nachkomme des Menschen, dem es an Glauben mangelt und dessen Bild John Cotton (1582-1654) in seinem *Christian Calling* entworfen hat: Bei Narziß, der zwischen der Angst vor der Leere und dem Genuß seiner Allmacht hin- und herschwankt und zwischen dem armseligen und grandiosen Selbst zerrissen ist, »ist es derselbe Mangel an Glauben, der bewirkt, daß ein Mensch unter der Kehrseite des Glücks stöhnt und sich im Wohlstand in Szene setzt«.[80] Das narzißtische Individuum stellt durchaus eine Krise des Selbst dar, eine gleichzeitige Erschütterung des Glaubens an Amerika und an sich selbst.

Der Manager und der Therapeut: zwei komplementäre Gestalten der amerikanischen Krise

Die Krise des Selbst ist eine Krise des Zusammenlebens. Die Zerstörung des Gleichgewichts zwischen Wettbewerb, Kooperation und Unabhängigkeit stellt die moralische Grundlage des amerikanischen Individualismus in Frage. »Die Suche nach Wettbewerbsvorteilen durch emotionale Manipulation der Gefühle formt zunehmend nicht nur persönliche, sondern auch Arbeits-

79 Ebd., S. 272.
80 J. Cotton, *Christian Calling*, in: P. Miller (Hg.), *The American Puritans*, a. a. O., S. 179. Dieser Text wird von Lasch zitiert, *Das Zeitalter des Narzißmus*, a. a. O., S. 78, gibt aber eine Seitenzahl an (S. 324), die nicht der Ausgabe von Perry Miller entspricht, die ich benutzt habe.

beziehungen«, behauptet Lasch. Die humanistischen Therapien, die auf den Klienten zentriert sind, und die Selbstbehauptungstherapien bauen die Angst ab und tragen zu einem Schwinden des Schuldgefühls bei, indem sie den Erfolg »auf psychologische Manipulation [...] [gründen], um in zwischenmenschlichen Beziehungen die Oberhand zu behalten«.[81] Die Therapien tragen zu einem Verlust des moralischen Empfindens bei, den Rieff in der Formel »die adaptive Einstellung«[82] zusammengefaßt hat, die an die Stelle der »analytischen Einstellung« getreten ist: Die Werte der Wahlmöglichkeit, die für die demokratische Freiheit wesentlich sind, sind zu persönlichen Präferenzen heruntergekommen.

Der Philosoph Alasdair MacIntyre zeigt in *After Virtue* (1981 in den Vereinigten Staaten erschienen), daß in der Welt, die auf die Tugend folgt, nämlich unserer eigenen, eine Philosophie herrscht, die eine Herausforderung für das Nachdenken über das Gemeinschaftsleben ist: der Emotivismus. »[...] In moralischen Argumenten [dient] das offene Geltendmachen von Grundsätzen nur als Maske für das Ausdrücken persönlicher Vorlieben [...].«[83] »[Heute] denken, sprechen und handeln [die Menschen in erheblichem Umfang so], *als wäre* der Emotivismus wahr [...]. Der Emotivismus ist in unsere Kultur eingegliedert worden.«[84] Um das zu erklären, verwendet er den Begriff des Charakters, der in verschiedenen Theatertraditionen die Maske (*persona*) einer Moralphilosophie ist, die die Möglichkeiten des Handelns festlegt. Bestimmte gesellschaftliche Rollen sind Charaktere, insofern sie »die moralischen Vertreter ihrer Kultur [sind], und das sind sie wegen der Art, in der moralische und metaphysische Ideen und Theorien durch sie eine personifizierte Existenz in der sozialen Welt erhalten«.[85] Diese Charaktere liefern einer Kultur moralische Richtlinien nicht deshalb, weil sie einem Konsens begegnen, sondern »weil sie Brennpunkte unterschiedlicher Auffassungen sind [...]«:[86] die Rechtfertigung und

---

81 C. Lasch, *Das Zeitalter des Narzißmus*, a. a. O., S. 92.
82 P. Rieff, *The Triumph of the Therapeutic*, a. a. O., S. 41.
83 A. MacIntyre, *Der Verlust der Tugend*, übers. v. W. Rhiel, Frankfurt/M. 1987 (Originalausgabe 1981), S. 35.
84 Ebd., S. 39. Hervorhebung des Autors.
85 Ebd., S. 47.
86 Ebd., S. 51. MacIntyre bemerkt meiner Meinung nach ganz zu Recht, daß »[n]eowebersche Organisationstheoretiker und die Erben der Frankfur-

die Kritik sind notwendig, um aus einer gesellschaftlichen Rolle einen Charakter zu machen. In unserer Kultur zeigt sich die emotivistische Philosophie in der Figur des Therapeuten (er bezieht sich auf Rieff) und des Managers.[87] Für den einen wie für den anderen liegen unpersönliche moralische Zwecke (insbesondere die Frage nach der Wahrheit) außerhalb ihrer Reichweite, denn sie geben vor, ausschließlich auf die Effizienz einzuwirken, während der Bereich der Werte ausgeschlossen bleibt. Das ist es, was dem Therapeuten ab dem Zeitpunkt widerfuhr, als die Therapie zu einer Weltanschauung geworden und nicht mehr nur eine Behandlung von Geisteskrankheiten ist. Gerade durch diese Tatsache wird er zum Gegenstück des Managers: Alle beide manipulieren die menschlichen Gefühle und Beziehungen.

Diese beiden Figuren bevölkern nun zahlreiche Analysen des amerikanischen Individualismus. Die Allianz des Expressiven und des Zweckorientierten, des Psychotherapeuten und des Managers oder des Unternehmers wird zu einem *topos*:[88] Man kann nicht mehr zwischen manipulatorischen – zweckorientierten – und nicht-manipulatorischen – expressiven – Beziehungen unterscheiden, zwischen der Tatsache, ein guter Mensch zu sein (*being good*), und der Tatsache, sich wohl zu fühlen (*feeling good*).[89] So beschreiben Robert Bellah und seine Mitarbeiter in *Habits of the Heart* die Lebensweisen der Gesellschaftsschichten, die vom Wohlstand profitiert haben: Sie sind dermaßen an Ergebnissen (*outcomes*) und Leistung (*achievement*) orientiert, daß die Frage nach dem richtigen Leben immer mehr verdeckt wurde. Wie Rieff, Sennett und Lasch setzen sie die amerikanische Tradition, die den republikanischen Bürgersinn, die Bibel und den materiellen Fortschritt vereinte (personifiziert durch Thomas Jefferson, John Winthrop und Benjamin Franklin), einer Moderne entgegen, die die zweckorientierte Kultur des Managers und die expressive Kultur des Therapeuten vereint.

In *The Good Society* (1991), einem Folgewerk von *Habits of the Heart*, heben Bellah und seine Mitarbeiter hervor, daß die in-

---

ter Schule [...], ohne es zu wissen, als Chor im Theater der Gegenwart zusammen[arbeiten].« S. 51.

87 Sowie der Ästhet, aber dieser interessiert uns im Augenblick nicht. Zum Bezug auf Rieff, *The Triumph of the Therapeutic*, a. a. O., siehe A. MacIntyre, *Der Verlust der Tugend*, a. a. O., S. 32.

88 R. Bellah et al., *Gewohnheiten des Herzens*, a. a. O., S. 70-74.

89 Ebd., S. 105.

dividualistische Kultur der Amerikaner so beschaffen ist, daß es ihnen schwerfällt, den Begriff der Institution überhaupt zu verstehen, weil sie der Ansicht sind, daß das einzige, was sie brauchen »energische Individuen und einige unpersönliche Regeln [sind], um Recht und Billigkeit zu garantieren«.[90] »Die klassische liberale Konzeption hat eine Tugend als quasi die einzig richtige großgezogen, nämlich die Autonomie, aber es gelang ihr nicht anzuerkennen, daß selbst die Autonomie von einer besonderen Art institutioneller Struktur abhängt und gegenüber den Institutionen kein Leck darstellt.«[91] In diesen beiden Werken bestand ihr Ziel darin, die Amerikaner davon zu überzeugen, daß sie kein autonomes Selbst besitzen, sondern auch Institutionen, in die sie faktisch das Vertrauen verloren haben.

Der Manager des bürokratischen Unternehmens teilt zwar mit dem Unternehmer, der ihm vorausging, den Aktivismus zur Lösung von Problemen, aber er unterscheidet sich von ihm durch den Zwang zur Mobilisierung menschlicher Ressourcen: »Seiner Rolle entsprechend muß er verhandeln, überzeugen, manipulieren, schmeicheln und seine Untergebenen einschüchtern, damit sein Unternehmen die Effektivitätskriterien erreicht, die letzten Endes vom Markt gestaltet werden.« Ebenso ist der Therapeut ein Spezialist für die Mobilisierung von Ressourcen, der »die funktionale Organisation der Industriegesellschaft als gegeben annimmt«, wobei seine Sorge der »Effektivität der Mittel«[92] gilt. Die Sprache dieser beiden Figuren durchdringt alle Interviews von *Habits of the Heart*, und das Buch zielt darauf ab, diese Sprache in all ihren Facetten und Nuancen zu beschreiben. Was soll in der Therapie behandelt werden? »Letzten Endes ist es eine Heilung von der mangelnden Anpassung zwischen der gegenwärtigen Organisation des Selbst und der verfügbaren Organisation von Arbeit, des Intimlebens und Sinns. Im Prozeß der Heilung wird das Selbst gestärkt und in die Lage versetzt, erfolgreich Beziehungen zu anderen in der Gesellschaft aufzunehmen und Befriedigung zu finden, ohne sich von den Forderungen anderer überwältigen zu lassen.«[93] Das persönliche Wohlbefinden, das

90 R. N. Bellah, R. Madsen, W. M. Sullivan, A. Swindler, S. M. Tipton, *The Good Society*, a. a. O., S. 6.
91 Ebd., S. 12.
92 R. N. Bellah et al., *Gewohnheiten des Herzens*, a. a. O., S. 71 und 72 f.
93 Ebd., S. 73.

Expressivität und Selbstbeherrschung miteinander verbindet, ist nun eine Voraussetzung für das Handeln und ersetzt die alten moralischen Imperative. Dafür zeigt jedoch der Ton, der aus den Interviews herausklingt »eine Angst davor, in welcher Richtung es weitergehen wird«.[94] Diese Angst hat ihren Grund insbesondere darin, daß die Amerikaner dazu neigen, die Vorstellung, die sie sich von ihrem Selbst machen, von der familiären, religiösen und beruflichen Verankerung zu trennen. Obwohl sie die These des Narzißmus bestreiten, sind sie wie Sennett und Lasch der Ansicht, daß die ständige Selbstbeobachtung und der Kosten/Nutzen-Kalkül, den jeder ständig vornimmt, »so asketische Anforderungen stellt, daß sie unerträglich werden.«[95]

Bellah und seine Mitarbeiter verwenden die Argumente ihrer Vorgänger:

> Wenn objektivierbare Kriterien für richtig und falsch, gut und schlecht fehlen, dann wird das Selbst und sein Empfinden zu unserer einzigen moralischen Orientierung. Aber welche Welt wird von diesem Selbst bewohnt, das unentwegt voranschreitet, doch ohne jeden moralischen Endzweck? Jeder einzelne hat das Recht auf sein ›bißchen Platz‹ und ist innerhalb dieser Grenzen vollkommen frei. Zumindest in der Theorie haben alle Menschen[96] unabhängig von ihrer Rasse, ihrer ethnischen Zugehörigkeit oder ihrem Wertsystem dieses bürgerliche und psychische Recht, soweit sie durch seine Inanspruchnahme andere nicht verletzen.[97]

Die Autoren bringen zwar ihre Zweifel gegenüber Rieff, Sennett und Lasch zum Ausdruck, aber sie teilen doch dieselbe Perspektive, allerdings mit einem Unterschied: Sie sehen die individuelle Tragödie nicht. Die amerikanischen Sitten sind künftig von einem moralischen Vorbild durchdrungen, das sowohl dem Markt entnommen wurde, nämlich dem Vertrag, als auch der Therapie, nämlich dem Privatleben. »Die Verbreitung der vertraglichen Intimität und der verfahrensgeregelten Kooperation [wurde] vom Sit-

94 Ebd., S. 314.
95 Ebd., S. 171. Zur Bestreitung der These des Narzißmus, siehe S. 159 und 171.
96 Diese Idee vertritt auch Peter Clecak, *America's Quest for the Ideal Self. Dissent and Fulfillment in the 60s and 70s*, Oxford 1983. Aber er betrachtet diesen Prozeß positiv als Demokratisierung der Persönlichkeit (*personhood*).
97 R. Bellah et al., *Gewohnheiten des Herzens*, a. a. O., S. 104.

zungs- ins Schlafzimmer übertragen, und wieder zurück.«[98] Es gibt jedoch zahlreiche Amerikaner, die sich in der Gemeinschaft engagieren wollen und dies auch weiterhin tun. »Obwohl sich großstädtische Amerikaner noch immer in erstaunlicher Breite in freien Vereinigungen engagieren, erzeugt das Vereinsleben der modernen Metropole keine zweite Sprache der sozialen Verantwortung und der Verpflichtung gegenüber dem Gemeinwohl, die für die ›starke und unabhängige Stadtgemeinde‹ typisch waren.«[99]

Die amerikanische Form der individualistischen Beunruhigung

Aus dieser Beschreibung müssen wir nun eine erkenntnistheoretische Synthese über ihre Art, Schlüsse zu ziehen, und eine soziologische Synthese darüber gewinnen, was sie uns über den amerikanischen Individualismus sagt. Das wird uns zur Begründung des Selbst zurückbringen. Beginnen wir mit einer Prüfung der Daten, die die Bewertung des Triumphs der Therapie und die Messung der psychologischen Kosten von Charakterstörungen ermöglichen sollen.

Epidemiologie: die Messung der Störung

The Inner American, eine Längsschnittuntersuchung, in der Daten zur seelischen Gesundheit zwischen 1957 und 1976 verglichen wurden, gibt an, daß 14 % der Bevölkerung 1957 erklärten, professionelle Hilfe gesucht zu haben, 26 % im Jahr 1976 und 32 % bei Hochschulabgängern. Die Betreuung durch eine Therapie hat sich auf die gesamte Mittelschicht ausgedehnt. Auch wenn man in den oberen Einkommensklassen mehr zu therapeutischen Konsultationen neigt, wird der Abstand zu niedrigeren Einkommen doch geringer. Das Bildungsniveau, das 1957 einen Unterscheidungsfaktor darstellte, spielt 1976 diese Rolle nur noch in viel geringerem Maße. Dennoch bestehen auch weiterhin Ungleichheiten, denn die Probleme der seelischen Gesundheit sind am unteren Ende der gesellschaftlichen Hierarchie zahlrei-

98 Ebd., S. 158. Siehe auch S. 168 f.
99 Ebd., 211.

cher als weiter oben.[100] Diese Studie zeigt einen Anstieg der Sorge um die Zukunft, insbesondere bei den Jugendlichen, eine Verbreitung psychologischer Erklärungsmuster, um das eigene Verhalten zu verstehen, und eine Verschiebung von einem »gesellschaftlichen« zu einem »persönlichen« Paradigma in der Art, wie man sein eigenes Wohlbefinden betrachtet. Die Menschen konzentrieren sich mehr darauf sich auszudrücken, und sind mehr um ihre Autonomie besorgt, ihre Fähigkeit, sich selbst zu steuern (*self-direction*). Was ihre soziale Integration angeht, so stellt man eine Verschiebung der traditionellen Formen von Engagement in der Gemeinschaft oder in Verbänden zur zwischenmenschlichen Privatsphäre hin fest.[101] Die Zunahme von Personen, die psychologische Hilfe suchen, bedeutet, daß die Menschen den Therapeuten zwar wegen offener neurotischer Symptome aufsuchen, aber auch wegen eines diffusen Unbehagens (das Angebot erzeugt die Nachfrage), wobei persönliche Probleme als psychologische Probleme definiert werden. Zwischen 1957 und 1976 »hat sich ein neues Verhaltensschema der Hilfesuche herausgebildet: Zahlreiche Personen [...] nutzen nun einen professionellen Therapeuten, um ihre Persönlichkeit zu erforschen und zu entwickeln«.[102] Diese Untersuchung deutet darauf hin, daß »der psychologische Mensch« als Modus der Selbstwahrnehmung für die Amerikaner Realität geworden ist.[103]

100 J. Veroff, E. Douvan, R. A. Kulka, »Social Class and the Use of Professional Help for Personal Problems. 1957 and 1976«, in: *Journal of Health and Social Behavior*, März 1979, Bd. 20, Nr. 1, S. 5, 11 und 14. *The Inner American. A Self-portrait from 1957 to 1976*, New York 1981, derselben Autoren wird von Bellah et al., *Gewohnheiten des Herzens*, a. a. O., S. 355, Anm. 1 zitiert.

101 Das sind die drei Hauptergebnisse von Veroff, Douvan und Kulka. In einem Kommentar zu dieser Untersuchung schreibt Battan: »Die zeitgenössische Sorge um einen neuen Typ von Patienten, die wegen vager und schlecht definierter Beschwerden Hilfe suchen, kann auch als das Ergebnis eines Anstiegs der Zahl von Personen betrachtet werden, die eine psychogene Quelle für zahlreiche Formen von Unbehagen und Unzufriedenheit namhaft machen.« Veroff et al., »Social Class and the Use of Professional Help for Personal Problems«, 1975 and 1976«, a. a. O., S. 207.

102 W. R. Grove in einer Studie zu den beiden Werken von Veroff et al., in: *Social Forces*, 1982, Bd. 61, Nr. 2, S. 603 f.

103 Wie E. Shorter in seiner Rezension der beiden Bücher von Veroff et al. bemerkt, in: *Theory and Society*, Mai 1983, Bd. 12, Nr. 3, 139-145,

Die amerikanische psychiatrische Epidemiologie hat eine Tendenz zum Anstieg von Depressionen für diejenigen Generationen festgestellt, die nach dem Zweiten Weltkrieg geboren wurden. Die Symptome des »Unbehagens« der Erwachsenen unter 30 Jahren sind zwischen 1975-1976 und 1998-1999 von 31 auf 45 % geklettert.[104] 1988 behauptet der Psychologe Martin Seligman (der die berühmte Formulierung »gelernter Hilflosigkeit« schuf), daß die Depressionsrate sich in zwei Generationen verzehnfacht hat (das ist der *boomer blues*, Titel des Aufsatzes), und er ist der Ansicht, daß dies bei den jungen Amerikanern das Ergebnis eines »ungezügelten Individualismus« ist:

Der Individualismus führt solange nicht zur Depression, wie wir uns auf großen Institutionen ausruhen können – der Religion, dem Land, der Familie. Wenn es einem nicht gelingt, einige der angestrebten persönlichen Ziele zu erreichen, wie es jedem passiert, kann man sich diesen größeren Institutionen zuwenden, um Hoffnung zu schöpfen. [...] Aber mit einem Selbst, das sich ohne den Puffer umfassenderer Überzeugungen aufrecht hält, können die Ohnmacht und das Scheitern nur allzu leicht in Hoffnungslosigkeit oder gar Verzweiflung umschlagen.[105]

Im Laufe der letzten 25 Jahre des 20. Jahrhunderts haben die allgemeinen Gesundheitserhebungen trotz der Fortschritte der Medizin eine Abnahme des Gesundheitsgefühls gezeigt, und es sind diejenigen Amerikaner, die am wenigsten Sozialbeziehungen haben, die sich bei schlechter Gesundheit fühlen. Im allgemeinen stellen die Erhebungen eine Abnahme von Zufriedenheitsindikatoren fest, von denen die eine Hälfte mit finanziellen Sorgen zusammenhängt und die andere mit dem Schwinden des sozialen Kapitals, das heißt der Gemeinschaft.[106] Muß man diese Daten für einen Beweis der persönlichen Kosten des Niedergangs der Gemeinschaft halten? Die Indikatoren der Subjektivität sind kei-

oder der Psychologe K. Keniston in einer ausgedehnten Studie in der *New York Times*, 8. November 1981.
104 Zitiert von R. Putnam, *Bowling Alone*, a. a. O., S. 263.
105 Ebd., S. 265.
106 Ebd., S. 331-335. »Ebenso wie ein Schraubenzieher (physisches Kapital) oder eine höhere Bildung (Humankapital) die (individuelle und kollektive) Produktivität steigern können, beeinflussen die sozialen Kontakte die individuelle Produktivität und die der Gruppe.« S. 19. Das soziale Kapital »ist der begriffliche Vetter der Gemeinschaft.« S. 21.

ne der Sozialgeschichte, und sie haben die Tendenz, Stereotypen oder Werte festzuhalten, die sich in der öffentlichen Meinung zu diesem oder jenem Zeitpunkt durchsetzen, ohne sie mit den konkreten historischen und institutionellen Veränderungen zu verbinden. Kann man die Korrelationen wirklich ernst nehmen, die darauf hindeuten, daß die Eigenschaften der psychologischen Persönlichkeit die Eigenschaften des moralischen Charakters in der Erfüllung sozialer Rollen ersetzen, während die Indikatoren, die verwendet werden, um diese Verschiebung zu beweisen, zwischen 1957 und 1976 nur von 5 auf 10 % gestiegen sind?[107] Gewiß nicht, aber die Vielzahl von Untersuchungen dieses Typs deutet darauf hin, daß die Vorstellung von der psychologischen Kultur in den Analyseinstrumenten der amerikanischen Gesellschaft verankert ist, und trägt dadurch wiederum dazu bei, der Verschiebung vom Charakter zur Persönlichkeit Bedeutung und Glaubwürdigkeit zu verleihen.[108]

Die Therapie hat wohl triumphiert, aber auch die Selbsthilfeindustrie. 2005 haben die Amerikaner ungefähr 700 Millionen Dollar für Selbsthilfebücher ausgegeben. *The Purpose Driven Life* von Rick Warren, einem gemäßigten evangelischen Pastor, der eine *mega church* in Kalifornien leitet, blieb etwa drei Jahre lang an der Spitze der Verkäufe in dieser Buchkategorie und wurde in 25 Millionen Exemplaren verkauft.[109] Zwischen 1972 und 2000 ist der Prozentsatz von Selbsthilfebüchern von 1,1 % auf 2,4 % der Gesamtproduktion angestiegen, wobei die Zielgruppen sich auf alle Altersklassen ausgedehnt haben und die behan-

107 Das ist die Kritik, die John Modell an *The Inner American* in einer Studie übt, die von *The Journal of Social History*, Herbst 1983, Bd. 17, Nr. 1, S. 139-145, veröffentlicht wurde.
108 So verwenden etwa zwei Psychologen eine Batterie von Indikatoren, um die Folgen des Individualismus für die Persönlichkeit zu messen, wobei der Individualismus dadurch definiert wird, daß man seinem eigenen Leben größere Aufmerksamkeit zuwendet als den gesellschaftlichen Normen. B. W. Robertson, R. Helson, »Change in Culture, Change in Personality. The Influence of Individualism in a longitudinal Study of Women«, in: *Journal of Personality and Social Psychology*, 1997, Bd. 72, Nr. 3, S. 641-651.
109 »Degrees of Separation. A Survey of America«, in: *The Economist*, 16. Juli 2005, Hauptheft, S. 4. N. Hale zufolge »geben um 1975 fünf oder sechs Millionen Amerikaner eine Milliarde Dollar für einen Kontakt mit einem professionellen Helfer für seelische Gesundheit aus.« *The Rise and Crisis of Psychoanalysis*, a. a. O., S. 302.

delten Themen alle Lebensbereiche betreffen. Diese Ausdehnung korrespondiert mit dem Zeitabschnitt, in dessen Verlauf sich die Organisation der Arbeit tiefgehend verändert hat, wodurch die alte Stabilität der Anstellung und das Familienleben, das sich durch häufige Scheidungen beträchtlich änderte, in Frage gestellt wurden. Nicht ohne Humor betont die Soziologin Miki McGee: »Es genügt nicht mehr, verheiratet und angestellt zu sein, es ist unbedingt notwendig, daß man auf dem Heirats- und Stellenmarkt zur Verfügung steht. Die Gestaltung des eigenen Profils, um für seinen Lebensgefährten attraktiv zu bleiben, und die Vervollkommnung der eigenen *leadership*-Techniken, um seinen Wert im Unternehmen, in dem man arbeitet, zu bewahren, stellen keine Optionen, sondern Imperative der neuen Ökonomie dar.«[110] Die Investition in die *inner-direction* ist ein Zwang, dessen Gewicht zunimmt, wenn sich der Rhythmus der Veränderungen beschleunigt und vor allem wenn die Veränderung selbst zur Lebensweise wird. »Anstelle der sozialen Sicherheit haben sich die Amerikaner massenweise Selbsthilfebücher gekauft, um ihre Spiritualität zu stimulieren und sich in Bewegung zu halten«, meint McGee. Sie kritisiert Laschs Jeremiade dafür, daß sie zu psychologisch und zu nostalgisch sei. Ihr Vorschlag besteht darin, das narzißtische Selbst durch das gerädete Selbst zu ersetzen, das heißt durch ein Selbst, das einer ständigen Arbeit der Neuentwicklung unterworfen ist, die mit der beständigen wechselseitigen Durchdringung von Berufs- und Familienleben einhergeht. Die Arbeit an seinem Selbst besteht darin, in dem neuen Umfeld gestiegener Unsicherheit, und damit auch eines stärkeren emotionalen Drucks, eine persönliche Sicherheit aufrechtzuerhalten.

Aber die Bedeutung der Selbsthilfe hat sich ebenfalls verändert. 1981 trägt die erste soziologische Übersicht zu diesem Thema den Titel: »Self-help and mutual Aid. An emerging Social Movement?«[111] Die Betonung liegt gleichermaßen auf der Selbstunterstützung und der gegenseitigen Hilfe. Die Frage des Soziologen geht dahin, ob hier eine neue soziale Bewegung am Werk ist. Zwanzig Jahre später ist es allein die persönliche Vervollkommnung, die aus dieser Literatur hervorsticht. Es ist eine

110 M. McGee, *Self-help, Inc. Makeover Culture in American Life*, Oxford u. New York 2005, S. 12.
111 A. H. Katz, »Self-help and mutual Aid. An emerging Social Movement?«, in: *Annual Review of Sociology*, 1981, Nr. 7, S. 29-55.

praktische Antijeremiade, die von der Ermahnung durchdrungen ist, positiv zu sein und die Ressourcen in sich selbst zu finden. Sie verkündet »den Triumph der Einstellung über die Umstände«.[112] Sie ist von der Grammatik der amerikanischen religiösen Tradition durchdrungen, aber umgestaltet durch die positive Psychologie und den neuen Bezugspunkt, das Management. Denn es geht darum, selbst Unternehmer zu werden, der *CEO of me*, einer Formulierung von Tom Peters, einem Managementguru, zufolge, der, nachdem er zu Beginn der 1980er Jahre *Auf der Suche nach Spitzenleistungen* veröffentlicht hat, sich der Selbsthilfe zuwandte. Die empfohlenen rituellen Praktiken präsentieren sich als Ressourcen, um mit der Angst umzugehen, die von einer instabilen Welt hervorgerufen wird, die die Sicherheit einer stabilen Welt ersetzt hat, indem die persönliche Unzulänglichkeit durch eine ständige Selbstverwandlung abgewendet wird, aber zugleich ist sie eine Quelle von Angst, da sie jedem seine Unzulänglichkeit in Erinnerung ruft.[113] Gemäß dem Erbe des positiven Denkens muß das Selbst eine ständige rituelle Arbeit an sich vornehmen, um sich zu steuern. Die Selbsthilfe steht so in direkter Verbindung mit dem calvinistischen Erbe, das »die dunkle Wurzel des amerikanischen Optimismus«[114] darstellt. Der von der Selbsthilfe ausgetragene Kampf des positiven Denkens gegen die »Negativität« hat die calvinistische Sünde ersetzt. Wie diese ist sie eine ständige Bedrohung, die sich unter der aufgewendeten Energie verkriecht, die sie beim geringsten Nachlassen zerstören kann – das ist »die ruhelose Aktivität«, die Tocqueville bemerkt hat. Das positive Denken ist eine ständige Selbstprüfung nach calvinistischem Vorbild.

Während die Franzosen, wie wir später sehen werden, die Verschiedenheit der Formen des Unbehagens in den 1990er Jahren unter dem Begriff des sozialen Leidens vereinen werden, vermehren die Amerikaner von den 1980er Jahren an die Syndrome

---

112 B. Ehrenreich, *Bright Sided. How the relentless Promotion of positive Thinking has undermined America*, New York 2009, S. 47.
113 Dieser Widerspruch erscheint regelmäßig in den Essays über die Selbsthilfe. Siehe M. McGee, *Self-help, Inc. Makeover Culture in American Life*, a. a. O., A. Hulbert, *Raising America. Experts, Parents, and a Century of advice about Children*, New York 2003, B. Ehrenreich, *Bright Sided*, a. a. O.
114 Das ist der Titel eines Kapitels aus dem Werk von Barbara Ehrenreich, *Bright Sided*, a. a. O.

nach dem Vorbild religiöser Sekten mit selbstverwalteten Patientenverbänden, die sich nach Maßgabe der Kategorien des *statistischen und diagnostischen Handbuchs* der amerikanischen Vereinigung für Psychiatrie konstituieren, dessen dritte Version, die 1980 veröffentlicht wurde, der *DSM-III*, zur Bibel psychiatrischer Klassifikation wird. Für diejenigen, die nicht in diese deutlich abgegrenzten medizinischen Kategorien passen, diejenigen, deren Leiden idiosynkratischer Natur ist, gibt es eine Vielzahl funktioneller Störungen, die sich seit den 1980er Jahren verbreitet haben, wie zum Beispiel das Syndrom chronischer Erschöpfung, »die charakteristischste funktionelle Krankheit der 1980er Jahre«.[115] Diese Vermehrung vollzieht sich innerhalb einer psychoanalytischen Konstellation, die durch das Ende der Ich-Psychologie geprägt ist und gleichzeitig auch durch ihr Scheitern, die Einheit der Psychoanalyse aufrechtzuerhalten (die Pluralität der Psychoanalyse wird zu einem wiederkehrenden Thema). Dieses Scheitern erfolgt zur selben Zeit, als der Niedergang der Psychoanalyse in den Vereinigten Staaten eingeleitet wird.

Die Übersicht Robert Putnams scheint die Diagnose von Sennett, Lasch und Bellah empirisch zu bestätigen: »In unserem persönlichen ebenso wie in unserem Kollektivleben [...] zahlen wir einen bedeutenden Preis für ein Vierteljahrhundert der Ablösung des einen vom anderen.«[116] Dort, wo die sozialen Bindungen ausgezeichnet sind, verbessert sich alles: die Steuerhinterziehung nimmt ab und die Gesundheit zu: Der bloße Beitritt zu einer Vereinigung halbiert die Wahrscheinlichkeit, im folgenden Jahr zu sterben, weil die Tatsache, soziale Bindungen zu haben, einen Gesundheitsfaktor darstellt. Die großen bürgerlichen Vereinigungen, die die bürgerliche Gesellschaft am Ende der ersten Kri-

---

115 R. Aronowitz, *Les maladies ont-elles un sens?*, Paris 1999 (Originalausgabe 1998), S. 44. Zu einer globalen Perspektive auf die funktionellen Störungen in den Vereinigten Staaten siehe P.-H. Castel, »Des maladies introuvables aux États-Unis: ›hystérie collective‹ ou pathologies de masse de l'imaginaire individualiste«, in: *L'Ésprit malade. Cerveaux, folies, individus*, Paris 2009.

116 R. Putnam, *Bowling Alone*, a. a. O., S. 335. »Die Jugendlichen und die Erwachsenen mit geringer Selbstachtung neigen dazu, weniger häufig Mitglieder freiwilliger Vereinigungen zu sein, haben weniger Chancen, zu Führern zu werden, sind weniger gut über die politischen Aktivitäten informiert, an denen sie sich auch weniger beteiligen.« R. E. Lane, »Government and Self-esteem«, in: *Political Theory*, Februar 1982, Bd. 10, Nr. 1, S. 18 f.

se des Individualismus revitalisiert hatten, erleben seit etwa dreißig Jahren eine ständige Abnahme. Darüber hinaus haben die Vereinigungen, die sich seit den 1980er Jahren entwickeln, mit Ausnahme der *pro-life*-Gruppen und der Bewegungen, die die konservative Revolution begleiten, die Tendenz, das Internet zu benutzen und symbolische, aber keine wirklichen Bindungen zwischen ihren Mitgliedern zu entwickeln, die eher Konsumenten großer Prozesse sind als Aktivisten. Dagegen haben die Vereinigungen gegenseitiger Hilfe, in denen man das Gefühl haben kann, daß man nicht alleine ist, einen beträchtlichen Zuwachs erfahren. Die gegenseitige Hilfe stellt eine Formalisierung »der Arena zwischenmenschlicher Beziehungen«[117] dar. Die Vereinigungen, die sich entwickeln, sind diejenigen, die ihre Mitglieder um eine Identität herum binden (*binding*),[118] und nicht jene, die eine Brücke schlagen mit Kategorien, die viel weiter sind und in einer umfassenderen Perspektive bestehen (*bridging*). Die Krise des bürgerlichen Engagements und die Kosten der Schwächung der gesellschaftlichen Verbundenheit haben auf allen Ebenen praktische Konsequenzen.

In einer neuen Einleitung zu *Habits of the Heart* von 1996 heben Robert Bellah und seine Mitarbeiter ein Problem hervor, das in den 1980er Jahren noch nicht in Erscheinung trat: Die Tatsache, daß das ökonomische Wachstum nicht mehr die Möglichkeit bedeutet, Chancen zu ergreifen, um Erfolg im Leben zu haben, sondern die Angst vor dem Abbau des Personalbestands und vor der Arbeitslosigkeit. Diese Veränderung ändert jedoch nichts an »der Überzeugung, daß der ökonomische Erfolg oder Mißerfolg in die individuelle Verantwortung, und nur in diese, fällt«.[119] Auch wenn die sozialen Ungleichheiten in zwei Jahrzehnten noch so sehr zugenommen haben, der amerikanische Traum wird nicht schwächer.

---

117 R. Putnam, *Bowling Alone*, a. a. O., S. 148-152. 80 % der Mitglieder dieser Gruppen geben an, daß »die Gruppe ihnen das Gefühl gibt, nicht allein zu sein.« S. 149.

118 Zu den Vereinigungen, die auf das *binding* zurückgehen, muß man die städtische Dynamik hinzufügen, die eine Vervielfachung von *suburbs* und von Gemeinschaften zeitigt, welche Menschen versammeln, die denselben Lebensstil und dieselben politischen Entscheidungen teilen. Siehe B. Bishop, *The Big Sort. Why the clustering of like-minded America is tearing us apart*, Boston u. New York 2008.

119 R. Bellah et al., *Habits of the Heart*, a. a. O., S. xiv.

Erkenntnistheorie: Kulturalismus und Funktionalismus

Nach welchen Kriterien werden auf einer erkenntnistheoretischen Ebene Verbindungen zwischen dem hergestellt, was die Psychopathologie zeigt und was in der Gesellschaft zwischen den Menschen selbst geschieht? Diese Fragen verweisen auf das Problem der Beziehungen zwischen Klinik und Soziologie: Auf welche Weise räsoniert diese Soziologie, um gesellschaftliche oder politische Schlußfolgerungen aus den klinischen Befunden zu ziehen?

»Narzißtische Charakterstörungen«, meint Sennett, »haben deshalb so zugenommen, weil die heutige Gesellschaft ihre inneren Ausdrucksprozesse psychologisch organisiert und den Sinn für sinnvolle soziale Interaktionen außerhalb der Grenzen des einzelnen Selbst unterminiert«.[120] »Haben deshalb zugenommen, weil«, aber was deckt dieser Schluß ab? Denn er ist kaum bestimmt, da keinerlei Einzelheiten genannt werden. Und die Gesellschaft, was ist das? Eine neurotische, narzißtische, ängstliche Persönlichkeit, eine »zeitgenössische« Persönlichkeit, eine »kollektive« Psyche? Inwiefern steht die »psychische Komponente« im Widerspruch zu sozialen Begegnungen?

Die Stützung auf die Pathologie als Beweis für den Wertewandel findet auf folgende Weise statt: Die Häufigkeit des pathologischen Narzißmus, der durch ein diffuses Unbehagen und Charakterstörungen geprägt ist, weist darauf hin, daß der Narzißmus ein soziales Phänomen, und nicht nur ein pathologisches ist. Die klinischen Arbeiten »zeichnen aber einen Persönlichkeitstyp, der, wenn auch in abgeschwächter Form, von Beobachtern der zeitgenössischen kulturellen Szene sofort wiedererkannt werden müßte: Es fällt diesem Typus leicht, auf andere Eindruck zu machen; er giert nach Bewunderung, verachtet aber alle, die er dazu bewegen kann, ihm Bewunderung zu zollen; er ist unersättlich in seinem Hunger nach Gefühlserlebnissen, mit denen sich die innere Leere füllen ließe; und er ist geängstigt von Alter und Tod.«[121] Es gibt also eine *Ähnlichkeit* zwischen einem bestimmten Typ kranker Patienten und normalen Individuen, die richtig sozialisiert wurden (obwohl sie moralisch wenig sympathisch sind). Sie haben dieselbe »psychische Morphologie«, aber Ähn-

---

120 R. Sennett, *Verfall und Ende des öffentlichen Lebens*, a. a. O., S. 21.
121 C. Lasch, *Das Zeitalter des Narzißmus*, a. a. O., S. 60.

lichkeit ist nicht Identität. Die Überlegung ist folgende. Lasch nimmt das Beispiel der Wandlungen der Familie, der Ort, an dem sich »die Basispersönlichkeit« der Kinder bildet:

> Daß moderne Eltern sich anstrengen, ihren Kindern das Gefühl zu vermitteln, erwünscht und geliebt zu sein, vermag die innere Kälte kaum verbergen – die Ferne derer, die der kommenden Generation wenig zu überliefern haben und jedenfalls den Anspruch auf Selbsterfüllung voranstellen. Die Kombination von emotionaler Distanzierung und Versuchen, ein Kind von seiner Vorrangstellung innerhalb der Familie zu überzeugen, ist ein gutes Rezept für die Entwicklung einer narzißtischen Persönlichkeitsstruktur.[122]

Lasch schreibt: »die« Eltern, und nicht »Eltern«. Er postuliert, daß »die« Eltern es so einrichten, daß die Kinder sich geliebt *fühlen*, was nicht dasselbe ist wie seine Kinder zu lieben, gleichgültig ob gut oder schlecht, und daß sie sich erwünscht fühlen, was nicht dasselbe ist wie sie zu wollen. Dem Übergang von »Eltern« zu »die Eltern« aufgrund einer wundersamen Kollektivpsychologie, die die Individualpsychologien aggregiert, gelingt es kaum zu verschleiern, was ganz einfach eine voreilige Verallgemeinerung ist.

Betrachten wir ein Beispiel bei Kernberg, das diesen Punkt gut verdeutlicht. Er erklärt, daß die Patienten, die eine narzißtische Pathologie aufweisen »häufig hoffnungslos kalte Elternfiguren haben, die eine heftige Aggressivität verbergen, [...], daß sie mit einer Elternfigur zu kämpfen hatten, gewöhnlich mit der Mutter oder einem Mutterersatz, die in einem Zuhause, das oberflächlich gut organisiert ist, gut zu funktionieren scheint, die jedoch voller Verachtung, Gleichgültigkeit und wilder, aber versteckter Aggressivität ist«.[123] Kernberg erklärt eine Pathologie anhand des Familiensystems der Patienten. Und nichts deutet darauf hin, daß es die neue Wirklichkeit der Gesellschaft ist, die diese Art von Personen vermehrt. Die Autoren gehen in Seelenruhe von Patientenbeispielen zu einer Verallgemeinerung auf die Gesellschaft über, die bei Kernberg durch nichts gestützt wird.

Die Gründe, aus denen die amerikanischen Psychoanalytiker die Charakterneurosen aufgenommen haben, werden nicht berücksichtigt. Man sieht nicht ein, wie die Individuen den nar-

---

122 Ebd., S. 74.
123 O. Kernberg, »Narcissisme normal et narcissisme pathologique«, a. a. O., S. 155.

zißtischen Werten der Gesellschaft anhängen und wie sie diese Pathologien verursachen; man versteht nicht, durch welche Verkettungen und vor allem in welchem Sinne diese gesellschaftliche Wirklichkeit notwendig Teil des Gewebes des individuellen Lebens ist. Darüber hinaus wird die Tatsache nicht berücksichtigt, daß die narzißtischen Pathologien *nicht* neu sind, daß sie seit langem schon ein Problem darstellen. Die Autoren begnügen sich mit Benennungen oder Beschreibungen, die sie auf Ähnlichkeiten zwischen pathologischen und normalen Typen stützen: »Erwachsene, die heute im Einklang mit den gesellschaftlichen Normen handeln wollen«, schreibt Sennett, »müssen sich narzißtisch verhalten. Denn diese Wirklichkeit ist so beschaffen, daß Ordnung und Stabilität und Belohnung nur in dem Maße zustande kommen, wie die Menschen, die innerhalb dieser Strukturen arbeiten und handeln, mit sozialen Situationen wie mit Spiegeln des Selbst umgehen.«[124] Auch hier haben wir es, und zwar trotz des Einfallsreichtums von Sennetts Buch, mit einer Verallgemeinerung zu tun, die vom gewöhnlichen Leben und den wirklichen Dilemmata abstrahiert, in die die Individuen verstrickt sind.

Diese Konzeption basiert auf dem Postulat, daß es eine individuelle und eine kollektive Psyche gibt, eine Psychologie des Individuums und eine Psychologie der Gesellschaft. Sie weist eine zweifache Charakteristik auf. Zunächst ist sie kulturalistisch in dem Sinne, daß jeder Form von Gesellschaft eine Form von Persönlichkeit entspricht, eine normale und eine pathologische psychologische Tonart (der Narzißmus »gibt uns ein flüchtig genaues Bild der ›befreiten‹ Persönlichkeit unserer Zeit«). Gehen unsere Soziologen im Grunde weiter als Hartmann, für den das Ich eine Integrationsfunktion im Hinblick auf die Werthierarchien der Gesellschaft besitzt? »Vom Standpunkt der Gesellschaft gesehen«, schreibt er, »wird die Ausbildung solcher Ordnungen im Individuum eine verschiedene Bedeutung haben, je nachdem ob zum Beispiel ein mehr narzißtischer oder mehr zwangsneurotischer Typus der Ethik verwirklicht wird usw.«[125] Und warum gibt es eine solche Entsprechung? Weil sie *funktional* ist; das ist der zweite Aspekt, der die Verbindung zwischen dem Kollektiven und dem Individuellen herstellt. (»Der Narziß-

124 R. Sennett, *Verfall und Ende des öffentlichen Lebens*, a. a. O., S. 366 f.
125 H. Hartmann, *Ich-Psychologie*, a. a. O., S. 65.

mus scheint praktisch die beste Art und Weise zu sein, sich den Spannungen und Ängsten des modernen Lebens gewachsen zu zeigen, und die herrschenden Umstände bringen deshalb die narzißtischen Charaktereigenschaften deutlich zum Vorschein, die in unterschiedlichem Grade bei jedem einzelnen anzutreffen sind.«[126]) Der funktionalistische Kulturalismus besteht darin, nach dem Vorbild der Typen Max Webers durch Verallgemeinerung eine Basispersönlichkeit zu typisieren. Das gilt für das Buch Bellahs und seiner Mitarbeiter: Aus ihren zweihundert Interviews werden etwa zwanzig Personen ausgewählt, weil sie diese als repräsentative Typen betrachten.

Es muß ebenfalls betont werden, daß die Soziologen, wenn sie Anleihen bei der Psychoanalyse machen, es im allgemeinen vorziehen, sich auf die Theorien der Objektbeziehung der Post-Freudianer zu stützen anstatt auf Freuds Trieb, dessen Zugehörigkeit zur »Natur« oder zur »Biologie« die soziologische Verwendung schwieriger macht.[127] Es ist leichter, über die »Objekte« und die Familienbeziehungen eine Schnittstelle zwischen gesellschaftlicher Normativität und individueller Psyche zu konstruieren.

Der Kulturalismus, der mit der Typenbildung operiert, um zu allgemeinen Aussagen zu gelangen, ist die große Methode dieser Untersuchungen zum *american character.* Diese Aussagen bestimmen einen durchschnittlichen Typ. Jenseits der irreführenden soziologischen Verallgemeinerungen essentialisieren die kulturalistischen Ansätze bestimmte Entitäten (die Persönlichkeit, die Kultur, die Gesellschaft), ohne daß man wirklich weiß, worum es sich handelt. Jeder kann etwas Wahres im Porträt des Narzißmus erkennen, ebenso wie im Franzosen, im Dogon oder im Deutschen, aber auf völlig unbestimmte Weise. Man erkennt überhaupt nicht, wie diese Individuen miteinander verbunden sind. Inwiefern sind sie etwas anderes als eine bloße Sammlung? Die erkenntnistheoretische Verwirrung sagt uns etwas über die Schwierigkeit, in der soziologischen Sprache selbst anzugeben, was eine Gesellschaft ist.

Die Alternative, die ich vorschlage, stellt sich in zwei Schritten dar: Diese Erzählungen inszenieren Spannungen, die der amerikanischen Gesellschaft eigentümlich sind (es handelt sich nicht

---

126 C. Lasch, *Das Zeitalter des Narzißmus,* a. a. O., S. 74 (für beide Zitate).
127 Jerome Rabow bemerkt dies in seiner Literaturübersicht, »Psychoanalysis and Sociology«, a. a. O., S. 567.

nur um Irrtümer), aber um sie vollkommen zu verstehen, muß man über die Jeremiade hinausgehen, während man zugleich an ihrem Anteil an der Wahrheit festhält: Die Schwierigkeit, eine Gesellschaft zu bilden, kann nicht eliminiert werden, denn sie gehört zum eigentlichen Wesen der demokratischen Gesellschaft. Es muß also einen Platz für das Sprachspiel geben, in dem sie ausgedrückt wird.

Soziologie: Krise des Liberalismus, Krise der self-reliance

Obwohl es sich um soziologische Arbeiten[128] handelt, sind sie nach dem Vorbild der symbolischen Analysen der Jeremiade strukturiert: Die Gesellschaftskritik verbindet sich hier mit dem Aufruf zur moralischen Erneuerung. Sie sind um scharfe Gegensätze herum angeordnet: zwischen der Vergangenheit und der Gegenwart, der Tradition und der Moderne, der früheren Gemeinschaft, die zugleich der Individualismus der Vergangenheit ist, und dem heutigen Individualismus.[129] Anstelle der göttlichen Korrektur, die die puritanischen Predigten ankündigten, handelt es sich um eine psychologische Korrektur, die sich im schmerzvollen Narzißmus eines Selbst zeigt, das aus der Gemeinschaft herausgerissen ist und das sich nur durch die Therapie aufrechterhält. Mit der Therapie und dem Narzißmus geben diese Autoren den Spannungen, die für den amerikanischen Individualismus spezifisch sind, eine Form und einen Namen. Diese Spannungen entstehen im Laufe der 1970er Jahre in einem Zusammenhang, der die Gestalt von Narziß durchdringt: die Krise des Liberalismus.

»Das freie und gleiche Individuum, das eine moralische Verantwortung besitzt, ist die Grundlage der gemeinsamen Solidarität.«[130] Dieser Satz eines Politologen könnte jedem anderen

---

128 Und eine Vielzahl anderer Essays: R. M. Merelman, *Making Something of Ourselves. On Culture and Politics in the United States*, Berkeley 1984; A. Rothstein, *The Narcissistic Pursuit of Perfection*, New York 1980; P. Clecak, *America's Quest for the Ideal Self*, a. a. O., usw.

129 C. Perin, »Speaking of Modernity. A Review Essay on ›Habits of the Heart‹ and other recent Works on American Culture«, in: *Cultural Anthropology*, November 1986, Bd. 1, Nr. 4.

130 J. Rutherford, *The Moral Foundation of United States' Constitutional Democracy*, Pittsburgh 1992, S. 23 f., zitiert von S. M. Lipset, *American Exceptionalism*, a. a. O., S. 274.

amerikanischen Politologen, Philosophen oder Soziologen zugeschrieben werden, denn er stellt den großen Konsens dar. Das Individuum hat ihm zufolge zunächst Pflichten gegenüber der Gesellschaft wie zuvor gegenüber seinem Gott (das ist der moralische Charakter), während es in Frankreich die Gesellschaft ist, die, vermittelt durch den Staat, Pflichten zum Schutz des Individuums hat. Das Sprachspiel, das sich um Narziß herum entwikkelt hat, bringt in der verschwommenen Deutlichkeit, die ein soziales Stereotyp immer aufweist, eine Reihe von Problemen zum Ausdruck, die diese Grundlage erschüttert haben.

Der Liberalismus ist jene politische Philosophie, die sich um den sozialen Fortschritt kümmert (man findet ihre Anhänger sowohl bei den Demokraten als auch bei den Republikanern). Je nach historischer Periode kann er sich mehr dem öffentlichen Handeln zuwenden oder mehr am Markt orientiert sein.[131] Nun erleben wir im Laufe der 1970er Jahre eine Krise der Fortschrittspolitik, die sich unter der Führung des Bundesstaats von den 1930er bis zum Ende der 1960er Jahre entwickelt hat. Die Protestbewegungen gegen alle Formen von Autorität entwickelten sich zum Zeitpunkt der größten Aktivität des Bundes, die durch die Gesetzgebung zu den Bürgerrechten und den Kampf gegen die Armut gekennzeichnet ist. Seit dem Ende der 1960er Jahre wird diese Politik schroff kritisiert, unter anderem in den Rängen der Demokraten: Sie ist zugleich verschwenderisch und wenig effizient, sie vergrößert die Bürokratie und begünstigt eine Mentalität von Hilfeempfängern. Die Zentralisierung seitens des Bundes läßt befürchten, daß die Unterstützung der Armen ihr Selbstvertrauen untergräbt und sie von der öffentlichen Hilfe abhängig macht – zahlreiche Programme werden aufs Korn ge-

131 »Der Liberalismus in Amerika«, schreibt Arthur Schlesinger Jr. 1956, »ist eher eine Partei des sozialen Fortschritts als eine intellektuelle Doktrin und kümmert sich eher um seine Ziele als um seine Methoden. Als eine Politik des Laisser-faire bessere Chancen zu haben schien, um das liberale Ziel der Chancengleichheit für alle zu erreichen – wie es zur Zeit Jeffersons der Fall war –, glaubten die Liberalen [...], daß die beste Regierung diejenige sei, die am wenigsten regierte. Aber als die wachsende Komplexität der industriellen Bedingungen ein zunehmendes Eingreifen seitens der Regierung erforderte, um gleichere Chancen sicherzustellen, veränderte die liberale Tradition, die eher auf das Ziel als auf das Dogma vertraut, ihre Sicht des Staates.« A. Schlesinger Jr., *The Politics of Hope and the Bitter Heritage. American Liberalism in the 1960's*, a. a. O., S. 88 f.

nommen, was dann eine Stigmatisierung von Teilen der Bevölkerung nach sich zieht. Die Politik der *affirmative action*, die vorsieht, den Minderheiten als Gruppen und nicht als Individuen Vorteile einzuräumen, löst die heftigsten Widerstände aus, weil sie den moralischen Individualismus der persönlichen Verantwortung in Frage stellt. Chancen anzubieten erzielt Konsens, der Einsatz von Druckmitteln, um eine Ergebnisgleichheit zu erreichen, spaltet die öffentliche Meinung.

Das öffentliche Eingreifen war jedoch wirkungsvoll genug, um die Ungleichheiten zu verringern und einen Fortschritt darzustellen. In der Mitte der 1970er Jahre »ist die heutige amerikanische Gesellschaft weniger starr im Hinblick auf sozialen Aufstieg als in der Vergangenheit«: So ist der Anteil der Amerikaner mit bescheidener Herkunft, die die Universität besuchen und verantwortungsvolle und leitende Stellen in Unternehmen erhalten, stark gestiegen. »Die bürokratische Erfolgsleiter steht immer mehr denjenigen offen, die in schlechten Verhältnissen geboren wurden.«[132]

Im Verlauf dieser Periode ist die amerikanische Gesellschaft angesichts des Vietnamkriegs gespalten, während Minderheitenrechte *culture wars* hervorrufen. Schließlich zeigt der Watergateskandal, daß der Präsident wie ein Strolch handeln und lügen konnte. Die Wirtschaftskrise Mitte der 1970er Jahre setzt dem Ganzen die Krone auf, indem sie das Vertrauen in die Wirtschaft erschüttert – der Aufkauf großer symbolischer Unternehmen in der Auto- und der Kinobranche durch die Japaner ruft das Gefühl hervor, daß Amerika an Macht verloren hat.

Der Widerhall, den die Figur von Narziß erfährt, scheint mir an die Verknüpfung der Kritik am Eingreifen des Bundes und der Spaltung der amerikanischen Gesellschaft gebunden zu sein. Er stellt das Ende eines Zyklus des *big government* dar.[133] Seit Jimmy Carter (der von 1977 bis 1981 Präsident und ein begeisterter Leser Laschs war), und nicht erst seit Ronald Reagan, nimmt die Bewegung, die man alsbald Neoliberalismus nennen wird, ihren Aufstieg: Indem er zur zentralen Triebkraft des Fortschritts wurde, erscheint der Bundesstaat als Staat, der Individuen bemut-

132 S. M. Lipset, *The First New Nation*, a. a. O., S. XVII und XVIII.
133 Nixon hatte einen universellen Krankheitsversicherungsschutz als Projekt, woran jüngst P. Krugman erinnert hat, »Missing Richard Nixon«, in: *The New York Times*, 30. August 2009.

tert, die den gesunden individualistischen Wettbewerb aufgegeben haben. Die Krise des Liberalismus ist nun die Krise der *self-
reliance*.

In einer berühmten Rede an das amerikanische Volk, die er am
15. Juli 1979 im Fernsehen hält, erklärt Carter, daß Amerika mit
einer Krise des Vertrauens in die Zukunft konfrontiert ist:

> Die Bedrohung, die auf uns lastet, ist eine beinahe unsichtbare Bedro-
> hung, aber sie berührt uns im Kern: Es handelt sich um eine Vertrau-
> enskrise, die unsere Identität trifft und unseren nationalen Willen un-
> tergräbt. [...] Dieses Vertrauen [...] war die Gründungsidee unserer
> Nation und hat die Entwicklung unseres Volkes geleitet. Das Vertrau-
> en auf die Zukunft war der Mörtel für alles Übrige: die öffentlichen In-
> stitutionen, das private Unternehmen, unsere eigenen Familien und
> sogar die Verfassung der Vereinigten Staaten. [...] Nun ist unser Volk
> aber im Begriff, diesen Glauben zu verlieren, und zwar nicht nur an die
> Regierung selbst, sondern an die Fähigkeit der Bürger, unsere Demo-
> kratie zu beherrschen und zu gestalten.[134]

Die Krise der *self-reliance* geht aus der Krise des Liberalismus
hervor, dessen politische Folge die neokonservative Welle war,
die das Vertrauen Amerikas auf sich selbst wiederherstellen
sollte.

In seinem letzten Kapitel, das den Titel trägt »Der Paternalismus ohne Väter«, sieht Lasch die Ursache der verheerenden Folgen, die er beschrieben hat, in einem neuen Paternalismus vom
bürokratischen Typ, dessen Ideologie ein »Wohlfahrtsliberalis-
mus ist, der das Individuum von moralischer Verantwortung
freispricht und es als Opfer der sozialen Verhältnisse behandelt«.
Das gesamte Kapitel ist den Transformationen des Liberalismus
und dem Verrat seiner eigenen Ideale gewidmet. Lasch gibt eine
neue Lesart der amerikanischen Geschichte aus dieser Perspektive: Von der fortschrittlichen Ära über den New Deal bis zur Einrichtung eines Wohlfahrtsstaats, der das Individuum mehr und
mehr beschützt, ist das Fortschrittsdenken allmählich dazu gekommen, Kontrollen des Privatlebens durch Experten einzurichten: »Er [der Progressismus] hat die innersten Geheimnisse der

---

134 Zitiert von M. Crozier, *Le Mal américain*, Paris 1980, S. 212. S. M. Lipset zitiert diese Rede ebenfalls, *American exceptionalism*, a. a. O.,
S. 283. Der Vertrauensverlust wird von Lipset auch in der Einleitung
von 1979 zu *The First New Nation*, a. a. O., S. XVIII, hervorgehoben.

Psyche minuziöser ärztlicher Prüfung überantwortet und damit eine ängstliche Selbstbeobachtung ausgelöst, die äußerlich an ein religiöses Sich-Versenken erinnert, aber eher in einem von Angst- und Schuldgefühlen gequälten Bewußtsein wurzelt, eher in einem narzißtischen denn in einem zwanghaften und hysterischen Persönlichkeitstyp.« Indem er diese Angst hervorruft, hat der Wohlfahrtsstaat eine verbreitete Abhängigkeit induziert, deren allgemeines Ergebnis die »Aushöhlung des Selbstvertrauens und der normalen bürgerlichen Fähigkeiten« der Individuen ist. Es handelt sich um eine »neue Form der Unterwerfung unter die Bürokratie«: »Was für Sozialwissenschaftler wie ein nahtloses Gewebe von ›Interdependenz‹ aussieht, ist in Wirklichkeit die Abhängigkeit des Individuums von der Organisation, des Bürgers vom Staat, des Arbeiters vom Manager und der Eltern von den ›Sozialberufen‹.« Abhängigkeit, Unterwerfung, Verlust der moralischen Verantwortung, das sind Lasch zufolge die wahren Gründe der narzißtischen Pathologien: »Dementsprechend besteht eine enge Verbindung zwischen dem Schwund der moralischen Verantwortung und dem Verfall der Fähigkeit, sich selbst zu helfen [...]: zwischen der Eliminierung von Schuldhaftigkeit und der Eliminierung von Kompetenz.«[135] Wenn man nicht mehr schuldig ist, wird man zugleich verwundbar und unfähig. Die neue verbreitete Abhängigkeit vom Staat und den Experten (deren Autorität die persönliche Autorität ersetzt) stellt gleichermaßen die persönliche und gemeinschaftliche Fähigkeit zum Wettbewerb, zur Unabhängigkeit und zur Kooperation in Frage. Sie verrät den *American way.*

In der Nachfolge Emersons, der die Verschmelzung des persönlichen Selbst und des Selbst Amerikas feierte, haben Lasch und Sennett der unsichtbaren Bedrohung, von der Carter sprach, Ausdruck verliehen. Die Stärke ihrer Argumentation liegt darin, daß sie zwei Ebenen miteinander verschränkt. Zunächst zeigen sie die Krise der *self-reliance* auf, indem sie das persönliche Unglück und die gestörte gesellschaftliche Beziehung in einer Figur miteinander verbinden, die symbolisch ist, weil sie das individuelle Übel mit dem kollektiven Übel auf eine sehr deutlich erkennbare Weise vereint. Anschließend stiften sie Verwirrung beim Gegensatz zwischen Liberalen und Konservativen, indem sie eine neue Synthese entwickeln, wobei sie von letzteren eine mora-

<hr>

135 C. Lasch, *Das Zeitalter des Narzißmus*, a. a. O., S. 279, 285 und 287.

lische Kritik der Wohlfahrt und von ersteren den Willen zum Aufbau einer besseren Gesellschaft durch den sozialen Fortschritt übernehmen. Diese Synthese bringt alle amerikanischen Ideale in einen Zusammenhang: die Sorge um die Gleichheit *und* um die Leistung, das Verfolgen des privaten *und* des öffentlichen Glücks. Das sind zweifellos einige der Gründe, weshalb Amerika Narziß als tragisches Leitbild seiner Krise der *self-reliance* angenommen hat.

Gemeinsam mit den anderen Unheilsbeschwörern spielen Lasch und Sennett mit einem Repertoire von Themen, die für die demokratische Kultur der Vereinigten Staaten wesentlich sind und bei denen es sich um ebenso viele Vorstellungen handelt, die diese Kultur sich von ihren Dilemmata macht: Man erkennt darin deutlich die Gruppenrhetorik. Diese Erzählungen künden davon, was aus der Fähigkeit wird, Chancen zu ergreifen, wenn das Bündnis zwischen der Suche nach persönlichem Wohlstand und dem Aufbau der richtigen Gesellschaft zerbricht. In diesem Zusammenhang erscheint die Therapie als Ersatz für die verlorene Gemeinschaft, und die Gemeinschaft selbst wird als therapeutisch aufgefaßt.[136] Die narzißtischen und die Grenzpathologien sind Variationen über die Schwierigkeit, sich selbst zu steuern (*self-direction*, *self-government*) und über die Erschütterung des Selbstvertrauens. Sie stellen deren bevorzugtes Material dar. Die amerikanischen Begriffe legen den Akzent auf die persönliche Verantwortung, und zwar in einem Maß, das man in Frankreich und Europa nicht kennt. Sie haben eine sehr meritokratische Konzeption der Gleichheit entworfen, die anstatt über eine Umverteilung der Einkommen oder den Schutz der weniger Privilegierten über eine Investition in die Bildung läuft, welche die individuellen Fähigkeiten, Chancen wahrzunehmen, verstärkt.[137] Ein ame-

---

136 Für R. Bellah et al. »[garantieren] in der idealen therapeutischen Welt [...] die unpersönlichen bürokratischen Regeln den freien Zugang zu Marktentscheidungen und die Möglichkeit zu gefühlvoller Kommunikation in offenen und intensiven zwischenmenschlichen Beziehungen. Dies ist eine Welt ohne Politik und fast, so scheint es, ohne Gemeinschaft.« R. Bellah at al., *Gewohnheiten des Herzens*, a. a. O., S. 165.

137 Die Europäer »haben politische Maßnahmen bevorzugt, die entworfen wurden, um den weniger Reichen mittels staatlicher Lösungen zu helfen wie zum Beispiel die soziale Sicherung, die subventionierten Mietwohnungen, die öffentliche Anstellung und der Krankenversicherungsschutz. Die Amerikaner [...] legen die Betonung mehr auf die Ermöglichung der

rikanischer Historiker erinnert in einem Aufsatz von 1990 mit
dem vielsagenden Titel »Who's afraid of the Welfare State?«
daran, daß »die permanente Unfähigkeit der Amerikaner, den
Zustand der Abhängigkeit der Armen als legitim hinzunehmen,
von ihrer Anhänglichkeit an das Ideal der persönlichen Autonomie herrührt«.[138] Das Handeln des Staats, vor allem des Bundes,
muß dabei immer der individuellen Verantwortung untergeordnet werden, denn die individuelle Autonomie ist der höchste
Wert, während bei uns der Appell an die persönliche Verantwortung immer dem Schutz durch den Staat, der die Solidarität der
Gesellschaft vertritt, untergeordnet werden muß. Bei den Amerikanern wird der Arme als moralisch Abhängiger bald in einen
Gegensatz treten zu dem Armen bei uns, der von der Solidarität
ausgeschlossen ist.[139]

Der Narzißmuskomplex gehört zu der prophetischen Vision
Amerikas, die Emerson entwickelt hat, dem Symbol der »Gegen-
seitigkeit von Unabhängigkeit und Interdependenz«.[140] Die
Abtötung der Demokratie (der Emotivismus, der die Moral zur
individuellen Präferenz degradiert, die Zentralisierung auf Bundesebene, die die Abhängigkeit erzeugt, die Experten, die das Privatleben steuern usw.) zeigt sich in dieser Krise der persönlichen
Behauptung, die der Narzißmus darstellt. Die amerikanischen
Unheilsbeschwörer prangern die Verdorbenheit der Gesellschaft
gegenüber dem Ideal der Verschmelzung des Persönlichen und

individuellen Mobilität und die persönliche Leistung durch massive Inve-
stitionen in die Bildung der Massen.« S. M. Lipset, *American Exceptionalism*, a. a. O., S. 21. 1994 haben 59 % der Amerikaner, die der Altersklasse von 20-24 Jahren angehören, ein Studium abgeschlossen, gegenüber
30 % der Franzosen, wobei 7 % des amerikanischen BIP in die Bildung in-
vestiert wurde, gegenüber 5,3 % des BIP in der EU.

138 J. T. Kloppenberg, »Who's afraid of the Welfare State?«, in: *Reviews in
American History*, September 1990, Bd. 18, Nr. 3, S. 395-405, S. 404.
Zur gesamten amerikanischen Akte bezüglich der Unterstützung siehe
S. Morel, *Les Logiques de la réciprocité*, a. a. O., und zu den Wandlungen der Stadtpolitik, die auf die Kritik am Krieg und der Armut folgen,
siehe J. Donzelot et al., *Faire société*, a. a. O. Die Option *people*, deren
Ziel es ist, die Menschen wieder in Bewegung zu setzen, damit sie aus
dem Ghetto herauskommen, folgt auf die Option *place*, die in Stätten
der Armut investierte und dafür kritisiert wurde, öffentliche Gelder zu
verschwenden und die Menschen abhängig zu machen.

139 Siehe S. Morel, *Les Logiques de la réciprocité*, a. a. O., Kapitel 4.

140 S. Bercovitch, *American Jeremiad*, a. a. O., S. 183.

des Gemeinschaftlichen an. Ob Amerika nun verdammt oder gerettet wird, alle diese Erzählungen konzentrieren sich auf die drei Komponenten der Autonomie. Das narzißtische Individuum personifiziert die Unfähigkeit, autonom – und schuldig – zu sein, und genau dieselbe Unfähigkeit symbolisiert der Triumph der Therapie. Die Angst von Narziß, der vom Blick der anderen so abhängig und so empfänglich für ihre Wertschätzung ist, ist ein prangendes Symbol für die Krise der *self-reliance* und des *self-government*, für diese neue Wendung des Individualismus, der aus der Selbstbehauptung keinen Prozeß der Eingliederung in die Gesellschaft der Menschen mehr zu machen scheint.

Dennoch lassen die betrachteten Werke Raum für die Hoffnung auf Versöhnung, was zur Tradition dieser Gattung von Erzählungen gehört. So lauten die letzten Zeilen von Sennetts Buch:

> Die Stadt sollte eine Schule solchen Handelns sein, das Forum, auf dem es sinnvoll wird, anderen Menschen zu begegnen, ohne daß gleich der zwanghafte Wunsch hinzuträte, sie als Personen kennenzulernen. Ich glaube nicht, daß das ein müßiger Traum ist. Über weite Strecken der Geschichte unserer Zivilisation war die Stadt Brennpunkt eines aktiven gesellschaftlichen Lebens, Austragungsort von Interessenkonflikt und -ausgleich und Schauplatz der Entfaltung menschlicher Fähigkeiten und Möglichkeiten.[141]

Ebenso schreibt Lasch im letzten Absatz: »Der Wille, eine bessere Gesellschaft aufzubauen, bleibt jedoch bestehen – im Verein mit lokalen Überlieferungen, Selbsthilfe und gemeinschaftlichem Handeln. Nur die Vision einer neuen Gesellschaft, einer annehmbaren Gesellschaft ist nötig, um neuen Nachdruck dahinter zu setzen.«[142] Bei Bellah und seinen Mitarbeitern zieht sich die Beschwörung Amerikas als Schicksal, das das private und das öffentliche Glück miteinander versöhnt, durch das gesamte Werk hindurch. Aber auch hier zitiere ich nur den letzten Absatz:

> Diese Vision [...] sucht nicht, zu der Harmonie der ›traditionalen‹ Gesellschaft zurückzukehren, obwohl sie dafür offen ist, aus der Weisheit jener Gesellschaften zu lernen. Sie weist nicht die moderne Kritik an allen Traditionen zurück, aber umgekehrt besteht sie auf der Kritik dieser Kritik, daß das menschliche Leben in einem Gleichgewicht zwi-

141 R. Sennett, *Verfall und Ende des öffentlichen Lebens*, a. a. O., S. 382.
142 C. Lasch, *Das Zeitalter des Narzißmus*, a. a. O., S. 292 f.

schen Glauben und Zweifel gelebt wird. [...] Vor allem aber unternimmt es eine solche Vision, in die Diskussionen mit unseren Freunden und Mitbürgern einzugreifen, verstärkend oder korrigierend.[143]

Die Suche nach Bestätigung bei den anderen und das Experimentieren: Die Erinnerung an die Tradition des Pragmatismus ist hier offensichtlich. Es gibt also immer noch Hoffnung, die Gesellschaft der Menschen wiederzuerlangen.

Die Überwindung der Jeremiade: die amerikanische Skepsis gegenüber der Demokratie von Stanley Cavell bis Alexis de Tocqueville

Das Unglück von Narziß dreht sich um das Problem des Substanzverlusts des Gemeinschaftslebens, der sowohl das Individuum als auch die Gesellschaft erschüttert. Wenn man jedoch allein das narzißtische Individuum betrachtet, dann sieht man nur die Auflösung gesellschaftlicher Bindungen, die sich aus dem Verlust der Vertikalität ergibt; man bleibt in der Romantik des Falls gefangen (*The Fall of Public Man*, erinnern wir uns, ist der englische Titel von Sennetts Buch). Die Jeremiade gehört zu dem, was ich in der Einführung zu diesem Buch die individualistische Soziologie genannt habe. Wie läßt sie sich überwinden?

Die Demokratie ist diejenige Gesellschaftsform, die für die Initiative des einzelnen Chancen bietet. Sie impliziert, daß jeder frei und gleich sein soll. Die Autonomie besteht darin, daß man der Urheber seiner selbst ist, wobei man durch sein Handeln und seine eigene Initiative Fortschritte macht. Die These des Narzißmus ermöglicht einen weiteren Schritt in die Richtung dieser Idee, wenn man behauptet, daß die Autonomie darauf hinausläuft, daß das Individuum sich für Gott hält, wodurch es von innen zerstört wird (die Schwankungen zwischen dem armseligen und dem grandiosen Selbst). Das ist aber ein Schritt zuviel, denn »es gibt einen Sinn, der Urheber seiner selbst zu sein«, schreibt Stanley Cavell, »der nicht von mir verlangt, mir Gott vorzustellen. [...] Die Abwesenheit des Zweifels und des Begehrens, von der Descartes spricht, indem er beweist, daß Gott und nicht er der Urheber seiner selbst ist, ist eine ständige Aufgabe, keine Eigen-

143 R. Bellah et al., *Gewohnheiten des Herzens*, a. a. O., S. 334 f.

schaft, eine Aufgabe, bei der das Ziel oder das Produkt des Prozesses kein Seinszustand ist, sondern ein Augenblick der Veränderung, sagen wir, des Werdens – ein Übergang des Seins, ein Sein des Übergangs.«[144] Cavell zufolge muß der skeptische Zweifel gegenüber der Welt und den anderen Geistern, dessen Methode Descartes begründet hat, von seiner metaphysischen Höhe heruntergebracht werden. Auf dieser hohen Ebene ist er ein Hirngespinst, aber auf der gewöhnlichen, alltäglichen Ebene bezeichnet dieser Zweifel eine wirkliche und zutiefst natürliche Befürchtung, nämlich die der menschlichen Unfähigkeit, sich auszudrükken, der Unfähigkeit, die anderen zu erkennen, sich ihnen zu erkennen zu geben sowie sich selbst zu erkennen. Der Skeptizismus ist ein Bestreiten der Verfassung des Menschen, aber ein solches, das sehr menschlich ist, weil die Erkenntnis dieser Verfassung, und folglich ihre Anerkennung, eine Aufgabe und keine gegebene Eigenschaft des menschlichen Wesens ist. Deshalb muß man gegen den Skeptizismus kämpfen, indem man seinem Anteil an der Wahrheit gegenüber offen ist, nämlich der Beunruhigung, die diese Aufgabe mit sich bringt.

»Nichts ist menschlicher als der Wunsch, seine Menschlichkeit zu verneinen«, schreibt Cavell[145] in diesem Sinne, weil der Skeptiker Beweise haben will (dafür, daß es andere geistbegabte Wesen gibt, daß die Dinge der Außenwelt existieren usw.), ohne selbst einzugreifen. Er sucht nach Automatismen. Das ist es, was Cavell »eine Phantasie über das notwendige Unvermögen zur Äußerung«[146] nennt. Damit soll folgende Idee ausgedrückt werden:

Der dieser Phantasie zugrundeliegende Wunsch verdeckt einen dem Skeptizismus zugrundeliegenden Wunsch, nämlich den, daß sich die Verbindung zwischen meinen Wissensansprüchen und den Objekten, auf die die Ansprüche zutreffen sollen, *ohne meinen Eingriff*, unabhängig von meinen Zustimmungen, einstellt. So wie der Wunsch beschaffen ist, ist er unstillbar. Wo es um das Wissen meiner selbst geht, wäre eine solche Selbstverleugnung gleich doppelt einmalig: Ich muß verschwinden, damit die Suche nach mir erfolgreich ist.[147]

144 S. Cavell, »Being odd, getting even«, in: *The Quest of the Ordinary, Lines of Skepticism and Romanticism*, Chicago u. London 1988, S. 111.
145 S. Cavell, *Der Anspruch der Vernunft*, a. a. O., S. 200.
146 Ebd., S. 560.
147 Ebd., S. 561, meine Hervorhebung.

Das tut Descartes mit seiner Praxis des systematischen Zweifels, aber nur weil Gott der Urheber von Descartes ist. Das ist jedoch nicht mehr die Lage der modernen Menschen.

Diese Idee Cavells läßt sich verwenden, um von einer individualistischen Soziologie, die nichts anderes als die Auflösung gesellschaftlicher Bindungen sieht, zu einer Soziologie des Individualismus überzugehen, die diese Auflösung in einer weiteren Perspektive integriert. Die Furcht vor der Auflösung der Bindungen ist die Furcht vor dem Ende der wechselseitigen gesellschaftlichen Abhängigkeit. Sie ist die Angst, daß jeder wirklich von den anderen getrennt ist, was das Ende der Gesellschaft und des Individuums bedeuten würde. Indem die amerikanische Jeremiade den Substanzverlust des Gemeinschaftslebens verkündet, bringt sie eine Form des Skeptizismus zum Ausdruck, die man individualistisch oder demokratisch nennen kann. Für dieses Sprachspiel muß es einen Raum geben. Wie der Skeptizismus im allgemeinen ist es notwendig, obwohl es ständig bekämpft werden muß. Ohne es könnten wir nicht als Individuen leben, denn es verleiht dieser individualistischen Beunruhigung Gestalt. Genau das muß ich nun erklären.

Emerson, der Herold des amerikanischen Selbst und das große Vorbild der Jeremiade, nutzte den Skeptizismus, anstatt ihm zu erliegen. In seinem Essay »Das Selbstvertrauen« (*Self-Reliance*) schreibt er: »Der Mensch ist zaghaft und zerknirscht, er hält sich nicht mehr gerade, er wagt nicht mehr zu sagen ›Ich denke‹, ›Ich bin‹, sondern er zitiert irgendeinen Heiligen oder irgendeinen Weisen.«[148] Die individuelle Stimme ist eingesperrt in der Unfähigkeit, sich auszudrücken und sich den anderen zu erkennen zu geben. Das nennt Emerson den »Konformismus«. Der Jeremiade gelingt es nicht, über den demokratischen Skeptizismus der Auflösung gesellschaftlicher Bindungen hinauszugehen. Sie ist unfähig, sich von der Vorstellung des Substanzverlusts der Gesellschaft und des Individuums loszureißen – daß die Welt entzaubert ist, daß sie flach und ohne Profil ist, daß jeder dazu neigt, die Gesellschaft der Menschen aufzugeben, entweder indem er sich ihr aufzwingt oder über ihr Verschwinden seufzt. Und zwar aus gutem Grund, die Erzählungen, die die Jeremiade ausmachen, nähren sich vom Skeptizismus, dem sie Gestalt verleihen: Sie stellen ein Sprachspiel dar, mit dem man die Schwierigkeit,

---

148 Zitiert von S. Cavell, »Being odd, getting even«, a. a. O., S. 106.

eine Gesellschaft zu bilden, beschreiben kann. Das ist die Versuchung Josephs, des Helden von *Der Mann in der Schwebe*. Er ist skeptisch im Hinblick auf den Wert der Gesellschaft der Menschen. Er wird von der Verachtung des Gemeinschaftlichen in Versuchung geführt, aber er findet Gründe, um ihr nicht nachzugeben. Er behauptet sich trotz der Beunruhigung der Aufgabe, der Sorge um die Welt. Deshalb ist er erschütternd.

Das große Problem besteht darin, daß die Kritiker des amerikanischen Individualismus unablässig wiederholen, daß man gegen den Individualismus ankämpfen muß, weil er zerstörerisch geworden ist, während die Amerikaner *immer* gegen den Individualismus gekämpft haben, wie es ihr Vorbild Tocqueville nachdrücklich betont hat. Man erinnert unermüdlich daran, was er vorhergesehen und was er nicht vorhergesehen hatte, an die Feinheit seiner Beschreibungen und Urteile, aber indem man das tut, läßt man die Architektonik seines Denkens beiseite, die Tatsache, daß er ein Soziologe ist, der der demokratischen Beunruhigung eine Form gegeben hat, und nicht nur ein Moralist. Tocqueville verfährt wie Emerson: Er benutzt die Furcht vor der Auflösung gesellschaftlicher Bindungen, er weist der Schwierigkeit, eine Gesellschaft zu bilden, einen Ort zu, von dem aus sie zugleich anerkannt und bekämpft werden kann. Folgen wir seinen Überlegungen.

Der Individualismus wird durch die Gleichheit geschaffen, die jedem denselben Wert zugesteht, und zwar unabhängig von seinem ursprünglichen Zustand. In einem seiner berühmtesten Kapitel »Über den Individualismus in den demokratischen Ländern« unterscheidet Tocqueville diesen Begriff sorgfältig vom Egoismus: »Der *Individualismus* ist ein noch junger Ausdruck, der aus einer neuen Vorstellung hervorgegangen ist. Unsere Vorfahren kannten nur die Selbstsucht.« Warum handelt es sich dabei um eine Schöpfung des demokratischen Gesellschaftszustands?

Die Menschen, die in aristokratischen Zeitaltern leben, sind [...] fast immer eng an etwas gebunden, das sich außerhalb von ihnen befindet [...]. Allerdings ist in den gleichen Zeitaltern der allgemeine Begriff des *Nächsten* unklar, und man denkt nicht daran, sich für die Sache der Menschheit einzusetzen; aber man opfert sich häufig für bestimmte Menschen. In den demokratischen Zeitaltern hingegen, wo die Pflichten eines jeden gegen die Gattung sehr viel deutlicher sind, wird die Hingabe an einen Menschen seltener; das Band menschlicher Zu-

194

neigungen dehnt und lockert sich. [...] Die Aristokratie bildete aus allen Bürgern eine lange Kette, die vom Bauern bis zum König hinaufreichte; die Demokratie zerbricht diese Kette und sondert jeden Ring für sich ab.

Von daher ergibt sich die dem Individualismus innewohnende Gefahr demokratischer Sitten: »Sie [die Demokratie] führt ihn [den Menschen] ständig auf sich allein zurück und droht ihn schließlich ganz und gar in der Einsamkeit seines eigenen Herzens einzuschließen.«[149] Tocqueville unterstreicht zwar die Bedrohung der Auflösung gesellschaftlicher Bindungen, des Substanzverlusts des Gemeinschaftslebens, die sich aus dem Produkt der egalitären Leidenschaft selbst, dem Individualismus, ergibt. Aber er präzisiert, daß er »eine Krankheit [darstellt], die in demokratischen Zeiten dem Gesellschaftskörper so natürlich und so unheilvoll ist [...]«.[150] Mit der Verwendung des Adjektivs »natürlich« meint Tocqueville, daß es hier nichts Abnormes gibt, ganz im Gegenteil. »Nur durch die gegenseitige Wirkung der Menschen aufeinander erneuern sich die Gefühle und die Gedanken, weitet sich das Herz und entfaltet sich der Geist der Menschen.«[151] Der Gegensatz zwischen dem Natürlichen und dem Künstlichen ist ein rhetorischer Rückgriff, der zu sagen gestattet, daß das, was man zuerst sieht, das Unabhängigsein ist, und an zweiter Stelle erst die wechselseitige Abhängigkeit, die tiefe menschliche Abhängigkeit. Umgekehrt verhält es sich bei den »aristokratischen Gesellschaften«, die der hierarchischen wechselseitigen Abhängigkeit den Vorzug geben: »Die Menschen brauchen in den aristokratischen Gesellschaften keine Vereinigung zu bilden, um zu handeln, weil ihr Zusammenhang stark ist.«[152] In der Demokratie ist es also *natürlich*, den Menschen daran zu erinnern, daß er in Gesellschaft lebt, und zwar gerade weil er ein unabhängiges Wesen ist, und diese Unabhängigkeit wird durch den Wert erzeugt, den man ihm zugesteht. »Der Individualismus ist demokratischen Ursprungs, und er droht sich in dem Maße zu entfalten, wie die gesellschaftliche Einebnung zu-

---

149 A. de Tocqueville, *Über die Demokratie in Amerika*, a. a. O., 2. Bde., S. 147, 148 und 150; Hervorhebung von Tocqueville.
150 Ebd., S. 155.
151 Ebd., S. 164.
152 Ebd., S. 162.

nimmt.« Diese Bedrohung besteht im Versiegen der öffentlichen Tugenden. Sie ist unvermeidlich. Da die Demokratie das Individuum zu einem freien macht, indem sie die große Kette zerbricht, die die Menschen eng an etwas band, »das sich außerhalb von ihnen befindet«, muß sie also den Individualismus bekämpfen. Die amerikanische Demokratie tut das auf verschiedene Weisen, indem sie Kunstformen des Gemeinschaftslebens entwickelt. Eine dieser Kunstformen springt besonders ins Auge, nämlich die politische Freiheit, die die Gewohnheit des *self-government* verleiht: »Die freien Einrichtungen [...] erinnern jeden Bürger beständig und in unzähligen Formen daran, daß er in Gesellschaft lebt.« Das Ziel besteht darin, »die Gelegenheiten zu gemeinsamem Handeln der Bürger ins Unabsehbare zu vermehren und diese täglich spüren zu lassen, daß sie voneinander abhängen.«[153] Es gibt hier so viele Institutionen oder Kunstgriffe, die die Menschen demokratischer Gesellschaften aus sich heraustreten lassen, indem sie ihnen auf konkrete Weise zeigen, daß sie voneinander abhängen. Die politische Freiheit und die Vereinigungen – die Wissenschaft von den Vereinigungen »ist [...] die Grundwissenschaft; von deren Fortschritt hängt der Fortschritt aller anderen ab«[154] – verweisen auf die Pflichten, welche binden und die Individuen *den Zwang des Sozialen*, die wechselseitige Abhängigkeit des Gesellschaftslebens fühlen lassen, und zwar im ganzen Alltagsleben, ohne daß sie sich dessen überhaupt bewußt werden. Diese kleinen alltäglichen Pflichten umfassen Engagements, Verträge, Rechte, Techniken usw., alle Bestandteile jener wechselseitigen Abhängigkeit, ohne die die Amerikaner diese Existenz von unabhängigen und separaten Individuen gar nicht führen könnten. Die Gleichheit weist eben diesen doppelten Aspekt der Unabhängigkeit und der wechselseitigen Abhängigkeit auf. »Wie die Gleichheit der gesellschaftlichen Bedingungen die Menschen ihre Unabhängigkeit spüren läßt, so zeigt sie ihnen gleichzeitig ihre Schwäche; sie sind frei, aber unzähligen Zufällen ausgesetzt, und die Erfahrung lehrt sie bald, daß fast immer, obwohl sie üblicherweise kein Bedürfnis nach mitmenschlicher Hilfe haben, irgendein Augenblick kommt, wo sie deren nicht

153 Ebd., S. 158 und 155.
154 Ebd., S. 166.

entraten können.«[155] Auf dieser Abhängigkeit beruht das freie, gleiche und unabhängige Individuum.

Indem er von einer natürlichen Krankheit spricht, hat Tocqueville den Weg gewiesen, wobei er die Ansicht vertrat, daß die Überzeugung, daß »der Anstieg des Individualismus« mit einer »Schwächung der gesellschaftlichen Bindung« gleichzusetzen sei, ein *natürlicher* Zug der Demokratie ist, der praktischen Notwendigkeiten entspricht, und kein Übel, das sie unwiderruflich zerstört. Es kann keine *demokratische* Gesellschaft geben, das heißt eine Gesellschaft deren Mitglieder frei und gleich sind, wenn die Bande der Abhängigkeit zwischen den Individuen nicht aufgelöst werden. Diesen Punkt hebt Tocqueville hervor: »Die Gleichheit stellt die Menschen nebeneinander, ohne daß ein gemeinsames Band sie zusammenhält.«[156] Die Demokratie muß also die sozialen Bindungen auflösen. Aber *im allgemeinen* kann es keine Gesellschaft geben, wenn die Individuen durch den Abgrund ihrer Freiheit voneinander getrennt leben. Diese notwendige Spannung ist es, die Tocqueville hervorgehoben hat, eine Spannung zwischen gesellschaftlicher Bindung und Auflösung dieser Bindung. Sie charakterisiert einen Stil der Beunruhigung, der der Demokratie eigentümlich ist.

Aber um diese Wahrheit gründlicher zu verstehen, muß das Problem des Individualismus anders als in Begriffen eines Konflikts auf derselben, gleichen Ebene zwischen »Individualismus« und »Gemeinschaft« gestellt werden. Die demokratische Jeremiade hebt die destruktive Seite des Individualismus hervor. Was auch stimmt, aber nur teilweise. Sie ist blind gegenüber einem zentralen Aspekt der Demokratie als eines gesellschaftlichen Zustands oder einer Lebensweise, die Louis Dumont klar herausstellte und damit Tocqueville ergänzte: die Hierarchie. Für uns, die Modernen, die in der Welt der Gleichheit und der Freiheit sozialisiert sind und für die jeder Mensch allen anderen gleich ist, stellt die Hierarchie einen schwer verständlichen Begriff dar, weil er dem der Ungleichheit ähnlich ist. Die Hierarchie, von der Dumont spricht, ist eine Hierarchie der Werte. In einer individualistischen Gesellschaft werden die Werte der wechselseitigen gesellschaftlichen Abhängigkeit hierarchisch den Werten der Un-

155 Ebd., S. 261.
156 Ebd., S. 153.

abhängigkeit der Individuen untergeordnet. Ohne diese Unterordnung kann es keinen Individualismus geben.

Das Wort »Individuum« besitzt selbst zwei Bedeutungen, die der Soziologe unterscheiden muß, wenn man Dumont folgen will: das menschliche Lebewesen, das empirisch überall vorkommt, und das Individuum als »normatives Subjekt der Institutionen«, als unabhängiges moralisches Wesen, das »uns eigentümlich ist, wie die Werte der Gleichheit und Freiheit bezeugen. [Von diesem Individuum] haben wir eine ideelle und ideale Vorstellung.«[157] Eine Gesellschaft ist individualistisch, wenn sie jedem Menschen denselben Wert zuschreibt. Darin besteht die Grundlage des Gemeinschaftslebens dieser Gesellschaften in dem Sinne, daß dieser Wert *der* höchste Wert ist. Die Jeremiade trifft diese Unterscheidung nicht, denn ihr Räsonieren ist individualistisch: Sie stellt sich die Gesellschaft »wie ein kollektives Individuum vor, das seinen ›Willen‹ und seine ›Beziehungen‹ wie das elementare Individuum besitzt – aber nicht wie dieses gesellschaftlichen Regeln unterworfen ist«,[158] da sie selbst diese dem Individuum aufzwingt. Die individualistische Soziologie räsoniert sozusagen, indem sie davon ausgeht, daß es ein individuelles und ein kollektives Individuum gibt, das die Gesellschaft ist. Dieses Räsonieren auf einer einzigen Ebene beherbergt eine Mechanik von Widersprüchen nach dem Motto: entweder das Individuum oder die Gesellschaft.

Die Alternative, die Dumont vorschlägt, ist ein hierarchisches Räsonieren, das gestattet, eine Komplementarität (sowohl/als auch) anstatt eines Gegensatzes wahrzunehmen und damit den Gegensatz aufzulösen: Einen Wert zu setzen, bedeutet eine Hierarchie zu setzen. Indem sie den höchsten Wert der Freiheit und Gleichheit der Individuen zuweisen, vollziehen unsere Gesellschaften notwendig eine Unterordnung der Werte, die sich auf die wechselseitige Abhängigkeit beziehen. Folglich ist die Spannung zwischen Bindung und Auflösung der Bindung kein Widerspruch: Sie hat ihren Grund darin, daß das Individuum zum höchsten Wert erhoben wird, und zwar *dank* der Art von wechselseitiger Abhängigkeit (dem reziproken Handeln, von dem Tocqueville spricht), die es gleichzeitig bestreitet. Man sieht Widersprüche auf derselben Ebene, nämlich dort, wo es Stufenun-

157 L. Dumont, *Homo hierarchicus*, a.a.O., S. 22.
158 Ebd., S. 23.

terschiede gibt. In der individualistischen oder demokratischen Gesellschaft ist die Stufe der wechselseitigen gesellschaftlichen Abhängigkeit, die Stufe, die Dumont holistisch nennt, ein sekundärer Wert, der von dem höheren, individualistischen Wert umschlossen ist. »Umschlossen« bedeutet, daß er ein Teil dieses Werts ist, daß er in ihm enthalten ist, aber auf einer tieferen Stufe.[159] Ohne die Existenz des holistischen Werts könnte es keine Gesellschaft geben. Die wechselseitige Abhängigkeit zwischen den Menschen ist daher genauso vorhanden wie in jedem beliebigen Gesellschaftstyp: »Damit das individuelle Subjekt autonom und ›gleich‹ ist, müssen die Beziehungen zwischen den Menschen untergeordnet sein [...].«[160] Es ist notwendig, daß der Individualismus den Holismus enthält, daß er ihn einschließt, und nicht, daß er ihn zum Verschwinden bringt – daher rührt der (amerikanische) Konflikt zwischen »Individualismus« und »Gemeinschaft«. Deshalb gehört die Kritik des Individualismus wesentlich zum Individualismus dazu: Indem sie daran erinnert, daß die Menschen voneinander abhängig sind, stellt sie den untergeordneten Wert der wechselseitigen Abhängigkeit wieder in den Vordergrund, ohne den höchsten Wert der Unabhängigkeit zu tangieren. Genau das tut die amerikanische Jeremiade. Wenn man sie nicht mehr als Erzählung betrachtet, die die Dilemmata des amerikanischen Individualismus inszeniert, sondern als Soziologie, ist die Jeremiade individualistisch, weil sie diese hierarchische Dimension nicht integriert: Sie unterscheidet nicht zwischen dem umfassenden individualistischen und dem umschlossenen holistischen Wert. Die französische Lehre vom Niedergang bietet eine andere Version dieser Dilemmata an, obwohl auch sie sich als weitere individualistische Soziologie herausstellt.

---

159 Mit Gewinn kann man das Nachwort für die Ausgabe »Tel« von *Homo hierarchicus* lesen, »Vers une théorie de la hiérarchie«, S. 396-403.

160 L. Dumont, *Individualismus*, a. a. O., S. 279.

Zweiter Teil

Der französische Geist der Institution

Das Gefühl der Obligation wandelt sich ständig. Auch dann, wenn man diese Wandelbarkeit aus den Augen verliert, mag es zuweilen scheinen, als verschwinde dieses Gefühl einfach deshalb, weil es sich wandelt. Dies geschieht heute in unserer französischen Gesellschaft.

Émile Durkheim
»Bestimmung der moralischen Tatsache«, 1906[1]

Die Europäer nennen dasjenige ›Liberalismus‹, was die Amerikaner ›Konservatismus‹ nennen: eine zutiefst antistaatliche Doktrin, die die Tugenden des Laisser-faire betont.

Seymour Martin Lipset
American Exceptionalism, 1996[2]

Um 1980 erscheint die Figur von Narziß auf der Bühne Frankreichs, und Ausdrücke wie »neuer Individualismus«, »die Rückkehr des Akteurs« oder »die Rückkehr des Subjekts« setzen sich rasch im Sprachgebrauch durch. In den Vorstellungen von der Gesellschaft vollzieht sich eine Hinwendung zur Subjektivität. Im Laufe der 1990er Jahre fließen düstere Formeln aus der Feder von Psychoanalytikern, Soziologen und Philosophen: »Neue psychische Ökonomie«, »Krise des Symbolischen«, »Subjekt im Grenzzustand«, »anthropologische Umwälzung«, »Melancholisierung der sozialen Bindung« und andere mehr bezeichnen ein

1 E. Durkheim, »La détermination du fait moral«, (1906), in: *Sociologie et anthropologie*, hg. von B. Karsenti, Vorwort v. C. Bouglé, Paris 1994, S. 100; dt.: »Bestimmung der moralischen Tatsache«, in: *Soziologie und Philosophie*, übers. v. E. Moldenhauer, Frankfurt/M. 1976, S. 124.
2 S. M. Lipset, *American Exceptionalism*, a. a. O., S. 36.

Übel, das die Gesellschaft und das Individuum befallen hat, dessen Brennpunkt die Autonomie und dessen Gegenstand das Zusammenleben ist. Das Übel bezieht sich auf zwei Aspekte der Autonomie: die Wahlfreiheit, hier steht der Hedonismus in Frage; das Handeln, hier geht es um den Wettbewerb. Eine neue Klinik mit unterschiedlicher Namensgebung versucht auf dieses Übel zu reagieren: die Klinik des Subjekts, der sozialen Bindung, der »Entsubjektivierung«, der Herrschaft, der Ungewißheit oder auch die psychosoziale Klinik. Insofern sie sich weitgehend an die Psychoanalyse anlehnt, ist diese Klinik sowohl eine gesellschaftspolitische Analyse als auch eine Praxis des Sich-Kümmerns um Mißstände, die von neuen gesellschaftlichen Idealen erzeugt werden, welche sich unter dem Begriff der Autonomie versammeln. Als gesellschaftspolitische Analyse schreibt sie den Grund des Übels dem Liberalismus zu; als Praxis stellt sie die sozialen Bindungen wieder her, die dieser auflöst. Auf diese Weise hat sich in den Sozialwissenschaften und in der Umgangssprache ein »Paradigma des Kummers« eingebürgert.[3]

Ein Jahrhundert nach der Warnung Durkheims kündigen zahlreiche Essays den Niedergang und sogar das Ende der Unterwerfung unter die gesellschaftliche Verpflichtung an. Dabei stützen sie sich auf Daten, die die Psychoanalyse liefert: Der Niedergang des Zusammenlebens zeige sich in einer neuen Persönlichkeit. Wir haben es also immer noch ganz konkret mit der Frage zu tun, die Durkheim vor einem Jahrhundert, aber innerhalb anderer intellektueller Koordinaten, aufgeworfen hatte: In den Formen und Inhalten des individuellen psychischen Leidens versuchen wir die Qualität unserer sozialen Beziehungen zu bewerten. Aber handelt es sich nicht vielmehr um einen Wandel der sozialen Verpflichtung? Eine Antwort auf diese Frage erfordert weitere Überlegungen: Inwiefern ist die Autonomie in der Lage, die soziale Verpflichtung in Frage zu stellen? Welche Bedeutungen schreibt man in Frankreich den Begriffen der Autonomie und der sozialen Verpflichtung zu?

In den Vereinigten Staaten sind die Pathologien des Ideals Zeichen einer Krise der persönlichen Behauptung (der *self-reliance*), die die Ideale des *self-government* in Gefahr bringen. In Frank-

---

3 Ich übernehme den Ausdruck »mourning paradigm« von Francis Zimmerman, »The Love-Lorn Consumptive: South Asian Ethnography and the Psychosomatic Paradigm«, in: *Anthropology of Medicine*, 1991, S. 186.

reich dagegen ist es die persönliche Behauptung, die neue Verpflichtung, sich zu behaupten, Initiative zu zeigen, wettbewerbsfähig und kooperativ zugleich zu sein, und zwar insbesondere in der Arbeitswelt, die einen Herd der Beunruhigung darstellt. Worum es geht, ist das Übermaß an individueller Verantwortung und nicht wie bei den Amerikanern ihr Rückgang oder ihre Unzulänglichkeit. Die französische Erzählung, die der amerikanischen Jeremiade entspricht, ist eine Lehre vom Niedergang. Sie formuliert die negativen Folgen der Autonomie, ihre Exzesse oder Verirrungen, ihre Illusionen und Gefahren. Die Lehre vom Niedergang ist die Erzählung einer Gesellschaft, die glaubt, daß sie unter einem Substanzverlust ihres Gemeinschaftslebens leidet, was sich in der Reihenfolge Entinstitutionalisierung, Psychologisierung, Privatisierung ausdrückt. Denn in Frankreich ist »persönlich« häufig äquivalent zu »privat« und »partikular«. Diese Vorstellung hat ihre Wurzeln in der Französischen Revolution, die das allgemeine Interesse dem Privatinteresse entgegensetzte.

Die französische Lehre vom Niedergang ist ein Sprachspiel, das durch die Verbindung des individuellen Übels mit dem gemeinsamen erlaubt, *unsere* Schwierigkeit, eine Gesellschaft zu bilden, auszudrücken. Wie im Falle Amerikas werden auch hier die Art der Beschreibungen, die Vorstellungen der gesellschaftlichen Beziehung und die französischen Sprachspiele als Untersuchungsgegenstände behandelt. Sie lassen eine andere Grundeinstellung gegenüber den Widrigkeiten hervortreten, die mit gesellschaftlichen Beziehungen verbunden sind.

In Frankreich wird der Akzent traditionellerweise auf die Gleichheit, und nicht auf die Autonomie gelegt, aber die Bedeutung dieser beiden Begriffe unterscheidet sich von der Bedeutung bei den Amerikanern: Die Gleichheit verweist eher auf den Begriff des Schutzes als auf den der Chancen, und was die Autonomie angeht, so findet sie ihre Wertschätzung eher als Unabhängigkeit denn als Wettbewerb. Die Lehre vom Niedergang legt nahe, daß die Institutionen, die das Individuum einrahmten und es schützten, ihre Autorität verloren haben. Aber mit Institution bezeichnet diese Lehre den Staat, der die Gesellschaft und die großen Institutionen, die Familie, die Schule oder das Unternehmen in Bewegung setzt. Bei uns sind das Problem des Autoritätsverlustes und das der Ungleichheiten völlig miteinander verflochten. Hier haben wir sowohl den Kontext als auch die

Seinsgründe für das psychische Leiden, von dem Frankreich seit den 1980er Jahren heimgesucht wird. Die Franzosen haben Gründe zu leiden, denn schließlich geht es um die Gleichheit französischen Stils und darum, wie Ungleichheiten behandelt werden.

Meine Hypothese weist zwei Aspekte auf. Der erste besteht darin, daß die Pathologien des Ideals Ausdruck einer Spannung zwischen der traditionellen Gleichheit der Absicherung, die fortan nicht mehr in der Lage ist, die am meisten Benachteiligten davor zu bewahren, alle Folgen des wirtschaftlichen und sozialen Wandels zu ertragen, und der neuen Gleichheit der Autonomie sind, die anscheinend schwer zu akzeptieren ist, insofern sie als liberal auftritt. Die Ungleichheiten betreffen immer noch dieselben Bevölkerungsteile, aber mit einem wesentlichen Unterschied: Während sie früher ein *kollektives Schicksal* waren, nimmt man sie von nun an viel häufiger als *persönlichen Mißerfolg* auf sich. Im Unterschied zu den Vorgängen in den Vereinigten Staaten bricht bei uns eine ganze Welt zusammen. Das französische Drama besteht, wie mir scheint, in folgendem: der Schwierigkeit, Lehren aus dem Wandel des Problems der Ungleichheiten wahrzunehmen und zu ziehen. Die Gründe für diese Schwierigkeit sind Gegenstand des zweiten Aspekts meiner Hypothese: Wenn diese Pathologien in den Vereinigten Staaten auf eine Krise des Liberalismus hinweisen, so sind sie bei uns Ausdruck einer Krise unseres Antiliberalismus. Diese Krise hat ihren Grund in dem Wert, der auch heute noch einer Problematik zugemessen wird, die auf die Revolution zurückgeht und die man mit Hannah Arendt »die soziale Frage« nennen könnte. In Frankreich ist sie eine Prinzipienfrage, und bekanntlich gibt man bei Prinzipien nicht nach.

In den folgenden fünf Kapiteln wird dargelegt, wie das individuelle und das gemeinsame Übel in der Rhetorik der französischen Gruppe miteinander verbunden sind. Zunächst wird die Diskussion innerhalb der französischen Psychoanalyse über Charakterneurosen und die Entstehung von Pathologien des Ideals beschrieben. Wie in den Vereinigten Staaten wird die Psychoanalyse Vorstellungen vom Individuum liefern, auf deren Grundlage sich eine soziale, politische und moralische Kritik entwickelt, die die Veränderungen der französischen Gesellschaft kommentiert. Anschließend werden wir uns dem Weg widmen, der zwischen der Französischen Revolution und dem Beginn der

1980er Jahre vom alten zum neuen Individualismus führt. Die Autonomie erscheint nach dem Zweiten Weltkrieg als eine kollektive Bestrebung. Von den 1980er Jahren an ist sie ein gemeinsamer *Zustand*. Und als Zustand spaltet sie die französische Gesellschaft. Die letzten drei Kapitel sind der Analyse dieser Spaltung gewidmet. Das 6. Kapitel konzentriert sich auf die Werte der Wahlmöglichkeiten, wobei die Pathologien des Ideals als Pathologien der Emanzipation erscheinen werden. Die Kapitel 7 und 8 beziehen sich auf das »soziale Leiden«, das als Pathologie der Herrschaft erscheint, und die Autonomie steht als Handlungsweise in Frage. Die französische Erzählung der Autonomie pendelt zwischen zwei Polen: einer republikanischen Reaktion, die die neue Entwicklung der Autonomie im Namen der Prinzipien der Französischen Revolution und der Französischen Republik ablehnt, und einem neuen individualistischen Fortschrittsdenken, das umgekehrt die Autonomie zwar zur Kenntnis nimmt, aber ihre Nicht-Achtung und Instrumentalisierung durch den neuen Kapitalismus anprangert.

4. Kapitel
Das Subjekt der französischen Psychoanalyse

Mit einem Wort: das *Ich* hat zwei Eigenschaften: es ist ungerecht in sich, darin, daß es sich zum Mittelpunkt von allem macht; es ist für die anderen unbequem, darin, daß es diese sich unterwerfen will: denn jedes *Ich* ist der Feind aller anderen und möchte ihr Tyrann sein.

Blaise Pascal
Gedanken, Fragment 587, 1670[1]

Was es zu schlucken gilt, ist diese erste und offensichtliche Wahrheit, daß das moralische Gesetz heteronom ist.

Jacques Lacan
Die Angst, 1962[2]

Die amerikanische und die französische Psychoanalyse wurden häufig in einen Gegensatz gebracht:[3] Die erste ist medizinisch,

---

1 B. Pascal, *Pensées*, hg. v. M. Le Guern, Paris 1995, S. 351; dt.: *Gedanken*, übers. v. W. Rüttenauer, Wiesbaden 1947, S. 290.

2 J. Lacan, *L'Angoisse. Séminaire, Livre X*, Paris 2004, S. 177; dt.: *Die Angst. Das Seminar, Buch X*, übers. v. H.-D. Gondek, Wien 2010, S. 190. Dieses Seminar fand 1962-1963 statt.

3 »Die Spannung zwischen einer Konzeption des »zentrierten« Ich und einer anderen »dezentrierten« stand fast immer im Zentrum der Schlacht. Der Konflikt zwischen Lacan und den Ich-Psychologen hat diesen Kampf zur Weißglut getrieben«, schreibt S. Turkle, *La France freudienne*, Paris 1982 (Originalausgabe 1978), S. 9. Zu einem Vergleich zwischen den Vereinigten Staaten und Frankreich siehe S. 24 ff. sowie das 1. Kapitel. Turkle bemerkt, daß »das Lacan'sche Paradigma [...] mehr an den Zwängen haftet, die auf dem Individuum lasten, als an seinen Möglichkeiten der Freiheit.« S. 73. Frankreich hat auch jenes Denkmal hervorgebracht, das der »Laplanche/Pontalis« darstellt, über den J. Forrester schreibt: »Diese Atmosphäre philosophischer Kultiviertheit und der Begeisterung für einen knappen und präzisen Kommentar der Freud'schen Texte [...] wurde von Jacques Lacans ›Rückkehr zu Freud‹ und seinem Mißtrauen gegenüber der

schreibt der Heilung, der Anpassung und der äußeren Wirklichkeit einen großen Wert zu; sie stellt ein therapeutisches Bündnis mit dem Patienten her, indem sie ihn zu verstehen versucht; sie will wissenschaftlich sein (im Sinne der Biowissenschaften); ihre Sorge um ein starkes Ich stimmt mit dem amerikanischen Individualismus überein, und selbst wenn die »Ära Hartmann« seit den 1970er Jahren beendet ist, hat doch die Ich-Psychologie eine psychoanalytische oder psychodynamische Psychologie strukturiert und gestaltet, die für die Geschichte der amerikanischen Psychoanalyse nach dem Zweiten Weltkrieg tonangebend war. Die französische Psychologie ist dagegen literarisch und philosophisch; sie lehnt es ab, der gesellschaftlichen Wirklichkeit eine kausale Rolle zuzuweisen und konzentriert sich viel stärker auf die Phantasievorstellungen. Bei diesem Gegensatz wird die französische Psychoanalyse natürlich durch Lacan verkörpert. Wenn in den Vereinigten Staaten Soziologen psychoanalytische Vorstellungen benutzt haben, um eine Kritik der Gesellschaft in Angriff zu nehmen, haben sich in Frankreich die Psychoanalytiker selbst zu Soziologen gemacht, um ihre eigene Gesellschaft zu kritisieren. Die amerikanische Psychoanalyse hat ständig ihre Eingliederung in die Gesellschaft und ihren Platz in den Wissenschaften eingefordert, während die französische regelmäßig ihren extraterritorialen Status und ihre Position als Meta-Wissen geltend gemacht hat.

Um die französische Haltung zu beschreiben, das heißt den Geist, in dem die Psychoanalyse Charakterneurosen, narzißtische Pathologien und Grenzzustände behandelt hat, und zwar ebenso vom Standpunkt der Psychopathologie wie von dem der Beziehungen zu den Werten und den Institutionen des gesellschaftlichen Lebens, wird Jacques Lacan unser Leitfaden sein. Zwei Gründe sprechen für diese Wahl: Zuallererst hat er der gesamten französischen Psychoanalyse seinen Stempel aufgedrückt; zweitens wird die französische Lehre vom Niedergang zumindest zu einem großen Teil im Lacan'schen Idiom formuliert. Ich werde die Diskussion mit einer berühmten Studie La-

Medizinisierung der Psychoanalyse zugunsten von Bündnissen mit dem Proto-Strukturalismus und den ›spekulativen Wissenschaften‹ geliefert.« J. Forrester, *Dispatches from the Freud Wars*, a. a. O., S. 193. Hervorhebung des Autors. Die Geschichte der französischen Psychoanalyse kann als »eine Geschichte einer kulturellen Bewegung« betrachtet werden, während die amerikanische »Teil der Medizingeschichte« ist. Ebd., S. 199.

cans über die familialen Komplexe beginnen, die 1938 veröffentlicht wurde, und werde sie mit Bezug auf das fortsetzen, was mir der Kern der Lacan'schen Spannung und Ambiguität zwischen gesellschaftlichen Idealen und Illusionen des Ich zu sein scheint. Anschließend werde ich die Diskussion innerhalb der Psychoanalyse kurz durch die beiden Pole ergänzen, die im Gegensatz zu Lacan standen: André Green und eine unbestimmtere Gruppierung von Leuten, die die französische Ich-Psychologie repräsentieren. Schließlich werde ich die Verankerung der Psychoanalyse in Frankreich als dreifaches berufliches, politisches und massenkulturelles Phänomen synthetisieren, denn die Fragen, die die Lehre betreffen, sind mit der gesellschaftlichen Stellung verschränkt, die die Psychoanalyse einnimmt.

Die exemplarischen Komplexe Lacans: Kollektivpsychologie oder Soziologie?

Lacan ist, gemeinsam mit Freud, die zentrale Figur jener Psychoanalyse der sozialen Bindung, die sich seit zwanzig Jahren in Frankreich durchgesetzt hat. Dennoch schlägt er keine solche Psychoanalyse vor. Die Grenzzustände und die narzißtischen Pathologien gehören ebenfalls nicht zu seinem begrifflichen Apparat. Dagegen legt er seit seinen frühen Arbeiten die Betonung auf das Ich-Ideal und auf die Charakterneurose. Das führt ihn dazu, den gesellschaftlichen Idealen in den Illusionen des neurotischen Subjekts eine grundlegende Bedeutung zuzugestehen: Dieses schöpft aus ihnen die narzißtischen Gewißheiten, die die Behandlung auflösen soll. Daraus ergibt sich eine Ambiguität zwischen dem gesellschaftlichen Ideal als Quelle der neurotischen Illusion, dem Symptom und der Kritik desselben Ideals als gesellschaftliche Entfremdung. Der Lockvogel des Subjekts der Psychoanalyse gebietet so über den des Subjekts der Gesellschaft.

Die Charakterneurose und der gesellschaftliche Verfall der väterlichen Imago

Im vorangehenden Kapitel hatten wir gesehen, daß die negative therapeutische Reaktion mit den Charakterneurosen der nosographischen Frage nach den Grenzen des Neurosemodells zugrundeliegt. In »Les complexes familiaux dans la formation de l'individu«[4] (Die Rolle der familialen Komplexe für die Herausbildung des Individuums) von 1938 sagt Lacan im Gegensatz zu Abraham oder zu Ferenczi weder, daß der Charakter ein Aspekt sei, der nicht genügend wahrgenommen wurde, noch, daß er stärkere Widerstände nach sich ziehe als die Neurosen mit offenen Symptomen, sondern daß die Charakterneurosen von nun an im Vergleich mit Freuds Beobachtungen in den 1890er Jahren am häufigsten sind. Jedenfalls warnt er seine Leser: »Wir gehören nicht zu denen, die sich über eine angebliche Lockerung der familiären Bindungen grämen.« Lacan moralisiert nicht, sondern ist ein Erbe der französischen moralistischen Tradition – weiter unten werden wir sehen, in welchem Sinne sich dies ganz konkret auf seine Auffassung der Psychoanalyse auswirkt. Dennoch »scheinen uns viele psychologische Wirkungen von einem gesellschaftlichen Verfall der väterlichen Imago herzurühren«. Das gesamte Problem wird in einem Verständnis dessen bestehen, was der zweideutige Ausdruck »gesellschaftlicher Verfall« besagt.

Diese Neurosen scheinen sich seit der Zeit der ersten Freud'schen Weissagungen im Sinne eines charakterlichen Komplexes entwickelt zu haben, in dem man sowohl im Hinblick auf die Besonderheit seiner Form als auch im Hinblick auf seine Verbreitung – er ist der Kern der meisten Neurosen – die große zeitgenössische Neurose wiedererken-

4 Dieser Text wurde von Henri Wallon für die *Encyclopédie française* in Auftrag gegeben und wurde 1938 in Band VIII, *La Vie mentale*, unter dem Titel »La famille« veröffentlicht. Wir wissen, daß Lacan sein Spiegelstadium Wallon verdankt. Émile Jalley zeigt in *Freud, Wallon, Lacan. L'enfant au miroir* (EPEL 1998), daß Wallon für die Psychologie und Hegel für die Philosophie in der Ausbildung Lacans zwischen 1938 und 1953 eine entscheidende Rolle gespielt haben. Von F. Bétourné wurde ein Register veröffentlicht, *Lacan-L'index. Les complexes familiaux. 1938,* Paris 2002. Zwei weitere Studien wurden dieser Periode gewidmet: M.-A. Charbonneau, *Science et métaphore. Enquête philosophique sur la pensée du premier Lacan (1926-1953),* Québec 1997; M. Zafiropoulos, *Lacan et les sciences sociales,* Paris 2001. Der Grammatiker und Psychoanalytiker Édouard Pichon hat der Untersuchung Lacans eine sarkastische Studie gewidmet, »La famille devant M. Lacan«, die eine Richtigstellung von Élisabeth Roudinesco veranlaßt hat, »M. Pichon devant la famille«, in: *Confrontations,* 1980, Nr. 3, »Les machines analytiques«. Pichons Text ist in dieser Ausgabe wiederabgedruckt.

nen kann. Unsere Erfahrung führt uns dazu, den hauptsächlichen Be-
stimmungsgrund in der Persönlichkeit des Vaters anzugeben, die immer in irgendeiner Weise fehlt, abwesend, gedemütigt, gespalten oder
falsch ist.[5]

Schon in diesem Text findet man den wiederkehrenden Gegensatz zwischen den Übertragungsneurosen von früher und den
Charakterneurosen von heute. Lacan spricht nicht von einem
Verfall der sozialen Bindung, sondern von einem gesellschaftlichen Verfall der väterlichen Imago. Das bedeutet, daß das Studium der Familie die soziologischen Bedingungen des Ödipuskomplexes zu ergründen versucht. Sein Ziel ist es, genauer zu
bestimmen, worin die konkrete psychologische Analyse besteht,
die die Psychoanalyse darstellt, und die Rolle der Familie in der
Genese der Psychosen und Neurosen zu untersuchen. Die Sozio-

5 J. Lacan, »Les complexes familiaux dans la formation de l'individu. Analyse d'une fonction psychologique«, erschienen 1938 und wieder herausgegeben in *Autres écrits*, Paris 2001, S. 23-84, S. 60 und 61. M. Zafiropoulos hat zwar den Einfluß Durkheims auf diesen Text hervorgehoben, aber
er hat darin »eine Klinik des Sozialen« gefunden, die nicht existiert. Die
»gesellschaftlichen Bestimmungsgründe der Entwicklung der Neurosen,
deren Ursache Lacan seit mehr als fünfzehn Jahren in dem Niedergang der
patriarchalischen Familie angibt, ob es sich nun um die Klinik des Falles
oder jene des gesellschaftlichen Unbehagens handelt, haben sich im Werk
Lacans als viel präsenter erwiesen, als man es sich manchmal vorstellt.«
S. 11. Darüber hinaus sieht er überhaupt nicht Durkheims institutionelle
Konzeption und begnügt sich damit, seine Irrtümer im Hinblick darauf
herauszustellen, was die Anthropologie später entdecken wird. Zu Durkheim und der Familie als Institution siehe I. Théry, *La distinction de sexe.
Pour une autre approche de l'égalité*, Paris 2007, S. 110-116. Sie zeigt hier
insbesondere, daß der Beitrag Durkheims darin bestand, darauf hingewiesen zu haben, daß »die eheliche Familie eine neue Institution ist.« S. 110.
Sie betont ebenfalls, daß sein »großes evolutionistisches Szenario« (S. 111)
zwar falsch sei, daß aber Durkheim einerseits im Zusammenhang mit früheren Arbeiten eingeordnet werden muß (und hier stellt er gegenüber Auguste
Comte einen Fortschritt dar), und daß es andererseits von der Anthropologie der Epoche abhängig ist, die in Begriffen einer Evolution denkt, die mit
dem Fortschritt des Menschen identifiziert wird. Auch dieser Punkt wird
von Zafiropoulos nicht wahrgenommen. Fügen wir hinzu, daß Lacan für
ihn noch kein Freudianer ist. Meines Erachtens bespricht Lacan die Punkte,
in denen er mit Freud nicht übereinstimmt, was etwas ganz anderes ist. Man
sollte vielmehr Françoise Bétourné folgen: »Er ist ein Neuling in der Psychoanalyse.« S. 16. Zur Untersuchung Lacans siehe auch M.-A. Charbonneau,
Science et métaphore, a. a. O., 3. Kapitel, S. 125-156.

logie oder die Anthropologie sind Mittel und keine Zwecke der Untersuchung. Der erklärte Gegner ist die Übertragung der Psychosen und Neurosen durch Veranlagung oder Vererbung, denn die Vererbung ist »träge«; sie gestattet kaum ein Verständnis irgendeines Aspekts der psychopathologischen Tatsachen und erweist sich als vollkommen nutzlos für ihre Behandlung. Deshalb lehnt er es ab, sich auf die Instinkte zu konzentrieren, und nimmt die Komplexe zum Leitfaden für seine Darstellung.

Mein Ziel besteht in der Beantwortung dreier Fragen. Welche Rolle spielt der Verfall der väterlichen Imago bei den Charakterneurosen? Inwiefern ist dieser Verfall ein »gesellschaftlicher«? Welche Rolle weist Lacan der Soziologie für das Verstehen der psychopathologischen Tatsache und für die konkrete psychologische Analyse der Individuen zu?

Im ersten Teil der Studie ist Lacan der Ansicht, daß die Psychologie, um konkret zu sein,[6] auf Daten der Sozialwissenschaften angewiesen ist, wie zum Beispiel »die objektiven Merkmale«, die durch »die Begriffe der Abstammung und der Verwandtschaft« oder »die Gesetze der Erbschaft und der Erbfolge« illustriert werden. »Diese Daten, die von der soziologischen Methode koordiniert werden, begründen, daß die Familie eine Institution ist.«[7] Die Familie beruht nicht auf der natürlichen Grundlage eines Mannes und einer Frau, sondern ist von Anfang an durch das charakterisiert, was erlaubt und verboten ist. Die Komplexe spielen in der psychischen Entwicklung »die Rolle eines ›Organisators‹; daher beherrschen sie Phänomene, die im Bewußtsein am besten in die Persönlichkeit integriert zu sein scheinen; daher werden im Unbewußten nicht nur leidenschaftliche Rechtfertigungen, sondern auch objektivierbare Rationalisierungen motiviert. Die Tragweite der Familie als *psychisches* Objekt und *psychischer* Umstand hat sich gerade dadurch vergrößert.«[8] Der Komplex ist ein psychologischer Begriff, der die Psychopathologien besser erklären soll als der Instinkt. Er hat keinen soziologischen Anspruch, besitzt aber den Status einer Entität, die zwischen Kultur und Charakter vermittelt.

Im zweiten Teil des Textes unterscheidet Lacan drei aufeinan-

---

6 Die konkrete Psychologie ist eine Entlehnung von Politzer. Siehe M.-A. Charbonneau, *Science et métaphore*, a. a. O., S. 126.
7 J. Lacan, »Les complexes familiaux«, a. a. O., S. 24.
8 Ebd., S. 29-30. Meine Hervorhebung.

derfolgende Komplexe, die ebenso viele Etappen repräsentieren, deren jeweilige Weise der Auflösung das Individuum mit mehr oder weniger Glück sozialisieren: der Entwöhnungskomplex, der Eindringungskomplex und der Ödipuskomplex. Der erste Komplex ergibt sich aus der Notwendigkeit, sich von der Gegenwart der Mutter zu lösen. »Bei bestimmten Neurosen und Charakterstörungen«, die sich durch »einen Ersatz dieser Gegenwart« manifestieren, kann er »die Rolle eines kausalen Traumas [...]« spielen. Die Sublimierung dieser Trennung gestattet, »daß neue Beziehungen mit der gesellschaftlichen Gruppe geknüpft werden«. Wenn das nicht der Fall ist, wenn sich die Persönlichkeit nicht entwickelt, »wird die Imago, die ursprünglich heilsam war, zu einem Faktor des Todes«.[9] Die Art und Weise, wie man diesen Komplex abbaut, stellt eine Struktur oder Form dar, die die Folge der Umbildungen des Individuums durchzieht.

Das Kind wird entwöhnt, es ist kein Anhängsel seiner Mutter mehr. Wie erwirbt es dann das Gefühl für seine Einheit? Wie identifiziert es seinen eigenen Körper? Für Lacan ist diese Identifikation eine »geistige Struktur« des Menschen, nämlich die des Doppelgängers, den der Mythos von Narziß demonstriert, aus dem er das Stadium des Spiegelbilds gewinnt. Dieses ist die Reaktion auf die Entwöhnung. Der Spiegel, das Spiegelbild zeigt, welche Tendenzen in der Wirklichkeit des Kindes aktiv sind: Es besitzt einen »affektiven Wert, der ebenso illusorisch ist wie das Bild, und eine Struktur, die wie das Bild die menschliche Form widerspiegelt«.[10] Wir befinden uns in einem Stadium (nach sechs Monaten), »das den Körper als zerstückelt vorstellt«, und zwar aufgrund der länger dauernden mangelnden Koordination beim Menschen: Der Spiegel ist »ein Zusammenkleben des eigenen Körpers«.[11] In diesem Stadium identifiziert das Kind seine eigene Form (das ist der Jubel, den es vor dem Spiegel zeigt). Die Identifikation ist insofern imaginär, als der Spiegel dem Kind nur seine eigene Form zurückschickt – es handelt sich um »eine Welt ohne die anderen« –, aber sie liegt dem Wiedererkennen jeder menschlichen Form und folglich auch der anderen zugrunde. Der Narzißmus ist also ein notwendiger Lockvogel für den Menschen, damit dieser sich selbst konstituieren kann: Er unterstützt die

9 Ebd., S. 34 und 35.
10 Ebd., S. 41.
11 Ebd., S. 41-42.

Gestaltwerdung auch noch in der vollkommensten Entfremdung. Das Hinausgehen über das Spiegelstadium vollzieht sich
mit dem Komplex des Eindringens, der die Begegnung mit dem
anderen ermöglicht.

Der Komplex des Eindringens ist mit der Erfahrung verbunden, die das Kind mit anderen Kindern macht, die zur Familie gehören. Er zeigt sich in der kindlichen Eifersucht, die eine Hauptrolle für »die Genese der Geselligkeit und dadurch für die
Erkenntnis selbst [spielt], insofern sie menschliche Erkenntnis
ist«. Der entscheidende Punkt »ist, daß die Eifersucht im Grunde
nicht eine lebendige Rivalität, sondern eine geistige Identifikation
darstellt«.[12] Die Rivalität und die Aggressivität gegenüber dem
anderen Kind sind im Hinblick auf die Identifikation sekundär.
Das bedeutet, daß beide sich an der Quelle einer menschlichen Erkenntnis befinden, »da Konkurrenz zugleich Rivalität und Zustimmung impliziert«. Hierin sieht Lacan »den Urtypus der sozialen Gefühle«. Diese Erkenntnis ist insofern eine menschliche, als
sie eine erste Unterscheidung zwischen dem anderen und sich
selbst ermöglicht: Die Sozialisierung ist eine »eifersüchtige Sympathie«.[13]

Der Ödipuskomplex tritt im Alter von etwa vier Jahren auf,
zum Zeitpunkt des Auftauchens der Geschlechtstriebe. Die Unterdrückung des Angezogenwerdens vom gegengeschlechtlichen
Elternteil führt zu einer Phantasievorstellung der Kastration. Die
Auflösung des Komplexes erfolgt durch die Verdrängung des sexuellen Ansinnens (woraus sich die Latenzphase ergibt, die bis
zur Pubertät anhält) und durch die Sublimation des Bildes vom
gegengeschlechtlichen Elternteil. Lacan begrüßt zwar Freuds dynamischen Ansatz, wirft ihm jedoch seinen Atomismus und seine
Blindheit »für den Begriff der Autonomie der Formen«[14] oder
Strukturen vor. In der Auflösung des Komplexes überwindet das
Subjekt zwar seinen ursprünglichen Verlust, aber es »vollzieht
sie in Abhängigkeit von der Struktur, die es erworben hat«.[15] Wir
kommen zum Kern der Sache, denn je nach erworbener Struktur,
hat man entweder eine Charakter- oder eine Übertragungsneurose. Nun habe jedoch die Lehre, wie Lacan mit Bezug auf Freud

12 Ebd., S. 37.
13 Ebd., S. 43 und 44.
14 Ebd., S. 52.
15 Ebd., S. 53.

sagt, nicht genügend zwischen zwei Entwicklungsstrukturen des Ödipuskomplexes unterschieden, die zur Reifung des Kindes beitragen: der Verdrängung der Sexualität einerseits und der Sublimation der Wirklichkeit andererseits. Mit anderen Worten, zwischen dem Über-Ich und dem Ich-Ideal.

Der Ödipuskomplex erfüllt zwei Funktionen: Er unterdrückt die kindliche Sexualität und richtet das Subjekt durch die Sublimation auf das Leben aus. Diese beiden Wirkungen finden in zwei miteinander verbundenen, aber verschiedenen Entitäten statt: im verdrängenden (oder unterdrückenden) Über-Ich und im sublimierenden Ich-Ideal. Auch wenn Freud diese beiden gut herausgearbeitet hat, meint Lacan, so fehle doch eine Strukturanalyse des Ödipuskomplexes, die es gestattet, »ihm eine charakteristische Form zuzuerkennen«.[16] Lacan zufolge wurden diese beiden Funktionen miteinander vermischt, und man muß sich an die Anthropologie wenden, um zu sehen, inwiefern ihre Unterscheidung für die Psychoanalyse entscheidend ist.

Lacan bezweifelt Freuds Anthropologie, insbesondere seine Behauptungen über die Urhorde, und ruft dazu auf, Durkheim zu folgen, für den die eheliche Familie der bisher letzte Familientyp in einer langen Geschichte ist. Es sei notwendig, von »der unermeßlichen Fülle der Tatsachen« Gebrauch zu machen, denn sie »kann die psychologische Struktur der Familie aufhellen«.[17] Durkheim zufolge »sind die Verwandtschaftsbindungen mit der ehelichen Familie ganz unauflöslich geworden. Der Staat hat den einzelnen das Recht entzogen, sie zu zerbrechen, indem er sie unter seine Obhut gestellt hat. So beschaffen ist der Kernbereich der modernen Familie.« Der Ödipuskomplex gewinnt seine Struktur in einer Familiengeschichte, aber auch in einem soziologischen Zusammenhang, dessen »entscheidenste Triebfeder für seine psychischen Wirkungen seinen Grund darin hat [...], daß die Imago des Vaters in sich die Verdrängungs- und die Sublimationsfunktion vereinigt; aber das ist das Ergebnis einer gesellschaftlichen Bestimmung, nämlich der paternalistischen Familie.«[18] Lacan gewinnt aus der Feldanthropologie, die sich mit Malinowski entwickelt hat (den er hier zitiert), einen Dualismus zwischen dem biologischen Vater, der die Funktionen des techni-

16 Ebd., S. 54.
17 Ebd., S. 53.
18 Ebd., S. 56.

schen Lehrens und »eines Lehrmeisters des Wagemuts«[19] besitzt, und dem Onkel mütterlicherseits, der die Funktionen der Verdrängung auf sich vereinigt. Die soziologische Relativität des Ödipusbegriffs ergibt sich bei uns daraus, daß die beiden Funktionen in ein und derselben Figur miteinander verbunden sind. Die Kombination aus der Vereinigung der beiden Funktionen im Vater und aus der Wertschätzung des Ich-Ideals führt Lacan zu der Ansicht, »daß das Beispiel der ursprüngliche Beitrag zum Ödipuskomplex zu sein scheint«.[20] Das Beispiel macht die Wirklichkeit *begehrenswert*, es fordert zum Handeln auf, es ist »der Lehrmeister des Wagemuts«. Es stellt die positive Seite dar, wohingegen das Verbot die negative Seite ist.

Für Lacan sind Geschichte und Soziologie also kein Gegenstand für die Psychoanalyse, sondern »ein Datum für unsere Analyse«, weil es »die Beziehungen zwischen der Psychologie des modernen Menschen und der ehelichen Familie [sind], die sich für die Untersuchung des Psychoanalytikers anbieten«. »Der Mensch der abendländischen Kultur« überwindet »die Angst vor einer prometheischen Überschreitung [...], indem er erkennt, daß er sich seine Gegenstände durch dialektische Krisen schafft.« Die eheliche Familie spielt hier eine doppelte Rolle. Erstens »umfaßt sie eine positive Auswahl von Neigungen und Begabungen, eine fortschreitende Verwirklichung des Ideals im Charakter«. Zweitens erhöht die Imago des Vaters »die Spannung der Libido und die Tragweite der Sublimation im höchsten Grad«.[21] Der Verfall der väterlichen Imago stellt »eine psychologische Krise«[22] dar und kein Schwinden der familiären oder sozialen Bindungen.

Von Durkheim übernimmt Lacan die Vorstellung, daß die Familie eine Institution ist, und von Malinowski die beiden Funktionen der Verdrängung und Idealisierung. Lacan zufolge hat sich Freud zu sehr auf den Gegensatz zwischen dem Ich, das letztlich das Ich der klassischen Psychologie ist, und dem Über-Ich, einem System unbewußter Verbote, konzentriert. Einen Schritt weiter zu gehen bedeutet, »dieses System theoretisch auszubalancieren, indem man es mit dem System der Idealprojektio-

19 Ebd., S. 56.
20 Ebd., S. 55.
21 Ebd., S. 59.
22 Ebd., S. 61.

nen verbindet«. Darin besteht die Originalität des Ich-Ideals als »Bedingung, die nicht weniger strukturhaft ist [als das Über-Ich], für die menschliche Wirklichkeit«.[23] Dieses Ideal wurde wegen unserer Familieninstitution aus den Augen verloren, die die beiden Funktionen dem Vater zuweist, was die Erkenntnis ihrer notwendigen Verschiedenheit erschwert.

Die beiden Neurosekategorien haben jeweils ihre eigenen Ursachen: »eine unvollständige Verdrängung des Begehrens der Mutter« bei den Übertragungsneurosen und »eine narzißtische Entartung der Idealisierung des Vaters«, das heißt eine Entwertung seines Bildes, bei den Charakterneurosen.[24] Lacan trifft eine Unterscheidung, die zwei Pole der Neurose markiert, und zwar sowohl in ihrem psychopathologischen Ausdruck als auch in ihrer unterschiedlichen Ätiologie. Bei der Übertragungsneurose *hat* das Subjekt Symptome, bei der Charakterneurose *ist* die Persönlichkeit des Subjekts das Symptom.[25] Lacan charakterisiert die Charakterneurosen nicht durch besondere Widerstände gegen die Analyse, sondern als »diffuse Hindernisse in den Tätigkeiten der Person, durch imaginäre Sackgassen in den Beziehungen zur Wirklichkeit«. Sie betreffen »die persönliche Formel des Subjekts«.[26] Die Schwächung der väterlichen Imago, das heißt des Ich-Ideals, hat ihren Seinsgrund in der Tatsache, daß allein unsere Gesellschaft die beiden Funktionen der Unterdrückung und Verdrängung im Vater vereint.

Der Familialismus, den man Lacan später zur Last legen wird, ergibt sich aus einer rückwärtsgewandten politischen Lesart, einer Lesart, die sich in den Jahren 1970-1980 in einem Kontext entwickelt hat, in dem die wichtigste Veränderung die Gleichheit der Frauen war. Man wirft Lacan insbesondere die berühmte Beschwörung des fehlenden und erniedrigten Vaters vor. In einer Vorlesung von 1952 wird dieses Thema jedoch wieder aufgegriffen. Lacan verwendet den Begriff der Imago nicht mehr und

---

23 Ebd., S. 72.
24 Ebd., S. 74.
25 1955 schreibt Lacan, als er über Reichs Charakteranalyse spricht, daß sie »auf der Entdeckung beruht, daß die Persönlichkeit des Subjekts wie das Symptom strukturiert ist, das sie wie etwas Fremdes empfindet.« »Variantes de la cure-type« [1955], in: *Écrits*, Bd. 1, a. a. O., S. 340. Er stellt fest, daß die Charaktere »bislang verkannt [wurden], weil sie anscheinend keine Symptome aufwiesen.« S. 340.
26 J. Lacan, »Les Complexes«, a. a. O., S. 78.

greift statt dessen auf die Begriffe des Symbolischen und des Wirklichen zurück, deren Abweichung voneinander den Schlüssel für die Lösung des Rätsels liefert. »Zumindest in einer Gesellschaftsstruktur wie der unseren ist der Vater immer in gewisser Hinsicht ein Vater, der mit seiner Funktion nicht übereinstimmt, ein fehlender, *erniedrigter* Vater, wie Herr Claudel sagen würde.« Die Bedeutung des Fehlens erhellt aus dem folgenden Satz. Sie gestattet die Ambiguität zu klären, auf die ich eben zwischen dem Psychologischen und dem Gesellschaftlichen hingewiesen habe: »Es gibt immer eine extrem deutliche Zwietracht zwischen dem, was vom Subjekt auf der Ebene des Realen wahrgenommen wird, und der symbolischen Funktion. In dieser Kluft ruht das, was es bewirkt, dass der Ödipuskomplex – überhaupt nicht normativierenden, aber zumeist pathogenen – Wert hat.«[27] Das Fehlen des Vaters betrifft die Psychopathologie und nicht die Normativität des Gesellschaftslebens. Hier wird Ödipus also in der Psychoanalyse und nicht in der Soziologie verankert. Ein halbes Jahrhundert später wird der Hinweis auf das Fehlen des Vaters zur Diagnose einer Krise der französischen Gesellschaft automatisch eine Verlagerung vom Pathogenen zum Normativen mit sich führen.

Eine Durkheim'sche Reform Freuds

Lacan akzentuiert die Unterscheidung zwischen dem Über-Ich und dem Ich-Ideal, die zwei komplementäre Pole darstellen, welche zwei psychologischen Aspekten der Sozialisierung entsprechen: der Unterdrückung und der Sublimierung. 1914, in »Zur Einführung des Narzißmus«, stellt Freud den Begriff des »idealen

---

27 J. Lacan, *Le Mythe individuel du nevrosé*, Paris 2007, S. 45; dt.: *Der individuelle Mythos des Neurotikers oder Dichtung und Wahrheit in der Neurose*, übers. v. H.-D. Gondek, Wien 2008, S. 37. Hervorhebung Lacans. »Ich verkünde es vor der Gesellschaft, die mich hört, ich fordere dazu auf, dass man mir sagt, was das heißt, das kollektive Unbewußte. Was mich betrifft, so weiß ich absolut nichts davon [...].« S. 47. Zafiropoulos nimmt eine Analyse dieser Vorlesung vor und betont natürlich den Abstand zwischen dem Symbolischen und dem Wirklichen, sieht aber nicht, daß dieser Abstand für die Psychopathologie einen Wert besitzt und daß das entscheidende Wort »pathogen« ist. Siehe M. Zafiropoulos, *Lacan et les sciences sociales*, a. a. O., S. 198-206.

Ich« vor. Dieser Begriff ist nicht identisch mit dem Ich-Ideal, obwohl er häufig den einen für den anderen verwendet. Das ideale Ich dient ihm zur Beschreibung dessen, wie das Ich verdrängt. Die Verdrängung geht »von der Selbstachtung des Ichs [aus]«. Das bedeutet, daß »die Idealbildung von seiten des Ich die Bedingung der Verdrängung [wäre]«.²⁸ Das ideale Ich gehört daher zur kritischen Instanz des Über-Ich. Es trägt zur Verdrängung bei, die, wie erwähnt, pathogen ist (die Sublimierung führt zur Gesundheit). Es steht auf der Seite des Verbots, der Einschränkung, des negativen Verbgebrauchs (nicht). Alle diese Dinge müssen das Ich Freud zufolge beugen. Freud läßt nicht davon ab, die Strenge und Grausamkeit des Über-Ich zu betonen. Er vereinigt die beiden Begriffe 1923 unter derselben Bezeichnung »Über-Ich«, als er das Über-Ich erstmals in »Das Ich und das Es« vorstellt. Es handelt sich um einen »kategorische[n] Imperativ«, schreibt er in einer kantischen Wendung.²⁹ Erst 1933 unterscheidet er die beiden in *Neue Vorlesungen zur Einführung in die Psychoanalyse*.³⁰

Durch die Hervorhebung der Idealprojektionen und die Unterstreichung der Notwendigkeit einer besseren Unterscheidung zwischen Über-Ich und Ich-Ideal, akzentuiert Lacan eine Unterscheidung, die im Umkreis der Unterdrückung geblieben war. Um dieses moralische Gewissen vollständiger zu fassen, fehlt es noch an den Idealprojektionen, die nicht verbieten, sondern die Besetzung der Wirklichkeit durch das Begehren anstacheln: Das Ich-Ideal wird durch die Mechanismen der Identifikation gebildet. Verbot und Identifikation ergänzen einander. Lacan zufolge muß man die beiden Pole des Anreizes und des Verbots ins Spiel bringen. Freud unterscheidet sie zwar, läßt sie aber durch den verschränkten Gebrauch von »Über-Ich« und »Ich-Ideal« in einer Ambiguität. Die Beziehung des Über-Ich »zum Ich«, schreibt er, »erschöpft sich nicht in der Mahnung: ›So (wie der Vater) *sollst* du sein‹, sie umfaßt auch das Verbot: ›So (wie der Vater) *darfst* du *nicht* sein‹, das heißt nicht alles tun, was er tut; man-

28 S. Freud, »Zur Einführung des Narzißmus«, in: *Psychologie des Unbewußten*, Frankfurt 1975, S. 60.
29 S. Freud, »Das Ich und das Es«, a. a. O., S. 302.
30 Siehe A. Delrieu, »Idéal du moi«, *Sigmund Freud. Index thématique*, Paris 1997, S. 465. Für Laplanche und Pontalis steht das Ich-Ideal »am Ursprung der Konstitution der Gruppe der Menschen«.

ches bleibt ihm vorbehalten.«[31] Ohne den Aspekt der Anstachelung fehlt dem Verzicht Lacan zufolge das positive Gegenstück. Diese Rolle spielt das Ich-Ideal, das dem Subjekt Objekte darbietet, damit es die Wirklichkeit mit seiner Libido besetzen kann.

Dieser Zusatz Lacans ist analog zu dem, den Durkheim Kant gegenüber vornimmt. In einer 1906 vor der Gesellschaft für Philosophie gehaltenen Vorlesung über die Bestimmung der moralischen Tatsache wirft Durkheim dem kantischen kategorischen Imperativ des Sollens vor, gegenüber einem wesentlichen Aspekt des Begriffs des Moralischen blind zu sein:[32] »Es ist uns unmöglich, eine Handlung nur deshalb zu vollziehen, weil sie geboten ist, ohne Rücksicht auf ihren Inhalt. Damit wir uns zu ihrem Agens machen können, muß sie in gewissem Maße unsere Sensibilität ansprechen, muß sie uns in irgendeiner Hinsicht als erstrebenswert erscheinen.«[33] Das Begehrenswerte ist das Gute, das gemeinsam mit dem verpflichtenden Charakter das zweite Merkmal der moralischen Tatsache ausmacht. Die Quelle ist die Gesellschaft, die für Durkheim eine moralische Autorität ist. Sie nimmt, so Durkheim, dieselbe Stellung ein, die Gott bei Kant innehat. Ohne sie »ist die Moral unverständlich«. »Doch Selbstlosigkeit hat nur dann einen Sinn, wenn das Subjekt, dem wir uns unterordnen, einen höheren Wert besitzt als die Individuen.«[34] Dieses Subjekt ist die Gesellschaft, und Gott selbst ist eine symbolische Verklärung der Gesellschaft. Die moralische Regel verbindet bei Durkheim den Tadel mit dem Lob als zwei Aspekte derselben Gattung. Verbieten und begehrenswert machen sind unauflöslich miteinander verbunden. Lacan erweist sich hier als sehr durkheimianisch, wenn er das Verbot, das auf den Tadel oder die Strafe verweist, von dem Ideal unterscheidet, das auf das Lob hindeutet. Mehr noch, genauso wie Lacan bei der ehelichen Familie, die offen ist für individuelle Abweichungen, keine Lockerung der familiären Bindung erkennt, widersetzt sich Durkheim denjenigen, die meinen, daß die Zunahme individueller Freiheiten eine Gewalt der Individuen über die Gesellschaft dar-

---

31 S. Freud, »Das Ich und das Es«, a. a. O., S. 301. Hervorhebungen von Freud.

32 Aber nichts in Lacans Text läßt die Behauptung zu, daß er diese Vorlesung gekannt hat.

33 E. Durkheim [1906], »Bestimmung der moralischen Tatsache«, a. a. O., S. 85.

34 Ebd., S. 105.

stellt, die diese dem Egoismus der Individuen unterordnen würde: »Das Individuum reißt sich nicht von der Gesellschaft los; es ist mit ihr auf eine andere Weise verknüpft als früher, und zwar deshalb, weil sie das Individuum anders sieht und will als früher.«[35] Für Durkheim ist die Abhängigkeit von der Gesellschaft »befreiend«.[36]

Allein, wenn Lacan vom »gesellschaftlichen Verfall der väterlichen Imago« spricht, weist das Adjektiv »gesellschaftlich« doch einen irreführenden Aspekt auf: Er vermittelt den Eindruck, daß man in der Gesellschaft einen Verfall der Imago beobachtet, während doch der gesamte Text zeigt, daß das Problem, das er aufwirft, innerhalb des Elternpaares in der Institution der ehelichen Familie angesiedelt ist. Aber er bezeichnet ein System psychologischer Beziehungen und begeht dadurch eine Äquivokation zwischen »gesellschaftlich« und »psychologisch«. In der ehelichen Familie dominiert das Prinzip des Vaters das Prinzip der Mutter, das ihm untergeordnet ist. Durch das Prinzip des Vaters nährt das Ideal den Narzißmus des Subjekts. Die Entartung des väterlichen narzißtischen Ideals verringert die Fähigkeit zu handeln, ein Ideal zu unterhalten und sich ihm anzunähern, das gerade den Narzißmus des Subjekts befriedigen würde, indem es einen »Pol für die Schöpfungen der Leidenschaft« bietet.[37] Nun ist dies aber ein wichtiges gesellschaftliches Ideal in einer individualistischen Gesellschaft, deren Werte am Handeln und an der Zukunft ausgerichtet sind.

Die Familie wird somit auf zwei Ebenen beschrieben: Sie ist psychologische »Ursache« der Geisteskrankheiten auf der einen Ebene und sozialer Kontext für diese Krankheiten auf einer anderen Ebene. Als Kontext (oder »soziologisches Datum«) bestimmt die eheliche Familie die Existenz der Neurosen selbst, da sie die Sozialisationsinstanz einer Kultur ist, deren Anforderungen an das Individuum stärker sind als in den Gesellschaften, die den Fortschritt und die »individuelle Abweichung« nicht hochschätzen. Als »Ursache« können die Wechselfälle des Elternpaars das Subjekt zu einer Charakterneurose führen, das seine Besetzungen der Wirklichkeit zurücknimmt. Mithilfe der Komplexe beschreibt Lacan in Wirklichkeit die *Verzahnung von Beziehungen*.

35 Ebd., S. 129.
36 Ebd., S. 129.
37 J. Lacan, »Les complexes«, a. a. O., S. 55.

Der Charakterneurose, die das Subjekt bei allen seinen Unternehmungen begrenzt, liegt eine Beziehungsverzahnung zugrunde, die durch die *pathogene* Schwächung der Vaterfigur *in* der Familie *dieses* Subjekts entsteht, und nicht in der Familie im allgemeinen. Aber es handelt sich um eine Neurose des Charakters aufgrund der soziologischen Tatsache, daß der Vater in der paternalistischen Familie im allgemeinen die Funktionen der Verdrängung und der Sublimierung vereinigt. Diese symbolische Rolle setzt die Institution der Familie vom ehelichen Typus voraus. Die Charakterneurose rührt also zwar von der Gesellschaft her, aber von einer Gesellschaft, die einen Kontext und keine Ursache der Pathologie darstellt.

Mit dem Symptom, mit der psychologischen (oder psychopathologischen) Tatsache ist eine moralische Dimension verschränkt. Dasselbe gilt für die gesellschaftliche Tatsache. In der Psychoanalyse wie in der Soziologie sind die beiden Aspekte miteinander vermischt, aber die Analyse, und zwar sowohl die soziologische als auch die psychoanalytische, muß sie auseinanderhalten. Lacan zufolge kümmert sich der Psychoanalytiker nicht um die Moral: »Wir Psychoanalytiker, wir zählen nicht zu den [...] modernen Asketen, die kommen, um den Menschen über den fundamental illusorischen Charakter der Leidenschaften die Augen zu öffnen.«[38] Für Durkheim »stehen die moralischen Tatsachen in Beziehung zu anderen sozialen Tatsachen, und es kann nicht die Rede davon sein, sie von diesen loszulösen. Aber innerhalb des sozialen Lebens bilden sie eine deutlich abgegrenzte Sphäre [...].«[39] Das Symptom ist zwar kein moralischer Mangel, denn in diesem Fall hätte es keinen Sinn, von Psychopathologie zu sprechen, aber ohne die moralischen Konnotationen des Schuldgefühls, das die Quelle der Angst darstellt, gibt es für die Psychoanalyse keinen Seinsgrund mehr.

Die enge Verbindung zwischen gesellschaftlicher Normativität und der Neurose des Individuums besteht in der »moralischen« Dimension des Symptoms oder, besser gesagt, im Ich-Ideal. Das Ideal bzw. die Idealprojektionen stellen eine Form dar, durch die in der Psychoanalyse die Verbindung zwischen der Kollektivpsychologie und der Individualpsychologie deutlich wird: »Vom Ich-Ideal aus«, schreibt Freud, »führt ein bedeutsa-

---

38 J. Lacan, *Der individuelle Mythos des Neurotikers*, a. a. O., S. 64.
39 E. Durkheim, »Bestimmung der moralischen Tatsache«, a. a. O., S. 128.

mer Weg zum Verständnis der Massenpsychologie. Dies Ideal hat außer seinem individuellen einen sozialen Anteil, es ist auch das gemeinsame Ideal einer Familie, eines Standes, einer Nation.«[40] Diese Verbindung ist jedoch zweideutig, denn sie macht keinen Unterschied zwischen den gesellschaftlichen Idealen, die Durkheim Kollektivvorstellungen nennt, und dem Gesellschaftsleben. Wir befinden uns hier auf dem schlüpfrigen Gebiet der Kollektivpsychologie, das heißt der Grenze zwischen Psychologie und Soziologie. Der Grund dieser Verwirrung ist die Gleichsetzung von »kollektiv« und »gesellschaftlich«.

In einem Vortrag, der 1924 vor der Gesellschaft für Psychologie gehalten wurde, versucht Marcel Mauss, die Territorien der beiden Disziplinen abzustecken sowie gleichzeitig die Dienste zu benennen, die sie sich gegenseitig leisten können. Er nimmt Stellung »zu der umstrittenen Disziplin der Kollektivpsychologie«, die sowohl von der Psychologie als auch von der Soziologie beansprucht wird. Ihr Gegenstand sind die kollektiven Vorstellungen. Nun »gibt es aber in der Gesellschaft noch anderes als Kollektivvorstellungen, so wichtig oder dominierend diese auch sein mögen. [...] Hinter dem Geist der Gruppe gibt es die Gruppe, die unter drei Gesichtspunkten eine Untersuchung verdient«[41] und die sich dieser Psychologie entzieht. Die Soziologie untersucht die Gruppe vom dreifachen Standpunkt der Morphologie, Statistik und Geschichte, für den sie von der Psychologie nichts in Anspruch nimmt. Dagegen verlangt sie deren Hilfe, wenn sie sich für die kollektiven Vorstellungen interessiert, allerdings »bestreiten wir, daß sie [die Kollektivpsychologie] von den anderen Disziplinen getrennt werden kann«, obwohl diese Vorstellungen einen »wesentlichen Teil« der Soziologie ausmachen.[42] Der Punkt

40 S. Freud, »Zur Einführung des Narzißmus«, a. a. O., S. 68. Diese Ideal-bildung muß von der Triebsublimation unterschieden werden. Diese besteht darin, die Triebe vom Objekt abzulenken. Freud bemerkt, daß es eine Instanz geben muß, die den Abstand zwischen dem idealen Ich und dem wirklichen Ich überwacht: das moralische Gewissen.

41 M. Mauss [1924], »Rapports réels et pratiques de la psychologie et de la sociologie«, in: Sociologie et anthropologie, mit einem Vorwort von C. Lévi-Strauss, »Introduction à l'œuvre de Marcel Mauss«, Paris 1968 (4. Aufl.), S. 296 f.; dt.: »Wirkliche und praktische Beziehungen zwischen Soziologie und Psychologie«, in: Soziologie und Anthropologie, Bd. 2, S. 150 und 151.

42 Ebd., S. 289.

ist, daß die soziale Tatsache im Verhältnis zur psychologischen Tatsache nicht nur in dem Unterschied zwischen dem Kollektiven und dem Individuellen besteht: Die einsame Handhabung einer Technik, und wäre es nur eine Technik, bei der man seinen eigenen Körper benutzt, wie beim Schwimmen oder beim Gehen,[43] setzt ein ganzes Netz von Gebräuchen, Lernepisoden und professionellen Lehrern voraus, die einem diese Dinge beigebracht haben oder die man nachzuahmen gelernt hat usw. Das hat die Durkheimschule Institutionen genannt – der Leser wird bis zum 6. Kapitel auf die Klärung dieses Begriffs, der voller Mißverständnisse steckt, warten müssen. Im Augenblick genügt es zu wissen, daß Lacans Studium der familialen Komplexe der Soziologie das entnimmt, was die Psychoanalyse braucht, um einen Punkt der Psychopathologie zu präzisieren (was verursacht eine Charakterneurose?): die Kollektivpsychologie. Der Gruppengeist wird ohne Analyse der Gruppe selbst beschrieben. Das Risiko, diese Kollektivpsychologie für Soziologie zu halten, ist dasselbe wie beim Kulturalismus: Ihre Verdinglichung zu einer kausalen Entität, die direkt auf den Geist des empirischen und einzigartigen Individuums wirkt.[44]

Die Lacan'sche Spannung: soziales Ideal und Ich-Illusion

Auf dem Kongreß der französischsprachigen Psychoanalytiker, der 1953 in Rom stattfand, zeigt sich der Bruch zwischen Lacan und der SPP (Société psychanalytique de Paris), der wichtigsten und ältesten französischen Psychoanalytikergesellschaft, die der Internationalen Psychoanalytischen Vereinigung (IPA)[45] angehört, ganz konkret darin, daß zwei getrennte Versammlungen

---

43 Beispiele, die Mauss in »Les techniques du corps« gern verwendet.
44 Diese Frage ist zu unterscheiden von der Verwendung der Psychoanalyse für die soziale Prophylaxe, die Lacan in seiner Untersuchung zu »La psychiatrie anglaise et la guerre« [1947], in: *Autres écrits*, a. a. O., S. 101-120, empfiehlt. Lacan zeigt sich darin den sozialen Anwendungen der Psychoanalyse gegenüber als aufgeschlossen. Zu Bions Arbeit in der britischen Armee schreibt er: »Ich finde darin den Eindruck des Wunders der ersten Schritte Freuds wieder: in der Auswegslosigkeit einer Situation selbst die lebendige Kraft des Eingreifens zu finden.« Ebd., S. 108.
45 Die SPP hebt sich innerhalb der IPA durch die Tatsache ab, daß sie die Lehranalyse nicht von der persönlichen Analyse unterscheidet.

abgehalten werden, eine für die SPP, die andere für die noch ganz junge französische Gesellschaft für Psychoanalyse. Lacan hält dort die berühmte Rede von Rom, die eine Einleitung zu seinem nicht weniger berühmten Bericht »Funktion und Feld des Sprechens und der Sprache in der Psychoanalyse« darstellt, in dem er die Begriffe entwickelt, ohne die sich die psychoanalytische Technik ihm zufolge in technischen Betrachtungen verliert.

> Es erscheint jedenfalls unbezweifelbar, daß die Auffassungen der Psychoanalyse in den Vereinigten Staaten uminterpretiert wurden zu einer Anpassung des Individuums an seine soziale Umgebung, zur Untersuchung von patterns des Verhaltens und zu der ganzen Objektivierung, die der Begriff der *human relations* impliziert. Besonders im Begriff des *human engineering*, der dort entstanden ist, drückt sich jene privilegierte Haltung aus, die den Menschen als Objekt ansieht.[46]

Diese Kritik beruht auf einer Auffassung des Unbewußten und der Symptombildung, die auf die französische moralistische Tradition zurückgeht. »Das ist das Eigentümliche des Geistes, daß er die Antinomien des Seins, das ihn ausmacht, zu Täuschungen entwickelt«, schreibt er 1938.[47] Die Täuschung des Geistes durch das Symptom hat eine Stütze: das Ich des Individuums, das selbst die Instanz ist, die die Täuschung ermöglicht. Lacan kommt in vielen Texten auf diesen Punkt zurück. Um verständlich zu machen, inwiefern Freud die Perspektive auf die Subjektivität modifiziert hat, bezieht sich Lacan zu Beginn des Seminars über das Ich (1953-1954) auf »die Tradition der Moralisten«,[48] und in erster Linie auf La Rochefoucauld. Ihm zufolge ist die anscheinend uneigennützige Tätigkeit des Menschen sehr oft eine Maske der Eigenliebe: »Hat er gesagt, daß wir das zu unserer Lust tun? Diese Frage ist sehr wichtig, denn bei Freud wird

---

46 J. Lacan [1953], »Fonction et champ de parole et du langage en psychanalyse«, in: *Écrits I*, a. a. O., S. 244; dt.: »Funktion und Feld des Sprechens und der Sprache in der Psychoanalyse«, in: *Schriften I*, übers. v. K. Laermann, Freiburg 1973, S. 82.

47 J. Lacan, »Les complexes familiaux«, a. a. O., S. 82.

48 J. Lacan, *Le Moi dans la théorie de Freud et dans la technique de la psychanalyse*, Paris 1978, Text hg. v. J.-A. Miller, S. 19; dt.: *Das Ich in der Theorie Freuds und in der Technik der Psychoanalyse*, übers. v. H.-J. Metzger, Freiburg 1980, S. 18. Zu Lacan und den Moralisten siehe S. Doubrovski, »Vingt propositions sur l'amour-propre: de Lacan à La Rochefoucauld«, in: *Confrontations*, Frühjahr 1980, Nr. 3, S. 31-67.

sich alles um sie drehen. Hätte La Rochefoucauld nur das gesagt, dann hätte er bloß wiederholt, was man in den Schulen von jeher lehrte [...].« Das Problem, das der Moralist aufwirft, besteht nicht darin, daß die uneigennützige Tätigkeit aus Liebe zum Ruhm entspringen kann, sondern »daß wir uns [...] täuschen. Das ist das Neue«.[49] Die Eigenliebe täuscht uns zwar, aber so, daß diese Täuschung *ohne unser Wissen* stattfindet, mit anderen Worten, unbewußt: »Es gibt einen dem *Ego* eigenen Hedonismus, der just das ist, was uns täuscht [...].« Das ist es, was Lacan an den Moralisten interessiert: Sie »[führen] eine sogenannte Wahrheitsperspektive in die Betrachtung der moralischen Verhaltensweisen oder Sitten [ein]«.[50] Das Ich ist für Lacan die Eigenliebe, die Leidenschaft für die Täuschung: »Dieses Interesse am Ich ist eine Leidenschaft, deren Wesen von der Linie der Moralisten schon geahnt wurde, die es Eigenliebe nannten.«[51] Man täuscht hier jedoch weniger die anderen als sich selbst, und in diesem Sinne hat man es nicht mit einer moralischen, sondern mit einer psychopathologischen Tatsache zu tun: Man macht sich unbewußt etwas vor, das heißt ohne daß man es merkt. Die Lacan'sche Psychoanalyse benutzt somit eine Kritik an der Welt, um die Mechanismen zu zerlegen, durch die sich das Ich in gutem Glauben täuscht.

Aber auch wenn das Ich des Subjekts gesellschaftliche Ideale verwendet, um Symptome hervorzubringen, dann bedeutet das doch nicht, daß die gesellschaftlichen Ideale Illusionen sind. In diesem Sinne schließt er einen Bericht über »Die Aggressivität in der Psychoanalyse«, der 1948 zur »gesellschaftlichen These« vorgetragen wurde und seine Analyse stützt. Es geht darum, »ihre Rolle für die moderne Neurose und das Unbehagen in der Kultur zu begreifen«.[52] Lacan prangert »die Barbarei des Darwin'schen Jahrhunderts« an, das »Laisser-faire der Raubtiere«,

---

49 J. Lacan, *Das Ich*, a. a. O., S. 17. Jean Starobinski bemerkt zu Molières Alceste: »Es ist leicht zu sehen, was der Autor der Komödie an Eigenliebe und starrsinnigem Stolz (wir würden heute ›Narzißmus‹ sagen) in die Tugend und den düsteren Kummer seiner Figur gelegt hat.« J. Starobinski, »Vorwort« zu R. Burton, *Anatomie de la mélancolie*, a. a. O., S. XIX.

50 J. Lacan, *Das Ich*, a. a. O., S. 18. Für Lacan ist Nietzsche der letzte Vertreter dieser Tradition.

51 J. Lacan [1956], »La chose freudienne«, in: *Écrits I*, a. a. O., S. 424.

52 J. Lacan [1948], »L'agressivité en psychanalyse«, in: *Écrits I*, a. a. O., S. 120.

»›den Lebensraum‹, in dem sich der Wettbewerb zwischen den Menschen entwickelt«.[53] Er beruft sich auf »die Weisheit eines Platon, [der] uns die Dialektik zeigt, die den Leidenschaften der Seele und des Staats gemein ist«,[54] und identifiziert so die Selbsttäuschung, die die Neurose ausmacht und die Tatsache, daß das Gesellschaftsleben mit Werten aufgeladen ist. Aber diese gesellschaftspolitischen Anleihen zielen immer auf das individuelle Subjekt ab, von dem die Psychoanalyse handelt.

Beim ›befreiten‹ Menschen der modernen Gesellschaft offenbart diese Zerrissenheit ihr Auseinanderklaffen bis auf den Grund des Seins. Das ist die Neurose der Selbstbestrafung mit den hysterisch-hypochondrischen Symptomen ihrer funktionellen Hemmungen, mit den psychoasthenischen Formen ihrer Entwirklichung des anderen und der Welt, mit ihren sozialen Folgen des Scheiterns und des Verbrechens. Es ist dieses bewegende, unverantwortliche Opfer, das übrigens ausgebrochen ist, indem es den Bann brach, der den modernen Menschen zur furchtbarsten gesellschaftlichen Schinderei verurteilt, die wir annehmen, wenn sie auf uns zukommt, es ist dieses Wesen des Nichts, das uns die tägliche Aufgabe stellt, ihm aufs Neue die Denkrichtung in einer diskreten Brüderlichkeit zu eröffnen, an der gemessen wir immer zu ungleich sind.[55]

Lacan betont ständig die moralische Tragweite der Psychoanalyse, insofern sie dem Subjekt ermöglicht, die Sackgassen zu bestimmen, in denen es gefangen ist. Das macht aus ihm zweifellos einen Antimodernen, aber keinen Parteigänger einer soziologischen Psychoanalyse.

In einem 1950 gehaltenen Vortrag über die Aufgaben der Psychoanalyse in der Kriminologie beteuert er, daß die Psychoanalyse keine Soziologie ist: »Aufgrund ihrer Beschränkung auf das Individuum der Erfahrung kann sie keinen Anspruch darauf erheben, die Totalität irgendeines soziologischen Gegenstands zu erfassen.«[56] Den Leitfaden dieses Vortrags bildet ein Thema, das

53 Ebd., S. 120 und 121 f.
54 Ebd., S. 121.
55 Ebd., S. 123.
56 J. Lacan und M. Cenac [1950], »Introduction théorique aux fonctions de la psychanalyse en criminologie«, in: *Écrits I*, a. a. O., S. 126. Die Bedeutung der von der Psychoanalyse entdeckten pathogenen Wirkungen des Symbolismus ist »das Gefühl, das ihnen im Erleben entspricht: die Schuld.« S. 128. Die Verbrechen und Vergehen, die aus dem Über-Ich flie-

man das neurotische Verbrechen nennen könnte, zum Beispiel »jener Medizinstudent, der keine Ruhe gab, bis er sich einsperren ließ«. Es handelt sich um eine Rubrik von Delikten oder Verbrechen, »die vom Über-Ich ausgehen«, »was es als krankhaft auszeichnet, ist sein symbolischer Charakter«. Diese mit dem Über-Ich verbundene Straffälligkeit stellt für Lacan die Gelegenheit dar, »eine Kritik der Tragweite dieses Begriffs für die Anthropologie zu formulieren«.[57] In diesem Sinne prangert er »die ständig wiederkehrenden und immer trügerischen Versuche [an], solche Begriffe wie die moralische Persönlichkeit, den Nationalcharakter oder *das kollektive Über-Ich* auf die analytische Theorie zu gründen, die von uns mit letzter Strenge unterschieden werden müssen«.[58] Wenn er im direkten Anschluß »die gesellschaftliche Bedeutung des Ödipismus« anspricht, indem er sich auf »einen Zwiespalt der familiären Gruppe« bezieht, die »auf ihre eheliche Form« reduziert ist, dann tut er dies, um die im Vergleich zu den primitiven Gesellschaften »immer ausschließlichere formende Rolle [hervorzuheben], die ihr für die ersten Identifikationen des Kindes vorbehalten ist«, und nicht, um eine Lockerung der familiären Bindungen zu behaupten, was vollkommen mit der Studie von 1938 übereinstimmt. Das kollektive Über-Ich ist ein Hirngespinst, denn das Über-Ich ist einzig und allein »eine individuelle Erscheinung, die an die gesellschaftlichen Bedingungen des Ödipismus geknüpft ist«, es ist »eine psychologische Instanz«.[59] Kann man noch deutlicher sein?

Das Ich ist für Lacan die Illusion der Autonomie. Die Vorstellungen oder Ideale, mit denen sich eine Gesellschaft selbst repräsentiert, sind zutiefst illusorisch, allerdings von einem psychoanalytischen Standpunkt aus gesehen: Sie täuschen das Subjekt,

ßen, unterscheiden sich von anderen Vergehen durch ihren symbolischen Charakter: »Ihre psychopathologische Struktur liegt nicht in der Situation des Verbrechens, die sie ausdrückt, sondern im *irrealen* Modus dieses Ausdrucks.« S. 130. Lacan erinnert an Mauss, der gerade gestorben war: »[Die] Strukturen der Gesellschaft sind symbolisch: Das gesunde Individuum bedient sich dieser Strukturen für sein wirkliches Verhalten; wenn es jedoch psychopathisch ist, drückt es sie durch symbolisches Verhalten aus.« S. 131.
57 Ebd., S. 130.
58 Ebd., S. 131. Hervorhebung der Autoren.
59 Ebd., S. 131. »Vom Individuum läßt sich keine Form des Über-Ichs im Hinblick auf eine gegebene Gesellschaft erschließen.«

und es ist die Aufgabe der Psychoanalyse, ihm zu helfen, sich von ihnen zu befreien, um zu der Wahrheit zu gelangen, die es aktiv verkennt. Zu Beginn des Seminars über das Ich behauptet Lacan, daß »der zeitgenössische Mensch zwar eine bestimmte Vorstellung von sich selbst unterhalte«, aber, so präzisiert er, »in ihrem Ursprung [transzendiert Freuds Technik] diese Illusion, die konkret auf die Subjektivität der Individuen übergegriffen hat«.[60] Beim Individuum kann sich die gesellschaftliche Vorstellung in eine Täuschung verwandeln. Dieses Thema kehrt seit den 1950er Jahren immer wieder, und Lacan hat den Gegner im Visier, der sich von dieser Täuschung irreführen ließ: die Ich-Psychologie. An dieser Stelle scheint Lacan zu einer Behauptung überzugehen, die keine psychoanalytische mehr ist: Die Ich-Psychologie ist etwas Amerikanisches, und fortan wird die Lebensweise der Amerikaner kritisiert. Der Graben zwischen der Kritik an der Ich-Psychologie und der Kritik an den Idealen wird manchmal überschritten: In dem Text von 1950 bilden Konkurrenz und Utilitarismus zum Beispiel den Gegenstand kurzer, aber heftiger und wiederholter Bemerkungen. Das Ich ist die eigentliche Täuschung der Autonomie, die Ich-Psychologie isoliert ein Ich, das frei von Konflikten ist, also verfällt diese Psychologie den Täuschungen Amerikas. »Ich wollte Ihnen«, sagt er in einer Sitzung seines Seminars über das Ich, »das nächste Mal von folgendem sprechen – *das Ich als Funktion und als Symbol*. Da spielt die Ambiguität. Das Ich als eine imaginäre Funktion greift ins Seelenleben nur als Symbol ein. Man bedient sich des Ich, wie der Bororo sich des Papageis bedient. Der Bororo sagt, *ich bin ein Papagei*, wir sagen *ich bin Ich*. All das hat keinerlei Bedeutung. Die Hauptsache ist die Funktion, die das hat.«[61] Für das Subjekt der Psychoanalyse läuft das auf dasselbe hinaus, aber für das Subjekt der Gesellschaft ist die Frage, ob man sich als Papagei oder als Ich vorstellt *ganz im Gegenteil* von allergrößter Bedeutung: Auf der soziologischen Ebene haben wir es nicht mit einer Täuschung zu tun – mit einer Phantasievorstellung, die das Subjekt täuscht –, sondern mit einem Wert, der eine Lebensform auszeichnet und daher nicht in Begriffen der falschen oder wahren Meinung vorgestellt werden kann.

60 J. Lacan, *Das Ich*, a. a. O., S. 10.
61 Ebd., S. 54.

Daß die Autonomie des Ich für die Psychoanalyse eine Illusion sei, ist eine Sache; daraus jedoch eine moralische Kritik gegenüber der Autonomie zu ziehen, insofern sie ein soziales Ideal ist, ist etwas ganz anderes. Lacan scheint manchmal die Dinge zu vermischen und einer von jenen Franzosen zu sein, die in Amerika eine Nation sehen, welche nur von materialistischen Werten in Bewegung gehalten wird.[62] In diesem Punkt ist er ganz sicher zweideutig. Dagegen scheint mir eines unbezweifelbar zu sein: Lacan argumentiert niemals zugunsten des soziologischen Gebrauchs der Psychoanalyse. Es ist logisch und folgerichtig, dem gesellschaftlichen Ideal in der Theorie und Praxis der Psychoanalyse den Status einer Illusion zu verleihen, aber unter der Bedingung, daß dieses Ideal auf die eine oder andere Weise verwendet wird, um das Ineinandergreifen von Beziehungen zu beschreiben, das die Neurose einer bestimmten Person formt, wobei eine Kur darauf abzielt, daß das sich in der Analyse befindliche Subjekt die Möglichkeit erhält, sich davon zu befreien. Und diese Einzelperson ist nicht das individuelle Muster für eine Kollektivpsychologie. Sie ist ein Fall, und jede Psychoanalyse ist eine Kasuistik.

Für Lacan wie auch für Freud gibt es zwar eine gesellschaftliche Triebfeder des Symptoms, aber die Gesellschaft ist keine direkte Ursache der Pathologien – darin besteht sein großer Gegensatz zum Kulturalismus. Wenn Freud die »kulturelle« Sexualmoral (die Anführungszeichen stammen von Freud) mit der Neurose in Beziehung setzt, übt er an jenen Kritik, die in der modernen Lebensweise die Ursache der Nervenkrankheit und vor allem der Neurasthenie sehen: »[...] nicht daß sie irrtümlich sind«, meint Freud, »sondern daß sie sich unzulänglich erweisen, die *Einzelheiten* in der Erscheinung der nervösen Störungen aufzuklären, und daß sie gerade das bedeutsamste der ätiologisch wirksamen Momente außer acht lassen.«[63] Freud geht es um die Individualpathologie, nicht um die gesellschaftliche Allgemeinheit. Das führt ihn dazu, die Aktualneurosen, wie die Neurasthenie, deren Ätiologie mit gegenwärtigen sexuellen Frustrationen verbunden ist, von den Abwehrneurosen, wie der Hysterie, zu unterscheiden, die aus Komplexen verdrängter Vorstellungen entstehen.

62 Siehe »L'idéologie de la libre entreprise« im ausführlichen Register der wichtigsten Begriffe, *Écrits* II, a. a. O., S. 383.
63 S. Freud [1908], »Die ›kulturelle‹ Sexualmoral und die moderne Nervosität«, in: *Kulturtheoretische Schriften*, Frankfurt/M. 1986, S. 16. Meine Hervorhebung.

Wenn er sich auf die moralische Ebene begibt, neigt Freud dazu, eine Kultur zu kritisieren, die auf einer zu starken sexuellen Unterdrückung basiert, und argumentiert gegen die übermäßigen Verbote der Sexualmoral. Die Neurotiker sind diejenigen, die dadurch lebensunfähig werden, daß sie sich diesen Forderungen unterwerfen: »Alle, die edler sein wollen, als ihre Konstitution es ihnen gestattet, verfallen der Neurose; sie hätten sich wohler befunden, wenn es ihnen möglich geblieben wäre, schlechter zu sein.«[64] Freud legt die Betonung auf den Pol des Verbotes, aber er steht der Sexualmoral sehr kritisch gegenüber. Lacan wiederum neigt dazu, die Betonung auf das Ideal zu legen, aber er kritisiert die gesellschaftlichen Ideale als Täuschungen des Subjekts. Freuds Neurotiker flieht in der Krankheit vor den Forderungen der Gesellschaft, während der Neurotiker Lacans sich durch den Gedanken täuscht, daß das gesellschaftliche Ideal seine Wahrheit ist. Sein Problem ist nicht mehr die Sexualmoral, sondern das Ideal als Triebfeder der Krankheit.

Die Pole der psychoanalytischen Debatte in Frankreich

Die Grenzzustände und die narzißtischen Pathologien gehören nicht zum Lacan'schen Apparat. Lacan hält im wesentlichen an der Freud'schen Dreiteilung zwischen Neurose, Psychose und Perversion fest. Die Fälle, die eine übermäßige Aggressivität als Reaktion auf Deutungen aufweisen und die daher für den Analytiker besonders schwierig sind, zeigen etwas anderes als das Fehlen einer charakteristischen Neurose: »Man begreift infolgedessen, wie diese Aggressivität auf jede Intervention antworten kann, die die imaginären Intentionen des Diskurses denunziert und das Objekt auseinandernimmt, das das Subjekt konstruiert hat, um jenen Intentionen Genüge zu tun.«[65] Hier geht es um die Schwierigkeit, sich von seinen eigenen Phantasieobjekten, von seinen falschen Gewißheiten zu lösen. Der Versuch, das Ich zu stärken, bedeutet also die Verstärkung der Entfremdung des Subjekts, indem man seine narzißtische Illusion aufrechterhält. Der Analytiker bleibt in der Phantasiewelt des Patienten gefangen,

64 Ebd., S. 22.
65 J. Lacan [1953], »Funktion und Feld des Sprechens und der Sprache in der Psychoanalyse«, in: Schriften I, a. a. O., S. 88.

wenn er ihn zu verstehen versucht: »[G]eben Sie vor allem acht, daß Sie den Kranken nicht verstehen, es gibt nichts, das Sie mehr irre macht als das.«[66] Seine Rolle besteht darin, »die Gewißheiten aufzuheben«: »Nichts darf dabei die Instanz des Ich im Subjekt betreffend hineingelesen werden, das nicht von diesem [von dem Subjekt *dieser* Analyse] in der ersten Person, also in der grammatikalischen Form des Ich (je), übernommen werden kann.«[67] Diese metaphorische Formulierung bedeutet, daß das Individuum auf der Couch nicht das Exemplar eines Musters ist, auf das die Begriffe der Psychoanalyse und ihre Techniken angewendet werden, sondern *dieses* Individuum.[68] Das Problem des Analytikers ist folglich, »das Soll seiner Ohren [...] zu erfüllen [...]: Ohren zu haben, *um nicht zu hören*, oder anders gesagt, um das aufzudecken, was gehört und verstanden werden muß«.[69] Um das Subjekt zu verstehen, muß der Analytiker die Behandlung leiten, und nicht den Patienten verstehen. Den Analytikern, die meinen, daß die Patienten entweder »ödipal« oder »narzißtisch« sind, erwidert Lacan, daß die Psychoanalyse es mit beiden Polen von Ödipus und Narziß zu tun hat. Er kritisiert die Unzulänglichkeit der ödipalen Triangulation zugunsten von etwas, das er das Quartett des Neurotikers nennt. Wie wir gesehen haben, verkörpert der Vater eine symbolische Funktion, die die

---

66 J. Lacan, *Das Ich*, a. a. O., S. 115. In einem Brief an Anna Freud schreibt Donald Winnicott über die *Ego-Psychology* [18. März 1954]: »Ich versuche zu verstehen, warum ich diesen Begriffen so tief mißtraue. Kommt es daher, daß sie den Schein eines gemeinsamen Verstehens vermitteln können, wo es doch ein solches Verstehen gar nicht gibt? Oder hat es etwas mit mir selbst zu tun? Es kann natürlich auch beides sein.«, D. Winnicott, *Lettres vives*, übersetzt und mit Anmerkungen versehen von M. Gribinski, Paris 1989, S. 98.

67 J. Lacan, »Funktion«, a. a. O., S. 88.

68 P.-H. Castel hat das in einer klaren Sprache ausgedrückt: »Was die Originalität der Psychoanalyse ausmacht, [ist], daß sie niemanden in eine allgemeine Kategorie einreiht, weil ihre Begriffe die Funktion haben, den Fall zu singularisieren.« *À quoi résiste la psychanalyse?*, Paris 2006, S. 96. F. Bétourné erinnert daran, daß Lacan Kojèves Seminar über Hegel und *Die Phänomenologie des Geistes* gewissenhaft verfolgt, und stellt ihrem Register folgenden Satz Hegels aus der *Phänomenologie des Geistes* als Motto voran: »Der der Familie eigentümliche, positive Zweck ist der *Einzelne* als solcher« (im Text hervorgehoben). Siehe S. 222 und die Anmerkung 43, S. 222 f.

69 J. Lacan, »Funktion«, a. a. O., S. 92.

Wirklichkeit nicht völlig abdeckt. Diese für das Subjekt pathogene Abweichung beruht auf soziologischen Koordinaten, die in
der Studie von 1938 angeführt wurden. Es gibt jedoch »eine
zweite große Entdeckung«, »die narzißtische Beziehung«,[70] die
die Phantasiewelt einführt, einen dritten Begriff, der das Symbolische und das Wirkliche ergänzt und den Lacan mit dem Spiegelstadium entwickelt hat: »Die narzißtische Beziehung zu seinesgleichen ist die Grunderfahrung der imaginären Entwicklung des
menschlichen Seins.« Das Subjekt erkennt sich in einem Mitmenschen, der vollkommener ist als es selbst, und nimmt durch
diese imaginäre Beziehung seine eigene Verwirklichung vorweg.
Diese (imaginäre) Vollkommenheit »[wirft] es selbst auf die Ebene eines tiefen Ungenügens [zurück]«.[71] In Lacans Konzeption
sind die drei Register komplementär. Sie bestimmen sich gegenseitig und bilden so eine Struktur.

Zwei weitere Pole lassen sich in der französischen Debatte
über die narzißtischen Krankheiten, die Grenzzustände und den
Ort unterscheiden, der von der Idee des Ideals in der Kur eingenommen wird. Der eine Pol setzt sich aus Strömungen zusammen, die der Ich-Psychologie nahestehen, wobei sich die Franzosen in ihrer Argumentation kaum von ihren amerikanischen
Kollegen unterscheiden. Der Unterschied liegt darin, daß sie ihre
Gedanken oft in die Begriffe dieser Psychologie fassen, ohne sich
ausdrücklich darauf zu beziehen. Diese Strömung zeichnet sich
durch eine Konzeption von Defiziten und die Akzentuierung der
Unfähigkeit bestimmter Patienten aus, einen Zugang zur psychischen Konflikthaftigkeit zu gewinnen. Der andere Pol wird von
André Green, dem französischen Theoretiker der narzißtischen
und der Grenzpathologien, repräsentiert.

Die dritte Topik André Greens

Um die Überlegungen André Greens zu beschreiben, stütze ich
mich vor allem auf den Bericht, den er 1975 auf dem Kongreß
der Internationalen Psychoanalytischen Vereinigung in London

70 »Der Narzißmus ist der Grundpfeiler des Lacan'schen Systems«, schreibt
André Green 1976. »Un, autre, neutre: valeurs narcissiques du même«,
in: *Narcissisme de vie, narcissisme de mort*, Paris 1983, S. 38.
71 J. Lacan, *Der individuelle Mythos*, a. a. O., S. 38.

vorgestellt hat. Ein zweiter Bericht wurde von Leo Rangell erbeten (der von 1969 bis 1973 zweimal Präsident der APA und einmal der IPA war), der die »klassische« Position verteidigen sollte. Die Darstellung, die Rangell dort gibt, geht kaum auf den Narzißmus ein[72] und zitiert im übrigen weder Kohut noch Kernberg. Die Diskussion wurde von Anna Freud eröffnet, deren Waffenträger, wenn man so sagen darf, Leo Rangell war. Es handelt sich also eher um eine Kontroverse zwischen Rangell und Green.[73] Greens Bericht, der 1974 in der *Nouvelle revue de psychanalyse* und 1975 in *La Revue française de psychanalyse* erschien, ist ein Klassiker der psychoanalytischen Literatur. Green bemüht sich um die Ausarbeitung einer »dritten Topik«, in der die Grenzzustände und die narzißtischen Pathologien neben den Neurosen, Psychosen und Perversionen ein pathologisches Ganzes bilden. Wo Lacan die Betonung auf das Symptom als Sprache legt, bevorzugt Green das Gefühl und die Leidenschaft (er bezieht sich auf Hamlet, um Ödipus zu relativieren). Sein Bericht wird zu einem Zeitpunkt veröffentlicht, da die Psychoanalyse nicht nur in der französischen Gesellschaft verankert ist, sondern sich immer noch auf dem Gipfel ihrer Beliebtheit befindet.

Innerhalb der SPP hat André Green eine originelle Sicht auf den Narzißmus und die Grenzzustände entwickelt, indem er sich auf die britische Psychoanalyse stützte und sich zugleich Lacan und der genetischen Perspektive der Ich-Psychologie widersetzte.[74] Als Autor zahlreicher Werke setzt er sich als eine zentrale Figur der französischen Psychoanalyse um 1970 mit einer Position durch, die zum Bezugspunkt für diejenigen Psychoanalytiker wird, die sowohl im Gegensatz zu Lacan als auch zur Ich-Psychologie stehen. Für Lacan und Green ist das Problem des Narzißmus vorrangig. Beide entwickeln eine Konfliktkonzeption, aber Green ist der Ansicht, daß die narzißtischen und Grenzpathologien (bei denen der Narzißmus ebenfalls im Vordergrund steht) neben den Neurosen, Psychosen und Per-

---

72 »Ich verstehe und teile das Interesse nicht, das der Narzißmus gegenwärtig als separate Entität hervorruft.« L. Rangell, »Psychanalyse et changement. Essai sur le passé, le présent et l'avenir«, a. a. O., S. 335.

73 Siehe M. S. Bergman, »La dynamique de l'histoire de la psychanalyse: Anna Freud, Leo Rangell et André Green«, in: G. Kohon (Hg.), *Essais sur »La mère morte« et l'œuvre d'André Green*, Paris 2009.

74 Siehe Greens Kritik an Hartmann, in: *La Folie privée. Psychanalyse des cas-limites*, Paris 1990, S. 31 und 228.

versionen eine vierte Struktur darstellen. Im Gegensatz zu den Ich-Psychologen, die diese Pathologien durch ein Defizit charakterisieren (unzulängliche Umwelt etc.) und den Konflikt auf die Übertragungsneurose beschränken, dehnt Green den Konflikt auf diese Fälle aus: »Sobald die Konfliktorganisation regressive Schichten berührt, die jenseits der klassischen Fixierungen liegen, die man bei den Übertragungsneurosen beobachtet, erweist sich der Anteil des Narzißmus als bedeutsamer, und zwar selbst bei denjenigen Konflikten, bei denen er keine dominierende Stellung einnimmt.«[75]

Green entwirft ein System. Er ordnet sich zwischen Hartmanns Historizismus, dessen genetischen Ansatz[76] er kritisiert, und Lacans Strukturalismus[77] ein, mit dem er bricht, obwohl er doch bestimmte wichtige Aspekte beibehält. So definiert er zum Beispiel das Begehren, indem er ausdrücklich eine Formel Lacans aufnimmt: »Die Bewegung, durch die das Subjekt dezentriert wird.«[78] Green macht auf das Alter dieser Diagnosen aufmerksam. Er vertritt die Idee, daß man es bei den Grenzzuständen mit einer »dritten Topik«[79] zu tun hat. Er wirft den Anhängern dieser neuen Diagnosen vor, sich auf die Patienten konzentriert zu haben, ohne die Analytiker zu berücksichtigen. Die Umwendung des Blicks auf den Analytiker führt ihn dazu, »sich die Frage zu stellen, ob die gegenwärtige Veränderung einzig und allein auf den bloßen Anstieg der Häufigkeit von Fällen zurückgeht«, und den Vorschlag zu machen, daß man damit aufhören solle, eine objektive Analyse der Klientel anzustreben, um sich auf eine andere Hypothese zu konzentrieren: »Das Bewußtwerden der ge-

75 A. Green, *Narcissisme*, a. a. O., S. 15. Green meint, daß das Paar Selbst/Objekt besser erklärt, was in der Klinik mit Bezug auf Freud und seine Übertragungsneurose geschieht, daß »es [aber] zumindest ärgerlich wäre, in der Psychoanalyse einen Schnitt zwischen dem Alten und dem Neuen zu setzen.« Ebd., S. 19.

76 Die meisten Autoren, die er in seinem Bericht berücksichtigt, stützen sich »auf eine genetische Konzeption, um die Symptome der Grenzfälle zu erklären.« Ebd., S. 120.

77 A. Green, *Folie*, a. a. O., S. 168 und 233 f.

78 A. Green, *Narcissisme*, a. a. O., S. 20.

79 A. Green, *Folie*, a. a. O., S. 94. Nachdem er betont hat, daß »die als Bezugspunkt dienende Stellung dieses [Neurosen-]Modells nicht mehr so offensichtlich ist«, liefert Green Argumente, um zu zeigen, daß diese Strukturen »einen immer bedeutenderen Teil des klinischen Feldes der Psychoanalyse darstellen.« Ebd. S. 31 f.

genwärtigen Veränderung betrifft die Veränderung seitens des Analytikers.«[80] Man kann die Patienten nicht isoliert untersuchen, ihre Symptome können nicht objektiv bestimmt werden, denn sie hängen vom Zuhören des Analytikers ab. Patienten und Analytiker sind komplementär zueinander, und ihre Beziehungen bilden den Gegenstand der Reflexion.

Angesichts schwieriger Patienten, die den Rahmen in Frage stellen, sondieren die Analytiker ihre eigenen Reaktionen auf das, was ihre Patienten ihnen in diesen Krisen mitteilen. Diese Problematik führt Green dazu, drei Punkte in Beziehung zueinander zu setzen: den Narzißmus, da es schließlich um ihn geht, den Rahmen der Kur und die umfassendere Konzeption der Gegenübertragung, da die Infragestellung des Rahmens nicht mehr gestattet, daß man sich mit der Analyse der Inhalte des Gesagten begnügt. Vielmehr muß dieser Rahmen daraufhin erweitert werden, was der Patient dem Analytiker mitteilt.

Das Hauptproblem besteht darin, »den Interpretationskode, der von Freud und der klassischen Analyse ausging, in Koexistenz und Harmonie mit denjenigen Deutungsschemata zu bringen, die sich aus dem Beitrag der Klinik und der Theorie der letzten zwanzig Jahre ergaben«. Seine Hypothese besagt, daß das Bewußtsein der Veränderung zunächst ein solches der Veränderungen der Wahrnehmung und der Sensibilität des Analytikers, und nicht von Veränderungen der Patienten ist, die ihm »untergeordnet sind«. Die Analytiker haben damit begonnen, etwas anderes zu hören als das, was sie zuvor hörten (»der Analytiker hört [...], was bislang unhörbar war«[81]). Green betont, daß man sich nicht mit einem scharfen Gegensatz zwischen den Vertretern einer Psychoanalyse begnügen kann, die sich auf die Neurosen beschränkt, und Vertretern einer Erweiterung, denn »man kann keinen gültigen Gegensatz mehr herstellen zwischen Fällen, die in das sichere Gelände der klassischen Analyse fallen, und denen, wo der Analytiker im schlammigen Sumpf steckenbleibt«. Was hören die Analytiker Neues? Daß es in der Neurose psychotische und nicht nur neurotische Abwehrmechanismen gibt und daß, wenn der Analytiker einen Zugang zum psychotischen Kern findet, »er es mit dem zu tun bekommt, was man wohl *den privaten*

80 Ebd., S. 66.
81 Ebd., S. 68.

237

Wahnsinn des Patienten nennen muß«.[82] Freud sei die Neurosen angegangen, indem er sie von ihrem Anteil an Wahnsinn und Leidenschaft gereinigt habe: Die *Studien über Hysterie* zeigen Patienten mit »beunruhigenden Symptomen«, insbesondere Halluzinationen, oder sekundären Zuständen, die ihre Eigenschaft als Hysteriker fraglich machen. Green meint, daß Freud das hysterische Chaos »neurotisiert« habe und daß es heute absolut notwendig sei, eine Trennung zwischen neurotischen Problematiken und Grenzzuständen vorzunehmen, das heißt schließlich »den Wahnsinn wieder dort hinzuversetzen, wo sein Platz seit jeher anerkannt wurde, nämlich ins Zentrum des menschlichen Begehrens«. Der psychotische Kern ergibt sich aus der Tatsache, daß es bei diesen Patienten nicht um den Wunsch nach und die Angst vor der Kastration geht, sondern um die Angst vor der Trennung, die in einem systematischen Gegensatz zur Angst vor dem Eindringen steht und »die gedankliche Leere, die Hemmung der Vorstellungen« hervorruft. Bei diesen Patienten gibt es sowohl einen Mangel als auch einen Überschuß: Greens Überlegungen konzentrieren sich weniger auf einen Mangel als auf eine besondere Konflikthaftigkeit dieser Patienten. Sie weisen eine Symptomatologie auf, die sich durch den Eindruck eines leeren Kopfes, der Unmöglichkeit, sich zu konzentrieren usw. auszeichnet. Wie in der Psychose fehlt ihnen die Möglichkeit zur Symbolisierung. »Der Patient«, schreibt Green, »nimmt Gleichsetzungen vor, aber er symbolisiert nicht.« So stellt der Analytiker nicht die Mutter (oder den Vater) dar, sondern er *ist* die Mutter (oder der Vater), und die Wörter werden wie Dinge verwendet. »Die psychische Funktion ist durchdrungen vom Vorbild der Handlung.«[83] In den Grenzzuständen ist es also die Abwesenheit, an der es mangelt. Der Analytiker »ergänzt, was diesem Patienten fehlt«, er trägt nicht dazu bei, einen Sinn wiederzufinden, den der Patient verloren hat, sondern »er stellt einen *abwesenden* Sinn dar«.[84]

Diese dritte Topik macht Freuds Modell der Neurose »komplizierter«, denn es hat »den privaten Wahnsinn«, die Leidenschaften nicht integriert, um die Wiederholung und die Destruktivität, die bei dieser Art von Patienten vorkommt, zu besiegen.

---

82 Ebd., S. 68, 67, 70, 73.
83 Ebd., S. 174, 77, 89, 93.
84 Ebd., S. 88. Hervorhebung des Autors.

Es handelt sich um stabile Strukturen. »Die Wiederholungsphänomene, die in den Analysen von Patienten beobachtet werden können, die von schweren Kindheitstraumata gezeichnet sind, zeigen, daß [...] die elterlichen Objekte eine aktive Rolle gespielt und einen Konflikt strukturiert haben, der sich deutlich von den Konflikten unterscheidet, die man bei gewöhnlichen Neurotikern beobachtet«,[85] ein Konflikt, der durch einen grundlegenden Mangel strukturiert wird. Die Reform des Neurosenmodells gestattet die Erweiterung des Aufmerksamkeitsfeldes auf Patienten, die durch die Schwierigkeit der Übertragung, die Gleichgültigkeit gegenüber jeder Interpretation oder im Gegenteil durch das Gefühl des Eindringens gekennzeichnet sind. Sie verwandelt unanalysierbare Patienten, weil sie nicht in den Rahmen der Neurose passen, in analysierbare Patienten. Die Versuchung der Empathie erscheint, »wenn die Schwere der Krankheit, das Gewicht der Vergangenheit, die Schwere der Verzerrungen, die den elterlichen Imagines zurechenbar sind, dem Analytiker den Eindruck vermitteln, daß der unbewußte Schöpfer [...] neutralisiert wurde«.[86] Green fordert eine dritte Topik, und zwar nicht wegen einer Veränderung der Sitten, die Veränderungen der Persönlichkeit verursachten, oder wegen einer Einschränkung der Behandlungsindikation, wie bei den Amerikanern, sondern wegen einer Erweiterung der Kur auf eine besondere Konfliktkonstellation, die von den Briten deutlich erkannt wurde.

Der diskrete Ton der französischen Ich-Psychologie

Der Meister der französischen Psychologie der 1950er Jahre, Daniel Lagache, hatte es auf die Konstruktion einer allgemeinen und pathologischen Psychologie abgesehen. In seiner Antrittsvorlesung an der Sorbonne im Jahr 1947, die zwei Jahre später unter dem Titel *L'Unité de la psychologie. Psychologie expérimentale et psychologie clinique* veröffentlicht wird, versteht Lagache die Psychoanalyse als eine Teilmenge der klinischen Psychologie.[87]

85 Ebd., S. 30.
86 Ebd., S. 31.
87 A. Ohayon, *Psychologie et psychanalyse en France. L'impossible rencontre 1919(-1969)*, Paris 2006, mit einem neuen Nachwort des Autors, S. 284.

Das Studium der *Ego-Psychology* muß in der französischen Psychoanalyse erst noch geleistet werden. Wenn man im Register der *Revue française de psychanalyse* zwischen 1950 und 1975 nachschlägt, sieht man, daß ihr viele Aufsätze gewidmet sind, daß die amerikanischen Vertreter dieser Schule in der Zeitschrift reichlich veröffentlicht werden und daß ihre französischen Anhänger zahlreich sind. Dagegen sind Melanie Klein und Donald Winnicott kaum vertreten (zwei Aufsätze von Klein und fünf von Winnicott). 1964 werden zwei Aufsätze von Kohut zur Phantasievorstellung veröffentlicht, und man wird auf das Jahr 1978 für eine Übersetzung seines einschlägigen Aufsatzes »Überlegungen zum Narzißmus und zur narzißtischen Wut« warten müssen. Kernberg wird hier ab 1990 veröffentlicht.[88] Die Aufsätze, die die Begriffe »Narzißmus«, »Grenzzustände« oder »Charakterneurose« erwähnen, sind in den 1950er Jahren selten, nehmen aber ab Mitte der 1960er Jahre zu. 1964 veranstaltet die SPP eine Konferenz über den Narzißmus, die im darauffolgenden Jahr in der Zeitschrift veröffentlicht wird. 1966 ist eine Ausgabe den Charakterneurosen gewidmet. Die *Nouvelle revue de psychanalyse*, die 1970 von J.-B. Pontalis gegründet wurde, widmete von Beginn an zahlreiche Aufsätze und ganze Nummern den Grenzzuständen, der Leere, der Abwesenheit oder der Stimmung. Die Zeitschrift ist sehr offen gegenüber der Philosophie, Literatur und Anthropologie. Ich habe keine Aufsätze gefunden, die die Beziehungen zwischen gesellschaftlicher Wirklichkeit und Psychopathologie im einzelnen darlegen, sondern nur allgemeine Bemerkungen zu der Tatsache, daß eine solche Beziehung besteht.

Die *Revue française* gehört der SPP an, von der sich Lacan 1953 getrennt hat. Aber diese Gesellschaft kann nicht mit der Förderung der Ich-Psychologie gleichgesetzt werden. Elisabeth Roudinesco zufolge »ist es schwierig, wirkliche Strömungen innerhalb der SPP zu identifizieren, denn die Mitglieder dieser Gesellschaft erkennen sich im allgemeinen in keiner Strömung wieder. Insgesamt sind sie Post-Freudianer, Neo-Freudianer und andere mehr von der englischen Schule der Psychoanalyse beein-

---

88 Eine Studie wird 1975 Kohut gewidmet: J. Palaci, »Réflexions sur le transfert narcissique et la théorie du narcissisme de Heinz Kohut«, in: *Revue française de psychanalyse*, Januar-April 1975, Bd. 39, S. 279-314.

flußt als von der amerikanischen.«[89] Wenn man in der *Revue française de psychanalyse* auch manchmal Aufsätzen begegnet wie zum Beispiel »Rôle du Moi autonome dans l'épanouissement de l'être humain« (Die Rolle des autonomen Ich für die Entfaltung des Menschen, 1967),[90] hat sich die französische Psychoanalyse doch nicht als eine psychoanalytische Psychologie verstanden, deren Ziel die Anpassung des Patienten ist. Auch wenn »die kritische Heftigkeit, die in Frankreich von den unterschiedlichen Anpassungen der Psychoanalyse in den Vereinigten Staaten [im Zusammenhang mit Lacans Rückkehr zu Freud] gespeist wird, [zunächst] [...] frappiert«,[91] nimmt doch die Ich-Psychologie weniger die Stellung einer Schule als vielmehr einer Art von Atmosphäre ein, die die Schriften von Analytikern durchdringt, die allen verschiedenen Strömungen angehören. Dagegen begegnet man ihr am Ende des 20. Jahrhunderts als impliziter Lehre der Psychoanalyse der sozialen Bindung wieder.

Das Thema der narzißtischen Pathologien in ihren Beziehungen zum Sittenwandel erscheint unauffällig in der *Revue française de psychanalyse.* Soziologische Anspielungen zeigen sich im Laufe der 1970er Jahre, aber ohne Anlaß zu heftigen Auseinandersetzungen zu geben. Eine Ausgabe der *Revue française de psychanalyse* von 1975, in der der Bericht Leo Rangells veröffentlicht wird, ist der Zukunft der Psychoanalyse gewidmet. Évelyne Kestemberg und Serge Lebovici sind der Ansicht, daß sie »kaum mehr Gegenstand wirklich ernsthafter Angriffe weder seitens der Medizin noch seitens jener ist, die sich für ihre verschiedenartigen Implikationen interessieren mögen«.[92] In der französischen Gesellschaft erfreut sich die Psychoanalyse allgemeiner Beliebtheit, und es geht eher darum, eine Verwässerung der Disziplin in einer Vulgata zu verhindern und die Grenzen ih-

89 E. Roudinesco, *La Bataille de cent ans. Histoire de la psychanalyse en France. 2. 1925-1985*, Paris 1986, S. 583.

90 Dieser Text von Sacha Nacht geht auf einige Probleme der Arbeiten Hartmanns ein, die in derselben Ausgabe veröffentlicht sind, Mai-Juni 1967, Bd. 31, Nr. 3, S. 429-432.

91 P. Fédida, »À propos du ›retour à Freud‹«, in: *Nouvelle revue de psychanalyse*, Herbst 1979, Nr. 20, »Regards sur la psychanalyse en France«, S. 106.

92 E. Kestemberg, S. Lebovici, »Réflexions sur le devenir de la psychanalyse«, in: *Revue française de psychanalyse*, Januar-April 1975, Bd. 39, Nr. 1-2, S. 27-57, S. 29.

res Anwendungsfeldes zu erforschen. So protestieren die beiden Autoren beispielsweise gegen »den Gebrauch des Adjektivs ›narzißtisch‹« in »metaphorischen und nicht-symbolischen Verwendungen«, die »in den außeranalytischen und unglücklicherweise auch in bestimmten psychoanalytischen Kreisen, sein Gewicht als Grenzbegriff«[93] zerstören – eine Anspielung auf Greens Arbeit. Im Grunde besteht das wichtigste Phänomen darin, daß das Unbewußte keinen Skandal mehr hervorruft. Es wurde banalisiert und ist zu einem wiederkehrenden Thema geworden. Kestemberg und Lebovici merken an, daß die Analytikergesellschaften »die starke Vermehrung der Psychotherapien, die sich gegen die Psychoanalyse unter dem Vorwand der Wirksamkeit erhoben haben, nicht behindern werden«. Sie präzisieren, daß die Kur in erster Linie für die »symptomatischen und offenen Neurosen von mittlerem Schweregrad« geeignet ist, aber daß »uns die Modifikation neurotischer Strukturen gezwungen hat, atypischere Fälle zu akzeptieren, bei denen die Abwehr durch den Charakter und die Schwäche des narzißtischen Panzers die Möglichkeiten der Mobilisierung einschränken«.[94] Diese Erweiterung der Klientel und der Einwirkung der Psychoanalyse auf die Abwehr durch den Charakter hat eine Verlängerung der Kuren zur Folge. In derselben Ausgabe urteilt der Amerikaner Kurt Eissler, daß die Psychoanalyse unfähig sei, die Pathologien der Anomie zu behandeln, die Furore machen und von denen die am weitesten verbreitete die Drogenabhängigkeit ist: »Die Auflösung der Gesellschaftsstrukturen [...] richtet sich auch auf die Reduktion individueller Strukturen. Die Struktur der Psychopathologie der Zukunft scheint völlig verschieden von der Struktur der Psychopathologie sein zu müssen, deren Therapie zur Entwicklung der Psychoanalyse beigetragen hat.«[95]

Die soziologischen Anspielungen zielen auch auf die Einbindung von Psychoanalytikern in Pflegeeinrichtungen, die eine Klientel empfangen, welche sich von der der freischaffenden Psychoanalytiker unterscheidet. Didier Anzieu hebt das Mißverhältnis zwischen der von den psychoanalytischen Gesellschaften

93 Ebd., S. 34. Das Thema der Verwässerung der Psychoanalyse durchzieht die ganze Ausgabe.
94 Ebd., S. 29 und 40.
95 K. R. Eissler, »Remarques irrévérencieuses sur le présent et l'avenir de la psychanalyse«, in: *Revue française de psychanalyse*, Januar-April 1975, Bd. 39, Nr. 1-2, S. 300.

angebotenen Ausbildung und der Lage in diesen Einrichtungen hervor. Die Ausbildung ist an die Situation von Couch und Sessel angepaßt, läßt aber die Situationen beiseite, denen man in diesen Einrichtungen begegnet, insbesondere bei Kindern und Geisteskranken. Diese Entwicklung der Klientel ist besonders geprägt durch »unsere Kultur [...], [die] nahegelegt [hat], daß alle Wünsche befriedigt werden können, und die immer mehr überflüssige Persönlichkeiten hervorbringt, die den Stempel der emotionalen Unreife und einer immer wieder von vorne beginnenden narzißtischen Erneuerung tragen«.[96] Viele Kliniker stellen den Anstieg depressiver Symptome fest. Die Depression beginnt als solche, und nicht nur als Symptom während einer Neurose, zu einem Problem für die Psychoanalytiker zu werden. Insbesondere geht es um die Frage, ob diese nicht-neurotischen Depressionen zunehmen oder ob der Eindruck der Zunahme der depressiven Symptome im Vergleich zu der Epoche Freuds mit verschiedenen Manifestationen der Hysterie verbunden ist. Hier und da sieht man Hinweise auf einen Zusammenhang zwischen den Auswirkungen des Mai '68 auf die Sitten und der Zunahme der Depressionen,[97] die pathologische Strukturen implizieren, welche nicht vom Primat des Ödipuskomplexes geprägt sind. Jean Bergeret stellt sich 1974 die Frage, warum »sich angesichts der Abnahme der Zahl von Neurotikern, die nach Hilfe suchen, die Psychoanalytiker, die mehr und mehr Patienten mit Grenzzuständen annehmen, sich manchmal durch sie so peinlich berührt fühlen«. Diese Patienten können nicht in einer Struktur klassifiziert werden, denn das, was sie aufweisen, sind »Fehlstrukturierungen«, die durch die Schwierigkeit gekennzeichnet sind, geistige Vorstellungen hervorzubringen, wo das Ich-Ideal, und nicht das Über-Ich, »ihnen übel mitspielt«.[98] In seinem Buch über *La Dépression et les états-limites*, das 1975 erschien, protestierte Bergeret »gegen das magere Interesse, das man heutzutage der Charakterologie entgegenbringt«, denn »die Bestandteile des Charakters [...] stellen das Wesen der psychischen Funktion dar«.[99] Die Grenzzustände betrachtet er als besondere Gruppe. Die Depression be-

96 D. Anzieu, »La psychanalyse au service de la psychologie«, a. a. O., S. 144.
97 Siehe A. Ehrenberg, *Das erschöpfte Selbst*, a. a. O., Kap. 4.
98 J. Bergeret, »Limites et états analysables«, in: *Nouvelle revue de psychanalyse*, Herbst 1974, Nr. 10, S. 118 und 113.
99 J. Bergeret, *La Dépression et les états-limites*, Paris 1975, S. 7 und 10.

herrscht das klinische Bild. Ihre Ätiologie hat mit der unzulänglichen Triangulation in der Weitergabe durch die Eltern zu tun.
»Diese Persönlichkeiten«, betont Bergeret, »machen einen bedeutenden Anteil in allen Bevölkerungsschichten aus, in denen
die Bedeutung der Familie abgenommen hat.« Hinsichtlich der
geläufigen Meinung, daß die Psychoanalyse weniger Übertragungsneurosen als in der Heldenzeit zu sehen bekomme,

> könnte man höchstens vermuten, daß der Ausfall der familiären Un-
> terstützung in einem bestimmten soziologischen Kontext die Möglich-
> keiten der Strukturierung neurotischer Verhaltensweisen etwas zu-
> rückgedrängt hat, während doch die Anstrengung, die die modernen
> Gesellschaften aufwenden, um die elterlichen Schwierigkeiten mit
> dem Kleinkindalter zu mildern, wahrscheinlich die Risiken einer früh-
> zeitigen Psychotisierung verringert hat.[100]

Die Entwicklung der Gesellschaft ist dank dem Ausbau eines
spezialisierten, professionellen Netzes zugleich von einer Abnahme ödipaler Strukturierungen, aber auch von einem Rückgang
der Zahl von Psychosen bei Kindern geprägt.

Seit der Mitte der 1970er Jahre scheint für viele Psychoanalytiker die Phantasievorstellung nicht mehr im Zentrum der Psychopathologie zu stehen. Sie wird anscheinend zugunsten des
Handelns und der Wirklichkeit zurückgedrängt, wodurch diese
neuen Pathologien charakterisiert sind.

Die französische Psychoanalyse als Metawissen:
Beruf, Massenkultur, Politik

Nach dem Vorbild dessen, was sich in den Vereinigten Staaten
ereignete, hat sich die Psychoanalyse in Frankreich als Massenkultur und Berufspraxis verbreitet. Bei uns weist sie die Besonderheit auf, sich in der Gesellschaft als Politik und Philosophie
verankert zu haben. Sie erlebte die einzigartige Situation, das
geschaffen zu haben, was Robert Castel zu Recht »eine psychoanalytische Intelligentia«[101] nannte. Ich gebe hier einen Über-

---

100 Ebd., S. 18 und 24.
101 R. Castel, *La Gestion des risques*, Paris 1981, S. 159.

blick[102] über die drei Aspekte zwischen den 1950er Jahren und der Wende der 1980er Jahre, die mit der französischen Veröffentlichung der Werke von Sennett und Lasch zusammenfällt.

Ein Beruf

Bei diesem Punkt müssen wir uns mit wenigen Bemerkungen begnügen. Um 1950 befindet sich die französische Psychoanalyse in einer gesellschaftlichen Situation, die sich völlig von der der amerikanischen Psychoanalyse unterscheidet. Ihr Widerhall in der Gesellschaft ist noch schwach, die Zahl der Analytiker beläuft sich auf einige Dutzend, mit einem Schwerpunkt vor allem in Paris (die beiden Lehrstühle für Psychologie an der Sorbonne sind mit Psychoanalytikern besetzt); sie dringt in die Psychiatrie ein, und zwar mit einigen Sprechstunden zur geistigen Hygiene in den psychiatrischen Krankenhäusern und Ambulanzen, aber im Vergleich mit der amerikanischen Psychoanalyse bleibt sie noch randständig. In der Mitte der 1960er Jahre hat sie schon ihre Verankerung in der Psychiatrie eingeleitet, insbesondere aufgrund des Gebrauchs psychotroper Medikamente (Neuroleptika und Antidepressiva), die die Herstellung der Kommunikation zwischen dem Psychiater und seinem Patienten erleichtern und so die Durchführung einer Psychotherapie ermöglichen, die ihrerseits als Grundbehandlung betrachtet wird.[103] Die Medikamente haben den Psychiatern erlaubt, sich für den Inhalt der Delirien, für die Persönlichkeit der Patienten, für ihre Reden und ihre Übertragungen zu interessieren. Die Psychoanalyse bietet also eine Möglichkeit, einen Zugang zu den Patienten zu finden. Kein Abteilungsleiter ist in der Pariser Region 1960 Psychoanalytiker; 1965 machen sie schon einen Anteil von einem Drittel aus.[104] Mehr und mehr Assistenzärzte in der Psychiatrie machen eine Analyse. Diese wird zu einer nahezu verpflichtenden Durchgangsstation für die Berufsausübung, weil die bifokale Therapie, die einen Arzt, der psychotrope Medikamente verschreibt, und

---

102 Dabei greife ich auf behelfsmäßige Mittel zurück, von denen es zur Geschichte der Psychoanalyse in Frankreich nicht viele gibt. Uns fehlt insbesondere eine historische Soziologie.
103 A. Ehrenberg, *Das erschöpfte Selbst*, a. a. O., Kapitel 3.
104 R. Castel, *La Gestion des risques*, a. a. O., S. 94.

einen Psychotherapeuten miteinander verbindet, die empfohlene Handlungsweise ist. Ein Teil der Bewegung der institutionellen Psychotherapie, die von Psychiatern getragen wird, die sich mit dem Ziel engagieren, die Praktiken in den Krankenhäusern zu reformieren, akzeptiert die Psychoanalyse als Vorbild. Die Entwicklung der Tageskrankenhäuser und der ambulanten Pflegedienste, in denen sich die psychotherapeutischen Praktiken entfalten, unterstützt ebenfalls ihre Verankerung. Nach der Konferenz über das Unbewußte, die 1960 in Bonneval von Henri Ey organisiert wurde, dem Exponenten der Bewegung der *Évolution psychiatrique*, die die Prominenz der französischen Philosophie und die des kleinen und stark gespaltenen psychoanalytischen Milieus versammelt, »werden sich Assistenzärzte«, Élisabeth Roudinesco zufolge, »zu ihren – vorzugsweise Lacan'schen – Sofas begeben, wobei sie zugleich *Wahnsinn und Gesellschaft* lesen«.[105] Die Entwicklung ambulanter psychiatrischer Pflegedienste in den Sektoren der Psychiatrie erweitert die Klientel, indem sie klinische Populationen mit psychiatrischen Störungen anspricht, die zwar keinen Krankenhausaufenthalt brauchen, aber durch eine Psychotherapie behandelt werden können.

Durch die Professionalisierung der Psychologie dringt die Psychoanalyse auch in die staatliche Erziehung und die Erziehungsanstalten ein. Die amerikanischen Techniken der Gruppenanalyse dienen als Multiplikatoren der Psychoanalyse, durch die sie den Sozialarbeitern und Lehrern, aber auch den Eltern vermittelt wird.[106] Die Zunahme der Anzahl psychopädagogischer Zentren (die 1947 geschaffen wurden) und medizinisch-pädagogischer Zentren (bei denen der medizinische Leiter meistens Psychoanalytiker ist), die Patienten in steigender Zahl empfangen, ist eine starke Stütze für die Verankerung der Psychoanalyse.[107] 1977 zählt man 257 solche Zentren, und die Mehrheit der behandelten Kinder »werden aufgrund von Schwierigkeiten, die sie in der Schule haben, zur Behandlung empfohlen«.[108] Robert Castel und Jean-François le Cerf sind 1980 der Ansicht, daß im Spek-

---

105 E. Roudinesco, *La Bataille de cent ans*, a. a. O., S. 319. Das Werk wurde 1961 veröffentlicht.
106 A. Ohayon, *Psychologie et psychanalyse en France*, a. a. O., S. 313-319.
107 D. Anzieu, »La psychanalyse au service de la psychologie«, a. a. O.
108 R. Castel, J.-F. Le Cerf, »Le phénomène ›psy‹ et la société française. Vers une nouvelle culture psychologique«, in: *Le Débat*, Mai 1980, Nr. 1, S. 4.

trum der Pflegetechniken »der psychotherapeutische Ansatz sich eine zentrale Stellung gesichert hat, was durch das gegenwärtige Publikum der Psychoanalyse hinreichend bewiesen wird«.[109]

An den Universitäten entwickelt sich die Lehre, an der Universität Paris-8-Vincennnes seit der Folgezeit von 1968. Nachdem sie von Serge Leclaire initiiert worden war, wird sie rasch von der École de la Cause freudienne monopolisiert. An der Universität Paris-VII-Jussieu gründet Jean Laplanche 1970 das Labor für Psychoanalyse und Psychopathologie und danach die Zeitschrift *Psychanalyse à l'université*.

Im Laufe der 1960er Jahre erleben die Analytikergesellschaften ein starkes Wachstum und verlassen das Heldenzeitalter.[110] In der Mitte des Jahrzehnts werden die SPP und die Pariser Freud'sche Schule von »Riesenwuchs«[111] befallen. Die Ausdehnung des Berufszweigs bis zum Tode Lacans 1981 findet zur gleichen Zeit wie die Zunahme der Spaltungen statt, was zu einem Mosaik von Gesellschaften, aber auch von Zeitschriften und Buchreihen führt. Élisabeth Roudinesco ist der Ansicht, daß »1973 das Freud'sche Frankreich sich mit seiner gewaltigen Lacan'schen Komponente [...] und seiner nicht weniger gewaltigen IP-istischen« – der Pariser Psychoanalytischen Gesellschaft, die der IPA angegliedert ist – »auf dem Höhepunkt seiner Macht befindet«. »Die Sofas sind auf allen Seiten zum Brechen voll und die Klientennetzwerke perfekt eingerichtet.«[112]

Der Eintritt in die Massenkultur

Bereits seit den 1950er Jahren ruft die Psychoanalyse jedoch schon ein Echo in den Medien hervor. So findet man beispielsweise in fast jeder Nummer der Illustrierten *Elle* Artikel über die Psychoanalyse. Der Geist, in dem die Psychoanalyse dargestellt wird, läßt sich anhand eines Artikels von 1952 in *France-Soir*, der damals am meisten gelesenen Tageszeitung, zusammenfassen: »Bestand ihr großes Verdienst im Grunde nicht darin, alle

109 R. Castel, J.-F. Le Cerf, »Le phénomène ›psy‹ et la société française. La société de relation«, in: *Le Débat*, Juni 1980, Nr. 2, S. 41.

110 In diesem Punkt stimmen R. Castel, E. Roudinesco und A. Ohayon überein.

111 E. Roudinesco, *La Bataille de cent ans*, a. a. O., S. 589.

112 Ebd., S. 601. Der Autor gibt keinerlei Zahlen bezüglich der Klientel an.

Verbote, alle ›Tabus‹, die die Sexualität umgaben, auf ihr angemessenes Maß zurückzuschrauben?«[113] Zumindest wenn die
Psychoanalyse positiv dargestellt wird (was bei etwa drei Vierteln der Artikel von *France-Soir* der Fall ist), ist sie ein Mittel zur
Lockerung der gesellschaftlichen Konventionen und fordert die
Menschen dazu auf, einen reflektierenden Blick auf sich selbst zu
richten. Im Laufe des folgenden Jahrzehnts appellieren *Elle* und
Marie-Claire, später dann auch *Cosmopolitan*, an Mediziner
und Psychologen, beginnen mit der Verbreitung Freud'scher Begriffe, veröffentlichen zahlreiche Briefe von Leserinnen, die ihre
üblichen Dilemmata schildern. Die Depression beginnt zum Gegenstand einer intensiven Aufmerksamkeit zu werden und bietet
der Psychoanalyse einen Zugang zum großen Publikum: die
Frauenmagazine, aber auch die Wochenzeitungen wie *L'Express*
und *Le Nouvel Observateur* betonen, daß Depression und
Wahnsinn nicht identisch sind und daß psychisches Leiden auch
den Gesundesten zustoßen kann. Sie fordern dazu auf, den Arzt
aufzusuchen. Die Artikel sind im allgemeinen vorsichtig, was das
Verschreiben von Antidepressiva angeht, und empfehlen eine
Psychotherapie als Grundbehandlung. Mit anderen Worten, die
Depression entkoppelt das psychische Leiden von der Psychiatrie, die damals mit dem psychiatrischen Krankenhaus gleichgesetzt wird. Der Ton ist immer sehr positiv, und was die Psychoanalyse betrifft, wie es immer der Fall ist, wenn sie in den Medien
erscheint, so ähnelt sie der psychoanalytischen Psychologie.[114]

Im Laufe der 1960er Jahre werden in den großen Verlags-
häusern mehrere Buchreihen gestartet, die der Psychoanalyse
gewidmet sind. Die *Écrits*, die 1966 veröffentlicht werden, sind
ein Bestseller. Das *Vocabulaire de la psychanalyse* von Laplanche und Pontalis, das 1967 erschien, wird zum unumgängli-

---

113 S. Moscovici, *La Psychanalyse, son image et son public*, Paris 1961.
72% der Artikel von *France-Soir* sind der Psychoanalyse wohlgeson-
nen, S. 473. Von 64 Nummern, die S. Moscovici untersucht hat, haben
63 mindestens einen Artikel über die Psychoanalyse veröffentlicht. »In
jeder Modellinie von *Elle* findet man einen Bereich (Erziehung, Psycho-
somatik usw.), in dem ein bestimmter Typ von Erklärung vorherrscht
(das Unbewußte, der Komplex, die Verdrängung usw.)«, S. 471.

114 In *Das erschöpfte Selbst* habe ich eine Erhebung bei *Elle* und *Marie-
Claire* zur Depression, psychologischen Problemen, Psychotherapien
und psychotropen Medikamenten zwischen 1950 und 1980 durchgeführt. Ich fasse sie hier zusammen.

chen Bezugspunkt, wenn man die Psychoanalyse erlernen will. Popularisierende Werke werden ebenfalls gedruckt. Die berühmtesten sind jene von Pierre Daco in der Reihe »Marabout«. 1960 widmet er in *Les Prodigieuses Victoires de la psychologie* Freud ein Kapitel, »der Inquisitor des Unbewußten«, in dem er die Psychoanalyse mit vielsagenden Metaphern darstellt – das Es ist der Grund eines Sees, der »*Bläschen* (Symptome) freisetzt, die dann auf der *Oberfläche* (Bewußtsein) zerplatzen« –, die er mit einfachen Fällen illustriert. 1965 veröffentlicht er *Les Triomphes de la psychanalyse*, worin er die Psychoanalyse in all ihren Facetten beschreibt und, um dem Leser das Schuldgefühl zu nehmen, die Neurose als »eine wirkliche Krankheit«[115] darstellt. Diese beiden Werke werden zu Hunderttausenden von Exemplaren verkauft – und sind heute immer noch erhältlich. Sie sind im Ton der psychoanalytischen Psychologie geschrieben. Von 1967 an startet Ménie Grégoire ihre Sendung *Chère Ménie* auf RTL, gefolgt 1976 von Françoise Dolto auf France-Inter. Doltos Sendung, *Lorsque l'enfant paraît* (der Titel wurde dem berühmten Gedicht Victor Hugos entlehnt), wird in drei Bänden veröffentlicht und ist für den Verlag ein beträchtlicher Erfolg. Der öffentliche Dialog über persönliche Probleme setzt sich in den Lebensgewohnheiten fest. Ménie Grégoire hatte eine Analyse gemacht, und Françoise Dolto – muß man daran erinnern? – war Analytikerin.

Im Laufe der 1970er Jahre zeigen alle Altersklassen ein gesteigertes Interesse an der Psychoanalyse, vor allem aber die Gymnasiasten, die Freud seit kurzer Zeit auf ihrem Philosophieprogramm haben. Fünfzig Buchreihen werden der Psychoanalyse im Verlagswesen gewidmet, Lacan hält 1973 zwei Vorträge im Fernsehen (die von *Les Éditions du Seuil* unter dem Titel *Télévision* veröffentlicht werden). Sherry Turkle faßt die Situation der Psychoanalyse folgendermaßen zusammen:

Während sie von der Universität legitimiert wird und in den Medien ein schmeichelhaftes Bild genießt, erscheint die Psychoanalyse in den Augen des französischen Publikums als eine literarische, pädagogische oder gar politische Disziplin. Ob man ihn bei der Arbeit mit normalen

---

115 P. Daco, *Les Prodigieuses Victoires de la psychanalyse*, Paris 1973, S. 177 (dem Buchumschlag der letzten Auflage von 2009 zufolge wurden 1.500.000 Exemplare verkauft), und *Les Triomphes de la psychanalyse*, Paris 1977.

Kindern oder philosophierend in der Einsamkeit seines Schreibtischs zeigt, der Psychoanalytiker erscheint als eine beruhigende Persönlichkeit mit einem offenen Ohr für die alltäglichen Sorgen und Probleme, für die er Spezialist ist.[116]

Die Franzosen scheinen sich zur Psychoanalyse bekehrt zu haben, aber zu einer französischen Psychoanalyse, die sich von dem gemeinen Nebenprodukt der amerikanischen Psychoanalyse, das heißt der Ich-Psychologie, unterscheidet.

Wir haben gesehen, daß sich die Psychoanalyse in den Vereinigten Staaten in einem Umfeld ausbreitet, in dem die psychotherapeutischen Berufe schon vorhanden sind. In Frankreich geht die Psychoanalyse der Explosion neuer psychologischer Therapien im Laufe der 1970er Jahre voran. Während dieses Jahrzehnts verbreiten sich erfolgreich Gruppentechniken amerikanischen Ursprungs. Die bekanntesten davon sind Arthur Janovs Urschrei, Alexander Lowens Bioenergie und vor allem die Bewegung des menschlichen Potentials von Abraham Maslow und Carl Rogers. Was sind ihre Ziele? Die Herstellung eines inneren Wohlbefindens, das die Beziehungen mit den anderen erleichtert. Das Thema des psychologischen Wachstums, das bei der amerikanischen Mittelschicht schon gut verankert ist, wird in Frankreich eingeführt. Die religiösen Erneuerungen und die Gruppen des *New Age* beginnen ebenfalls ihren Aufschwung. Sie erneuern die alte Tradition der Heilung durch die Religion, indem sie die psychologischen Schwierigkeiten der modernen Menschen integrieren. Ihre Ziele? Die persönliche Entfaltung, wobei das Religiöse und der Bezug zu Gott durch Psychotherapie angereichert werden. Die Psychoanalyse, schreiben Robert Castel und Jean-François Le Cerf 1980, »war das wichtigste Instrument zur Verbreitung einer neuen psychologischen Kultur, in der sie sich heute zu verlieren beginnt«.[117]

116 S. Turkle, *La France freudienne*, a.a.O., S. 267. Robert Castel stellt 1981 fest, daß »die psychoanalytische Vulgata zur wichtigsten Grundsprache der psychologischen Kodierung des Lebens geworden ist.« *La Gestion des risques*, S. 159. Er fügt hinzu: »Bald ist sie die Wissenschaft der Eingeweihten, bald die Sprache von fast jedermann, um Beziehungsprobleme, schulische Mißerfolge oder Ehekonflikte auszudrücken.« S. 161.

117 R. Castel, J.-F. Le Cerf, »Le phénomène ›psy‹ et la société française«, a.a.O., S. 29.

Eine neue Kultur sowohl des Glücks als auch des Handelns breitet sich in Frankreich gerade zu der Zeit aus, als es um 1960 zu einer neuen Wertschätzung des Privatlebens kommt (siehe unten, 5. Kapitel). Ein Glück, das nicht mehr darin besteht, daß man sein Schicksal akzeptiert, wobei man aus den Volksalmanachen die Rezepte zur Anpassung schöpft, sondern darin, daß man sich eine Geschichte schafft, die offen für die Zukunft ist, indem man lernt, mit seinen Kindern, seinem Partner und im weiteren Sinne mit beliebigen anderen Personen in allen Lebenssituationen zu kommunizieren. Diese Gesamtheit von Vermittlungen bringt gemeinsame Bedeutungen zum Ausdruck, die sich jeder persönlich aneignen kann. Sie eröffnet einen gemeinsamen Raum, der der psychischen Wirklichkeit Gestalt verleiht, das heißt dem psychischen Leben, insofern es eine Wirklichkeit ist, die zählt (und keine bedeutungslose, individuelle Träumerei), und daher den Stil einer Psychologie formt, die für die Massen genauso psychoanalytisch wie humanistisch ist. Der psychoanalytische Hintergrund stellt Reflexionsinstrumente bereit, eine Gesamtheit von Kategorien, die eine Grammatik des inneren Lebens bilden und für gewöhnliche Menschen bestimmt sind, während gleichzeitig die Medien die Scham oder die Schuldgefühle reduzieren, die jeder empfinden könnte, wenn er von sich selbst spricht.[118] Als Massenkultur hat die Psychoanalyse eine populäre Metapsychologie geliefert, in der sich das Verständnis des Patienten für die Ich-Psychologie und die Lacan'sche Wahrheit über das Subjekt munter miteinander vermählen. Dieser Synkretismus hat sich durch die humanistische Psychologie als völlig annehmbar erwiesen. Von hier aus gelangt man auch zu der seit dem Beginn der 1970er Jahre wiederkehrenden Behauptung, daß sich die Psychoanalyse popularisiert und in den Psychotherapien aufgelöst hat oder daß das Unbewußte keinen Skandal mehr auslöst. Zu dieser Zeit ist die große Gefahr für die Psychoanalyse im Grunde ihr Erfolg, die Tatsache, daß sie die Disziplin ist, die für sich allein die Legitimation beansprucht, persönliche Probleme zu lösen. Das große Publikum hat übrigens Mühe mit der Unterscheidung der neuen Therapien von der Psychoanalyse.[119] Green

---

118 Zu diesen Punkten siehe L'Individu incertain, a. a. O., S. 222-232 und Das erschöpfte Selbst, a. a. O., S. 140-151.

119 »Die Kritiken, die sich gegen die Psychoanalyse richten, gegen ihre lange Dauer oder ihre Unwirksamkeit, haben zur Verbreitung von Praktiken geführt, die häufig von ihr inspiriert werden oder sich von ihr absetzen,

sagt das 1984 ausdrücklich: »Was den Unterschied zwischen Psychotherapie und Psychoanalyse angeht, so lassen die zeitgenössischen Formen der Psychoanalyse diese Unterscheidung für den Nichteingeweihten als wenig zugänglich erscheinen.«[120] Wie in den Vereinigten Staaten hat die Psychoanalyse eine solide Lösung, das heißt ohne ernsthafte Konkurrenz, für das heikle Problem geliefert, das darin besteht, die Diagnose aufgrund einer Schlußfolgerung mit der Behandlung zu verknüpfen. Aber im Unterschied zu den Vereinigten Staaten findet die französische psychoanalytische Rechtsprechung eine zusätzliche Stütze aufgrund des Erwerbs einer philosophischen und politischen Stellung, eines intellektuellen Anstrichs, ohne die in Frankreich nichts wirklich zählt. Auf diese Weise ist sie ein wesentlicher Teil der Elitekultur.

Die Politik der Psychoanalyse

Die Politik der Psychoanalyse ist nicht im engen Sinne einer Interessenpolitik für ihre Berufsausbildung oder für die Stellung der Gesellschaften für Psychoanalyse in ihrem Verhältnis zu den Institutionen zu verstehen, obwohl die Fragen nach der Ausbildung und Akkreditierung der Anwärter im Zentrum aller Abspaltungen stehen, sondern im edlen Sinne einer allgemeinen Mission, die die Psychoanalyse sozusagen von Natur aus besitzt, insofern sie den Zugang zu einer Wahrheit gestattet, die die soziale Bindung betrifft. Die politisch-philosophische Wende der Psychoanalyse beginnt mit Lacan, als die Philosophie sich ihrer bemächtigt. Wir wissen, daß in den 1920er Jahren die literarischen und surrealistischen Kreise die ersten sind, die an der Psychoanalyse Interesse finden: »In Frankreich beobachtete man ein einzigartiges kulturelles Phänomen in der Geschichte der Psychoanalyse: die Tatsache, daß die Intelligentia schon lange vor den professionellen Kreisen alarmiert war.«[121] Von den 1960er

die aber die Öffentlichkeit nur schwer von der Psychoanalyse unterscheidet.« S. Lebovici, »L'identité du psychanalyste«, in: *Le Débat*, November 1984, Nr. 32, S. 182.

120 A. Green, »L'exercice de la psychanalyse«, in: *Le Débat*, November 1984, Nr. 32, S. 128.

121 V. Smirnoff, »De Vienne à Paris«, in: »Regards sur la psychanalyse en France«, *Nouvelle revue de psychanalyse*, 1979, Nr. 20, S. 24.

Jahren an verkörpert Lacan das Bündnis zwischen der Intelligentia und der Psychoanalyse. Die Formel, die die Vermittlung zwischen Psychoanalyse, Philosophie und Politik herstellt, ist: »Umsturz des Subjekts«. Seit der Mitte des Jahrzehnts ist die Psychoanalyse in Frankreich mehr als nur Psychoanalyse: eine Philosophie des Subjekts, die aber dezentriert ist und folglich behauptet, mit der philosophischen Egologie zu brechen.

Wo nur das ›Ich denke‹ war, soll das Unbewußte werden: Im Laufe der letzten vier Jahrzehnte und vor allem seit den 1960er Jahren hat sich das Schicksal des Subjekts im französischen Denken um diese Notwendigkeit herum abgespielt – selbst für viele Philosophen, die keine Erfahrung mit der Kur hatten. Besonders für sie war die Rolle der öffentlichen Lehre Lacans während dieses Umbruchs entscheidend. Die verführerische Kraft, die er auf Neohegelianer, Phänomenologen und andere Neocartesianer ausübte, hat sie unmerklich dazu geführt, sich von den Evidenzen des Bewußtseins zu lösen.[122]

Der Schlüsselbezug ist Lacan und die Eröffnungsszene, »Die Rede von Rom«: Sie setzt das Ich des Individuums dem Gesetz des Subjekts entgegen. In den zweideutigen Formeln Lacans kann jeder eine Verteidigung der französischen Lebensweise gegen den ungezügelten Individualismus, Kapitalismus und Materialismus Amerikas finden.

Amerika, wo man den Fachmann fragt, »welches sein Gebiet ist«, und wo man meint, daß eine bestimmte Person Spezialist für narzißtische Übertragung und eine andere für die Psychologie des Ich sei, wurde von J.-B. Pontalis Frankreich gegenübergestellt, wo »es darum geht, die Wirkungen der Erschütterung, die die Entdeckung des Freud'schen Unbewußten nach sich zog, zu messen und jedermann spüren zu lassen, aber *ohne bestimmbare Grenzen*. Für die Psychoanalyse kann es gar kein bestimmtes Revier geben, wenn durch sie das *ganze* Revier erschüttert wird.«[123] Beide Modelle gibt es in Frankreich, das erste wird vertreten durch das Institut für Psychoanalyse, dessen Projekt von Sacha Nacht vorangetrieben wurde, das zweite wird von der französischen Gesellschaft für Psychoanalyse repräsentiert, die von La-

122 M. Dayan, »D'un ci-devant sujet«, in: *Nouvelle revue de psychanalyse*, 1979, Nr. 20, S. 80.
123 J.-B. Pontalis, »Introduction« zu »Regards sur la psychanalyse en France«, in: ebd., S. 8.

can und Lagache geschaffen wurde und die intellektuelle Elite Frankreichs dazu einlädt, Vorträge zu halten und in *La Psych- analyse* zu veröffentlichen (Jean Hyppolite, Merleau-Ponty, Claude Lévi-Strauss, Émile Benveniste usw.). Die *Nouvelle revue de psychanalyse*, die von J.-B. Pontalis gegründet und geleitet wurde, trat 1970 bis 1994 die Nachfolge an. Bei den ersten werden die Instanzen bevorzugt, vor allem das Ich, bei den zweiten das Unbewußte als anderer Schauplatz und bald auch als politisch-philosophische Subversion, ein Phänomen, das in den beiden anderen großen psychoanalytischen Traditionen der Vereinigten Staaten und Großbritanniens unbekannt war. Der illusorischen »Stärkung« des Ich« setzt man die Wahrheit des »Umsturzes des Subjekts«[124] entgegen. Die Wahrheit des sich in der Analyse befindlichen Subjekts betrifft die ganze Gesellschaft durch eine Ausdehnung des Individuellen auf das Kollektive.

Lacan ist »keine Person, sondern ein gesellschaftliches und kulturelles Phänomen«, schrieb Sherry Turkle am Ende der 1970er Jahre.[125] Sie meint, Lacan sei der französische Freud, aber er ist auch, würde ich hinzufügen, der de Gaulle der Psychoanalyse, der ihr Image wieder aufwertet, wobei er zugleich dem Persönlichkeitskult nachgibt. Er hat seinen Zuhörern »die Leidenschaft der Anfänge« vermittelt, das Gefühl, zur Avantgarde eines neuen Abenteuers der Psychoanalyse und sogar ihrer Neugründung zu gehören. Im Unterschied zu Freud fordert er eine philosophische Kultur, nimmt Bezug auf Hegel und hebt zugleich den Materialismus des Symptoms hervor. Die wichtigsten französischen Psychoanalytiker der 1970er Jahre standen in ihrer Jugend (in den 1950er und 60er Jahren) zum größten Teil Lacan nahe, auch wenn sie sich danach von ihm getrennt haben. Viele Analytiker, darunter auch solche, die gegen ihn waren, und an erster Stelle André Green, erinnern an »die außergewöhnliche intellektuelle Aufregung, die der ersten Abspaltung gefolgt ist«,[126] mit ihrer Vielzahl an Seminaren. Das französische psychoanalytische Denken entwickelt sich während der nächsten zwanzig Jahre entlang der Scheidelinie für oder gegen Lacan. Auch der

---

124 J.-B. Pontalis, »Le métier à tisser«, in: *Nouvelle revue de psychanalyse*, 1979, Nr. 20, S. 9. »Unser *Beruf*: Wir sind weder Wissenschaftler noch Künstler, sondern arbeiten nach Maß!«, S. 11.
125 S. Turkle, *La France freudienne*, a. a. O., S. 34.
126 A. Green, in: P. Froté (Hg.), *Cent ans après*, Paris 1998, S. 136.

Kontext einer sehr spekulativen französischen Psychiatrie hat eine besondere Atmosphäre begünstigt.

Auf Einladung von Louis Althusser, die von einigen Absolventen der École normale supérieure unterstützt wurde, darunter Jacques-Alain Miller, seinem zukünftigen Schwiegersohn und zukünftigen Herausgeber seines Seminars, wird 1964 Lacans Seminar von Sainte-Anne an die École normale supérieure verlagert. Die intellektuelle Elite nimmt daran teil, und die Zuhörerschaft ist äußerst zahlreich. Althusser rühmt die Rückkehr zu Marx genauso wie Lacan die Rückkehr zu Freud. Er liest die frühen Manuskripte von Marx und läßt sie lesen, so wie Lacan sich für die frühen Schriften Freuds interessiert, für die »vorpsychoanalytischen« Texte und insbesondere für den *Entwurf einer Psychologie*,[127] was zu jener Zeit völlig originell ist. Beide praktizieren eine Läuterung der Theorie durch den Aufruf zur Lektüre der Texte und drängen jeden Leser zu einer persönlichen Interpretationsarbeit, was Sherry Turkle zu der Behauptung veranlaßt, daß es sich um einen »psychoanalytischen Protestantismus«[128] handelt. Althusser publiziert in der theoretischen Zeitschrift der kommunistischen Partei, *La Nouvelle Critique*, einen Artikel über Freud und Lacan, in dem er zeigt, daß Lacan einen anderen Freud hervortreten läßt als denjenigen, der Träger einer gefährlichen Psychologisierung für die Arbeiterklasse ist, weil diese die Determination durch das Gesellschaftliche nicht sieht: »Seit Marx wissen wir, daß das menschliche Subjekt, das ökonomische, politische oder philosophische Ego, nicht das ›Zentrum‹ der Geschichte ist [...]. Freud enthüllt uns seinerseits [...], daß das menschliche Subjekt dezentriert ist, daß es aus einer Struktur gebildet ist, die ebenfalls nur ein ›Zentrum‹ in der imaginären Verkennung des ›Ich‹ besitzt, das heißt in den ideologischen Gebilden, in denen es sich ›erkennt‹.«[129] Auf der argumentativen Ebene betrachtet Lacan jedoch keinesfalls, wie wir gesehen haben, dieses Verkennen als ideologisch, sondern als das pathogene Element, von dem sich das in der Analyse befindliche Subjekt nur schwer löst. Diese Verschiebung des Psychopathologischen zum Sozialen wird später eine Konstante der psychoanalytischen Po-

127 In seinem Seminar von 1954-1955 über *Das Ich*, a. a. O.
128 S. Turkle, *La France freudienne*, a. a. O., S. 35.
129 Zitiert v. S. Turkle, ebd., S. 122, und für weitere Angaben S. 120-122, und E. Roudinesco, *La Bataille de cent ans*, a. a. O., S. 381-392.

litik sein. Aufgrund eines merkwürdigen Schicksals wird die Psychoanalyse durch Lacan über den »Umsturz des Subjekts« dennoch in Frankreich zu einer Soziologie und Politik. In der Folgezeit von 1968 gibt Lacan selbst, der aus der IPA gegen seinen Willen ausgeschlossen wurde, die Figur eines Rebellen ab. Was jedoch zählt, ist, daß Lacan durch seinen Aufruf zur Rückkehr zu Freud und zur direkten Lektüre von Freuds Texten die Existenz einer Kirche (die IPA) und ihrer Orthodoxie (die Ich-Psychologie) bestreitet.

Er erneuert die Freud'schen Begriffe (einige seiner Begriffe sind in »dem« Laplanche und Pontalis dargestellt), und das glückliche Schicksal des Lacan'schen Vokabulars in Frankreich läßt die Behauptung zu, daß er »sehr wohl eine Psychoanalyse ›französischen Stils‹ zu schaffen wußte«, wie der Psychoanalytiker Victor Smirnoff 1979 schreibt: »Frankreich wurde hauptsächlich wegen Lacan von der Psychoanalyse *gefesselt*, die zu einer *kulturellen Tatsache* geworden ist, die sich deutlich von ihrem Schicksal in den Vereinigten Staaten unterscheidet. In den verschiedensten intellektuellen Bereichen hat sie eine ausschlaggebende Stellung eingenommen, hat sich an der Universität niedergelassen und ist zu einem integrierenden Bestandteil des politischen und institutionellen Diskurses geworden. Ob man darüber glücklich ist oder ob man es bedauert, man muß ihre Tragweite anerkennen.«[130] Zu Beginn der 1970er Jahre ist die Psychoanalyse populär genug, um einen soziologischen Essay anzuregen, der einen großen intellektuellen Erfolg erfährt, *Le Psychanalysme* von Robert Castel. Am Ende der 1970er Jahre wird Pontalis schreiben, daß sich auf diese Weise »der Heldenmut des Dissidententums und die Bequemlichkeit des Lehrstuhls«[131] miteinander vermählt haben. Von der »Psychologie des Ich« bis zum »Umsturz des Subjekts« spannt sich eine Rhetorik, die seit dem Ende der 1970er Jahre unter der Schirmherrschaft Lacans einen festen Platz hat, und zwar unabhängig von der Position, die die Analytiker ihm gegenüber einnehmen.

---

130 V. Smirnoff, »De Vienne à Paris«, a. a. O., S. 56. Hervorhebung des Autors.
131 J.-B. Pontalis, »Introduction«, a. a. O., S. 7.

Die Verschränkung von Fragen beruflicher und
politischer Art

Seit den 1970er Jahren verschränken sich berufliche und politische Fragen recht deutlich, wenn es um den Markt der Psychoanalyse einerseits und um die pathologischen Züge der rekrutier-
ten Patienten andererseits geht. Es mangelt uns zwar an einer
historischen Soziologie des Berufszweigs, aber eine Diskussion,
die 1984 von der Zeitschrift *Le Débat* zu der Frage angestoßen
wurde, ob man dem Beruf des Psychoanalytikers einen geschützten Status zuerkennen soll, erlaubt zumindest, einige faktische
Probleme aufzuwerfen. Die Diskussion wird von einem Aufsatz
Robert Castels in Gang gebracht.[132] Um 1980 gab es angeblich
tausend Psychoanalytiker, die in Gesellschaften eingetragen waren. Die wichtigste davon war die EFP Lacans und später, nach
ihrer Auflösung, die École de la Cause freudienne und die
Lacan'sche Konstellation. Aber niemand kann sagen, wie viele
frei niedergelassene Therapeuten sich auf die Psychoanalyse
berufen. Man muß alle diejenigen hinzuzählen, die in Einrichtungen arbeiten, im wesentlichen Psychologen, und die sich auf
die Psychoanalyse berufen, ohne eine Privatklientel zu haben
oder sogar ohne einer Gesellschaft anzugehören, außerdem
noch, um das Bild noch komplizierter zu machen, diejenigen,
die einer Lacan'schen Gesellschaft angehören, ohne Psychoanalytiker zu sein. Die Psychologen verlangen einen Status, der den
Titel regelt und schützt – er wird ihnen 1985 verliehen. »Einige
tausend Personen nennen sich Psychoanalytiker«, schätzt Serge
Lebovici,[133] von denen ein Teil sicherlich aus Personen besteht,
die von den Gesellschaften abgelehnt wurden. »Die Psychoanalyse«, schreibt Robert Castel, »hätte sich nicht in diesem Maßstab durchsetzen können, wenn sie nicht über eine Belegschaft

132 R. Castel, »Le statut comme analyseur de la psychanalyse«, in: *Le Débat*, Mai 1984, Nr. 30, worauf in derselben Nummer Serge Lebovici und
Jacques-Alain Miller und in *Le Débat*, Nr. 32, André Green, Élisabeth
Roudinesco, Léon Chertock und ein Psychoanalytiker, der anonym blei-
ben wollte, antworten.
133 S. Lebovici, »L'identité du psychanalyste«, in: *Le Débat*, Mai 1984,
Nr. 30, S. 181. E. Roudinesco schätzt »[die Mitgliederzahl der EFP] zum
Zeitpunkt ihrer Auflösung 1981 auf ungefähr 500 Mitglieder, dreimal
mehr als in der SPP und zehnmal soviel wie anderswo«, in: *Le Débat*,
Nr. 32, S. 139.

kleiner Leute verfügt hätte, die ihr zu Diensten stand, um die untergeordneten Stellen zu besetzen, und zwar vor allem in den Einrichtungen.« Diese Belegschaft, die insbesondere von dem unvergleichlichen Ansehen der Psychoanalyse angezogen wurde, ist zugleich eine starke Unterstützung für ihre Verbreitung in den zahlreichen Betreuungseinrichtungen. Die Expansion der Psychoanalyse bringt eine unbarmherzige Wirklichkeit zum Vorschein: Die prekäre Lage eines Teils der Personen, die sich als Psychoanalytiker bezeichnen. Die quantitative Ausweitung des Angebots entspricht nicht unbedingt einer ähnlichen Zunahme der Nachfrage. Die großen Bataillone der Psychoanalyse ergeben sich aus einer Aufheizung der psychoanalytischen Maschine. Wir haben es mit der Situation eines freien Berufs zu tun, dessen Rechtstitel nicht durch staatliche Anerkennung geschützt, sondern einer harten Konkurrenz um die Privatklientel ausgesetzt ist. De facto regelt der Berufszweig die Konkurrenz durch zwei Mittel: Er produziert massenhaft Autoren und Akademiker.

Was die Akademiker angeht, so ist die Psychologie in den 1970er Jahren neben der Medizin zum Zugangsweg in den Beruf geworden. Da es allerdings keine Eingangsauswahl für die Psychologieausbildung gibt, ist die Zahl der Studenten, die potentielle Kandidaten für diesen Beruf sind, notwendig viel größer als in der Medizin. Nun ist die Psychoanalyse aber der einzige freie Beruf, dessen Rechtstitel nicht geschützt ist und der keinen besonderen Studiengang mit Aufnahmeprüfung erfordert (wie bei Medizin oder Jura). Wie ein Psychoanalytiker bemerkte, der sich an der Debatte über den Status beteiligte, wird dadurch ein nicht-selektiver Zugang »aufgrund der finanziellen, sozialen oder akademischen Selektion zu einem Berufstyp [gestattet], der im Prinzip zu den am meist behüteten gehört«.[134] Hier liegt in der Tat eine Ausnahmesituation der Psychoanalyse als Beruf vor. Daher ist eine Professur eine Möglichkeit zur Rekrutierung von Patienten bei den Studenten, die potentielle Kandidaten für den Beruf sind, vor allem für jene, die keine hinreichend gefestigte Stellung in einer Gesellschaft innehaben und »die nicht über den nötigen Bekanntheitsgrad verfügen«, um eine Klientel anzuziehen. Diejenigen, die den Rang eines Professors erreichen, zeichnen sich häufig durch einen radikalen Diskurs aus. Ein Psycho-

---

134 A. Green, »Exercice de la psychanalyse«, in: *Le Débat*, Nr. 32, S. 135.

analytiker bemerkt dazu klarsichtig: »Hier werden natürlich von den am dauerhaftesten an der Spitze der Universitätshierarchie niedergelassenen Professoren mit größtem Nachdruck die unnachgiebigsten Positionen über den asozialen und a-institutionellen Charakter der Psychoanalyse vertreten.«[135] Die Reinheit des Diskurses ist hier proportional zum Grad der institutionellen Macht des Lehrenden.

Was den Psychoanalytiker als Autor angeht, so ist die Vervielfachung psychoanalytischer Schriften ein weiteres Mittel, um die Klientel anzuziehen, vor allem für jene, die über keinen Universitätsstatus verfügen (Lacan ist hier das Vorbild): »Schreiben, veröffentlichen, ›sich einen Namen machen‹ sind für einen Psychoanalytiker keine unmotivierten Tätigkeiten. Sie sind das Mittel zur Gewinnung von Autonomie in einer Welt, in der die Abhängigkeitsverhältnisse, einschließlich der ökonomischen, stärker als anderswo sind. Und sie sind ein Mittel, um Patienten zu gewinnen.«[136] Der Stil der Veröffentlichungen und die Gegenstände, von denen sie handeln, gehen weit über klinische, therapeutische oder metapsychologische Fragen hinaus: Man handelt hier von der Theorie als Fiktion, von der Intertextualität, man produziert literarische Essays, die vom Unbewußten bearbeitet werden, das wie eine Sprache der Subversion strukturiert ist. »Auch wenn bestimmte Texte ein offensichtliches ›Talent‹ offenbaren«, schreibt Bernard Pingaud 1979 in einer gut dokumentierten Untersuchung, »auch wenn man im Laufe der Lektüre jene literarischen Glücksfälle findet, wo man tatsächlich eine einzigartige Stimme entdeckt, dient doch das Gerede häufig als Ersatz für Originalität.«[137] In einem literarischen Land wie Frankreich, wo ein Buch von Régis Debray, das großen Erfolg hatte, übrigens gerade die intellektuelle Macht anprangert (*Le Pouvoir intellectuel en France*, 1979), ermöglicht die Veröffentlichung von Aufsätzen und Büchern, die die Sache der Psychoanalyse anhand der Literatur und der Philosophie bearbeiten, um sie in einem subtileren Licht als dem der psychoanalytischen Begriffe zu zeigen, Träumereien, Phantasievorstellungen oder Wünsche einer Klientel zu nähren, von der man annehmen darf, daß sie in der Psycho-

135 Ebd., S. 135-136.
136 Ebd., S. 134.
137 B. Pingaud, »Les contrebandiers de l'écriture«, a. a. O., S. 141-162.

analyse nicht nur eine Behandlung, sondern auch eine ... Wahrheit sucht.[138]

Jenseits der unsicheren Situation eines Teils des Berufszweiges und der gestiegenen Konkurrenz um die Patienten wirft diese Situation ein Problem der Berufskontrolle von Leuten auf, die sich Analytiker nennen, ohne daß man weiß, ob sie es wirklich sind und was sie tun. Und man begegnet dem wieder, was in der Debatte zwischen Lacan und Green hinsichtlich der Doktrin auf dem Spiel stand. Green greift den Gebrauch des Lacan'schen Denkens an, der darin besteht, daß man den Patienten sich auf der Couch ausstrecken läßt und schweigt, wobei das Schweigen in seinen Augen ein ... Übergang zum Handeln ist: »Diese tödliche Idealisierung der Analyse [...] konnte noch eine gewisse Glaubwürdigkeit haben, als die analytische Klientel sich aus leichten Neurotikern rekrutierte, die einen Nutzen aus dieser Minimalerfahrung ziehen konnten. [...] Die Veränderung in der analytischen Praxis und Klientel zeigt uns, daß die einfache Neurose nunmehr weder das Zentrum noch die Hauptsache der psychoanalytischen Praxis und Klinik ist.«[139] Die Schwierigkeit der Fälle, die sich durch einen Angriff auf die Rahmenbedingungen auszeichnen, erfordert »eine lange, ernsthafte, eifrige Ausbildung und einen hohen Grad von *Verantwortung*«.[140] Ihre Zunahme in der Klientel rührt nicht von Veränderungen der Lebensgewohnheiten her, sondern von der Ausdehnung des Marktes der Psychoanalyse, die eine Diversifikation der pathologischen Kategorien bewirkt. Die Verantwortung des Analytikers ist daher gestiegen: Ein bestimmter Patient kann dekompensieren, wenn er einen Schub von Wahnvorstellungen erleidet; ein anderer kann sich auch umbringen, und wenn der sich in einer Einrichtung befindliche Geisteskranke nicht in der Lage ist, den Analytiker oder Therapeuten zu wechseln, ist es umso wichtiger, daß dessen Kompetenz durch eine Institution garantiert wird. Die Zahl der Psychoanalytiker, die durch eine Lacan'sche Gesellschaft ausgebildet werden und den Ruf besitzen, ihre Autorität nur aus sich selbst zu beziehen, verringert zwar den Marktanteil,

138 »Das ist ein konstanter Zug der Psychoanalyse in Frankreich, daß sie einen Rückhalt anderswo als in sich selbst sucht«, schreibt Michel Neyraut; »Personne n'est personne«, in: *Nouvelle revue de psychanalyse*, Nr. 20, S. 166.
139 A. Green, »Exercice de la psychanalyse«, a.a.O., S. 131.
140 Ebd., S. 131. Hervorhebung des Autors.

den jeder zu gewinnen hoffen kann, aber diese Inflation wirft gleichzeitig eine ethische Frage auf, die Green zum Ausdruck bringt:

> Der Analytiker ist einsam, das macht man sich nie genügend klar. In seiner Einsamkeit trägt er das ganze Gewicht des analytischen Urteils. [...] Zu viele Analytiker verbergen ihre Ratlosigkeit hinter der Vorsicht einer schweigsamen Kadaverisierung, die den unwiderlegbaren Vorteil aufweist, das völlige Unverständnis dessen zu verschleiern, was sich im Austausch von Übertragung und Gegenübertragung abspielt. Man hat die neutrale Zurückhaltung mit der Kultur der Objektwerdung, einer bekräftigenden Ideologie, verwechselt.[141]

Diese Zunahme der Klientel mit Charakterneurosen scheint von einem Rückgang der klassischen Klientel mit Übertragungsneurosen begleitet zu sein: »Die Zwangsneurose und die hysterische Neurose, von denen die Psychoanalytiker früher meinten, daß sie zu ihren Indikationen schlechthin gehörten, scheinen ihnen jetzt abhanden zu kommen«, behauptet ein Léon Chertock, ohne jedoch in die Einzelheiten zu gehen. Chertock ist vor allem darum besorgt, die hypnotische Suggestion gegen Freud wieder aufzuwerten. Daniel Widlöcher macht präzisere Angaben für den Fall der Hysterie, genauer für die Konversionshysterie der Patienten von *Studien über Hysterie*:

> Die analytische Therapeutik hat wahrscheinlich im Hinblick auf ihre Indikationen in einer intellektuellen und wohlhabenden Bevölkerungsschicht ›vollgetankt‹. In dieser hat die Anzahl von Konversionen kaum zugenommen noch abgenommen. Und die soziologische Erweiterung ihrer Anwendungen hat andere Arten von Nachfragen und Leiden berührt. Die Konversionshysterie wendet sich von den Blicken des Psychoanalytikers, und allgemeiner des Psychiaters, ab, um ihre Nachfrage beim Allgemeinmediziner und beim Neurologen in eindeutig medizinischer Gestalt aufrechtzuerhalten.[142]

Obwohl es unmöglich ist, dies nachzuprüfen, greift ein Teil der potentiellen Patienten aufgrund von Manifestationen von Depression oder Angst bei Hysterie oder Zwangszuständen auf eine medizinische Behandlung zurück. Diese Symptome sind zugäng-

---

141 A. Green, »Exercice de la psychanalyse«, a. a. O., S. 132.
142 D. Widlöcher, »L'hystérie dépossédée«, in: *Nouvelle revue de psychanalyse*, »L'idée de guérison«, Frühjahr 1978, Nr. 17, S. 74 f.

lich für angstlösende Medikamente und Antidepressiva. Widlöcher bemerkt ebenfalls, daß die Psychoanalytiker fortan mehr Charakterneurosen als Konversionshysterien wahrnehmen und daß sie folglich den Widerstand des Symptoms zugunsten der Abwehrmechanismen und Charakterzüge unterschätzen.

Um 1980 ist die französische Psychoanalyse auf dem Gipfel ihrer Popularität: Sie scheint eine große Klientel anzuziehen, von der ein Teil Psychoanalytiker zu werden wünscht (was die Konkurrenz um Marktanteile verschärft). Sie ist sehr präsent in den ambulanten Pflegeeinrichtungen, sie hat, wenn auch gegen ihren Willen, zur Verankerung der Psychotherapien beigetragen. Sie hat eine philosophisch-politische Stellung in der Gesellschaft aufgrund des Lacan-Effekts erlangt, der sie zum Prunkstück der französischen Kultur macht, und ist zu einem Modell für die Erkenntnis der Gesellschaft und des Menschen geworden, die sich in einem psychologischen Vokabular vollzieht.

Dieser Erfolg führt zwar dazu, daß die Öffentlichkeit sie nicht wirklich von einer humanistischen Psychologie unterscheidet (der wiederkehrende Hinweis auf die Verwässerung des puren Goldes der Psychoanalyse zum gemeinen Kupfer der Psychotherapie), aber er besiegelt die Erhebung des dynamischen (Freud'schen, Lacan'schen oder humanistischen) Psychotherapeuten zu einer zentralen Figur der demokratischen Gesellschaft. Man kann darin eine Art von posthumer Rache Lagaches erblicken, der in seiner berühmten Vorlesung von 1947 über die Einheit der Psychologie die Psychoanalyse als »eine Form von klinischer Psychologie und Psychotherapie [betrachtete], die insbesondere von der Untersuchung der Übertragung bestimmt wird«.[143] Wir müssen jedoch eine beträchtliche Nuance für den Fall Frankreichs hinzufügen, eine Nuance, die ihre ganze Bedeutung gewinnen wird, wenn wir die Autonomie als Zustand untersuchen. Die Figur des Psychoanalytikers[144] unterscheidet sich in einem Punkt vom Psychotherapeuten (oder vom Psychoanalytiker amerikanischen Stils): Er besitzt ein Gesamtwissen, das ihm erlaubt, die Wahrheit über den Menschen als gesellschaftliches Wesen zu sagen.

143 D. Lagache, *L'Unité de la psychologie*, Paris 2004, 7. Aufl., S. 70.
144 »Der Analytiker ist in Frankreich also zu einer Persönlichkeit geworden«, anstatt sich damit zu begnügen, niemand zu sein, »eine gesichtslose Gestalt«, schreibt M. Neyraut. »Personne n'est personne«, a. a. O., S. 167.

In einer neuen Zeitschrift, *Confrontations*,[145] deren Ziel es ist, eine Schnittstelle von Überlegungen zu sein, die außerhalb der psychoanalytischen Schulen angesiedelt sind, kann man beispielsweise 1980 aus der Feder eines nicht-Lacan'schen Psychoanalytikers, der Generalsekretär der SPP war, lesen, daß das Unbewußte »eine politische Entscheidung« ist:

> Was das Unbewußte in seiner Wirklichkeit in die Tat umsetzt, impliziert eine neue soziale Bindung: eine Bindung, die keine Beziehung des Individuellen zum Kollektiven herstellt, sondern das Subjekt in einer Beziehung zum Nicht-Subjekt begründet. Von dieser sozialen Bindung möchte ich behaupten, daß sie die Politik des Vaters, seine Beziehung zum Mütterlichen als Matrix und sein Verhältnis zum Tod sowie zum geliebten Objekt in Frage stellt. Auch wenn das Unbewußte einem Ort zugewiesen werden kann, der sich im Inneren des Subjekts befände, so verwirklicht es sich doch nur außen, an einem anderen Ort, auf einer anderen Bühne. Auf der Bühne des *anderen*. Daher rührt der politische Status des Unbewußten.[146]

Dieser Satz, der gewiß ein wenig geheimnisvoll klingt, macht deutlich, daß die Situation der Psychoanalyse immer in Beziehung zur Politik steht, denn letztere kann ganz einfach das Unbewußte leugnen, indem sie den anderen leugnet, und diese Leugnung ist narzißtisch: »Für Narziß ist der einzig akzeptierbare andere ein toter oder ausgeschlossener *anderer*. Der Narziß und der Tod des anderen sind die panische Wahrheit des Politischen. Jenes Politischen, das immer nur narzißtische Personen versammelt, die dazu bestimmt sind, einander auszuschließen.«[147] Damit das Unbewußte eine solche politische Ausweitung erfahren kann (insofern es eine subversive Instanz ist), muß die Psychoanalyse ein Metawissen sein, ein Wissen, das alle Wissensinhalte bedingt, aber auch alle Arten von Handlungen, darunter auch die politischen. Der Psychoanalytiker mag rechts stehen, aber die Psychoanalyse steht links. Jacques-Alain Miller hebt dies 1984

145 Zu Teilen der Geschichte siehe E. Roudinesco, *La bataille de cent ans*, a. a. O., S. 606 ff.
146 R. Major, »L'inconscient, une décision politique«, in: *Confrontations*, »Les machines analytiques«, Frühjahr 1980, S. 175.
147 Ebd., S. 176. »Man kann«, schreibt der Psychoanalytiker Serge Viderman, »*die Psychoanalytiker* zweifellos für seine Zwecke einspannen, aber niemals die Psychoanalyse«. »La machine déformatrice«, ebd., S. 32. Hervorhebung des Autors.

in der Diskussion über den Status hervor: »Das Problem der Psychoanalyse ist nicht die Macht, es ist die Gesellschaft: Wie soll man es anstellen, daß die Psychoanalyse nicht vom Staat, sondern vom Volk anerkannt wird?«[148] Dieser unnachahmliche psychoanalytische Stil gehört zu einer Rhetorikgattung und einem Typ von Einstellung, die vom französischen System der Elitebildung geformt wurden – es handelt sich um junge Absolventen der École normale supérieure aus Lacans Seminar, die die französische Psychoanalyse politisch radikalisiert haben. Der Politologe Stanley Hoffmann hat diese Bildung 1976 auf bewundernswerte Weise zusammengefaßt: Das Bildungssystem gestaltet ein »Individuum, das dazu neigt, eine Insel zu sein, das Individuum, dessen kritischen Geist und Argumentationskunst man bis zu einem solchen Punkt geschärft hat, an dem jede Beziehung mit der Wirklichkeit eine Koinzidenz und jede Chance auf eine gütliche Einigung mit den Argumenten der anderen ein Wunder ist«.[149] Diese Übertreibung der Abstraktion ist nirgendwo so einflußreich wie auf der politischen Ebene. Sie besitzt eine anthropologische Triebfeder: den französischen universalistischen Individualismus. Dieser stützt sich auf zwei grundlegende Merkmale: auf die viel wesentlichere Bedeutung der Politik im Verhältnis zu den Vereinigten Staaten, die große Leidenschaft Frankreichs, und auf die Rolle, die die *Prinzipien* darin spielen. Sie sind für Frankreich das, was der Pragmatismus für die Vereinigten Staaten ist.

Zwischen den Vereinigten Staaten und Frankreich haben wir es also mit zwei Einstellungen gegenüber dem Symptom sowie gegenüber der Gesellschaft zu tun, die von Heinz Hartmann und Jacques Lacan verkörpert werden. Einer innerweltlichen Psychoanalyse steht eine außerweltliche entgegen, die für sich eine überragende Stellung in Anspruch nimmt, von wo aus sie den Lauf der Dinge beurteilen kann. Das Lacan'sche Modell steht im Gegensatz zum Geschäft der Welt und zu ihren Hierarchien für einen anderen Schauplatz, dessen Gesetze umgekehrt sind: Die gesellschaftlichen Ideale sind dort die Triebfeder für neurotische Illusionen, die die Symptome darstellen. Das ist die Wahrheit, die das sich in der Analyse befindliche Subjekt entdecken soll: Die Autonomie des Individuums ist der Heteronomie des Subjekts untergeordnet. Die Wahrheit des Menschen ist nicht die Autono-

---

148 J.-A. Miller, »Le statut du psychanalyste«, in: *Le Débat*, Nr. 30, S. 189.
149 S. Hoffmann, *Sur la France*, Paris 1976, S. 164.

mie, die nur eine Illusion des Ich ist, sondern die Erkenntnis des Gesetzes, dem es unterworfen ist – vor allem, wenn es das Gesetz der Begierde ist. Der Fokussierung der amerikanischen Psychoanalyse auf das Ego, das in der Lage ist, sich anzupassen, indem es die Frustrationen erträgt, steht die französische Unterwerfung des Subjekts unter ein Gesetz gegenüber, das seine Wahrheit ist. Dieses Subjekt spricht weniger, als daß es von Signifikantenketten gesprochen wird. Seine Wahrheit beruht in dem, worauf es keinen Einfluß hat.

Im Laufe der letzten drei Jahrzehnte des 20. Jahrhunderts gewinnen die Störungen der Sublimation schrittweise die Oberhand über die fehlgeschlagenen Verdrängungen, wobei die neue Klinik des Ideals sich die alte Klinik des Über-Ich unterordnet. Diese Klinik wird von politischen Prinzipien geprägt sein. Aufgrund ihrer Stärke als Metawissen wird die Psychoanalyse eine sozialpolitische Wende einläuten, wenn sie ihren Horizont auf die Kritik der zeitgenössischen Lebensgewohnheiten erweitert. Anstatt an der Strenge der Unterdrückung zu leiden, beginnt das Individuum die Tyrannei des Ideals zu fühlen. Die Psychoanalyse der sozialen Bindung wird die Lacan'sche Zweideutigkeit zwischen gesellschaftlichem Ideal und neurotischer Illusion erben, indem sie sie in eine politische Kritik der Autonomie als Zustand verwandelt. Dieses Erbe wird in einer Lacan'schen Sprache zum Ausdruck kommen, aber mit dem theoretischen Hintergrund der Ich-Psychologie, wobei die Hand Hartmanns sich unauffällig in den Lacan'schen Handschuh schmiegt.

5. Kapitel
Von der Autonomie als Bestrebung zur Autonomie als Zustand

Der Staat war [...] der Befreier des Individuums. Der Staat ist es, der das Individuum durch Gewaltanwendung von partikulären und lokalen Gruppen befreite, die es zu absorbieren neigten, die Familie, die Stadt, die Zunft usw. In der Geschichte ging der Individualismus im Gleichschritt mit dem Etatismus.

Émile Durkheim
»Une révision de l'idée socialiste«, 1899[1]

Die Freiheit läßt sich leicht negativ bestimmen (keinem Zwang zu unterliegen), die Gleichheit erfordert dagegen eine positive Antwort: Gleich im Hinblick auf wen? Gleich im Hinblick auf was? Gleich im Hinblick auf welche Eigenschaften?

Mona Ozouf
»Égalité«, 1988[2]

Gegenüber dem amerikanischen Brauch des *self-government* stellt sich der französische Brauch als ein Verhältnis zwischen Staat und Individuum dar, der seinen Ursprungsmythos in der Französischen Revolution findet. Der Staat ist für den französischen Individualismus das, was die Moralität für den amerikanischen Individualismus ist. Das Thema der Autonomie erscheint erst spät. Ihre Geschichte muß in zwei Schritten betrachtet werden: Zwischen den 1960er und den 1980er Jahren ist sie zunächst eine kollektive Bestrebung; danach ist sie ein gemeinsamer Zustand. Die Autonomie als Bestrebung taucht in einer Dramaturgie auf, die Ordnung und Fortschritt in einen Gegen-

---

1 É. Durkheim, »Une révision de l'idée socialiste«, in: *Textes*, Bd. 3, *Fonctions sociales et institutions*, Paris 1975, S. 163-172.
2 M. Ozouf, »Égalité«, in: F. Furet, M. Ozouf (Hg.), *Dictionnaire critique de la révolution française*, Paris 1988, S. 710.

satz bringt, wobei sie auf der Seite des Fortschritts steht. Sie bedeutet Unabhängigkeit. Die Autonomie als Zustand stiftet Verwirrung sowohl im Hinblick auf die Ordnung als auch auf den Fortschritt. Der wesentliche Grund dafür hat damit zu tun, daß sie zur selben Zeit zu einem Zustand im Sinne des Wettbewerbs geworden ist, als der Wohlfahrtsstaat in eine Krise geriet. Insofern die Werte der Autonomie mit der »Rückkehr« des Liberalismus verbunden sind, scheinen sie dem Antiliberalismus oder dem Illiberalismus, der die politische Kultur Frankreichs seit dem 18. Jahrhundert beseelt, frontal entgegengesetzt zu sein, und zwar trotz der Veränderungen, die sich seitdem ereignet haben. Darin liegt der Kern der französischen Spaltung.

Dieses Kapitel beschreibt zunächst in großen Zügen den französischen Individualismus und die Art und Weise, wie sich die Beziehungen von Privatem und Öffentlichem zwischen der Französischen Revolution und dem Ende des Zweiten Weltkriegs gestalten. Anschließend wird die Entstehung der Autonomie als Bestrebung bis zur Wende der 1980er Jahre erörtert. Danach konzentrieren wir uns auf den »neuen Individualismus« und darauf, wie das Problem der »befreiten Subjektivität« oder, was auf dasselbe hinausläuft, der Autonomie als Zustand formuliert wurde.

Vom politischen Individualismus zur individualistischen Gesellschaft (1789-1980)

Beim französischen Individualismus lassen sich zwei Phasen unterscheiden: Zuallererst wird er als politisches Prinzip behauptet und ordnet bis zum Ende der III. Republik das Private dem Öffentlichen unter; danach ist er von der Entstehung eines neuen Wertes geprägt, der im Laufe der »glorreichen Dreißig«[*] dem persönlichen Leben zugeschrieben wird. Beim Übergang von der ersten zur zweiten Phase ist das Hauptphänomen die Individualisierung der Gesellschaft.

Während sich die amerikanische Gleichheit durch den Begriff der Chance leicht definieren läßt, ist der französische Fall heikler. Der Begriff der Chance begründet in Amerika die Auto-

---

[*] Gemeint ist die Periode des starken Wirtschaftswachstums zwischen 1947 und 1974 (A. d. Ü.).

nomie, die Gleichheit und die Leistung als Ganzheit. Zugleich erzeugt er Spannungen zwischen Gleichheit und Leistung sowie zwischen der Verfolgung des privaten und des öffentlichen Glücks. Diese Spannungen stellen die Autonomie weniger in Frage, als daß sie sich vielmehr aus ihr ergeben. Die Gleichheit, die am deutlichsten im Gegensatz zu dieser Konzeption steht, ist die der sozialdemokratischen Regierungen. Sie ist durch eine Politik der Angleichung der Einkommen mittels einer belastenden Finanzpolitik geprägt. Die französische Gleichheit ist eine andere. Die Schwierigkeit rührt vielleicht daher, daß, wie Seymour Martin Lipset 1963 bemerkte, »die französische Gesellschaft nur schwer im Hinblick auf zentrale Werte zu klassifizieren ist. Ihre politischen Spannungen ergeben sich aus der Tatsache, daß die gesellschaftlichen Gruppen in großem Maße Werten anhängen, die weitgehend miteinander unvereinbar sind«.[3] Einer der großen Unterschiede zwischen der amerikanischen und der französischen Geschichte ist die Existenz eines Konsenses über die Ziele der Gesellschaft im ersten Fall und das Fehlen eines solchen im zweiten.

Dennoch läßt sich die französische Gleichheit als Gleichheit des Schutzes definieren, was den Begriff des Status impliziert, dessen Vorbild die öffentliche Funktion ist.[4] Im Laufe der »glorreichen Dreißig« nach dem Zweiten Weltkrieg nimmt sie diese Form schrittweise mit dem Aufbau des Sozialschutzes des Wohlfahrtsstaats an. Dieser spielt seine Rolle in der Fortsetzung des Staats als Lehrer des Sozialen, der das Individuum sowohl beschützt als auch kontrolliert und »ein moralisches Richteramt«[5] ausübt, das in dem Wort »Institution« verkörpert ist. Die Institution stellt die Verbindung zwischen dem Einzelnen und dem Universellen her, sie ist das *Heiligtum* der Gruppe. Ihr Vorbild ist nicht die Sekte, der man sich durch einen Akt des persönlichen Willens anschließt, sondern die Kirche, die das Verhältnis zwischen dem Gläubigen und seinem Gott vermittelt und diesen zu Ihm führt.

3 S. M. Lipset, *The First New Nation*, a. a. O., S. 225.
4 Ich entnehme diese Hypothese einem Aufsatz von D. Schnapper, »Rapport à l'emploi, protection sociale et statuts sociaux«, in: *Revue française de sociologie*, 1989, Bd. 30, Nr. 1, auch wenn sie nicht ausdrücklich von der Gleichheit des Schutzes spricht.
5 J. Donzelot (zusammen mit C. Mével und A. Wyvekens), *Faire société*, a. a. O.

Mein Ziel ist es zu zeigen, daß die Art der Auffassung der Autonomie an die Gleichheit des Schutzes geknüpft ist: In Frankreich hat man es zumindest bis zum Ende der »glorreichen Dreißig« mehr mit einer Autonomie als Unabhängigkeit als mit einer Autonomie als Kooperation (die außengeleitet ist, könnte man hinzufügen) und Wettbewerb zu tun.

Das Volk, die Gleichheit und die soziale Frage

Die Begründung des französischen Individualismus ist politisch und plädiert für den Staat: Er macht das Individuum frei und garantiert die Gleichheit zwischen seinen Bürgern. Der Satz Durkheims, der als Motto vorangestellt wurde, gehört zu einem sehr bekannten und häufig zitierten Text. Wiederholt kehrt er zu diesem Thema zurück, und zwar vor allem in den Soziologie-Vorlesungen, die er zuerst in Bordeaux am Ende des 19. Jahrhunderts und dann in Paris im ersten Jahrzehnt des 20. Jahrhunderts hält: Die »Sekundärgruppen« haben die Tendenz, »die Persönlichkeit ihrer Mitglieder zu absorbieren«. Deshalb »liegt die zentrale Funktion des Staates in der Befreiung der individuellen Persönlichkeit«. »Es war der Staat, der das Kind aus der patriarchalischen Abhängigkeit befreit und der häuslichen Tyrannei entzogen hat; er war es auch, der den Bürger aus den feudalen Gruppen und später aus den kommunalen Gruppen herauslöste; er hat Arbeitnehmer und Arbeitgeber aus der Tyrannei der Zünfte befreit.«[6]

Traditionellerweise bestimmt sich ein Franzose zunächst als Staatsbürger, als Subjekt *des* menschlich Universellen, und erst dann als Franzose. Die französische individualistische Tradition ist politisch in dem Sinne, daß das unverfälschte Individuum der Bürger ist, der aus seinen privaten Abhängigkeiten und seinen Sonderinteressen herausgerissen wurde. Der Wert kommt der Öffentlichkeit zu, die das Private unterordnet. Der Staat, der das allgemeine Interesse repräsentiert, setzt die Gesellschaft in Bewegung. Die Universalität des Bürgers besitzt einen höheren Wert als die Partikularität des Franzosen, die sie umschließt und un-

6 É. Durkheim, *Leçons de sociologie*, Paris 1950, S. 100, 98 und 99; dt.: *Physik der Sitten und des Rechts*, Frankfurt/M. 1991, S. 92, 96, 94. Zum Staat und Individuum siehe S. 82-96.

terordnet. Dieser Bürger ist nicht verankert in einem Territorium, das das auf die Zukunft gerichtete Licht der Welt ist (der eschatologische amerikanische Traum der Stadt auf dem Hügel, der den *American way* bestimmt), sondern in einer abstrakten Idee der Universalität, die den großen Beitrag der Französischen Revolution darstellt: eine Geometrie der Gleichheit mit dem Ziel, die Partikularitäten abzuschaffen, die mit den Privilegien und der Willkür des Fürsten gleichgesetzt werden. Die Revolution, 1789 und 1792 zusammengenommen, ist eine religiöse Revolution, deren Versprechungen zu erfüllen sind, wie Tocqueville bemerkt hat. Indem sie eine Zäsur zwischen einem Zuvor, der Monarchie, und einem Danach, der Republik, setzt, repräsentiert sie die Gründung Frankreichs: Die Franzosen haben aus »dieser ursprünglichen Trennung [...] ihr politisches Theater«[7] gemacht.

Wir erinnern uns daran, daß Hannah Arendt die Verfolgung des Glücks der amerikanischen Revolution mit der sozialen Frage der Französischen Revolution verglichen hatte. Folgen wir diesem Leitfaden ein Stück weiter, denn, was mit ihr entsteht, ist eine politische Konzeption des Sozialen, die das verkörpert, was Françoise Furet, eine Formulierung von Marx aufgreifend, »die Illusion der Politik« genannt hat: »Sie eröffnet eine Welt, in der jede gesellschaftliche Veränderung bekannten, registrierten, lebendigen Kräften zugerechnet werden kann; wie das mythische Denken stattet sie das objektive Universum mit einem subjektiven Willen aus, das heißt, wenn man so will, mit Verantwortlichen oder Sündenböcken. Das Handeln stößt hier nicht mehr auf Hindernisse oder Grenzen, sondern nur noch auf Gegner.«[8]

»La République? La Monarchie? Je ne connais que la question sociale«,[9] ruft Robespierre aus. Die soziale Frage ist die eigentliche französische politische Leidenschaft. Zwei Figuren spielen dabei die Hauptrollen: Eine egalitaristische Arbeiterklasse ist das Gegenstück zu einer Bourgeoisie, die darum besorgt ist, die gesellschaftlichen Ränge unter der Schirmherrschaft eines Staats zu wahren, der die Gesellschaft in Bewegung setzt, wie die Kirche es mit ihren Schäfchen tat. Die soziale Frage ist die Frage nach

---

7 F. Furet, M. Ozouf, »Préface« zu F. Furet, M. Ozouf (Hg.), *Le Siècle de l'avènement républicain*, a. a. O., S. 8.

8 F. Furet, *Penser la Révolution française*, Paris 1978, S. 43.

9 Zitiert von H. Arendt, *Über die Revolution*, a. a. O., S. 69.

dem Volk: Es ist »das Schlüsselwort zu jedem Verständnis der Französischen Revolution«, schreibt Hannah Arendt.[10] Im 18. Jahrhundert bezeichnete es diejenigen, die nicht an der Regierung teilhaben. Die Französische Revolution hat für dieses Wort einen neuen Anwendungsbereich geschaffen: die Armen, diejenigen, die ins Elend gestürzt und den Notwendigkeiten ihrer Bedürfnisse unterworfen sind. Sie fördert diese neue Auffassung, indem sie von der einzigen Teilung ausgeht, die die katholische Kirche kennt: die Großen und die Armen, die Größe der Macht und die der Armut, die beiden komplementären Figuren der göttlichen Barmherzigkeit. Der Bourgeois, der es aus sich selbst zu etwas bringt, hat eigentlich kaum einen Platz in der katholischen Dramaturgie. Im Gegensatz zum amerikanischen Puritaner ist der Bourgeois ein »Eindringling in einer Welt, in der es Gott gebührt, die Reichtümer zu verteilen, und nicht den Individuen, sie nach ihrem eigenen Willen zu erwerben«.[11]

In Amerika wird der Akzent auf die Autonomie gelegt, die zugleich als Freiheit (sich selbst zu leiten) und als Gleichheit (die den Individuen erlaubt, Chancen zu ergreifen) verstanden wird, während die Französische Revolution den Akzent auf die Rechte der Sansculotten legt. Sie ordnet ihr die Freiheit unter. Der Gegensatz zwischen der Tugend auf französischer Seite und dem Handel auf amerikanischer Seite deckt zwei Begriffe von Volk ab: das Volk der Franzosen, das gegenüber den umstürzlerischen Gruppen vereint ist, das Volk der Amerikaner, das sich versammelt, um seine vielfältigen Interessen zu besprechen. Thomas Jefferson hat nach einem Besuch in Frankreich erklärt, daß »[dies] keinesfalls die freiheitlich gesinnten Menschen seien, die wir in Amerika uns unter ihnen vorstellen«.[12] Der Begriff »Volk« be-

10 H. Arendt, *Über die Revolution*, a. a. O., S. 94. »[Erinnern wir uns daran], daß die soziale Frage in ihrer einfachen Brutalität in gewissem Sinne in Amerika sehr wohl existierte und daß Jeffersons Bild einer ›lovely equality‹ sich sehr schnell als Trugbild herausgestellt hätte, wenn es irgendeinem von ihnen eingefallen wäre, den Blick auf das furchtbare und furchtbar erniedrigende Elend der schwarzen Sklaven zu werfen, die doch unmittelbar jedem vor Augen standen.« S. 89.

11 B. Groethuysen, *Origines de l'esprit bourgeois en France*, Paris 1927, S. 235.

12 Zitiert nach H. Arendt, *Über die Revolution*, a. a. O., S. 84. In den Vereinigten Staaten »[war] die Existenz der Armut [...] kein soziales, sondern ein politisches Problem; es betraf nicht die Gesellschaftsordnung, sondern die Staatsform.« Ebd., S. 86.

zeichnet nicht die Bürger, die sich als Gleiche versammeln, um etwas zu besprechen, sondern das niedere Volk, die Armen und die Unglücklichen. Wie Dumont bemerkt, »ist die Gesellschaft als Einheit *ipso facto* der Gesellschaft als Vielheit überlegen«[13] – hier liegt einer der großen Gegensätze zum Liberalismus der amerikanischen politischen Philosophie. Dennoch haben die beiden Revolutionen nicht dieselben Probleme zu lösen, worauf wir im 1. Kapitel hingewiesen haben. Die Französische Revolution steht einem großen Elend und extremen Ungleichheiten gegenüber. Die Einrichtung einer Republik und die Beendung der Armut des Volkes sind miteinander verbunden, zumindest für die Jakobiner. Wie Mona Ozouf mit Bezug auf den Begriff der Wahrheit bemerkt, »haben [die Revolutionäre] [...] wenig Vertrauen in das freie Spiel der individuellen Interessen, sie setzen weiterhin auf einen tugendhaften Willen, um das Gesellschaftliche zu organisieren und zu beherrschen«.[14]

Robespierre zufolge muß man den Reichen zur Gleichheit zwingen: »Damit der Reiche nicht nur den Armen entlastet, sondern, was entscheidend ist, ihn auch ›ehrt‹, ist durchaus ein Zwang nötig, der jedoch von einer bestimmten Art sein muß: keinesfalls mehr ein punktueller, sondern ein globaler, kein vorläufiger mehr, sondern ein dauernder, der dazu bestimmt ist, keinen Staat, sondern eine Tugend entstehen zu lassen.«[15] Robespierre nimmt eine hierarchische Umkehrung der Ehre in einer egalitären Perspektive vor: Er wendet auf den Armen das an, was man dem Großen schuldet, und man muß ihm eine tugendhafte Disposition einimpfen, die »Gegenstand [...] eines endlosen Kreuzzugs [ist], der zugleich pädagogische und moralische Züge trägt«.[16] Paul-Louis Roederer, ein Akteur der Revolution, war der Ansicht, daß die Franzosen

gegenüber der Gleichheit eine so deutliche Liebe bewiesen haben, daß sie dazu bereit waren, sie mit dem Verzicht auf die Freiheit zu bezahlen (und das erklärt, warum Napoleon als Erbe der Revolution die Frei-

13 L. Dumont, *L'Idéologie allemande. France-Allemagne et retour*, Paris 1993, S. 257.
14 M. Ozouf, »Liberté«, in: F. Furet, M. Ozouf, *Dictionnaire*, a.a.O., S. 774.
15 M. Ozouf, »Égalité«, in: F. Furet, M. Ozouf, *Dictionnaire*, a.a.O., S. 707.
16 Ebd., S. 707.

heit schwächen konnte, ohne auf Hindernisse zu stoßen, indem er der Gleichheit den Hof machte). [...] Die Vorstellungen von Gleichheit scheinen für ihn in der Französischen Revolution letztlich mehr gezählt zu haben als die wirkliche Gleichheit.[17]

Die Revolution ist die »Vergeltung für die Demütigung, das Heilmittel für die ›Leiden der Eigenliebe‹«.[18] Die Knechtschaft zählte weniger als die Beleidigung. Oder, um es anders auszudrücken, die Freiheit zählte weniger als die Ehre. Der französische Individualismus ist also durch eine Kombination aus egalitären und hierarchischen Elementen charakterisiert.

Dieser Begriff des Volkes kann nicht von dem des allgemeinen Willens (*volonté générale*) getrennt werden. Die Politik ist dieser allgemeine Wille, und das Gesellschaftliche wird immer in Begriffen der Politik verstanden: Da die Menschen von Natur aus gleich sind, kann man sie nicht zwingen; und da sie auf diese Weise atomisiert sind, müssen sie auch ihre Zustimmung zu einer Instanz geben, die über ihnen steht, ihre Interessen vereint und durch die sie miteinander kommunizieren. Diese Instanz ist der allgemeine Wille Rousseaus. Über den allgemeinen Willen besteht die Aufgabe der Politik darin, die Einzelinteressen zu transzendieren und die gesellschaftlichen Beziehungen zu gestalten. Der allgemeine Wille ist keine Meinung, auf die man sich schließlich einigt, sondern Einmütigkeit: »Der allgemeine Wille war nichts mehr und nichts weniger, als was die Vielen in eine Einheit zusammenbinden sollte.«[19] Das ist der Reiz der Rousseau'schen Erfindung für die Revolutionäre. Das Einzelinteresse ist der gemeinsame innere Feind, der sich dem Gemeininteresse unterordnen soll, welches Einmütigkeit ist – Arendt zufolge hat dieser Begriff die Idee der vereinten Nation von der Außenpolitik zur Innenpolitik befördert. Das begleitende moralische Gefühl ist das Mitgefühl, »das Mitleid der ›Glücklichen‹ mit den *malheureux*, den Unglücklichen [...]«.[20] Worauf es ankam, so Arendt, war »das Vergessen seiner selbst, die Fähigkeit, sich im Leiden des anderen zu verlieren«.[21] Arendt zufolge steht diese gefährli-

17 Ebd., S. 696.
18 Ebd., S. 696.
19 H. Arendt, *Über die Revolution*, a. a. O., S. 97.
20 Ebd., S. 101. Hervorhebung der Autorin.
21 Ebd., S. 108.

che Leidenschaft im Gegensatz zum moralischen Gefühl der Frömmigkeit. Daraus ergibt sich eine *asketische* Auffassung der Staatsbürgerschaft, die nicht identisch ist mit der Askese der amerikanischen Puritaner: Die Selbstverleugnung (*self-denial*) französischen Stils ist kein Bürgerkrieg im Innern des Selbst. Sie hat mit der Unterscheidung zwischen den Einzelinteressen des Privaten, denen der Individuen und Gruppen, und dem Gemeininteresse des Volkes zu tun, das im Gesetz als Ausdruck des allgemeinen Willens und im Handeln des Staats verkörpert ist. Der Typus von Individuum, dem ein Wert zugeschrieben wird, ist der Staatsbürger, insofern er sich von seinen besonderen Interessen losreißt. Dieser Wert ist der einer *Priesterweihe*. Der Staat kennt keine vermittelnden Körperschaften, die eine Verfälschung des allgemeinen Willens sind, denn die Umsetzung des Gesetzes in die Tat ist einfach nur die Ausführung durch eine Verwaltung, die das Gesetz in der Gesamtheit des gesellschaftlichen Räderwerks zur Geltung bringt. Von hier aus ergibt sich die beträchtliche Infrastruktur der Verwaltung zur Bildung der Staatsbürger und seit der III. Republik die zentrale Rolle des Grundschullehrers und der republikanischen Pädagogik. Der Staat »versteht sich grundlegend als ein Akteur des Sozialen und nicht als ein Richter oder Schiedsrichter. Der Gedanke, daß es eine autonome und selbstgenügsame Gesellschaft geben könnte, ist ihm fremd.«[22] Der allgemeine Wille verkörpert sich in ihm und hat als Horizont eine Einmütigkeit, die als einzige in der Lage ist, über die Einzelinteressen hinauszugehen, die nichts als Egoismus sind. Die französische Unterordnung des Privaten unter das Öffentliche und der bürgerlichen Gesellschaft unter den Staat steht im Gegensatz zum amerikanischen Bündnis des Privaten und des Öffentlichen und zum *self-government*. Genau das hat Françoise Furet den französischen Antiliberalismus[23] genannt, für den der Pluralismus gleichbedeutend mit Spaltung ist. Denn die Republik ist »eine und unteilbar«.

Die Debatte über die soziale Frage findet in einem ersten Schritt auf der rein politischen Ebene statt: Ihre Ausweitung auf

---

22 P. Rosanvallon, *L'État en France. De 1789 à nos jours*, Paris 1990, S. 125.

23 Für Françoise Furet und Mona Ozouf »[besteht] einer der tiefsten Züge der französischen Demokratie in der Schwierigkeit, den Pluralismus zu verstehen«, F. Furet, M. Ozouf, »Préface« zu *Le Siècle de l'avènement républicain*, a. a. O., S. 19. Pierre Rosanvallon spricht von Illiberalismus.

die Gesamtheit der Staatsbürger wird von der Linken als Mittel verstanden, die soziale Frage zu lösen. Durch den Erwerb politischer Rechte und folglich durch die Mitwirkung an der Ausarbeitung des Gesetzes glaubt sie, dem Elend ein Ende zu setzen. Die politische Vertretung der vielfältigen Interessen, die in der Gesellschaft vorhanden sind, konzentriert sich somit auf die soziale Frage: 1848 nimmt der Proletarier die Stelle des Individuums von 1789 ein. »Die II. Republik erfindet die republikanische Idee als Versprechen der Verschmelzung der Klassen neu«, und das allgemeine Wahlrecht ist das Symbol dafür – das Symbol einer Gesellschaftsform anstatt einer Technik der Mitwirkung bei der politischen Vertretung.[24] Aber die Erweiterung des politischen Rechts ermöglicht eben nicht die Lösung der sozialen Frage – das ist die Enttäuschung von 1848. Aus diesem Scheitern geht »die Erfindung des Sozialen« hervor, das heißt die Einführung einer Versicherung für die Arbeiter und Hilfeleistungen für diejenigen, die zur Arbeit unfähig sind, unter der III. Republik. Ihre Gestaltung durch die politische Vertretung ermöglichte es, die Gefahr des Abgleitens des Klassenkampfes in den Bürgerkrieg und die doppelte Folge einer neuen Revolution oder umgekehrt der Wiederherstellung der alten Ordnung zu überwinden.[25]

Das französische politische Theater hat unabänderlich die Ordnung dem Fortschritt und die Rechte der Linken entgegengesetzt, zumindest bis ab den 1980er Jahren eine Verwirrung eintrat. Der allgemeine Wille und die Spaltung zwischen der Rechten und der Linken zeichnen einen politischen Stil aus, bei dem die Einmütigkeit und die Konfrontation stetige Bestandteile sind. Louis Dumont hat dazu eine Bemerkung gemacht, die den

---

24 F. Furet, M. Ozouf, »Préface« zu *Le Siècle de l'avènement républicain*, a. a. O., und P. Rosanvallon, »La République du suffrage universel«, in: F. Furet, M. Ozouf, *Le Siècle de l'avènement républicain*, a. a. O. »Diejenigen, die von den politischen Rechten ausgeschlossen sind, identifizieren sich künftig mit einer gesellschaftlichen Gruppe«, schreibt Furet, S. 373. Zwischen 1830 und 1848 wird das Ancien Régime mit dem Kapitalismus identifiziert, und die Erklärung der vorläufigen Regierung von 1848 feiert das kommende allgemeine Wahlrecht mit der Verkündung: »Mit dem Datum dieses Gesetzes wird es in Frankreich keine Proletarier mehr geben«; zitiert von P. Rosanvallon, in: F. Furet, M. Ozouf, *Le Siècle de l'avènement républicain*, a. a. O., S. 380.

25 J. Donzelot, *L'Invention du social*, Paris 1984.

Fall Frankreichs erhellt: »Die Revolutionäre haben der Linken jene ausschließliche Aufmerksamkeit auf die Prinzipien unter Mißachtung ihrer Anwendung auf die Tatsachen hinterlassen, und diese Aufmerksamkeit ist bei uns immer noch lebendig. Hier liegt zweifellos das, was Frankreich von den angelsächsischen Demokratien unterscheidet und den absoluten und gewissermaßen unsühnbaren Charakter der Opposition [zwischen der Rechten und der Linken] erklärt.«[26] Diese Prinzipien sind ein soziologisches Charakteristikum Frankreichs. Sie nehmen im demokratischen Arrangement Frankreichs die Stellung ein, die der Pragmatismus und der Pluralismus im amerikanischen Arrangement besitzen: »Hier ist alles eine Frage der Prinzipien.«[27]

Dumont zitiert Littré, der 1851 über den Wahlspruch der Revolution »Freiheit, Gleichheit, Brüderlichkeit« schreibt, daß dieser ihm ungeeignet schien, »die wirkliche Existenz irgendeiner Gesellschaft zu repräsentieren«.[28] Eine Gesellschaft kann nicht allein aufgrund individualistischer Prinzipien funktionieren, sie erfordert ein holistisches Gegenstück, das den Akzent auf das Ganze legt, und nicht auf das unabhängige Individuum, weil die Menschen im gesellschaftlichen Leben voneinander abhängen, um handeln zu können, und diese Abhängigkeit impliziert eine gesellschaftliche Ordnung, eine gesellschaftliche Hierarchie. Das ganze Problem besteht ja gerade darin zu klären, was man unter Ordnung und Hierarchie versteht. Die konterrevolutionäre Schule sieht im Individualismus das Prinzip der Zerstörung der gesellschaftlichen Ordnung. Joseph de Maistre zufolge ist Gott das erzeugende Prinzip des gesellschaftlichen Lebens und der menschlichen Existenz, nicht der »individualistische [Gott] der Prote-

26 L. Dumont, *L'Idéologie allemande*, a. a. O., S. 225. »Woraus sich ergibt, daß das Prinzip immer wieder in seiner absoluten Frische beansprucht werden kann, auch wenn es in seiner Vollkommenheit unverwirklicht bleibt.« Hannah Arendt macht eine ähnliche Bemerkung: »Unzählige Male seit der Französischen Revolution hat sich dieses Spektakel wiederholt; immer wieder war es die Maßlosigkeit ihrer Emotionen, welche die Revolutionäre so seltsam unempfindlich für das faktisch Reale und vor allem für die Wirklichkeit von Menschen machte [...]. [D]iese emotionsgeladene Unempfindlichkeit für reale Verhältnisse [...] wurde durch Robespierre ein wichtiger Faktor in den Fraktionskämpfen der Revolution.« *Über die Revolution*, a. a. O., S. 115.
27 L. Dumont, *L'Idéologie allemande*, a. a. O., S. 253.
28 Ebd., S. 255.

stanten, der an den Menschen glaubt, sondern der wahre Gott der katholischen Kirche«. Der Mensch ist nicht Herr über sich selbst und sein Schicksal. Wenn er dennoch meint, daß er es sei, dann »hält sich die Maurerkelle für den Architekten«. »Das grundlegende Prinzip ist die Heteronomie.«[29] Allgemeiner gesprochen, gibt es viele, die sich um die Frontstellung von Individuum und Staat sorgen, welche vom Schreckgespenst der Auflösung der Gesellschaft geprägt ist. Die Antworten auf diese Angst werden Schritt für Schritt einen »abgeänderten Jakobinismus«[30] ausbilden. Der Staat, die Verkörperung des Universalismus, hat zwar das Individuum von den Ketten seiner Abhängigkeit befreit, aber dafür hat er die Gesellschaft vernichtet. Das Hauptproblem besteht nun in der Wiederherstellung vermittelnder Körperschaften, um der bürgerlichen Gesellschaft Substanz zu verleihen.

Die Dimension Universalismus-Individualismus, die von der Linken des Fortschritts ins Feld geführt wird, verbindet sich mit der holistischen Dimension, die von der Rechten vertreten wird, die die hierarchische Perspektive des Ancien Régime übernommen hat, nämlich die der Ordnung. Die Werte der Linken, das heißt die der Revolution und der Republik, haben sich zunehmend über das gesamte politische Spektrum hinweg durchgesetzt, was eine ideologische Vorherrschaft der Werte der Linken impliziert, wobei ihnen die Werte der Ordnung vom holistischen Typ untergeordnet sind. Dort, wo sich politisch eine Konfrontation zeigt, erscheint soziologisch eine Komplementarität. Das reaktionäre Denken präsentiert sich durch die Rückkehr zu einer früheren Welt als Alternative zum egalitären Individualismus und wird unser politisches Theater als Konfrontation zwischen Ordnung und Fortschritt strukturieren.

29 L. Jaume, *Tocqueville. Les Origines aristocratiques de la liberté*, Paris 2008, S. 147. Jaume zitiert hier de Maistre. Tocqueville schreibt übrigens dem Protestantismus große Bedeutung zu; ebd., S. 176-201.
30 Einer Formulierung von P. Rosanvallon zufolge, *Le Modèle politique français. La société civile contre le jacobinisme de 1789 à nos jours*, Paris 2004. Siehe den dritten Teil seines Buches. Rosanvallon hebt den Gegensatz zwischen der englischen und der französischen Freiheit hervor: »Freiheit im Sinne der Teilhabe auf der einen Seite, die eine Homogenität des politischen Körpers impliziert, damit jeder denselben Anteil nehmen kann; Freiheit im Sinne der Autonomie auf der anderen Seite, die auf die Verfolgung des persönlichen Interesses gegründet ist, was zur Differenzierung der Gesellschaft führt.« S. 118.

Dennoch werden seit der III. Republik weitere Einwände gegen diesen individualistischen Universalismus erhoben, insbesondere die Soziologie Durkheims, die nicht müde wird, an die Notwendigkeit vermittelnder Körperschaften zu erinnern: »Wenn die Sekundärgruppen leicht tyrannisch sind, solange ihr Handeln nicht von dem des Staats gemäßigt wird, muß umgekehrt das Handeln des Staats ebenfalls gemäßigt werden, um in der Norm zu bleiben. [...] Was das Individuum befreit, ist nicht die Ausschaltung jedes regelnden Zentrums, sondern deren Vermehrung, vorausgesetzt, daß diese vielen Zentren koordiniert und einander untergeordnet sind.«[31] Es ist unbedingt notwendig, der bürgerlichen Gesellschaft Konsistenz zu verleihen, aber unter der Bedingung, daß der Staat, der Garant der Gleichheit aller, seine regulierende Rolle beibehält. Die Einführung der Gewerkschaften im Jahre 1884 und des Zusammenschlußrechts von 1901 bilden die ersten Institutionen, die der bürgerlichen Gesellschaft Substanz verleihen.

Die republikanische Synthese

Seit Beginn der III. Republik wird die Republik zu einer stabilen Regierungsform. Der amerikanische Politologe Stanley Hoffmann hat eine Formel zu ihrer Charakterisierung vorgeschlagen: die republikanische Synthese. Der neue Staat, schreibt er, würde den Bürgern »Gerechtigkeit, und nicht Glück [schulden]; Gleichheit vor dem Gesetz, und nicht materielle Gleichheit«.[32] Die Franzosen waren nicht nur durch die Französische Revolution tief gespalten, sondern auch durch die industrielle Revolution. Wie Françoise Furet bemerkt, »war das amerikanische Volk vom Geist des Kapitalismus besessen, ohne eine Bourgeoisie zu haben. Die politische Gesellschaft Frankreichs hat eine Bourgeoisie geschaffen, die keinen kapitalistischen Geist besaß.«[33] »Die republikanische Synthese« stellt einen Kompromiß dar, der sich in den ersten Jahrzehnten der III. Republik entwickelt hat: Er zeich-

31 É. Durkheim, »Une révision de l'idée socialiste«, a. a. O., S. 163-172.
32 S. Hoffmann, *Sur la France*, a. a. O., S. 172. Für alles folgende habe ich Elemente aufgenommen, die in *L'Individu incertain* dargestellt wurden, a. a. O., S. 80-91.
33 F. Furet, *Le Passé d'une illusion. Essais sur l'idée communiste au XXe siècle*, Paris 1995, S. 23.

nete sich durch ein Gleichgewicht zwischen begrenzter sozialer Mobilität und schwacher Industrialisierung aus. »Die grundlegenden Motive der Geschäftsleute waren eher sozialer als wirtschaftlicher Natur: Es ging eher darum, die Kontinuität der Familie und ihre soziale Vorherrschaft zu sichern, als die größte Menge möglicher Güter zu produzieren.« Die Gruppen, die Träger dieses Konsenses waren, waren Angehörige der Mittelschicht, die keinen Lohn empfingen (die unabhängigen Berufe), die Bauern und, als »Schlußstein«,[34] die Bourgeoisie, die die Betonung auf »die Stabilität, die Harmonie, die Beständigkeit, anstatt auf die Konkurrenz legte, die sowohl Mobilität als auch Elimination bedeutet«.[35] Die Gruppen des Konsenses, Honoratioren aus dem Geschäftsleben und angesehene Grundbesitzer, schlossen das Proletariat aus, das keinen Vorteil aus einem dynamischen Kapitalismus zog, was seinen Widerstand gegen den Kapitalismus verstärkte. Die französische Gesellschaft war aus deutlich getrennten Klassen mit unterschiedlichen Werten zusammengesetzt. Das französische Gleichgewicht begünstigte die Aufrechterhaltung sozialer Abstände, wobei es keine Möglichkeiten sozialen Aufstiegs für die unteren Volksschichten gab. Die bürgerliche Welt wird trotz ihrer Heterogenität durch ein und dasselbe Streben nach gesellschaftlichem Aufstieg und der Bewahrung oder Erweiterung des Vermögens vereint.[36] Der positiven amerikanischen Figur des Selfmademan steht die negative französische Figur des Emporkömmlings gegenüber. Tatsächlich blieb jedoch die Funktionsweise der Gesellschaft holistisch und war von der Durchdringung einer aristokratischen Kultur und dem Festhalten an gesellschaftlichen Rängen im Bürgertum ge-

---

34 Bis zur Zeit nach dem Zweiten Weltkrieg herrschte ein Konsens zwischen der Linken und der Rechten zur Aufrechterhaltung eines Gleichgewichts zwischen Landwirtschaft und Industrie. »Für die Rechte verkörperte der Bauer alle traditionellen Tugenden, die Weisheit, die Ehrfurcht vor Gott und den Autoritäten«, schreibt H. Mendras, *La Seconde Révolution française*. 1965-1984, Paris 1988, S. 28.

35 S. Hoffmann, *Sur la France*, a. a. O., S. 38 ff.

36 Zu diesen Punkten siehe die Bände 12 und 13 der *Nouvelle histoire de la France contemporaine*, J. Becker, S. Bernstein, *Victoires et frustrations*, 1914-1929, Paris 1990, und H. Dubief, *Le Déclin de la IIIe République*, 1929-1938, Paris 1976. N. Mayer, »L'atelier et la boutique: deux filières de mobilité sociale« und J.-F. Sirinelli, »Des boursiers conquérants? École et ›promotion républicaine‹ sous la IIIe République«, in: S. Bernstein, O. Rudelle (Hg.), *Le Modèle républicain*, Paris 1992.

prägt: »Die gesellschaftliche Hierarchie blieb eher traditionell als funktional, und die Familie behielt auf jeder Hierarchieebene eine nahezu erstickende Bedeutung.«[37] Komplementär dazu hängt die Arbeiterklasse, die aus dem Konsens verbannt wurde, umso mehr an den egalitären Werten, und ihre Ablehnung von Kompromissen verleiht ihr einen revolutionären Charakter.

Der Autoritätsstil war sehr eng mit dieser Beziehung zwischen den gesellschaftlichen Klassen verbunden: Er wies »die hierarchischen und die ›revolutionären‹ Züge der Gesellschaft«[38] auf. Hierarchische Züge, weil er keinerlei individuelle Initiative erforderte; revolutionäre Züge in dem Sinne, daß er durch »die Koexistenz eines *begrenzten* Autoritarismus und einer *latenten* Auflehnung gegen die Autorität« gekennzeichnet war. Der Autoritarismus gestattete, »das Drama der persönlichen und direkten Beziehungen« zu vermeiden, während sie jenseits des Atlantiks, wie wir gesehen haben, schon zur amerikanischen Landschaft gehören und jene »falsche Personalisierung« erzeugen, die Riesman kritisiert. Die Zentralisierung begünstigte »die Ablehnung von Gesprächen, die aufgrund der Beteiligung aller Parteien an den Streitigkeiten zu Kompromissen führen könnten«.[39] Dieser Autoritätsstil übt nur geringen Zwang aus, läßt die Menschen unabhängig und treibt sie nicht dazu, sich zu beteiligen und zu kooperieren. Dafür bewegt er diejenigen, gegenüber denen er ausgeübt wird, zu ständiger Kritik. Die Tonart der Beziehungen zwischen der Arbeiterklasse und dem Bürgertum ist daher die einer latenten Auflehnung. Der französische Individualismus gründet sich nicht auf die Initiative des einzelnen. Er ist zugleich ein Mißtrauen gegenüber den vermittelnden Körperschaften, Bewahrung der eigenen Zurückhaltung oder umgekehrt ein Sich-in-den-Vordergrund-Schieben durch Spitzenleistungen. Wie Hoffmann schreibt, wenn die Ziele von oben entschieden werden, »neigen die Menschen dazu, ihre ganze Energie in die Mittel zu setzen«.[40] Hierher rührt die ambivalente Beziehung zum

37 S. Hoffmann, *Sur la France*, a. a. O., S. 39.
38 Ebd., S. 44.
39 Ebd., S. 43.
40 Ebd., S. 44. »Der traditionelle Autoritätsstil war [...] eine Art und Weise, die Ungleichheit abzufedern (die Hierarchie wurde durch die Autonomie der verschiedenen ›Schichten‹ und durch den ›Egalitarismus‹ innerhalb jeder Schicht kompensiert).« Der Soziologe P. d'Iribarne hat die Beständigkeit dieses Modells in *La Logique de l'honneur*, Paris 1993, gezeigt.

280

Staat: Man erwartet von ihm Schutz, aber gleichzeitig stellt man sich gegen ihn.

Die republikanische Synthese ermöglicht sowohl, der Schärfe der politischen Konfrontationen als auch der Erhaltung einer Gesellschaft Rechnung zu tragen, in der der gesellschaftliche Rang seinen ganzen Wert beibehält. Sie »ermöglichte den Ablauf heftiger ideologischer Kämpfe zwischen der Linken und der Rechten [...] ohne irgendeine Gefahr für das soziale Gleichgewicht«.[41]

Die Synthese löst sich mit der Wirtschaftskrise der 1930er Jahre auf, und in dem Moment, als sich der Krieg ankündigt, entsteht ein neuer Antiindividualismus, der sich auf eine exemplarische Figur konzentriert: den Arbeiter der Großindustrie, eine entwurzelte Gestalt, die kein eigenes Gut besitzt, wofür viele Beobachter einen liberalen Individualismus als Ursache geltend machen, der einen Kapitalismus großer, anonymer Gesellschaften begünstigt hat, dessen negatives Vorbild die Vereinigten Staaten sind. Für die Intelligentia und das französische Bürgertum »war das amerikanische Volk eine uneinheitliche Ansammlung von Auswanderern, von denen manche ›Emporkömmlinge‹ waren, die keinen Anspruch auf die ›Auszeichnung‹«[42] einer alten Kulturnation wie der unseren erheben konnten. Paul Morand findet gar nicht genug Sarkasmus im Hinblick auf den »seligen Materialismus, der technische Spielereien, Autos und die Zierden des Glockenturms liebt und der auch weiterhin glaubt, daß jedermann es zu etwas bringen kann«.[43] Der Historiker Michel Winock hat mit Recht geschrieben, daß »man an Amerika weniger Amerika haßt, sondern den Zusammenbruch dessen, was die französische Kultur ausgemacht hat – eine Kultur von Standespersonen und Bauern. Die französischen Werte des Maßes, des Gleichgewichts, des guten Geschmacks und des Goldstandards sahen sich durch die Maßlosigkeit, die Flucht nach vorn und die Kultur der Yankees bedroht.«[44] Dem entwurzelten Individuum steht das verwurzelte Individuum gegenüber, das der Kleineigen-

41 Ebd., S. 57.

42 Siehe J.-F. Sirinelli, »Des boursiers conquérants?«, a. a. O.

43 Vorwort zu U. Sinclair [1930], *Babbitt*, zitiert von S. Body-Gendrot, »Une vie privée française sur le modèle américain«, in: P. Ariès, G. Duby (Hg.), *Histoire de la vie privée*, Paris 1987, Bd. 5, S. 537.

44 M. Winock, »L'anti-américanisme français«, in: *L'Histoire*, November 1982.

tümer ist, so wie dem Unternehmen mit anonymem Kapital das Unternehmen als persönlicher Besitz gegenübersteht.

Am Ende der III. Republik kann man sagen, daß zwei positive Figuren, zwei Identifikationsmodelle existieren: Politisch gibt es den Bürger, der seine Sonderinteressen zugunsten des allgemeinen Interesses zurückstellt; gesellschaftlich gibt es den Kleineigentümer, der durch die Güter definiert ist, die er besitzt, und durch das Erbe, das ihn in einer gesellschaftlichen Ordnung verwurzelt. Die Tugend des ersten und die Unabhängigkeit des zweiten verkörpern einen geordneten Bürgersinn. Sich selbständig zu machen ist das vorherrschende Modell des gesellschaftlichen Aufstiegs für die unteren Volksschichten. Es bezieht sich auf »das Ideal einer Nation von freien und gleichen Kleineigentümern«,[45] das von der Revolution proklamiert wurde. Dieser gesellschaftliche Konsens zieht keinerlei politischen Konsens nach sich, »denn ein Einverständnis über das Wesen der Gesellschaft bestimmt in keiner Weise, was die Regierungsform sein soll, die sich auf dieser Basis errichten läßt [...]. Es gab weder ein Einvernehmen über die Ziele, die die politische Macht anvisieren sollte, noch über die Verfahren, durch die diese Meinungsverschiedenheiten bezüglich der Ziele überwunden werden könnten.«[46] Hieraus ergeben sich zugleich sehr heftige politische Auseinandersetzungen (die Dreyfus-Affäre, die Trennung von Kirche und Staat) und die Aufrechterhaltung eines gesellschaftlichen Gleichgewichts, das den sozialen Fortschritt nicht begünstigt.

Das persönliche Leben als Neuordnung von privatem und öffentlichem Leben

Zu Beginn der 1960er Jahre wird eine Reihe von Untersuchungen zur Modernisierung Frankreichs unter der Leitung des CNRS durchgeführt. Eine von ihnen, die von Edgar Morin geleitet wurde, wird in einem bretonischen Dorf an der Pointe du Raz durch-

---

45 N. Mayer, »L'atelier et la boutique«, in: S. Bernstein, O. Rudelle, *Le Modèle républicain*, a. a. O., S. 264.

46 S. Hoffmann, *Sur la France*, a. a. O., S. 48. »1945 markiert ein wichtiges Datum, nämlich das der Stabilisierung des französischen politischen Modells unter der Leitidee jenes abgeänderten Jakobinismus, der in den Jahren 1880-1914 Schritt für Schritt eingerichtet wurde.« P. Rosanvallon, *Le Modèle politique français*, a. a. O., S. 416.

geführt. Plozévet steht – wie die gesamte Gesellschaft Frankreichs – im Bann des großen Wandels. Morin stellt etwas völlig Neues fest: »Das psychische Terrain ist aufnahmebereit geworden.«[47] In der Mitte der 1960er Jahre schreibt ein anderer Soziologe, Henri Mendras, daß »der Ausdruck hedonistischer Werte, die bislang unterdrückt wurden, zulässig wird und sich in der ganzen Gesellschaft verbreitet«.[48] Die französische Gesellschaft ist in ihre zweite Revolution eingetreten, nämlich in die des persönlichen Lebens, die auch eine Revolution des gewählten Lebens ist. Sie findet im Rahmen einer Erweiterung des staatlichen Schutzes statt, der im Laufe der »glorreichen Dreißig« zu einem Wohlfahrtsstaat wird, aber auch zu einem Staat, der die Wirtschaft mobilisiert.

Die Notwendigkeit eines aktiveren Staates wird gleichermaßen unter der Vichy-Regierung wie auch im Programm der Résistance erkannt. Seit der Nachkriegszeit führt der republikanische Staat einen Modernisierungsprozeß durch: Er besteht in der Verbesserung der privaten Lebensbedingungen durch das Handeln der öffentlichen Dienste und kollektiven Einrichtungen, was dem Staat ermöglicht, den Konsum zu beherrschen. Der Wohlstand wird zu einem neuen politischen Wert, dem sich das öffentliche Handeln verschreibt, das zum Wachstum anregt und die Großindustrie entwickelt. Außerdem begünstigt er einen spezifischen Demokratisierungsprozeß durch den Zugang zu Freizeitaktivitäten und zum Konsum nach dem Vorbild der Volksbildung und der Freizeitpolitik der Front populaire*. Auf diese Weise bringt er die Ideale der Republikanisierung der Sitten zum Tragen. Diese Politik der republikanischen Staatsbürgerschaft zielte gleichzeitig darauf ab, den Zugang zum Konsum und zum kulturellen Fortschritt zu begünstigen, ein gewissermaßen pädagogischer Konsum, der die Emanzipation des Individuums von seinen privaten Abhängigkeiten ermöglicht. Sie glich die Bescheidenheit des Portemonnaies durch die Erweckung des

---

* Bündnis der französischen Linksparteien, die 1936 an die Macht kamen (A. d. Ü.).

47 E. Morin, *Commune en France. La Métamorphose de Plozévet*, Paris 1967, S. 258.

48 H. Mendras, *La Seconde Révolution*, a. a. O., S. 20. Unter den Faktoren, die die Gleichgewichte erschüttert haben, führt Mendras folgenden an: »Der Individualismus hat solche Fortschritte gemacht, daß er keine Ideologie mehr ist, sondern eine allen gemeinsame Seinsweise.« S. 13.

Bewußtseins aus. Diese Demokratisierung gehört zum politischen Raum: Sie wird von Massenparteien und -organisationen unterstützt und ist Gegenstand einer Gesetzgebung oder politischer Maßnahmen des öffentlichen Dienstes. Der öffentliche Dienst erlaubte dem französischen Wachstum, an ein Projekt der kollektiven Emanzipation angegliedert zu bleiben. Die Wohlstandspolitik hat sich also in einem ersten Schritt von einer staatsbürgerlichen Logik und einem Vormundschaftsmodell aus entwickelt. Gleichzeitig ermutigt der Staat die private Dynamik durch vielfältige Maßnahmen (steuerlicher und finanzieller Natur, Unterstützung für Ausstattungen usw.), damit die Industrie Risiken eingehen kann und dennoch geschützt bleibt. Der Staat hatte die Funktion eines Rollensessels, schreibt Hoffmann, fortan übernimmt er die Funktion von Krücken unter der Leitung des Akteurs der Modernisierung, nämlich des allgemeinen Planungskommissariats, in dem sich die politisch-administrativen und die Geschäftseliten begegneten. »Die Leiter der französischen Unternehmen [...] haben diesen Impuls ihrerseits nach unten weitergegeben. Was sie von der Notwendigkeit überzeugt hat, war an erster Stelle die Tatsache, daß sie 1945 nicht mehr die Wahl zwischen den Risiken der Expansion und der Annehmlichkeit der Stabilität hatten, sondern nur noch zwischen Modernisierung und Verschwinden.«[49] Anstelle einer Reihe von kleinen, lokalen Märkten bildet sich ein nationaler Markt. Es ist eindeutig der Staat, der die Gesellschaft verwandelt.

Das staatsbürgerliche Modell bekommt rasch Konkurrenz durch das Modell des Massenkonsums.

Das Wirtschaftswachstum, die Entwicklung der sozialen Absicherung, die Veränderungen des Bildungssystems (das Ende der Trennung zwischen Grund- und Sekundarschule gestattet zumindest formal den Kindern der unteren Volksschichten, ihre Schulzeit bis zum Abitur fortzusetzen), die Wohnungspolitik mit der darauf folgenden Verbesserung des häuslichen Komforts und die Politik der kollektiven Ausstattung lassen die französische Gesellschaft in ihren großen Wandel eintreten: In der Welt der Standespersonen und der Bauern folgt nun auf die Unbeweglichkeit des Klassenschicksals das Schicksal der gesellschaftlichen

49 S. Hoffmann, *Sur la France*, a. a. O., S. 105. Siehe auch E. N. Suleiman, *Les Élites en France. Grands corps et grandes écoles*, Paris 1978, S. 229-275.

Mobilität und des Massenkonsums. Der Fortschritt der materiellen Lebensbedingungen macht aus dem Wohlstand nicht nur eine ferne Bestrebung, sondern eine Wirklichkeit, die potentiell den unteren Volksschichten zugänglich ist. Im Marktflecken Plozévet, stellt Edgar Morin in der Mitte der 1960er Jahre fest, »ist das Haus nicht mehr [...] nur die Zwingburg des Familienlebens, sondern wird Schritt für Schritt zu einem Treibhaus für das Privatleben«.[50] Der bessere Lebensstandard, die materielle Sicherheit und das Vertrauen in die Zukunft »lassen einen ersten hedonistischen Individualismus aufblühen, bei dem der weise Lebensgenuß zu einem Hauptprinzip wird«. Man geht von der Frage »Wo hat er das Geld her?« zur Lust über, stellt Morin fest, aber auch von einer Duldsamkeit bei Krankheiten (der Arzt wird erst zuallerletzt aufgesucht) zu einer Empfindlichkeit für die kleinen Leiden des Alltagslebens. »Das notwendig hedonistische Prinzip der Lust«, so Morin,

> dehnt sich auf neue Lüste aus und schließt die Sorge ein, durch die Pflege, die man dem Gesicht und dem Körper zuteil werden läßt, sich und anderen zu gefallen. Diese durch den besseren Lebensstandard erweiterte Sensibilität wird von einer gesteigerten Sensibilität gegenüber dem Unbehagen, der Unannehmlichkeit, der Kälte, der Erschöpfung, dem Schmerz begleitet. Auf den Bauern, der den Arzt erst beim äußersten Übel aufsucht, folgt der Weichling oder der Ängstliche, der schon beim ersten Unbehagen nach ihm verlangt.[51]

»Wenn es eine neue Vorstellung in Frankreich gibt«, schreibt der Historiker Antoine Prost über die 1960er Jahre, »dann ist es die, daß die Menschen das Recht haben, ein Privatleben nach ihrem Gutdünken zu führen.«[52] Die persönliche Wahl beginnt eine Alternative zum kollektiven Schicksal der Verbannung darzustellen, zumindest für die qualifiziertesten Bruchteile der Arbeiterklasse: ein Hedonismus, der in den komfortableren Haushalten entsteht, und Möglichkeiten, die Bahn des Aufstiegs einzuschlagen, öffnen den Horizont. Der Überfluß, der sich ankündigt, und der Fortschritt, der grenzenlos zu sein scheint, sind die Zeichen dafür, daß ein Recht auf Glück für alle als reelle Möglichkeit er-

50 E. Morin, *Commune en France*, a. a. O., S. 71 f.
51 Ebd., S. 262.
52 A. Prost, »Frontières et espaces du privé«, in: P. Ariès, G. Duby (Hg.), *Histoire de la vie privée*, a. a. O., S. 77.

scheint. Edgar Morin macht sich zum Helden der neuen Sensibilität mit seinem Werk *Esprit du temps*, das 1962 veröffentlicht wird: »Das neue Modell ist der Mensch auf der Suche nach Selbstverwirklichung durch die Liebe, den Wohlstand, das Privatleben.« Er betont, daß »die Förderung des Privatlebens einem neuen Grad der Individualisierung der menschlichen Existenz entspricht«, der in »einem gewaltigen Schub des Imaginären in Richtung auf das Wirkliche besteht, [der] danach strebt, Mythen der Selbstverwirklichung, Helden als Vorbilder, eine Ideologie und praktische Rezepte für das Privatleben anzubieten«.[53]

Der Zugang zu einem annehmbaren Privatleben setzt einen Prozeß der besseren Anbindung der unteren Volksschichten und der Unabhängigkeit von ihren gesellschaftlichen Ursprüngen in Gang.[54] Parallel dazu bildet sich eine nichtselbständige Mittelschicht, die den Eintritt in eine Gesellschaft mit aufsteigender Mobilität symbolisiert: »Die mobilen Individuen sind keine Ausnahme mehr, sondern erscheinen im Gesellschaftsleben vielmehr als ›normal‹. Die Laufbahn ist zu einem wesentlichen Merkmal der mittelständischen Berufe geworden, in denen man normalerweise in Dienstgrad, Würde und Einkommen mit zunehmendem Alter aufsteigt.«[55] Es entwickelt sich eine »große Gesellschaft« französischen Stils: Sie modifiziert sowohl die Gesellschaftsstruktur durch das Erscheinen der nichtselbständigen Mittelschicht als auch die Beziehungen zwischen dem Öffentlichen und Privaten.

Aber der Massenkonsum ist parallel dazu auch Gegenstand einer negativen Bewertung, denn dieses Modell der Individualisierung steht dem staatsbürgerlichen Ideal der Republikanisierung der Sitten entgegen, das das Ideal der französischen Linken bleibt: Die Polarisierung hinsichtlich des Privatlebens wird von der Linken als eine Komödie des Lebensstandards für die Mittelschicht wahrgenommen (das Zeichenobjekt des sozialen Status) und als ein entfremdendes Aufdrängen für die unteren Volksschichten. Eine entsprechende Rhetorik des Glücks begleitet die

53 E. Morin, *L'Esprit du temps*, Paris 1962, S. 179 und 102.
54 Über den Rückgang der besseren Einbindung schreibt Gérard Noiriel: »1970 stammten 35 % der Techniker, 22 % der Grundschullehrer und 18 % der Frauen in medizinisch-sozialen Diensten aus der Arbeiterschaft.« G. Noiriel, *Les Ouvriers dans la société française. XIXe-XXe siècle*, Paris 1986, S. 256.
55 H. Mendras, *La Seconde Révolution*, a.a.O., S. 55.

Verbreitung des Massenkonsums, diese Demokratie des Lebensstandards.[56] Während der schrittweise Zugang der unteren Volksschichten zu den Konsumgütern den Gegensatz zwischen Proletariat und Bürgertum weniger deutlich werden läßt (die Kommunistische Partei Frankreichs ersetzt die These der absoluten Pauperisierung, die fortan unhaltbar ist, durch die These der relativen Pauperisierung), führt die Entwicklung der Kategorie der Angestellten, deren Lebensweise zum Wahrzeichen der Moderne wird, zu intensivem Nachdenken über die »Klassenposition« der mittleren Kategorien. Aufgrund der Verbürgerlichung eines Teils der Arbeiterklasse und der Proletarisierung eines Teils der Mittelschicht sagen diese Wandlungen etwas über die äußerst geringe Lesbarkeit der Klassenverhältnisse aus. Für das Denken der Linken haben der Konsum und der Wohlstand die Wirklichkeit der Herrschaftsverhältnisse nicht verändert. Der Konsum ist Ausdruck einer Kompensierung gegenüber der Unternehmenswirklichkeit (da sich die Produktionsverhältnisse nicht geändert haben, gibt man sich dem Konsum und den Freizeitaktivitäten hin). Morin stellt fest, daß »die häusliche Revolution [...] den Übergang zu einer neuen Auffassung des Angestellten einleitet, bei der der Autonomieverlust am Arbeitsplatz durch den Gewinn einer neuen Autonomie im Privatleben kompensiert wird«.[57] Dieser Widerspruch bestärkt die Überzeugung, daß der Massenkonsum mit einer Kompensierung angesichts einer industriellen Welt zu tun hat, die noch entfremdender geworden ist, als die Fließbandarbeit in Frankreich ihren Höhepunkt erreicht. Passivität und Entfremdung der Massen bei herdenartigem Konsum fassen die Behauptung zusammen. Das Thema der Entfremdung fällt damit zusammen, daß »Frankreich aus seinem noch traditionellen Rahmen mit Gewalt herausgerissen und der Klassenkampf eingeschläfert wird, was mit der Ausbreitung der Mittelschicht und mit dem plötzlich bei den Franzosen in zwei Jahren (von 1954 bis 1956) [...] erscheinenden Bewußtsein einer zweiten und neuen französischen Revolution zu tun hat«:[58] die Revolution des Wachstums. Eine Erhebung zu den Lebensbedingungen der Arbeiter, die 1960 veröffentlicht wurde, zeigt,

---

56 Zu diesen Punkten siehe A. Ehrenberg, *Le Culte de la performance*, a. a. O., Kap. III, 2. Teil.
57 E. Morin, *Commune en France*, a. a. O., S. 86.
58 P. Nora, »Aliénation«, in: *Le Débat*, Mai-August 1988, S. 175.

daß das Klassenbewußtsein in der Fabrik zwar stark ist, aber schwach, wenn es um Lebensweisen oder Konsumverhalten geht.[59]

Unmittelbar im Anschluß an eine beträchtliche Verbesserung der materiellen Bedingungen kommt es gleichzeitig zu einer gesellschaftlichen Verbesserung der Armen und zu einem neuen Selbstbewußtsein, dessen Sprache die Illustrierten und die Werke der Populärpsychologie formulieren. Wir hatten im vorangehenden Kapitel gesehen, daß die Aufmerksamkeit persönlichen Problemen gegenüber sich im Laufe dieser Periode verändert. Von den 1960er Jahren an fördern die Medien, und zwar insbesondere diejenigen, deren Zielgruppe Frauen sind, eine Aufmerksamkeit gegenüber dem Intimleben, für die die Psychoanalyse die Richtlinien geliefert hat. Die Psychoanalyse erfährt eine schnelle Verbreitung, worauf im Laufe der 1970er Jahre neue Therapien folgen. Nun treten aber die Fragen der individuellen Entscheidung und der Selbstmächtigkeit im Laufe dieses Jahrzehnts auf dem Feld der Politik auf (Recht auf Abtreibung, erneute Kriminalisierung der Vergewaltigung oder Scheidung durch gegenseitiges Einverständnis). Die Idee der Selbstentfaltung nimmt einen politischen Wert an und verleiht der individuellen Subjektivität in der kollektiven Vorstellungswelt eine ganz neue Stellung: Sie wird zu einer gemeinsamen Wirklichkeit, und die Akteure berufen sich immer mehr auf sie, um ihre Handlungen zu rechtfertigen.

1969 veröffentlicht Alain Touraine *La Société postindustrielle* mit dem Untertitel *Naissance d'une société*. Er identifiziert die hauptsächlichen Veränderungen gegenüber der Klassengesellschaft: »[D]er Geführte beteuert unablässig seine Existenz [...] als autonome Einheit, dessen Persönlichkeit sich mit keiner ihrer Rollen deckt. Aus diesem Grund erfreut sich das Thema der *Entfremdung* einer so großen und unserer Meinung nach gerechtfertigten Beliebtheit. Wir verlassen eine Gesellschaft der Ausbeutung, um in eine Gesellschaft der Entfremdung einzutreten.«[60] Ein Jahr zuvor faßt er in einem Essay über die Bewegung des Mai 1968 seine Analyse zusammen: »Die große Losung der Techno-

---

59 A. Andrieux, J. Lignon, *L'Ouvrier d'aujourd'hui*, Paris 1966.
60 A. Touraine, *La Société postindustrielle. Naissance d'une société*, Paris 1969, S. 87; dt.: *Die postindustrielle Gesellschaft*, übers. v. E. Moldenhauer, Frankfurt/M. 1972, S. 67.

kraten, die die Gesellschaft lenken, ist: Paßt euch an. Die Mai-Bewegung antwortete: Drück' dich aus.«[61]

In der Entstehung einer Vielzahl von Bewegungen von Aktionsgruppen und Komitees (Feminismus, Wohnviertel, Ökologie, Gefängnisse, Anstalten, Regionalismus, Homosexuelle usw.), die gegenüber der Arbeiterbewegung nicht nur die Themen der Politik erweitern, sondern dem Aktivismus einen neuen Stil aufprägen, erkennt man besonders den Bezug zur individuellen Subjektivität. Diese neuen öffentlichen Themen[62] sind die affektiven oder sexuellen Beziehungen, die Beziehungen zwischen Männern und Frauen, Kindern und Eltern, die Probleme der Qualität des Alltagslebens: »Diese Aktivisten wollen vor allem das ›Wohl‹ der anderen, und sie nicht von diesem oder jenem überzeugen. Sie wollen die Gesellschaft verändern, indem sie auf die Individuen und ihr Alltagsleben einwirken. Sie wollen den Bereich des Privaten wieder in das Kollektivleben einführen.«[63] Sie arbeiten in Netzwerken: Ihre Rechtfertigung besteht darin, »ihren Mitgliedern außerhalb der Gruppe und mit anderen Personen oder anderen Vereinigungen Handlungen zu ermöglichen, die zu wirklichen Veränderungen führen«. Dieser »moralische Aktivismus« fördert zugleich Lebensstile und Handlungsweisen, die allem Individuellen ein neues Gewicht verleihen. Diese Aktivisten gehen aus den neuen Teilen der Mittelschicht, wie zum Beispiel den soziokulturellen Förderern oder den medizinisch-sozialen Berufen, und aus dem Lehrkörper hervor. »Es handelt sich häufig um ›moralische Unternehmer‹, das heißt um Leute, die von Berufs wegen über Mittel verfügen, ihr Werturteil in Entscheidungen von gesellschaftlicher Tragweite umzusetzen.«[64] Diese gesellschaftliche Gruppe ist gemischt: Ein Teil ihrer Mitglieder ist im sozialen Aufstieg, ein anderer Teil im Abstieg begriffen. »Sie waren«, bemerkt Henri Mendras, »Erfinder und Verbreiter eines post-68er Lebensstils, dessen spektakulärste Innovation die wilde Ehe war.«[65] Etwas zu unternehmen und selbst Innovationen zu ma-

---

61 A. Touraine, *Le Communisme utopique. Le mouvement de mai 1968*, Paris 1968, S. 11.

62 Ich greife hier die Ausführungen von E. Reynaud auf, »Le militantisme moral«, in: H. Mendras (Hg.), *La Sagesse et le désordre. France 1980*, Paris 1980.

63 Ebd., S. 61.

64 Ebd., S. 281 f.

65 H. Mendras, *La Seconde Révolution*, a. a. O., S. 379.

chen, anstatt auf hypothetische allgemeine Veränderungen durch die traditionellen moralischen Mächte zu warten, nämlich Parteien und Gewerkschaften, sind die beiden großen Rechtfertigungen dieser Aktivisten. Sie stellen das persönliche Leben in einer reformierten Staatsbürgerschaft in den Vordergrund. Diese ordnet die Privatinteressen nicht mehr, weil sie Sonderinteressen sind, einem allgemeinen öffentlichen Interesse unter, sondern verbindet sie miteinander im Namen der Autonomie (der Frauen, der Regionen, der Wohnviertel, der Wahnsinnigen, der Randgruppen usw.). Durch die Wertschätzung des Lokalen gegenüber dem Zentralen, dem Niedrigen gegenüber dem Oberen leisten sie einen Beitrag zur Festigung einer Entität, die es bislang in der französischen individualistischen Vorstellungswelt der Politik nicht gab, der bürgerlichen Gesellschaft.

Diese Bewegungen sind ein Beispiel für das, was man gewöhnlich die Krise der großen Institutionen nennt, der zentralisierten Regelungs- und Entscheidungsmodi. Denn »es ist nicht die Institution an sich oder ihre Funktion, die bestritten wird«, schreibt beispielsweise Michel Crozier 1980, »sondern ihre Rolle als Regulierungsinstrument. Die Krise ist eine Krise der traditionellen Regulierungen«.[66] Crozier betont aber auch, daß es sich um eine Krise der menschlichen Beziehungen handelt: »Alle menschlichen Phänomene, die wir in allen Bereichen feststellen, haben etwas miteinander gemein: die Zunahme der Partner und die erhöhte Komplexität des Spiels.« Die große Gesellschaft französischen Stils bedeutet eine Vervielfachung von Beziehungen, die sich aus der besseren Einbindung der unteren Volksschichten, dem beträchtlichen Anstieg des Lebensniveaus, der Erhöhung des Bildungsniveaus, dem Angebot von Freizeitaktivitäten und der Konzentration in den Städten ergibt: »Jeder von uns interagiert mit einer viel größeren Anzahl von Personen und auf ungezwungenere Weise, sowohl in der Partnerwahl als auch in der Interaktionsqualität, als es früher der Fall war.«[67] Der moralische Aktivismus, der im folgenden Jahrzehnt eine zentrale Stellung in den Transformationen des Aktivismus einnehmen wird, zeigt neue Wege der Regulierung der Gesellschaft durch den Staat gegenüber einem pyramidenartigen und aus der Ferne agierenden

---

66 M. Crozier, »La crise des régulations traditionelles«, in: H. Mendras (Hg.), *La Sagesse et le Désordre. France 1980*, Paris 1980.
67 Ebd., S. 377 f.

Verwaltungsmodus auf. Er erscheint wie eine Entdeckung der Gesellschaft: »Entgegen allem Anschein«, stellt Crozier fest, »ist die französische Gesellschaft überhaupt nicht träge und passiv. Die Menschen begnügen sich nicht damit, die Dinge einfach zu arrangieren, sie werden innovativ.«[68]

Dieser Aktivismus ist Teil des »abgeänderten Jakobinismus«, der die Beziehungen zwischen Staat und bürgerlicher Gesellschaft kennzeichnet. Er gehört in einen Zusammenhang, in dem eine wachsende Anzahl von Vereinigungen zu Relaisstationen des Staats werden, insbesondere in den Bereichen der Erziehung, des lokalen Lebensraums und des Sozialen. Die 1970er Jahre sind von »einer regelrechten Begeisterung für Vereinigungen«[69] geprägt. Der Arbeiterprotest gegen den Fordismus und Taylorismus, aber auch die Verstärkung der kollektiven Verhandlungen zwischen Arbeitgeberschaft und Gewerkschaft (die 1971 insbesondere die Weiterbildung durchsetzt) durch die Vertragspolitik der Regierung von Jacques Chaban-Delmas (1969-1971) und der Beginn der Zentralisierung sind ebenfalls Zeichen einer neuen Wertschätzung der Gesellschaft. Diese Dynamik, die sich auf mehreren Ebenen abspielt, trägt dazu bei, die traditionellen politischen und gesellschaftlichen Spaltungen weniger lesbar werden zu lassen, neue Themen in die Politik einzuführen und das Interesse an der Freiheit der Teilhabe am politischen Leben oder des Engagements der Bürger für ihre Angelegenheiten zu erneuern. Sie läßt die individuelle Autonomie und den Ausdruck der Person, der diese begleitet, als Schlüsselwerte hervortreten.

Die Autonomie wird zu einem zentralen Wert, wobei sie mehrere Aspekte miteinander verbindet. Zunächst ist sie Ausdruck einer Erweiterung der repräsentativen Demokratie: Werden die Gewerkschaften nicht von ihrer Basis überrannt? Wird der Protest gegen die Autorität des Arbeitgebers, des Vaters oder des Ehemanns nicht von einem Argwohn gegenüber den traditionellen Formen von Repräsentation begleitet? Sind das Parlament und die Parteien in der besten Position, um den Veränderungen der Gesellschaft Gestalt zu verleihen? Außerdem gestaltet sie die Beziehungen zwischen dem privaten und dem öffentlichen Leben unter dem Aspekt der Selbstentfaltung neu: Der Hedonismus

---

68 Ebd., S. 383.
69 P. Rosanvallon, *Le Modèle politique français*, a.a.O., S. 421 und allgemeiner auf S. 416-431.

und das gemeinsame Wohl gehen eine Verbindung ein, die die französische Gesellschaft nicht kannte. Man kann sein privates Glück verfolgen, während man zugleich zum öffentlichen Glück beiträgt, aber eine solche Einstellung erfordert eine persönliche Mobilmachung.

Diese Veränderungen ereigneten sich im Kontext einer Erweiterung der sozialen Absicherung in einer satzungsmäßigen Konzeption des Arbeitsverhältnisses. Zwischen dem Krieg und den Anfängen der Wirtschaftskrise am Ende der 1970er Jahre nimmt die aktive französische Bevölkerung zwar nur wenig zu, aber die Struktur der Arbeitsverhältnisse verändert sich grundlegend: Das abhängige Arbeitsverhältnis entwickelt sich zu Lasten des unabhängigen und setzt sich aus einem steigenden Anteil öffentlicher und halböffentlicher Stellen zusammen. So gelangt man schließlich zu einer Situation, in der »der Stelleninhaber immer seltener jemand ist, der ein Einkommen empfängt und Lohn bezieht, und immer häufiger der Inhaber eines Status«.[70] Im Privatsektor nähern die kollektiven Vereinbarungen und die soziale Absicherung »ein unbefristetes Arbeitsverhältnis dem Status der öffentlichen Stellen an«.[71] Zwischen 1968 und 1981 bleibt der Anteil der Angestellten im Privatsektor nahezu unverändert (er steigt von 58,2 % auf 59,3 %), während der Anteil der Angestellten des Staats, der örtlichen Gemeinden und des öffentlichen Sektors um etwa 30 % ansteigt (18,1 % im Jahre 1968, 23,8 % im Jahre 1981) und der Prozentsatz der Nicht-Angestellten sich drastisch verringert (von 23,7 auf 16 %). Diejenigen Teile des französischen Arbeitsrechts, die die Entlassung regeln, nehmen einen immer größeren Raum ein, was »den stillschweigenden Skandal, den eine Entlassung darstellt, angemessen zum Ausdruck bringt«.[72] Der französische Sozialschutz hat sich seit dem Ende des letzten Krieges entwickelt, wobei er sich die öffentliche Funktion zum Vorbild genommen hat. Wir haben es also mit einem allgemeinen Statusmodell zu tun, das in Frankreich eine Institution darstellt. Die französische Gleichheit beginnt mit einer

70 D. Schnapper, »Rapport à l'emploi«, a. a. O., S. 5.
71 Ebd., S. 7.
72 Ebd., S. 8. Die angegebenen Statistiken beziehen sich auf die Tabelle auf S. 7. »Wer eine feste Anstellung hat, sichert sich einen echten Status, der mehr oder weniger losgelöst von seiner Tätigkeit ist, das heißt eine Reihe politischer Rechte«, S. 8.

Geometrie und setzt sich durch eine Vervielfachung von Status fort.[73]

Diese Veränderungen haben eine neue Frage hervorgerufen: Sich zu emanzipieren, das heißt über eine größere Palette persönlicher Wahlmöglichkeiten zu verfügen, um sein Leben so zu gestalten, wie man es gern möchte, bedeutet nicht nur, sich den Genüssen der Gegenwart hinzugeben oder erstickende Verbote niederzureißen, sondern auch die Verantwortung für sein eigenes Leben zu erweitern. Selbstbehauptung und Selbstverantwortung, diese beiden Themen verbreiten sich parallel zueinander und stellen die beiden Facetten der persönlichen Mobilmachung dar. Crozier brachte das auf seine eigene Art zum Ausdruck: »Was die Entwicklung der Beziehungen zwischen den Menschen lähmt, hat viel mehr mit der begrenzten intellektuellen und moralischen Fähigkeit des Individuums zu tun, psychologische Spannungen, die durch die Freiheit entstehen, zu ertragen, als mit den Zwängen der Gesellschaft.«[74] Diese begrenzte Fähigkeit ergibt sich aus einer Verschränkung – die damals zwar unerkennbar war, die man aber mit größerem Abstand offensichtlich leichter sehen kann – zwischen den neuen Idealen der Autonomie und der neuen Wirtschaft, die eine ebenso große Veränderung der Lebensgewohnheiten mit sich bringen wird wie der Taylorismus und Fordismus. In einem Kontext, der von einer Zunahme permanenter Massenarbeitslosigkeit geprägt ist, wird durch diese Veränderung auch der »Rückzug« des Staats ambivalent, und zwar aus Gründen, die Alain Touraine schön zusammengefaßt hat:

Die Franzosen erleben die Entstaatlichung der Gesellschaft und seit 1968 den Rückzug des nach dem Vorbild der Befreiung (*Libération*) gebildeten Modells auf ambivalente Weise. Denn in ihren Augen ist die

73 D. Schnapper gelangt in ihrem Aufsatz zu folgender Konklusion: »Man sieht, daß die Statussuche an die Stelle der Suche nach einer Tätigkeit tritt und daß die Prüfungs- und Aufnahmeprüfungsbesessenheit eine nationale Besonderheit ist. In denjenigen Ländern, in denen der Wohlfahrtsstaat weniger und in anderer Gestalt eingreift, auch wenn es sich dabei um Nachbarstaaten handelt, nehmen die Status einen anderen Sinn an und kommen nicht in demselben Überfluß vor.« Ebd., S. 23. Es endet mit einer völligen Balkanisierung der Arbeitsverhältnisse an der Wende zum 21. Jahrhundert, wie wir in Kapitel 8 sehen werden.

74 M. Crozier, »La crise des régulations traditionelles«, in: H. Mendras (Hg.), *La Sagesse et le Désordre*, a. a. O., S. 377.

größte Autonomie der französischen Gesellschaft nicht das Ergebnis einer Befreiungsanstrengung, sondern ergibt sich vielmehr aus ihrer wachsenden Unterordnung unter den internationalen Markt, der die leitende Kraft des Nationalstaats ersetzt.[75]

Der politische Preis für diese neue Gesamtlage besteht darin, daß die republikanische Konzeption der Unterordnung des Privaten unter das Öffentliche in eine Krise gerät. Daraus resultiert die Vorstellung, daß sich das gesellschaftliche Leben privatisiert.

Der französische Individualismus hat sich aufgrund des Schutzes durch den Staat entwickelt. Etwa zwei Jahrhunderte lang gingen mehr Staat und mehr Individualismus Hand in Hand. Die Autonomie, die sich im Laufe der »glorreichen Dreißig« entwickelt, ist eine Autonomie als Unabhängigkeit. Nun ist aber gerade sie im Begriff sich zu verändern: Der von den 1980er Jahren an mit der »Rückkehr« des Wirtschaftsliberalismus verbundene Liberalismus der Sitten in einem Kontext steigender Arbeitslosigkeit bringt das Schreckgespenst der gesellschaftlichen Auflösung in die sozialpolitische Debatte zurück, aber mit anderen intellektuellen Koordinaten. Worin bestehen diese?

Die Wendung zur Subjektivität oder das Bündnis zwischen Therapeut und Unternehmer

Sennets *Verfall und Ende des öffentlichen Lebens* wird 1979 ins Französische übersetzt und Laschs *Zeitalter des Narzißmus* 1981. Parallel dazu beginnt die französische Soziologie mit Alain Touraine die Rückkehr des Akteurs zu feiern und sich vom Studium der Gesellschaft zugunsten der Untersuchung des Subjekts abzuwenden. Der britische Soziologe Anthony Giddens vertrat 1987 die Ansicht, daß das Problem der Sozialwissenschaften darin liege, »die Rechtmäßigkeit der Wendung in Richtung auf die Subjektivität anzuerkennen und dabei zugleich zu vermeiden, erneut in einen völligen Subjektivismus zu verfallen«. Sein Projekt zielte auf die Überwindung »des Dualismus von sozialem

---

75 A. Touraine, »Existe-t-il encore une société française?«, in: D. Schnapper, H. Mendras (Hg.), *Six manières d'être européen*, Paris 1990, S. 150.

Objekt und individuellem Subjekt ab«,[76] des Objektivismus und des Subjektivismus, der Gesellschaft und des Individuums – was alles äquivalente Formulierungen sind. Er erklärte, daß die Wandlungen der Moderne einen Rückzug auf das Ich und das Privatleben nach sich zogen. Zwei andere Werke, die von französischen Autoren veröffentlicht wurden, prägen zu Beginn der 1980er Jahre die Begriffe der Debatte, indem sie zwei Wege vorschlagen, die Veränderung der Sitten zu betrachten: *La Gestion des risques* des Soziologen Robert Castel von 1981 und *L'Ère du vide* des Philosophen Gilles Lipovetsky von 1983.[77] Der erste bringt in Frankreich die Vorstellung einer psychologischen Kultur in Umlauf, während der zweite zur Popularisierung der Vorstellung beiträgt, derzufolge der neue Individualismus, das heißt der Individualismus der emanzipierten Sitten, narzißtisch ist. Diese beiden Bücher zeichnen die Umrisse des neuen französischen Individualismus, das erste in einer Verfallsperspektive, das zweite in einer entgegengesetzten Konzeption.

Die befreite Subjektivität: kritisches oder apologetisches Programm?

Robert Castels Buch ist der Bilanz des vorangegangenen »überpolitisierten« und »überpsychologisierten« Jahrzehnts gewidmet, um seine eigenen Formulierungen zu verwenden. Castel sieht darin die Verankerung einer »neuen psychologischen Kultur«, die die Individuen auf die lächerlichen (sprich: entpolitisierten) Anliegen des Privatlebens verweist. Der Leser kann darin dieselbe Beunruhigung unserer beiden amerikanischen Autoren erkennen.[78] Diese Kultur fördert das Psychologische um seiner

76 A. Giddens, *La Constitution de la société*, Paris 1987 (Originalausgabe 1984), S. 15; dt.: *Die Konstitution der Gesellschaft*, übers. v. W.-H. Krauth u. W. Spohn, Frankfurt/M. 1997, S. 41.

77 Die neue Zeitschrift *Le Débat*, die 1980 gegründet und von Pierre Nora und Marcel Gauchet herausgegeben wird, ist eine der Zwischenstationen für diese geistigen Neuerungen. 1980 veröffentlicht Castel in Zusammenarbeit mit J.-F. Le Cerf vier Aufsätze über die psychologische Kultur, und mehrere Kapitel des Buches von Lipovetsky wurden zuerst in dieser Zeitschrift abgedruckt.

78 Zwei Jahre zuvor hatte er mit F. Castel und A. Lovell ein Werk über die amerikanische Gesellschaft veröffentlicht, in dem die neue Empfänglich-

selbst willen, »sie neigt dazu, das Sich-Einrichten im Psychologischen als Erfüllung der Berufung des sozialen Subjekts zu sehen«. Sie ist außerdem das Kennzeichen für den Eintritt in die »Zeit nach der Psychoanalyse«, das heißt »nicht des Endes der Psychoanalyse, sondern des Endes des gesteuerten Ausbreitungsprozesses der psychologischen Kultur in der Gesellschaft durch die Psychoanalyse«.[79] Auch wenn die Psychoanalyse die Sprache geworden ist, in der zahlreiche Probleme des Alltagslebens kodiert und formuliert wurden, so relativiert doch am Ende die Vielzahl psychologischer Techniken, die sich in der französischen Gesellschaft im vorhergehenden Jahrzehnt ausgebreitet haben, die Stellung der Psychoanalyse. Im Unterschied zu ihr zielen diese Techniken darauf ab, »die Verwerfung zu reduzieren, anstatt sie nur zu messen«. So wie die Ich-Psychologie beanspruchen sie, die individuellen Fähigkeiten zu stärken, allerdings dadurch, daß sie sich auf den Körper und die Gefühle konzentrieren und daß sie direkt auf die zwischenmenschlichen Beziehungen einwirken. Der Begriff der Normalität wird völlig verwandelt: »Sie fördern eine Sicht des Menschen, derzufolge er sich selbst als Eigentümer einer bestimmten Art von Kapital (seines ›Potentials‹) versteht, das er so einsetzt, daß er einen Mehrwert von Genüssen und Beziehungsmöglichkeiten daraus gewinnt.«[80] Das ist das psychologische Wachstum, das fünfzehn Jahre zuvor von Philipp Rieff angeführt wurde.

Doch Castel distanziert sich von der Analyse in Begriffen des Narzißmus. »Befreiter Narziß oder angeketteter Prometheus?«, so lautet seine Frage. Seine Vorbehalte beziehen sich auf die kulturalistische Auffassung seiner amerikanischen Kollegen, aber vor allem auf die Diagnose der Gegenwart: Die psychologische Kultur impliziert keineswegs einen narzißtischen Egoismus – er sieht den tragischen Aspekt nicht, der für Sennett und Lasch von grundlegender Bedeutung ist. »Der Egoismus ist weniger eine Persönlichkeitsstruktur als eine Rückzugsposition, die von gewissen gesellschaftlichen Veränderungen angetrieben wird«,[81] die eine Abkehr vom Sozialen und Politischen zur Folge haben.

keit für Therapien und die psychologische Kultur eine bedeutende Stellung einnehmen, *La Société psychiatrique avancée*, a. a. O.
79 R. Castel, *La Gestion des risques*, a. a. O., S. 155.
80 Ebd., S. 166 und 170.
81 Ebd., S. 194 f.

Robert Castel hob einen entscheidenden Punkt hervor: »Wir beginnen zu verstehen, welchen Beitrag die Förderung des Psychologischen über die Weiterbildung, die Umschulungspraktika und Kreativitätsseminare zur Schaffung eines Menschen im Wandel geleistet hat, dessen Spontaneität, die von bestimmten Techniken gefördert wurde, in der Lage sein wird, sich allen Situationen, denen er auf dem Markt begegnen kann, gewachsen zu zeigen.«[82] Dieser Mensch des Wandels ist das neue Individuum, ein Produkt der Psychologisierung der Gesellschaftsverhältnisse. Castel fügt hinzu: »Das ›menschliche Potential‹ – das zugleich persönlich, aber auch beziehungshaft ist – ist [...] ein objektivierendes Kapital, das kultiviert wird, damit man im Umgang, bei der Arbeit oder dem Genuß ›leistungsfähiger‹ wird.«[83] Die Psychologisierung bedeutet also weniger eine narzißtische Selbstversenkung als die Instrumentalisierung der individuellen Subjektivität, die davon befreit, die Gesellschaft zu reformieren.

Mehr noch, durch die Psychologisierung neuer Formen von sozialer Kontrolle entstehen auch Risiken in Form eines vorausblickenden Managements. Dieses wurde mit dem Gesetz von 1975 über Behinderungen eingeführt und verleiht der Seelenmedizin einen neuen diagnostischen und prognostischen Expertenstatus, insofern sie der Betreuung enthoben ist, die diesen risikobehafteten Individuen zukommen sollte. Die Entwicklung der Informatik erlaubt die automatisierte Verwaltung von Risikopopulationen durch Dateien aufgrund von systematischen Nachweisen (wie zum Beispiel der Kindermedizin, die die Daten von Pflichtuntersuchungen aufbewahrt). »Nach den Verrückten, den Verbrechern, den Behinderten, den Sozialfällen und anderen Abnormalen gibt es hier eine neue Gruppe von Individuen, die größer ist und fließende Grenzen hat und die einer besonderen Überwachung unterstehen, welche in eine Sonderbehandlung münden kann.«[84] Das die Gesundheit betreffende soziale Handeln ist der bevorzugte Bereich dieser neuen Regelungen. Sie sind in dem Sinne neu, daß die Perspektive dieser Kontrolle weniger disziplinarisch als sicherheitsbezogen ist: Sie zielt weniger auf den Gehorsam des Individuums ab als auf die Handhabung von

82 Ebd., S. 190 f.
83 Ebd., S. 202.
84 Ebd., S. 134.

Risiken, die Populationen aufweisen, die fortan durch objektive Kriterien bestimmt sind. Diese Regulierungen sind charakteristisch für einen Staat, der zwar dirigistisch bleibt, der jedoch seine Verantwortung zugunsten der Privatinitiative dezentralisiert, indem er vielfältige Vereinbarungen mit bestimmten Vereinigungen trifft. Dieser neue Staat ist der neoliberale Staat, dessen eben beschriebene Strategie »versucht, die zentrale Planung und die Privatinitiative miteinander zu verbinden, den Autoritarismus der Technokraten und die Freundlichkeit der spontanen Bürgervereinigungen«.[85] Der große Vorteil dieser doppelten Bewegung der Psychologisierung gesellschaftlicher Beziehungen und der Objektivierung von Risikoprofilen besteht darin, die gesellschaftliche Kontrolle mit Kleidern in verführerischen Farben zu verbrämen.

Castels Buch stellt das Thema der Psychologisierung und der Privatisierung des Daseins in den Vordergrund. Die Kraft seiner Diagnose besteht darin, zu zeigen, daß ein und dieselbe Folge von Veränderungen das gesamte Gesellschaftsleben beeinflußt, ob es sich nun um die Familie oder das Unternehmen handelt. Er liefert den Schlüssel, um einen Substanzverlust des »Sozialen« zu erfassen, dessen Kompensierung das »Psychologische« ist. Seine Analyse hat der französischen Soziologie den Rahmen gegeben, der die Kritik am Kapitalismus und an neuen Herrschaftsmodi ermöglicht, die er in einer Sprache formuliert, in der die Autonomie, die Beziehung, die Kompetenz und die persönliche Entfaltung zu Schlüsselwörtern werden: »Ein weiteres Regulationsmodell entwickelt sich: der Anreiz zur Zusammenarbeit von dem jeweils eigenen Ort aus und nach den eigenen Bedürfnissen hinsichtlich der Handhabung von Zwängen im Rahmen einer Arbeitsteilung zwischen Herrschaftsinstanzen und denen, die diesen unterworfen sind.«[86] Castel bietet somit eine Erzählung des gleichzeitigen Verfalls von Politik und Gesellschaft. Man müßte eher schreiben: ein Verfall der Gesellschaft durch den Rückzug des Staats in der jakobinischen Tradition. Daraus ergeben sich neue Herrschaftsstrategien durch Mittel, die keinen Zwang aus-

---

85 Ebd., S. 136.
86 Ebd., S. 208. Die Vermittlerrolle wird kaum zwanzig Jahre später *Le Nouvel Esprit du capitalisme* von L. Boltanski und E. Chiapello, Paris 1999, einnehmen. Diesen Autoren zufolge hat der neue Kapitalismus die Künstlerkultur zu seinen Gunsten wiederverwertet.

üben, unter dem Deckmantel einer Emanzipation der Sitten. Diese Strategie stellt eine neue List des Kapitals dar, die das Beziehungshafte fördert, aber das »Gesellschaftliche«[87] zum Verschwinden bringt. Folglich »entwickelt sich die Neubelebung einer kritischen Position über das Verständnis des Status der ›befreiten‹ und der durch die neuen Technologien umgestalteten Subjektivität«.[88] Das ist das politische Projekt, das die Soziologie erfüllen muß. Im Laufe des folgenden Jahrzehnts wird die befreite und instrumentalisierte Subjektivität im Zentrum der neuen kritischen Soziologie stehen, deren Leitlinien Castel skizziert hat.

Castel bleibt in einer französischen Perspektive, für die das Private dem Öffentlichen unter dem Schutz des Staats untergeordnet werden soll, denn die bürgerliche Gesellschaft hat in Wirklichkeit in sich keinen Bestand. Wenn der Staat beginnt, sich zurückzuziehen, und das öffentliche Leben geschwächt wird, engagieren sich die Leute aus Mangel an etwas Besserem für das Privatleben. Gilles Lipovetsky schlägt eine umgekehrte Überlegung vor.

Die provokante These seines Buches lautet, daß der Narzißmus befreiend sei, weil er die demokratische Revolution des Individualismus im höchsten Grad vollzieht. Er nimmt genau die entgegengesetzte, optimistische Position zu Lasch und Sennett ein, die scharf kritisiert werden, und stellt die psychologische Empfänglichkeit des »neuen« Individualismus, der sich um das Privatleben sorgt, gedrängt in ihrer positiven Version dar. Er registriert die Emanzipation der Sitten unter der Schirmherrschaft einer Leichtigkeit des Seins, zu dessen Apostel er sich macht:

---

87 In einem Dialog mit Eugène Enriquez, der 2008 veröffentlicht wurde, hält Castel an seinen Analysen von 1981 fest, *Sociologies pratiques*, November 2008, S. 15-27. »Hinter diesen Praktiken steht ein Prozeß der Individualisierung, der Dekollektivierung oder auch der Entgesellschaftung in dem Sinne, daß das Soziale nicht mehr als ein äußerer und objektiver Bezugspunkt nach der klassischen Vorstellung Durkheims wahrgenommen wird. Es gibt eine Art von Neuinterpretation des Sozialen in Begriffen des Relationalen oder des Psychologischen, was man in Umwendung einer Formulierung von Kant eine ›ungesellige Geselligkeit‹ nennen könnte. Diese Formulierung schien mir jene Art von Neuinterpretation des Sozialen, das sich im Psychologischen auflöst, gut auszudrücken.« S. 17.

88 R. Castel, *La Gestion des risques*, a. a. O., S. 16.

Nicht nur in der Mode schlägt dieser Neonarzißmus kurzfristig Wellen [...] – daß er auch auf der intellektuellen Szene auftritt, ist der maßgebliche Grund, dieser anthropologischen *Umwälzung* in ihrer ganzen Radikalität nachzuspüren, einer Wandlung, die sich vor unser aller Augen vollzieht [...]. Der Individualismus ist in ein neues Stadium eingetreten [...], ein reiner Individualismus [entfaltet sich], der sich auch noch der letzten gesellschaftlichen und moralischen Werte entledigt hat [...].

Narziß ist nicht mehr die tragische Figur des amerikanischen Individualismus, sein Hedonismus braucht zu seiner »psychischen Entwicklung« nur therapeutische Unterstützung: »Der Narzißmus ist eine Antwort auf die Herausforderung des Unbewußten: da das Selbst sich nun wiederfinden soll, stürzt es sich in eine endlose Befreiungs-, Beobachtungs- und Deutungsarbeit.« Im Gegensatz zu Castel sieht Lipovetsky das Engagement für das Private nicht als eine Zurückdrängung des Sozialen, sondern als eine »funktionale Anpassung«: »Wenn das Leben in der sozialen Wüste erträglich werden soll, muß das Selbst zur Hauptbeschäftigung werden: die Beziehung ist zerstört, doch wen kümmert's, schließlich ist das Individuum jetzt in der Lage, sich in sich selbst zu vertiefen.«[89] Das ist die These von Sennett und Lasch, aber mit einer moralischen Umkehrung, die den neuen Individualismus positiv bewertet.

Die erkenntnistheoretische Grundlage dieser Analyse hat starke Ähnlichkeit mit derjenigen, die er bei den beiden amerikanischen Soziologen anprangert: den Kulturalismus. Im Unterschied zu den beiden amerikanischen Soziologen befreit er ihn jedoch vom Ballast seines kritischen Potentials. Das Individuum sei zunächst modern gewesen (eine lange Zeit, 1700-1950), dann postmodern (seit 1970-1980). Das moderne Zeitalter ist »eine Kompromißbildung zwischen der personalisierten und der disziplinarischen Welt«, ein Gleichgewicht »zwischen Vereinzelung des Individuums und seiner Einfassung in einen hierarchischen und Zwang ausübenden Rahmen«.[90] Die Moderne hat klassische Neurosen hervorgebracht, deren Hauptmerkmal die unbe-

---

89 G. Lipovetsky, *L'Ère du vide. Essais sur l'individualisme contemporain*, Paris 1983, S. 56, 61 und 62. Hervorhebung des Autors; dt.: *Narziß oder die Leere: sechs Kapitel über die unaufhörliche Gegenwart*, übers. v. M. Messner, Hamburg 1995, S. 69, 76 und 77.
90 Ebd., S. 148.

wußte Schuld ist. Die Postmoderne vollendet die zweite individualistische Revolution, die des »totalen« Individualismus: »Mit dem Personalisierungsprozeß erfährt der Individualismus ein [narzißtisches] Aggiornamento [...].« Dieser Prozeß bricht mit der Moderne in dem Sinne, daß die Widersprüche, die das (moderne) Individuum zerrissen, in einer Synthese umgestaltet werden, die durch »die flexible Koexistenz von Antinomien gekennzeichnet ist«: »Das ist das Paradox der interpersonellen Beziehungen in der narzißtischen Gesellschaft: hier besteht immer weniger Interesse und Anteilnahme am anderen und dennoch der immer stärkere Wunsch zu kommunizieren, nicht aggressiv zu sein, den anderen zu verstehen.«[91] Hier verliert das narzißtische Individuum seinen tragischen Charakter. Es ist nicht gefangen in den Widersprüchen eines Selbst, das sich gleichzeitig behauptet und leugnet. Es hat das disziplinarische Joch abgelegt und sucht seinen Lebensstil aus, wie man Lebensmittel aussucht, die man im Supermarkt kaufen will: Es handelt sich um eine befreite Subjektivität. Das narzißtische Individuum und – wie man fast automatisch hinzufügen wird – das Subjekt im Grenzzustand sind nun zum Wahrzeichen der Postmoderne geworden (der zweiten Moderne oder der Spätmoderne, was äquivalent ist). Der Diskurs über die Krise der symbolischen Ordnung wird diesen Optimismus umkehren, wobei er eine Krise der Subjektivität geltend macht, die durch Auflösungserscheinungen der Persönlichkeit gekennzeichnet ist.

Trotz der Meinungsverschiedenheiten zwischen Castel, der die Erzählung vom Verfall einleitet, und Lipovetsky, der eine Antiverfallslehre vorschlägt, ist die Gemeinsamkeit der soziologischen Diagnose doch deutlich: Das gesellschaftliche Leben wird privatisiert und psychologisiert. Das ist der Verfall des »Sozialen«. Dieses Wort deckt hier zwei Bedeutungen ab. Für Lipovetsky bezeichnet es eine Befreiung vom gesellschaftlichen Zwang, die aber mit einer ständigen Selbstbeobachtung bezahlt wird; für Castel ist es ein Rückzug des Staats zugunsten einer Privatisierung seiner Schutzaufgaben und einer neuen gesellschaftlichen Kontrolle. Eine neue psychologische und narzißtische Kultur markieren eine Neubewertung der Figur des Psychotherapeuten. Er ist nicht mehr nur der, der behandelt, er ist auch die Person, die auf die Krise der traditionellen Institutionen antwortet, deren

91 Ebd., S. 17 und 286.

Autorität ihre Legitimation verloren hat und die sich als unfähig erweisen, mit der Veränderung umzugehen. Er entwickelt das persönliche Potential des Individuums und paßt seine befreite Subjektivität an, damit es das Beste aus sich herausholen kann. Die Autorität des Psychotherapeuten wächst also in dem Maße, wie die der Institutionen schwindet.

Gerechtigkeit und Konkurrenz: der neue Geist des Handelns

Im Laufe der 1980er Jahre setzt sich in der französischen Vorstellungswelt eine zweite Figur durch, nämlich die des *Unternehmers*, die jedoch ihren Status ändert: weniger der Große, der über die Kleinen herrscht, als vielmehr das Vorbild für autonomes Handeln. Der Unternehmer ist der Mann, der sich selbst zu steuern weiß. Der Therapeut und der Unternehmer bilden die beiden Pole eines Stils sozialer Beziehungen, bei dem sich der Akzent vom Passiven zum Aktiven verschoben hat. Zwischen den 1970er und den 1980er Jahren besteht nämlich das Hauptphänomen darin, daß auf die Autonomie *als Bestrebung* die Autonomie *als Zustand* folgt, und zwar eines jeden, was auch immer seine Stellung in der Gesellschaftshierarchie sein mag. Nicht die Autonomie im Sinne der Freiheit einer größeren Teilhabe an politischen Entscheidungen, sondern eine Änderung im Geist des Handelns, die der Autonomie der Individuen, ihrer Fähigkeit, sich selbst zu regieren und aus sich selbst heraus zu handeln, den höchsten Wert zuschreibt.[92]

Das Soziale, um das es geht, ist, wie wir weiter oben gesagt haben, das Korrekturprinzip gegenüber dem Ökonomischen, ohne welches diese Dimension die Demokratie der Gefahr aussetzte, daß der Klassenkampf in einen Bürgerkrieg umschlägt.[93] Durch die Umverteilung der Reichtümer regelte es die Konflikte der Gesellschaft, indem die Ungerechtigkeiten verringert und außerdem die Gleichheit und die Freiheit gefördert wurden. Diese Strukturierung ist im Begriff, sich unter dem Schock der Krise des Wohlfahrtsstaats aufzulösen. Dabei handelt es sich um eine Krise der

---

92 Das versuchte ich in *Le Culte de la performance* und in *L'Individu incertain*, a. a. O., zu zeigen.
93 J. Donzelot, *L'Invention du social*, a. a. O.

Gleichheit:[94] Es entsteht die Befürchtung, daß man aufgrund der Wirtschaftskrise die Schwächsten nicht mehr schützt. Die Wirtschaftskrise schmälert die Ressourcen, während sie zugleich nicht nur die Zahl der Arbeitslosen vergrößert, sondern auch die Dauer der Arbeitslosigkeit – was soziale Ausgrenzung bedeutet. Mehr noch, der Staat kämpft weniger gegen die Ungleichheiten, denn der Anstieg der Sozialausgaben seit dem Beginn der Wirtschaftskrise läßt Zweifel daran aufkommen, ob es überhaupt legitim ist, die Ungleichheiten zu reduzieren. Diese Zweifel werden durch das verstärkt, was man die »Rückkehr des Liberalismus« genannt hat, die eindringlich auf eine neue Schwierigkeit hinweist: »Der Staat wurde weitgehend als ein Instrument zur Problemlösung betrachtet; heute ist der Staat für sehr viele Menschen selbst das Problem«[95] – der Slogan Ronald Reagans, der gerade zum Präsidenten gewählt wurde, war: »*The government is not the solution, but the problem.*« Wir befinden uns hier am Anfang einer französischen Problemstellung, die wir dreißig Jahre später immer noch nicht überwunden haben: Die Krise des Sozialen ist die der Verhältnisse zwischen Staat und Gesellschaft, eine Krise des Sozialvertrags französischen Stils. Die Unterordnung des Öffentlichen unter das Private und des Staats unter die bürgerliche Gesellschaft, die den französischen Individualismus kennzeichnete, wurde zugunsten von Werten der individuellen Autonomie ausgehöhlt, das heißt die Fähigkeit, aus eigener Initiative weiterzukommen, Chancen zu ergreifen und das Leben zu wählen, das man führen will. Die zweifache Emanzipation der bürgerlichen Gesellschaft und des Individuums unter der Schirmherrschaft der Autonomie stürzt das Gegenüber von Individuum und Staat in eine Krise.

Zwischen der Wende zur Härte (1982) und der Regierung Fabius (1984-1986) scheitert das politische Projekt der Linken (das dafür verantwortlich ist, daß sie »links« steht). Ihre traditionelle zweifache Utopie einer Sicherheiten bietenden Gesellschaft und einer Alternative zum Kapitalismus gerät in die Krise. Während die soziale Abstützung der Arbeitslosigkeit zum Ausgleich für die Dualisierung des Arbeitsmarkts eingerichtet wird, erscheinen

---

94 P. Rosanvallon, *La Crise de l'État providence*, Paris 1981.
95 Ebd., S. 59. Diese Formel von Carl Schultze, der der wichtigste Wirtschaftsberater Jimmy Carters war, eröffnet das Kapitel, das Rosanvallon der Rückkehr des Liberalismus widmet.

in der Gesellschaft Vorbilder, die zum individuellen Handeln durch neue Identifikationsfiguren auffordern. Im Laufe dieser Periode entsteht in Frankreich ein neues Vokabular, nämlich das der Macher und der Erfolgsmenschen, des Wettbewerbs und der Konkurrenz, der Wertschätzung des sozialen Erfolgs und des unternehmerischen Handelns einerseits, das der sozialen Ausgrenzung und Unsicherheit andererseits. Der Wert des Wettbewerbs und der Konkurrenz steigt, während zugleich die soziale Ausgrenzung und Unsicherheit die Befürchtung weckt, daß die Gesellschaft und die Individuen sich selbst überlassen bleiben.

All das zeigt sich in einer Reihe von Veränderungen, die das gesamte gesellschaftliche Leben betreffen und die durch eine generelle Verschiebung vom Passiven zum Aktiven gekennzeichnet sind. Rufen wir uns kurz die Veränderungen ins Gedächtnis, die die Vorstellungen von Konsum, Sport und Drogen im Laufe der 1980er Jahre erfuhren, die ich in *Le Culte de la performance* und *L'individu incertain* genauer beschrieben habe. Mit dem Begriff der Interaktivität führt der Konsum zu einem Recycling der Werte der Befreiungsbewegungen der 1970er Jahre. Sie wird zum Schlüsselbegriff des Konsums: einerseits auf dem Weg über neue Radio- und Fernsehsendungen (die Reality-Shows am Anfang der 1990er Jahre, die am Ende des Jahrzehnts zur Fernsehwirklichkeit werden) und andererseits über die neuen Kommunikationstechnologien, bevor das Internet der Kommunikation gestattet, sich technisch zu konkretisieren. Parallel dazu ändert sich der Status des Sports und des sportlichen Wettbewerbs. Die Figur des Siegers wird als Symbol für soziale Vortrefflichkeit neu definiert, während die Unternehmen damit beginnen, den Sport auf ziemlich systematische Weise in Beschlag zu nehmen, aber auch das Abenteuer, und zwar ebenso sehr in ihrer Kommunikationspolitik wie im Personalmanagement. Die Trainingslager »jenseits aller Grenzen« mit ihren Parcours, die Wagemut verlangen, und ihrem Bungee-Jumping, die sowohl darauf abzielen, den Teamgeist der Arbeitnehmer zu steigern, als auch darauf, sie auf das Eingehen beherrschbarer Risiken zu trainieren, symbolisieren diesen neuen Geist. Der sportliche Wettbewerb inszeniert eine gerechte Konkurrenz, da ja der Erste der Beste ist. Im Laufe dieses Jahrzehnts verändert sich die Einstellung gegenüber den Drogen in dem Sinne, daß sie nicht länger Passivität und Abwesenheit gegenüber der Welt oder auch einer Revolte gegen die Gesellschaft repräsentieren, sondern wie Doping nach dem Vorbild des Sports eingeschätzt werden: Was anvisiert wird, ist Stimulation. Parallel dazu werden die psychotropen Medikamente, an erster Stelle angstlösende Mittel und Hypnotika im Laufe der 1980er Jahre, dann die Antidepressiva mit der Einführung von Prozac auf dem französischen Markt im Jahre 1994, zu »Leistungspillen«: Sie steigern oder optimieren die individuellen Fähigkeiten in einer Wettbewerbsgesellschaft – die Anglophonen nennen das *enhancement*. Diese Optimierung hatte mit den neuen Therapien begonnen; sie wird mit psychotropen Medikamenten fortgesetzt, die eine neue Konstellation bilden.

Das vielleicht verblüffendste Phänomen ist die Veränderung des Werts, der dem Unternehmen und der Figur des Unternehmers zugeschrieben wird. Der Unternehmensleiter, das traditionelle Wahrzeichen der Herrschaft der Großen über die Kleinen, Symbol von Erbschaft und Renten (das war die republikanische Synthese), sieht sich mit einem ganz neuen positiven Wert ausgestattet. Er wird zu einem Vorbild des Handelns für alle: Das ist der Beginn einer bedeutenden Veränderung des Geistes, in dem wir handeln. Erfolg zu haben bedeutet, die eigene Selbstwerdung zu unternehmen, aus eigener Initiative vorwärts zu kommen, indem man sich persönlich engagiert, um es zu etwas zu bringen. Hier haben wir eine Wiederaufnahme der alten Figur des Unternehmers von Cantillon (*Essais sur la nature du commerce*, 1755), der sich durch einen bestimmten Handlungstyp auszeichnete: Die Unternehmer, schreibt Hélène Vérin, bilden »die Klasse derer, die im Ungewissen leben, das heißt die ständig überlegen und ihre Vernunft gebrauchen müssen. [...] Der Unternehmer, ein Mann, der sich nach dem Vorbild des Philosophen gleichsam gezwungen sieht, sein Verhalten selbst zu unternehmen.«[96] Das ist zweifellos die moralische und soziale Triebfeder des neuen Bildes des Unternehmers, das Bild eines Menschen, der es versteht, sich aus sich selbst heraus zu verhalten.

Gleichzeitig setzt sich angesichts der Veränderung der Gesamtlage der Konkurrenz eine neue Vorstellung von Effizienz durch. Technologischer Wandel, wirtschaftliche Instabilität und Globalisierung der Märkte erhöhen den Druck auf der mikroökonomischen Ebene des Unternehmens. Die klassischen Systeme des Personalmanagements zwangen eine mechanische Disziplin

96 H. Vérin, *Entrepreneurs, entreprises. Histoire d'une idée*, Paris 1982, S. 12.

auf, die sich auf den Ausschluß des Arbeiters von seiner Arbeit gründete. Fortan scheinen sie mehr Probleme aufzuwerfen als zu lösen (Vernachlässigung von Aufgaben, Fernbleiben von der Arbeit usw.). Die neuen Systeme für das Personalmanagement erfordern eine Autonomie, die darin besteht, daß man sich für seine Arbeit derart einsetzt, daß jedes Individuum Unternehmer seiner eigenen Aufgabe ist. Die Autonomie ordnet die Disziplin unter: Diese war ein Mittel zur Erreichung eines mechanischen Gehorsams; fortan ist sie das Mittel zur Erreichung von Autonomie, der Fähigkeit, von sich aus zu handeln. Dort, wo man das Personal disziplinierte, mobilisiert man nun die menschliche Ressource. Das Management geht von der Konzentration auf den Arbeitsplatz zur Sorge um das *kompetente* Individuum über, das schnelle Anpassung, ständige Veränderung und psychische Flexibilität miteinander verbindet. Werke der Managerliteratur werden zu Bestsellern, wie zum Beispiel *Auf der Suche nach Spitzenleistungen* von Tom Peters und Robert Waterman, Unternehmensberater bei McKinsey (1982 ins Französische übersetzt) oder *L'Entreprise du troisième type* von Georges Archier und Hervé Sériex (1984). Die Wörter Einsatz, Motivation, Flexibilität, Verantwortung, Projekt, Kommunikation, Autonomie lassen sich in der gesamten Managerliteratur finden und stellen deren Agenda dar. Indem sie individuelle Fähigkeiten mobilisiert, ändert diese Auffassung von Effizienz die Bedeutung der Arbeit: Diese wird zu einem Träger der persönlichen Verwirklichung und im selben Zug auch zu einem psychischen Leiden. Seit den 1980er Jahren wird die Zunahme von Streß sowohl für Führungskräfte als auch für Arbeiter hervorgehoben. Bei letzteren steigert die Automatisierung die Anforderungen an ihre Wachsamkeit (man muß Pannen verhüten und darf sich nicht ausruhen, wenn sie eintreten, während man darauf wartet, daß jemand kommt, der sie behebt), das Erfordernis der Vielseitigkeit überträgt den Arbeitern die Verantwortung für die Zuverlässigkeit des technischen Systems und nicht nur für seine Leistung. Man muß die Gesamtheit seiner Fähigkeiten aktivieren, um die vorgeschriebenen Ziele zu erreichen. Der Zwang findet nun »im Kopf« statt. In den Praxen der Allgemeinmediziner tritt die Depression an die Stelle von Herzleiden, und der Konsum psychotroper Medikamente ersetzt den Krankenurlaub.

Die Veränderungen, die bei Konsum, Wettbewerb und Konkurrenz stattgefunden haben, stehen beispielhaft für eine neue

Einstellung: Auch wenn die Konkurrenz in der französischen Tradition des schützenden Staats im Gegensatz zur Gerechtigkeit steht, wird dieser Gegensatz doch relativiert. Die Gerechtigkeit erscheint als ein Produkt der Konkurrenz. Diese Umkehrung vollzieht sich unter der Schirmherrschaft der allgemeinen Verschiebung vom Passiven zum Aktiven, das die individuelle Autonomie auszeichnet. Die Leistung verbindet so ein Handlungsmodell (Unternehmertum) und ein Gerechtigkeitsmodell (beim Sport ist der Erste immer der Beste, während im täglichen Leben ...) mit einem Lebensstil, bei dem die persönliche Entfaltung eines Individuums es von den »Verboten« emanzipiert, die es daran hinderten, sein Leben zu wählen. Im Laufe der 1970er Jahre konnte sich jeder im Namen der Selbstmächtigkeit und des Rechts auf eigene Lebensgestaltung auf den Weg der Eroberung seiner Freiheit machen. Im Laufe des folgenden Jahrzehnts verbündet sich die Freiheit mit der individuellen Initiative zur Erfüllung eines gesellschaftlichen Ideals, das darin besteht, daß man wie ein Unternehmer seines eigenen Lebens handelt.

Die These der Privatisierung der Existenz, ob man sie nun negativ oder positiv bewertet, ist nur eine partielle Sichtweise: Der neue Individualismus deutet weniger auf einen Rückzug ins Privatleben hin als auf eine Umgestaltung der Verhältnisse und Inhalte des öffentlichen und des Privatlebens in Abhängigkeit vom Wert der Autonomie – das eine läßt sich übrigens nicht ohne das andere denken, denn sie bestimmen sich gegenseitig. Die Autonomie war eine Forderung, fortan durchdringt sie das ganze gesellschaftliche Leben. Da jeder nun gleicher ist, kümmert er sich persönlich um Probleme, die zum gemeinsamen Handeln oder in höhere Ebenen der Hierarchie gehörten. Die Mobilisierung individueller Dispositionen, innerer Triebfedern, die Fähigkeit, sich auf allen Stufen der gesellschaftlichen Hierarchie eine Persönlichkeit zu schmieden, anstatt diese Stufen auszuschalten, machen das Wesen aller gesellschaftlichen Beziehungen aus. Sie kennzeichnen das, was man die persönliche Wende des französischen Individualismus nennen könnte.

Die persönliche Wende zeigt sich in den beiden komplementären Figuren des Unternehmers und des Therapeuten. Der Unternehmer ist mehr als der Leiter eines Unternehmens: Er verkörpert eine bestimmte Handlungsweise, nämlich die Fähigkeit, angesichts einer ungewissen Zukunft von sich aus zu entscheiden und zu handeln, indem er Chancen ergreift. Der Therapeut ist mehr als nur derjenige, der Geisteskrankheiten behandelt: Er ist der Begleiter eines Individuums, das gehalten ist, von sich aus zu entscheiden und zu handeln. Er behandelt die ungenügende Selbstachtung, die es für sich empfindet und die es am Handeln hindert. Die therapeutische Beziehung ist eine gesellschaftliche Beziehung, die mit dem Ziel einer Feineinstellung der individuellen Fähigkeiten eingerichtet wurde, und zwar nach dem Vorbild des Dopings im Sport oder des psychologischen Wachstums der humanistischen Therapie. Aber der Unternehmer ist zugleich auch die Person, die die soziale Bindung schwächt und die Schwachen schlecht behandelt. Der Therapeut ist die Person, die die Fehlfunktionen der Autonomie repariert, die mangelnde Selbstachtung wiederherstellt und das Individuum wieder ins Spiel der Handlung zurückbringt. Der Therapeut und der Unternehmer sind soziologisch komplementär, insofern sie soziale Beziehungen regulieren, die in Abhängigkeit von der Autonomie gedacht werden. Wie in den Vereinigten Staaten werden sie zu dem, was MacIntyre »Charaktere« genannt hat (siehe oben, 3. Kapitel), Brennpunkte der Polarisierung, von denen aus moralische und politische Debatten strukturiert werden.

In der Konklusion seines Buches unterstrich Robert Castel den »Pessimismus« seiner Analyse, die dem Leser das Gefühl vermitteln konnte, von erbarmungslosen Kräften eingekreist zu werden. Denn »in der post-disziplinarischen« Ordnung, die im Entstehen begriffen ist, beobachtet man eine »tiefgreifende Umgestaltung der Subjektfunktion« unter dem »wachsenden Einfluß von Programmierungsfirmen, die ihren Gipfel in dem Projekt der Selbstprogrammierung erreichen«.[97] Diese pessimistische Perspektive ist von der Wirklichkeit bestätigt worden. Nicht das Individuum, das dem gesellschaftlichen Zwang enthoben wurde und nun flexibel auf die Antinomien der Existenz reagiert, hat triumphiert, sondern jenes, das im Gegenteil an dieser Befreiung leidet. Castel hat die Koordinaten einer Debatte über die neuen Schwierigkeiten der Gesellschaftsbildung angegeben. Er hat einen Raum des Verständnisses eröffnet, der gestattet, eine Art von Widrigkeit zu beschreiben, die die neuen Regeln des Gesellschaftsspiels, die sich auf die individuelle Autonomie und auf die persönliche Verantwortung berufen, erzeugen sollten. Der Verfall der Idee der Gesellschaft, dessen erste Grundzüge er in der befreiten Subjekti-

97 R. Castel, *La Gestion des risques*, a. a. O., S. 211 und 210.

vität analysierte, sollte nicht nur durch die Wandlungen der Psychopathologie geprägt sein, sondern auch durch das, was man im Laufe der 1990er Jahre das soziale Leiden zu nennen begann, das psychische Leiden, dessen Ursprung in der Gesellschaft liegt. Künftig werden die sozialen Beziehungen in Begriffen des Gefühls formuliert und die Schwierigkeit, eine Gesellschaft zu bilden, wird sich in der individuellen Subjektivität zeigen. Sie nimmt die Form einer Tyrannei der gesellschaftlichen Ideale an, deren Ursachen dem in den 1970er Jahren sich durchsetzenden Liberalismus der Sitten und dem Neoliberalismus, der Globalisierung des Kapitalismus ab den 1980er Jahren, die ein Leiden am Ideal erzeugt, zugeschrieben wurden. Diese Pathologien des Liberalismus verschränken das gemeinsame Übel mit dem individuellen.

Während sich in den Vereinigten Staaten die Kritik des Individualismus um den Verfall des bürgerlichen Engagements sorgt, wobei die persönliche Leistung über die Gleichheit und das private über das öffentliche Glück siegt, manifestiert sie sich in Frankreich in der Befürchtung, daß der Staat *die Gesellschaft im Stich läßt*, indem er einen unbegrenzten Wettbewerb zu Lasten der Schwächeren begünstigt, und daß er *die Individuen sich selbst überläßt*, die sich nun der (»amerikanischen«) Gefahr ausgesetzt sehen, daß auf jeden die Verantwortung für seinen eigenen Mißerfolg zurückfällt (*blaming the loosers*). Diese Veränderung bezeichnet man gewöhnlich mit »Entinstitutionalisierung«. Sie bildet den Gegenstand der folgenden drei Kapitel.

Die Vorstellung, die ich entwickeln werde, läßt sich folgendermaßen formulieren. Der Wert, den man heute der Autonomie zuweist, ist in Frankreich sowohl Gegenstand eines Konsenses als auch eines Konflikts. Es gibt einen Konsens bezüglich der Tatsache, daß die Autonomie im gesellschaftlichen Leben einen ganz neuen Wert angenommen hat. Der Konflikt bezieht sich dagegen auf die Bedeutung dieses Werts. Ich schlage vor, zwei große Analysen im Hinblick auf diese Frage zu unterscheiden. Sie bilden die beiden Pole der französischen Erzählung der Autonomie. Der ersten zufolge geht die Autonomie zu weit. Es handelt sich um die »anthropologische Umwälzung«, für den die narzißtischen Pathologien und die Grenzzustände ein Indikator sind. Sie kommt einer republikanischen Reaktion gleich. Der zweiten zufolge stellt die Autonomie den großen politischen und moralischen Einsatz dar, den wir immer noch anstreben: Wenn die Autonomie nicht respektiert wird, erzeugt sie soziales Leid. Diese Analyse stellt sich als ein neues Fortschrittsdenken dar, das das Ende der Industriegesellschaft und das der revolutionären Hoffnung unter der Schirmherrschaft des Begriffs der Anerkennung zur Kenntnis nimmt. Es handelt sich durchaus um Pole, das heißt daß sie sich recht häufig überschneiden. Sie ergeben sich aus der Störung der Konfrontation zwischen Ordnung und Fortschritt, die die politische und gesellschaftliche Vorstellungswelt Frankreichs strukturiert hatte.

6. Kapitel
Das Übel der Horizontalität
oder die neuen Kleider
des republikanischen Gedankens

[...] es gibt nichts kläglicheres als jene Art Skeptiker und Reformatoren, liberaler Priester und geisteswissenschaftlicher Gelehrter, die über die ›Seelenlosigkeit‹, den ›öden Materialismus‹, das ›Unbefriedigende der bloßen Wissenschaft‹, das ›kalte Spiel der Atome‹ für die Befriedigung des Gemüts, und dann [...] die ›notwendige‹ Harmonie und Rundung des Weltbildes doch nur einen Allgeist, eine Weltseele oder einen Gott erfinden.

Robert Musil
»Das Geistliche, der Modernismus und die Metaphysik«[1]

So offenbarte sich eine moderne Gestalt des Menschen, die in einem seltsamen Kontrast zu den Prophezeiungen der Denker vom Ende des [19.] Jahrhunderts stand, eine Gestalt, die ebenso lächerlich wegen der von den Anarchisten genährten Illusionen als auch wegen der Besorgnisse war, die den Moralisten durch die Befreiung der religiösen Überzeugungen und die Schwächung der traditionellen Bindungen eingeflößt wurden.

Jacques Lacan
»Introduction théorique aux fonctions
de la psychanalyse en criminologie«, 1950[2]

Die These vom Übel der Horizontalität läßt sich leicht formulieren: Wir erleben fortan nicht mehr einen Individualismus der Personalisierung, sondern der Auflösung sozialer Bindungen, ei-

---

1 Erschienen in: *Der lose Vogel*, Februar 1912, wiederabgedruckt in: R. Musil, *Prosa und Stücke. Kleine Prosa, Aphorismen, Autobiographisches, Essays und Reden, Kritik*, Hamburg 1978, S. 989.
2 J. Lacan, »Introduction théorique aux fonctions de la psychanalyse en criminologie«, in: *Écrits*, a. a. O., S. 128.

nen Individualismus, der die kollektiven Zugehörigkeiten und damit die persönlichen Fundamente eines jeden zerstört hat. Die Ersetzung der Werte der Gemeinschaft durch die Werte der freien Wahl bestimmt das ganze gesellschaftliche Geschehen. Das aufgeworfene Problem betrifft den Verfall der gesellschaftlichen Verpflichtung, anders gesagt, den Verlust der Autorität der Gesellschaft gegenüber den Individuen. Die Anzeichen für diesen Verlust sind eine neue Symptomatologie, die auf eine ganz neue Art der Auflösung der individuellen Persönlichkeit hindeutet. Im Zentrum des Geschehens steht die Psychoanalyse: Ihre Anwendung wurde zu einer Gesellschaftskritik erhoben, die sich auf klinische Daten stützt, was ihr ermöglicht, das gemeinsame und das individuelle Übel begrifflich zu artikulieren. Das autonome Individuum erinnert sie mit größter Vehemenz an seine Heteronomie. »Das heteronome Individuum« wurde vom Staat, der Verkörperung der Institution, geschützt und betreut. »Das autonome Individuum« muß seine Selbstwerdung unternehmen. Die Autonomie wurde durch die Heteronomie in Schach gehalten. Der Zusammenbruch der Heteronomie ließ einer Autonomie freien Lauf, die zerstörerisch geworden war. Ist dieser Diskurs nicht eher Zeichen für eine Krise der republikanischen Auffassung des Staats als derjenigen Instanz, die das Soziale einrichtet, und seiner Fähigkeit, das Zusammenleben sicherzustellen? Liegt nicht diese Auffassung der Überzeugung eines Autoritätsverlusts der Gesellschaft gegenüber dem Individuum zugrunde? Diese Fragen implizieren, daß man genauer untersucht, worin die Autorität der Gesellschaft besteht. Mit anderen Worten, daß man prüft, was der Begriff der Institution genau bedeutet.

Eine Welt ohne Grenzen

Wir haben gesehen, daß die Charakterneurosen für Lacan »die große zeitgenössische Neurose« sind, aber es gibt keinen Anlaß dafür, ihr eine besondere Stellung in der Nosographie einzuräumen, denn hier haben wir es mit Neurosen zu tun, bei denen die Persönlichkeit das Symptom ist, während die Begriffe der narzißtischen Pathologie und der Grenzzustände nicht zu ihrer Perspektive gehören. Green zufolge sind diese Begriffe dagegen wesentlich. Sie bringen den Wandel des Blicks der Psychoanalytiker auf ihre Klientel zum Ausdruck. Aber weder Green noch Lacan weisen der gesellschaftlichen Wirklichkeit irgendeine kausale Rolle zu. Dennoch wird der Begriff des Symbolischen, den Lacan für ganz bestimmte Zwecke verwendet, die in keiner Weise Anspruch auf eine soziologische Analyse erheben – ein Terrain, auf dem Lacan trotz seines schlechten Rufs vorsichtig, oft hellsichtig und kaum moralisierend ist – im Laufe der 1990er Jahre zum Gegenstand einer soziologischen Horizonterweiterung von Psychoanalytikern aller Richtungen, aber auch von Philosophen und Soziologen. Diese Erweiterung hat zwei Stützen, eine erkenntnistheoretische und eine institutionelle, die im 4. Kapitel untersucht wurden. Die erkenntnistheoretische Stütze ist der Wandel von der Ambiguität zwischen gesellschaftlichen Idealen und Illusionen des Ichs zu entfremdenden gesellschaftlichen Illusionen; die institutionelle Stütze ist der Lacaneffekt auf die Psychoanalyse, das heißt der Erwerb des Status eines Metawissens, einer Außenposition, einer überragenden Stellung. Aufgrund dieser zweifachen Unterstützung wird das Symbolische als Instrument eingesetzt, um eine Krise der Subjektivität als Krise der sozialen Bindung zu beschreiben, die sich aus der Emanzipation der Sitten und dem neuen Kapitalismus zugleich ergibt. Die Problematik bezüglich des narzißtischen Individuums, die in den Vereinigten Staaten seit zwei Jahrzehnten einen Konsens bildete, wird in der Lacan'schen Sprache[3] formuliert. Die französische Literatur bezieht sich im Unterschied zu den Amerikanern außerdem auf Freuds Essay *Das Unbehagen in der Kultur*. Was sagt Freud in diesem Text?

Freuds Unbehagen

Das Unbehagen in der Kultur (1929 in Wien veröffentlicht) ist, wenn ich mir diese Deutung gestatten darf, der Titel, den jeder

---

3 Wohl aufgrund der Arbeiten von Pierre Legendre, der Lacans Begriffe von der Psychoanalyse zur Jurisprudenz verlagert hat. Siehe insbesondere *L'Inestimable Objet de la transmission. Étude sur le principe généalogique en Occident*, Paris 1985. Dennoch wird Legendre in den berücksichtigten Arbeiten sehr wenig zitiert. R.-D. Dufour widmet Legendre, bei dem er »einen väterlichen Dogmatismus« erkennt, einen kritischen Kommentar. *L'Art de réduire les têtes. Sur la nouvelle servitude de l'homme libéré à l'âge du capitalisme total*, Paris 2003, S. 192-201.

französische Psychoanalytiker seinen eigenen Überlegungen zur Moderne zu geben wünscht.

Bevor wir auf einen bestimmten Punkt der Argumentation des Werks eingehen, nämlich die Anwendung der Psychoanalyse auf die Gesellschaft, sollten wir uns daran erinnern, daß Freud sich regelmäßig für die Rolle der Psychoanalyse im Hinblick auf das Verständnis der gesellschaftlichen Gründe der Neurosen interessiert hat, für das »soziologische Interesse« der Psychoanalyse. In einem Aufsatz von 1913 betont er, daß »sie den asozialen Charakter der Neurosen überhaupt erkannt [hat], welche ganz allgemein dahin streben, das Individuum aus der Gesellschaft zu drängen und ihm das Klosterasyl früherer Zeiten durch die Krankheitsisolierung zu ersetzen«; sie hat auch »den Anteil [im weitesten Maße aufgedeckt], welche soziale Verhältnisse und Anforderungen an der Verursachung der Neurose haben. Die Kräfte, welche die Triebeinschränkung und Triebverdrängung von seiten des Ich herbeiführen, entspringen wesentlich der Gefügigkeit gegen die sozialen Kulturforderungen«.[4] Freud macht eine soziologische Bemerkung, nämlich daß für die Existenz eines Schuldgefühls Sitten notwendig sind: »Dieselbe Konstitution und dieselben Kindheitserlebnisse, welche sonst zur Neurose führen müßten, werden diese Wirkung nicht hervorrufen, wenn solche Gefügigkeit nicht vorhanden ist oder solche Anforderungen von dem sozialen Kreis, für welchen das Individuum lebt, nicht gestellt werden.«[5]

In einem Aufsatz von 1908, in dem er über die Beziehungen zwischen der Kultur und der Nervenkrankheit spricht, stellt die Sexualmoral seinen Analysegegenstand dar, »die auf sie zurückgehende Förderung der modernen, das heißt in unserer gegenwärtigen Gesellschaft sich rasch ausbreitenden Nervosität«. Er stellt fest, daß die Patienten, die eine Nervenkrankheit erleiden, häufig aus Familien bescheidener Herkunft stammen, die auf der gesellschaftlichen Leiter rasch emporgeklettert sind. »Auch wird der Arzt häufig genug durch die Beobachtung nachdenklich gemacht«, wenn er in seiner Praxis hört: »[Wir wollten] etwas Bes-

4 S. Freud [1913], »Das Interesse an der Psychoanalyse«, in: *Gesammelte Werke*, Bd. VIII, 4. Aufl., Frankfurt 1964, S. 418. Es handelt sich um zwei Seiten, die dem »soziologischen Interesse« der Psychoanalyse gewidmet sind.
5 Ebd., S. 418.

seres sein [...], als wir nach unserer Herkunft sein können.«[6] Dennoch hält er sich bei diesem Punkt nicht besonders lange auf und zitiert die Neurologen Erb, Binswanger und Krafft-Ebing, die die Betonung auf die gestiegenen gesellschaftlichen Anforderungen, den Wettlauf um Neuigkeiten oder Geld, Fortschritte aller Art oder Aufputschmittel legen.

Ist *Das Unbehagen in der Kultur* ein Text moralischer oder soziologischer Reflexion auf die Kultur? Freud unterscheidet darin drei Quellen des menschlichen Leidens. Die ersten beiden sind der Körper und die Natur. Die dritte ist das »Leiden gesellschaftlichen Ursprungs«, das »einem aus menschlichen Beziehungen erwachsen kann«.[7] Es ist, so Freud, »schmerzlicher als jedes andere«.[8] Dieses Leiden bietet die Gelegenheit, »eine oft gehörte Behauptung« zu kritisieren. »Sie lautet, einen großen Teil der Schuld an unserem Elend trage unsere sogenannte Kultur.« Er präzisiert, daß er »diese Behauptung für erstaunlich hält«, und fragt sich, wie »wohl so viele Menschen zu diesem Standpunkt befremdlicher Kulturfeindlichkeit gekommen [sind]«.[9] Freud schreibt diese Kritik an der Kultur unterschiedlichen Umständen zu, von denen der zeitlich letzte die Entdeckung der Neurosemechanismen darstellt, die »das bißchen Glück des Kulturmenschen zu untergraben drohen. Man fand, daß der Mensch neurotisch wird, weil er das Maß von Versagung nicht ertragen kann, das ihm die Gesellschaft im Dienste ihrer kulturellen Ideale auferlegt, und man schloß daraus, daß es eine Rückkehr zu Glücksmöglichkeiten bedeutete, wenn diese Anforderungen aufgehoben oder sehr herabgesetzt würden.«[10] Freud scheint zu bezweifeln, daß der Rückgang der Forderungen gegenüber den Trieben in der Lage sei, den Anteil des Glücks des Individuums zu steigern, und der zeitgenössische Diskurs über das narzißtische Individuum und die Tyrannei der gesellschaftlichen Ideale scheint ihm im übrigen recht zu geben. Was die Psychoanalytiker als den großen soziologischen Text Freuds betrachten, enthält, genau genommen, keine Soziologie. Ich glaube, daß man das Buch als Analyse

---

6 S. Freud, »Die ›kulturelle‹ Sexualmoral«, in: *Kulturtheoretische Schriften*, a. a. O., S. 14.

7 S. Freud, »Das Unbehagen in der Kultur«, in: *Kulturtheoretische Schriften*, a. a. O., S. 217 und 209.

8 Ebd., S. 209.

9 Ebd., S. 217.

10 Ebd., S. 218.

der psychologischen Folgen der zeitgenössischen Kultur betrachten muß. Tatsächlich sind die ganzen Ausführungen zur Kultur
im Hinblick auf die Entwicklung des Individuums vom Gesichtspunkt der Unterdrückung seiner eigenen Triebe aus entworfen.

Zu Beginn des 6. Kapitels bringt Freud sein eigenes Unbehagen darüber zum Ausdruck, was er in den ersten zwei Dritteln
des Buches geschrieben hat: »Ich habe bei keiner Arbeit so stark
die Empfindung gehabt wie diesmal, daß ich allgemein Bekann-
tes darstelle [...].«[11] Aber seine »soziologischen« Überlegungen
zielen im Grunde darauf ab, »daß die Anerkennung eines besonderen, selbständigen Aggressionstriebs eine Abänderung der
psychoanalytischen Trieblehre bedeutet«,[12] eines Aggressionstriebs, von dem sich das Schuldgefühl ableitet, das das einzige
Mittel ist, diesen Trieb zu hemmen, und das den wirklichen Gegenstand dieses Buches ausmacht. Die folgenden Seiten fassen
die Schritte zusammen, die Freud vom Problem des Widerstands
gegen die Therapie um 1920 zum Todestrieb, zur Destruktivität
geführt haben. Dieses Buch bringt die Kontinuität seines Anlie-
gens zum Ausdruck. Der Kampf zwischen Eros und Ananke
stellt die Geschichte der Kultur selbst dar, aber diese wird immer
vom Standpunkt des Individuums aus präsentiert, dessen aggres-
sive Triebe unterdrückt werden müssen. Die Genese des Schuldgefühls, bei dem das Über-Ich im Geist des Individuums das moralische Gewissen vertritt, steht im Zentrum der Sache: »Die
Kultur bewältigt also die gefährliche Aggressionslust des Individuums, indem sie es schwächt, entwaffnet und durch eine Instanz in seinem Inneren, wie durch eine Besatzung in der erober-
ten Stadt, überwachen läßt.«[13] Das moralische Gewissen oder,
was bei Freud auf dasselbe hinausläuft, das Schuldgefühl, hat
zwei Ursprünge: »Das erstere zwingt dazu, auf Triebbefriedigun-
gen zu verzichten, das andere drängt, da man den Fortbestand
der verbotenen Wünsche vor dem Über-Ich nicht verbergen
kann, außerdem zur Bestrafung.« Das Gefühl des Vergehens besteht trotz des erfolgreichen Verzichts fort, »[der] nun keine voll
befreiende Wirkung mehr [hat], die tugendhafte Enthaltung
wird nicht mehr durch die Sicherung der Liebe gelohnt, für ein
drohendes äußeres Unglück [...] hat man ein andauerndes in-

11 Ebd., S. 245.
12 Ebd., S. 245.
13 Ebd., S. 250.

316

neres Unglück, die Spannung des Schuldbewußtseins, einge-tauscht«.[14]

Die Analogie zwischen dem Kulturprozeß und der individuel-len Entwicklung führt Freud dazu, eine kritische Bemerkung über die besagte Kultur zu machen: das »[Kultur-Über-Ich] [...] erläßt ein Gebot und fragt nicht, ob es dem Menschen möglich ist, es zu befolgen«. Von hier aus ergibt sich eine Frage bezüglich der Möglichkeit, die Psychoanalyse zur Analyse der Gesellschaft in Begriffen einer Kollektivneurose zu verwenden: Sind »manche Kulturen [...] unter dem Einfluß der Kulturstrebungen [nicht] ›neurotisch‹ geworden [...]? An die analytische Zergliederung dieser Neurosen könnten therapeutische Vorschläge anschlie-ßen, die auf großes praktisches Interesse Anspruch hätten.«[15] Im Unterschied zu den zeitgenössischen Psychoanalytikern, die zum größten Teil nicht nur der Ansicht sind, daß die praktische Rele-vanz unbestreitbar ist, sondern vor allem auch meinen, daß die Psychoanalyse ein geeignetes Instrument sei, um von der Analyse des Individuellen zum Kollektiven überzugehen, zeichnet sich Freud durch besondere Vorsicht aus. Er fährt fort:

Ich könnte nicht sagen, daß ein solcher Versuch zur Übertragung der Psychoanalyse auf die Kulturgemeinschaft unsinnig oder zur Un-fruchtbarkeit verurteilt wäre. Aber man müßte sehr vorsichtig sein, nicht vergessen, daß es sich doch nur um Analogien handelt [...]. Auch stößt die Diagnose der Gemeinschaftsneurosen auf eine beson-dere Schwierigkeit. Bei der Einzelneurose dient uns als nächster An-halt der Kontrast, in dem sich der Kranke von seiner als ›normal‹ ange-nommenen Umgebung abhebt. Ein solcher Hintergrund entfällt bei einer gleichartig affizierten Masse [...]. Trotz aller dieser Erschwerun-gen darf man erwarten, daß jemand eines Tages das Wagnis einer sol-chen Pathologie der kulturellen Gemeinschaften unternehmen wird.[16]

Die Pathologie der kulturellen Gemeinschaften ist nicht nur zu einem stark in Mode gekommenen, literarischen Genre gewor-den, sondern dieses Genre besteht darüber hinaus im wesent-lichen aus Werturteilen. Auch wenn Freud im Gegensatz zwi-schen Individuum und Gesellschaft gefangen bleibt, scheint doch sein Unbehagen gegenüber einer auf das Gesellschaftsleben an-

14 Ebd., S. 253 und 254.
15 Ebd., S. 268 und 269.
16 Ebd., S. 269.

gewandten Psychoanalyse Gegenstand einer wahrhaft kollektiven Verdrängung seitens der Psychoanalytiker bezüglich der Grenzen der Psychoanalyse für eine Erklärung dieser Ebene des menschlichen Lebens zu sein.

Psychoanalyse der sozialen Bindung, die neue psychische Ökonomie

Un monde sans limite des Psychoanalytikers Jean-Pierre Lebrun mit dem Untertitel *Essai pour une clinique psychanalytique du lien social*, das 1997 erschien, ist zweifellos eines der ersten Werke, das das Programm einer Klinik des Sozialen in der Lacan'schen Sprache dargelegt hat, einer Klinik, die zugleich eine Kritik zeitgenössischer Lebensweisen ist. Darauf folgt eine Flut weiterer Veröffentlichungen.[17]

> Niemand wird bestreiten, daß unser Gesellschaftsleben sich heute in einem tiefen Umbruch befindet; darüber hinaus vollzieht sich seine Entwicklung so schnell, daß wir uns nicht imstande sehen, die Gelenkstellen auszumachen, von denen all jene Veränderungen ausgehen, die wir erleben. Nennen wir in beliebiger Reihenfolge die Globalisierung der Wirtschaft, das Desinteresse am Politischen, die Zunahme des Individualismus, die Krise des Wohlfahrtsstaats, die Zunahme von Gewalt sowie gleichzeitig der Ausbruch von Konflikten, der Aufstieg des Legalismus.[18]

---

17 Insbesondere wollen wir folgende nennen: C. Dejours, *Souffrances en France. La banalisation de l'injustice sociale*, Paris 1998; J.-P. Lebrun (Hg.), *Les Désarrois nouveaux du sujet*, Toulouse 2001; M. Schneider, *Big Mother. Psychopathologie de la vie politique*, Paris 2002; C. Melman, *L'Homme sans gravité. Jouir à tout prix*, Gespräche mit J.-P. Lebrun, Paris 2002; D.-R. Dufour, *L'Art de réduire les têtes*, a. a. O.; J.-J. Rassial, *Le Sujet en état-limite*, Paris 1999. Man findet auch mehrere Sonderausgaben von Zeitschriften, wie zum Beispiel die der *Cliniques méditerranéennes*, 2007, Bd. 75, Nr. 1, die der Psychopathologie und der Psychoanalyse der sozialen Bindung gewidmet ist und von Serge Lesourd herausgegeben wurde. Zu den soziologischen Ansätzen, die zu dieser Strömung gehören, siehe besonders die Texte, die von N. Aubert (Hg.) zusammengestellt wurden, *L'Individu hypermoderne*, Toulouse 2004.
18 J.-P. Lebrun, *Un monde sans limite. Essai pour une clinique psychanalytique du lien social*, Toulouse 1997, S. 15.

Lebrun macht sich Marcel Gauchets Feststellung eines »Entsymbolisierungsprozesses, der unsere Gesellschaften erschüttert«, zu eigen und stützt sich auf die Untersuchung Lacans zu den familialen Komplexen, um sich über die »Entinstitutionalisierung« der Familie und den »Verfall der väterlichen Identität« Sorgen zu machen, der »den Weg für den Einfall der Mutterfigur ebnet«.[19] Inwiefern besitzt der Psychoanalytiker ein Vorrecht zur Analyse der sozialen Bindung? Weil er es aus seiner täglichen klinischen Erfahrung bezieht: »Was der Psychoanalytiker in dieser Auseinandersetzung mit der individuellen Klinik vernimmt, vernimmt er auch im Gesellschaftsleben; was er von den Wechselfällen des Subjekts vernimmt, ist vom selben Schlag wie das, was er von den Wechselfällen des Gesellschaftslebens vernimmt.«[20] Wir können gleich bemerken, daß, auch wenn der Psychoanalytiker den auf der Couch liegenden Patienten vernimmt, da das ja der Hintergrund seiner Methode ist, man doch nicht sieht, wodurch er das Soziale als solches vernehmen könnte. Wie jedes Mal, wenn die Beziehungen zwischen der Psychoanalyse und dem Gesellschaftsleben angesprochen werden, bezieht man sich auf Freuds Essay »Massenpsychologie und Ich-Analyse«, der die Massenpsychologie nicht von der Individualpsychologie trennt. Das Gesellschaftliche im Sinne des Psychoanalytikers bezeichnet nicht die gesellschaftlichen Situationen, sondern allein die kollektiven Vorstellungen. Wenn man mit diesem Text bewaffnet ist, um die soziologischen Faktoren zu verstehen, die zur Pathologie führen, konstruiert man am besten eine Klinik des Sozialen. Worin bestehen deren Merkmale und Argumente?

Ihr Ausgangspunkt ist die jüngst aufgetretene Schwierigkeit, der man in der sozialisierenden Funktion des Vaters begegnet, der, wie Lacan in seinem Text über die Familie betont hatte (siehe oben, 4. Kapitel), die Funktionen der Unterdrückung und des Vorbilds, des »Lehrmeisters des Wagemuts«, vereinigt. Da sein Status der eines Dritten ist, der das Kind von der Mutter trennt, verkörpert er die Institution. Die neue Klinik »ist darauf angewiesen, daß niemand davon profitiert, daß unsere Gesellschaft sich des Vaters entledigt, um sich damit zugleich des Dritten zu

---

19 Ebd., S. 16 f. Lebrun bezieht sich auf Lacans Text, der 1932 als Aufsatz erschien, S. 18.
20 Ebd., S. 20.

entledigen«.[21] Konkret bedeutet das, daß der Vater nicht mehr »in Fleisch und Blut« eingreift, um die kindliche Allmacht zu begrenzen und dem Kind dadurch den Verzicht auf diese Allmacht zu ermöglichen und ihm zugleich den Eintritt in die symbolische Welt zu gestatten. Die gesellschaftliche Ätiologie der Pathologie wird stark betont: »Wir können befürchten, daß ein Gesellschaftssystem, das sich wie eine Mutter verhält, die sich damit begnügt, auf einen anderen zu verweisen, die aber nicht wirklich auch akzeptiert, daß dieser andere unaufgefordert eingreift, das Eingreifen des wirklichen Vaters buchstäblich in die Zange nimmt und faktisch das Fortbestehen der kindlichen Allmacht fördert.« Woraus sich die Konsequenz ergibt: Das Subjekt, das nicht um die Allmacht trauert, tritt nicht in die Welt des Symbolischen ein und kann »auf dem Weg der Subjektivierung nicht weiter gelangen«.[22] Die Subjektivierung nimmt im französischen Sprachgebrauch die Stelle des Bezugs auf den reifen Erwachsenen in der amerikanischen Ich-Psychologie ein. Ihr Stillstand drückt sich in narzißtischen Pathologien und Grenzzuständen aus. Diese Perspektive operiert mit einem Synkretismus zwischen der Lacan'schen Konzeptualisierung, in der diese beiden nosographischen Entitäten nicht vorkommen, und der von André Green, obwohl dieser die ätiologische Rolle des Gesellschaftlichen nicht anerkennt.[23] Damit der Vater seine Aufgabe erfüllen kann, schreibt Lebrun, »ist noch ein weiteres Merkmal nötig, und hier handelt es sich um eine Eigenschaft, die man gewöhnlich nicht betont, die aber dennoch grundlegend ist, nämlich daß diese Funktion des Vaters [...] durch das Soziale ratifiziert werden muß«.[24] Das Soziale wird zwar nicht definiert, aber die Idee ist, daß es sich dabei um eine funktionale Entität handelt, die die individuelle Allmacht begrenzt und das Subjekt verpflichtet anzuerkennen, daß es nicht alle seine Wünsche befriedigen kann, daß es mit dem Mangel leben muß. Das Soziale ist eine Einhalt gebietende Umgebung. Wir können feststellen, daß wir es mit ei-

21 Ebd., S. 191.
22 Ebd., S. 154.
23 J.-P. Lebrun bezieht sich auf die Grenzzustände und rechtfertigt deren Bedeutung trotz der Tatsache, daß Freud und Lacan diesen Begriff nicht verwenden. Ebd., S. 165-170. Er bezieht sich auf Green mit der Behauptung, »daß die Korrelation der Grenzzustände in der Tat mit der Funktionsweise unserer Gesellschaft verbunden ist.« Ebd., S. 169.
24 Ebd., S. 147.

nem klinischen Willen zu tun haben, der das individuelle und das gemeinsame Übel, gemessen an einer Krise des Symbolischen, die die Krise der Vaterfunktion ist, zusammen entwickelt. Dieses Programm und diese Methode bilden bei den Anhängern dieser Klinik einen Konsens, wobei der einzige Unterschied darin besteht, daß manche eher die narzißtischen Pathologien und andere mehr die Grenzzustände betonen, während wiederum andere sich unterschiedslos auf beide Kategorien beziehen.

Das Schicksal des zeitgenössischen Subjekts läßt sich also an den Veränderungen der individuellen Psychopathologie ablesen, die auf ein tiefes kollektives Unbehagen hinweisen. Fortan geht es darum, »sich vorzustellen, wie ein psychisches Defizit immer auch zugleich ein gesellschaftliches Defizit ist«.[25] Unzählige Personen stellen nun die Frage nach »den Auswirkungen der Veränderungen der gegenwärtigen Welt auf den Aufbau des Subjekts und den Ausdruck des Leidens«, und was sie umtreibt, ist »das Verschwinden des Subjekts, das die postmodernen Technologien zugunsten einer individuellen Verwirklichung ohne Bindung an den anderen propagieren«.[26] Die Triebfeder der neuen Subjektivität ist *das Ende der Vertikalität*, das Absterben der hierarchischen Gesellschaft, das vom Verfall der patriarchalischen Funktion bezeugt wird. Selbstverständlich ist nicht der wirkliche Vater das Problem, denn wir haben es nicht mit einer biologischen Perspektive zu tun, sondern seine symbolische Stellung, die die Autorität begründet. Der Vater oder vielmehr der Name-des-Vaters oder auch der phallische Signifikant erfüllt seine *normative* Funktion nicht mehr. Auf diesem gesellschaftlichen Defizit gedeihen die neuen Pathologien.

Diese Veränderungen kennzeichnen die geschwächte soziale Bindung der liberalen, neoliberalen, post-, hyper- oder ultramodernen Gesellschaft – alle diese Attribute gleichen sich im Grunde. Welche Auswirkungen hat diese neue Bindung?

Die liberale, postmoderne Bindung hat zwar zu einer Liberalisierung der Individuen geführt und das Joch gesprengt, das die gesellschaftlichen Verbote früherer Zeiten besonders in Form von Neurosen indu-

25 M. Schneider, *Big Mother*, a. a. O., S. 117.
26 S. Lesourd, »Argument«, in der Ausgabe, die der Veröffentlichung der ersten internationalen Konferenz über die Psychopathologie und Psychoanalyse der sozialen Bindung gewidmet war, *Cliniques méditerranéennes*, 2007, Bd. 75, Nr. 1, S. 11.

ziert hatten, aber dafür läßt sie das Subjekt in einem Zustand des Orientierungsmangels und liefert es der Melancholisierung aus, wenn es mit dem Mangel konfrontiert ist, und der Manie, wenn es ihn ablehnt.[27]

Wir hätten somit das Auftreten eines Individuums erlebt, das von jeder Fessel befreit ist und sich hauptsächlich um seinen Genuß und seine persönliche Entfaltung sorgt. Die Nachfrage nach Psychotherapie wäre nicht mehr durch den Willen motiviert, sein eigenes subjektives Leiden zu verstehen, sondern durch die Wirksamkeit der Reduktion des Symptoms und die Forderung nach »gutem Genuß«. Die Formen der Psychopathologie sowie die Nachfrage nach einer Behandlung scheinen den subjektiven Anteil zu eliminieren, das heißt das, worin das Subjekt bei seinem Symptom eine aktive Rolle spielt.[28] Daraus ergibt sich, was zahlreiche Kliniker »die Melancholisierung des Subjekts«[29] nennen.

»Eine transzendente Norm, auf die wir uns spontan beziehen konnten – sei es, um sie zu akzeptieren oder um sie zu bestreiten oder zu übertreten – und die der Gesellschaft gestattete, sich als *Einheit* vorzustellen, ist durch den Wunsch ersetzt worden, eine Norm zu finden, die sich nur auf sich selbst bezieht.«[30] Auch wenn die Autoren allgemein behaupten, daß sie die Nostalgie ablehnen und kaum die Rückkehr zu einer starken Macht oder zu einer überholten moralischen Ordnung preisen, ziehen sie doch aus der Psychoanalyse soziologische Lehren: Das Ende der Vertikalität hat zur Folge, daß das große Problem der demokratischen Gesellschaft die Autorität ist. Und sie ist ein Problem aus einem wesentlichen Grund: Die Gesellschaft ist keine Einheit mehr, sondern eine Vielfalt. Wir haben es hier mit den kulturellen Themen des Antiliberalismus zu tun.

Man kann sich nicht von der Vertikalität befreien, ohne ganz konkret einen affektiven Preis dafür zu zahlen. Das sind die neuen Pathologien des Ideals, jene Charakterneurosen, die die Unglücksfälle der Horizontalität sind, wie die Übertragungsneu-

27 S. Lesourd, »La mélancolisation du sujet postmoderne ou la disparition de l'Autre«, in: *Cliniques méditerranéennes*, 2007, Bd. 75, Nr. 1, S. 25.
28 S. Lesourd behandelt diese Punkte im einzelnen in »Argument« bei seiner Einführung der Textsammlung zur Psychoanalyse der sozialen Bindung, *Cliniques méditerranéennes*, 2007, Bd. 75, Nr. 1.
29 Ebd., S. 12.
30 J.-P. Lebrun, »Malaise dans la subjectivation«, in: J.-P. Lebrun (Hg.), *Les Désarrois nouveaux du sujet*, a. a. O., S. 14.

rosen die Pathologien der Vertikalität waren. »Auf die ›Krankheiten des Vaters‹ (Zwangsneurose, Hysterie, Paranoia) folgten im großen Maß die ›Krankheiten der Mutter‹ (Grenzzustände, Schizophrenien, Depressionen).«[31] Diese Pathologien betreffen das Ideal in dem Sinne, daß sie durch einen *wirklichen* Verfall der väterlichen Imago in der Gesellschaft verursacht werden und somit durch den Verfall von Institution, Symbol, Transzendenz, Hierarchie, Grenze, die eine Begriffsfamilie bilden. Die Depression ist zugleich Prototyp und Hauptsyndrom dieser Pathologien,[32] aber Eßstörungen, Suchtverhalten und »Impulshandlungen«, jene heftigen oder selbstmörderischen Impulse, bei denen der Übergang zur Handlung an die Stelle des Symptoms tritt, die Psychopathien, die psychosomatischen Krankheiten gehören auch zu dieser Gattung. Alle diese Syndrome entsprechen nicht mehr dem neurotischen Bild, das traditionell die Klientel der Psychoanalyse charakterisierte, wie man bis zum Überdruß wiederholt. Die Auflösung sozialer Bindungen läßt sich ganz besonders in der Sorge um die »Grenzen« erkennen. Diese polarisieren die Beunruhigung darüber, worin das Gemeinschaftsleben bestehen könnte. »Während sie sich noch vor einigen Jahren auf die Pathologie der Freiheit konzentrierte, erkennt sich die Psychiatrie jetzt mehr im Studium der Pathologie der Bindung und der Grenzen«, schreibt der Psychiater Christian Vasseur, damaliger Präsident der französischen Vereinigung für Psychiatrie, in einem Vorbereitungsbericht für die Generalstände der Psychiatrie, die 2003 stattfanden.[33] »Der rote Faden dieses Berichts und seiner Beilagen [...] ist die Hervorhebung der Faktoren, die zur Auflösung, zum Abbröckeln der Bindung, zu ihrer Abtötung durch die Unzulänglichkeit von Orientierungen, Identitäten, Strukturen und Ernennungen beitragen.«[34]

31 M. Schneider, *Big Mother*, a. a. O., S. 112. Diese Maternalisierung führt die Autorin manchmal zu einer regelrechten Leugnung der Wirklichkeit: »Der Staat bestraft wenig und zieht im eigentlichen Bereich des Strafrechts die (mütterliche) Vorbeugung der (väterlichen) Bestrafung vor.« S. 139.

32 Es scheint übrigens, daß ich unwillentlich zu dieser Vorstellung beigetragen habe. M. Schneider oder J.-C. Stoloff zitieren mein Buch über die Depression in diesem Sinne.

33 C. Vasseur, *La Psychiatrie et la Relation soignante*, 2003, ⟨www.egpsychiatrie.com⟩, S. 6.

34 Ebd., S. 7 f.

Es handelt sich tatsächlich um eine Unzulänglichkeit, denn eines der Kennzeichen dieser Pathologien der Auflösung sozialer Bindungen besteht darin, daß sie den Konflikt, die Schuld und das Begehren nicht mehr ins Spiel bringen, sondern das Defizit, die Spaltung, die Scham und die Identität. Es handelt sich um ein Defizit oder einen Mangel in der Symbolisierung, um einen Orientierungsmangel, wovon der landläufige Patient der Psychoanalyse ebenfalls betroffen zu sein scheint.[35] »Die ganze Schwierigkeit liegt übrigens genau hier; in unserer Gesellschaft, die sich vom Religiösen befreit hat; da es nicht mehr der Vater ist – ein Anderer –, der die Zwänge der phallischen Signifikanz verkörpert, fällt es dem Subjekt selbst zu, sie zu erproben und zu identifizieren.«[36] Dieser Orientierungsverlust, der sich aus dem Ende der Vertikalität ergibt, hat mit dem zu tun, was der Psychoanalytiker Charles Melman in einem Werk mit dem scharfsinnigen Titel *L'Homme sans gravité* (Der schwerelose Mensch) eine neue psychische Ökonomie genannt hat. Sie ist durch den Austausch des Gesetzes des Begehrens mit der Zurschaustellung des sexuellen Genusses charakterisiert – das Gesetz des Begehrens ist der Mangel, die Spaltung des Subjekts. Nun besteht aber gerade ein Merkmal dieser Ökonomie darin, daß es »keine subjektive Spaltung mehr gibt, das Subjekt ist nicht mehr gespalten. Es ist ein ungegliedertes [...], ein ganzes, kompaktes, ungeteiltes Subjekt.«[37] Diese neue Ökonomie ist die innere psychische Entsprechung zu einer äußeren anthropologischen Umwälzung: »Im Namen der Selbstbehauptung verkündet sie das Ende des dem

35 Bei vielen Patienten würde man das Thema des Umherirrens antreffen, das im Vordergrund steht. Dieses Umherirren »ist [...] als Mangel an Orientierungen zu begreifen.« G. Amiel, »›Errer‹ *humanum est*«, in: J.-P. Lebrun (Hg.), *Les Désarrois nouveaux du sujet*, a. a. O., S. 104.

36 J.-P. Lebrun, »Malaise dans la subjectivation«, a. a. O., S. 55.

37 C. Melman, *L'Homme sans gravité*, a. a. O., S. 32. Am Ende seines Berichts für die Generalstände der Psychiatrie über das Thema des neuen Wahnsinns nimmt Claude Barthélémy diese Perspektive ein: »Die neuen Pathologien des schwerelosen Menschen, die die Klinik uns zu erkennen gibt, sind vielleicht weniger durch die Kastration strukturiert als von der Frustration oder der Sättigung mit Genüssen geplagt. An diese Schwächung der psychischen Organisation heften sich diese neuen Grenzpathologien, in denen sich psychotische, neurotische und perverse Elemente vermischen.« C. Barthélémy, *L'Homme et la Folie*, Bericht für die Generalstände der Psychiatrie, Montpellier, 6. Juni 2003, S. 42. Siehe auch J. Lesourd, »Argument«, a. a. O., S. 12.

Gesellschaftlichen unterworfenen Individuums.« Mit welchem
Argument? Die Vorstellung vom eigenen Standort in der Gesellschaft hat sich verändert. Das Individuum, das sich gestern noch
durch seine Zugehörigkeiten bestimmte, definiert sich heute
durch seine Wahlentscheidungen. Dieser Aufstieg der Wahl zu
Lasten der Zugehörigkeit ergibt sich aus dem Ende der Vertikalität und hat einen direkten Einfluß auf die psychische Ökonomie:
»Auf der Ebene der individuellen Pathologie stellen die Psychoanalytiker seit etwa zwanzig Jahren fest, daß die klassische, an
die Sexualität geknüpfte Neurose seltener wird und daß Grenzzustände oder narzißtische Störungen sich weiter ausbreiten.«[38]
Dieselben Themen findet man in den Vereinigten Staaten einige
Jahrzehnte früher wieder, aber mit einem wichtigen Unterschied
im Hinblick auf die Konzeptualisierung: Diese Pathologien werden von »der Auflösung der symbolischen Ordnung [verur-
sacht], die die Subjekte an sich selbst bindet«.[39] Die Literatur zu
diesem Thema wiederholt sich stark: Diese Auflösung führt zu
neuen pathologischen Ausdrucksformen, die »gerade dadurch
gekennzeichnet sind, daß sie nicht eng mit Strukturen [Neuro-
sen, Psychosen, Perversion] verbunden sind«.[40] In der zeitgenössischen Symptomatologie Frankreichs findet man eine besondere
Kombination aus Angst und Depression, bei der das sich in einem Grenzzustand befindliche Subjekt »nicht nur in seinen
Handlungen [...], sondern auch in seinem eigenen Sein« gelähmt
ist. Die Depression ist »dem allgemeinen Verlust von Werten,
Wörtern, der Welt, von sich selbst, [...] diesem Zustand einer
allgemeinen Angst vor der Existenz angegliedert«.[41]

Das Ende der Vertikalität entspricht einer ganz neuen Situation in der Geschichte der Menschheit, nämlich der des Endes
der Unterwerfung unter die gesellschaftliche Pflicht. Diese steht
im Zentrum der Besorgnis, die sich durch diese ganzen Texte
zieht. Der Mensch verliert das Rückgrat, das ihn in der Gesellschaft verankerte und seine Begehrlichkeiten mäßigte. Der Verfall der Autorität der Gesellschaft läßt sich in der Ersetzung der
alten Zwangshierarchien durch »ein horizontales und gleichbe-
rechtigtes Schema der gesellschaftlichen und politischen Identifi-

38 M. Schneider, *Big Mother*, a. a. O., S. 158 f.
39 Ebd., S. 155.
40 J.-J. Rassial, *Le Sujet en état-limite*, a. a. O., S. 155.
41 Ebd., S. 61 f.

kation«[42] erkennen. In dieser Situation hebt die Zurschaustellung des Genusses die Grenzen auf, was in der Folge »die psychische Aufgabe eines jeden beträchtlich vereinfacht«, aber mit »neuen klinischen Ausdrucksformen des Leidens« bezahlt wird. Mit welchen? Melman erwähnt das Beispiel von zwei Patienten, die mit ihrer Ehe und Familie gut auskommen, aber nie anwesend, sondern immer auf Achse sind. Wir wissen nicht, ob sie beispielsweise berufliche Gründe dafür haben, aber sie stehen beispielhaft für die neue psychische Ökonomie, denn diese »nimmt keine Rücksicht mehr auf den Ort, an dem ein Subjekt bestehen kann«. Dieser erfahrene Psychoanalytiker behauptet zwar, »niemals klinische Formen dieses Typs gesehen zu haben«,[43] sagt uns aber überhaupt nicht, worin diese genau bestehen. »Dort, wo es gestern noch für die meisten Patienten, die sich an den Psychoanalytiker wenden, darum ging, einen anderen Ausweg als die Neurose für die Konflikthaftigkeit zu finden, die dem Begehren innewohnt, kommen jene, die den Weg zu seiner Praxis finden, recht häufig, um mit ihm über ihre Verstrickung in einen übermäßigen Genuß zu sprechen.«[44] Die Veränderungen der Nachfrage sind typisch für eine Welt ohne Grenzen, die sich mit dem Liberalismus eröffnet hat, eine Welt, die jede Nachfrage nach Objekten zu befriedigen versucht, die die Individuen auf die Wirklichkeit ausrichtet, indem sie sie von der Metaphernbildung abwendet: Die Phantasievorstellung vermischt sich nun mit der Wirklichkeit, und der Perverse nimmt die Stelle des Neurotikers ein (der Neurotiker hat perverse Phantasievorstellungen, die er nicht mit der Wirklichkeit verwechselt, und geht daher nicht zum Handeln über).

Es ist nicht erstaunlich, daß die Perversion besorgniserregende Ausmaße annimmt, da ja das symbolische Gesetz verhöhnt wird. Bestimmte perverse Verhaltensweisen findet man auch in den Grenzzuständen wieder. Dabei handelt es sich um Verhaltensweisen, die den anderen ihren Narzißmus verweigern: »Die Pervertiertheit, die die soziale Bindung selbst tangiert, indem sie der Koexistenz der Narzißmen im Begriff des alter ego abträglich ist.«[45] Das Versinken in der zeitgenössischen individualistischen

42 M. Schneider, *Big Mother*, a. a. O., S. 183.
43 C. Melman, *L'Homme sans gravité*, a. a. O., S. 34, 118, 119.
44 J.-P. Lebrun, *Un Monde sans limite*, a. a. O.
45 J.-J. Rassial, *Le Sujet en état-limite*, a. a. O., S. 85. »An die Stelle einer neurotischen Ordnung, die entsprechend der symbolischen Beziehung

Vorstellungswelt, in der das Gesetz nicht mehr vom Vater getragen wird, ist »eine Aufforderung zur Perversion«.[46] Der Perverse ist übrigens eine Gestalt, die heute sehr in Mode gekommen ist. Er gilt als negatives Symbol: Er verspottet alle Werte der demokratischen Gesellschaft, und in der Arbeitswelt flößt er einem ein Schuldgefühl für Dinge ein, für die er selbst verantwortlich ist. Zwei gegensätzliche Figuren verkörpern diese Infragestellung der sozialen Bindung an ihren beiden Polen: der gut sozialisierte, narzißtische Perverse und der entsozialisierte, junge Arme aus der Vorstadt. Weder der eine noch der andere erkennt den Narzißmus der anderen an. Auch wenn Impulshandlungen eine traditionelle Weise des Ausdrucks von Spannungen beim Übergang von der Kindheit zum Erwachsenenalter sind, so »haben sich ihre subjektiven Bedeutungen [doch] radikal geändert«. »Es ist nicht mehr ›der Aufstand gegen den Vater‹ [...], sondern viel eher ein verzweifelter Versuch der Trennung von der Welt des Genusses der archaischen Mutter.« Das Suchtverhalten hat genau diese Bedeutung: Die Drogen haben nicht mehr den Zweck, Vergnügen zu bereiten, bis hin zur Drogenabhängigkeit, sondern »das Verhalten von Drogensüchtigen muß [...] als eine Weise des Rückzugs aus der Welt verstanden werden«.[47] Es ist weniger der Mangel des Subjekts, der durch die Drogen ausgefüllt werden soll, als vielmehr ein Angriff des Subjekts durch sich selbst und auf sich selbst. Eine neue Destruktivität ist hier am Werk, die die Schwächung der psychischen Organisation mit der Schwächung der gesellschaftlichen Pflicht verbindet.

Der prototypische Patient dieser neuen psychischen Ökonomie ist jenes junge (»intelligente, sympathische, in ihrer Existenz völlig durcheinander geratene, gesellschaftlich entwurzelte, vor allem in der Nacht aktive, arbeitslose«) Mädchen, das vom Standpunkt der »großen Feier der Genüsse« »wie ein vollkommener Ausfluß unserer Demokratie [erscheint]. Sie hat ihren Anteil am Genuß wie alle anderen auch, und zugleich ist sie völlig verloren und spürt es schmerzhaft und ängstlich.« Da sie eine

zwischen dem Verbotenen und dem Erlaubten strukturiert wird, tritt eine perverse Ordnung – oder Unordnung –, die nur noch das Unmögliche dem Möglichen entgegensetzt.« M. Schneider, *Big Mother*, a. a. O., S. 137.

46 J.-P. Lebrun, *Un monde sans limite*, a. a. O., S. 135.

47 S. Lesourd, »Les désarrimés de la loi«, in: J.-J. Rassial, *Y a-t-il une psychopathologie des banlieues?*, Toulouse 1998, S. 34-36.

Beziehung der Verschmelzung mit ihrer Mutter hatte, »die sie nicht loslassen will«, und »äußerst stark an der Figur des Großvaters hängt, der natürlich gestorben ist«,[48] »möchte sie schließlich in der Analyse ihr Leben ihrem Großvater«, ihrem Psychoanalytiker, erzählen. »Es ist unmöglich, sie dahin zu bringen, sich zu fragen, zu wem das sprechende Subjekt spricht.«[49] Der Patient setzt in der Analyse selbst die Entfremdung gegenüber den Objekten seines Lebens fort, und im Unterschied zum Neurotiker gelingt es ihm nicht, sich zu trennen, zu verzichten usw. Er möchte vom Analytiker Wiedergutmachung verlangen, aber nicht wie ein Hysteriker, sondern eher wie ein Opfer des Lebens, das Wiedergutmachung vor Gericht verlangt. Diese Art von Patienten findet man in der Praxis des Analytikers immer häufiger. Von einem streng psychoanalytischen Standpunkt aus ist das Argument unverständlich, denn der Patient möchte mit allen seinen imaginären Identifikationen in die Sprechstunde gehen, und der analytische Prozeß bemüht sich, diese aufzulösen. Sind die Identifikationen von früher anders als die von heute? Wenn ja, inwiefern soll das den Psychoanalytiker dazu bringen, eventuell den Rahmen der Analyse zu modifizieren?

In diesen knappen Beschreibungen findet man Darstellungen, die zu jenen Charakterneurosen gehören, die seit langem bekannt sind, die aber dennoch ein Unbehagen beim Psychoanalytiker hervorrufen, der sie auf diese Weise erklärt. Beispielsweise sind manche der Ansicht, daß sie mehr und mehr Fällen begegnen, bei denen die Menschen schon bei den ersten Gesprächen »die größten Schwierigkeiten haben, von sich selbst zu sprechen« (sind die vorbereitenden Gespräche immer ein Erguß über sich selbst?) und vor allem »sind [sie] gegenüber ihren Symptomen [...], die übrigens nur selten als echte Symptome auftreten und schlecht zu identifizieren sind [...], äußerst intolerant, es sei denn in Form eines tiefen Unbehagens, aus dem keinerlei subjektive Besonderheit hervortritt«.[50] Das ist eine typische Beschreibung einer Charakterneurose. Man sieht überhaupt nicht, worin sich diese Darstellungen von jenen unterscheiden, die von der Psy-

48 C. Melman, L'Homme sans gravité, a. a. O., S. 182 f.
49 Ebd., S. 186.
50 M. Febvin, »Renouer avec la parole«, in: J.-P. Lebrun (Hg.), Les Désarrois nouveaux du sujet, a. a. O., S. 145 f. Der Autor betont, daß dieses Phänomen zwar nicht neu ist, aber sich verstärkt.

choanalyse seit Jahrzehnten gegeben wurden. Dagegen scheint der Analytiker, der seine Patienten heute auf diese Weise sieht, seine Fälle anhand des neuen Lacan'schen Sprachgebrauchs für das Soziale neu zu beschreiben.

Die Klinik des Jugendlichen verdichtet diese neuen Pathologien, die das Verhalten und den Narzißmus betreffen. Sie stellt deren Vorbild dar. Es gibt ein »Adoleszenzparadigma«, nämlich das der narzißtischen Depression, in dem festgestellt wird, daß »der Adoleszenzprozeß, der beim Erwachsenen stattfindet, folglich in einem Versuch der Verinnerlichung des Infantilen bestehen würde, der *den eigentlichen Unterschied* zum narzißtischen Ego ausmacht«.[51] Nun scheint es aber, daß die neuen Pathologien des Erwachsenen den schweren Krisen der Jugendlichen gleichen, bei denen die Symptome vieldeutig sind. Sie sind typisch für »jene Personen mit einer brüchigen Identität, die die Gesellschaft und die zeitgenössische Kultur ›hervorzubringen‹ scheinen«. Die Depression ist beispielhaft, denn sie ist eine Pathologie, die die Schuld und das Ödipale leugnet, obwohl sie vom Narzißmus und vom idealen Ich herrührt, wobei der Narzißmus »einen symbolischen Mangel«[52] beinhaltet. An das Thema der Unreife der Erwachsenen wird ständig erinnert, und zwar »im Hinblick auf jene erstaunliche Beziehung zur Außenwelt, die aus einer Mischung von klebrigem Realismus [...] und einem ausgesprochenen Mangel an Engagement besteht«.[53] Unreife der Erwachsenen oder Unmöglichkeit der Subjektwerdung, man gleitet ständig vom Pathogenen zum Normativen hinüber.

Worauf es bei dieser Klinik des Sozialen[54] praktisch ankommt, besteht darin, aus dem Sozialen etwas anderes als eine Verzierung für die Individualklinik zu machen. Wie bei den Amerikanern dreißig Jahre zuvor beharrt man auf der neuen Wirklichkeit, die instabiler und ungewisser ist. Dabei beruft man sich nicht auf Anpassung, sondern auf die symbolische Ordnung, nicht auf das Selbst, sondern auf die Institution. »Der Grenzzustand ist in erster Linie eine angemessene Antwort auf eine Ori-

---

51 F. Richard, *Psychothérapies des dépressions narcissiques*, Paris 1989, S. 88.

52 Ebd., S. 7 und 9.

53 J.-F. Narot, »La thèse du narcissisme: de l'usage des concepts psychanalytiques dans le champ sociologique«, in: *Le Débat*, März-April 1990, Nr. 59, S. 183.

54 J.-P. Lebrun, *Un Monde sans limite*, a. a. O., insbesondere Kapitel v.

entierungsunsicherheit, die die zeitgenössische soziale Bindung charakterisiert.« Diese Unsicherheit ist eine Ursache des psychischen Leidens, die der Analytiker in seine Praxis integrieren muß, denn er kann sich bei den dramatischen Umständen von heute nicht mit dem Zuhören begnügen. Er »muß das individuelle und das kollektive Leiden gemeinsam denken«.[55] Von hier aus ergeben sich jene Aussagen über eine Klinik des Eigenengagements, weil man wegen der Verstricktheit des Narzißmus in die Kultur Ödipus durch Narziß ergänzen muß. Die äußerst vielfältigen Auffassungen des Narzißmus verdecken »hinter ein und demselben Wort sehr heterogene Aspekte des Eigenengagements«,[56] die sich in einer Selbstachtung ausdrücken, deren Basis als unzulänglich erscheint.

Die *Revue française de psychanalyse* geht so weit, daß sie 1991 Lacans Begriff des Subjekts aufnimmt, aber in synkretistischer Perspektive, die aus dem Subjekt der Psychoanalyse ein Wesen macht, das unter »einer Pathologie der Subjektivierung« leidet und versucht, »zum Subjekt seiner Geschichte zu werden«. Die Patienten werden in zwei Kategorien klassifiziert: diejenigen, die die Fähigkeit besitzen, Subjekt zu sein und für die »eine typische Kur möglich ist«, und diejenigen, deren »Hauptproblematik gerade in [...] einer Behinderung besteht, als Subjekt fungieren zu können«.[57] Die Zeitschrift des Berufsstands verbindet den Lacanismus und die Ich-Psychologie auf synkretistische Weise. Raymond Cahn, der seinen Bericht (»Über das Subjekt«) 1991 auf dem 51. Kongreß der französischsprachigen Psychoanalytiker vorlegt, identifiziert die Symptome von Personen in Grenzzuständen mit denen der Adoleszenzkrise: Die einen wie die anderen gehen auf dieselbe Schwierigkeit zurück, »ans Ziel des Subjektivie-

---

55 J.-J. Rassial, *Le Sujet en état-limite*, a.a.O., S. 23 und 25. »In dem Maße, in dem der Narzißmus sich an den gesellschaftlichen Idealen orientiert, die vom ›Sozius‹ nahegelegt werden, kann man sich vorstellen, daß [die] Konflikte sich in Abhängigkeit von gesellschaftlichen Entwicklungen und der Veränderung, die in den ›kollektiven Idealen‹ stattfand, verlagern.« J.-C. Stoloff, *Interpréter le narcissisme*, Paris 2000, S. 12.

56 Ebd., S. 15. Stoloff teilt den Pessimismus der meisten hier zitierten Autoren nicht und hat einen differenzierten Aufsatz über die Schwierigkeit des Vaterseins veröffentlicht: »De la difficulté à être père«, in: *Topiques*, 2000, Bd. 72. Dieser Band ist der »Funktion des Vaters« gewidmet.

57 R. Cahn, »Rapport«, in: *Revue française de psychanalyse*, November-Dezember 1991, Bd. 55, »Le sujet«, S. 1358, 1432 f.

rungsprozesses zu gelangen«. Von nun an erweist es sich als zutreffend, die Grenzzustände »nicht [als etwas] zwischen Neurose und Psychose [zu betrachten], sondern [als einen Zustand] zwischen der Fähigkeit und der Unfähigkeit, die Position des Subjekts einzunehmen«.[58] Ein Argument in einer Ausgabe von 1990, das den schwierigen Fällen gewidmet ist, macht geltend, daß »Narziß anscheinend Ödipus [...] [in] einer fragmentierten Gesellschaft, die auf der Suche nach Orientierungen ist, mit denen man sich identifizieren kann, auslöschen will, [einer Gesellschaft, in der] die Psychoanalyse sich eher zu einer theoretischen Betrachtung der Unsicherheit als des Verbots entwickelt«.[59] Dasselbe gilt für eine Nummer von 1991 über den Narzißmus[60] sowie für eine andere von 2003 über die Neurosen. In letzterer werden

> Veränderungen [festgestellt], die seit mehreren Jahrzehnten bei Patienten aufgetreten sind, die sich einer Analyse unterziehen und die Ausdruck von soziokulturellen Veränderungen und Veränderungen von Anhaltspunkten für die Identifikation sind. Die Häufigkeit von Pathologien, die mit dem Narzißmus verbunden sind, von Identitätsstörungen, von Grenzzuständen und von Symptomen, die mit einer Depression assoziiert sind, von somatischen und Verhaltensstörungen, die diese Veränderungen in der Klinik der Analytiker widerspiegeln, hat sie zu einer theoretischen Neuausrichtung gezwungen.[61]

Jean-Luc Donnet, der zwischen 1989 und 2000 das psychoanalytische Jean-Favreau-Zentrum für Beratung und Behandlung

58 Ebd., S. 1449 f.

59 J.-J. Baranes und J.-F. Rabain, »Argument«, in: *Revue française de psychanalyse*, März-April 1990, Bd. 54, »Les cas difficiles«, S. 308.

60 »Le narcissisme dans les processus de structuration et de déstructuration psychiques«, *Revue française de psychanalyse*, Januar-Februar 1991, Bd. 55. Die Autoren des einleitenden Berichts stellen das Vorhandensein von Patienten fest, die weder neurotisch noch psychotisch sind, und betonen, daß »ein vorherrschendes, oft hervorgehobenes Merkmal der Mangel an einem normalen Gefühl der Selbstachtung [usw.] ist.« S. 75.

61 »Argument«, in: *Revue française de psychanalyse*, Oktober 2003, Bd. 68, »Névroses«, S. 1135. »Ohne allzu großes Risiko meine ich behaupten zu können, daß die gewöhnlichste Funktionsweise der Menschen unter vierzig Jahren heute in der Mehrheit nicht imstande ist, bei Störeinflüssen typisch neurotische Symptome hervorzubringen.« F. Guignard, »Impasses et issues pour le concept de névrose aujourd'hui«, S. 169. Siehe auch P. Verhaege, »Vers un nouvel œdipe: pères en fuite«, in: *Revue française de psychanalyse*, 2002, Bd. 66, Nr. 1.

leitete, hat der *Revue française de psychanalyse* 1997 und 2006 zwei Interviews gegeben. Er stellt eine erhöhte Nachfrage fest, die mit Entlassungen und der Arbeitslosigkeit von Patienten verknüpft ist, die Aktualneurosen aufweisen, was auf eine Erweiterung der Klientel hindeutet – aber daß gesellschaftliche Bedingungen bei einer Neurose eine Rolle spielen können, ist kaum etwas Neues, Ferenczi hatte das schon 1922 bemerkt.[62] Auch er betont die Veränderung in den Formen des Leidens, die »sich viel seltener in ein neurotisches Register einfügen, das von innerpsychischen Konflikten zwischen Begehren und Verbot herrührt. Das Leiden ist häufiger mit narzißtischen Identitätskonflikten verbunden, die solche Krankheitsformen wie Impulshandlungen, Somatisierungen, Suchtverhalten auf einem ganz allgemein depressiven Hintergrund aufweisen.«[63] Laurence Kahn spricht zur gleichen Zeit, und zwar ganz zu Recht, »die beeindruckende Inflation des Begriffs des Grenzzustands [an]. [...] Wir haben es heute mit Fällen zu tun, bei denen die Auflösung des psychischen Apparats und sogar das Fehlen jeglicher Art von psychischem Leben vorherrscht.«[64] Aber sie bestreitet, daß es sich um Grenzzustände handelt, da man bei den Neurosen dieselben Gefühle der Leere oder Zustände der Leidenschaft feststellt.

Trotz einiger abweichender Stimmen gibt es im gesamten Berufsstand einen offenbaren Konsens bezüglich des Niedergangs der neurotischen Symptome. Sogar das Vokabular der Psychoanalytiker hat sich geändert, indem der Lacan'sche Begriff des Subjekts mit einem positiven Wert ausgestattet wurde, denn er führt zu einem authentischen Ich oder einer authentischen Sub-

---

62 S. Ferenczi, »Considérations sociales dans certaines névroses«, in: *Psychanalyse 3*, Paris 1974, vor allem der zweite Abschnitt über vier Fälle psychischer Störungen, die mit dem gesellschaftlichen Aufstieg verbunden sind.

63 »Le centre de consultations et de traitements psychanalytiques Jean Favreau«, Gespräch mit J.-L. Donnet, in: *Revue française de psychanalyse*, Oktober 2006, Bd. 70, S. 1028. Siehe auch die Elemente, die aus dem Gespräch von 1997 in A. Ehrenberg, *La Fatigue d'être soi*, a. a. O., S. 258 f.; dt.: S. 271, aufgenommen wurden, sowie die Diskussionen unter Analytikern im Laufe der 1970er Jahre über die Depression, deren Diagnose im Spannungsfeld zwischen narzißtischen Pathologien und Neurosen steht, S. 160-165.

64 L. Kahn, *Fictions et vérités freudiennes*, Gespräche mit M. Enaudeau, Paris 2004, S. 275 f.

jektivität[65] und steht im Gegensatz zum gesellschaftlichen Individuum, das mit einem negativen Wert belegt ist.

Die neue Situation in der Psychopathologie läßt sich durch folgende Merkmale zusammenfassen: Verblassen der Unterschiede zwischen Neurosen, Psychosen und Perversionen, und damit ein Rückgang der klassischen Indikationen für die Kur zugunsten von archaischen, präödipalen Störungen, die die Mutter-Kind-Beziehung ins Spiel bringen. Dieses vollkommen klassische Bild narzißtischer und Grenzpathologien findet einen neuen Status, nämlich den des Unbehagens in der Kultur, das durch den doppelten Liberalismus erzeugt wird, der den Hedonismus der Sitten und eine flächendeckende Konkurrenz fördert: Es handelt sich um ein Unbehagen in der Subjektivierung. Diese ganze Rhetorik läßt sich auf eine Aussage zurückführen: Die Persönlichkeiten sind heute aufgrund der Beschleunigung der Dynamik der Individualisierung gestörter, und diese Dynamik wird weder durch den gesellschaftlichen Zwang, der die Individuen in Zaum hielt, noch durch den Konflikt gemäßigt, der sie strukturierte.

Die Verschiebung vom Pathogenen zum Normativen

Die Psychoanalyse der sozialen Bindung verortet die Hauptursache des gemeinsamen und individuellen Übels im Ende der Industriegesellschaft, des Klassenkonflikts und der kollektiven Zugehörigkeiten, die damit verbunden waren. Trotz ihrer Härten spielt diese Vergangenheit die Rolle eines imaginären Ideals des Gemeinschaftslebens, in dem die Menschen wußten, wo sie standen und wer sie waren: Die Generationen folgten in diesem Zustand aufeinander, strukturiert durch Konflikte, die Klassen standen einander klar gegenüber, und die Neurosen waren der deutliche Ausdruck dieser Konflikte im Innern der Individuen, eine Deutlichkeit, die sich an offenen Symptomen zeigt. Hier haben wir es genau mit der zweifachen rituellen Dimension zu tun, die von Bercovitch hervorgehoben wurde: Austreibung des gegenwärtigen (Übels), Verherrlichung des vergangenen (Guten).

65 In seiner lobenden Besprechung von Kahns Bericht ist Jean Guillemin der Ansicht, daß die Psychoanalyse die Bedingungen für die Erzeugung »des *intimen Gefühls, wirklich man selbst zu sein*«, bereitstellt; »Sujet, vérité et séparation«, in: *Revue française de psychanalyse*, November-Dezember 1991, Bd. 55, S. 1583. Hervorhebung des Autors.

Beim Lesen dieser Textauswahl stellt man rasch fest, daß man vom persönlichen Umfeld dieser Individuen, die auf der Suche nach Genuß sind, nichts weiß, einem Umfeld, ohne das es unmöglich ist, die Bedeutung der Symptomatologie für das Subjekt X oder Y zu verstehen. Man erwartet, eine Reihe von Fallstudien zu finden, die die Wirklichkeit dieser Psychopathologien im einzelnen beschreiben. Kein klinischer Fall ist Gegenstand einer Analyse, die dem Leser gestattet, die logische Verkettung der Symptome, ihre Architektonik, das Umfeld der Patienten zu verstehen. Statt dessen haben wir es nur mit Etikettierungen und manchmal sogar bloßen Anspielungen zu tun.[66] Alle Beispiele, die von den konsultierten Autoren gegeben werden, umfassen nur wenige Zeilen und im Höchstfall eine Seite. Der Leser ist nicht in der Lage, sich eine Meinung zu bilden, und am Ende weiß man weder, woran die Leute leiden, noch kennt man die genauen Gründe für ihre Leiden. Man fragt sich übrigens, warum der detaillierte Fallanalyseansatz, den Freud in *Fünf Psychoanalysen* verwendet, nicht befolgt wird. Man versteht nicht, daß ein Berufsstand, dessen Methode entworfen wurde, um den individuellen Fall in seinen Eigenheiten zu erfassen, sich damit begnügt, Begriffe aufzufahren, anstatt eine Kasuistik vorzunehmen. Die Beispiele dienen eher dazu, eine These zu illustrieren, sie sind Teile eines Musters (hier haben wir ein Beispiel für Entsubjektivierung, hier ein anderes für die Zurschaustellung des Genusses). Man findet nur die vage Symptomatologie der Charakterneurosen wieder, die sich zwischen einem ständigen Unbehagen und offener Destruktivität bewegen.

Dasselbe gilt für das soziale Umfeld: Von keinem Autor wird eine genaue Beschreibung vorgenommen. Die soziologische Analyse, die diese Veränderung im Diskurs der Patienten unterstützt, geht auf eine Liste von Problemen und Kategorien zurück, die sich um eine »Selbstbezogenheit« drehen, die sich aus dem »Narzißmus [ergibt], auf den sich das Leben in der Gesellschaft gründet«.[67] Die »Fragen, die zur sozialen Bindung gestellt wer-

---

66 Wie P.-H. Castel bemerkt hat, »Propos sobres sur une supposée ›nouvelle économie‹ du psychisme et de la sexualité«, in: *Comprendre*, 2005, Nr. 6. Siehe auch die beißende Kritik an der klinischen Etikettierung von G. Le Gaufey, »Sur l'étal du vignétiste«, in: *Quid Pro Quo*, September 2006, Nr. 1.

67 M. Schneider, *Big Mother*, a. a. O., S. 155.

den«,[68] führen nur dazu, ein Früher, als das Leben von der Geburt bis zum Tod organisiert war, einem Heute gegenüberzustellen, in dem »die Lebensverläufe sich aufgrund gesellschaftlicher Bedingungen, der Berufsausübung oder der Praxis der Ehe unterscheiden, aber auch Lebensverläufe, in denen das Subjekt nicht mehr dasselbe ist«.[69] Diese Listen beschreiben keine wesentlichen Aspekte der Sozialisation, sondern setzen das in Szene, was man früher eine konformistische Persönlichkeit nannte, die sich gesellschaftlich gut einfügt, politisch gleichgültig ist, aber, und hier liegt der Beitrag der Psychoanalyse, im Inneren unstrukturiert ist.

Wir erinnern uns, daß für Lacan der Wert des Ödipuskomplexes in der Pathogenese, und nicht in irgendeiner Normativität liegt. Aber beim Übergang vom individuellen Fall, der immer pathologisch ist, zur Gesellschaft, gleitet der Psychoanalytiker direkt vom Pathogenen zum Normativen hinüber, und zwar indem er ein Schlüsselelement verdrängt, das Freud in *Das Unbehagen in der Kultur* besonders betont hat: Im Gesellschaftsleben verfügt man über keinerlei Mittel, um zu bestimmen, was pathologisch ist. Dagegen gibt es eine erneute Einführung der Ursache des Übels durch die Wirklichkeit, die Lacan und Freud jedoch vom Bereich der Psychoanalyse ausgeschlossen hatten. Die Wirklichkeit hatte den Zorn Lacans gegenüber der Ich-Psychologie hervorgerufen.

68 J.-P. Lebrun, *Un Monde sans limite*, a. a. O., S. 191. »Es gibt viele Anzeichen dafür, daß der Verfall der väterlichen Funktion abgeschlossen ist, daß die Verbindung des Lehrers und des Vaters, die von den Monotheismen aufrechterhalten wurde, nicht mehr die Wirkung hat, der szientistischen Ideologie Grenzen zu setzen, daß die Kastration nicht mehr als eine gefürchtete oder verlangte Verstümmelung erlebt wird, daß das Sexuelle nicht mehr durch dieselbe Teilung der Geschlechter geordnet wird wie jene, die durch den Ödipuskomplex legitimiert wurde.« S. 191. M. Schneider: »Heute verbreitet sich das antisoziale Verhalten in dem Maße, in dem der väterliche Staat sich auflöst und der mütterliche Staat dominierend wird, und wird zum üblichen Mittel für Klagen und Forderungen ganzer gesellschaftlicher Kategorien. Die Viehzüchter blockieren die Straßen, die Fischer die Häfen, die Getreideanbauer den Zugang zu den Flughäfen.« S. 178. Diese Handlungen werden als »Umsetzungen in die Tat« gesehen, *Big Mother*, a. a. O., S. 179, da es sich um antisoziale Verhaltensweisen handelt, die diejenigen Bindungen zerstören wollen, die gerade gefehlt haben (»der Mangel an primärer mütterlicher Zuwendung« wird hier bemüht).

69 C. Melman, *L'Homme sans gravité*, a. a. O., S. 117.

Mit anderen Worten, indem sie die Psychoanalyse soziologisieren und politisieren, führen die Anhänger einer Psychoanalyse der sozialen Bindung die Ursache über die Realität wieder ein und begreifen die Psychoanalyse als psychoanalytische Psychologie. Ist das eine Todsünde? Sagen wir lieber, indem wir die Formulierung Freuds aufnehmen, die weiter oben zu den Kollektivneurosen zitiert wurde: »Es handelt sich nur um Analogien.« Diese Analogien machen Gebrauch von Überlegungen, die wie bei Lasch und Sennett darin bestehen, daß man allgemeine Schlußfolgerungen über das Gesellschaftsleben (die Wirklichkeit) von klinischen Etiketten aus zieht, wobei sich das Gesellschaftsleben auf Stereotypen reduziert. Wenn die Psychoanalyse zur Soziologie wird, hat sie keine andere Wahl, als eine psychoanalytische Psychologie wie die Ich-Psychologie zu sein, ob ihre Formulierungen nun in Lacan'schem Vokabular ausgedrückt werden oder nicht. Während die Amerikaner sich darum sorgen, ein verantwortliches Selbst wiederherzustellen, das ein Gleichgewicht zwischen der Verfolgung des privaten und des öffentlichen Glücks hält, ist das Subjekt, das sich in der Krise befindet und von dem in Frankreich allerorten die Rede ist, der Nachkomme jener asketischen Bürgerschaft, die, um sich mit dem anderen zu verbinden, einen Willen braucht, der ihr gestattet, sich über ihr partikulares Privatinteresse als Individuum zu erheben, das sich um jeden Preis zu verwirklichen sucht. Es ist eine schwierige Aufgabe, erinnert man uns immer wieder, »Subjekt« zu werden.

Aus der Lektüre dieses Korpus von Texten geht klar hervor, daß die Autoren einen metaphorischen Gebrauch der Debatten innerhalb der Psychoanalyse über die Grenzzustände und die narzißtischen Pathologien machen. Man findet keinerlei Ausarbeitung der Beziehungen zwischen Klinik und Gesellschaft, sondern nur Behauptungen, die sich auf Metaphern und Analogien stützen. Daß die Menschen im Laufe eines Jahrhunderts ihre Fragen nicht mehr auf dieselbe Weise formulieren, weil sich die gesellschaftlichen Ideale entwickelt haben, ist eine Sache; jedoch zu behaupten, daß die Psychopathologie sich geändert hat, weil sich die Persönlichkeit änderte, ist etwas ganz anderes. Mißachtung von Einzelfällen, Mißachtung der Analyse des Umfelds: In allen diesen »Analysen« benennt man, charakterisiert man, schreibt man zu und begnügt sich sogar damit, nachdrücklich Behauptungen aufzustellen, aber man analysiert nicht. Das hat Marcel Mauss »die Mystik des Wor-

tes«[70] genannt. Bestenfalls haben wir es mit einer Kollektivpsychologie zu tun, die von den wechselseitigen Abhängigkeiten der Gruppe isoliert ist, wie er 1924 in seinen Gesprächen
mit der Gesellschaft für Psychologie (siehe oben, 4. Kapitel)
feststellte.

Aber es geht nicht so sehr darum, die Welt zu beschreiben, als
sie zu deuten: Wir lernen nichts, wenn wir diese Texte lesen, und
sie wurden nicht geschrieben, um uns zu informieren, sondern
um uns *betroffen zu machen*, indem die Werte der wechselseitigen Abhängigkeit in der Gesellschaft in Erinnerung gerufen werden. Deshalb erscheint die Vergangenheit in ihnen wie ein Ideal,
nämlich des Gleichgewichts zwischen der individuellen Freiheit
und der gemeinsamen Zugehörigkeit. Die Psychoanalyse der sozialen Bindung bringt uns keinerlei Information über den Zustand der Welt, sondern versucht eher den Leser zu mobilisieren,
indem sie sich verfügbarer kollektiver Vorstellungen bedient, um
die tiefe Abhängigkeit der Individuen voneinander zu betonen.
Dadurch trägt sie zur Verbreitung eines Sprachspiels bei, das aus
dem psychischen Leiden nicht nur ein Leiden mit gesellschaftlichem Ursprung macht, sondern auch einen Test für den Wert
unserer gesellschaftlichen Beziehungen – das ist die Rolle der
Bezugnahme auf das Unbehagen in der Kultur. Wir verfügen hier
nicht über Hypothesen, die man diskutieren könnte, oder über
Beschreibungen der Verzahnung von Beziehungen, sondern vielmehr über kollektive Vorstellungen, die mit Worten isoliert
werden, mit Attributen, die eine Zustimmung erwirken sollen
(Globalisierung, Krise des Wohlfahrtsstaats, Juridisierung usw.).
Wenn man diese Texte liest, fällt einem auf, wie affirmativ ihr Stil
ist, und das wird durch den Gebrauch von psychoanalytischen
Begriffen ermöglicht, die, weil sie in Frankreich gesellschaftliche
Autorität besitzen, sich an die Stelle jeder detaillierten Beschreibung setzen. Deshalb muß man diese Analysen eher als symbolische Analysen betrachten, die rituelle Formeln verwenden und
das individuelle mit dem gemeinsamen Übel im Hinblick auf eine
idealisierte Vergangenheit verbinden, in der die Individuen von einer hierarchischen Ordnung eingerahmt wurden, die klare Grenzen setzte, und von Konflikten ohne Zweideutigkeit strukturiert
wurden. Wie die amerikanische Jeremiade sieht die Psychoanaly-

---

70 M. Mauss, »L'âme, le nom, la personne«, Wortmeldung im Anschluß an
einen Vortrag von L. Lévy-Bruhl [1929], in: *Œuvres* 2, Paris 1968, S. 131.

se der sozialen Bindung nur die Auflösung sozialer Bindungen, denn ihre Erkenntnistheorie ist genauso individualistisch, aber sie spricht sich über diese Auflösung anhand anderer gesellschaftlicher Begriffe aus: Ihre politische Philosophie ist republikanisch und antiliberal.

Die Krise des Symbolischen und der Niedergang der Institution: Verliert die Gesellschaft ihre Autorität?

Der wichtigste Bezugspunkt der These von der anthropologischen Umwälzung ist Marcel Gauchets Philosophie des Individualismus. Ihre große Relevanz besteht darin, eine strukturierte Überlegung und eine untermauerte These anzubieten, die man diskutieren kann. Ich stelle sie anhand von zwei Essays zur zeitgenössischen Psychologie dar, die 1998 veröffentlicht wurden und einen starken Einfluß auf das psychoanalytische und psychiatrische Milieu haben, und anhand eines Werkes, das den heutigen Individualismus erörtert, *La Religion dans la démocratie*, und im selben Jahr erschien.[71] Diese Texte schlagen eine wahre Sichtweise der zeitgenössischen Gesellschaft vor, eine Sichtweise, die durch klare Argumente belegt wird, die vom psychoanalytischen oder soziologischen Jargon gereinigt ist und in der die Beziehungen zwischen dem individuellen und dem gemeinsamen Übel deutlich durch »den Triumph des liberalen Individuums«[72] in Erscheinung treten. Sie steht beispielhaft für eine *republikanische* Philosophie des Individualismus.

Der Autor argumentiert vom Standpunkt einer Sozialgeschichte der Individualität, die »weitgehend die Geschichte der Auflösung der traditionellen gemeinschaftlichen Zugehörigkeiten und Abhängigkeiten ist«.[73] Ebenfalls betont er, daß »die individualistische Brandungswelle bis in die Tiefen der Menschen eingedrungen [ist], die Geistesstörungen modifiziert oder die Zeichen des Unbewußten verschoben hat« und »eine anthropo-

---

71 Sie wurden zunächst 1998 von *Le Débat* veröffentlicht und dann in M. Gauchet, *La Démocratie contre elle-même*, a. a. O., *La Religion dans la démocratie. Parcours de la laïcité*, Paris 1998, wiederabgedruckt.
72 M. Gauchet, *La Démocratie contre elle-même*, a. a. O., S. 246.
73 Ebd., S. 236.

logische Reorientierung nach sich zog, wenn sie nicht gar eine ganz neue Menschheit zum Vorschein gebracht hat«.[74] Es werden drei Zeitalter unterschieden, die die drei Persönlichkeiten Riesmans wieder aufgreifen, auf die Gauchet ausdrücklich Bezug nimmt. Zunächst bestimmt er das Zeitalter der traditionellen Persönlichkeit, dann das der modernen Persönlichkeit, das einen Kompromiß zwischen der Anerkennung des Kollektivs, das uns vorausgeht, und der Anerkennung der juristischen Wahlfreiheit darstellt: »Dies wird das goldene Zeitalter des Gewissens und der Verantwortung sein.« Ein goldenes Zeitalter in der Tat, denn die Verantwortung ist »die Forderung, sich im Gewissen auf den Standpunkt des Ganzen zu stellen. Der Gipfel dieser reflektierten Aneignung des Kollektivs wird natürlich die Ausübung der *Staatsbürgerschaft* sein.«[75] Parallel dazu sucht »der symbolische Anteil«, der in den traditionellen Gesellschaften außerhalb des Individuums vorhanden war, im Unbewußten Zuflucht: Es handelt sich darum, »die kollektive Norm, die von außen gegeben war, ins Innere zu überführen«.[76] Die moderne Persönlichkeit ist in politischer Hinsicht ein Bürger, der sich von seinen partikularen Interessen des Individuums losreißt, und in psychologischer Hinsicht eine schuldbeladene Persönlichkeit. Das dritte Zeitalter ist das der zeitgenössischen Persönlichkeit, deren Zugehörigkeiten sich verwischen. Hier erscheint die Basis der Argumentation. Von diesem Standpunkt aus gesehen, besteht »ein Hauptereignis [darin], daß die Familie aufhört, eine *Institution* zu sein!«[77] »Das bedeutet: Die Familie wird zu einer Privatangelegenheit.« Das Kriterium für diesen Wandel ist die Wahlentscheidung.

> Sie unterliegt dem willkürlichen und folglich unsicheren Zusammenschluß von Individuen auf affektiven Grundlagen und zu affektiven Zwecken [...]. Auf juristischem Gebiet ergibt sich daraus beispielsweise, daß das normale Motiv für eine Scheidung das gegenseitige Einverständnis ist. Die Justiz hat nicht über einen Fehler im Hinblick auf die Regeln einer Institution zu urteilen, sondern registriert nur die Folgen einer Konstellation von privaten Willensäußerungen. [...] Es handelt sich hier um eine anthropologische Revolution, der Ausdruck ist

74 M. Gauchet, *La Religion dans la démocratie*, a. a. O., S. 69 f.
75 M. Gauchet, *La Démocratie contre elle-même*, a. a. O. S. 253. Hervorhebung des Autors.
76 Ebd., S. 252 und 353.
77 Ebd., S. 238; Hervorhebungen des Autors.

nicht übertrieben. Die Familie hört auf zu sein, was sie, soweit wir es wissen, seit jeher war, nämlich ein Räderwerk der gesellschaftlichen Ordnung. Sie hört auf, eine bedeutsame Kollektivität vom Standpunkt der Aufrechterhaltung und der Begründung der sozialen Bindung darzustellen. In diesem vollen Sinne muß man den Begriff der Privatisierung verstehen.[78]

Natürlich geht Gauchet noch weiter, denn er meint gewiß nicht, daß man den gesellschaftlichen Zwang mit einem materiellen Zwang gleichsetzen sollte. Die soziale Bindung besitzt eine Kraft symbolischer Art. Aber hier findet nun der zweite Bruch statt, nämlich »das Ende des symbolischen Austauschs als Ordnungsinstanz des Sozialen«. Gerade die Familie war ja »einer der letzten Rückzugsorte der Verpflichtung, die den Akteuren symbolisch bedeutet wurde, nämlich aus sich selbst und ihrer kleinen Welt herauszugehen, um sich zum anderen und seiner Welt hinzubewegen, um sich mit ihm zu verbinden«. »Diese soziale Bindung ist nicht selbstverständlich, sie ist nicht einfach gegeben, sie erfordert durch eine symbolisierte und institutionalisierte Anerkennung eingerichtet und ständig wiederhergestellt zu werden.«[79] Das Symbolische ist das, was die Menschen dazu zwingt, aus ihrem kleinen privaten Unterschlupf herauszutreten. Wenn man nicht genau sieht, worin diese Anerkennung besteht und wie sie wirkt, bleibt übrig, daß man »sich zu den anderen [...] auf nicht-symbolische Weise, auf rein *persönliche, psychologische und private* Weise verhalten kann«.[80] Wir stehen hier am entscheidenden Punkt der französischen Verwirrung im Hinblick auf den Begriff der Persönlichkeit. »Persönlichkeit« und »Institution« sind antonyme Begriffe. Sie sind wie Öl und Wasser, sie stoßen sich ab.

Die Folgen der Krise des Symbolischen und der Entinstitutionalisierung für die Sozialisation sind dramatisch, weil sie nicht mehr »das Absehen von sich selbst zu erlernen [gestatten] [...], das einem ermöglicht, sich auf den Standpunkt des Kollektivs zu stellen«. Man kann sich nicht mehr über seine partikularen Interessen eines Individuums erheben und sie dem öffentlichen Wohl unterordnen. Ganz im Gegenteil, »ein charakteristisches

78 Ebd., S. 239.
79 Ebd., S. 240.
80 Ebd., S. 241. Meine Hervorhebung.

Merkmal der ultrazeitgenössischen Persönlichkeit ist gerade die *Selbstverhaftetheit*«.[81] An dieser Stelle kommen die neuen Pathologien ins Spiel, wobei die neue Erschütterung der Intimität aus dem Verfall der Zugehörigkeiten und der Fähigkeit resultiert, sich das Kollektive anzueignen. »Die Personalisierung der Teilhabe«, die den jüngsten Individualismus kennzeichnete, hat »einem Individualismus der *Auflösung sozialer Bindungen* oder der *Befreiung von Verpflichtungen*«[82] Platz gemacht, der »Pathologien der inneren Leere« erzeugt, die »eine aktive Leere« ist: »Aufgrund des Willens, daß es keine Beziehung zwischen dem geben soll, was ich gestern war, was ich heute bin und was ich morgen sein könnte, entsteht schließlich eine radikale Ungewißheit hinsichtlich der Kontinuität und Konsistenz des Selbst.«[83] Ist nicht gerade der Narzißmus das Symptom dieser Verhaftetheit? Die Unmöglichkeit, von sich selbst abzusehen, sich in einer Gesellschaft vorzustellen, wird ganz konkret mit Identitätsstörungen bezahlt (narzißtische Pathologien und Grenzzustände[84]), mit Störungen der Beziehung zum anderen, die sich einerseits die Angst, die anderen zu verlieren (Panikstörungen), und andererseits die Angst vor den anderen (Zwangsvorstellungen) umfassen. Dennoch »ist es weniger die Moralität der Menschen, die man beschuldigen muß, als die Organisation der Persönlichkeit«.[85] Das Rätsel verdichtet sich: Die Menschen sind zwar moralisch, aber hinter ihnen steht eine zweite Person, die tiefer, wahrer, authentischer im bezeichnendsten Sinne ist, die Persönlichkeit, die ihrerseits nun ein Problem darstellt. Das ist das Problem des Narzißmus, wie Gauchet betont: »So wie sie den Individuen erscheint, die von ihrer Last befreit sind, ist die soziale Bindung eine Resultante, und nicht etwas, wofür man verantwortlich ist.«[86] Warum?

81 Ebd., S. 244. Hervorhebung des Autors.
82 Ebd., S. 245. Hervorhebung des Autors.
83 Ebd., S. 256-257.
84 »Wir erleben übrigens die Erscheinung einer Gruppe von Krankheiten, die zwischen Neurosen und Psychosen liegen und sich schnell ausbreiten. Man nennt sie gewöhnlich Grenzzustände – ein Ausdruck der keine Klarheit evoziert« (ebd., S. 279), vor allem wenn man keines der Argumente berücksichtigt, die seit Ewigkeiten unter Psychoanalytikern über dieses Thema ausgetauscht wurden.
85 Ebd., S. 245.
86 Ebd., S. 245 und 246; Hervorhebung des Autors.

Weil der Riegel der gesellschaftlichen Verpflichtung gesprengt wurde: »Das zeitgenössische Individuum wäre eigentlich das erste Individuum, das lebt, ohne zu wissen, daß es in einer Gesellschaft ist. [...] Es weiß dies insofern nicht, als es im tiefsten Innern seines Seins nicht vom Vorrang des Gesellschaftlichen und dem Eingeschlossensein von einem Kollektiv geprägt ist, und »es ist die Zustimmung zu dieser Vorgängigkeit, die einen gegliederten Raum der Koexistenz ermöglicht«.[87] Da diese Zustimmung verschwunden ist, folgt daraus, daß das Individuum nicht mehr von sich absehen kann, um sich im Bewußtsein auf den Standpunkt des gesellschaftlichen Ganzen zu stellen. »Hierher rührt das Verschwinden der Absicht zur Aufklärung und des Wertes der Wahrheit, was bei der Entwicklung der Psychotherapien schon oft beobachtet wurde.«[88] Auf welche empirische Grundlage stützt sich diese Feststellung? Wir verfügen über keine Untersuchung der Klientel der Psychoanalytiker. Darüber hinaus stützen sich die Vertreter der Narzißmusthese ganz sicherlich auf die Aussagen ihrer Patienten, und diese Aussagen sind solche von heutigen Individuen, was bedeutet, daß sie gewiß von der »Auflösung ihrer Bindungen« usw. sprechen, wie Freuds Patienten von ihrer »Stauung« usw. sprachen, das heißt davon, was sie persönlich am stärksten betrifft. Inwiefern ändert das etwas an der Kastrationsangst, an der Verdrängung usw., alle diese Begriffe, die für die Klinik entwickelt wurden und von der soziologischen Lage unserer Gesellschaften unabhängig sind? Hat es die analytische Kur nicht mehr mit Patienten zu tun, die sich von ihren imaginären Identifikationen und ihrem Narzißmus lösen müssen, um geheilt zu werden?

Es bleibt noch, daß wir es mit der »Auflösung der Freud'schen Synthese« zu tun haben könnten, einer Synthese, die übrigens wie eine Psychologie des Ichs entworfen wurde, da Gauchet zufolge die Psychoanalyse »in einem ihrer wesentlichen Aspekte eine genetische Theorie ist«.[89] Die Folge dieser Auflösung ist, daß »das Feld der Psychopathologie ins Chaos zurückfällt«.[90] So sieht man »Syndrome vom Stil der Panikattacke zurückkehren, die als rein affektiv gelten und merkwürdigerweise an die Be-

---

87 Ebd., jeweils S. 240, 254, 247.
88 Ebd., S. 255.
89 Ebd., S. 271.
90 Ebd., S. 277.

schreibungen dessen erinnern, was man die ›Präneurosen‹ der Periode von 1860 bis 1880 nennen könnte«.[91] Die Tatsachen sind jedoch andere: Der nosologische Begriff einer Panikstörung leitet sich von der Aufgliederung der Freud'schen Angstneurose her, die wir den Untersuchungen von Donald Klein (der übrigens ein erbitterter Gegner der Psychoanalyse und einer der Haupturheber des *DSM-III* war) zu Beginn der 1960er Jahre in den Vereinigten Staaten verdanken. Die Angstneurose wurde durch die Verwendung von Imipramin, dem ersten Antidepressivum, als pharmakologischem Indikator in zwei Entitäten aufgegliedert, die Panikattacke und die allgemeine Ängstlichkeit. Das Kriterium für die Aufgliederung ist, daß das Antidepressivum bei diesem Typ von Angst besser wirkt als ein angstlösendes Mittel.[92]

Von einem soziologischen Gesichtspunkt aus sollte man sich fragen, ob die Veränderungen in der Psychopathologie nicht wenigstens zum Teil von einem dreifachen Phänomen ausgehen: 1. die Zunahme und Diversifizierung der Bevölkerungsgruppen, die Zugang zu mentaler Betreuung haben, einschließlich der liberalen Klientel der Psychoanalytiker, aber auch zu Psychotherapien und zu persönlicher Entfaltung. Die Bevölkerungsgruppen, die psychologisch behandelt werden, sind nicht vergleichbar mit denen, die es noch vor dreißig Jahren waren. Die psychische Betreuung hat sich auf vielfache Weisen und in mannigfachen Kontexten verbreitet; 2. die Ausbreitung der Psychoanalyse in Pflege- und Verwahrungseinrichtungen, und die Öffnung dieser Einrichtungen für Bevölkerungsgruppen, bei denen soziale und psychopathologische Probleme miteinander verschränkt sind, das heißt in den unteren Volksschichten; 3. im Hinblick auf das behauptete Verschwinden der Absicht zur Aufklärung muß man daran erinnern, daß wir seit den 1970er Jahren das Aufblühen und die Ausbreitung vielfältiger psychotherapeutischer Techniken erleben, ein Angebot, das sich breit diversifiziert hat, ohne die Banalisierung der Einnahme psychotroper Medikamente zu berücksichtigen, und unmittelbar danach auch eine Diversifizie-

91 Ebd., S. 278.
92 In den 1980er Jahren wird die pharmakologische Forschung ebenfalls zeigen, daß das zweite Syndrom durch ein Antidepressivum wirksamer behandelt wird (die Erfindung des Begriffs der Dysthymie). Die Folge ist, daß die Angst in den Bereich der Depression kippt. Man wird immer häufiger von Ängstlich-Depressiven sprechen. Siehe A. Ehrenberg, *Das erschöpfte Selbst*, a. a. O., Kap. 6.

rung der Nachfrage. So hätten wir es weniger mit einem Wandel des menschlichen Subjekts als vielmehr mit der beträchtlichen Ausweitung psychischer Betreuung zu tun, die die Nachfrage nach seelischer Gesundheit begleitet. Viele metaphysische Höhenflüge könnten durch deflationäre, empirische soziologische Hypothesen vermieden werden.

Auf der erkenntnistheoretischen Ebene besteht das Problem darin, daß dieser These zufolge die Vergesellschaftung eine Frage des Gewissens ist, da jeder der Vorgängigkeit des Sozialen gegenüber dem einzelnen Menschen *zustimmen* muß, und zwar durch einen Akt, der noch im Dunkeln liegt. Wenn man meint, daß die Vergesellschaftung des Menschen eine Frage der Zustimmung, der Entscheidung, des Gewissens sei, nimmt man dann nicht eine radikal individualistische Perspektive ein? In keiner Gesellschaft verlangt man vom wirklichen Individuum, dem gesellschaftlichen Leben zuzustimmen. Diese zu sehr psychologische Sichtweise des Gesellschaftslebens ergibt sich aus einem dualistischen Ansatz, der die Äußerlichkeit der kollektiven Vorstellungen der Innerlichkeit des individuellen Bewußtseins gegenüberstellt. Diese Vorstellungen sind räumlich: Es gibt ein subjektives Inneres und ein objektives Äußeres. Die Überlegung, die auf ihrer Basis durchgeführt wird, spielt sich auf einer einzigen Ebene ab: Sie bringt das Individuum und die Gesellschaft in einen Gegensatz. Das Individuum ist eine Persönlichkeit, eine Psyche, eine Subjektivität, ein kognitives Bewußtsein, und die Gesellschaft ist eine Umgebung, die zugleich Einhalt gebietet und schützt. Der Begriff des Holismus ist verdinglicht: Er ist ein Äquivalent des Begriffs der Gesellschaft. Gauchet verwendet zwar wörtlich die Begriffe Dumonts, aber er sieht den hierarchischen Geist der Überlegung nicht: Der Holismus steht nicht im Gegensatz zum Individualismus, denn in der individualistischen Gesellschaft ist er zwar vorhanden, aber als sekundärer Wert untergeordnet. Holismus und Individualismus sind nicht zwei gleiche und gegensätzliche Entitäten, sondern zwei *Pole* einer hierarchischen *Beziehung*. Es kann keine individualistische Gesellschaft geben, eine Gesellschaft, die jedem Menschen denselben Wert zugesteht, ohne den holistischen Pol zu entwerten und unterzuordnen. Das ist übrigens auch der Grund, warum Marcel Gauchets Überlegungen ein psychologischer, und kein soziologischer oder philosophischer Versuch sind, denn, um Mauss wieder aufzugreifen, der Geist der Gruppe wird ohne die Gruppe analysiert, das heißt ohne eine Beschreibung dessen, was sich heute *wirklich* auf der Ebene der wechselseitigen gesellschaftlichen Abhängigkeit ereignet, eine Ebene, die gerade die der Heteronomie ist. Der individualistische Fehler besteht darin, die Heteronomie der Autonomie entgegenzusetzen. Eine Schlußfolgerung drängt sich hier auf: Es wurde nicht gezeigt, daß die Heteronomie verschwunden ist, oder vielmehr ist sie nicht in der Wirklichkeit verschwunden, sondern im Denken selbst, da dieses individualistisch ist. Die individualistische Soziologie begnügt sich mit der Kollektivpsychologie, assimiliert das Soziale dem Kollektiven und das Private dem Individuellen.

Im Ausgang hiervon findet man einen psychosoziologischen Parallelismus, der darin besteht, die vermeintliche Destrukturierung der Persönlichkeiten (Genuß anstatt Verdrängung) und die Schwächung der sozialen Bindungen (die Gesellschaft wird den Kräfteverhältnissen überlassen) in Beziehung zu setzen. All dies verdichtet sich in »einer neuen Basispersönlichkeit«, in der Typisierung des Kulturalismus, der regelmäßig aus seiner Asche wiederaufersteht und von Erich Fromm in den 1930er Jahren bis Marcel Gauchet zu Beginn des 21. Jahrhunderts eine unerschöpfliche, stille kognitive Ressource darstellt. Es ist unmöglich, über die Psychologie hinauszugehen, und die Psychologie, die man uns vorschlägt, ist ziemlich dürftig. Außerdem ist sie nicht in der Lage, die »kollektive« Ebene von der »individuellen« Ebene zu unterscheiden, wobei die eine nichts weiter als eine Widerspiegelung der anderen ist, da der Schwächung des Kollektiven eine Fehlorganisation des Individuellen entspricht und die individuellen Symptome das gemeinsame Übel nur verdichten. Das ist ein Teufelskreis.

Zusammenfassend läßt sich folgendes sagen: Der Versuch einer oder mehrerer Strömungen der Psychoanalyse, aus dem Sozialen etwas anderes zu machen als eine Verzierung, ist ein frommer Wunsch geblieben; der Versuch von Philosophen, Psychoanalytikern und Soziologen, die »Dynamik der Individualisierung« durch die anthropologische Umwälzung zu erklären, ist vor allem eine Ansammlung starker Formulierungen, die sich auf französische individualistische Klischees stützen. Kurz, die Anhänger dieser These haben nicht gezeigt, daß die Entwicklung des Individualismus sich am Ende gegen die Gesellschaft gewendet hat. Aber mehr noch, wenn man meint, daß das gemeinschaftliche Leben in erster Linie als Zwang oder Zustimmung aufzufassen sei, dann ist die Gesellschaft völlig der Autorität entledigt, sei diese Gesellschaft nun individualistisch oder »traditionell«, vor allem aber *mangelt es ihr an Notwendigkeit*. Man erkennt nicht, was dieser Ebene menschlicher Wirklichkeit entspricht, die die Soziologie entdeckt hat und die sich das Gesellschaftliche nennt.

Muß man der Ansicht sein, daß die Debatte nur in einem Gegensatz verlaufen kann zwischen jenen, die »eine anthropologische Invarianz« behaupten, und denen, für die »eine anthropologische Umwälzung«[93] existiert? In dieser Alternative sehe ich vielmehr die Illustration einer Bemerkung des Anthropologen Daniel de Coppet, der feststellte, daß »das jüngste Eindringen extremer Tendenzen der modernen individualistischen Ideologie in die Disziplin der Soziologie von einer immer größeren Schwierigkeit begleitet wird, in den zeitgenössischen abendländischen Sprachen auszudrücken, was eine Gesellschaft ist«.[94] Diese Schwierigkeit existiert wirklich, aber in dem, was wir gerade gelesen haben, setzt sie sich in der ausschließlichen Wahl zwischen Wandel und Invarianz fort. Außerdem hat sie, wie wir im Falle Amerikas gesehen haben, damit zu tun, daß der Diskurs über die Entinstitutionalisierung nur die halbe Strecke zurücklegt, indem er nur die Auflösung sozialer Bindungen sieht, weil er die Hierarchie, die notwendige Unterordnung der Werte der wechselseitigen gesellschaftlichen Abhängigkeit unter die der individuellen Unabhängigkeit nicht wahrnimmt.

Offenbar haben wir noch immer nicht das Hauptproblem überwunden, das die Entgegensetzung von Individuum und Gesellschaft darstellt. Wie sollen wir aus diesem Gegensatz herauskommen? Was ist die erkenntnistheoretische Alternative, die es uns zu verstehen gestattet, wie wir miteinander verbunden sind? Sie besteht darin, den Begriff der Institution zu klären, weil das Subjekt der Institution *nicht* das Individuum ist.

---

93 M. Gauchet, »Conclusion: vers une mutation anthropologique? (Gespräch mit N. Aubert und C. Haroche)«, in: N. Aubert (Hg.), *L'Individu hypermoderne*, a. a. O., S. 292.

94 D. de Coppet, »De l'action rituelle à l'image. Représentations comparées«, in: *Philosophie et anthropologie*, Paris 1992, S. 118.

Die Institution, die gesellschaftliche Ordnung und die Person: moralische Autorität und logische Dressur

Der Verfall der Autorität der Gesellschaft zeige sich in der Auslöschung der alten zwanghaften Hierarchien. Diese Zwänge gestatteten dem Individuum, sich im Bewußtsein auf den Standpunkt des Ganzen zu stellen und der Vorgängigkeit des Gesellschaftlichen gegenüber der individuellen Existenz, gegenüber *meiner* Existenz, zuzustimmen. In diesem Zusammenhang besteht die Sozialisation darin, zu einem »Subjekt« zu werden, das heißt zu einem Wesen, das »Ich« sagen kann. Es gibt ein Privileg der ersten Person. Der Zwang der Gesellschaft und die Zustimmung des Individuums konvergieren in der Vorstellung, daß die Institution oder die gesellschaftliche Regel in Begriffen von zu setzenden Verboten und von zwischen den Individuen zu ziehenden Grenzen aufgefaßt werden. Das ist nun aber eine individualistische Vorstellung.

Um über die Überlegungen in Begriffen von Individuum und Gesellschaft hinauszugehen, muß man verstehen, daß die Autorität der Gesellschaft eine moralische Autorität ist, und um den Status dieser moralischen Autorität zu verstehen, muß man sich auf die Logik berufen, damit man zeigen kann, welche *wirklichen* Operationen hier im Spiel sind.

Das Problem der »Gesellschaft« ist ein Problem der Ordnung, aber nicht im Sinne der Ordnungskräfte, der bürgerlichen oder der symbolischen Ordnung, also nicht im Sinne eines physischen Zwangs, der auf die Individuen ausgeübt wird, sondern eines *logischen Zwangs*: Es handelt sich um ein Ordnungsproblem, das sich auf den Sinn bezieht, um ein Problem der Sinnstiftung, um den sehr expliziten Titel eines Buches von Vincent Descombes aufzugreifen:[95] Es sind gesellschaftliche Bedeutungen, die gestiftet werden, und nicht Grenzen zwischen Individuen. Diese Bedeutungen sind die kollektiven Vorstellungen Durkheims, die jedoch aus der »strittigen Disziplin« der Kollektivpsychologie herausgeholt und in die Gruppe verpflanzt werden.

Wenn man von der Autorität der Gesellschaft spricht, bedeutet das hier nicht, daß die Gesellschaft eine Autorität wiederge-

---

95 V. Descombes, *Les Institutions du sens*, Paris 1996. Ich stütze mich im wesentlichen auf die Kapitel 16 und 17. Siehe auch I. Théry, *La Distinction de sexe*, a. a. O.

winnen sollte, die dazu neigte, unter der gemeinsamen Offensive des Individualismus der Sitten und der allgemeinen Konkurrenz des globalisierten Kapitalismus zu verschwinden, sondern daß sie diese Autorität besitzt, daß sie eine Autorität *ist*, ob nun die Gesellschaft individualistisch sei oder nicht, was nichts daran ändert. Die gesellschaftliche Tatsache besteht im Gegensatz zur chemischen oder physikalischen Tatsache nicht aus positiven Bestandteilen, die man entweder auf natürliche Weise oder durch eine experimentelle Vorrichtung beobachtet. Wir verfügen über keinerlei Mittel zur direkten Beobachtung, um zu sehen, wie die Bestandteile im Ganzen angeordnet sind, wie es bei den experimentellen Wissenschaften der Fall ist, wo man wirkliche Entitäten beobachtet; sie ist zwar aus Individuen zusammengesetzt, aber nicht mit ihnen identisch: Es gibt Tatsachen, die *nur* aus der Verbindung der Menschen hervorgehen, zum Beispiel daß man sagen kann, wer dieses getan, wer für jenes verantwortlich ist, wer wem etwas geben soll usw. Ohne die Möglichkeit einer Identifikation der beteiligten Personen und ohne die Möglichkeit, Verantwortlichkeiten zuzurechnen oder zuzuweisen, gibt es ganz einfach keine *logisch* mögliche menschliche Existenz.[96] Genau mit dieser Ebene der menschlichen Wirklichkeit befaßt sich die Soziologie (oder die Anthropologie) – das ist der Ausgangspunkt der Durkheim'schen Soziologie.

Durkheim stellt die moralische Autorität im Ausgang vom Begriff des Zwangs dar: Seiner Ansicht nach bestehen die gesellschaftlichen Tatsachen »in besonderen Arten des Handelns oder Denkens, die an der Eigenheit erkennbar sind, daß sie auf das Bewußtsein des Einzelnen einen zwingenden Einfluß auszuüben vermögen«.[97] Von hier aus, fährt Durkheim fort, ergibt sich eine Verwechslung von physischem und gesellschaftlichem Zwang.

> Zwischen diesen zwei Gattungen des Zwanges ist jedoch der volle Unterschied vorhanden, der eine physische Umgebung von einer moralischen trennt. Der Druck, den ein oder mehrere Körper auf andere Kör-

96 C. Castoriadis [1986], »L'état du sujet aujourd'hui«, in: *Le Monde morcélé. Carrefours du labyrinthe 3*, Paris 1990, insbesondere S. 235.

97 É. Durkheim, *Les Règles de la méthode sociologique*, Paris 1973 (Originalausgabe 1894), Vorwort zur zweiten Auflage, S. xx; dt.: *Die Regeln der soziologischen Methode*, hg. u. eingel. v. R. König, Frankfurt/M. 1984, S. 97.

per oder sogar auf den Willen ausüben, darf mit dem, den das Bewußtsein einer Gruppe auf das Bewußtsein seiner Mitglieder ausübt, nicht vermengt werden. Das ganz und gar Besondere des sozialen Zwangs besteht darin, daß er nicht der Starrheit gewisser molekularer Anordnungen, sondern dem Prestige entspringt, mit dem gewisse Vorstellungen bekleidet sind.[98]

Der gesellschaftliche Zwang ist ein moralischer, insofern er aus kollektiven Vorstellungen hervorgeht, die Ansehen besitzen oder die Respekt erzwingen. Ansehen und Respekt, das bedeutet, daß wir von Idealen sprechen. Sie sind zwar die Bestandteile des gesellschaftlichen Zwangs, aber die Art und Weise, wie dieser Zwang wirkt, bleibt im Vagen – das Individuum hat die Pflicht, diesem Zwang Rechnung zu tragen, aber das klärt uns kaum über diese Pflicht auf. Durkheim bleibt in der Sprache des Bewußtseins, und seine kollektiven Vorstellungen schweben über den Individuen. Man versteht nicht, wie sie diese zwingen können, wie die moralische Autorität ausgeübt wird. Wir müssen also erhellen, wodurch diese moralische Autorität *wirklich* auf die Mitglieder der Gesellschaft einwirkt.

Wenn man die Wörter »Gesellschaft«, »gesellschaftlich« oder »Vergesellschaftung« verwendet, bezieht man sich immer auf Verhältnisse, die man unter das Etikett der »gesellschaftlichen Beziehung« fassen kann. Worin besteht eine solche Beziehung? Um diese Frage zu beantworten, muß man zwei Gattungen von Beziehungen unterscheiden: die externen und die internen Beziehungen: Eine externe Beziehung gehört zu folgendem Typ: Peter und Paul sind beide Bartträger. Wenn Peter seinen Bart abrasiert, existiert er als Bartträger nicht mehr und gehört folglich im Gegensatz zu Paul nicht mehr zur Kategorie der Bartträger, aber er existiert weiterhin als Peter. Die Beziehung zwischen Peter und Paul ist extern, denn eine Veränderung von Peter hat keine Veränderung von Paul zur Folge. Man kann sagen, daß es sich um eine Ähnlichkeitsbeziehung handelt, die die beiden Individuen der Kategorie der Bartträger zuordnet. Wir haben hier zwei getrennte und voneinander unabhängige Tatsachen. Aus diesem Grund ist die Beziehung zwischen Peter und Paul extern.

Betrachten wir nun eine andere Situation. Wenn Peter Paul ermordet, ist die Beziehung des Mörders zu seinem Opfer nicht wie

98 Ebd., S. 99.

in der vorhergehenden Situation eine externe Beziehung. Tatsächlich haben wir keinen Mörder mehr und auch kein Opfer, wenn Peter Paul nicht tötet. Peter und Paul sind hier *relativ* zueinander. Die Handlung kann vom Standpunkt Peters im Aktiv beschrieben werden oder im Passiv vom Standpunkt Pauls. Während wir im Falle der externen Beziehung zwei Tatsachen haben, liegt hier nur *eine einzige* Tatsache vor: der Mord. Die Beziehung zwischen Peter und Paul ist intern, weil ihre Schicksale voneinander abhängen. Die interne Beziehung ist eine der wechselseitigen Abhängigkeit, insofern sie die Wirklichkeit der Terme ausmacht, die sie miteinander verbindet: »Die internen Beziehungen können nur relative Wesen miteinander verbinden, also Wesen, die unter einer bestimmten Beschreibung betrachtet werden: keine Elemente, sondern Teile eines Ganzen.«[99]

Vom ersten zum zweiten Fall hat die Beziehung zwischen Peter und Paul ihr Wesen verändert. Wenn man Peter als Bartträger beschreibt, dann beschreibt man ein unabhängiges Individuum. Wenn man dagegen Peter als den Mörder von Paul beschreibt, dann beschreibt man ihn als Teil eines Ganzen. Peter und Paul sind beide die »Subjektergänzung«[100] des Verbs »ermorden«. Sie sind keine Individuen, sondern Personen, von denen jede ihre Rolle spielt. Die Beziehung zwischen Peter und Paul ist nicht auf Eigenschaften gegründet (wie »Bartträger« sein), sondern auf eine *Handlungsbeziehung*, die impliziert, daß die Individuen *ein Paar von Akteuren* sind, ein Paar, das *eine Einheit* bildet, weil wir es mit einem Paar von Partnern zu tun haben (dem Mörder und seinem Opfer), und nicht mehr mit zwei unabhängigen, empirischen Individuen.

Um zu verstehen, was eine gesellschaftliche Regel bedeutet, kann man von den folgenden beiden Aussagen ausgehen: »Du sollst nicht die Hand auf die Herdplatte legen«; »Du sollst nicht mit deinem Bruder schlafen«. Der Leser versteht wohl, daß die beiden »du sollst nicht«-Aussagen nicht denselben Charakter, nicht dieselbe Grammatik haben. Die erste »du sollst nicht«-Aussage gehört zu dem, was Wittgenstein die kausale Konditionierung nennt: Die Tatsache, seine Hand auf die Herdplatte zu legen, verursacht Verbrennungen. Es handelt sich um eine Erfah-

---

99 V. Descombes, *Les Institutions du sens*, a. a. O., S. 199.
100 V. Descombes, *Le Complément de sujet. Enquête sur le fait d'agir de soi-même*, Paris 2004.

rungstatsache, bei der X Y nach sich zieht. Bei dem Verbot, mit dem eigenen Bruder zu schlafen, haben wir es mit einer anderen Grammatik zu tun: Wenn man nachprüfen kann, ob man seine Hand verbrennt, wenn man sie auf die Herdplatte legt, so kann man nicht nachprüfen, ob man nicht mit seinem Bruder schlafen darf, indem man mit ihm schläft. Hier setzt das Verbot voraus, daß man *definiert* hat, was ein Bruder ist. Nun kann aber ein Bruder nur in einem und durch ein System von Beziehungen definiert werden (die man Verwandtschaft nennt), und zwar nach einer Regel, die das System für jedes Individuum, das in diesem Brauchtum lebt, konkret mit Bedeutung ausstattet. Ein Bruder ist kein Element in einer Menge, der Begriff des Bruders ist ein relativer Begriff, er ist Teil eines Ganzen. Die Institution ist deskriptiver Natur, denn nur weil man definiert hat (was ein Bruder, ein Mörder, eine Gabe usw. ist), kann man sagen, was man erlaubt und was man verbietet. Die Konditionierung ist hier nicht kausal, sondern logisch. Diese Konditionierung, diese Sozialisierung geschieht über die Sprache. Stanley Cavell hat deren Rolle einleuchtend zusammengefaßt, indem er präzisiert hat, was es bedeutet, einen Namen zu lernen:

> Im ›Lernen von Sprache‹ lernt man nicht bloß, wie die Namen der Dinge lauten, sondern was ein Name ist; nicht nur, in welcher Form ein Wunsch ausgedrückt wird, sondern was es heißt, einen Wunsch auszudrücken; nicht nur, was das Wort für ›Vater‹ ist, sondern was ein Vater ist; nicht nur, was das Wort für ›Liebe‹ ist, sondern was Liebe ist. Beim Erlernen von Sprache lernt man nicht bloß die Aussprache von Lauten und ihre grammatischen Ordnungen, sondern die ›Lebensformen‹, die solche Laute zu den Wörtern machen, die sie sind, die dafür sorgen, daß sie leisten, was sie leisten [...].[101]

Wörter zu lernen bedeutet gesellschaftliche Begriffe zu lernen, das heißt in eine Lebensform aufgenommen zu werden. Die Sozialisation ist nicht »der Prozeß, durch den man lernt, *sich wie eine Person unter anderen zu betrachten*«.[102] Sie ist nicht »die psychische Immatrikulation des In-Gesellschaft-Seins, die jedem gestattet, vom Standpunkt des Ganzen aus zu räsonieren«.[103]

---

101 S. Cavell, *Der Anspruch der Vernunft*, a. a. O., S. 302. Meine Hervorhebung.

102 M. Gauchet, *La Démocratie contre elle-même*, a. a. O., S. 244.

103 Ebd., S. 248.

Mit anderen Worten, sie besteht nicht darin, daß man auf seinen Egoismus des besonderen Individuums in der Sprache der Französischen Revolution, oder in der Sprache Freuds auf seine Triebe verzichtet. Sie ist eine logische Dressur, die sich über die Tatsache des Lernens von Wörtern vollzieht, von Wörtern, die gesellschaftliche Bedeutungen und Verwendungen sind.

Was ist das Subjekt dieser moralischen Autorität, dieser gesellschaftlichen Pflicht, dieser logischen Konditionierung? Mit anderen Worten, was ist das Subjekt der Institution? Denn *es gibt doch ein Subjekt*, aber das ist ein logisches Subjekt. Man muß eine pragmatische Antwort geben, das heißt eine Antwort, die auf das Problem des Handelns zentriert ist, denn die wichtigste Tatsache besteht darin, daß die Menschen ihre Handlungen koordinieren müssen, damit das menschliche Leben möglich ist, selbst wenn sie allein sind, denn es ist nicht eine Frage der Anzahl von Menschen oder eines Gegensatzes zwischen dem Kollektiven, das »gesellschaftlich« wäre, und dem Individuellen, das psychologisch wäre, sondern des gemeinsamen Geistes. Die Menschen werden in eine Welt geboren, die vor ihnen da ist, eine Welt gemeinsamer und unpersönlicher Bedeutungen, die ihr persönliches und singuläres Handeln nach Regeln leitet, die ihnen gestatten, dieses Handeln zu koordinieren, ob die Gesellschaft nun individualistisch ist oder nicht. Von welcher Art sind diese Regeln? Wir müssen die physische und die menschliche Handlung unterscheiden. Die physische Handlung geschieht nach dem Modus »X zieht Y nach sich« (ich lege die Hand auf die Herdplatte und verbrenne mich; das ist ein kausaler Mechanismus). Sie impliziert die Zahl 2. Die menschliche Handlung impliziert die Zahl 3 (die, wie Descombes sagt, »die logische Form des Bereichs des Menschen« ist): Bei der Handlung des Schenkens, bei der Gabe, haben wir beispielsweise den Schenkenden A, den Beschenkten B und die geschenkte Sache C. A, B und C sind drei unzertrennliche Elemente. Sie konstituieren eine *relationale* Tatsache, weil es ohne die Relation (des Schenkens) weder einen Schenkenden noch einen Beschenkten noch ein Geschenk gibt. Dasselbe gilt für den Mord. Das Opfer und der Mörder sind relativ zueinander. Insofern die menschliche Wirklichkeit gesellschaftlich ist, besteht sie nicht aus positiven, sondern aus relationalen Tatsachen. Um eine Operation zwischen A und B als Gabe, und nicht zum Beispiel als Tauschhandel beschreiben zu können, in welchem Fall die *Absicht* eine andere ist, muß eine Regel des

Schenkens zuvor gegeben sein. Das ist also die Lösung des Problems, was der gesellschaftliche Zwang oder die gesellschaftliche Pflicht meint und bedeutet: Er ist ein *logischer Zwang*.

Was wir Soziologen das »Gesellschaftliche« nennen, ist die Ordnung der intentionalen Beziehungen (des Schenkens, des Verkaufens, des Mordes usw.), von Intentionen, die nicht im Kopf sind, im Selbst, im Ich, sondern *in der Regel*. Die intentionalen Beziehungen sind im Unterschied zu den natürlichen Beziehungen nicht kausal: Es handelt sich um Bedeutungsbeziehungen. Sie implizieren formale Sinnbedingungen. Es kann kein Schenken oder einen Mord geben ohne eine zuvor gegebene Regel des Schenkens oder des Mordes, mit anderen Worten, ohne einen konkreten Brauch, bei dem die Regel von jedermann verstanden wird und natürlich auch von denjenigen, die sie verletzen: »Das Ganze«, schreibt Descombes, »muß [...] vor dem Teil gegeben sein, aber auf die Weise einer *Regel* anstatt auf die einer Tatsache.«[104] Es ist auf die Weise des Bedingten und nicht der Vorhersage gegeben: Die Regel gibt nicht an, was geschehen wird, sondern die Gesamtheit aller möglichen Fälle. Wie Peter Winch bemerkt, »impliziert die Kategorie der Ursache Allgemeinheit durch empirische Verallgemeinerungen. Die Kategorie des Grundes einer Handlung impliziert Allgemeinheit durch Regeln.«[105]

Wenn ich die Handlung des Schenkens als natürliches Ereignis oder auf individualistische, atomistische Weise analysieren würde, hätte ich zwei Tatsachen, eine physische Handlung des Gebens des Objekts C durch A, die eine physische Handlung des Empfangens von C durch B verursacht. Offensichtlich haben wir es jedoch mit einer *einzigen* Tatsache zu tun, die eine *interne* Beziehung zwischen A und B ist, wobei intern bedeutet, daß sie die beiden als zwei *Partner* in einer Beziehung betrifft, die ein System bildet und ohne die es keinen Partner mehr gäbe. Eine gesellschaftliche Beziehung ist eine Beziehung der Komplementarität zwischen zwei Partnern, sogar dann, wenn diese Beziehung nach einem Gesetz von Kraftverhältnissen (wie beim Mord) hergestellt würde. Es gibt also drei Individuen – die geschenkte Sache, den Schenkenden und den Beschenkten, aber nur *ein* Subjekt des

104 V. Descombes, *Les Institutions du sens*, a.a.O., S. 256. Hervorhebung des Autors.
105 P. Winch [1958], *The Idea of a Social Science and its Relation to Philosophy*, 2. Aufl., London 1990, S. xi.

Schenkens: A, B und C sind jeweils »das System [der Gabe] selbst in einem ihrer Glieder betrachtet«.[106] A ist das System vom Standpunkt des Schenkenden aus betrachtet (unter der Beschreibung des Schenkenden), B vom Standpunkt des Beschenkten (unter der Beschreibung des Beschenkten), C unter der Beschreibung der geschenkten Sache. Das nennt Descombes in Anlehnung an Peirce eine triadische Einheit. Das Subjekt der Institution ist nicht das Individuum, sondern die Triade (der Schenkende, der Beschenkte, die geschenkte Sache). Wir haben es mit einer Logik der Totalität zu tun, das heißt daß jeder Teil (Schenkender, Beschenkter, Geschenk) in Abhängigkeit vom Ganzen definiert wird, dem er nach einer Regel angehört, die eine Sinnordnung stiftet. Die menschlichen Kollektive definieren sich nicht durch Zugehörigkeit (zur Gruppe der Bartträger, zur Gruppe der Franzosen, zur Gruppe der Soziologen), sondern durch relationale Tatsachen, die durch Regeln oder Sinninstitutionen geordnet werden. Institution, Regel, Sinnordnung sind dasselbe. In einer Logik der Totalität hat die Relation den Vorrang vor den Termen, weil es sich um eine interne Relation handelt.

Das Problem mit dem individualistischen Ansatz, das wir weiter oben untersucht haben, bestand darin, daß es keine Handlung gibt, was *ipso facto* impliziert, daß es auch keine Gesellschaft gibt. Die Gesellschaft, von der ihre Anhänger sprechen, ist eine moralische oder ethische, in der das Gewissen regieren soll. Sie reden nicht von einer wirklichen Gesellschaft, in der soziale Situationen existieren, in denen die Menschen nicht als Subjekte, nicht als »Ich« handeln, das den »Anderen« anzuerkennen hätte, sondern als Partner einer Beziehung (Lehrer und Schüler, Schalterbeamter und Kunde, Vater und Tochter, Therapeut und Patient, Mörder und Opfer usw.) und so entsprechend einer Regel (zum Beispiel Kindern Rechnen beibringen) eine Rolle einnehmen (zum Beispiel des Lehrers oder des Schülers) – das Ende der Rollen ist eine individualistische Illusion. Die Perspektive der Entinstitutionalisierung verwechselt die theoretische Vernunft, die in einem Urteil endet, mit der praktischen Vernunft, die in einer Handlung endet. Die gesellschaftliche Ordnung, die in einer Beziehung der wechselseitigen Abhängigkeit herrscht, ist eine Sinnordnung, und das Subjekt der Institution ist dabei das Paar von komplementären Akteuren. Die Akteure können völlig mit-

106 V. Descombes, *Les Institutions du sens*, a. a. O., S. 225.

einander im Konflikt liegen, sich sogar gegenseitig umbringen. Hier liegt das Problem nicht.

In einer gesellschaftlichen Beziehung interessieren wir uns nicht für die Akteure als Individuen, die alle möglichen Arten von Empfindungen haben, oder als Subjekte – mit zustimmendem Bewußtsein –, sondern als *Personen*, die eine bestimmte Rolle spielen. Nun trennt aber der Begriff der Person das Individuum nicht von der Gesellschaft, nicht mehr als ein subjektives Inneres von einem objektiven Äußeren, sondern er verweist, zumindest unmittelbar, auf ein empirisches Individuum. Er bezeichnet und beschreibt die Möglichkeit, die drei persönlichen Positionen der verbalen Person einzunehmen: Um sagen zu können, daß »ich« spreche, muß man in der Lage sein, sich in verschiedenen Fällen als denjenigen wiederzuerkennen, der spricht (ich), zu dem gesprochen wird (du) und über den man spricht (er),[107] die Welt, die Sache oder die Person, von der man spricht und die folglich mit dem Pronomen »er« die Position der Nicht-Person einnimmt. Mit anderen Worten, ohne das Unpersönliche der dritten Person kann es überhaupt nichts Persönliches geben, und wäre es nur deshalb, weil die Menschen untereinander über die Welt, in der sie leben, handeln und über die sie reden, in Beziehungen stehen. Das Personalpronomen »ich« identifiziert nicht ein bestimmtes Individuum, sondern den Sprecher. Der Begriff der Person ist ein rein relationaler Begriff, der es eben gestattet, alle Positionen der Rede einzunehmen. »Die Polarität der Personen ist in der Sprache die Grundbedingung«, schreibt Émile Benveniste,[108] sie ist die Form, die es ermöglicht, ein Individuum zu identifizieren. Im gesellschaftlichen Leben sind wir keine Subjekte oder »ich«, sondern Personen, die die Rolle des Sprechers oder des Angesprochenen oder dessen einnehmen, über den gesprochen wird. Diese relationale Struktur ist insofern notwendig, als sie jedem Menschen gestattet, einen Platz in der Welt zu haben, wie auch immer diese Welt und dieser Platz beschaffen sein mag. Um jemanden als ein einzelnes Wesen zu identifizieren, kann man eine Handlung zuschreiben und Verantwortung zurechnen. Man muß über alle Positionen der Rede verfügen können.

107 Zu diesem Punkt siehe die Ausführungen von E. Ortigues, »La catégorie de la personne«, in: *Le Discours et le Symbole*, Paris 1962.
108 É. Benveniste [1958], »De la subjectivité dans le langage«, in: *Problèmes de linguistique générale*, Paris 1966, Bd. 1, S. 260; dt.: *Probleme der allgemeinen Sprachwissenschaft*, Frankfurt/M. 1977, S. 289.

Diese relationale Perspektive ermöglicht dem Philosophen wie dem Soziologen, die Dichotomie von Individuum und Gesellschaft zu überwinden und über die Psychologie hinauszugehen, um vom Persönlichen zu sprechen, ob die Gesellschaft, von der sie sprechen, nun individualistisch, eine Stammesgesellschaft o. ä. sei. Die gesellschaftliche Tatsache besteht nicht darin, ein Ego, einen Alter und eine Beziehung zwischen ihnen zu postulieren, sondern sie ist ausschließlich relational. Die Verdinglichung des »ich«, die darin besteht, eine innere Substanz hinter dem Pronomen zu suchen, bezeichnet also im Leben einer Person nichts Wirkliches. Sie ist vielmehr das Zeichen für eine individualistische Verwirrung darüber, was das menschliche Leben auszeichnet.

Die Fähigkeit, sein Handeln mit jemandem zu koordinieren, ist das Wesentliche dessen, was man das »Gesellschaftliche« nennt, weil diese Koordination Sitten, Gewohnheiten, Gebräuche, also das voraussetzt, was anscheinend so verschiedene Autoren wie Wittgenstein und Mauss Institutionen nennen. 1901 schlagen Paul Fauconnet und Marcel Mauss vor, die Soziologie als Wissenschaft der so verstandenen Institutionen zu definieren, und nicht nur der großen unbeweglichen Institutionen. Sie schreiben:

Gesellschaftlich sind alle Handlungs- und Denkweisen, die das Individuum als schon bestehend vorfindet und deren Weitergabe sich ganz allgemein durch die Erziehung vollzieht. Es wäre gut, wenn diese besonderen Tatsachen durch einen besonderen Namen bezeichnet würden, und es scheint, daß das Wort *Institution* am geeignetsten wäre. Was ist denn eigentlich eine Institution, wenn nicht eine Gesamtheit von Handlungen und Vorstellungen, die sich vollkommen eingebürgert haben, die die Individuen vorfinden und die sich ihnen mehr oder weniger aufdrängen? Es gibt keinen Grund, um diesen Ausdruck ausschließlich den grundlegenden gesellschaftlichen Vereinbarungen vorzubehalten, wie man es gewöhnlich tut. Wir verstehen also unter diesem Begriff ebenso die Gebräuche und Verfahrensweisen, die Vorurteile und den Aberglauben wie die politischen Verfassungen oder die wesentlichen juristischen Organisationen.[109]

109 P. Fauconnet, M. Mauss [1901], »Sociologie«, in: M. Mauss, *Œuvres*, Bd. 3, hg. v. V. Karady, Paris 1969, S. 150. V. Descombes zitiert diesen entscheidenden Text mehrmals.

Nach Wittgenstein sind einer »Regel folgen, eine Mitteilung machen, einen Befehl geben, eine Schachpartie spielen« »*Gepflogenheiten* (Gebräuche, Institutionen)«.[110] Dennoch stellen wir uns auch weiterhin das Gemeinschaftsleben, die Natur der menschlichen Gesellschaft in Begriffen der großen Institutionen vor.

Die Anhänger von Überlegungen in Begriffen einer symbolischen Ordnung oder der Entinstitutionalisierung machen also einen doppelten Fehler. Der erste besteht darin, die Institution oder die gesellschaftliche Regel in Begriffen der Grenze, des Verbots, eines Dritten als Richter oder Schiedsrichter aufzufassen, den man zwischen den Parteien einführen müßte. Der zweite besteht in der Vorstellung, daß die gesellschaftliche Tatsache aus beobachtbaren Entitäten zusammengesetzt ist (das Individuum und die Gesellschaft, die Subjektivität und die Objektivität usw.), nach deren Beziehungen sie suchen, während sie doch rein relational ist.

Erkenntnistheoretisch betrachtet sind die Krise der symbolischen Ordnung und die Entinstitutionalisierung also Hirngespinste, aber soziologisch sind sie der Ausdruck einer Sorge, die dem französischen Individualismus eigentümlich ist. Dieser ist zwar mit einem Verfall verknüpft, aber dabei handelt es sich um den Verfall der republikanischen *institutionellen Vereinbarung*.

Eine republikanische Reaktion

Der Kern des Problems ist die Autonomie, was uns zur französischen Schwierigkeit zurückbringt, die Autonomie als *gesellschaftliches* Ideal aufzufassen. Für Gauchet war es die Autonomie als Bestrebung, die einen Wert hatte, nicht die Autonomie als wirklicher Zustand. Die Partei der Autonomie hatte in der Tat gegen die Partei der Heteronomie zu kämpfen. Im Fall des Laizismus zwischen den Anfängen der III. Republik und der Trennung von Kirche und Staat im Jahre 1905 wurde die Partei der Heteronomie von der Kirche vertreten, und zwar von einer der starrsinnigsten Kirchen der modernen Welt. Die laizistische, republikanische Lösung bestand in »der Umschließung und der

---

110 L. Wittgenstein, *Philosophische Untersuchungen*, a. a. O., § 199. Hervorhebung des Autors.

Privatisierung der Überzeugungen«,[111] das heißt in der völligen Anerkennung der Konfessionsfreiheit, die jedoch durch ihre Verbannung in die Privatsphäre untergeordnet war. Das Eingreifen des Staates hat sich »mit einer völlig neuen Nachfrage [verbunden], nämlich der nach der *Freiheit* – Gewissensfreiheit und Freiheit der Nation«.[112] Der republikanische Staat hat so die Gewissensfreiheit als Recht, aber auch als Respektshaltung an die kollektive Autorität gebunden. Er hat ihr einen gemeinsamen Horizont gegeben. Mit anderen Worten, das Problem wurde gelöst, »indem der Staat in eine überlegene Position getrieben wurde«.[113] Um diese Position zu verstärken, wurde ein zweites politisches und moralisches Instrument eingesetzt, die Schule: »Als ein Ort der Aneignung des Bürgersinns ist die Schule die Schlüsselinstitution, in der die Bedeutung der heiligen Schuld gegenüber dem Vaterland weitergetragen und der Vorrang des Kollektivs gesichert wird.« Der republikanische Staat hat sich also am spirituellen Vorrang durch die beiden Mittel der Gewissensfreiheit und der Pädagogik aufgeschwungen. Gauchet unterstreicht den Unterschied zum englischen Modell, bei dem sich Macht und Freiheit gegenseitig ausgleichen sollen: »Im Staat ist eine Allmacht notwendig, nämlich die des Gesetzes, nur daß diese Allmacht lediglich die Verkörperung der Gesamtheit der bürgerlichen Willen sein kann, die untereinander alle gleich sind«[114] – das ist Rousseaus allgemeiner Wille. »Die Autonomie [...], das ist vielleicht sein wichtigstes besonderes Merkmal, entsteht in der kollektiven Ordnung im Verhältnis zu Überzeugungen, die der individuellen Ordnung angehören. Die Selbstmächtigkeit und Selbstbestimmung, die es wiederzuerlangen gilt, betreffen die gemeinschaftliche Existenz.«[115] In diesem laizistischen Schmelztiegel wurde die moderne Persönlichkeit französischen Stils geschmiedet.[116] Diese »theologisch-politische Formel der Demo-

111 M. Gauchet, *La Religion dans la democratie*, a. a. O., S. 52.

112 Ebd., S. 54. Hervorhebung des Autors.

113 Ebd., S. 50.

114 Ebd., S. 55.

115 Ebd., S. 58.

116 Der Autor fährt mit dem Totalitarismus fort, der eine weitere Version des Problems der Autonomie darstellt. Ich beschränke mich jedoch darauf, den Grund seines Gedankens zu präzisieren, nämlich die Notwendigkeit des Gegners der Heteronomie, ohne den die Autonomie wertlos ist.

kratie« ist also das goldene Zeitalter der Verantwortung: »Die Religion ist die Gesellschaft des Menschen mit Gott; der Staat ist die Gesellschaft der Menschen untereinander.«[117] Der Zusammenbruch der Partei der Heteronomie hat zwar den Sieg des Projekts der Autonomie zur offensichtlichen Folge, aber tiefer auch – und darin besteht das Übel – die Schwächung aller *gemeinsamen* Werte, deren Träger sie war: »Nichts wird ihre alte spirituelle Energie für das heilige Amt des Bürgers wiederherstellen können.«[118] Diese Formulierung faßt ganz gewiß das französische Drama vom republikanischen Standpunkt aus zusammen. Denn die liberale Welle, die individualistische Brandungswelle hat gewiß alle Institutionen erreicht, aber am Ende – und das ist der Kern der ganzen Angelegenheit – hat sie »eine anthropologische Neuorientierung nach sich gezogen, wenn nicht gar gleich jene ganz neue Menschheit dadurch entstand«, die durch die neuen Pathologien bezeugt wird. Diese ganz neue Menschheit ist ein Verlust an Menschlichkeit.

Die These von der Krise der symbolischen Ordnung und der Entinstitutionalisierung gehört dem französischen Antiliberalismus an. In einem Sturmangriff auf »die Weihe der bürgerlichen Gesellschaft« wird die Diagnose deutlich formuliert: »Es ist nicht die plötzliche Wiederentdeckung der Tugenden der Vielfältigkeit, die, die Weihe der bürgerlichen Gesellschaft beschleunigt hat, sondern das Verschwinden der Alchemie, die sich in der politischen Gesellschaft abspielen sollte, was die bürgerliche Gesellschaft in ihrer Vielfalt in den Vordergrund gerückt hat und in vollem Licht erscheinen ließ.« Die Autonomisierung der bürgerlichen Gesellschaft wurde schrittweise im Laufe der III. Republik vollzogen, und zwar im Ausgang von Vermittlungen, die versuchten, die kollektiven Kräfte, die am Werk waren, auf eine solche Weise zu strukturieren, daß sie in den politischen Raum eingefügt werden konnten. So zum Beispiel die Bildung, die dem Individuum gestattete, sich von seiner privaten Partikularität loszureißen, die politischen Parteien, die die Auseinandersetzung der Interessen betrieben usw. Die Vermittlungen zwischen dem Staat und der Gesellschaft erlaubten dieser nicht, in der Anarchie des Krieges aller gegen alle zu versinken. Wir seien heute in eine neue Phase eingetreten, die gerade zu diesem Individualismus der

117 Ebd., S. 61 f.
118 Ebd., S. 65.

Auflösung sozialer Bindungen führt: »Es ist dieser Wegfall des Rahmens der bürgerlichen Gesellschaft, der ihre endgültige Trennung vom Staat beschleunigt. [. . .] Zum ersten Mal gibt sich die bürgerliche Gesellschaft völlig außerhalb der Politik zugunsten dieser Auflösung zu sehen und zu verstehen.«[119] Von hier erklärt sich der zeitgenössische Legalismus, der die Rechte der einzelnen Individuen geltend macht, oder die Marktgesellschaft, die das freie Spiel der ebenfalls einzelnen Interessen akkreditiert, wobei Rechte wie Interessen nicht mehr einer Anbindung an das Gemeinwohl unterworfen sind, dessen Garant der Staat war. Es handelt sich also sowohl um das Ende des Willens in der Politik als auch um das Ende des Staats als Beschützer, Organisator und Stifter des Sozialen.[120] Erleben wir nicht vielmehr eine Neudefinition der Beziehungen zwischen Staat, bürgerlicher Gesellschaft und den Individuen? Inwiefern kann man dagegen den neuen Individualismus nicht als einen Aspekt der Fähigkeit zur Selbstorganisation der bürgerlichen Gesellschaft betrachten? Im letzten Kapitel werde ich Teile einer Antwort auf diese Frage geben.

Diese zutiefst pessimistischen Analysen bilden die französische Lehre vom Verfall. Ich spreche von einer Lehre vom Verfall in dem deskriptiven Sinne, den Bercovitch diesem Begriff für die amerikanische Jeremiade zuschreibt: eine öffentliche Ermahnung, die eine tiefe Sorge zum Ausdruck bringt und sich mit der Kritik des Staats an der Gesellschaft im Sinne des Aufrufs zur Erneuerung verbindet (moralische Erneuerung in den Vereinigten Staaten, politische Erneuerung in Frankreich) – der letzte Absatz von *La Religion dans la démocratie* läßt eine mögliche Erneuerung ahnen. Der Unterschied zur amerikanischen Jeremiade ist zweifach: Sie »hat ausschließlich mit gesellschaftlichen und weltlichen Dingen zu tun, mehr mit dem Staat der Menschen als mit dem Gottesstaat«;[121] in Übereinstimmung mit der französischen individualistischen Tradition legt sie den Akzent mehr auf die Verantwortung des Staats als auf die des Individuums. Diese Weise der Identifikation von Veränderungen ist eine Rhetorik,

119 Ebd., S. 79 f. »Der Mensch ist im Bürger Mensch im vollen Sinne.« S. 83.
120 »Unter dem Einfluß der offenen Krise in den 1970er Jahren wurde der voluntaristische Glaube an den staatlichen Anreiz durch die wieder salonfähig gewordenen liberalen Methoden der automatischen Regelung ersetzt.« Ebd., S. 66.
121 S. Bercovitch, *The American Jeremiad*, a. a. O., S. 9.

die an die *Prinzipien* der Republik erinnert. »Heute republikanisch zu sein«, schrieben Françoise Furet und Mona Ozouf 1993,

> bedeutet, in einer hedonistischen, individualistischen Welt, die von bürgerlicher Erstarrung und Flachheit bedroht ist, seine Bindung an jenes Modell politischer Partizipation und moralischer Integrität zu zeigen, die die Schule der schwarzen Husaren verbreitete [...]. Es bedeutet, die gesellschaftliche Gemeinschaft zu feiern und die Kritik des Liberalismus fortzusetzen, die in der französischen Politik so zentral ist. Und in dem Augenblick, in dem die revolutionäre Kultur Frankreichs erlischt, bedeutet es, das Feuer zu schüren. [...]. Was man an den neuen Kleidern der republikanischen Idee findet, ist immer ein alter Stoff: die Idee der Revolution, die, auch wenn sie diskreditiert und besiegt ist, der republikanischen Idee auch weiterhin ihren unausweichlichen Stempel aufdrückt.[122]

Wenn man sie aus dieser Perspektive betrachtet, haben die Krise der symbolischen Ordnung und der Verfall der Institution mit dem Willen zur Wiederbelebung einer republikanischen Auffassung zu tun, derzufolge die Gesellschaft ihre Substanz verliert, wenn der Staat seine moralische Macht nicht mehr ausüben kann. Diese Erzählung ist durchaus eine republikanische Reaktion. Sie ist der Rhetorik der Konterrevolutionäre des frühen 19. Jahrhunderts analog, aber in einer laizistischen Version: Die Heteronomie des Menschen ist an den republikanischen Staat gebunden, und nicht mehr an Gott. Diese Reaktion hat den Mangel, die individualistische Ideologie in dem Sinne fortzusetzen, in dem der Individualismus das Gesellschaftsleben entwertet, und zwar umso mehr, als er die Werte der wechselseitigen Abhängigkeit entwerten und auflösen *muß*, damit das Individuum frei und gleich ist. Hat sich das Phänomen im Laufe der letzten Jahrzehnte verschärft? Wenn das der Fall ist, welche wirklichen Probleme des menschlichen Lebens wirft diese Situation auf? Eigentlich erlauben die weiter oben vorgestellten Faktoren, bei denen das Wechselspiel von vagen klinischen Etiketten und starken Formulierungen im Vordergrund steht, es nicht, sich eine adäquate Vorstellung zu machen. Man erkennt darin vor allem den Diskurs der Prinzipien, auf den Arendt und Dumont hingewiesen hatten.
Der Gegensatz zwischen der Heteronomie und der Autonomie

---

122 F. Furet, M. Ozouf, *Le Siècle de l'avènement républicain*, a. a. O., S. 21 f.

greift mit einem neuen Vokabular das Gegenüber von Staat und Individuum wieder auf, um dessen Zerstörung zu beschreiben. Das Beklagen der doppelten Inthronisierung des Individuums und der bürgerlichen Gesellschaft, das aus dieser Zerstörung hervorgeht, ist Ausdruck eines Gefühls vom Niedergang des Willens in der Politik, eines Willens, der mit dem Staat identifiziert wird. Dieses Gefühl bringt eine tiefe Verunsicherung zum Ausdruck, die Pierre Rosanvallon folgendermaßen zusammenfaßt: »Wenn etwas zusammenbricht, so ist das zunächst eine bestimmte historische Auffassung der Politik als ›Wissenschaft vom Willen‹. Eine Auffassung, die unmittelbar von einer theologisch-politischen Vision der Macht abgeleitet war, während sie gleichzeitig mit der Voraussetzung einer Gesellschaft verknüpft war, die sowohl *eine* als auch in sich selbst *inkonsistent* war.«[123] Die Lehre vom Verfall ist insofern eine Lehre vom Verfall, als sie keine andere Quelle für die gesellschaftliche Unabhängigkeit als den Staat sieht, der diese Inkonsistenz unter seiner Garantie eint.

Während die Jeremiade eine Kritik Amerikas ist, die Amerika feiert, ist die Lehre vom Verfall ein Ritual des Feierns der Vergangenheit und der Austreibung der Gegenwart, das an die ewigen Prinzipien der Revolution und der Republik erinnert. Anstatt eine Analyse der französischen Verunsicherung zu sein, ist es vielmehr deren Ausdruck: Es reproduziert deren Sackgassen und Aporien in einer Sprache der leidenschaftlichen Anprangerung. Dieses kritische Ritual verwendet die Ressourcen des französischen antiliberalen Brauchs in der neuen Sprache einer Tyrannei der gesellschaftlichen Ideale: Die Befreiung der Subjektivität entspricht dem Ende der Vertikalität, dessen Ergebnis darin besteht, daß die Gesellschaft und das Individuum sich selbst überlassen werden, das heißt ihren Inkonsistenzen. Sie offenbart sich in jener neuen gestörten Persönlichkeit, die der Reflex des Verfalls der gesellschaftlichen Pflicht ist. In den Vereinigten Staaten ist das Ende der Vertikalität, das von Philip Rieff Mitte der 1960er Jahre verkündet wurde, eine moralische Krise, in Frankreich ist sie eine Krise unseres politischen Modells: Die Gegenüberstellung von Ordnung und Fortschritt weist nicht mehr auf eine

---

123 P. Rosanvallon, *La Démocratie inachevée. Histoire de la souveraineté du peuple en France*, Paris 2000, S. 390 f. »Wissenschaft vom Willen« bezieht sich auf Hegel.

Richtung des Handelns hin, weil man nicht mehr weiß, wo der Fortschritt liegt.

Hinter der Kritik der Werte, die sich auf die Wahlmöglichkeiten beziehen, und den Klagen über den Autoritätsverlust der Gesellschaft stehen zwei ganz wirkliche Probleme: das politische Problem der Gerechtigkeit und der Ungleichheiten sowie das soziologische Problem der Stiftung gesellschaftlicher Bedeutungen, das sich auf den Begriff der Persönlichkeit in der französischen Gesellschaft bezieht.

7. Kapitel
Die Arbeit, das Leiden, die Anerkennung

Schon die Klage, das Sich-Beklagen kann dem Leben einen Reiz geben, um dessentwillen man es aushält: eine feinere Dosis Rache ist in jeder Klage [...].

Friedrich Nietzsche
Götzendämmerung, 1889[1]

Und so ist es auch gemeinhin keineswegs das Mitleiden, das es unternimmt, die Welt zu ändern, um menschliches Leid zu lindern; wenn es aber aus irgendwelchen besonderen Umständen heraus dazu doch gedrängt wird, so wird es seiner Natur gemäß vor den langwierigen und langweiligen Prozessen des Überredens, Überzeugens, Verhandelns und Kompromisseschließens, welche die der Politik gemäßen Handlungen sind, zurückscheuen [...].

Hannah Arendt,
Über die Revolution, 1963[2]

Einige Monate nach dem negativen Votum Frankreichs zum EU-Vertrag im Jahre 2005 stellt der Autor eines Leitartikels der *New York Times* eine Diagnose des französischen »Falles« und schlägt eine Behandlung vor: »Hinter dieser Fassade von Arroganz leiden die Franzosen an einer Krankheit, die für jeden Amerikaner offensichtlich ist. Sie haben eine schwache Selbstachtung [...]. Sie brauchen den großen Motor, der unsere Wirtschaft leistungsfähig macht: die amerikanische Selbsthilfeindustrie.«[3] Diese könnte uns die amerikanischen Geheimnisse für den französischen Fortschritt zur Verfügung stellen, nämlich jene an-

---

1 F. Nietzsche, *Götzendämmerung*, Leipzig 1895, S. 141.
2 H. Arendt, *Über die Revolution*, a.a.O., S. 110.
3 J. Tierney, »All you need, France, is Donald Trump«, in: *International Herald Tribune*, 29. März 2006.

regenden Begriffe, die unserem Wortschatz fehlen, wie zum Beispiel »proaktiv«, »belastbar« oder »Gewinner-Gewinner«. Welche Mißverständnisse herrschen in dieser Hinsicht über die französischen Mißstände! Die Diagnose wurde tatsächlich schon vor langem von den Franzosen selbst gestellt, aber in ihrer eigenen Sprache. Sie hatten dieser offenkundigen Krankheit einen Namen gegeben: das soziale oder psychosoziale Leiden. Es handelt sich um ein psychisches Leiden sozialen Ursprungs, das die Selbstachtung des Individuums vernichten und es bis zu den schlimmsten Auswüchsen führen kann. Das soziale Leiden ist die große französische narzißtische Neurose. Sie ist durch Ängste des Verlusts, der Unzulänglichkeit oder der Trennung gekennzeichnet anstatt durch Konflikte.

Das soziale Leiden hat eine zentrale Rolle in den Vorstellungen gewonnen, die sich die französische Gesellschaft von sich selbst bildet, und zwar entlang dreier Transformationslinien. Die erste betrifft die Formen der Arbeitsorganisation, die auf die Flexibilität abzielen. Die zweite Transformationslinie ist das Aufkommen einer Bevölkerungsschicht mit unsicherem Berufsstatus und/oder Langzeitarbeitslosigkeit. Der Angestellte und der Arbeitslose sind Zwängen der Autonomie unterworfen, die ihre Subjektivität beanspruchen, der erste, um den neuen Anforderungen der Flexibilität zu genügen, der zweite, um wieder Eingang in die Arbeitswelt zu finden. Der Appell an die Subjektivität bezeichnet eine bestimmte Weise des Handelns sowohl im Arbeitsverhältnis als auch in der Arbeitslosigkeit, die darin besteht, sich zu behaupten und seine beziehungsrelevanten, sozialen, psychologischen oder persönlichen Kompetenzen zu beweisen, wobei mit den vier Adjektiven die Vorstellung gemeint ist, daß vom Individuum verlangt wird, Persönlichkeit zu zeigen. Diese »Persönlichkeit« wird theoretisch bis hin zu Stellen mit geringer Qualifikation und in Zusammenhängen verlangt, die durch die Armut am stärksten eingeschränkt sind. Mit dem sozialen Leiden sprechen wir also die Autonomie nicht mehr unter dem Blickwinkel der Wahlfreiheit an, sondern unter dem des Handelns und des Wettbewerbs.

Die Arbeit und das Personalmanagement im Unternehmen, die Arbeitslosigkeit und die arbeitspolitischen Maßnahmen sind zwar die beiden hervorstechenden Bereiche dieses Leidens, aber eine dritte Transformation, die weniger sichtbar ist, hat ebenfalls eine Rolle gespielt: Die Aufgaben der öffentlichen Psychiatrie haben sich auf die seelische Gesundheit ausgedehnt. Die Folge davon ist eine Erweiterung der behandelten Pathologien und eine Enthospitalisierung der Geisteskranken, die fortan den größten Teil ihres Lebens in der Stadt verbringen, woraus sich eine Verflechtung der beiden Klientelgruppen der prekären Bevölkerungsschichten und der psychiatrisch Kranken ergibt.

Diese dreifache Transformation konvergiert im Begriff der Prekarität, der mit dem Begriff des sozialen Leidens verwoben ist. Die Prekarität ist in Frankreich mehr als nur ein Zustand bestimmter Bevölkerungsschichten. Wie der Soziologe Jean-Claude Barbier in einer erhellenden Vergleichsstudie gezeigt hat: Auch wenn in allen europäischen Ländern den Konsequenzen der Stellen- und Arbeitsflexibilität ein Hauptinteresse gilt, ist die Prekarität in Frankreich nicht die Prekarität von etwas. Das Wort wird ohne Objekt verwendet: »Man findet in keinem Land einen Gebrauch [des Begriffs], der der Vorstellung einer Prekarität schlechthin entspricht.« »Aus der Distanz betrachtet«, erläutert Barbier, »ist es verblüffend, daß nur wenige Soziologen versucht haben, präzise Definitionen aufzustellen. Die gesellschaftliche Einmütigkeit [...] im Bereich des politischen und administrativen Diskurses findet ihr Gegenstück gewissermaßen in der Akzeptanz einer unscharfen, sozusagen ungreifbaren Vorstellung, auch auf Seiten der Statistiker, die sich mit ihr begnügen.«[4] Dieser anscheinend unscharfe Begriff, der von den Gewerkschaften, den Arbeitgebern, den Politikern auf allen Seiten verwendet wird, der Eingang ins Arbeitsgesetzbuch und in verschiedene Gesetze gefunden hat, der als »ein Modus der Herrschaft« angeprangert wird, welcher es ermöglicht, die Ausbeutung der Arbeitskraft zu erleichtern, besitzt eine gesellschaftspolitische Kohärenz: Er bezeichnet eine allgemeine Erschütterung der Gesellschaft. Die Prekarität ist ein kollektives Gefühl, eine Einstellung, ein Geisteszustand, der die Gesamtheit von Argumenten gegen einen Gegner vereinigt, der das Böse verkörpert: der Neoliberalismus.

4 J.-C. Barbier, »La précarité, une catégorie française à l'épreuve de la comparaison internationale«, in: *Revue française de sociologie*, April-Juni 2005, Nr. 46-2, S. 351-371, S. 360 und 357. Großbritannien, Deutschland und die skandinavischen Länder nehmen diese Assimilation nicht vor, die ein »romanischer« Zug zu sein scheint, da sie auch Spanien und Italien kennzeichnet (obwohl die Häufigkeit der Verwendung des Begriffs und die Erweiterung seiner Bedeutungen dort geringer sind als bei uns).

Die Hypothese, die ich in diesen beiden Kapiteln entwickeln werde, die der Arbeit und den Arbeitsverhältnissen gewidmet sind, besagt, daß das soziale Leiden das Ergebnis der Auseinandersetzung zwischen der traditionellen Gleichheit des Schutzes und der neuen Gleichheit der Autonomie ist, die Bedeutungen in den Vordergrund schiebt, welche an die Persönlichkeit oder an das Persönliche appellieren. In der Sprache der sozialen Frage bringt sie eine Krise unserer gewöhnlichen Handlungsweise im Kontext einer Welt zum Ausdruck, deren Inhalt liberal ist. Als Erinnerung an die Prinzipien der Republik und der Revolution, die ihre Bürger den unerbittlichen Kräften des Marktes im Namen einer Autonomie überlassen hat, die als Wettbewerb aufgefaßt wird, ist sie für die These der Entinstitutionalisierung wesentlich. Sie gibt den Ton für den Abbau der sozialen Bindung an, die der neue Anstieg des Individualismus darstellt, der durch den globalisierten und neoliberalen Kapitalismus verkörpert wird. Aber mit dieser Erinnerung im Hintergrund zeigt sich die Veränderung unserer Sitten: die schwierige Einbringung der Persönlichkeit in unsere Handlungsweisen und in unsere Art, eine Gesellschaft zu bilden.

In diesem Kapitel gehe ich auf das Leiden am Arbeitsplatz ein.

Das emotionale Leben, die Subjektivität, die Gefühle in den Arbeitsverhältnissen und in der Welt des Unternehmens stellen wichtige Anliegen für die Gesamtheit der Akteure des Unternehmens dar. In diesem Zusammenhang werden Angst, Depression und Streß als Symptome der neuen sozialen Wirklichkeit des konkurrenzfähigen Unternehmens betrachtet. Die Notwendigkeit, sich zu behaupten, Initiative, Überlegtheit und Wendigkeit zu zeigen, veranlaßt zwei Arten von Analysen. Die erste prangert den Appell an die Subjektivität als neuen Herrschaftsmodus über die Arbeitskraft an, die zweite macht aus der Subjektivität eine Materie, bei der es um das Management psychosozialer Risiken geht. Im ersten Fall spricht man eher von Leiden, im zweiten eher von Streß. Aber bei beiden Versionen teilt sich die Selbstbehauptung zwischen zwei entgegengesetzten Wegmarken auf: der Anerkennung, die sie unterstützt, und dem Leiden, das sie zerstört.

Die leidenschaftliche Anprangerung:
das Gerechte und das Ungerechte

Der Konsens ist deutlich: Die schlechten Arbeitsbedingungen, der Zwang, zu schnell arbeiten zu müssen, die schlecht gemachte Arbeit, der Mangel an Kontrolle über die eigene Arbeit führen zu psychischen Leiden, die die seelische Gesundheit in den ersten Rang der Probleme flexibler Arbeit erheben. Das Institut für Gesundheitsüberwachung stellt eine Intensivierung der Arbeit und sogenannte psychosoziale Zwänge fest und empfiehlt seit 2007 »eine regelmäßige Überwachung der seelischen Gesundheit in den berufstätigen Bevölkerungsschichten«.[5] 2009 erklärt das Institut, daß »die seelische Gesundheit am Arbeitsplatz zu einem wichtigen Anliegen der öffentlichen Gesundheit geworden ist«,[6] und zieht Bilanz aus den ersten Ergebnissen zweier Überwachungsprogramme: Die Daten der Allgemeinmediziner lassen ein Überwiegen des Unbehagens bei 24 % der Männer und 37 % der Frauen erkennen, während jene, die bei Sprechstunden der Arbeitsmedizin gesammelt wurden, zeigen, daß »das psychische Leiden als zweitwichtigste Pathologie erschien«.[7] Die epidemiologische Überwachung des psychischen Leidens wird gegenwärtig auf den Weg gebracht.

Wie wurde die Frage nach dem psychischen Leid in der tayloristischen und fordistischen Arbeitsorganisation aufgeworfen? 1970 schrieb ein Arbeitsmediziner: »Es stellt sich seit langem die Frage, ob der Zustand des Angestelltseins, wie er sich in den industrialisierten Ländern des alten Kontinents darstellt, nicht an sich schon psychische Störungen hervorruft.« Er fügt hinzu: »Das Leiden der Menschen innerhalb der Unternehmen geht seinerseits auf die Schwierigkeit zurück, sich in eine im Wandel be-

---

5 C. Cohidon, »Prévalence des troubles de santé mentale et conséquences sur l'activité professionelle en France dans l'enquête ›Santé mentale en population générale: image et réalité‹«, Reihe *Santé travail*, August 2007.

6 INVS, »Santé mentale et travail. Une journée pour faire le point«, Pressemitteilung, 26. März 2009.

7 INVS, *Santé mentale et travail*, 4. wissenschaftliche Tagung der Abteilung »Santé travail«, 26. März 2009, Zusammenfassung der Beiträge, S. 2 und 4. Zu detaillierten Ergebnissen siehe J. Bué, N. Guignon, N. Sandret, »Les facteurs de risques psychosociaux au travail: une approche quantitative par l'enquête Sumer«, in: *Revue française des affaires sociales*, April-September 2008, Nr. 2-3.

griffene Welt einzufügen.«[8] Er stellt die Zunahme von Aggressi-
ons- oder Streßfaktoren fest und betont, daß »auf der ganzen
Leiter der Hierarchie eine Angst entsteht, die verschiedene Formen annimmt, welche von der ›Managerkrankheit‹ bis zur
dumpfen Angst reichen«.[9] Der gesunde Menschenverstand hat
sich offenbar bewegt, denn das Leiden am Arbeitsplatz ist zu einer wichtigen mobilisierenden Bezugsgröße geworden, während
es zuvor nur zu den Sonderfragen gehörte, und zwar *trotz der
Tatsache*, daß es in vielen Schriften präsent war. Ebenfalls 1970
behauptete der Psychiater Claude Veil, einer der Begründer der
Arbeitspsychiatrie in Frankreich:

> Jeder neurotische Vorgesetzte ist für das Kollektiv hochgradig neuroti-
> sierend. Die autokratischen Vorgesetzten können regelrechte Gefah-
> ren darstellen: Man hat beobachtet [...], daß das Personal, das unter
> ihrer Leitung steht, viermal häufiger Opfer von Unfällen war als der
> Durchschnitt der Abteilung. Die affektive Sicherheit der Untergebenen
> wird ernsthaft durch die Ängstlichkeit oder das sadistische Verhalten
> des Vorgesetzten bedroht, aber ebenso durch sein zwanghaftes Über-
> maß an Gewissenhaftigkeit.[10]

Das Leiden in der Arbeitswelt war bei Spezialisten wohlbekannt,
aber es blieb auf sie beschränkt und wurde nicht zum Gegenstand
irgendeiner Mobilmachung.[11] 1963 betonte Georges Friedmann
in seiner großen Untersuchung zur wissenschaftlichen Organisa-

---

8 L. Dumortier, »Réflexions d'un médecin du travail«, in: *Projet*, Februar
   1970, Nr. 42, S. 182. Paul Sivadon und Roger Amile schreiben in ihrer
   Psychopathologie du travail (Paris 1969): »Der beste Vorgesetzte ist derjenige, der seiner Gruppe ein Höchstmaß an emotionaler Sicherheit
   geben kann, während jeder neurotische Vorgesetzte (wie manche Dikta-
   toren) für das Kollektiv neurotisierend ist. Manche autokratischen Vorgesetzten sind daher wahre Katastrophen. Die Zahl der Arbeitsunfälle,
   die das Personal unter ihren Anweisungen erleidet, wird immer größer.
   Diese gefühlsmäßige Sicherheit wird ebenfalls von einem Vorgesetzten
   schwer beeinträchtigt, der alles zwanghaft überprüft«, S. 41.
9 Ebd., S. 189.
10 C. Veil, »Hygiène mentale du travailleur«, in: *Projet*, Februar 1970,
   Nr. 42.
11 Zu Einzelheiten über die Geschichte der Psychopathologie der Arbeit siehe I. Billiard, *Santé mentale et travail. L'émergence de la psychopathologie du travail*, Paris 2001. Das Thema der »nervösen Erschöpfung« ist bei
   den Psychiatern, die sich mit Problemen der Arbeit befassen, sehr präsent. Siehe S. 156-164.

tion der Arbeit, *Zukunft der Arbeit*, daß das Ego der Arbeiter bei jeder persönlichen Leistung frustriert war: »Der Verlust der Verantwortlichkeit und der schöpferischen Möglichkeiten in der Arbeit hat also eine gefährliche Beeinträchtigung des seelischen Gleichgewichts des Menschen und seiner Entfaltung zur Folge.« Wie zahlreiche Soziologen dieser Zeit mußte auch er »die psychologische Notwendigkeit einer ausgleichenden Vermehrung des freien Persönlichkeitsausdruckes während der Freizeit anerkennen«.[12] Claude Veil schrieb zudem: »Die zeitgenössische Arbeit entbehrt oft jeglichen Werts einer persönlichen Leistung.«[13] 1970 ist dieser Wert immer noch außerhalb der Arbeitswelt angesiedelt. Die wissenschaftliche Organisation der Arbeit schloß die Persönlichkeit aus und ersparte jede persönliche Entscheidung. Dennoch kündigten zwei Psychiater, Paul Sivadon und Roger Amiel, zur gleichen Zeit eine andere Zukunft an: »Der Arbeiter von morgen wird ein Mensch sein müssen, der sich ständig weiterentwickelt. Er wird ein hohes berufliches Niveau haben, in der Lage sein, die Initiative zu ergreifen, und folglich auch persönliches Engagement zeigen.«[14] Diese beiden Psychiater schreiben zu einer Zeit, in der die Arbeitsbedingungen und die Autonomie im Sinne der Forderung nach gesteigerter Kontrolle und Unabhängigkeit bei den Streiks zentral werden und in der ein Teil der Arbeitgeberschaft mit neuen Formen der Arbeitsorganisation zu experimentieren beginnt und an eine solche Autonomie appelliert. Zwischen der vorgeschriebenen Arbeit, die sich auf mechanischen Gehorsam stützt, der vom Arbeitstakt erzwungen wird, und der wirklich ausgeführten Arbeit, die einen informellen Satz von Fähigkeiten der Kreativität, des Problemlösens, der Erfindungsgabe erfordert, gab es eine Diskrepanz, von der viele Leute hofften, daß sie in einer Reform der Arbeitsorganisation anerkannt werden würde, die an die Autonomie als *Unabhängigkeit* appellierte.

Zwanzig Jahre später ist die Arbeit zu *dem* Träger persönlicher Leistung geworden. Während 1976 ein zukunftsorientierter Bericht des allgemeinen Planungskommissariats sich gegenüber den Arbeitsideologien öffnet, betont 1995 ein weiterer zukunfts-

12 G. Friedmann, *Où va le travail humain?*, Paris 1963, S. 345; dt.: *Zukunft der Arbeit*, übers. v. B. Lutz, Köln 1953, S. 299.
13 C. Veil, »Hygiène mentale du travailleur«, a. a. O., S. 169.
14 P. Sivadon, R. Amiel, *Psychopathologie du travailleur*, a. a. O., S. 56.

orientierter Bericht desselben Kommissariats, *Die Arbeit in zwanzig Jahren*, dessen Autor Jean Boissonnat war, wie sehr sich die Gesamtlage geändert hat: »Die Arbeit profitiert [...] von einem ganz bedeutenden Überschuß an Wertschätzung.«[15] Sein Ressort ist »die Funktion der Integrationsmöglichkeiten und der persönlichen Entfaltung«.[16] 2008 zeigt ein europäischer Vergleich, daß die Franzosen die Arbeit im Vergleich zu ihren europäischen Nachbarn überbewerten und mehr als diese in ihr ein Mittel zur Entfaltung sehen.[17] Seit Beginn der 1980er Jahre wird die Arbeit sowohl vom Management als ein solches Mittel gefördert als auch von den Angestellten als solches erlebt.[18] Im selben Zug ist sie zur Triebfeder eines neuen psychischen Leidens geworden. Der Grund dafür hat damit zu tun, daß sich die Autonomie nicht als *Unabhängigkeit* konkretisieren wird, sondern als *kooperative Tätigkeit* in den sozialen Beziehungen, die durch den *Wettbewerb* und die Reaktionsfähigkeit angesichts von Variationen des Marktes und der Nachfrage gekennzeichnet sind.[19] Die Autonomie ist zwar zur Voraussetzung für die Arbeit geworden, *aber sie hat ihre gesellschaftliche Bedeutung verändert*. Und wenn sie die Franzosen spaltet, dann deshalb, weil sie mit der Vorstellung des Wettbewerbs verbunden ist. Mehr Autonomie sollte weniger Zwänge hervorbringen. Aber genau das Gegenteil geschah.

15 J. Boissonnat (Bericht der Kommission unter dem Vorsitz von), *Le Travail dans vingt ans*, Paris 1995, S. 158.

16 Ebd., S. 14.

17 L. Davoine und D. Méda, »Place et sens du travail en Europe: une singularité française?«, in: *Documents de travail*, Centre d'étude de l'emploi, Februar 2008, Nr. 96-1. »Die materiellen Sorgen der Franzosen weisen auf die Beunruhigung hin, die die Arbeitslosigkeit hervorruft, und scheinen völlig erklärbar zu sein. Die Wichtigkeit, die die Franzosen der Bedeutung der Arbeit zuweisen, und die Überzeugung, mit der sie der Ansicht sind, daß die Arbeit eine notwendige Quelle der Entfaltung ist, stellen dagegen eine nationale Eigentümlichkeit dar.« S. 44.

18 H. Riffault, J.-F. Tchernia, »Les Européens et le travail: un rapport plus personnel«, in: *Futuribles*, Juli-August 2002, Nr. 277; L. Davone, D. Méda, »Place et sens du travail en Europe: une singularité française?«, a. a. O. Siehe auch den Überblick über die Arbeit von M. Lallement, *Le Travail. Une sociologie contemporaine*, Paris 2007.

19 Ich greife hier eine Unterscheidung von K. Chatzis zwischen Autonomie als Unabhängigkeit und Autonomie als Kooperation auf, die von E. Champagnac verwendet wurde, »35 heures et nouvelles formes d'organisation du travail: l'exemple du bâtiment«, in: G. Jeannot, P. Veltz (Hg.), *Le Travail entre l'entreprise et la cité*, La Tour d'Aigues 2001, S. 161-180.

Das »Unbehagen am Arbeitsplatz«, das in den tayloristischen und fordistischen Organisationsformen der Arbeit trotz ihrer Härte unbekannt war, erscheint als ein Hauptaspekt des »Unbehagens in der Kultur«. Das Unbehagen besteht darin, daß die soziale Bindung, die von den alten Organisationsformen niemals aufgehoben wurde, immer unsicherer wird. Die Ursache des Übels liegt in der Autonomie, insofern diese Wettbewerbsverhältnisse impliziert. Man beunruhigt sich fortan über »den Triumph des liberalen Kapitalismus über den Staatskapitalismus«: »Wenn der Wille zum Genuß die soziale Bindung fundiert, überläßt die brüderliche Solidarität der Proletarier das Feld der Konkurrenz und der wettbewerbsorientierten Rivalität.«[20] Das Leiden bezieht sich auf den Mangel an Bindung, auf den Substanzverlust alles Gemeinschaftlichen.

Nirgendwo anders als in der Arbeitswelt erscheint die französische Ambivalenz gegenüber der Autonomie so eklatant, und zwar umso mehr, als sie ein Zwang ist, der den Angestellten aufgebürdet wurde, eine Bedingung für die effiziente Funktionsweise des Unternehmens. Die Autonomie hätte nur dann einen Wert für die Entfaltung, wenn sie gewählt wäre und so die persönliche Leistung ermöglichen würde.

Zu Beginn der 1980er Jahre setzt sich ein Modell des Personalmanagements durch, das sich sowohl auf die Selbstverwirklichung als auch auf den Wettbewerb beruft. Dieser Wandel der Rationalität des Managements hat seitdem eine sehr reichhaltige Literatur über die Neuformung der Subjektivität im Unternehmen durch den Neoliberalismus hervorgebracht. Für einen Teil der französischen Akteure und Beobachter der Arbeitswelt ist die Autonomie in erster Linie ein neuer Modus der Herrschaft. Er ist neu, insofern er sich auf die Subjektivität der Arbeitnehmer stützt, das heißt auf ihre Beteiligung an der Arbeit und ihre Fähigkeiten zur Initiative. Diese Beobachter werfen der Arbeitsorganisation vor, daß diese von den Arbeitnehmern, die eine wenig qualifizierte Arbeit tun müssen, verlangt, »Persönlichkeit zu zeigen«, was nicht der französischen Gewohnheit entspricht. Das Schlimmste aber ist, daß diese Forderung einen Faktor der Aus-

---

20 C. Demoulin, »L'amour dans le discours du capitaliste«, in: J.-P. Lebrun (Hg.), *Les Désarrois nouveaux du sujet*, a. a. O., S. 248 und 250.

grenzung der unteren Bevölkerungsschichten darstellt, wie Stéphane Beaud und Michel Pialoux betonen, die etwa zehn Jahre lang junge Leute aus der Arbeiterschicht in Montbéliard untersucht haben. »Alles geschieht so, als ob [...] sich in den letzten fünfzehn Jahren ein Selektions- oder Eliminationsmechanismus durchgesetzt hätte, der eine Norm für die ›Einstellbarkeit‹ erzeugt hat, die viel zwingender ist als früher. Diese Norm trägt aufgrund dessen, daß sie sich auf unscharfe und nicht-objektivierbare Kriterien (wie die berühmten ›Soft-Skills‹) stützt, dazu bei, objektiv jene auszuschließen, die im Verdacht stehen, schlechte soziale Subjekte zu sein.« Die Unsicherheit der Arbeit ist struktureller Natur, sie stellt »das verborgene Antlitz der Modernisierung« dar, denn »die Selektion ist während des gesamten Berufslebens eine Last [...], und sie setzt den Arbeitnehmer der ständigen Bedrohung durch Entlassung und sozialen Abstieg aus«.[21] Für andere wurde alles, was mit der Subjektivität der Individuen zu tun hat, bis vor kurzem geleugnet und verdrängt. So schreiben die Soziologen Christian Baudelot und Michel Gollac in einer großangelegten Untersuchung über das Glück und die Arbeit in Frankreich: »Das seelische Leiden am Arbeitsplatz wurde jedoch lange verdrängt, sein Ausdruck zensiert oder ins Lächerliche gewendet.«[22] Verdrängung? Handelt es sich nicht eher um eine Art des Ausdrucks neuer Probleme, die sich aus einer Neubestimmung der Arbeitsorganisation und des Personalmanagements ergeben? Die Normativität des Managements legt den Akzent auf die Tätigkeit der Arbeitnehmer: Es handelt sich nämlich nicht mehr nur darum zu gehorchen, um gute Arbeit zu leisten, sondern darum, Initiative zu zeigen, unter anderem in ganz eingeschränkten Zusammenhängen, in denen die Aufgaben standardisiert sind. Ein Soziologe erinnert an »die Verstärkung der Spannungen im Verhältnis zwischen Individuum und Gesellschaft«, die sich auf folgenden Punkt konzentrieren: »Man schreibt ihm vor, autonom zu sein, aber die Gewinnung der Autonomie vollzieht sich über die Annahme von Rahmenbedingungen.«[23] Es gehe hier ein

---

21 S. Beaud, M. Pialoux, *Violences urbaines, violences sociales. Genèse des nouvelles classes dangereuses*, Paris 2003, S. 396 f.

22 C. Baudelot, M. Gollac, *Travailler pour être heureux? Le bonheur et le travail en France*, Paris 2003, S. 17.

23 V. de Gaulejac, »Le sujet manqué, l'individu face aux contradictions de l'hypermodernité«, in: N. Aubert (Hg.), *L'Individu hypermoderne*, a. a. O., S. 129.

grundlegendes Paradox der Autonomie: Das Individuum soll zugleich seine Singularität zeigen und sich in die Gußformen der Sozialisation einpassen. Echte Autonomie könne nicht vorgeschrieben werden. Sie sei vielmehr ein reicher Schatz, der aus dem Innersten der Innerlichkeit hervorgehe. Nun haben wir es aber mit einer obligatorischen Autonomie zu tun. Der Widerspruch zwischen dem Ideal der Autonomie als Unabhängigkeit und einer Wirklichkeit, die sie verneint, erzeugt das soziale Leiden und zeigt sich als Herrschaftsprinzip.

Der entscheidende Punkt ist, daß das Personalmanagement in Abhängigkeit von Flexibilitätszwängen organisiert wird: Es geht darum, die Fähigkeiten einer jeden Person so zu entwickeln, daß jeder Arbeitnehmer in einem unsicheren Zeithorizont und einer instabilen Umgebung proaktiv handelt, und nicht, daß er reagiert, indem er in einem regulären Zeithorizont und einer vorhersehbaren Umgebung Befehle ausführt. Es sind die Fähigkeiten zur Anpassung an die unvorhersehbaren Entwicklungen der Nachfrage, die die Arbeit steuern, und nicht mehr das detaillierte Vorschreiben der Arbeitsausführung. Darüber hinaus besitzt die Arbeit, auch die industrielle, notwendig einen relationalen Inhalt, da sie mehr und mehr als eine Beziehung der Dienstleistung organisiert ist. Wir haben eine normative Umkehrung erlebt: Die persönliche Leistung in der Arbeitswelt ist heute *der* Wert, der mit der persönlichen Beteiligung des Arbeitnehmers an seiner Arbeit verbunden ist. Die Doppelbewegung, die sich auf die Forderungen nach persönlicher Beteiligung und auf die Versprechen persönlicher Entfaltung bezieht, hat die Affektivität in den beruflichen Beziehungen in den Vordergrund gerückt und der individuellen Subjektivität diese zentrale Stellung angewiesen.

Die Neugestaltung des Personalmanagements unter der Schirmherrschaft der Autonomie erzeugt eine ganz neue Verbindung zwischen dem Leiden und der Ungerechtigkeit. Die Ungerechtigkeit bemißt sich nach der Quantität des Leidens, das sie beim Individuum hervorruft. Durch den Bezug auf die Ungerechtigkeit, und dahinter auf die gesellschaftlichen Ungerechtigkeiten, hat das psychische Leiden seinen Status geändert. Das Leiden nährt eine scharfe Anprangerung des Unglücks, das durch den Neoliberalismus erzeugt wurde. Aber Leiden im Hinblick worauf? Es handelt sich um ein Leiden, das in Begriffen des Verlusts und des Ungenügens gegenüber Idealen zum Ausdruck kommt, ein Leiden der narzißtischen Ökonomie des Individuums.

1998 veröffentlicht Christophe Dejours, Psychoanalytiker und Inhaber des Lehrstuhls für Psychopathologie der Arbeit am Conservatoire national des arts et métiers*, *Souffrances en France*. Er versucht, einen Schlüssel für die politische Interpretation des Leidens am Arbeitsplatz zu liefern. Die Psychoanalyse wird als ein *politisches* Wissen beansprucht, das das Subjekt angesichts der neoliberalen Arbeitsorganisation verteidigt, die die soziale Bindung zerstört. Das Werk hat als Katalysator für eine kritische Strömung gewirkt, die seine Argumente aufgegriffen hat und einen erneuerten Freudomarxismus darstellt, bei dem die Zelebrierung des Subjekts die revolutionäre Eschatologie ersetzt. Außerdem hat es die Begegnung zwischen der Arbeitsmedizin und der Psychodynamik der Arbeit[24] symbolisiert, die Dejours in einer umfassenderen Perspektive als der Psychopathologie der Arbeit fördert. Eine Randgruppe dieser Medizinrichtung, deren Umfang zunimmt (sie repräsentiert heute ein Drittel des Berufszweigs), hat gegenüber dem psychischen Leiden mobil gemacht. Dieses ist in dem Maße zu einer Hauptbezugsgröße geworden, wie die flexiblen Formen der Arbeitsorganisation sich im Laufe der 1990er Jahre verbreitet haben. Die Arbeitsmedizin hat auf diese Weise einen Zuwachs ihrer Legitimität erfahren, wobei sich ihre Überwachungskompetenzen bezüglich der Gesundheit am Arbeitsplatz zu einer klinischen Dimension erweitert haben (innerhalb der die Gespräche mit den Arbeitnehmern die Rolle psychologischer Unterstützung spielten). Die Klinik des Subjekts, die sie fordert, stützt sich über den Weg der Psychodynamik der Arbeit auf die Psychoanalyse. Sie gestattet dem Arzt, »seine Rolle in demjenigen Bereich zu [realisieren], der für ihn am kostbarsten ist: die Verbindung von klinischer Tätigkeit und der Änderung der Arbeitsorganisation«. Eine erste Beratungsstelle »Leiden und Arbeit« wird 1995 eingerichtet. Heute gibt es ein Dutzend davon.[25]

---

* Das CNAM ist eine Elitehochschule Frankreichs mit Sitz in Paris. Die Hälfte der Studenten ist in Informatik und Wirtschaftswissenschaften eingeschrieben (A. d. Ü.).

24 Zu den gesellschaftsgeschichtlichen Aspekten siehe S. Salman, »Fortune d'une catégorie: la souffrance au travail chez les médecins du travail«, in: *Sociologie du travail*, 2008, Nr. 50.

25 Ebd., S. 39. Zur Rolle des Arbeitsmediziners, S. 44. Wie der Autor bemerkt, ist die Arbeitsmedizin der am meisten abgewertete medizinische Beruf: Ihre Rolle ist beratend, sie wird von den Arbeitnehmern oft als nicht besonders nützlich beurteilt, sie ist ein Beruf mit einem hohen Frau-

Die Stärke des Buches von Christophe Dejours besteht darin, den Finger auf die Widersprüche des neuen Managements gelegt zu haben, indem er dieses in das Erbe der sozialen Frage hinein-stellte, dessen Prinzipien er aufgreift, und indem er den Akzent auf den neuralgischen Punkt legt: das Problem der Gerechtigkeit.

Christophe Dejours stellt das Paar Leiden/Ungerechtigkeit un-mittelbar in den Vordergrund der Argumentation: »Für viele Staatsbürger gibt es [...] eine Trennung zwischen Leiden und Ungerechtigkeit. Diese Trennung ist gravierend.«[26] Wir achten im allgemeinen nicht auf eine solche Behauptung, weil sie weit verbreitet ist – die Figur des Opfers steht allerorten im Zentrum der Aufmerksamkeit. Dennoch, wenn man wirklich die Anstren-gung unternehmen will, einen Augenblick über diese Verbindung zwischen Leiden und Ungerechtigkeit nachzudenken, erscheint sie merkwürdig und wirft viele Fragen auf: Reicht die Ungerech-tigkeit heute nicht mehr aus, so daß man sie durch den Bezug auf das Leiden unterstreichen muß? Was gestattet es, als offensichtli-che Tatsache zu behaupten, daß die Ungerechtigkeit sich nach den Leiden bemißt, die sie auferlegt? Wäre eine Ungerechtigkeit, die kein Leiden verursachte, eine geringere Ungerechtigkeit? Wird sie also einfach als Metapher ohne wirklich praktische Konsequenz verwendet? Ich glaube nicht, weil das Leiden zu ei-nem der wichtigsten sozialen und politischen Gründe geworden ist, die das Denken und das Handeln leiten. Durch den Bezug auf die Ungerechtigkeit löst sich das psychische Leiden von der Psy-chologie oder der Psychopathologie, um zu einem sozialen Lei-den zu werden.

Die These Dejours' besteht darin, dem »ökonomistischen Dis-kurs« des Schicksals ein *Unglück* entgegenzusetzen, was tat-sächlich auf die Ausübung des *Bösen* hinausläuft, das manche Menschen anderen antun. Wenn man vom Unglück, einem un-persönlichen Ereignis, zum Bösen, das heißt zur absichtlich be-gangenen menschlichen Handlung, übergeht, tritt man aus einer »unbezwingbaren Logik« heraus zugunsten einer »Verkettung,

---

enanteil (70 % der 7.000 Arbeitsmediziner) und weist in hohem Maße Teilzeitstellen auf, S. 41. Zu einem Bericht über eine Beratungsstelle mit dem Titel »souffrance et travail« siehe M. Pézé, *Ils ne mouraient pas tous mais tous étaient frappés. Journal de la consultation Souffrance et Travail 1997-2008*, Paris 2008.
26 C. Dejours, *Souffrance en France*, a. a. O., S. 19.

die Verantwortlichkeiten impliziert«,[27] gegen die man etwas unternehmen kann. Um was für eine Art von Handlung geht es dabei? *Souffrance en France* »erlaubt eine Einschätzung dessen, warum es keine kurzfristige Lösung für das soziale Unglück gibt, das durch den ökonomischen Liberalismus erzeugt wurde«. Den Beweis dafür, daß das Leiden durch Handlungen und nicht durch eine unpersönliche Schicksalshaftigkeit verursacht wird, muß man in den neuen Managementmethoden sehen, die von »einer Brutalität in den Arbeitsverhältnissen [begleitet werden], die großes Leiden erzeugt«.[28] Dejours unterscheidet drei Typen von Ursachen für dieses Leiden: 1. die Angst vor der Inkompetenz, die mit der von vielen Arbeitnehmern empfundenen Unmöglichkeit zu tun hat, zwischen einem Mißerfolg zu unterscheiden, der einer Anomalie der technischen Systeme zuzurechnen ist, und einem Mißerfolg, der auf die Inkompetenz einer Person zurückgeht (»Ursache der Angst und des Leidens, die sich als Furcht zeigt, inkompetent zu sein, daß man der Aufgabe nicht gewachsen ist«); 2. der Zwang zu schlechter Arbeit, der »eine wichtige und äußerst häufige Quelle von Leiden am Arbeitsplatz ist«;[29] 3. das Fehlen einer Anerkennung dessen, was jemand zu tun hatte, damit die Arbeit Qualität besitzt. Diese drei Aspekte betreffen alle den Wert, den das Individuum sich zugestehen mag. Dieser Wert hat einen Namen: Es handelt sich um die Selbstachtung.

Die neuen Methoden führen dazu, daß sich die Arbeitsbedingungen verschlechtern. Wenn diese Situation nicht Gegenstand von kollektiven Reaktionen und Mobilmachungen ist, dann deshalb, weil jene, die das Glück haben, über eine Anstellung zu verfügen und daher Angst haben, diese zu verlieren, erpreßt werden. Diese Erpressung ist möglich, weil die Formen der Solidarität, die bei der wissenschaftlichen Arbeitsplanung existierten, zerstört werden. Zur Angst kommt die Lüge hinzu, denn hinter den positiven betriebswirtschaftlichen Beschreibungen der Arbeitsproduktivität gibt es die subjektiven, das heißt die wirklichen Beschreibungen, die zeigen, wie die Arbeitnehmer verpflichtet sind, die offiziellen Regeln nicht zu befolgen, um die Arbeitsplanung überhaupt durchführen zu können. »Die These, die wir verteidigen müssen«, schreibt Dejours, »ist, daß *die Informationen, die*

27 Ebd., S. 23 und 25.
28 Ebd., S. 28.
29 Ebd., S. 36 f.

für die Arbeitnehmer bestimmt sind (für Führungskräfte wie für Arbeiter), verfälscht sind.«[30] »Die Einrichtung der Lüge« (Titel eines der Kapitel des Buches) ergibt sich aus einer Strategie der »kommunikativen Verzerrung« – ein Ausdruck, der Habermas entlehnt wurde –, die in »bewußten [Handlungen] der Manipulation seitens der Leiter des Unternehmens und ihrer Komplizen« besteht. Die kommunikative Verzerrung »ist nicht bloß institutionell, sondern auch strategisch«,[31] das heißt, daß sie als Notwendigkeit erscheint, und nicht bloß als eine Fehlfunktion des Managements. Ihre Grundlage ist die »wirkliche Leugnung der *Arbeit* [...] im allgemeinen, verbunden mit der Leugnung des *Leidens* in der Beziehung zur Arbeit«.[32] Diese Leugnung der wirklichen Arbeit beruht auf der Auswahl ausschließlich der positiven Ergebnisse, die dem Personal des Unternehmens durch die interne Kommunikation verkauft werden. Die Institution der Lüge ist eine Säuberungstätigkeit: »Man muß die kompromittierenden Dokumente verschwinden lassen, die Zeugen durch Kaltstellung, Versetzung oder Entlassung zum Schweigen bringen.«[33]

Wie ist es möglich, daß dieses System so gut funktioniert? Worauf stützt sich die Institution der Lüge, die für das neoklassische Zeitalter des Unternehmens so wesentlich zu sein scheint? Jenseits des Kontextes der Massenarbeitslosigkeit besteht der Kern der Sache in dem, was Dejours die »Banalität des Bösen« nennt, das heißt die »Anwerbung ehrlicher Menschen in großer Zahl bzw. massenhaften Ausmaßen«, von Menschen, »die weder sadistische Perverse noch fanatische Paranoiker sind«.[34] Dejours dehnt den berühmten Begriff der »Banalität des Bösen«, der von Hannah Arendt für das nazistische Vernichtungssystem verwendet wurde, auf »die neoliberale Gesellschaft aus«: Wenn das System so gut funktioniert, dann deshalb, weil man keine Legionen von Perversen braucht – nur die Manager haben diese Eigenschaft (»die Führungskräfte sind oft an ›Positionen‹ von Perversen oder kompensierten Psychotikern, gleichgültigen Paranoikern, leidenschaftlichen Idealisten«[35]) –, sondern Managementsysteme, die ehrliche Menschen zum Bösen heranziehen, indem sie sie in

30 Ebd., S. 78. Hervorhebung des Autors.
31 Ebd., S. 84.
32 Ebd., S. 85. Hervorhebung des Autors.
33 Ebd., S. 90.
34 Ebd., S. 101.
35 Ebd., S. 109 f.

Komplizen verwandeln. »Die dienstbeflissene Mitarbeit, das heißt nicht nur die passive, sondern die willentliche und aktive Kollaboration, ist eine Tatsache für eine Mehrheit von Personen, die weder pervers noch paranoid sind«, sondern als »diensteifrige Kollaborateure von einem System [herangezogen werden], das auf der Grundlage der geregelten, verabredeten und überlegten Organisation der Lüge und der Ungerechtigkeit funktioniert«.[36] Das System ist pervers, nicht das Individuum.

Die Banalisierung des Bösen beruht auf dem psychischen Mechanismus der Persönlichkeitsspaltung. Anhand dieses Mechanismus läßt sich verstehen, wie normale Individuen mit einem normalen moralischen Sinn, sich massenhaft in pflichteifrige Kollaborateure verwandeln können. Die Spaltung ermöglicht die Ausschaltung des moralischen Sinnes »durch die Ausschaltung der Fähigkeit zu denken«. Ihre Ursache ist »die Angst vor dem Unglück, das durch die neoliberale Manipulation der Konkurrenz im Hinblick auf den Arbeitsplatz gesellschaftlich erzeugt wird und das wir mit dem Begriff der ›Prekarisierung‹ [...] bezeichnet haben, die nicht nur den Arbeitsplatz betrifft, sondern darüber hinaus auch die ganze soziale und existentielle Situation«.[37] Flexibilität und Prekarität sind das fluchbeladene Paar des Arbeitslebens. Eines ist jedoch klar: Die flexible Arbeit hat keineswegs mit Zwängen zu tun, denen das Unternehmen ausgesetzt ist. Sie kann nicht Gegenstand einer schlechten Arbeitsplanung oder von Fehlleistungen im Personalmanagement sein, sondern nur »eines abgekarteten Diskurses«.[38] Das Management hat keinen anderen Daseinsgrund, als eine Form von Herrschaft zu sein. Von der Analyse ausgeschlossen ist die Vorstellung, daß sich deshalb eine neue Normativität durchsetzt, weil es Gründe für sie gibt, die nicht notwendig mit einer bösen Absicht (wie die der Nazis gegenüber den Juden) verbunden sind, und daß sie zu Spannungen, Fehlfunktionen und Konflikten führt.

Vom Standpunkt der Klinik aus gesehen, operiert die »Banalität des Bösen« auf drei Ebenen: auf der Ebene der »Führungsfiguren der neoliberalen Lehre und der konkreten Organisation der Arbeit des Bösen«, deren »typischstes psychologisches Profil von

36 Ebd., S. 105.
37 Ebd. S. 179.
38 Ebd., S. 180.

einer Persönlichkeitsorganisation des perversen oder paranoiden Typus repräsentiert wird«; auf der Ebene »der unmittelbaren Kollaborateure«, deren »geistige Strukturen zwar ganz verschiedenartig [...]«, aber alle defensiv organisiert sind; und schließlich auf der Ebene »der Masse derer, die auf Strategien individueller Abwehr zurückgreifen«. Die Vereinigung dieser Strategien, die in die Zustimmung der Masse zur Ungerechtigkeit mündet, wird durch »die gemeinsame Verwendung von stereotypen Inhalten der Rationalisierung [garantiert], die ihnen durch die Strategie der kommunikativen Verzerrung zur Verfügung stehen«.[39] Kurz, die massenhafte Zustimmung zur Ungerechtigkeit wird von Strategien organisiert, die auf die psychologische Spaltung abzielen und sich auf den zweifachen Hebel der Angst und der Lüge stützen.

Das Mitleid, eine gefährliche Leidenschaft

Die Argumentation ist ganz klar durch die Zuschreibung von schädlichen Absichten und Willensimpulsen gekennzeichnet, die bestenfalls unbewußt sind. Ausgeschlossen werden die Vorstellung eines Zwangs oder einer Notwendigkeit oder gar die Möglichkeit eines schlechten Personalmanagements oder auch Fehler in der Organisation: Der »Neoliberalismus« appelliert an den Wirtschaftskrieg, der durch eine unvermeidliche Definition zu einer »Kausalität des Schicksals« erhoben wird. Die Argumentation ist rein politisch in dem Sinne, daß die gesellschaftlichen Beziehungen keine Verhältnisse wechselseitiger Abhängigkeit im Hinblick auf den Vollzug von Handlungen sind, sondern reine Kräfteverhältnisse. Ihre Form ist die der radikalen Anprangerung: Wirklich ist einzig das Willkürliche, das die Gestalt der Manipulation, der Lüge, der Ungerechtigkeit und der Gewalt annimmt. Die argumentative Strategie besteht in der systematischen Verwendung von Analogien, die die Zustimmung des Lesers gewinnen sollen, Analogien, die immer den Charakter der Übertreibung haben – von der »Heranziehung ehrlicher Leute zum Dienst der Kollaboration« bis zur Beschwörung »von Praktiken, die an den Sklavenhandel erinnern«.[40] Die Konsequenz ist kristallklar: »Die Verweigerung der Kollaboration käme der Ab-

39 Ebd., S. 181 f.
40 Ebd., S. 131.

lehnung der universellen Gravitation gleich.«[41] Man beschreibt uns also eine Welt ohne Zwänge und Notwendigkeiten, eine Welt reiner Kräfteverhältnisse zwischen dem Kapital und der Arbeit, die sich ausschließlich in den Begriffen der Herrschaft entfalten. Dejours liefert eine Feststellung, die in Wirklichkeit sein Postulat ist: »Die Arbeitsverhältnisse sind in erster Linie soziale Verhältnisse der Ungleichheit, die einen jeden mit der Herrschaft und mit der Erfahrung der Ungerechtigkeit konfrontieren.«[42] Die Arbeitsverhältnisse setzen keine Handlungen um, sondern Herrschaftsverhältnisse.

Die Heuchelei der Manager oder der Mächtigen zu entlarven und auf das Leiden der Beherrschten aufmerksam zu machen, stellt eine Art von Rhetorik dar, deren Ursprung und Vorbild in der Französischen Revolution liegen. Hannah Arendt hat dieser Rhetorik ihr Bestimmungswort gegeben: das Mitgefühl. Arendt wählt eine berühmte Erklärung von Saint-Just als Motto für das Kapitel ihres Buches über die Revolution, das der »sozialen Frage« gewidmet ist: »Die Unglücklichen sind die Macht der Erde.« Es ist übrigens kein geringes Paradox, Arendt im Fahrwasser dieses Mitgefühls zu sehen, das sie selbst als eine gefährliche Leidenschaft angeprangert hat. Das Mitgefühl, wir erinnern uns, hat in der Französischen Revolution eine wesentliche Rolle gespielt, während es in der Amerikanischen Revolution überhaupt keine spielte. Nachdem es von Rousseau in die politische Theorie eingeführt worden war, wird es von Robespierre und den Jakobinern eingesetzt, »weil sie sich [...] weniger um die Republik [...] als um das Wohlergehen des Volkes kümmerten«, schreibt Arendt, »[weil sie] ›ihren Glauben [eher] auf die natürliche Unverdorbenheit‹, die ›angeborene Tugend‹ einer Klasse«,[43] als in die freien Institutionen gesetzt hatten. Das Mitgefühl einte die Gesellschaft gegenüber den Unglücklichen.[44]

Wie läßt sich dem Bösen ein Ende setzen? Wie lassen sich die anständigen Menschen wieder mobilisieren, deren »natürliche Güte« pervertiert wurde? Das ist nur möglich, wenn die Elemente des sich abspielenden Dramas, so Dejours, »dem Leiden des Beobachters begegnen und sein Mitgefühl hervorrufen. Daher

41 Ebd., S. 134.
42 Ebd., S. 201.
43 H. Arendt, *Über die Revolution*, a. a. O., S. 95.
44 Ebd., S. 108.

erzeugt nur das Leiden ein Leiden bei der Person, die es wahrnimmt.«[45] Dadurch, daß man anhand der Themen der Flexibilität und Autonomie dem Management seine heuchlerische Maske
herunterreißen will, daß man zeigt, wie die anständigen Leute
herangezogen werden, daß man die Einrichtung der Lüge enthüllt, läßt man wie die französischen Revolutionäre »das ehrliche, unbescholtene Antlitz des *Volkes*«[46] zum Vorschein kommen, um Arendts Worte aufzugreifen, die natürliche Güte der
anständigen Menschen, die gegen ihren Willen in die »Banalität
des Bösen« hineingezogen werden. Die Anprangerung des Leidens in der Arbeitswelt erbt die Rhetorik des Mitgefühls der sozialen Frage: Sie feiert die Einheit des Volkes, insofern es beherrscht wird und leidet. Sie setzt seine *Tugend* der *Verderbtheit*
der Manager, der Reichen und Mächtigen entgegen. Aber während Robespierre auf deren Egoismus abzielte, macht die neue
Rhetorik einen weiteren, noch radikaleren Schritt: Sie prangert
die böse Absicht an. Das Unternehmen ist zu einer so unmorali-
schen Welt geworden, daß manche nicht zögern, es mit einem
Konzentrationslager zu vergleichen.[47]
Eine bestimmte Strömung der Arbeits- und Unternehmens-
soziologie hat diese Erzählung des Mitgefühls im Sinne einer
erfolgreichen Ausrichtung des Managements auf »ein narzißtisches Abdriften«[48] wieder aufgegriffen, einer Macht des Managements, die »die Konstitution dauerhafter Kollektive ent-
schärft«, indem sie jeden Arbeitnehmer dazu auffordert, »sein
eigenes Ideal in das von den Unternehmen angebotene Ideal zu
projizieren und die Werte des Unternehmens zu verinnerlichen,
um sein eigenes Ich-Ideal zu nähren«.[49] Die Folge ist dann ein
neues »falsches Bewußtsein«: »Auf sich selbst zentriert, ›vergißt‹

45 C. Dejours, *Souffrance en France. La banalisation de l'injustice sociale*,
a. a. O., S. 204.
46 H. Arendt, *Über die Revolution*, a. a. O., S. 152. Hervorhebung der Autorin.
47 »Unser Alltagsleben hat etwas von Dachau, aber das neue, flexible, viel-
seitige und innovative Unternehmen hat auch etwas von Mandarom«,
schreibt E. Renault, »L'entreprise est un camp?«, in: *Le Passant ordinaire*, Juni-Juli 2000, Nr. 29, ⟨www.passant-ordinaire.com/revue/29-
148.asp⟩.
48 D. Linhart, *Travailler sans les autres?*, a. a. O., S. 25.
49 V. de Gaulejac, *La société malade de la gestion. Idéologie gestionnaire,
pouvoir managériale et harcèlement social*, Paris 2005, S. 110 und 128.

das Individuum, sich die Frage nach der globalen Funktionsweise des Unternehmens zu stellen, insbesondere nach der Gewalt, die dort herrscht.«[50] Wir haben es hier mit einer Ausweitung der Handelssphäre zu tun: Sie taucht in die Intimität der Arbeiter ein, deren Emotionen instrumentalisiert werden. Die Domestizierung der Subjektivität erscheint als zentrales Element der Kräfteverhältnisse zwischen Arbeitgebern und Arbeitnehmern. »Die Selbstachtung erwächst aus der Tatsache, daß man eine Stellung auf dem Arbeitsmarkt erworben hat. Hier wird der Wert einer Person öffentlich zur Schau getragen.«[51] Die Folge davon ist eine Prekarisierung des Lebens,

des Arbeitslebens (selbst wenn der Arbeitsplatz stabil ist) durch die Angst, nicht allen Herausforderungen gewachsen zu sein, und durch ein ständiges Gefühl der Verwundbarkeit; eine Prekarisierung des Privat- und Familienlebens, das in diesen Kampf hineingezogen wird, der niemals gewonnen ist; eine staatsbürgerliche Prekarisierung, denn jeder ist in seinen eigenen Augen sowie in den Augen seiner Leitung gezwungen, seine moralischen Werte mit Füßen zu treten, um sich am Arbeitsplatz unter Beweis zu stellen.[52]

Die Prekarität der Arbeit ist die einer Arbeit, die für den Arbeitnehmer »ohne Interesse, schlecht bezahlt und im Unternehmen nur wenig anerkannt zu sein scheint«.[53] In dieser Soziologie findet man dieselben Themen wieder: der Druck (des Kunden und/oder der anderen Teammitglieder), die schlecht verrichtete Arbeit und der Mangel an Anerkennung, die dem Appell an die Autonomie widersprechen.[54]

50 Ebd., S. 154. »In der Welt des Managements ist der Narzißmus die am meisten beanspruchte psychische Instanz, im Gegensatz zur hierarchischen Welt, die sich massiv an das Über-Ich wandte.« S. 187.
51 D. Linhart, *Travailler sans les autres?*, a.a.O., S. 17.
52 Ebd., S. 212.
53 S. Paugam, *Le Salarié de la précarité*, Paris 2006, zitiert von J.-C. Barbier, »La précarité, une catégorie française«, a.a.O., S. 356.
54 V. de Gaulejac, *La Société malade de la gestion*, a.a.O.; V. Brunel, *Les Managers de l'âme. Le développement personnel en entreprise, nouvelle pratique de pouvoir?*, Paris 2004; M.-A. Dujarrier, *L'Idéal au travail*, Paris 2006; L. Boltanski, E. Chiapello, *Le Nouvel Esprit du capitalisme*, a.a.O. oder D. Linhart, *Travailler sans les autres?*, a.a.O., S. 9. Linhart zufolge »[wurde] die Individualisierung als Nachwirkung des Mai 1968 entschlossen [..] durch die Arbeitgeberschaft vorangetrieben, um die Arbeiterklasse zu schwächen.« S. 34.

Diese Positionen zur Arbeit gehören zu dem, was der Soziologe Philippe d'Iribarne die »Logik der Ehre«[55] genannt hat, jene Kombination aus hierarchischen und egalitären Merkmalen, von denen wir gesehen hatten, daß sie den französischen Individualismus charakterisieren. Diese Kombination zeichnet sich durch die Wichtigkeit des Begriffs des Status in der Arbeitswelt Frankreichs aus. Die Erfüllung der eigenen Pflichten hängt vom Status ab, den man besitzt, weil die Qualifikation oder das Tätigkeitsfeld die berufliche Identität charakterisieren. Man stimmt der Hierarchie unter der Bedingung zu, daß die Ehre unangetastet bleibt. Es handelt sich hier um Prinzipien, denen gegenüber man nicht nachgeben darf, weil man sonst Gefahr läuft, sich zu erniedrigen, eine weniger anerkannte Arbeit als die zu leisten, die der eigenen Stellung entspricht, aber auch als unterwürfig zu erscheinen – ein wichtiges Thema in Dejours' Buch, das ein Aufruf zum Widerstand ist. Status, Qualifikation und Tätigkeitsfeld stellen Schichten dar, in denen jeder gleich ist, seine Rechte und Pflichten besitzt, wobei die Hierarchie zwischen den Schichten akzeptiert und respektiert wird – die Beziehungen werden schwierig, wenn es eine Zweideutigkeit zwischen zwei Schichten gibt. In einer solchen Situation haben die Regelung der Produktion und die Abstimmungen zwischen den Partnern einen »weitgehend informellen Charakter«.[56] Wenn man das Unternehmen allein unter dem Blickwinkel von Herrschaftsverhältnissen analysiert, erscheint die Mobilisierung der individuellen Subjektivität der Arbeiter durch das Personalmanagement notwendig als Zerstörung der alten kollektiven Solidaritäten.[57]

55 Die man ebenfalls in Umfragen zum Wert der Arbeit findet, wie S. Davoine und D. Méda betonen: »Im Vergleich zum europäischen Durchschnitt billigen die Franzosen mit großer Mehrheit die Vorstellungen der Leistung und des Stolzes. Wir finden hier die Ideen wieder, die von Philippe d'Iribarne entwickelt wurden [...]: Die französischen Werte setzen die ›schändliche‹ Arbeit der ›edlen‹ Arbeit entgegen, die sich der Logik des Marktes entzieht, um sich auf eine interne Logik zu stützen, nämlich die der beruflichen Ehre.« S. Davoine, D. Méda, »Place et sens du travail en Europe«, a. a. O., S. 43.

56 Ebd., S. 42.

57 M.-F. Hirigoyen teilt in ihrem zweiten Buch, das sie zum Mobbing veröffentlicht hat, ihre Vorbehalte mit, indem sie von »bestimmten Soziologen [spricht], die in einer irreführenden Verwendung von Hannah Arendts These über die Banalität des Bösen behaupten, daß der psychologische Druck der neuen Organisation der Arbeit jedes *gewöhnliche*

Das Anprangern des Leidens ist eine Sprache der Leidenschaft, die sich im Modus des Mitgefühls entfaltet. Die Kritiken, die sich auf dieses neue Leiden beziehen, um den neuen Kapitalismus in Frage zu stellen, sind deshalb von Interesse, weil sie die Betonung auf einen unbefriedigenden Zustand der gesellschaftlichen Beziehungen im Unternehmen legen, und sie haben einen gesellschaftlichen Wert zur Folge, der darin besteht, jenen ganzen Anteil von Erlittenem – von Unglück – sichtbar zu machen, der vom Management nicht integriert wird. Wenn das Unglück sich aus dem Willen einer Person ergibt, dann legt die Anprangerung nahe, daß man auf diese einwirken kann. Aber die Erklärung durch das absichtlich begangene Böse ist keine Problematik der Handlung, sondern eine Rhetorik der Läuterung der Leidenschaften. So formuliert Dejours in einer Arbeit, die dem »Handeln« gewidmet ist, das im Falle eines Selbstmords am Arbeitsplatz erfolgen soll, zwar neun Prinzipien, aber keines davon sieht die Beteiligung der Unternehmensleitung vor, als ob ein Unternehmen kein System von Akteuren wäre, die wechselseitig voneinander abhängig sind. Wie der Autor betont, ist die Intervention »*vollständig* an der Steigerung der Denkfähigkeit jener ausgerichtet, die vom Selbstmord eines ihrer Kollegen am Arbeitsplatz unmittelbar oder mittelbar betroffen sind«.[58] Das ist typischerweise eine atomistische Überlegung, die den Teil für das Ganze hält: Dadurch, daß der Unternehmensleitung keinerlei Rolle eingeräumt wird, während doch der gesamte Text nahelegt, daß sie verantwortlich ist, dadurch, daß sie nicht am Han-

---

Individuum in einen Quälgeist verwandeln kann.« *Le Harcèlement moral dans la vie professionnelle*, Paris 2001, S. 306. Hervorhebung der Autorin.

58 C. Dejours, F. Bègue, *Suicide et travail: que faire?*, Paris 2009, S. 127. Meine Hervorhebung. Halten wir fest, daß F. Bègue, die die Fallstudie des Werks bearbeitet hat, von der Leitung ihrer Personalabteilung dazu beauftragt wurde. Dieses Werk ist der erste Titel der Reihe *Souffrance et théorie*. Als Kontrapunkt wird man mit Gewinn den kurzen Aufsatz von F. Ginsbourger lesen, »Ressourcer la critique de l'organisation du travail. Que nous disent les suicides professionnels?«, in: *CFDT-Cadres*, November 2009, Nr. 437. Eine statistische Analyse von Selbstmorden am Arbeitsplatz, die in den Vereinigten Staaten zwischen 1992 und 2001 durchgeführt wurde, zeigt eine jährliche Stabilität der Selbstmordrate. Siehe S. M. Pegula, *An Analysis of Workplace Suicides, 1992-2001*, Bureau of Labor Statistics, ⟨www.bls.gov/opub/cwc/sh20040126 ar01p1.htm⟩, 28. Januar 2004.

deln beteiligt wird, nimmt die Intervention in einer modernisierten Sprache das alte leninistische Thema der Steigerung des Bewußtseinsniveaus der Arbeiterklasse durch eine Avantgarde wieder auf. Das leidenschaftliche Anprangern besitzt ganz gewiß seinen Nutzen, um bei beklagenswerten Situationen zu mobilisieren, läßt einen aber hilflos im Hinblick auf die Frage, wie man handeln soll. Wie bei der reaktionären Version geht es nicht darum zu beschreiben, sondern uns durch ein Ritual zu beeinflussen, das das Böse *austreibt*, indem es dieses auf einen Gegner projiziert, und die ohnmächtigen Opfer *feiert*.

Diese Rhetorik wirft ein zweifaches Problem auf: Es gibt nur Kräfteverhältnisse, und folglich könne man alles dem Willen beugen; die Kritik, die auf einer sehr hohen Allgemeinheitsebene angesiedelt ist, vereinheitlicht die Verschiedenartigkeit der Situationen in den Unternehmen und erschwert folglich die Bestimmung von Handlungsmöglichkeiten. Die Rhetorik des Mitgefühls fordert weniger zum Handeln gegenüber den Problemen auf, sondern dazu, sich durch das Anprangern der Ausbeutung der Subjektivität durch den Kapitalismus anrühren und bewegen zu lassen. Appelle an einen politischen Ausbruch, der angesichts der durch das Management hervorgebrachten Vermarktung und Instrumentalisierung eine gemeinschaftliche Welt wiederherstellen könnte, schließen häufig solche Arbeiten ab. Hier zeigt sich noch einmal das französische Drama, das einen Gegensatz zwischen der Ordnung seitens der Herrschenden und dem Fortschritt seitens der Beherrschten sieht, und zwar in einem Kontext, der durch die Auflösung der Bedingungen der Industriegesellschaft gekennzeichnet ist. Von hier aus ergibt sich die stetige Bezugnahme nicht auf eine bessere Zukunft, sondern auf die alte Welt der industriellen Strafkolonie als Welt der verschwundenen kollektiven Solidaritäten.[59]

---

59 Das hört man immer wieder: »Dort, wo die Klassen-, Berufs- oder Kollektivzugehörigkeit im Vordergrund stand, wird das Individuum zur ersten Bezugsgröße, und sein subjektives Leiden wird zum Hebel für moralisches Handeln.« J.-P. Le Goff, »Que veut dire le harcèlement moral?«, in: *Le Débat*, Januar-Februar 2003, Nr. 123, S. 160.

Die Anerkennung

1992 erklärte der angesehenste der französischen Soziologen, Pierre Bourdieu: »Ich habe lange gebraucht, um zu verstehen [...], daß die Soziologie sich gegen das Einzelne, das Persönliche, das Existentielle konstituiert hat und daß das eine der Hauptursachen für die Unfähigkeit der Soziologen ist, das soziale Leiden zu verstehen.«[60] Die Verbindung zwischen dem sozialen Leiden und dem »Persönlichen« ist seitdem ein wichtiges Thema der französischen Soziologie. Pierre Bourdieu hat seine Theorie tatsächlich in seinem Werk *Das Elend der Welt*, das 1993 veröffentlicht wurde, durch die Einführung eines neuen Begriffs modifiziert: das »kleine positionsbedingte Elend«. Das große Elend ist objektiv, das kleine »ist relativ zum Standpunkt der Person, die es erlebt«, es besitzt also eine subjektive Tonart, die die Soziologie in Zukunft untersuchen muß, um die neuen Formen der Herrschaft zu verstehen. Worin besteht ihre Relevanz?

> [...] indem man die große Not zum ausschließlichen Maß aller Formen der Not erhebt, versagt man sich, einen ganzen Teil der Leiden *wahrzunehmen* und zu verstehen, die für eine gesellschaftliche Ordnung charakteristisch sind, die [...] im Zuge ihrer Ausdifferenzierung aber auch vermehrt soziale Räume (spezifische Felder und Sub-Felder) und damit Bedingungen geschaffen hat, die eine beispiellose Entwicklung aller Formen kleiner Nöte begünstigt haben.[61]

Diese Vorstellung gestattet, die soziologische Problematik auf die subjektiven Bedingungen des gesellschaftlichen Akteurs auszudehnen. Das Elend der Position zeigt sich im sozialen Leiden, mit dem sich fortan eine Vielzahl von Soziologen befaßt, die nach einer neuen kritischen Theorie sucht angesichts eines Kapitalismus, der nicht mehr der Kapitalismus der Industriegesellschaft ist. Aber es genügt nicht, sich nur damit zu beschäftigen, man muß auch handeln.

Denn das Problem ist, daß es an einer positiven Lösung für diese Ausdehnung der kritischen Theorie auf die subjektive Herrschaft fehlt. Eine positive Lösung ist ein Grund, der das

---

60 Zitiert von J. Ion, »Einleitung« zu J. Ion et al., *Travail social et »souffrance psychique«*, Paris 2005, S. 1.

61 P. Bourdieu (Hg.), *La misère du monde*, Paris 1993, S. 11; dt.: *Das Elend der Welt*, Konstanz 1997, S. 19.

Handeln im Namen eines Wertes anstößt und weiter geht als der Aufruf zum Widerstand und die Rückbesinnung auf eine solidarische Vergangenheit. Diese Lösung kam aus Deutschland mit dem Begriff der Anerkennung, der von dem Philosophen und Soziologen Axel Honneth, dem Erben von Habermas und der Frankfurter Schule, entwickelt wurde. Die Anerkennung ist fortan ein Schlüsselwort in der französischen Vorstellungswelt der Autonomie. Sie stellt den positiven Pol dar, während der negative Pol vom Leiden eingenommen wird. Sie ist die wirksame Entität, die die Selbstachtung steigert, während das Leiden sie verringert. Der neuen neoliberalen Ordnung setzt man so eine neue Vorstellung vom *Fortschritt* entgegen.

Axel Honneths Projekt ist die Begründung einer modernen Sozialphilosophie, die an die postindustrielle, aber auch an die postrevolutionäre Gesellschaft angepaßt ist und die, wie Marcuse es sich vorstellte, eine Selbstverwirklichung ohne Hemmnisse ermöglichen soll. Das Ziel ist, den liberalen Kapitalismus, der die Autonomie ins Zentrum seiner Managementpraktiken gestellt hat, anstatt sie wie der alte Kapitalismus auszuschließen, ganz neu zu denken. Angesichts der republikanischen Reaktion auf die Welt der verallgemeinerten Autonomie ist die Sozialphilosophie Honneths ein Fortschrittsdenken, das diese Welt völlig akzeptiert, aber darauf abzielt, den Anteil der neuen Herrschaftsphänomene, die sie in sich trägt, zu verringern. In Deutschland stürzt der Neoliberalismus das sozialdemokratische Modell[62] und in Frankreich das republikanische Modell, das die Umgangssprache auch »soziales Modell« im Gegensatz zum angelsächsischen »liberalen Modell« nennt, in eine Krise.

Honneth prägt und verwendet drei Hauptbegriffe: die soziale Pathologie, die Selbstverwirklichung und die Anerkennung. Die beiden ersten stehen im Gegensatz zueinander, wobei die soziale Pathologie als das charakterisiert wird, was die Selbstverwirklichung verhindert, während die dritte eine Einstellung bezeichnet, aber auch einen offenen Arbeitsbegriff, der ermöglicht, die Kriterien für ein gelungenes Leben zu finden. Obwohl Honneth seine Analyse als rationale Analyse aufbaut, ist das Ziel ausdrücklich normativ: »[...] es [geht] in der Sozialphilosophie vordringlich um eine Bestimmung und Erörterung von solchen

---

62 Dieser Punkt wird von A. Honneth, M. Hartman erörtert, »Paradox of Capitalism«, in: *Constellation*, 2006, Bd. 132, Nr. 1, S. 42-58.

Entwicklungsprozessen der Gesellschaft [...], die sich als Fehlentwicklungen oder Störungen, eben als ›Pathologien des Sozialen‹ begreifen lassen.«[63] Diese Kriterien gestatten eine objektive Begründung der Forderungen nach Gerechtigkeit in Abhängigkeit vom Abstand zur Norm.

Honneth liest Rousseau, Hegel und Marx erneut mit Blick auf das Paar Selbstverwirklichung/soziale Pathologie. Rousseau liefert ein anthropologisches Modell im Ausgang von einem Ideal des Menschen, während Hegel und Marx ein Modell der Philosophiegeschichte bereitstellen. Honneth zufolge besteht der große Beitrag Rousseaus darin, daß er im Naturzustand ein Kriterium gefunden hat, das eine Alternative angesichts der Veränderungen darstellt, die als schlecht beurteilt werden. Indem er die Idee, daß »der Mensch in der Gesellschaft [...] nur in der Meinung der Anderen zu leben [vermag]«,[64] ins Zentrum seiner Überlegung stellt, hat er den Begriff der Entfremdung erfunden. Hegel nimmt eine entgegengesetzte Position ein: Das Pathologische ist »die zerstörerische Wirkung, die von dem Prozeß einer maßlosen Steigerung des individuellen Partikularismus ausgeht«.[65] Dessen Folge ist die Atomisierung der Gesellschaft. Hegel bezieht sich im Gegensatz zu Rousseau nicht auf den Urzustand, sondern auf die auseinanderbrechende Ganzheit. Was Marx betrifft, so hat er sich zur Aufgabe gemacht, die Hindernisse für die Verwirklichung der selbstbestimmten Arbeit zu identifizieren, wobei die Selbstbestimmung die Bedingung der Möglichkeit der Selbstverwirklichung ist. Marx, so Honneth, gibt den Begriff der Entfremdung aus seiner Jugendzeit zugunsten des Begriffs der Verdinglichung auf: Der Kapitalismus läßt den Menschen keine andere Wahl, als die Wirklichkeit in verdinglichter Gestalt wahrzunehmen.

An der Wende zum 20. Jahrhundert ist die im Entstehen begriffene Soziologie ebenfalls eine Sozialphilosophie, aber sie deutet deren Krise an, denn sie folgt auf Nietzsche, für den ein Lebensideal eine besondere Weltsicht ausdrückt und folglich nicht in der Lage ist, »den Anspruch auf wissenschaftliche Objektivität mit dem Ziel einer kritischen Zeitdiagnose zu versöhnen«.[66]

---

63 A. Honneth [1994], »Pathologien des Sozialen«, in: A. Honneth (Hg.), *Pathologien des Sozialen*, Frankfurt/M. 1994, S. 10.
64 Ebd., S. 18.
65 Ebd., S. 20.
66 Ebd., S. 33.

Die Gründerväter haben der Soziologie die Funktion zugemessen, die Antwort auf eine neue soziale Pathologie zu sein: Indem sie die Gesellschaft der Gemeinschaft entgegensetzten, haben sie »die ethische Krise [der Gegenwart] nicht [als] Atomisierung und Entzweiung, sondern [als] Verlust an ethischen Orientierungen überhaupt«[67] interpretiert. Aber die philosophische Situation verschlimmert sich noch, da man sich nach Nietzsche nicht mehr auf den festen Boden des Universalismus stützen kann. Mit der Heraufkunft des Totalitarismus wird sie zu einer Katastrophe: Die Gründer der Frankfurter Schule, Horkheimer und Adorno, sind gezwungen, die soziale Pathologie angesichts ihrer massiven Realität »dem Zivilisationsprozeß im ganzen«[68] zuzuschreiben. Freud wird, gefolgt von Adorno und Marcuse, der Sozialphilosophie mit *Das Unbehagen in der Kultur* einen neuen anthropologischen Weg eröffnen.

Honneth versucht, eine Lösung für drei Probleme zu erbringen. Das erste besteht darin, daß es nach Nietzsche viel schwieriger geworden ist, Werturteile zu begründen, die nicht in der Perspektive einer bestimmten Konzeption liegen. Von hier aus ergibt sich die Suche nach einem Universalismus durch Verallgemeinerung, der den Kulturrelativismus überwinden würde. Das zweite Problem ist, daß die Ressourcen der traditionellen Sozialphilosophie den Mangel aufweisen, an der Eingangstür einer positiven Theorie stehen zu bleiben. Die Lösung Honneths besteht darin, ein Kriterium der Normalität des Gesellschaftslebens anzunehmen, »dessen Überleben [...] von dem Erfolg [abhängt], mit dem sich der Anspruch einer schwachen, formalen Anthropologie in Zukunft rechtfertigen läßt« – und nicht nur eine prozedurale Ethik im Stil von Habermas. »Als Inbegriff der Normalität einer Gesellschaft müssen dann kulturabhängig die Bedingungen gelten, die ihren Mitgliedern eine unverzerrte Form der Selbstverwirklichung erlauben.«[69] Es ist der Begriff des »guten Lebens«, auf den abgezielt werden soll. Zwar streben die verschiedenen Standpunkte, die im Laufe der Geschichte entwickelt wurden, auseinander. Doch »[hängen sie] mit Differenzen nicht in der formalethischen Perspektive, sondern im jeweils zugrundegelegten

---

67 Ebd., S. 29.
68 Ebd., S. 44.
69 Ebd., S. 60 und 50 f.

Konzept der persönlichen Selbstverwirklichung zusammen«.[70] Um den Relativismus der Kulturen zu überwinden und das Universale zu erreichen, muß man eine sparsame Anthropologie entwickeln, die einige elementare Bedingungen für die Grundlage jedes menschlichen Lebens vorschlägt und dadurch universale Kriterien eines gelungenen Lebens zu finden gestattet. Das dritte Problem ist das der Wandlungen des Kapitalismus: »An die Stelle des Proletariats, dessen soziale Lage zuvor als Garant einer Ansprechbarkeit für den kritischen Gehalt der Theorie gegolten hatte, muss nun eine verschüttete Vernunftfähigkeit treten, für die im Prinzip alle Subjekte die gleiche motivationale Anlage besitzen.«[71] Das Subjekt der Geschichte, die Arbeiterklasse, Trägerin der Hoffnung auf die Erfüllung der Vernunft, ist beim Stelldichein der postindustriellen und postrevolutionären Gesellschaft nicht mehr dabei. Sie wird durch das *individuelle*, leidende Subjekt ersetzt.

Im Gefolge der kritischen Theorie der Frankfurter Schule preist Honneth eine Selbstverwirklichung an, die auf der universalen Vernunft basiert: »[D]ie Selbstverwirklichung des Einzelnen [gelingt nur dann], wenn sie in ihren Zielen vermittels allgemein akzeptierter Prinzipien und Zwecke mit der Selbstverwirklichung aller anderen Gesellschaftsmitglieder verschränkt ist.«[72] Die Grundlage dieser Philosophie ist insofern individualistisch, als sie vom Individuum ausgeht, von dem, was sich in ihm abspielt, und dann durch Verallgemeinerung fortfährt. Die Psychoanalyse liefert die kognitiven Ressourcen, um die Selbstverwirklichung aller zu entwickeln, weil sie »zu [klären gestattet], woher die subjektiven Kräfte stammen können, die bei aller Verblendung, Eindimensionalität oder Fragmentierung eine Gewähr für die Chance einer Umsetzung von Erkenntnis in die Praxis bieten«. Indem er daran erinnert, daß Horkheimer und Adorno in Freud das Mittel gefunden haben, »eine Verbindung zwischen mangelhafter Rationalität und individuellem Leiden [herzustellen]«, betont Honneth, daß »der Anstoß dazu, die Kategorie des ›Leidens‹ überhaupt mit Pathologien der gesellschaft-

70 Ebd., S. 54.
71 A. Honneth, »Eine soziale Pathologie der Vernunft. Zur intellektuellen Erbschaft der kritischen Theorie«, in: Ch. Halbig, M. Quante (Hg.), *Axel Honneth: Sozialphilosophie zwischen Kritik und Anerkennung*, Münster 2004, S. 26.
72 Ebd., S. 15.

lichen Rationalität in Verbindung zu bringen, [...] wohl erst von der Freudschen Idee ausgegangen war [...], daß jede neurotische Erkrankung aus einer Beeinträchtigung des rationalen Ich hervorgegangen ist und in einem individuellen Leidensdruck münden muss«, denn es gibt »[einen internen Zusammenhang] zwischen psychischer Intaktheit und unverzerrter Vernünftigkeit«.[73] Halten wir schon einmal im Hinblick auf das, was im 2. Kapitel über Freud zu lesen war, fest, daß es den Begriff der »sozialen Pathologie« bei letzterem nicht gibt und daß der Begriff des »unverzerrten psychischen Zustands« mit der Freud'schen Denkweise im strengen Sinne überhaupt nichts zu tun hat. Dagegen erinnert er ziemlich deutlich an den Begriff des gesunden Ich der Ich-Psychologie. Wenn man die kritische Theorie in eine positive Praxis verwandeln will, dann besteht der Beitrag Freuds darin, gezeigt zu haben, daß »der Leidensdruck nach einer Heilung durch ebendieselben rationalen Kräfte drängt, deren Funktion durch die Pathologie beeinträchtigt wurde«.[74]

In seiner Analyse des neoliberalen Kapitalismus verwendet Honneth einen dialektischen Ansatz, demzufolge der Kapitalismus die Kräfte des Protestes und die Ideale der Selbstverwirklichung vereinnahmt hat, die im Laufe der 1960er Jahre erschienen.[75] Er hat das Streben nach Selbstverwirklichung instrumentalisiert, hat es »in eine Ideologie der Entinstitutionalisierung« verwandelt, deren Ergebnis »die Entstehung einer Vielzahl von individuellen Symptomen innerer Leere, Sich-Überflüssig-Fühlens und Bestimmungslosigkeit [ist]«.[76] Die alte marxistische Analyse der Widersprüche zwischen Kapital und Arbeit wird durch die Idee ersetzt, daß der neue Kapitalismus seinerseits in dem Sinne paradox ist, daß er die moralischen Fortschritte der sozialdemokratischen Ära in ihr Gegenteil verkehrt. Auch er

73 Ebd., S. 25-28.
74 Ebd., S. 28.
75 A. Honneth, »Paradoxien des Kapitalismus. Ein Forschungsprogramm«, in: *Berliner Debatte Initial*, 2004, Nr. 15, S. 4-17, sowie »Organisierte Selbstverwirklichung. Paradoxien der Individualisierung«, in: A. Honneth (Hg.), *Befreiung aus der Mündigkeit. Paradoxien des gegenwärtigen Kapitalismus*, Frankfurt/M. 2002, S. 141-158.
76 A. Honneth, »Organisierte Selbstverwirklichung. Paradoxien der Individualisierung«, a. a. O., S. 146. Die genannten beiden Aufsätze (»Paradoxien des Kapitalismus« und »Organisierte Selbstverwirklichung«) beziehen sich auf diesen Punkt.

operiert mit der Anerkennung, aber er instrumentalisiert sie: Der Diskurs des »Arbeiters als Unternehmer« ersetzt den der »Handarbeit«. Tatsächlich verlangt der neoliberale Kapitalismus Individuen, die in der Lage sind, sich durch sich selbst zu wandeln: Die Adressaten sind unter unveränderten Arbeitsbedingungen gezwungen, Motivation, Flexibilität und Kompetenzen zu simulieren.[77] Dieser paradoxe Kapitalismus »[ließ] Formen eines sozialen Unbehagens und Leidens [entstehen], die in der Geschichte der westlichen Gesellschaften bislang als Massenphänomen unbekannt waren«.[78] Wir finden hier die von den französischen Klinikern vertretene Vorstellung einer Melancholisierung der sozialen Bindung wieder, die damit zu tun hat, daß die liberale Funktionsweise unserer Gesellschaften dazu führt, daß das Subjekt den anderen nicht als ein anderes Subjekt setzt, sondern als Objekt, das es für seinen eigenen Genuß instrumentalisiert. Im Unternehmen ist diese Vorstellung ein zentrales Element neuer Formen der Arbeitsorganisation. Sie hat eine neue Psyche erzeugt, die von Symptomen der Leere bevölkert ist. Deshalb braucht die kritische Theorie die Psychoanalyse, aber jene der Objektbeziehung, der narzißtischen Pathologien und der Grenzzustände.

Die Anerkennung nimmt daher leicht Züge der Herrschaft an, wenn sie versucht, »für die motivationale Bereitschaft zu sorgen, erwartbare Aufgaben und Pflichten widerstandslos zu erfüllen«.[79] Man muß also unterscheiden können zwischen einer Ideologie der Anerkennung, die nur zur gesellschaftlichen Reproduktion beiträgt, und einer authentischen Anerkennung, die die individuellen Potentiale freisetzt. Die authentische Anerkennung soll vor allem »eine handlungswirksam gewordene Einstellung« sein, deren »primärer Zweck in irgendeiner Weise affirma-

---

77 A. Honneth, »Paradoxien des Kapitalismus. Ein Forschungsprogramm«, a. a. O., S. 11.

78 A. Honneth, »Organisierte Selbstverwirklichung. Paradoxien der Individualisierung«, a. a. O., S. 155. Honneth bezieht sich liebenswürdigerweise auf meine Arbeiten, und ich verdanke ihm die deutsche Übersetzung meines Buches über die Depression, für das er mich mit einem Vorwort geehrt hat. Es gibt ein Mißverständnis, das wohl auf voreilige Formulierungen meinerseits zurückgeht und sich auf folgenden Punkt bezieht: Die Symptome werden meiner Ansicht nach nicht von der Gesellschaft verursacht, während Honneth das Gegenteil glaubt.

79 A. Honneth, »Anerkennung als Ideologie«, in: *WestEnd*, 2004, Nr. 1, S. 51-70, S. 61.

tiv auf die Existenz der anderen Person oder Gruppe gerichtet ist«.[80] In dieser Dialektik der Anerkennung können sich die Adressaten »mit ihren eigenen Eigenschaften identifizieren und daher zu größerer Autonomie gelangen; weit davon entfernt, eine bloße Ideologie darzustellen, bildet die Anerkennung die intersubjektive Voraussetzung für die Fähigkeit, autonom eigene Lebensziele zu verwirklichen«.[81]

Adorno und Marcuse hatten das Ende des Ödipuskomplexes diagnostiziert, weil der Prozeß »der Zerstörung von individueller Autonomie«,[82] der sich aus dem »außengesteuerten Charakter« ergibt, die Behauptung eines Konflikts zwischen den Trieben und der Gesellschaft, dem Es und dem Über-Ich obsolet gemacht hat. Das angepaßte Individuum war das Gegenteil eines autonomen Individuums. Etwa vierzig Jahre später ist »an die Stelle der These vom Autonomieverlust des Subjekts diejenige einer postmodernen Persönlichkeit getreten, die der Wunschvorstellung nach so spielerisch und reibungslos über so viele Identitäten verfügen können soll, daß sich am Horizont schon das Ideal eines ›multiplen‹ Subjekts abzuzeichnen beginnt«.[83] Sie setzt sich im Unterschied zur modernen Persönlichkeit aus einer Vielheit von inneren Instanzen zusammen, die sie dazu befähigt, ein stärker fluktuierendes Leben sicherzustellen, in dem die Rollen nicht mehr fixiert sind. Die »Subjekte« haben eine plurale Beziehung zu sich selbst, der die Psychoanalyse aufgrund der Theorien der Objektbeziehung Rechnung trägt. Diese Theorien haben den Zweck, die Konzeption der seelischen Gesundheit der Ich-Psychologie insofern zu erweitern, als sie »ein Bild persönlicher Reife [entwerfen, das] nicht das einer funktionstüchtigen Ich-Stärke ist, sondern das einer Bereicherung des Ich durch kommunikative Verflüssigung des Innenlebens«.[84] Die Psychoanalyse beteiligt sich auf folgende Weise an dem Projekt der Anerkennung: Die Anerkennung soll den Akzent auf den Interaktionspartner legen, aber damit eine solche Öffnung dem anderen gegenüber im vollen Sinne existieren kann, ist es notwendig, daß die innerpsychischen Instanzen »den inneren Kommunikations-

80 Ebd., S. 55.
81 Ebd., S. 56.
82 A. Honneth, »Objektbeziehungstheorie und postmoderne Identität«, in: A. Honneth, *Unsichtbarkeit*, Frankfurt/M. 2003, S. 138.
83 Ebd., S. 139.
84 Ebd., S. 145.

raum [schaffen], [...] um sich von dem stets wachsenden Kreis von Kommunikationspartnern unterscheiden zu können und zu einer autonomen Lebensgestaltung zu gelangen«.[85] Die Psychoanalyse ist hier der Bündnispartner der Demokratie, insofern sie beim Aufbau einer reichhaltigeren und flexibleren Persönlichkeit hilft. Es scheint, daß für Honneth eine bessere psychische Gesundheit das Individuum für die Anerkennung der anderen disponibler macht.

Der Begriff der Anerkennung liefert also einen positiven Grund, um gegen die neuen Formen der Unterdrückung und Entfremdung zu kämpfen, die von der Autonomie oder vielmehr von ihrer Verirrung erzeugt werden. Sie verleiht der Gesellschaftskritik trotz des Endes der revolutionären Hoffung[86] Leben, indem sie das in die Gegenwart zurückbringt, was diese Hoffnung für die Zukunft versprach: eine *echte* Befreiung des Individuums. Sie trägt dazu bei, die Selbstachtung in den Mittelpunkt der gesellschaftlichen Bühne zu stellen, ohne die die Selbstverwirklichung nur ein trügerisches Spiel ist. Diese Selbstachtung unterscheidet sich von jener, die man in den zahlreichen Werken der Psychiatrie und Populärpsychologie findet, durch ihren ethischen Charakter. Hier drehen sich alle Beziehungen zwischen den Menschen um die Ethik.

Eine individualistische, dem Niedergang entgegengesetzte Utopie

Wir haben es hier mit der »individualistischen Utopie« zu tun. Vincent Descombes bestimmt diese folgendermaßen: »Man stellt sich eine Gruppe von Menschen vor, die durch rein ethische Beziehungen zwischen Individuen konstituiert wird (›ethisch‹ bedeutet hier: geregelt durch das persönliche Gewissen eines jeden, und nicht durch Beziehungen, die außerhalb der Individuen eingerichtet sind).«[87] Die Soziologie Axel Honneths ist wie die von Christophe Dejours der Ansicht, daß das Gesellschaftsleben aus intersubjektiven Beziehungen zwischen Subjekten besteht, die

85 Ebd., S. 148.
86 Siehe D. Trom, »La critique sociale vue de Paris et de Francfort«, in: *Esprit*, Juli 2008, S. 125-126.
87 V. Descombes, *Philosophie par gros temps*, Paris 1989, S. 74.

als Träger eines moralischen Gewissens bewertet werden. Das sind zwar ethische Beziehungen, aber sind es auch soziale Beziehungen? Man erkennt keine Individuen, die Handlungen in bestimmten Situationen vollziehen (im Verkauf, in der Produktion, im Management, bei Vertragsabschlüssen, bei der Problemlösung, im Umgang mit Maschinen, bei Interessenskonflikten usw.) und an praktischen Operationen beteiligt sind, sondern Subjekte, die sich nur auf moralische Kriterien beziehen sollen. Das ist eine der Schwierigkeiten dieser These. Die Subjekte kennen nur zwei Situationen (anerkannt zu sein, nicht anerkannt zu sein), sie unterliegen keinerlei Zwang, befinden sich nicht in Situationen, in denen sie auf praktische Fragen zu antworten haben. (Was soll ein Personalleiter, der Honneths Theorie anhängt, tun, wenn er Leute entlassen muß?[88]) Kurz, diese Subjekte weisen kein einziges gesellschaftliches Merkmal auf. Ethische Beziehungen sind nicht von der Art, daß jeder von den anderen abhängt, um seine Handlungen auszuführen. Die universale, formale Ethik der Anerkennung setzt die höchsten individualistischen Werte, nämlich Freiheit und Gleichheit, in einen abstrakten Bereich, in einen Kontext, in dem die Autonomie ein gemeinsamer Zustand ist: Es handelt sich um eine imaginäre Gesellschaftswelt, die im Ausgang vom Willen der einzelnen konstruiert wurde. Man hat zwar Gründe, sich als Zuschauer oder Leser aufzuregen, aber man sieht nicht recht, wie und im Hinblick worauf man handeln soll. Die Überlegungen bleiben sehr theoretisch und machen es logisch unmöglich, praktische Konsequenzen zu ziehen. Es handelt sich um eine mythologische Wertschätzung der Autonomie. Wenn man Honneth gelesen hat, bleibt eine Frage in der Schwebe: Was soll man tun (außer zuzustimmen oder sich zu empören)?

In einer Analyse der kritischen Theorie in Frankreich und in Deutschland bemerkt Danny Trom, daß

Honneths Theorie der Anerkennung in Frankreich oft als die Kehrseite der Bourdieu'schen Herrschaft gelesen [wird]; sie rechtfertigt dann den Übergang von einer Tyrannei des Unbewußten (einer Struktur der Mißachtung) zu einem Kampf um die Anerkennung. [...] An die Stelle eines Kampfes um Klassenzugehörigkeit, von dem man nicht weiß, ob er in

88 Honneth wird sehr häufig zitiert in J.-M. Peretti (Hg.), *Tous reconnus?*, Paris 2005, ein Werk, das sich an all diejenigen richtet, die sich um das Personalmanagement kümmern.

einen Nihilismus mündet, weil er seine eigenen normativen Stützen nie explizit machen mußte, tritt ein Kampf um Anerkennung, der sich dazu eignet, die französische Dynamik der Gleichheit zu nähren [...].[89]

Diese Bemerkung ist richtig: Das Paar, das aus dem Leiden und der Anerkennung, dem Übel und seinem Heilmittel besteht, erneuert die Gründe zu handeln, indem es gerade auf den Konsequenzen der befreiten Subjektivität aufbaut (die Paradoxa des neuen Kapitalismus), während die traditionelle kritische Theorie sich anhand der unterdrückten Subjektivität (der Konflikte des alten Kapitalismus) entwickelt hat. Somit führt sie wieder die Möglichkeit eines Fortschritts ein, der die Zukunft aufschließt.

Mit Bezug auf den Pol der republikanischen Reaktion, die das Drama des Verfalls des Willens in der Politik zum Ausdruck bringt, beerbt das neue Fortschrittsdenken des Leidens und der Anerkennung im Gegensatz dazu den Willen. Indem es einen Grund zu handeln nahelegt, der über einen Diskurs des Widerstands hinausgeht, stellt es eine Entgegensetzung zur Lehre des Verfalls dar. Es tut dies jedoch, indem es jenen wesentlichen Zug der politischen Sicht des Sozialen der Französischen Revolution fortsetzt, auf den François Furet hingewiesen hatte: die Verwandlung des Hindernisses in einen Gegner. Die Polarität zwischen Leiden und Anerkennung bringt ein neues individualistisches Fortschrittsdenken hervor. Leider läßt es uns im Hinblick auf das Handeln genauso ratlos wie sein reaktionäres Gegenstück, und zwar aus demselben Grund: der Vereinheitlichung der Verschiedenartigkeit der Situationen in einem umfassenden Begriff. Die progressistische Erzählung gestattet genausowenig wie die reaktionäre zu verstehen, daß diese neue Welt von vielerlei ganz reellen Spannungen (Hindernissen) betroffen ist, die sich aber von jenen unterscheiden, unter denen das tayloristische oder fordistische Unternehmen litt.

Das leidenschaftliche Anprangern stützt sich auf eine Konzeption der Autonomie als Unabhängigkeit, die der Ehre vor dem Hintergrund der Gleichheit Genugtuung bot. Sie geht von Bestrebungen aus, die am Ende der »glorreichen Dreißig« aufkeimten. Nun ist aber die Autonomie der flexiblen Arbeit vor allem eine Autonomie des Wettbewerbs und der Kooperation. Hin-

89 D. Trom, »La critique sociale vue de Paris et de Francfort«, a.a.O., S. 123.

sichtlich der Autonomie liegt darin sowohl das große Mißverständnis als auch die große Enttäuschung.

Die Sprache der leidenschaftlichen Anprangerung ist insofern
notwendig, als sie im Namen von Gerechtigkeitskriterien zu mobilisieren versucht – die Ungerechtigkeit erzeugt das Leid. Aber
die Mobilisierung hat ihre Grenzen. Indem sie das Problem ausschließlich in Begriffen des Gegners definiert, ist sie unfähig, es in
seiner Ganzheit zu sehen, in der wechselseitigen Abhängigkeit,
die gerade ein Ganzes bildet. Gewiß gibt es boshafte Absichten,
aber es ist ganz genauso gewiß, daß es Hindernisse gibt. Die
Leugnung des Hindernisses hat eine Konsequenz, und zwar immer dieselbe: Die Illusion der Politik, die sich das Gesellschaftsleben ausschließlich in Begriffen von Kräfteverhältnissen zwischen Gegnern vorstellt. Mit anderen Worten, die Richtigkeit der
Beschreibung dessen, *worum es* beim Leiden am Arbeitsplatz
geht, ist aufs engste mit der erkenntnistheoretischen Perspektive
verknüpft, die man einnimmt. Wir müssen also das Leiden und
die Anerkennung von ihrer metaphysischen Höhe herunterbringen und sie aus diesem individualistischen Ansatz lösen, der die
Existenz des gesellschaftlichen Lebens selbst als Tatsache von Beziehungen, die außerhalb der Individuen bestehen, eliminiert, indem er sie auf intersubjektive Aushandlungen reduziert. Mit
dem Wechsel der Erkenntnistheorie umgehen wir, wie noch zu
sehen sein wird, die *antipolitischen* Risiken, die sich von diesem
großzügigen Atomismus ableiten.

Der Stoff des Handelns: die Lebensqualität, der Streß und das psychosoziale Risiko

Wir haben eben gesehen, wie in der Sprache des leidenschaftlichen Anprangerns Probleme der inneren Organisation der Unternehmen, des Personalmanagements, der Stellenpolitik und
der Bildung formuliert wurden, die auch in einer anderen Version ausgedrückt werden können, nämlich der des Handelns (oder
der praktischen Vernunft). Ziel ist die Lebensqualität am Arbeitsplatz. Auf französischer Ebene ist sie Gegenstand einer normativen Entwicklung, insbesondere über die Agence nationale
pour l'amélioration des conditions de travail (ANACT) [nationa-
le Agentur zur Verbesserung der Arbeitsbedingungen] oder das
Institut national de recherche et de sécurité (INRS) [nationales In-

stitut für Forschung und Sicherheit], eine Organisation mit der Aufgabe der Prävention von Berufsrisiken, die vor allem mit der Caisse nationale d'assurance-maladie [nationale Krankenversicherung] zusammenarbeitet. Dasselbe gilt für die Ebene der Europäischen Union, der die europäische Stiftung zur Verbesserung der Arbeitsbedingungen, die ihren Sitz in Dublin hat, Daten und Empfehlungen liefert. Die Sprache des Handelns bezieht sich eher auf den Begriff des Stresses, der immer die beiden Phänomene der Angst und der Depression bezeichnet. Sie ist durch zwei Merkmale geprägt. Zunächst erscheinen anstelle neuer Herrschaftsstrategien praktische Schwierigkeiten mit der Anerkennung der Autonomie, die Veränderung der Bedeutung und des Werts der Arbeit zu einem Mittel der persönlichen Entfaltung, und eine neue Art von Konflikten in den Arbeitsverhältnissen. Das zweite Merkmal ist ein methodisches: Diese Schwierigkeiten werden auf eine holistische Weise begriffen, derzufolge das Unternehmen ein System wechselseitig voneinander abhängiger Akteure, und nicht atomistisch ist.

Eine differenzierte Darstellung der Intensivierung

Es gibt keinen Zweifel an der Tatsache, daß die Arbeit intensiver geworden ist: Der Konsens über diesen Punkt ist sowohl in Frankreich als auch in Europa deutlich. So schätzt eine Untersuchung der Europäischen Union, die 1996 erschien, daß 48 % der Arbeitnehmer denken, daß die Intensivierung in den letzten fünf Jahren zugenommen hat. Der entscheidende Punkt ist die Frage, ob man Kontrolle über seine Arbeit hat oder nicht. In einer Überblicksarbeit, die für die EU unter der Leitung von Gøsta Esping-Andersen herausgegeben wurde und 2001 erschien, *Why We Need a New Welfare State*, kommt man zu dem Ergebnis, daß »die Menschen sich als viel widerstandsfähiger gegenüber einem hohen Grad an Druck bei der Arbeit erweisen, wenn ihnen erlaubt wird, die Initiative für ihre Entscheidungen zu ergreifen«.[90]

90 D. Gallie, »The quality of working life in welfare strategy«, in: G. Esping-Andersen (Hg.) unter Mitarbeit von D. Gallie, A. Hemerijck, J. Myles, *Why We Need a New Welfare State*, Oxford u. New York 2001, S. 106. Siehe auch G. Esping-Andersen, »Quel État-providence pour le XXIe siècle? Convergences et divergences des pays européens, in: *Esprit*, Februar 2001, S. 96-129.

Nach diesem Bericht besitzt nur ein Drittel der Arbeiterschaft eine Stelle, die gute Lernmöglichkeiten bietet, und ein Viertel hat einen Arbeitsplatz, der dem Stelleninhaber gestattet, Initiative zu zeigen, Entscheidungen zu treffen oder einen Einfluß auf seine Arbeit auszuüben. Die Betonung liegt weniger auf der Vorstellung der Prekarisierung des Lebens als auf der Idee der gesellschaftlichen Einbindung, die die Selbstachtung und das Gefühl, für die Gesellschaft nützlich zu sein, erhöht. Die Arbeit ermöglicht eine solche Einbindung, wenn sie »eine Quelle der Entwicklung von Kompetenzen und Motivation [ist]. Sie stellt Gelegenheiten für die persönliche Entwicklung anhand von Prozessen bereit, die die Menschen in die Lage versetzen, ihre Fähigkeiten zur Initiative zu nutzen und Entscheidungskompetenzen zu entwickeln.«[91] Das Problem ist natürlich, daß viele Arbeitsplätze keine solche Entwicklung erlauben und daß sie auch kein hinreichendes oder hinreichend stabiles Einkommen liefern. Die wenig oder unqualifizierten Arbeiter, die ein Drittel der Arbeitskräfte ausmachen, befinden sich im allgemeinen nicht in einer solchen Situation, und bei den Teilzeitstellen ist die Lage noch schlimmer. Ungefähr 40 % der Arbeiterschaft führt Arbeiten aus, die wenig Qualität aufweisen. Die Risiken für die seelische und körperliche Gesundheit treten zutage, wenn die Arbeit eine starke Anforderung mit schwacher Kontrolle verbindet. Wir verfügen über eine hinreichend große Anzahl von Untersuchungen, um behaupten zu können, daß die langfristigen Auswirkungen auf die Gesundheit vor allem die niedrigen Qualifikationen betreffen. Diese Situation verringert die gesellschaftliche Partizipation dieser Arbeiter, die ziemlich oft einer Dynamik ausgesetzt sind, in der eine Benachteiligung auf die andere folgt, nämlich die schwache gesellschaftliche Partizipation auf die schwache Einbindung in die Weiterbildung und die Schwierigkeiten, von dieser zu profitieren, um sein eigenes Potential zu vergrößern.

Der Angriffswinkel dieser Perspektive ist also nicht mehr die Anprangerung des globalisierten Kapitalismus und der Vermarktung der gesellschaftlichen Beziehungen, die die alten kollektiven Solidaritäten der Auflösung sozialer Bindungen von heute entgegensetzt. Es handelt sich vielmehr um eine feingliedrige und gesellschaftlich differenzierte Analyse der Veränderungen

91 D. Gallie, »The quality of working life in welfare strategy«, a.a.O., S. 96.

der Lebensqualität am Arbeitsplatz in einem erneuerten Wohlfahrtsstaat, der darauf abzielt, die neuen Risiken und die neuen Ungleichheiten zu verringern: Es handelt sich um die Abschiebung eines Teils der Bevölkerung, die in der Armutsfalle eingesperrt ist, aus der sie unmöglich durch die traditionellen Methoden des Kampfes gegen die Ungleichheiten ausbrechen kann – was wir im folgenden Kapitel untersuchen werden.

Auf französischer Ebene hebt Philippe Davezies, ein Arbeitsmediziner, dessen Arbeiten eine Bezugsgröße sind, dieselben Probleme hervor wie der Bericht von Esping-Andersen: »Das Anforderungsniveau läßt keine Vorhersagen über gesundheitliche Beeinträchtigungen zu, es kann sogar ein Faktor der Entwicklung sein.« Er erläutert, daß »der Mangel an Macht, um auf die eigene Arbeit einzuwirken, die gesellschaftliche Isolierung, der Mangel an Anerkennung tödlich sein können«.[92] Nicht das Anforderungsniveau ist die Triebfeder für den Streß, sondern die Autonomie der Arbeitnehmer, das heißt ihre Macht zu handeln.[93] Die Untersuchung von Christian Baudelot und Michel Gollac über die Beziehungen zwischen Glück und Arbeit nuanciert die Verallgemeinerung des psychischen Leidens am Arbeitsplatz ebenfalls:

Unter dem kombinierten Einfluß der Prekarität, der Flexibilität, der Intensivierung der Arbeit, der Individualisierung der Beziehung zum Arbeitsplatz und noch vieler anderer Faktoren unterhält ein bedeutender Anteil von Menschen, die aus ganz verschiedenen Berufsmilieus mit verschiedenen Rängen in der Gesellschaftshierarchie stammen, eine unglückliche Beziehung zu ihrer Arbeit. Andere finden darin statt dessen eine Quelle von Freude, Vergnügen und Glück, da die Arbeit für sie ein Mittel der Selbstentfaltung und der Selbstverwirklichung ist. Es ist zwar immer möglich [...], ein Rückzugsverhalten zu zeigen [...]. Aber die neuen Managementformen machen es schwieriger, an dieser Einstellung festzuhalten, so daß die Zunahme des Drucks dazu neigt, Leiden zu schaffen, wo das Glück unmöglich geworden ist.[94]

92 Zitiert in »Ce travail qui transforme la vie«, in: CFDT Magazine, Dezember 2005, S. 8.
93 P. Davezies, »Souffrance au travail: le risque organisationnel«, Tagungsbericht CISME, Februar 2004. Der Aufsatz wurde der Website von P. Davezies entnommen.
94 C. Baudelot, M. Gollac, Travailler pour être heureux?, a. a. O., S. 12-13.

Der springende Punkt sind die Beziehungen zwischen Autonomie und Intensivierung der Arbeit: Die Autoren betonen, daß »die Mischung aus Autonomie und Intensivierung die Führungskräfte von einer Form des Glücks zur nächsten führt. Die Arbeiter stürzt sie dagegen ins Unglück.« Außerdem stellen sie das Ende der Männlichkeit am Arbeitsplatz fest, das die »Tugenden der Leidensfähigkeit«[95] entwertet hat und das gewiß einen Faktor bei der Krise der männlichen Identität im Arbeitermilieu darstellt. Je mehr man in der gesellschaftlichen Hierarchie emporsteigt, umso mehr ist man mit seiner Arbeit zufrieden, weil »die dem jeweiligen Beruf eigentümliche Tätigkeit sich diversifiziert, autonomer und intellektueller wird und dadurch die Bandbreite potentieller Quellen der Lust und Befriedigung erweitert«.[96] Was zählt, ist die Erweiterung des Spektrums der Wahlmöglichkeiten. Das Leiden am Arbeitsplatz betrifft in erster Linie die niedrigen Qualifikationen, an denen sich alle Probleme kristallisieren: intensive Arbeit, die sich insbesondere aus der Reduktion des Personalbestands ergibt, mangelnde Kontrolle, wenig Möglichkeiten zum Erlernen neuer Kompetenzen.

Gehen diese Probleme auf boshafte Absichten zurück? Kann man sich mit Überlegungen begnügen, die sich in rein politischen Begriffen von Kräfteverhältnissen zwischen Gegnern vollziehen?

Wie läßt sich heute die Arbeit charakterisieren?

Wenn man seine Arbeit gut machen will, muß man immer etwas von sich selbst in sie hineinlegen, und das ist umso mehr in einer Organisation der Fall, in der es nicht mehr möglich ist, die Aufgaben im einzelnen vorzuschreiben. Die Arbeitssoziologin Danielle Linhart empört sich über die Mobilisierung der Persönlichkeit:

> Man verlangt jetzt von ihnen, daß sie eine Persönlichkeit haben. Selbst in den Call-Centern verlangt man von den Kandidaten einen Sinn für Schlagfertigkeit, für Humor..., während man sie zugleich dazu zwingt, ihren Kunden wohldefinierte Skripts herunterzuleiern. Es genügt nicht mehr, technische oder intellektuelle Kompetenzen zu besitzen, sondern es werden ›Soft-Skills‹ verlangt, Fähigkeiten zur Anpas-

95 Ebd., S. 323 und 329.
96 Ebd., S. 189.

sung, die an das Innerste appellieren. Heute muß die Gesamtheit der Person bei der Arbeit mobilisiert werden.[97]

Diese Bewegung geht in Wirklichkeit auf den Beginn der 1980er Jahre zurück und verbreitet sich rasch. Die »Persönlichkeit« erscheint bei der innerhalb der Industrie stattfindenden Verschiebung von einem Modell, das auf den Arbeitsplatz ausgerichtet war, zu einem Modell, das sich auf die Kompetenzen bezieht und auf das Individuum zentriert ist, das die Initiative ergreift, vielfältige Kenntnisse und kooperative Beziehungen mobilisiert.[98] Dieses Modell ist die Quelle mannigfacher *objektiver* Spannungen, die das in die Arbeitsteilung integrierte Unternehmen nicht kannte.

In »der neuen industriellen Welt wird das Substrat der Arbeit immer weniger von begrenzten physischen Objekten und stabilen, sich wiederholenden Prozessen und immer mehr durch *Beziehungen zwischen Menschen und Folgen von Menschen* gebildet, die es zu ordnen und zu beherrschen gilt«.[99] Dieser Zwang zur geordneten Beherrschung lastet ebenso auf den Kundenkontakten, dem sogenannten *front-office*, wo die »relationalen Betriebssysteme« sowohl eine bestimmte Tagesleistung einhalten als auch eine gewisse Höflichkeit in der Beziehung aufrechterhalten müssen,[100] wie auf der Güter- und Dienstleistungsproduktion, dem sogenannten *back-office*, wo die Zuverlässigkeit des technischen Systems von der Kooperation und der Flexibilität der Individuen abhängt. Die Quelle der Effizienz ist die Beziehung *und* das Individuum. Von hier aus ergeben sich spezifische Probleme, die mit der Autonomie verknüpft sind, wie der Boissonnat-Bericht betont, nämlich die Schwierigkeit des klassischen

97 D. Linhart, »SOS solitude au boulot«, Gespräch in *Libération*, 30. März 2009.

98 Siehe P. Zarifian, *Le Modèle de la compétence. Trajectoires historiques, enjeux actuels et propositions*, Paris 2001.

99 P. Veltz, *Le Nouveau Monde industriel*, Paris 2000, durchgesehene und erweiterte Auflage, 2008, S. 118. Hervorhebung des Autors.

100 Ebd., S. 127 und 128. Wie Frédérick de Coninck betont, »läßt einem ein Kunde, wie unangenehm er auch sein mag, eine bedeutendere Fähigkeit zum Handeln als eine monotone Maschine.« »Performance, capacité d'action, qualification: trois points de vue sur l'intensité du travail«, in: G. Jeannot, P. Veltz (Hg.), *Le Travail entre l'entreprise et la cité*, La Tour d'Aigues 2001, S. 201.

Arbeitsvertrags, in der Praxis all das anzuerkennen, was mit der Autonomie zusammenhängt: Er »trägt dem produktiven Nutzen all dessen, was von der Autonomie der Person herrührt, nur schlecht Rechnung, wie zum Beispiel der Investition in die Bildung, dem Einsatz für die Arbeit, den relationalen Qualitäten und allgemeiner aller autonomen und ›entmaterialisierten‹ Aufgaben, deren Bedeutung in den produktiven Organisationen ständig zunimmt«,[101] und zwar auch bei den niedrigen Qualifikationen. Diese Schwierigkeit ist im Personalmanagement genauso zentral wie bei der Bewertung der Arbeitseffizienz.

Nun wirft aber eine solche Konzeption der Arbeitshaltung Schwierigkeiten bei der Zuschreibung von Verantwortung auf, wenn es darum geht, die Leistung zu beurteilen: Wie soll man den Anteil des Beitrags des einzelnen und des Kollektivs, das heißt der vom Unternehmen für die Organisation aufgewendeten Mittel, bestimmen? Sind die Risiken von Willkür und Ungerechtigkeit nicht größer als bei der fordistischen oder tayloristischen Organisation, wo die Bewertung objektiviert ist? Ist es in einer solchen Situation nicht reduktionistisch, wenn man sich die Arbeitsverhältnisse nur als Kräfteverhältnisse vorstellt?

Die Arbeitssituationen werden in Abhängigkeit von Zwängen des Marktes oder des Kunden ständig neu definiert. Oft verwischen sie die Grenzen zwischen industrieller Tätigkeit und Dienstleistungen, zwischen Technikern und Meistern, zwischen tatsächlicher Arbeit und beruflicher Bildung usw. Wie der Boissonat-Bericht noch einmal deutlich macht, bewirken diese Veränderungen, daß

die Fähigkeit, seine Kenntnisse zum Lösen von Problemen zu mobilisieren, das Nachdenken, die Fähigkeit, in der Gruppe zu kommunizieren, und Kreativität heute auf allen Ebenen verlangt werden, während früher diese Kompetenzen das Vorrecht der Kader waren. Das Schlüsselwort ist das der Antizipation, ob es darum geht, bei seiner alltäglichen Arbeit auf das Unvorhergesehene zu reagieren oder sich mit technischen oder organisationalen Veränderungen auseinanderzusetzen.[102]

Das Management von Beziehungsproblemen ist auf die Teams dezentralisiert, »ohne daß die Organisationsabläufe die erwarteten

---

101 J. Boissonnat (Kommissionsbericht unter dem Vorsitz von), *Le Travail dans vingt ans*, a. a. O., S. 282.
102 Ebd., S. 140.

Antworten anbieten«.[103] Die Dilemmata fallen in den Zuständigkeitsbereich der Arbeitnehmer selbst, und zwar wohl weniger
aufgrund einer boshaften Absicht, sondern weil es schwierig ist,
die Situationen im Ausgang von einem Apriori-Wissen zu meistern. »Die Formen der Arbeitskoordination gehen nicht mehr
aus einer Norm hervor, die schon vor den entsprechenden Situationen existiert, sondern entwickeln sich zugleich mit diesen Situationen selbst. Sie verändern sich entsprechend den Zwängen
für ihre Anwendung und den Ressourcen, über die die Akteure
verfügen und die sie in der jeweiligen Situation mobilisieren können oder auch nicht.«[104] Wenn die Effizienz der Arbeit einerseits
auf die Teams dezentriert wird und andererseits in den Beziehungen *zwischen* den Akteuren und *zwischen* den Tätigkeiten besteht, werden die Fähigkeiten zur Organisation, zur Animation
und zur Kommunikation – die Kompetenzen des Managers – »zu
immer wichtigeren Bestandteilen der persönlichen Kompetenz in
jeder Art von Tätigkeit und auf jeder Ebene«.[105] Diese Fähigkeiten sind Abwandlungen der Bestandteile, die der Norm, sich eine
Persönlichkeit zu schmieden, Inhalt verleihen, auch bei den standardisierten Arbeiten und bei solchen, die einem starken psychosozialen Zwang unterliegen.

Der Kern des Problems der Anerkennung und der Gerechtigkeit in der Arbeitswelt liegt meines Erachtens in folgendem
Punkt, der von Pierre Veltz aufgeworfen wurde: »Die Formulierungen zur Arbeitsbeschreibung sind zu überdenken.«[106] Sie sind
es deshalb, weil die flexible Arbeit einen offenen Prozeß voraussetzt, der völlig im Gegensatz zu einer detaillierten Beschreibung
und Vorschrift der zu erledigenden Aufgaben durch die Hierarchie steht. Die Autonomie als Bestrebung wurde im Hinblick auf
die standardisierten Modelle der parzellierten Arbeit, die zum
mechanischen Gehorsam zwang, als Unabhängigkeit begriffen.
Sie gehörte zur Logik der Ehre. Die Autonomie als Zustand der

103 P. Veltz, *Le Nouveau Monde industriel*, a.a.O., S.237. Siehe auch A.
Ehrenberg, *Le Culte de la performance*, Paris 1991; Hachette 1996,
S.273, insbesondere der Bezug auf die »Launen der Abläufe«.
104 F. Piotet, »Nachwort« zu M. Buscatto, M. Loriol, J.-M. Weller (Hg.),
*Au-delà du stress. Une sociologie des agents publics au contact des
usagers*, Toulouse 2008, S.266.
105 J. Boissonnat, *Le Travail dans vingt ans*, a.a.O., S.259.
106 P. Veltz, *Le Nouveau Monde industriel*, a.a.O., S.147.

Arbeit ist *kooperativ* und *interdependent*:[107] Sie umfaßt sowohl die Entwicklung von Vertrauen der einen gegenüber den anderen (da die Kooperation nicht verordnet werden kann) als auch eine andere Vorstellung vom Arbeiter als die einer Identität, die sich auf den Beruf gründet, nämlich die eines Arbeiters, der es nach dem Vorbild des Philosophen oder des Unternehmers im Sinne Cantillons unternimmt, sich selbst zu leiten. Das bedeutet der Begriff der »Persönlichkeit«. Die Kompetenz besteht darin, daß man seine Persönlichkeit in diesem Sinne unter Beweis stellt. »Während [die Untersuchungen zu Arbeitsstellen] ein wirkungsvolles Mittel sind, wenn sie in einem stabilen technischen und organisationalen Kontext stattfinden, der durch eine enge Kopplung zwischen Mensch und Maschine geprägt ist, haben sie Schwierigkeiten mit der Integration der Dimension der Zukunft, vor allem, wenn diese intensiven Variationen unterliegt.«[108] Die Arbeitsstelle impliziert einen Bezug zur Vergangenheit und zur Stabilität, die Kompetenz bezieht sich auf die Zukunft (die Vergangenheit ist keine sichere Ressource mehr). Das Urteil über eine Person wird nicht mehr in Abhängigkeit von ihrer Stelle gefällt, sondern bezieht sich direkt im globalen Sinne auf sie als eine Person, die im Umgang mit vielfältigen und heterogenen Zwängen mehr oder weniger kompetent ist. »Wenn das Netzwerk an die Stelle der traditionellen Hierarchie tritt, und zwar nicht nur als Raum für die berufliche Entwicklung, sondern als *Raum für die Beurteilung der Effizienz*, ändern sich nicht nur die Beurteilungsmodalitäten – zum Beispiel die zwischenmenschliche Anerkennung gegenüber dem Vergleich mit einem Standard. Recht häufig verschiebt sich auch der Gegenstand des Urteils

---

107 E. Campagnac, »35 heures et nouvelles formes d'organisation du travail«, a. a. O.
108 K. Chatzis, F. de Conink, P. Zarifian, »L'accord A. Cap 2000: la ›logique de la compétence‹ à l'épreuve des faits«, in: *Travail et emploi*, 1995, Nr. 64, S. 38. Die Vereinbarung sieht insbesondere vor, daß »jeder Arbeitnehmer legitimerweise höhere berufliche Ambitionen haben kann; er soll die Möglichkeit haben, aufgrund seiner eigenen Anstrengungen und je nach seinen Fähigkeiten Zugang zu Stellen zu finden, die seine berufliche Entfaltung unterstützen.« Auszug aus der zitierten Vereinbarung, S. 45. Die Autoren analysieren auf differenzierte Weise die Schwierigkeiten der Anwendung der Vereinbarung, während sie zugleich ihre Fortschrittlichkeit im Hinblick auf Arbeitseffizienz und Gerechtigkeit unterstreichen.

und gleitet von der Aufgabe zu der Person hinüber, die sie erledigt.«[109]

Betrachten wir kurz das Beispiel der Call-Center, weil sie symbolisch für diese neue Welt stehen und weil sie Gegenstand mehrerer soziologischer Untersuchungen waren, die es ermöglichten, über Stereotypen hinauszugehen. Trotz der Verschiedenartigkeit der Arbeitsbedingungen, die dort herrschen, liegt die Bedeutung von Call-Centern darin, daß sie die tayloristische Organisation mit dem Appell zum persönlichen Engagement verbinden. Sie stehen also im Zentrum des Paradoxons der Autonomie.

Die Filiale einer französischen Versicherungsgruppe verkauft ihre Autoversicherungen per Telefon. Die Kundenbeauftragten – die Verkäufer –, junge Absolventen einer Fachhochschule mit unbefristetem Vertrag, müssen sowohl eine bestimmte Tagesleistung erbringen (eine Höchstzahl von Anrufen entgegennehmen und in kürzester Zeit etwas verkaufen) als auch eine bestimmte Dienstleistungsqualität sicherstellen. Sie werden von Supervisoren und durch Mithören am Telefon kontrolliert. Sie sind zu zweihundert in einem Saal, der in Vierergruppen, die jeweils um einen Tisch herum sitzen, aufgeteilt ist. Bei diesem »Telefon-Taylorismus«[110] ist alles ganz formalisiert und parzelliert. Die Atmosphäre ist freundlich und eher fröhlich.

Diese Freundlichkeit wird in den Dienst der Verwirklichung der Unternehmensziele gestellt, wobei die Kundenbeauftragten eine Art von aktiver Kooperation mit der Hierarchie sicherstellen, um die Funktionsweise der Telefon-Plattform zu verbessern. Sie halten sich über die endlosen Veränderungen, die ihre Arbeit betreffen, auf dem Laufenden: Sie stellen zahlreiche Fragen bei Bildungsveranstaltungen, lesen die empfangenen Dokumente und tauschen sich mit ihrem Vorgesetzten darüber aus. In den Arbeitsgruppen, die zur Verbesserung der Skripts, der Verfahrensweisen oder der Computerbedienung eingerichtet wurden, beobachtet man aktive Teilnehmer, die viele Ideen präsentieren, die als ineffizient beurteilten Regeln kritisieren und ihre

---

109 P. Veltz, »Le travail en réseau: tendances et tensions«, in: G. Jeannot, P. Veltz, *Le Travail entre l'entreprise et la cité*, a. a. O., S. 296. Hervorhebung des Autors. Siehe auch in derselben Arbeit die beiden Kapitel von Frédéric de Coninck und das von Yves Lichtenberger und C. Paradeise.

110 M. Buscatto, »Les centres d'appels, usines modernes? Les rationalisations paradoxales de la relation téléphonique«, in: *Sociologie du travail*, 2002, Nr. 44, S. 105.

Standpunkte vertreten. Bei ihren Telefonbeziehungen respektieren die meisten die Forderungen nach Freundlichkeit, Schnelligkeit und Interaktion, die von den Leitern erhoben und beim Mithören am Telefon überprüft werden.[111]

Der Punkt ist, daß die Arbeit des Verkäufers als »professioneller Service« beschrieben wird: Der Kundenbeauftragte soll ein Maximum an Verträgen verkaufen, gleichzeitig den Bedürfnissen des Kunden gegenüber, seiner Zahlungsfähigkeit usw., aufmerksam sein. »Neben klassischeren technischen oder kaufmännischen Kenntnissen [nennen sie immer] Fähigkeiten zur Anpassung, zur geistigen Offenheit, zur Infragestellung ihrer eigenen Arbeit. Die Arbeitnehmer betrachten es als selbstverständlich, sich den häufigen Veränderungen der Organisation anzupassen, sich neues Wissen anzueignen, häufig das Team zu wechseln und neue Wirklichkeiten zu integrieren.«[112]

Eine andere Untersuchung in zwei Call-Centern, wobei das eine Abonnements für Mobiltelefone verkaufte und das andere sich um Kunden kümmerte, die einen Schutzbrief unterschrieben hatten, zeigt, wie die Berufsidentität der Kundenbeauftragten beschaffen ist:

Sie üben keinen Beruf aus, sondern mobilisieren soziale Kompetenzen. Selbstbeherrschung, korrektes Sprechen, in der Lage sein, sich von Angesicht zu Angesicht auseinanderzusetzen oder am Telefon zu antworten, gehören zu den erforderlichen Qualitäten und werden zum Kern ihrer Tätigkeit. Ihre Persönlichkeit wird mindestens genauso sehr inszeniert wie ihre praktischen und schulischen Kenntnisse. Übrigens üben diese Arbeitnehmer Tätigkeiten aus, in denen die Last der vorgeschriebenen Arbeit wenig Platz für die Autonomie läßt. Sie müssen sich an ganz präzise Skripts halten und sind einer ständigen Kontrolle unterworfen. Ihre Tätigkeit symbolisiert die Taylorisierung des Dienstleistungssektors, in dem das Werkzeug der Informatik gestattet, die Vereinheitlichung der Aufgaben sehr weit zu treiben.[113]

111 Ebd., S. 107.
112 Ebd., S. 113.
113 O. Cousin, »Les ambivalences du travail. Les salariés peu qualifiés dans les centres d'appel«, in: *Sociologie du travail*, 2002, Nr. 44, S. 501-501.

Die Arbeitnehmer haben hier zwei Arten von Beziehungen zu ihrer Arbeit. Eine davon ist eher instrumentell, die andere eher expressiv. Die Gespräche und Beobachtungen *in situ* zeigen, daß die Arbeitnehmer ihre Arbeit in Begriffen sozialer Kompetenzen verstehen: Das Fachwissen ist zwar gering, aber man muß zu reden verstehen, den Kontakt herstellen, ihn aufrechterhalten, pfiffig sein, Psychologe sein usw. Die Wertschätzung der Beziehungstätigkeit gleicht den Routinecharakter der Tätigkeit aus. Wie im Falle der Versicherungsgesellschaft heben sie den Dienst am Kunden hervor. Jede Gelegenheit zur Selbstdarstellung, zum Beweis der eigenen »Geschicklichkeit« und »Virtuosität« ist willkommen. Der Streß der Tagesleistungen wird positiv als Aspekt der Kompetenz erlebt. Sie entwickeln auch Strategien, um Zeit oder Autonomie zu gewinnen, und schummeln manchmal, um auf hohe Zahlen zu kommen. Das tun sie aber vor allem, weil diese Kompetenzen von der Leitung nicht berücksichtigt werden.[114] Diese Aspekte der Arbeit »werden zwar verlangt und sind eine Bedingung für den Erfolg, werden aber nie ausdrücklich erwähnt und bewertet«.[115] Die Angestellten verlangen, daß diese Soft-Skills anerkannt werden. »Der Streß ist belastend, wenn das Unternehmen den Einsatz der Angestellten nicht unterstützt und sich als Hindernis für die Erfüllung ihrer Aufgaben und damit für die Selbstverwirklichung erweist. In diesem Fall führt der Streß zum Rückzug der Angestellten, der manchmal, wie zum Beispiel bei den Betreuern der Schutzbriefkunden, extreme Formen annimmt, mit Krankmeldungen, die bis zu einem Drittel der Belegschaft eines Dienstes reichen.«[116] Die leidenschaftliche Anprangerung findet nicht genügend harte Worte für die Soft-Skills usw. Nun haben aber die Angestellten offenbar die Wende zur Kompetenz vollzogen, und in ihrem Namen fordern sie, daß man ihnen Gerechtigkeit widerfahren läßt, oder sie schlagen informelle Anpassungsstrategien ein. Die Kompetenz ist der große kollektive Einsatz des flexiblen Unternehmens bei der individualisierten Arbeit, sie ist der *gemeinsame* Einsatz für die Gesamtheit des Systems der Akteure. Das

114 »Die Zwänge und Modalitäten der Kontrolle werden nicht als solche bestritten, sondern vielmehr das Fehlen von Reaktionen der Führungskräfte auf den Einsatz der Arbeitnehmer, wie die Forderung nach der Mobilisierung von Kompetenzen zeigt«, schreibt Cousin, ebd., S. 511.
115 Ebd., S. 513.
116 Ebd., S. 516-517.

impliziert die Annahme, daß wir es weniger mit einem Verfall des Kollektiven als vielmehr mit seiner Neugestaltung zu tun haben.

So hat beispielsweise Isabelle Ferreras den Ort der kollektiven Dimension in der individuellen Freiheit untersucht, indem sie eine Fallstudie an Kassiererinnen in großen Handelsketten durchführte, ein paradigmatischer Fall einer wenig qualifizierten Arbeit und einer starken Beanspruchung durch die Kunden. »Der Kampf gegen die schwerwiegenden Probleme aufgrund von Arbeitsausfällen, den der Kassensektor von Großmärkten erlebte, hat die Geschäftsleitung dazu gedrängt, nach einer originellen Methode für das Arbeitszeitmanagement zu suchen, die geeignet ist, die Arbeitnehmer zu mobilisieren. Faktisch wird den Kassiererinnen ermöglicht, ihre eigenen Kriterien für eine angemessene Arbeitszeit geltend zu machen, und diese Kriterien werden auch teilweise respektiert. Diese neue Situation ermöglichte es, eine bedeutende Abnahme der Rate von Arbeitsausfällen an den Kassen zu erreichen.« Die auf mehreren Ebenen bestehenden Flexibilitätsanforderungen haben weniger zur Individualisierung der Arbeitnehmer durch Isolation beigetragen, sondern vielmehr die Akteure dazu bewegt, Arbeitskollektive aufgrund von Verhandlungen zu bilden, was den Kassiererinnen erlaubte, ein Gleichgewicht zwischen beruflichen und familiären Anforderungen zu finden. Was den Inhalt der zwar wenig qualifizierten und routinemäßigen Arbeit selbst angeht, so betont Ferreras, daß »die Sinnhaftigkeit nicht streng an den Inhalt der Aufgaben gebunden ist, sondern an die Erfahrung der Tatsache des Arbeitens selbst«: die Unabhängigkeit, die sie ermöglicht, und das Gefühl, für die Gesellschaft und das eigene Unternehmen nützlich zu sein.[117]

Aus diesen wenigen Beispielen muß man zweierlei schließen. Zunächst führt die flexible Arbeit von heute wie die Arbeitsteilung von früher nicht notwendig zu einem einzigen Typ von Per-

---

[117] I. Ferreras, »Une nouvelle critique du travail contemporain. Les caissières de supermarché et la question démocratique«, in: *Contretemps*, April 2009, ⟨www.contretemps.eu/print/364⟩, und »De la dimension collective de la liberté individuelle. L'exemple des salariés à l'heure de l'économie de service«, in: J. de Munck, B. Zimmerman (Hg.), *La Liberté au prisme des capacités. Amartya Sen au-delà du libéralisme*, Paris, Éditions de l'EHESS, »Raisons pratiques«, 18, 2008.

sonalmanagement. Sodann hat die Schwierigkeit der Anerkennung der Autonomie oder der Kompetenzen damit zu tun, daß man die Arbeit, ihre Aufgaben und die Kooperationsformen zwischen Akteuren nicht mehr so beschreiben kann, wie man es bei der parzellierten Arbeit tat. Die Ergonomie hat wohl schon seit sehr langer Zeit gezeigt, daß die strikte Anwendung von Regeln in einer Organisation in die Sackgasse führt. Die typische, in einem Handbuch beschriebene Situation gibt es nicht, und der Arbeitnehmer muß Anpassung, Erfindungsgeist usw. zeigen, ob es sich nun um eine flexible oder eine tayloristische Organisation handelt. Es gibt wohl Fälle – und vielleicht sind sie sogar zahlreich –, in denen die Unternehmensleitung Strategien der kommunikativen Verzerrung verfolgt, aber sie werden als schlechtes Management bewertet,[118] und vor allem besteht im allgemeinen die Schwierigkeit darin, die Leistungen zu objektivieren und zu formalisieren.

Beschreibung psychosozialer Risiken

Die Alternative zur Anprangerung des Leidens findet man in zahlreichen Arbeiten, die auf dem Markt des Personalmanagements angeboten werden. Beispielsweise hat ARACT Aquitaine[*] in dreizehn in jeder Hinsicht verschiedenen Unternehmen Versuche durchgeführt, um objektive Beschreibungen der Arbeitssituationen zu gewinnen und dabei ein Vorgehen in vier Schritten vorgeschlagen: einen kollektiven Ansatz entwerfen, alarmierende Indikatoren bestimmen, auf mehreren Ebenen handeln und ein Warnsystem entwickeln, Ungleichgewichte verstehen. »Heute gibt es viele Situationen, in denen die [herkömmlichen] Arten der Beziehung und Regelung nicht weiterführen und nicht mehr gestatten, den jeweiligen Anteil der individuellen und der an die Arbeitsumgebung gebundenen Aspekte zu bestimmen. Innerhalb der Unternehmen gibt es einen regelrechten Mangel an Indikatoren, die ermöglichen würden, die Populationen auf der Ebe-

---

[*] Association régionale pour l'amélioration des conditions de travail (Regionalverband für die Verbesserung der Arbeitsbedingungen), A. d. Ü.

118 Siehe die mannigfaltigen Beiträge in: J.-M. Peretti, *Tous reconnus?*, a. a. O.

ne der Gesundheit und des Personals zu verfolgen.«[119] Diese
Indikatoren sollen gleichermaßen den subjektiven Standpunkt
des Individuums einbeziehen und ihn überwinden, um daraus
ein allgemeines Werkzeug zu machen. Solche Indikatoren wären
beispielsweise zu große Arbeitsversäumnisse oder eine zu starke
Personalfluktuation in einem Arbeitsbereich im Vergleich zu anderen im selben Unternehmen. »Das Unternehmen und seine
Mitarbeiterteams werden unter Druck gesetzt«, liest man in dem
Leitfaden, der von dieser Agentur entwickelt wurde. »Je nach
der Wirksamkeit der Organisation, mit der das Unternehmen auf
den Druck reagiert, kann dieser es entweder dynamisieren oder
auch umgekehrt lähmen, die Teams motivieren oder sie hemmen.
Wenn die Gesundheit der Arbeitnehmer und der Erfolg des Unternehmens gleichzeitig auf dem Spiel stehen, gibt es keine Tabus
mehr.«[120] Die anzuwendenden Verfahren sind bekannt. Man findet sie in allen Handbüchern für Personalmanagement und in
den Leitfäden wieder, die von ANACT*, ARACT oder INRS[121] veröffentlicht wurden.

Das Unbehagen ist ein Unbehagen des Zusammenlebens: Es
»ist eine neue Wirklichkeit der Funktionsstörung von Unternehmen«, schreibt man in einem anderen Leitfaden zur Verbesserung der Arbeitsbedingungen.[122] ARACT Aquitaine faßt die Daten zu den am Arbeitsplatz geäußerten Klagen zusammen. Was
die Bedingungen der Arbeitsausführung angeht, so sind es die
Schwierigkeiten, mit der Arbeitsbelastung, mit widersprüchlichen Anforderungen oder mit dem Mangel an bestimmten Zie-

---

* Agence nationale pour l'amélioration des conditions de travail (Nationale Agentur für die Verbesserung der Arbeitsbedingungen), A. d. Ü.
119 C. Brun, *Risques psychosociaux. Guide pour une démarche de prévention pluridisciplinaire*, ARACT Aquitaine, Oktober 2005, S. 5. Siehe
auch den Leitfaden ARACT Languedoc-Roussillon, *L'Évaluation et la
prévention des risques professionnels. L'amélioration des conditions
de travail dans les centres sociaux*, 2007. Diese Leitfäden haben die
Zielsetzung, innovative Experimente zu bevorzugen.
120 J. Matteoli, in: C. Brun, *Risques psychosociaux. Guide pour une démarche de prévention pluridisciplinaire*, a. a. O., S. 2.
121 *Absentéisme, Usure, fatigue, turnover, mal-être. Et s'il y avait du stress
dans votre entreprise?*, Oktober 2006, *Dépister les risques sociaux*,
Dezember 2007. Die Arbeiten von INRS sind auf ⟨www.inrs.fr⟩ zugänglich.
122 C. Brun, *Risques psychosociaux. Guide pour une démarche de prévention pluridisciplinaire*, a. a. O., S. 4.

len zurechtzukommen, die Schwierigkeiten, einen Handlungs-
spielraum in seiner Arbeit zu finden, der Mangel an Vorschriften,
die Schwierigkeiten im Umgang mit Kunden. Was die Arbeitsverhältnisse betrifft, so sind es Spannungen, Konflikte, Isolation, Schweigen und fehlender sprachlicher Austausch, die von
der Gruppe ausgedrückte Ohnmacht und der Mangel an Unterstützung durch die Hierarchie. Bei der Wahrnehmung der Arbeit sind es die Empfindungen von ständigen Veränderungen,
von Sinnverlust bei der Arbeit, Verlust der Achtung, von Schwierigkeiten, sich die Zukunft, die Entwicklung der Berufe und
der Kompetenzen vorzustellen.[123] Eine Sonderausgabe der Zeitschrift *Travail et changement* von 2007, die der Verbesserung
der Lebensqualität am Arbeitsplatz gewidmet ist, betont ebenfalls, daß die Sinnhaftigkeit der Arbeit »ein starkes Fundament
für die Gesundheit, das Engagement und die Entfaltung, aber
auch für die kollektive Effizienz und die Gesamtleistung ist«.[124]
Das Dossier erinnert daran, daß die Organisation des Managements sich am Kunden ausrichtet, der die Arbeit vorschreibt, daß
die Hierarchie nicht mehr mit der Arbeitsbelastung fertig wird,
daß eine ständige Anpassung notwendig ist usw. Selbst die finan-
zielle Bewertung der Unternehmen bezieht das Streßmanage-
ment ein. Beispielsweise schließt der britische Henderson-Invest-
mentfonds eine Studie, die zweiundzwanzig großen britischen
Unternehmen gewidmet ist und 2005 veröffentlicht wurde, mit
der Behauptung ab, daß »Unternehmen, die Maßnahmen zur
Reduktion von Streß am Arbeitsplatz durchführen, diejenigen
sind, die die größten Chancen haben, einen gesteigerten Wert
durch reduzierte Kosten, gesteigerte Produktivität, einen besseren Dienst am Kunden, niedrige Personalrotation und eine höhere Mitarbeitermoral zu erzeugen«.[125] Die Studie hebt die hauptsächlichen Streßfaktoren hervor: die Arbeitsanforderung, die
Kontrolle über die Arbeitsbelastung, das Ausmaß von praktischer und emotionaler Unterstützung im Unternehmen, die Fähigkeiten und Kompetenzen des Arbeitnehmers, seine Rolle zu
erfüllen, die Qualität der Beziehungen zwischen den Kollegen
und dem Management und die Veränderungen in der Organisa-

123 Ebd., S. 9.
124 *Travail et changement*, Mai-Juni 2007, S. 2.
125 Henderson Global Investor, *Less Stress, More Value*, Henderson's
     2005 Survey of Leading UK Employers, S. 16.

tion. Der Streß verursacht in der Folge Kosten durch Arbeitsaus-
fälle sowie das eingeschränkte Engagement für die Arbeit, was
Auswirkungen auf den Wert der börsennotierten Aktien hat. Soziologische Untersuchungen zeigen, »daß das Etikett ›Streß‹
umso häufiger verwendet wurde, um die Schwierigkeiten zu charakterisieren, die bei der Arbeit empfunden werden, als man es
mit einem Beruf zu tun hatte, dessen Beziehungsdimension in be-
sonderem Maß als Motivation für die Arbeit, als Grundlage der
Berufsidentität und Quelle der Selbstverwirklichung und Selbstentfaltung galt.«[126]

Die Analyseinstrumente sollen es ermöglichen, die wirkliche
und die wahrgenommene Arbeit zu berücksichtigen. Diese Instrumente stützen sich auf die Arbeiten zweier Psychologen, Robert Karasek und Johannes Siegrist. Der erste hat ein Modell mit
zwei Eingangsvariablen entwickelt: die psychologischen Anforderungen, die von stark bis schwach reichen und der Entschei-
dungsspielraum, der von passiv bis aktiv variiert. Die Situation,
die ein Risiko sowohl für die seelische als auch für die körperliche Gesundheit darstellt, verbindet eine hohe Anforderung mit
einem kleinen Spielraum. In den 1980er Jahren fügt Karasek die
soziale Unterstützung hinzu, das heißt die Hierarchie und die
Kollegen. In den 1990er Jahren hebt Siegrist die Anerkennung
hervor: Das Ungleichgewicht zwischen dem Beitrag des Arbeitnehmers und seiner Anerkennung oder seiner Bezahlung bestimmt das Gefühl der Ungerechtigkeit, das die Wahrscheinlichkeit von Gesundheitsschäden erhöht.[127] 2003 zeigt die SUMER-
Untersuchung (Surveillance médicale des expositions aux risques professionnels) [Medizinische Aufsicht über das Ausge-
setztsein gegenüber beruflichen Risiken], die sich auf eine repräsentative Stichprobe der Arbeitnehmerpopulation bezieht und
das Modell von Karasek verwendet, daß 23 % der Arbeitnehmer
(28 % der Frauen und 20 % der Männer) sich in einer Situation
hoher Anforderungen und geringen Entscheidungsspielraums
befinden. Die am meisten betroffenen gesellschaftlich-berufli-

126 M. Buscatto, M. Loriol, J.-M. Weller, *Au-delà du stress*, a. a. O., S. 18.
127 R. A. Karasek, »Job demands, job decision latitude, and mental strain:
    implications for job redesign«, in: *Administrative Science Quarterly*,
    1979, Nr. 24, S. 285-308; J. Siegrist, »Social exchange and health: pro-
    posed sociological framework«, in: *Social Science & Medicine*, 2000,
    Nr. 51, S. 283-293.

chen Kategorien sind die Angestellten von Dienstleistungs- und Handelsbetrieben (29 %) sowie die unqualifizierten Arbeiter (27 %).[128]

Die Untersuchungen, die auf europäischer Ebene durchgeführt wurden, zeigen, daß man vier Typen von Situationen unterscheiden muß: 1. In den »lernenden Organisationen« findet man vor allem Führungskräfte, Techniker und gleichrangige nichttechnische Berufe; 2. in den Organisationen mit »*lean production*« vor allem Arbeiter; 3. in den »tayloristischen Organisationen« Industriearbeiter und unqualifiziertes Personal; und 4. in den »einfachen Strukturen« vor allem Angestellte. In Frankreich ist die *lean production* leicht überrepräsentiert, während sie in Großbritannien eine starke Überrepräsentation aufweist. Dänemark, Schweden und die Niederlande zeichnen sich durch die starke Vorherrschaft lernender Organisationen aus. »Die Grundidee besteht darin, daß die neuen Formen der Arbeitsorganisation, wie die ›lernenden‹ Organisationen oder die mit *lean production*, die ein Engagement der Arbeitnehmer beim Treffen von operationalen Entscheidungen und beim Lösen von Problemen verlangen, effizienter sind, wenn sie von einer spezifischen Politik des Personalmanagements unterstützt werden.«[129] In diesen beiden Fällen erhalten die Arbeitnehmer mehr Bildung (wobei das Lernen bei der Lösung von Problemen hilft). Die Existenz von Beziehungen zwischen Formen der Arbeitsorganisation und der Art des Personalmanagements ist deutlich. Beispielsweise ist die Weiterbildung positiv korreliert mit den »›lernenden‹ Organisationen und negativ mit den tayloristischen Organisationen oder solchen, die eine einfache Struktur haben. [...] Die Art der Entlohnung gemäß der Gesamtleistung des Unternehmens ist positiv verknüpft mit den Organisationen mit *lean production* und negativ mit den tayloristischen Organisationen.«[130] Die tayloristischen bzw. fordistischen Organisationsformen sind weit davon entfernt, ganz verschwunden zu sein, und

---

128 C. Peugny, N. Sandret, »Les facteurs psychosociaux au travail: une évaluation par le questionnaire de Karasek dans l'enquête Sumer 2003«, in: *Santé mentale et travail*, a. a. O., S. 9.

129 E. Lorenz, A. Valeyre, »Les formes d'organisation du travail dans les pays de l'Union Européenne«, *Document de travail*, Centre d'études de l'emploi, Juni 2004, Nr. 32, S. 22.

130 Ebd., S. 26.

die Organisationen mit *lean production* stellen nicht die einzige Möglichkeit für die Entwicklung von Lerndynamiken und Initiative bei der
Arbeit dar. Tatsächlich konkurrieren hier zwei Modelle: das relativ de-
zentralisierte Modell der ›lernenden‹ Organisationen, wo die Arbeitnehmer über eine große Autonomie in ihrem Vorgehen verfügen und
bei ihrer Arbeit nur schwachem Zeitdruck ausgesetzt sind; und das
hierarchischere Modell der Organisationen mit *lean production*, wo
die Arbeitnehmer es mit Situationen eingeschränkter und kontrollier-
ter Autonomie zu tun haben.[131]

Im Hinblick auf die Vereinheitlichung der Situation durch die leidenschaftliche Anprangerung zeigen diese Arbeiten eine große
Vielfalt von Situationen in Abhängigkeit vom Typ der Arbeitsorganisation, der von den Unternehmen realisiert wird.

Mobbing, Schuld, Autonomie: eine Frage der Weisungsautorität

Die Arbeiten zum Personalmanagement erinnern unablässig
daran, daß die Anforderungen des Engagements und der Mobilisierung der ganzen Person am Arbeitsplatz Erwartungen bezüglich der Anerkennung hervorrufen, auf die die Unterneh-
mensleitungen unbedingt reagieren müssen, wenn sie effiziente
Unternehmen haben wollen. »Das Fehlen von Anerkennung erzeugt meistens Gefühle von Minderwertigkeit, Schwäche und sogar von Ohnmacht. Es drückt sich also durch eine Entmutigung,
eine Demotivierung aus, die ihrerseits die Leistung belasten,
selbst wenn es ein Belohnungssystem wie Boni, Prämien oder andere Formen der Gewinnbeteiligung gibt.«[132] Manager, Psychologen und Soziologen sind sich in diesem Punkt einig: Man muß
die Person oder das Subjekt anerkennen. Die Manager stützen
sich auf die Theorien der Motivation und des persönlichen
Wachstums, die in den 1950er Jahren von der humanistischen
Psychologie Maslows und Rogers' entwickelt wurden. Die Herr-
schaftskritiker beziehen sich eher auf Freud und Arendt, die sie

131 Ebd., S. 30.
132 J. Igalens, »Vorwort« zu J.-M. Peretti (Hg.), *Tous reconnus?*, a. a. O.,
    S. 21. Kapitel 17, das übrigens viele Informationen enthält, registriert
    die Notwendigkeit einer Politik der Anerkennung für die unteren Qua-
    lifikationen, S. 179-193.

als Moralisten vereinnahmen, und sprechen nicht ohne Gefühl von diesem »Subjekt«, das bei jedem Individuum die gesamte Menschheit ausmacht.

Die Anerkennung und das Leiden sind die bewertenden Schlüsselbegriffe des Handelns. Sie bezeichnen dessen beide Eckpfeiler: Die Anerkennung läßt den Subjekten im Hinblick auf ihr Handeln Gerechtigkeit widerfahren und bietet die ausgleichende Gerechtigkeit, die zur seelischen Gesundheit führt, das Leiden ist Ausdruck der Ungerechtigkeit, die das psychische Leiden verursacht. Warum?

Die flexible Arbeitsorganisation ermutigt das Individuum dazu, »eine Erkundungs- und Experimentiertätigkeit auszuüben, die einen Weg zu seiner eigenen Entwicklung eröffnen wird«, schreibt Philippe Davezies, der ein entscheidendes Konfliktelement hervorhebt, das sich innerhalb der flexiblen Arbeitsorganisation entwickelt: »Allerdings muß die Hierarchie eine wirkliche Autoritätsfunktion annehmen. Das ist der Fall, wenn sie eine Anforderung stellt, die die Intelligenz und das Wahrnehmungsvermögen der Arbeiter beansprucht. [...] Dagegen verliert eine Hierarchie jegliches Vertrauen, sobald sie nur noch Unterwerfung verlangt.«[133] Eine Unternehmensleitung muß nicht nur eine Macht sein, sondern auch eine Autorität: Das ist es, was mit dem Bezug auf die Anerkennung ausgedrückt wird. Sie muß umso mehr Autorität besitzen, als die Unternehmen mit wiederkehrenden Problemen der objektiven Beschreibung der Arbeit konfrontiert sind, wie andere betont haben,[134] also mit den Risiken der

---

133 P. Davezies, »Activité, subjectivité, santé«, in: L. Théry (Hg.), *Le Travail intenable*, Paris 2006. Ich zitiere hier die Version, die auf Davezies' Website veröffentlicht wurde, S. 13-14.

134 Ein Leitfaden zum Mobbing, der von der CFDT veröffentlicht wurde, betont, daß »die am meisten betroffenen Sektoren der tertiäre Sektor, der medizinisch-soziale Sektor und das Schulwesen sind. Dabei handelt es sich um Sektoren, in denen die Definition von Aufgaben nur gering oder schlecht ist, insofern die geleistete Arbeit nicht direkt und objektiv meßbar ist. Diese Berufe gründen ihr Handeln bei der erbrachten Dienstleistung auf die menschlichen Beziehungen, und es ist immer möglich, Vorwürfe zu machen. In den Sektoren der Industrieproduktion gibt es weniger Gelegenheiten zum Mobbing.« C. Le Bouffant, J.-P. Peulet, G. Thollet, *Le Guide de l'élu d'entreprise contre le harcèlement moral au travail*, Paris 2001, S. 24. Die Autoren stützen sich weitgehend auf die Arbeit von Hirigoyen, *Le harcèlement moral dans la vie professionnelle*, a. a. O.

Willkür. »›Das schlechte Management‹ gibt den Arbeitnehmern das berechtigte Gefühl, daß über sie zwar Macht ausgeübt wird, daß aber die Autorität fehlt.«[135]

Die Schwierigkeit der Beschreibung und das Fehlen der Autorität stellen den Kontext des Mobbing dar. Mobbing entsteht bei solchen Konflikten, bei denen es um die Zuschreibung von Verantwortung geht. Das INRS bringt dies klar zum Ausdruck:

Das Mobbing kann die Folge einer Konfliktsituation sein, die sich verschärft hat, oder einer überlegten Strategie, um sich einer Person zu entledigen. Es ist wichtig, das Mobbing am Arbeitsplatz in seinen Kontext einzubetten. Wenn Mobbing im Unternehmen möglich ist, dann auch deshalb, weil dieses es nicht verstanden hat, sich so zu strukturieren, daß jenes nicht auftritt. Der Mobber ist tatsächlich häufig gut in das Unternehmen integriert, wo er Rechtfertigungen für sein Handeln findet. Die Verschlechterung der Arbeitsbeziehungen, die er unterhält, beruht oft auf organisationalen Fehlfunktionen oder Problemen. Das Fehlen eines Gegengewichts und Vermittlers im Unternehmen spielt ebenfalls eine Rolle.[136]

Man kann zwei Typen von Mobbing unterscheiden, das klassische, das darauf abzielt, einen Arbeitnehmer zur Kündigung zu drängen, und das neue, das sich aus *objektiven* Schwierigkeiten ergibt, die Beziehungen zu gestalten und mit den Menschen umzugehen, wenn die persönliche Kompetenz, und nicht mehr die Stelle oder die Qualifikation und die Qualität der Kooperationsbeziehungen das Alpha und Omega der Arbeitseffizienz sind.

Das Buch von Marie-France Hirigoyen mit dem Titel *Le Harcèlement moral* ist beispielhaft. Es bietet ein praktisches Instrument dafür, den gemobbten Arbeitnehmern das Schuldgefühl zu nehmen, und legt den Akzent sowohl auf Techniken der psychologischen Stärkung als auch auf die Fehlfunktionen des Personalmanagements. Es wurde im selben Jahr wie Dejours' Arbeit veröffentlicht und hat dazu beigetragen, das Leiden am Arbeitsplatz ins Zentrum des Geschehens im Unternehmen zu stellen. Es unterscheidet sich jedoch stark von Dejours' Buch, insofern es kei-

135 Veltz spricht von einer »Verwässerung und Euphemisierung der Konflikthaftigkeit«, die »sich oft in einer Art von diffuser und unausdrücklicher Politisierung des Alltags äußert«. P. Veltz, *Le Nouveau Monde industriel*, a. a. O., S. 210-211.
136 ⟨http:// www.inrs.fr/dossiers/harcelement.html⟩.

ne hochtrabende Analyse in Begriffen der »Banalität des Bösen« und der »Einrichtung der Lüge« präsentiert. Es beschreibt das Räderwerk der Beziehungen, das zum Mobbing führt: Dieses erscheint vor allem als eine schlechte Art der Regelung von Arbeitskonflikten, wenn die individuelle Verantwortung ständig im Vordergrund steht. Zwar nimmt die Zahl von Ausrutschern zu, aber sie gehören eher zu einer institutionellen Fehlfunktion als zu einem System des Personalmanagements, eine Fehlfunktion, die übrigens häufig dem Interesse des Unternehmens entgegengesetzt ist.[137] Die gegenwärtige Organisation der Arbeit und der Kontext des wirtschaftlichen Wettbewerbs begünstigen diese Verhaltensweisen: »In den Arbeitsgruppen, die unter Druck stehen, ergeben sich leichter Konflikte. Die neuen Arbeitsformen, die darauf abzielen, die Leistungen der Unternehmen zu steigern, wobei sie alle menschlichen Aspekte beiseite lassen, erzeugen Streß und schaffen so die Bedingungen, die für den Ausdruck der Pervertiertheit günstig sind.«[138] Wie soll man einen jeden an seinen Platz zurücksetzen? Wie die richtigen Distanzen wahren?

»Es beginnt mit einem Machtmißbrauch und setzt sich durch einen narzißtischen Mißbrauch fort, bei dem der andere alle Selbstachtung verliert.«[139] Das Buch ist ganz darauf ausgerichtet, die Opfer von ihrem Schuldgefühl, dem Gefühl, verantwortlich zu sein, zu befreien und sie aus dem Leiden herauszuführen, das von der ungerechtfertigten Zuschreibung von Verantwortung verursacht wird. Dieses Schuldgefühl zeigt sich im Zusammenbruch der Selbstachtung, was von einer ständigen Angst und Depression gekennzeichnet ist. Es geht darum, einen Schutzwall gegen die Verinnerlichung der Verantwortung zu errichten. Deshalb muß man zwischen einer Psychotherapie für die Patienten als Opfer und für die übrigen Patienten unterscheiden: »In der traditionellen Psychotherapie ermutigt man den Patienten, eine größere Verantwortung für die Probleme des Lebens zu übernehmen, während man den Opfern dabei helfen muß, eine geringere

---

137 Wie M.-F. Hirigoyen auf S. 94 feststellt, *Le Harcèlement moral. La violence perverse au quotidien*, a. a. O.
138 Ebd., S. 16.
139 Ebd., S. 16. Sie stehen nicht ganz allein da: »Was bei allen diesen Leidenserzählungen verblüfft, ist ihre Wiederholung. Was jeder als einzigartig betrachtete, wird in Wirklichkeit von vielen anderen geteilt.« S. 20.

Verantwortlichkeit für das Trauma anzunehmen.«[140] Man muß also den moralischen Masochismus des Neurotikers (der auf der Tatsache beruht, daß er an seinen Symptomen festhalten will) von der Einwirkung unterscheiden, der das Opfer unterliegt. Die Heilung der Opfer erfolgt durch die Einbindung dieser schmerzlichen Erfahrung, so daß sie »lernen, ihre Autonomie zu schützen, der verbalen Gewalt zu entfliehen und Schädigungen der Selbstachtung abzuwehren«.[141] Während die Passivität oder die Aggressivität des Opfers den Teufelskreis verstärkt, lehrt die Therapie, wie man sich gegenüber den anderen behauptet.[142]

Ein Leitmotiv des Buches ist, daß »Mobbing immer aus einem Konflikt entsteht«,[143] denn »man rechnet der Persönlichkeit das an, was eigentlich eine Folge des Konflikts ist«.[144] Mit anderen Worten, Mobbing ist die Verschiebung eines Problems, das sich in einer sozialen Beziehung ergibt, auf das Verhalten einer Person. Die Arbeit des Klinikers besteht darin, den umgekehrten Weg zu gehen und zu zeigen, daß es die Beziehungen sind, mit denen etwas nicht stimmt, und nicht das Individuum. Dieses ist nicht schuldig, sondern wird verfolgt. Alle möglichen Situationen werden in Betracht gezogen: Mobbing zwischen Kollegen, eines Vorgesetzten seitens seiner Untergebenen, eines Untergebenen seitens seines Vorgesetzten. Die Verkettung der Folgen wird in einer Logik des Ineinandergreifens beschrieben: »Mobbing beginnt ganz harmlos und weitet sich dann heimtückisch aus.«[145]

Mobbing entsteht aus der Verkehrung einer Konfliktbeziehung durch »Ablehnung der Kommunikation«,[146] wobei dem gemobbten Subjekt die Schuld zugewiesen wird. Anstatt einen

140 D. Spiegel, »Dissociation and Hypnosis in Post-Traumatic Stress Disorder«, in: *Journal of Traumatic Stress*, 1988, Bd. 1, Nr. 1.

141 M.-F. Hirigoyen, *Le Harcèlement moral*, a. a. O., S. 232.

142 Aus einer kognitiven Perspektive sieht Patrick Légeron die Selbstbehauptung als die beste Einstellung an, um sich vom Streß nicht überwältigen zu lassen, *Le Stress au travail*, Paris 2001, »Poches Odile Jacob«, 2003, S. 318-347.

143 M. F. Hirigoyen, *Le Harcèlement moral*, a. a. O., S. 20. »In einer Gruppe ist es normal, daß es zu Konflikten kommt. [...] das zerstörerische Phänomen ist vielmehr die Wiederholung der Schikanen und Demütigungen, ohne daß man versucht, sie zu variieren.« S. 68.

144 Ebd., S. 71.

145 Ebd., S. 68.

146 Ebd., S. 79.

offenen Konflikt auszutragen, der Gegenstand einer Diskussion oder einer Verhandlung wird, um ihn zu lösen, wird mit dem Ziel gehandelt, das Opfer abzuqualifizieren. Diese Abqualifizierung geschieht durch nichtverbale Kommunikationspraktiken (verächtliche Blicke, anzügliche Anspielungen usw.), die beim Opfer Zweifel auslösen. Durch die Destabilisierung all seiner Beziehungen am Arbeitsplatz muß das Opfer sein Selbstvertrauen verlieren. Isolation, Schikanen mit der Absicht, daß das Opfer Fehler macht (indem man ihm unmöglich zu leistende oder unnötige Aufgaben aufbürdet), all das kann »zur psychischen Vernichtung oder zum Selbstmord führen«,[147] wenn es in der perversen Situation gefangen bleibt, die der Mobber sorgfältig hergestellt hat. Der Prozeß läuft in drei Schritten ab: »Zuerst geht es darum, das Opfer zu verführen, dann darum, es zu beeinflussen, um es schließlich ganz in seine Gewalt zu bekommen«[148] und es das ganze Gewicht der Schuld spüren zu lassen: Das Opfer verinnerlicht die Schuld. Die Therapie bringt einen umgekehrten Prozeß der Projektion der Schuld auf den Mobber in Gang und führt das, was das Opfer als persönliches Problem empfindet, in die soziale Beziehung zurück. In gewisser Weise besteht die Therapie darin, jeden an seinen Platz zurückzusetzen.

Wenn der Mobber boshafte Absichten hat, die eventuell von einer Psychopathologie herrühren (Perversion, pathologischer Narzißmus), entstehen die Situationen des Mobbings im allgemeinen aus den weiter oben analysierten Schwierigkeiten damit, die Arbeit und die sich bewegenden Positionen jeder Person in einer relationalen Interdependenz, die die alten Systeme der Arbeitsorganisation nicht kannten, zu beschreiben.[149] Die Dezentralisierung der Verantwortlichkeiten, die Betonung der Kooperationsbeziehungen und der Fähigkeit, sich zu behaupten, all das erhöht die Sensibilität für die ständigen Urteile der einen über die anderen und kann schnell zu explosiven Situationen führen. Deshalb kehrt die flexible Organisation, die an die Autonomie als Kooperation appelliert und die Persönlichkeit mobilisiert, das Leiden, die Passion des Arbeiters hervor.

147 Ebd., S. 94.
148 Ebd., S. 111.
149 Das stellt auch der Bericht von M. Debout fest, »Le harcèlement moral au travail«, *Avis adopté par le Conseil économique et social*, 11. April 2001, S. 48.

Vom Unternehmen, das in die Arbeitsteilung eingebunden ist, zum Unternehmen in einem Netzwerk, das durch flexible Arbeit gekennzeichnet ist, läßt das persönliche Engagement, das gefordert und im Handeln umgesetzt wird, die affektive Dimension in den sozialen Beziehungen hervortreten. Zwischen dem Akteur und der Handlung gibt es eine Überlagerung, eine Angleichung, eine Identifikation, die bewirkt, daß der eine sich mit der anderen völlig überschneidet. Diese Situation macht aus der Gliederung und der Aufteilung zwischen kollektiver Verantwortung (oder der Verantwortung der Organisation) und der des individuellen Akteurs einen Brennpunkt von Schwierigkeiten. Das Paar, das gebildet wird aus sozialem Leiden oder Streß und der individuellen Entfaltung, ist eine Kombination, die für diesen Handlungsstil wesentlich ist.

Die Arbeit ist zu einem Mittel der Selbstverwirklichung geworden, es war jedoch nicht vorgesehen, daß sie auch zu einem psychischen Leiden werden würde. Zwischen dem Streben nach Autonomie und der Autonomie als wirklichem Zustand lag das Unvorhergesehene im Wettbewerb. Er ist es, der die Annäherung an die Probleme der Arbeit zwischen zwei Polen aufteilt: eine eher militante Sichtweise in Begriffen von Herrschaft und mit dem Hauch einer Sehnsucht nach den alten Kollektiven, die die Verschiedenartigkeit der Situationen durch eine Kategorie vereinheitlicht, nämlich das Leiden; eine eher deskriptive Sichtweise in Begriffen von Streß und Risiken, die einerseits die Existenz einer großen Vielfalt von Situationen und andererseits eine Problemkonzentration vor allem bei den niederen Qualifikationen zeigt. Die Fähigkeiten zur Selbstverwirklichung und die soziale Teilhabe oder Integration sind aufs engste miteinander verbunden, weil es eine sich positiv verstärkende Verbindung zwischen der Steigerung der Kompetenzen, der sozialen Integration und der persönlichen Verwirklichung gibt.[150] Auf der einen Seite das Volk vereint im Elend, auf der anderen ein Problem der Ungleichheit. Denn die Probleme der Gerechtigkeit überschneiden sich mit denen der sozialen Ungleichheiten, wie wir gleich sehen werden. Nach der ersten Lesart zerstört der Wettbewerb seiner Natur nach die Bindungen der Solidarität, nach der zweiten ist er in eine Perspektive eingebunden, die die Betonung auf die Qualität der sozialen Beziehungen am Arbeitsplatz legt. Die Perspekti-

150 G. Esping-Andersen et al., *Why We Need a New Welfare State*, a. a. O.

ve der Herrschaft operiert mit Konflikten (was die einen gewinnen, verlieren die anderen), und ihre Sichtweise ist atomistisch. Die Perspektive von wägbaren Risiken zielt auf die Herstellung von Konsensen ab, weil es ein gemeinsames Interesse gibt (die Verbesserung der Arbeitsbedingungen ist ein Faktor der Konkurrenzfähigkeit des Unternehmens), und ihre Erkenntnistheorie ist holistisch. Man sieht also – das ist ein entscheidender Punkt –, daß die politische und moralische Analyse sich je nach der Art von Erkenntnistheorie, die man verwendet, um diese Wirklichkeiten zu beschreiben, stark unterscheidet.

Die erste Option, die des sozialen Leidens, welche die Dramaturgie der Ordnung und des Fortschritts wieder aufgreift, indem sie die Hindernisse in Gegner verwandelt, ist, wenn schon nicht die am deutlichsten sichtbare, so zumindest die lauteste. Sie begreift das Soziale mit den Kriterien der Politik, wobei sie »die langwierigen Methoden des Überzeugens, Verhandelns und des Kompromisse schließens« umgeht, um die Worte von Arendt aufzunehmen, die als Motto für dieses Kapitel zitiert wurden. Diese Perspektive ist untrennbar mit dem Begriff der Prekarität als Bewertungskriterium des Gesellschaftslebens verbunden. Dagegen gestattet die zweite Lesart, Handlungselemente für öffentliche politische Maßnahmen des Kampfes gegen Ungleichheiten zu bestimmen, die zwar erneuert wurden, aber immer noch dieselben Bevölkerungsschichten betreffen. Diese Spannung werden wir nun untersuchen.

8. Kapitel
Die Prekarisierung der Existenz:
die neuen Konstellationen der Ungleichheit
zwischen geistiger und politischer Gesundheit

Klinische Vignette: Mit einer Krankenschwester gehen wir zu einem Mann, der seit neun Jahren seine Sozialwohnung nicht
mehr verlassen hat. [...] Von seiner Seite aus ›ist alles in Ordnung‹. Als ich ihn bitte, den Fernseher abzustellen, weil man sich
nicht versteht, sagt er zu mir: ›Wenn ich ausschalte, ist das die
Hölle.‹ Ich verstehe, daß er Höllenqualen leidet. [...] Am Ende
frage ich ihn: ›Wünschen Sie, daß ich wiederkomme?‹ Er antwortet mir: ›Nein, das wünsche ich nicht. Aber Sie selbst, wollen
Sie denn wiederkommen?‹ Ich sage ihm: ›Ja, das möchte ich!‹ Ich
habe mich mit seiner Bitte abgefunden. Dann sagt er zu mir: ›Sie
sind willkommen.‹ Und ich bin mit der Krankenschwester wie-
dergekommen, und sein Zustand hat sich etwas gebessert. Man
sieht, wie wichtig es ist, nicht in Begriffen der obligatorischen
Autonomie zu denken: ›Mein Herr, mit 50 Jahren müßten Sie
wissen, ob Sie wollen, daß ein Arzt Sie besucht oder nicht.‹ Es
wäre ein seelischer Mord gewesen, wenn ich so zu ihm gesprochen hätte. Man mußte verstehen, daß er um nichts bitten konnte, um seinen Stolz zu wahren. Der Therapeut mußte sich seiner
Bitte annehmen.

Jean Furtos
»Souffrir sans disparaître« 2004.[1]

Das Unglück der Franzosen, sogar der Arbeiter, sind die *großen
Erinnerungen*. Es wäre notwendig, daß die Ereignisse diesem reaktionären Kult der Vergangenheit ein für alle Mal ein Ende
machten.

Karl Marx
»Brief an César de Paepe«, 1870[2]

---

1 J. Furtos, »Souffrir sans disparaître«, in: J. Furtos, C. Laval (Hg.), *La
Santé mentale en actes. De la clinique au politique*, Ramonville-Sainte-
Agne 2005, S. 27.
2 Zitiert von F. Furet, *Penser la Révolution française*, a. a. O., S. 11.

»Wie soll man Franzose und zugleich flexibel sein?«,[3] fragte sich Philippe d'Iribarne zu Beginn der 1990er Jahre. Wie soll man in einer Gesellschaft flexibel sein, die aus einer Menge von Körperschaften und Berufen besteht (und sich als solche vorstellt), die jeweils mit einem Quasi-Status versehen zu sein scheinen? Die französische Antwort auf diese Frage liegt in der Bestimmung von Flexibilität und Prekarität.

Das soziale Leiden wird als Kategorie gebraucht, die die Verschiedenartigkeit der Situationen im Unternehmen vereinheitlicht, wie wir gerade gesehen haben. Wir wollen nun sein zweites Ausdrucksgebiet erörtern, das des Arbeitsverhältnisses. Die beiden Bereiche lassen sich vom Begriff der Prekarität als Bewertungskriterium des Gesellschaftslebens insofern nicht trennen, als sie auf ein Gefühl der allgemeinen Destabilisierung der Gesellschaft hin konvergieren. Die »Prekarisierung der Existenz« bringt die französische Beunruhigung über eine Auflösung sozialer Bindungen zum Ausdruck, die sich aus dem Neoliberalismus ergibt und zu der in der Soziologie fortan geläufigen Vorstellung führt, daß wir nicht mehr in einer »wahren« Gesellschaft leben, einer Gesellschaft, in der es keine gesellschaftlichen *Rollen* mehr gäbe, sondern nur noch individuelle *Wettkämpfe*. Das soziale Leiden ist der soziologische Prüfstein dieser Idee.

Ein Punkt muß sofort betont werden: Frankreich zeichnet sich nicht durch eine besondere Prekarität des Arbeitsverhältnisses aus, sondern wie die meisten europäischen Länder durch die Tatsache, daß »die instabilen und unsicheren Situationen, solche des ungenügenden Schutzes und schlechter Arbeitsbedingungen, höchst ungleich verteilt sind und bestimmte Kategorien betreffen, die fast immer dieselben sind«.[4] Sind die Ängste also nur eingebildet? Wenn ein ganzes Volk an das soziale Leiden glaubt, handelt es sich nicht um eine falsche Überzeugung. Die Gründe für die Beunruhigung Frankreichs müssen anderswo als in der Objektivität der Dauer einer Anstellung gesucht werden.[5] Das entscheidende Element, erklärt Jean-Claude Barbier, das »hinter

---

3 P. d'Iribarne, *La Logique de l'honneur*, a.a.O., S. 110.
4 J.-C. Barbier, »La précarité une catégorie française«, a.a.O., S. 368.
5 Zu einer Gesamtdarstellung der heutigen Probleme des sozialen Schutzes und der in Erwägung zu ziehenden Lösungen siehe G. Esping-Andersen et al., *Why We Need a New Welfare State*, a.a.O., und zu einem Überblick, J. Gautié, »Marchés du travail et protection sociale: quelles voies pour l'après-fordisme?«, in: *Esprit*, November 2003, S. 78-115.

der übermäßigen Verwendung des Begriffs der Prekarität [...] zu verschwinden [droht], bleibt *die Ungleichheit der Exposition gegenüber Risiken* (und zwar insbesondere jener Risiken, die sie *den Arbeiterinnen* zumutet)«, die die Flexibilität mit sich bringt.[6] Die Prekarität ist ein Begriff, der hinter der Überzeugung von einer allgemeinen Verunsicherung der Situation der Arbeitnehmer auf undeutliche Weise einen tiefen Wandel der Ungleichheiten bezeichnet, mit der die französische Gesellschaft wie alle europäischen Länder konfrontiert ist, der bei uns jedoch ein besonderes Problem aufwirft: Sie impliziert den Einsatz der Persönlichkeit der Individuen. Wenn alles sich ändert, wenn die Vergangenheit keine Ressource für die Auseinandersetzung mit der Zukunft mehr darstellt, wenn für viele das Gesellschaftsleben das Dilemma des Puritaners zu inszenieren scheint – erwählt oder verdammt? –, ist man gezwungen, sich selbst zu steuern, muß man in der Lage sein, sich eine Persönlichkeit zu schmieden.

Diese Einstellung steht im Zentrum der Gleichheit der Autonomie. Sie verbindet Fähigkeiten mit Chancen, um den Ärmsten, den Schwächsten, den Verwundbarsten zu ermöglichen, in den Wettbewerb einzutreten und sich darin zu behaupten. Nun erscheint aber diese Alternative zur Gleichheit des Schutzes eben gerade nicht als eine Alternative, sondern als neoliberale Methode einer Marktgesellschaft, die mangels Solidarität der Gesellschaft den Akzent auf die individuelle Verantwortung legt und von den Hilflosesten Persönlichkeit verlangt, damit sie sich vor dem Hintergrund eines sich zurückziehenden Staats wieder in die Arbeitswelt eingliedern, und die letztlich die Subjektivität instrumentalisiert. Fähigkeit, Gelegenheit, Wettbewerb, das scheinen doch Begriffe zu sein, die zur Methode der Amerikaner gehören. Der Diskurs des sozialen Leidens ist Ausdruck des Konflikts zwischen diesen beiden Arten von Gleichheit. Er kennzeichnet die tiefe Ambivalenz der französischen Gesellschaft gegenüber der Autonomie, weil diese im Widerspruch zu unseren Prinzipien der Solidarität zu stehen scheint. Ist das der Fall? Oder haben wir es mit dem französischen Drama der großen Erinnerungen zu tun, das Karl Marx bemerkte?

Ich werde zunächst eine Praxis ansprechen, die mir die Ambivalenzen der französischen Gesellschaft hinsichtlich der Autono-

6 J.-C. Barbier, »La précarité une catégorie française«, a. a. O., S. 369. Hervorhebung des Autors.

mie zu verkörpern scheint, denn sie tritt im Diskurs der leidenschaftlichen Anprangerung auf, während sie zugleich Praktiken realisiert, die heute im Zentrum der neuen Ansätze zur Bewältigung der Probleme der Ungleichheit stehen: die psychosoziale Klinik. Sie steht beispielhaft für jene Klinik des Subjekts, die sowohl eine gesellschaftspolitische Analyse als auch eine Praxis des Sich-Kümmerns um die Pathologien des Liberalismus ist. Das Paradox dieser Klinik liegt darin, daß sie sich als Ergebnis der Entinstitutionalisierung der gesellschaftlichen Verhältnisse versteht, während sie doch Elemente des neuen Geistes der Institution aufweist. Das werde ich im zweiten Teil dieses Kapitels untersuchen.

Die psychosoziale Klinik: die Wiederherstellung der Macht des Handelns angesichts des neoliberalen Unglücks

Die persönliche Entwertung, zu der Entlassung und Arbeitslosigkeit führen können, ist keine neue Wirklichkeit. Kehren wir zum Beginn der 1970er Jahre zurück. Eine Untersuchung, die unter der Leitung des Soziologen Henri Chombart de Lauwe durchgeführt wurde, und zwar über »die traumatisierenden Wirkungen einer Massenentlassung«, die die Arbeiter in der Metallindustrie 1964 betraf, zeigt, bis zu welchem Grad diese Arbeiter, die alle wieder eine Arbeit gefunden haben und seither nie mehr entlassen wurden, ein tiefes Mißtrauen gegenüber der Zukunft und ihren Arbeitgebern verspüren. Das Team aus Soziologen und Medizinern untersucht die Gründe für die Beklommenheit und Angst, die diese Arbeiter zu Beginn der 1970er Jahre immer noch beherrscht, wo doch »keiner [von ihnen seither] eine Massen- oder eine individuelle Entlassung erlebt hat. Manche haben noch denselben Arbeitsplatz, den sie damals fanden. Diejenigen, die ihn wechselten, haben immer, und manchmal trotz der Benachteiligung durch ihr Alter, wieder Arbeit gefunden. Gibt es hier nicht neben der Beunruhigung eine Reihe von Gründen, die sie Vertrauen schöpfen lassen müßten?«[7] Dagegen ist nichts zu machen. Eine Längsschnittuntersuchung von knapp hundert dieser

---

7 *Nous, travailleurs licenciés. Les effets traumatisants d'un licenciement collectif*, UGE, coll. »10/18«, 1976, S. 217.

Arbeiter zeigt, daß 1973, das heißt neun Jahre nach der Entlassung, 58 % an einem prädepressiven Syndrom, 24 % an einem schweren Angst-Depressions-Syndrom, 30 % an kleineren Herzbeschwerden und 12 % an größeren Herzbeschwerden leiden.[8]

Muß man daran erinnern, daß der Verlust der Arbeit in einem sozialen Milieu, das über wenig Sicherheiten verfügt (Ersparnisse, Grundbesitz), rasch zu einem Abrutschen ins Elend führen kann? Angst und Depression sind eine Konstante in der Geschichte der Lage der Arbeiterschaft, die man nach der Lektüre vielfältiger Arbeiten von Historikern, Soziologen oder Zeitzeugen eindeutig bestimmen kann.[9] Die Verwundbarkeit tritt zwar ständig zutage, aber es waren nicht diese Gefühle, die zählten und für das Handeln im sozialen Leben einen Wert besaßen. Heute hat das Gefühl des Leidens einen solchen Wert. Es bezeichnet ein Problem und einen Grund, auf dieses Problem einzuwirken.

Zwischen diesem Zeugnis der entlassenen Arbeiter und dem sozialen Leiden, das im Laufe der 1990er Jahre explodiert ist, vollzog sich eher eine normative Umstrukturierung als eine anthropologische Umwälzung: die Unterordnung der Werte der Disziplin unter die der Autonomie, anders gesagt, die Akzentverschiebung von der Passivität zur Aktivität mit der Implikation der intensiven Entwicklung der persönlichen Initiative, um ein gesellschaftliches Leben zu führen. Die Menschen litten schon immer an dieser Art von Problem, aber heute ist der gesellschaftliche Ort des Gefühls ein ganz anderer. Diese Situation ergibt sich aus der Betonung der Autonomie, insofern es sich um einen selbst handelt, was die Mobilisierung individueller Anlagen, der eigenen Gefühle und der eigenen Subjektivität einschließt.

Psychiater wie Soziologen, Kliniker und Sozialarbeiter verkünden es ständig und mit Nachdruck: Es ist der Neoliberalismus, der das soziale Leiden verursacht. Auch wenn die Beschuldigung der Mächtigen eine Konstante ist, so hat doch das psychische Leiden seinen Status und Wert verändert: Unabhän-

---

8 Ebd., Beilage III, S. 313-317. Die Untersuchung wurde in vier Etappen durchgeführt: Gesundheitszustand vor der Entlassung, eine Woche später, einige Wochen später bei Ferienbeginn und 1973.

9 Die Autobiographie des großen britischen Soziologen der Arbeiterklasse, Richard Hoggart, 33 *Newport Street*, frz. Übers. Paris 1991 (Originalausgabe 1988), bietet eine subtile Beschreibung der Verletzlichkeit, die für die Situation der Arbeiter wesentlich ist.

gig von der klinischen Symptomatologie bedeutet es Untätigkeit und die Unfähigkeit, sich in einem Umfeld zu behaupten, in dem das Wiedererlangen einer Arbeitsstelle das viel aktivere Vorgehen der Eingliederung erfordert. Das Leiden ist fortan ein Grund für die Behandlung gesellschaftlicher Probleme, und nicht mehr nur ein Grund, um eine Psychopathologie zu heilen. Diese Änderung des sozialen Status des psychischen Leidens macht aus ihm ein Signal für die soziale Not, das zu einem Hebel für das Handeln wird. Hier nimmt die Furcht vor der Auflösung sozialer Bindungen eine ganz reale Wendung, weil sie weniger die *Phantasievorstellungen* bezeichnet, von denen die Patienten der Psychoanalyse angeblich beherrscht werden, als die wirkliche Situation einer Masse von Menschen, deren Zustand des Unbehagens, der Scham, der Verzweiflung, der Angst, aber auch der Nutzlosigkeit für die Welt die Akteure vor Ort betreffen. Das soziale Leiden veranlaßt neue Praktiken der Betreuung der Verlierer des Neoliberalismus. Es handelt sich durchaus um Verlierer in dem Sinne, daß die Problematik des Verlusts, und nicht die des (neurotischen) Konflikts, der zentrale Aspekt der Not ist, an der diese Personen leiden. Die Kliniker sprechen in ihrer technischen Sprache von narzißtischer Zerrüttung. Ihr Anliegen ist der Kampf gegen das Schuldgefühl, den Anforderungen der heutigen Welt nicht gewachsen zu sein. Diese Praktiken lassen sich unter dem Etikett der »psychosozialen Klinik« zusammenfassen. Sie beteiligt sich an der Erneuerung des Kampfes gegen die Ungleichheiten, der ein neues Problem aufwirft: Man nimmt die Ungleichheiten als persönliche Mißerfolge auf sich. Zwischen der Auflösung der Persönlichkeit und den sozialen Ungleichheiten hat sich eine neue Beziehung eingestellt. Das entscheidende Problem, um das sich die psychosoziale Klinik dreht, besteht weniger darin, die Ärmsten vor dem Wettbewerb zu schützen, als ihnen vielmehr die Mittel an die Hand zu geben, in diesen einzutreten und sich darin zu halten. Seit etwa zwanzig Jahren versucht man mit diesen Praktiken die Bindungen wiederherzustellen, die vom Kapitalismus aufgelöst wurden,[10] und die gestörten

---

10 Bertrand Ravon entwickelt die Idee einer Klinik der aufgelösten Bindungen, um den Bereich der Prekarität und der Ausgrenzung zu analysieren, aber die Formulierung läßt sich genausogut auf die Arbeitswelt anwenden. B. Ravon, »Vers une clinique du lien défait?«, in: J. Ion et al., *Travail social et »souffrance psychique«*, a. a. O.

Persönlichkeiten, die eine Folge dieser Auflösung sind, neu zu organisieren.

Der Psychiater Jean Furtos erzählt, daß ihn 1993 eine verantwortungsvolle Krankenschwester ansprach: »Man muß uns helfen, zu einem Verständnis zu gelangen: Es gibt neue Patienten, die in die medizinisch-psychologischen Zentren kommen, und wir wissen nicht, wie wir ihnen helfen sollen.«[11] Diese neuen Patienten leiden nicht wie die alten an Psychosen oder schweren psychiatrischen Störungen – sie sind keine Geisteskranken –, sondern an verschiedenartigen Traumata, die sie in eine chronische Hilflosigkeit stürzen, die zwischen ängstlichem Unbehagen und Verzweiflung schwankt. Prekarität, Ausgeschlossensein und Arbeitslosigkeit fügen narzißtische Wunden zu, deren Hauptkennzeichen eine Abnahme der Selbstachtung und in der Folge die Erschütterung des Selbstvertrauens ist. »Das Modell für diese Pathologien«, präzisiert Furtos, »wäre bei der Melancholisierung der sozialen Bindung zu finden.«[12]

Die beiden Klagen

Das Thema des Leidens der Ausgeschlossenen und der Arbeitslosen tritt in Frankreich zu Beginn der 1990er Jahre in Erscheinung, und zwar unmittelbar im Anschluß an das Gesetz über das RMI* (das 1988 beschlossen wurde), welches den Aspekt der »Eingliederung« vorsieht. Zum ersten Mal richtet man in Frankreich eine aktivierende Maßnahme ein: Um sein Einkommen zu erhalten, soll sich der Empfänger des RMI für die Eingliederung engagieren. Zur Erleichterung derselben werden Maßnahmen zur psychologischen Unterstützung der RMI-Empfänger getroffen. In der Region Rhône-Alpes zeigt eine Reihe von Untersuchungen, daß die beiden Agenturen, die für den Kampf gegen die Arbeitslosigkeit und die Prekarität geschaffen wurden, nämlich

---

* Revenu minimum d'insertion (Mindesteinkommen für die Teilnahme an Eingliederungsprogrammen; entspricht der Sozialhilfe in Deutschland), A. d. Ü.

11 J. Furtos, »Souffrir sans disparaître«, a. a. O., S. 10. »Die Menschen leiden nicht mehr wie früher.« Dieser Satz einer Krankenschwester aus dem Jahre 1993, so Furtos, stand am Ursprung von ORSPERE, in: *Rhizome*, Dezember 2008, Nr. 33, S. 58.

12 J. Furtos, »Souffrir sans disparaître«, a. a. O., S. 19.

die Délégation interministérielle à la Ville (DIV) für abstiegsgefährdete Gebiete und die Délégation interministérielle au RMI
(DIRMI) für eine besondere Klientel,

> mit Klagen [...] überhäuft wurden, die vor Ort aufkamen und die die
> Schwierigkeiten der realisierten politischen Maßnahmen hervorho
> ben, einer Politik der individuellen sozialen Eingliederung, der Inte
> gration von schwierigen Wohnvierteln, politische Maßnahmen der
> persönlichen Begleitung und der sozialen Entwicklung, bei denen alle
> Fachleute sich an einem schlecht definierten, aber belastenden, stören
> den, neuen Problem stießen, nämlich dem Problem des Leidens, des
> Unbehagens einer großen Zahl von Personen, für die sie verantwort
> lich waren. Weder die klassischen psychiatrischen Werkzeuge der Dia
> gnostik noch jene der Intervention entsprachen der Erwartung der
> Fachleute. Handelte es sich um ein Problem der seelischen Gesundheit,
> auch wenn es keine Krankheit war, um ein neues, spezifisches Pro
> blem, das neue Formen der Intervention erforderte?[13]

Dieses neue Unbehagen, das die armen Bevölkerungsschichten
heimsucht, wird von einem zweiten Unbehagen begleitet, nämlich dem der Sozialarbeiter und der anderen Fachleute aus der ersten Reihe.

Die neue Klientel kommt nicht spontan in die Sprechstunde,
denn das Leiden, das sie erlebt, zeigt sich eher, als daß es sich ausspricht.

> Die Fachleute der medizinischen und sozialen Berufe stehen immer
> häufiger Situationen gegenüber, die beim gegenwärtigen Wissensstand
> nicht kategorisierbar sind: Einerseits stellt sich das Leiden der Indivi
> duen in einem Kontext dar, der nicht auf eine psychiatrische Proble
> matik reduziert werden kann, und andererseits kann dieses Leiden,
> das vom Standpunkt der es erlebenden Person unbestreitbar psychisch
> ist, genausogut aufgrund seiner Determinanten und dem Kontext, in
> dem es auftritt (nämlich an den Orten des Sozialen), als soziales be
> zeichnet werden.[14]

Diese Klientel wird von den Sozialarbeitern, die gegenüber deren
Problemen hilflos sind, zu den medizinisch-psychologischen

---

13 Ebd., S. 8.
14 J. Furtos, J.-B. Pommier, V. Collin, *Réseaux et politique de santé mentale: mutualisation et spécificités des compétences*, ORSPERE-Service communal d'hygiène et de santé de Bourgoin-Jallieu, Oktober 2002, S. 24.

Zentren (CMP)* geschickt – die CMP sind die Hauptstütze für die Betreuung ambulanter psychiatrischer Patienten in den psychiatrischen Sektoren. Die Klientel besteht aus Arbeitslosen, Arbeitnehmern mit unsicheren Verträgen, RMI-Empfängern, jungen Leuten mit Schwierigkeiten bei der beruflichen Eingliederung und armen Arbeitern. Gegenüber dem Sozialarbeiter, und nicht gegenüber dem Psychiater oder dem Psychologen, haben sie implizit oder explizit das ausgedrückt, was jedermann gewöhnlich psychisches Leiden nennt. Und durch diese Äußerung rufen sie ein Unbehagen bei den Fachleuten hervor, die ihnen zuhören. Dasselbe gilt für eine steigende Zahl von örtlichen Volksvertretern, die mit denselben »soziopsychischen« Problemen konfrontiert sind.

1995 wird ein Bericht mit dem Titel *Une souffrance qu'on ne peut plus cacher* (Ein Leiden, das sich nicht mehr verbergen läßt) von Antoine Lazarus, Professor für öffentliche Gesundheit und Sozialmedizin, und Hélène Strohl, Generalinspektorin für soziale Angelegenheiten, Präsidentin und Generalberichterstatterin der Arbeitsgruppe »Stadt, psychische Gesundheit, Prekarität und Ausgrenzung«, veröffentlicht. Dieser Bericht, der von der DIV und der DIRMI in Auftrag gegeben wurde, findet zwar keinerlei Resonanz in den Medien, macht aber viel Lärm bei den Psychologen, Krankenschwestern, Sozialarbeitern und Psychiatern, die in den Gesundheits- und Sozialinstitutionen arbeiten, denn es geht um sie.[15] Sie stehen in der ersten Reihe der neuen Spannungen der französischen Gesellschaft, die durch die Vermischung von psychologischen Problemen und sozialen Schwierigkeiten charakterisiert sind. Dieser Bericht zeigt eine Art von Katalyse des sozialen Leidens, das die Kette der Beteiligten emporsteigt: Zum Leiden der Hilfesuchenden kommt das Leiden der Helfer hinzu. Die Helfer stehen der Ansammlung von Problemen bei ihrer Klientel hilflos gegenüber, und zwar insbesondere aufgrund

---

* Centre médico-psychologique, A. d. Ü.

15 »Obwohl er nie offiziell herausgegeben wurde, ist er der unter Fachleuten am meisten verbreitete Text der grauen Literatur. Sie brauchen de facto neue Bezugspunkte, um mit diesen Fragen umzugehen.« M. Joubert, F. Bertolotto, »Politiques locales, actions de proximité et de prévention en santé mentale. Enjeux pour les politiques publiques«, in: M. Joubert (Hg.), *Santé mentale, ville et violences. Questions vives sur la banlieue*, Ramonville-Sainte-Agne 2003, S. 230. Der Bericht wird schließlich 2004 durch La Documentation française veröffentlicht.

der Unmöglichkeit ihrer Betreuung, was die Möglichkeiten der Eingliederung belastet. Das Burn-out-Syndrom, der berufliche Verschleiß der Helfer, ist ein bis heute wiederkehrendes Thema, weil die Sozialarbeit nicht mehr wie in ihrer langen Wachstumsperiode auf die vom Fortschritt Vernachlässigten beschränkt ist: Sie erstreckt sich nun auf massive und dauerhafte Phänomene der Armut.[16] Die individuelle Benachteiligung ist weniger wichtig als die soziale, die sich aus den Ungleichheiten ergibt:

> Die Anstrengung, die man von Personen für ihre Eingliederung verlangt, ist im allgemeinen größer als jene, die von Personen verlangt wird, die gesellschaftlich gut integriert sind: die Anstrengung, um Zugang zu einer Arbeitswelt zu finden, die nicht von vornherein ein Faktor der persönlichen Entfaltung ist, die Verwaltung von sehr knappen Familienbudgets, die Kindererziehung, wenn man weder über einen Raum noch über passende Tätigkeiten verfügt, die Konfrontation mit einer Welt, in der andere Regeln gelten als in derjenigen Kultur, in der diese Personen aufgewachsen sind, insbesondere die Unterstützung der Arbeitsgemeinschaft, die für die Arbeiterkultur konstitutiv war, und auch die Komplexität der Verwaltungsprozeduren, des Zugangs zu Rechten für Menschen in einer instabilen oder unsicheren Situation. Zu diesen Schwierigkeiten, die mit den Veränderungen der Lebensbedingungen und insbesondere der Arbeit verknüpft sind, kommt häufig eine zusätzliche Schwierigkeit hinzu, die aus der Bemühung um Eingliederung entsteht und die die sozialen Maßnahmen selbst darstellen: Alles geschieht so, als ob komplexe Verfahren, wie zum Beispiel Verträge und Projekte (der Anstellung, der Bildung, des Lebens), vor allem von den am meisten marginalisierten Personen verlangt würden.[17]

Das ist der anscheinend neue und schockierende Punkt: Man verlangt von den Armen, daß sie sich wie jene Macher und Gewinner benehmen, die im Laufe der 1980er Jahre in der Landschaft Frankreichs auftauchten und eine Ideologie des gesellschaftlichen und sonstigen Erfolgs verkörperten. Das Gesetz über das RMI enthüllt einen neuen Aspekt der französischen Gesellschaft: Die individuellen Anforderungen an die Autonomie

---

16 Siehe beispielsweise Generaldirektion des Sozialdienstes und Oberster Rat für Sozialarbeit, *Le Travail social confronté aux nouveaux visages de la pauvreté et de l'exclusion*, Rennes 2007.

17 A. Lazarus, H. Strohl, *Une souffrance qu'on ne peut plus cacher*, DIRMI, DIV 1995; Paris 2004, S. 15.

und Verantwortung, die fortan für die gesellschaftliche Wiedereingliederung unverzichtbar sind, implizieren, daß die *persönlichen Kompetenzen* oder Dispositionen als zentrales Element der
Ungleichheiten erscheinen. »Häufig ist es die Fähigkeit, sich in
die Zukunft zu projizieren, an der es offenbar mangelt, auf die als
wesentliches Symptom verwiesen wird und die folglich auch im
Zentrum der behandelnden Instanz steht. Es geht weniger darum,
den Sinn der Handlung des Subjekts zu korrigieren [wie bei der
herkömmlichen Sozialarbeit], sondern im Zentrum der Intervention steht vielmehr seine Handlungsfähigkeit überhaupt.«[18] Die
abweichenden Verhaltensweisen, die Gegenstand der herkömmlichen Sozialarbeit waren, nehmen einen neuen Sinn an: Sie sind
Verhaltensweisen der Ohnmacht.

Jean Furtos, einer der wichtigsten Förderer dessen, was man in
Frankreich die psychosoziale Klinik nennt, gründet 1993 das
Observatoire régional sur la souffrance psychique en rapport
avec l'exclusion (ORSPERE, Bron, Rhône) [regionales Beobach-
tungszentrum für psychisches Leiden, das mit sozialer Ausgrenzung verbunden ist], das 2002 zum Observatoire national des
pratiques en santé mentale et précarité [nationales Beobach-
tungszentrum für Praktiken, die sich auf seelische Gesundheit
und Prekarität beziehen] wird. Die erste Konferenz über Prekarität und seelische Gesundheit wird 1994 in Lyon veranstaltet,
gefolgt von vielen anderen. Die Zeitschrift *Rhizomes* wird geschaffen und wird zum Organ der psychosozialen Klinik. Um
das Lyoner Zentrum, aber auch um andere Zentren, wie zum
Beispiel im Departement Seine-Saint-Denis oder in Lille (die Region Nord-Pas-de-Calais weist mit die niedrigsten Gesundheits-
indikatoren im Verhältnis zum nationalen Durchschnitt auf),
entwickelt sich gleichzeitig eine klinische und eine soziale Tätigkeit, die die Forschung mit dem Handeln verbindet. Die psychosoziale Klinik, die sich am Schnittpunkt von Gesundheit und Gesellschaft befindet, ist gerade im Begriff sich zu entwickeln, und
das psychische Leiden wird zu einem Grund, über die Psychopathologie hinaus zu handeln. Das Ziel dieser Klinik besteht darin,
die Handlungsfähigkeit wiederherzustellen, die durch den gesellschaftlich verursachten narzißtischen Zusammenbruch zerstört
wurde. Es geht darum, die Apathie zu stimulieren, aber auch

---

18 J. Ion, »Einleitung« zu J. Ion et al., *Travail social et »souffrance psychique«*, a. a. O., S. 8.

434

darum, durch die Wiederherstellung von Bindungen die Gewalt einzudämmen. Von der Psychologie zu sprechen bedeutet, von der sozialen Bindung zu sprechen. Die Psychologie ist kein bloßer Zusatz zur Gesellschaftspolitik, heute ist sie ein wesentlicher Zug dieser Politik, und zwar aufgrund der Betonung der persönlichen, psychologischen, sozialen oder relationalen Kompetenzen.

Eine gewaltige Klage, die sich ausspricht und sich vor allem zeigt, kommt aus dem städtischen Bereich. Die Arbeitsgruppen zum Thema Stadt und Gesundheit, die von der DIV eingerichtet wurden, sehen die Probleme der seelischen Gesundheit immer wieder an vorderster Stelle.[19] Mit der Einrichtung regionaler Programme für den Zugang zu Prävention und Betreuung (Programmes régionaux d'accès à la prévention et aux soins, PRAPS) im Jahr 1998 macht sich das Unbehagen vor Ort auf der Ebene der Departements bemerkbar. Das Rundschreiben, das 2001 die Funktionsweise der PRAPS beschreibt, greift »die Terminologie des ORSPERE« auf und macht den Begriff des psychosozialen Leidens offiziell.[20] In den meisten dieser Programme hat das Thema psychisches Leiden/Prekarität Vorrang.

Der Sektor der Psychiatrie und das Netz der seelischen Gesundheit

Wir haben gesehen, daß ein Teil dieser prekären Klientel im psychiatrischen Sektor in die medizinisch-psychologischen Zentren geschickt wird. Nun erhält aber die Sektorenpsychiatrie verordnungsrechtlich durch das Rundschreiben vom 14. März

---

19 Laurent El Ghozi, der stellvertretende Bürgermeister von Nanterre, meint dazu folgendes: »Bis in die letzten Jahre war der Sektor der Erwachsenenpsychiatrie meistens nicht zur Stelle und kümmerte sich ausschließlich um die wirklichen Pathologien ohne Interesse oder Offenheit für dieses psychosoziale Leiden. Das ändert sich heute zwar, aber die Beteiligung der Psychiatrie ist immer noch ungenügend, was uns dazu veranlaßt hat, nach anderen Partnern zu suchen.« L. El Ghozi, »La santé mentale dans la cité«, in: M. Joubert (Hg.), *Santé mentale, ville et violences*, a.a.O., S. 257. Zu Aktionen der seelischen Gesundheit im Kontext örtlicher Sicherheitsvereinbarungen, siehe ebd., S. 257-259.
20 M. Joubert, F. Bertolotto, »Politiques locales, actions de proximité et de prévention en santé mentale«, a.a.O., S. 234.

1990 einen neuen Auftrag: die seelische Gesundheit. Dabei wird der Akzent auf diejenigen medizinisch-psychologischen Zentren gelegt, die eine medizinische Grundversorgung anbieten (und die Krankenhäuser entlasten) sollen, auf die Beziehungen zu den sozialen Akteuren sowie auf die medizinisch-sozialen Einrichtungen. Der Sektor wird dem Rundbrief zufolge als ein »Bereich der Abstimmung und Koordination von Handlungen [definiert], die auf der lokalen Ebene mit der Gesamtheit der direkt oder indirekt von den Problemen der seelischen Gesundheit betroffenen Partner durchzuführen sind«. Die öffentliche Psychiatrie soll sich an »eine Entwicklung der Solidaritätsformen und der sozialen Praktiken und den schrittweisen Aufbau von Vermittlungsstationen und sozialen Netzen [anpassen], die geeignet sind, Personen aufzunehmen und zu unterstützen, die sowohl Hilfe- als auch Versorgungsleistungen empfangen«. Jeder Sektor soll mindestens »über eine Struktur [verfügen], deren Zweck die Bereitstellung von Betreuungsmaßnahmen zur Wiederanpassung ist, welche eine gewisse Eingliederung in das gesellschaftliche Milieu und eine erneute Ertüchtigung zur Autonomie ermöglichen (therapeutisches Wohnen, Rehabilitationszentrum, therapeutische Unterbringung in der Familie, therapeutischer Workshop, Tageskrankenhaus...)«. Diese Zweckbestimmungen implizieren eine Durchlässigkeit und Verbindung zwischen dem Gesundheitsbereich (grob gesprochen, dem Krankenhaus und dem medizinisch-psychologischen Zentrum) und dem Bereich des Sozialen oder des Medizinisch-Sozialen, worauf die psychiatrischen Patienten angewiesen sind, die das Krankenhaus verlassen haben und im Gemeinwesen leben. Diese Patienten begegnen denselben Problemen wie die prekären Bevölkerungsschichten: eine Wohnung und eine Arbeitsstelle zu finden, ein gesellschaftliches Leben zu führen usw. »Der Sektor war ein um seine Patienten herum integriertes Netz. In Zukunft ist er aufgerufen, sich mit anderen Netzen zu verknüpfen, da seine Benutzer sich nicht mehr ausschließlich durch die Tatsache auszeichnen, Patienten zu sein.«[21] Es handelt sich vielmehr um Bürger in Not, und diese Not manifestiert sich in Form von Symptomen. Von diesem Moment an wird man immer wieder daran erinnern, daß die Ab-

21 O. Quérouil, »Des expériences encore partielles«, in: *Pluriel*, Nr. 21, »Exclusion: vers une clinique psychosociale?«, März 2000.

grenzung fortbesteht und daß der Anschluß trotz einer Masse von Initiativen und Experimenten ungenügend bleibt. Dieses Problem stellt sich sowohl seitens der öffentlichen Psychiatrie als auch seitens der Sozialarbeit. Es ist so häufig, daß ein Bericht des Obersten Rats für Sozialarbeit sich 2007 beklagt, feststellen zu müssen, daß 2004 ein Gesetz zur öffentlichen Gesundheit und 2005 ein anderes zum Zusammenhalt der Gesellschaft beschlossen wurde, wodurch selbst auf der Ebene des Gesetzgebers die beiden Bereiche auch weiterhin voneinander getrennt werden.[22] Die Reform des Gesetzes von 1975 über die Benachteiligung, die 2005 nach zehn Jahren Vorbereitungszeit beschlossen wurde, hebt die Notwendigkeit hervor, den Gesundheitsbereich und den Bereich des Medizinisch-Sozialen füreinander durchlässig zu machen. Es ist das alte Lied.[23]

Die Enthospitalisierung macht die Kluft zwischen dem Bereich der Gesundheit und dem des Sozialen zu einer künstlichen, weil die Tatsache, daß die psychiatrischen Patienten im Gemeinwesen leben, die Konsequenzen der Krankheit vor Augen führt: die soziale Benachteiligung, die sie erzeugt und die psychosoziale Betreuung, zu der diese Benachteiligung führen muß. Der Unverbundenheit zwischen dem Gesundheits- und Sozialbereich, so wiederholt man regelmäßig, muß ein Kontinuum der Betreuung folgen. »Wie sollen diese Strukturen geschaffen werden? Wie sollen diese Menschen für eine Erneuerung ihrer Individualität empfänglich gemacht werden? Eine umfassende Vorgehensweise muß sich auf eine Palette von diversifizierten und komplementären Ansätzen berufen, indem sie die verschiedenen Umstände der Krankheit berücksichtigt (Mangel, Unfähigkeit, sozialer Nachteil...)«: Von dieser Art sind die Fragen einer Konferenz, die 1999 von der nationalen Mission zur Unterstützung seelischer Gesundheit veranstaltet wurde. »Sie drängt darauf, den Erfolg des therapeutischen Projekts zugunsten eines Erziehungs- und Lebensprojekts zu relativieren, das immer mehr in den Vordergrund rückt. Sie setzt sich auch mit der Abgrenzung auseinander,

22 Generaldirektion des Sozialdienstes und Oberster Rat für Sozialarbeit, *Décloisonnement et articulation du sanitaire et du social*, Rennes 2007, S. 13.
23 Der bislang letzte Bericht über die seelische Gesundheit, nämlich der von Édouard Couty, der 2009 eingereicht wurde, erinnert immer noch an diese Notwendigkeit.

die durch ein mehrstufiges Kontinuum ersetzt werden sollte, innerhalb dessen sich die Stellung des Patienten entwickelt.«[24]

Ab 1990 explodiert die Anzahl der Patienten in den psychiatrischen Sektoren, die regelmäßig den Arzt konsultieren: Im Jahr 2000 betreut jeder Sektor im Durchschnitt etwa 1400 Patienten, das heißt 62 % mehr als 1989. Die Rückfallquote steigt von 17 Patienten pro 1000 Einwohner über 20 Jahre auf 21 pro 1000 im Jahr 1995 und auf 26 pro 1000 im Jahr 2000. Mehr als drei Viertel des Anstiegs an Patienten gehen auf das Konto der Ambulanz, die zwischen 1989 und 2000 um 75 % gewachsen ist, und 85 % davon werden ambulant betreut.[25] In der Ambulanz haben die Betreuungsmaßnahmen und die Interventionen im medizinisch-psychologischen Zentrum den stärksten Zuwachs an Aktivität verzeichnet (89 %), während die anderen Betreuungsmodalitäten die Patienten, die regelmäßig den Arzt besuchen, ab 1997 stagnieren sahen. Das medizinisch-psychologische Zentrum ist also zwar zum Angelpunkt der Sektoren der allgemeinen Psychiatrie geworden, aber der medizinisch-soziale Bereich stagniert. Der Mangel an verschiedenen Maßnahmen, die für die Behandlung und Betreuung psychiatrischer Patienten notwendig wären, wird von allen Beobachtern hervorgehoben.[26] Die Verminderung der Anzahl von Krankenhausbetten und die Unzulänglichkeit der ambulanten Betreuung haben eine deutliche Konsequenz: Viele psychiatrische Patienten mit schweren Störungen finden sich in den neuen Kreisläufen der Armut und des Elends wieder.

---

24 S. Kannas, »Des enjeux considérables«, in: *Pluriel*, Oktober 1999, Nr. 19.

25 M. Coldefy, »Les secteurs de psychiatrie générale en 2000«, in: *Études*, DREES, März 2004, Nr. 42.

26 »Die Pflege und Hilfe zuhause genügen nicht, um die Rückkehr (oder das Verbleiben) vieler Patienten mit schweren Störungen in den eigenen Haushalt zu gestatten.« Die öffentlichen Behörden müssen dafür sorgen, daß bei denjenigen Patienten, die am schwersten erkrankt sind, die Entscheidung der Einweisung in ein Krankenhaus und die Entscheidung über den Lebensort sich aus einer vernünftigen Wahl, und nicht aus dem Fehlen einer Wahl ergeben. Ohne geeignete Maßnahmen führt der Rückgang der Bettenzahl dazu, daß die Hilfe und die Pflege für viele Menschen, die an den schwersten Störungen leiden, ungenügend sind.« F. Chapireau, »Trajectoires des personnes hospitalisées durablement en psychiatrie«, in: *L'Information psychiatrique*, Dezember 2004, Bd. 80, Nr. 10, S. 797.

Nun ist aber eine Schnittstelle umso notwendiger, als zum klassischen Problem der stabilisierten Geisteskranken das psychische Leiden der prekären Bevölkerungsschichten hinzukommt.[27] Wenn das medizinisch-psychologische Zentrum ein Betreuungsangebot ermöglicht, das der Bevölkerung näher steht als das Krankenhaus, so führt der Sektor Neuerungen ein mit Maßnahmen, die es gestatten, auf die Bevölkerung zuzugehen, anstatt zu warten, daß die Betroffenen in die Sprechstunde kommen. In den 1990er Jahren werden mobile Teams eingerichtet, die auf Psychiatrie und Prekarität spezialisiert sind. Sie werden durch ein Rundschreiben vom November 2005 offiziell anerkannt, das »sich auf die Betreuung der Bedürfnisse geistiger Gesundheit von Personen bezieht, die sich in einer Situation der Prekarität und der Ausgrenzung befinden, und auf die Einrichtung mobiler Teams, die auf Psychiatrie spezialisiert sind«. Diese Teams führen Maßnahmen durch, die sowohl auf eine prekäre Klientel als auch auf Akteure der ersten Reihe gerichtet sind; sie richten zahlreiche Partnerschaften ein, um in Netzwerken zu arbeiten. In der Pariser Region haben die fünf Krankenhauseinrichtungen, die auf Psychiatrie spezialisiert sind, ein Netzwerk außerhalb von Paris aufgebaut; es gibt etwa fünfzig mobile Teams. Eine Bilanz aus dem Jahr 2007 zeigt »eine starke Beteiligung der psychiatrischen Sektoren«[28] an dieser Praxis.

Das Syndrom des Vertrauensverlustes

Die psychosoziale Klinik stellt sich als eine »Klinik der narzißtischen Destabilisierung und der Krankheitserscheinungen der Gesellschaft dar«.[29] Die psychopathologische Problematik der

27 E. Giraud-Baro, D. Leguay, »L'avenir de l'interface médico-sociale en psychiatrie«, in: V. Kovess, A. Lopez, J.-C. Pénochet, M. Reynaud, *Psychiatrie années 2000. Organisations, évaluations, accréditation*, Paris 1999.
28 Siehe »Équipes mobiles spécialisées en psychiatrie et précarité. Un bilan et ses perspectives«, in: *Pluriel*, Juni 2007, Nr. 67. Die Bilanz wurde von Dr. Alain Mercuel erstellt, der den Hilfsdienst »Seelische Gesundheit und soziale Ausgrenzung« im Krankenhaus Sainte-Anne leitet.
29 B. Ravon, »Vers une clinique du lien défait?«, in: J. Ion et al., *Travail social et »souffrance psychique«*, a. a. O., S. 45. Es handelt sich um einen Zwischentitel mit einem Fragezeichen.

betroffenen Personen ist gänzlich von der Tonart des Verlusts geprägt: Depression, Rückgang, Zusammenbruch. Eine Untersuchung bezüglich aller psychologischen Unterstützungsmaßnahmen für RMI-Empfänger in der Region Rhône-Alpes zeigt, daß »die Angst, der Situation, wie sie sich einem aufdrängt, nicht gewachsen zu sein«, in dieser ganzen Bevölkerungsschicht verbreitet ist.[30] Das Problem, »sich zu bewegen«, steht bei diesen Maßnahmen im Mittelpunkt. Eine Psychologin beschreibt die Symptomatologie der jungen Menschen, die zu den örtlichen Arbeitsämtern kommen:

> Das narzißtische Leiden, der Verrat, die Enttäuschungen und Angriffe, die die intersubjektiven Bindungen dieser jungen Menschen kennzeichnen, die wiederholten Mißerfolge bei der Durchführung von Eingliederungsmaßnahmen, die Instabilität der Wohnsituation, die sprunghaften Handlungen und insbesondere die Häufigkeit von Selbstmordversuchen, die Drogenabhängigkeit, die Störungen des Ernährungsverhaltens, das Gefühl, nicht zu existieren, die Selbstherabwürdigung, die Schwierigkeiten, sich in die Zukunft zu projizieren, die ›Plackerei‹ sind eine Reihe von Zeichen, deren Intensität die narzißtischen Pathologien in dieser Bevölkerungsschicht bezeugt.[31]

Die psychoanalytische Klinik der Extremsituationen zeigt, in welchem Grad diese narzißtischen Zusammenbrüche beim Subjekt abwechselnd Apathie und Wutausbrüche erzeugen. Viele Psychiater heben den Wandel der Formulierungen von Hilfegesuchen hervor: »Sie zeigen sich [...] mehr in lauter, scharfer, ›krisenhafter‹ Gestalt und einer klinisch schwankenden, labilen Erscheinung. [...] Sie bringen das Primat der Unmittelbarkeit zum Ausdruck, des unmittelbaren Handelns, des Handelns, das unmittelbar auf das Sprechen folgt.« Die Hilfegesuche lassen sich nicht durch Sprache ausdrücken und schwanken zwischen Erstarrung und Explosion. Diese Situation führt dazu, daß »man sich die Frage nach der gegenwärtigen Verbreitung der ›Grenzzustände‹ stellt, die ebensosehr unserer begrifflichen Begrenztheit

30 C. Laval, »L'extension de la clinique au sein du RMI«, in: J. Ion et al., *Travail social et »souffrance psychique«*, a. a. O., S. 109.
31 C. Demetriades, »Adolescents et jeunes majeurs en insertion. Bricolages cliniques en mission locale«, in: *Le Croquant*, Dezember 2002, Nr. 35-36, zitiert von B. Ravon, »Vers une clinique du lien défait?«, in: J. Ion et al., *Travail social et »souffrance psychique«*, a. a. O., S. 46.

wie einer nachweislichen Psychopathologie entspricht«.[32] Dem Psychoanalytiker René Roussillon zufolge »verlangen die Leute nichts, jedenfalls verlangen sie keine psychische Betreuung. Das Vorhandensein eines Hilfegesuchs ist keine notwendige Bedingung für die psychische Betreuung. Wir begegnen mehr und mehr Formen manifesten Leidens bei Personen, die gar kein Hilfegesuch stellen können und die dennoch einen großen Nutzen aus einer psychotherapeutischen Betreuung ziehen könnten.«[33]

Bei dieser Klinik dreht sich alles um den Verlust, den Verlust des Arbeitsplatzes, der Wohnung, des Status, der Selbstachtung. Es handelt sich um einen umfassenden Vertrauensverlust, der durch die Prekarität hervorgerufen wird: »Verlust des Vertrauens in den anderen, der die eigene Existenz anerkennt; Verlust des Selbstvertrauens, des Vertrauens in die eigene Würde der Existenz; Verlust des Vertrauens in die Zukunft.«[34] Dieser Verlust führt zu einem narzißtischen Zusammenbruch des Subjekts, das nichts mehr verlangt und dessen Leiden schließlich sogar anästhetisiert wird, ein »Leiden, das einen am Leiden und somit am Leben hindert«.[35] Die Psychiater sprechen vom Ausgrenzungs- oder Selbstausgrenzungssyndrom, um die Extremsituation mancher Obdachloser zu beschreiben. Es ist durch die Hemmung des Denkens und der Gefühle, durch eine Unempfindlichkeit des Körpers, Verhaltensstörungen, einen aktiven Bruch mit den nächsten Verwandten, die Schwäche oder Unfähigkeit, etwas zu fordern, eine Verminderung oder sogar völlige Abwesenheit des Schamgefühls sowie eine Fahrlässigkeit gekennzeichnet, die zeigt, daß die Person sich nicht mehr um sich selbst sorgt.[36]

Jean Maisondieu definiert das Ausgrenzungssyndrom durch drei Merkmale: die Scham, die Hoffnungslosigkeit und die affektiv-kognitive Hemmung, die eine Gefühllosigkeit gegenüber dem Leiden hervorbringt. Es ist die äußerste Reaktion auf die Tatsache, daß der Ausgeschlossene nichts zählt. Das Hauptmerkmal dieser Personen ist Jean Furtos zufolge dasjenige, was er die ver-

---

32 S. Kannas, »Crise de la société, crise de la psychiatrie«, in: *L'Information psychiatrique*, Februar 2003, Bd. 79, Nr. 2, S. 148 und 149.

33 R. Roussillon, »Les situations extrêmes et la clinique de la survivance psychique«, in: J. Furtos, C. Laval (Hg.), *La Santé mentale en actes. De la clinique au politique*, a. a. O., S. 230.

34 J. Furtos, »Souffrir sans disparaître«, ebd., S. 16.

35 Ebd., S. 17.

36 Ebd., S. 21-23.

kehrte Welt nennt: eine negative therapeutische Reaktion, die damit zu tun hat, daß »es ihnen umso schlechter geht, je mehr man ihnen hilft«.[37] Diese Symptome haben Ähnlichkeit mit dem, was man bei der Schizophrenie Defizitsyndrom nennt. Aber bei der Schizophrenie werden sie von der Krankheit selbst erzeugt, während sie sich hier aus der sozialen Situation der Person ergeben. »Auf die Dauer«, schreibt Sylvie Quesemand Zucca in einer Erzählung über ihre lange Erfahrung mit mobilen Teams in der Psychiatrie, »vermischt sich die Desozialisierung mit der Psychose, und es wird schwierig, den Kranken vom typischen Ausgegrenzten zu unterscheiden, so sehr sind alle Symptome miteinander verflochten«.[38] Auf der psychopathologischen Ebene handelt es sich um narzißtische Wunden. Diese können dazu führen, daß jegliche Hilfe verweigert wird, denn die Gesellschaft wird als feindlich wahrgenommen. Manche Psychiater sprechen von Freuds Aktualneurose »in ihrer Beziehung zwischen dem Trauma und der narzißtischen Verwundung, die die Unmöglichkeit der Verdrängung mit der Leugnung der Objektbeziehung verbindet«.[39] Die Menschen leiden an einer Spaltung, und nicht an einem Konflikt, sie sind mit Trennungsängsten konfrontiert. Sie sind Opfer psychischer Prozesse des Überlebens, die sich durch eine »paradoxe Abwehr« manifestieren, die man in Extremsituationen findet: »Das Subjekt zieht sich von sich selbst zurück, es zieht sich aus seiner subjektiven Erfahrung zurück, es geht von sich selbst ab und trennt sich von sich selbst.« Es leidet nicht an einer Neurose, es blickt dem Verzicht nicht ins Auge, es

---

37 J. Maisondieu hat dieses Syndrom in mehreren Aufsätzen beschrieben. Siehe insbesondere »De l'exclusion pathogène au syndrome d'exclusion«, in: *Rhizomes*, März 2001, Nr. 4, und »Citoyenneté et santé mentale«, in: M. Joubert (Hg.), *Santé mentale, ville et violence*, a. a. O. »Alle die zahlreichen Leute, deren psychisches Leiden weniger in Beziehung zu einer ordnungsgemäß registrierten Geisteskrankheit als vielmehr zu einem Unbehagen steht, das sich aus Hindernissen für die Ausübung ihrer Staatsbürgerschaft ergibt, und zwar durch ihre Ausgrenzung aus dem Feld von Austauschhandlungen sowohl auf wirtschaftlicher als auch auf symbolischer Ebene.« S. 161.
38 S. Quesemand Zucca, *Je vous salis ma rue. Clinique de la désocialisation*, Paris 2007, S. 65.
39 J.-P. Martin, »La récusation de l'aide comme symptôme«, in: *Rhizomes*, September 2000, Nr. 2, S. 4. Siehe auch »La santé mentale est-elle une alternative à la psychiatrie?«, in: M. Joubert (Hg.), *Santé mentale, ville et violences*, a. a. O., insbesondere S. 322.

spaltet sich, »es trennt sich von sich selbst und trennt die Bindungen, die es mit der Extremerfahrung verbinden könnten«.[40] Die Gesellschaft dagegen ist mit der Ablösung eines Teils der Bevölkerung konfrontiert.

In einem Bericht von Sozialarbeitern für die Generaldirektion des Gesundheitswesens und die Direktion sozialer Maßnahmen zur Betreuung des psychischen Leidens faßt die Arbeitsgruppe die Manifestationen des Leidens folgendermaßen zusammen:

> Eine Symptomatologie, die mit keiner erwiesenen Geisteskrankheit übereinstimmt, sondern in einer Menge möglicher Manifestationen besteht: Isolationsverhalten, wiederholte Mißerfolge, Abbruch der Karriere, Risikoverhalten, Suchtverhalten, Gewalt gegen sich selbst und die anderen sowie Gefühle des Alleingelassenseins, der Müdigkeit, Erschöpfung, Unsicherheit, der Selbstmißachtung, der Entwertung und Scham, der Angst und der psychologischen Not.[41]

Diese Leiden haben übrigens häufig ihre Wurzeln in der frühen Kindheit, in der diese Personen einen Mangel an Gefühlen, wenn nicht gar Gewalt erfuhren. Diese Symptomatologie ist insofern polymorph, als sie »Verflechtungen und Schwankungen zwischen familiären, sozialen und ökonomischen Schwierigkeiten, psychologische Störungen, die manchmal in den Bereich der Psychiatrie fallen, und verschiedene körperliche und geistige Defizite miteinander [verbindet]«.[42]

Das psychische Leiden liegt auf einer Achse, deren beide Extreme das soziale Unbehagen und die Geisteskrankheit sind. In einer Untersuchung zu einer mittelgroßen Stadt des Departements Isère betonen die Teilnehmer die Unschärfe, die Verschwommenheit und die Unbestimmtheit der Formen, in denen sich das Übel zeigt.[43] Darin besteht seine Besonderheit, und es

---

40 R. Roussillon, »Les situations extrêmes et la clinique de la survivance psychique«, a. a. O., S. 226.

41 Generaldirektion des Gesundheitswesens, Generaldirektion des Sozialdienstes, *Souffrances ou troubles psychiques: rôle et place du travailleur social*, 2005, S. 8.

42 M. Jaeger, »L'articulation du sanitaire et du médico-social«, in: R. Lepoutre, J. de Kervasdoué (Hg.), *La Santé mentale des Français*, Paris 2002, S. 341.

43 »*Die Situationen des psychischen Leidens bleiben ganz gewiß im Unscharfen und Unbestimmten.* Sie gehören zu etwas (oder zu jemandem), das (den) man sich ›aufhalsen‹ muß, weil es (er) da ist«, in: J. Furtos, J.-B. Pom-

scheint oft schwierig zu sein, die Anzeichen einer Nosographie oder einer Kategorie zuzuordnen.

> Der Rückzug auf sich selbst, von dem so häufig die Rede ist, und die Entmutigung können sowohl auf pathologische Formen (wie die Melancholie, die Schizophrenie) als auch auf Wirkungen des psychischen Leidens außerhalb der Nosographie hinweisen. Dasselbe gilt für die Leugnung des eigenen Leidens. Obwohl sie zur Geisteskrankheit gerechnet wird, ist dieses Zeichen dennoch an sich nicht krankhaft. Beim psychischen Leiden läßt sich gut erkennen, inwiefern bestimmte Krankheitszeichen notwendige Abwehrmechanismen sind, damit sich die Person ›aufrechthalten‹ kann, die sich aber jederzeit gegen das Subjekt wenden und es in Mitleidenschaft ziehen können.[44]

Halten wir fest, daß diese Symptome der prekären Bevölkerungsschichten auch denjenigen der »klassischen« Klientel der psychiatrischen Sektoren entsprechen. Ein Psychiater beschreibt seinen Sektor in einer halb ländlichen, halb städtischen Region in der Nähe von Castelnau folgendermaßen: »Die Klinik konfrontiert uns immer mehr mit verstümmelten und hybriden Krankheitsbildern, in denen die manisch-depressiven Störungen mit einer Komponente des Wahnsinns oder der Dissoziation verbunden sind. [...] Damit verbundene Suchtkrankheiten werden immer häufiger. Sie stellen täglich Probleme der Differentialdiagnostik zwischen Pharmakopsychose und prozeßhafter Dekompensation.«[45] Der Autor ist der Ansicht, daß die

> verhältnismäßige Banalisierung [die Tatsache, daß die Psychiatrie weniger Angst bereitet] dazu beiträgt, den Bereich der Hilfegesuche, die an den psychiatrischen Sektor gestellt werden, auszudehnen. Dieser ist dazu aufgerufen, immer häufiger auf Formen psychischen Leidens zu reagieren, die immer weniger den klassischen nosographischen Krankheitsbildern entsprechen, um an einem symptombezogenen An-

mier, V. Collin, *Réseaux et politique de santé mentale: mutualisation et spécificités des compétences*, a. a. O., S. 26. Hervorhebung der Autoren.

44 Ebd., S. 26

45 C. Alezrah, »Réflexions sur l'évolution dans le temps des demandes et des réponses dans un secteur type«, in: *L'Information psychiatrique*, Mai 2004, Bd. 80, Nr. 5, S. 384. »Diese Forderung wird umso informeller und immer weniger ausgedrückt, je mehr man die Begegnung auf den Ort und die Zeit des Patienten verschiebt.« N. Glück-Vanlaer, »Nouvelles modalités de la rencontre psychiatrique: à propos des nouvelles pratiques de secteur«, *L'Information psychiatrique*, Februar 2003, Bd. 79, Nr. 2, S. 144.

satz zu haften, bei dem die schizophrene Depression mit der Melancholie oder einer reaktiven Dekompensation unter dem allgemeinen Begriff des ›schwereren depressiven Zustands‹ in Berührung kommen kann.[46]

1987 bestand die Population dieses Krankenhauses zu 44 % aus Personen, die an Schizophrenie litten (darunter 10 % an chronischem Wahnsinn), 2002 liegt der Prozentsatz bei 29 %, während die Stimmungsstörungen (die 1987 nicht erscheinen oder nicht gezählt wurden) 29 % ausmachen. Diese örtlichen Statistiken zeigen den Eintritt von neuen Populationen in den Sektor, der der Ausdehnung des Auftrags der psychiatrischen Sektoren für die seelische Gesundheit entspricht.

Insofern man in vielen Fällen die Menschen nicht mehr den beiden Kategorien des »Sozialfalls«, der in den Zuständigkeitsbereich des Sozialarbeiters fällt, und dem »psychiatrischen Fall«, der Gegenstand des Psychologen oder des Psychiaters ist, zuordnen kann, haben wir es mit einer Klinik der Heterogenität zu tun: »Wenn die betroffene Person nicht klassifiziert werden kann, stellt sie auch keinen bestimmten Fall mehr in dem Sinne dar, daß man nicht genau weiß, wie man diesen behandeln soll.«[47]

»Als regelrechtes Unbehagen in der Kultur zeigen die Prekarität und die Ausgrenzung eine psychopathologische Komplexität und einen Polymorphismus von Symptomen, die sofort eine Reihe von Fragen im Bereich der Klinik wachrufen oder neu beleben.«[48] Es geht hier weniger darum, eine Klinik des Symptoms zu praktizieren, als eine Klinik des »Wirklichen«, das als Ursache des Symptoms zu sehen ist. Das Wirkliche ist die aufgelöste soziale Bindung, und sein Resultat ist der Zusammenbruch des Selbstvertrauens. Der große Bezugspunkt des Handelns ist der Begriff der einzigartigen Person in einem bestimmten Kontext und mit einem bestimmten Werdegang: Das ist ein ethischer Bezugspunkt, und auf einer operativen Ebene ist er der einzig mögliche.

Die psychosoziale Klinik wird von der Psychoanalyse deutlich

46 C. Alezrah, »Réflexions sur l'évolution dans le temps des demandes et des réponses dans un secteur type«, a. a. O., S. 385.

47 J. Furtos, J.-B. Pommier, V. Collin, *Réseaux et politique de santé mentale: mutualisation et spécificités des compétences*, a. a. O., S. 30.

48 H. Abdelouahed, »Argument«, in: *Cliniques méditerranéennes*, 2005, Nr. 72, S. 5.

inspiriert, wenn auch diskret, und zwar auf zwei Ebenen. Zunächst wird das psychosoziale Leiden anhand des Modells der narzißtischen Pathologien und der Grenzzustände charakterisiert. Es ist ein Abwehrmechanismus der Persönlichkeit, der der Charakterneurose viel näher steht als der Übertragungsneurose. Die Psychoanalyse gestattet die Klärung einer Achse, auf der Prekarität, Verlust und Narzißmus angesiedelt sind. Anschließend führt das Engagement der Betreuungsperson als Helfer, das aus der Zerlegung der Kategorien des Sozialen und des Pathologischen hervorgeht, zur Einbeziehung des Unbehagens der Betreuungsperson als einer Dimension der Gegenübertragung: »Die Dimension der Gegenübertragung ist grundlegend, um das psychische Leiden insofern zu erfassen, als es zunächst ein Faktor ist, der die Beziehung zwischen den Protagonisten stört und sie mit Leiden erfüllt.«[49]

Der Sozialarbeiter und der Kliniker: das Unbehagen, Ansatzpunkt für das Handeln

Der parallel verlaufende Wandel der Armut und der öffentlichen Psychiatrie führt zu einer Veränderung in den klinischen und sozialen Berufen.[50] Der Kliniker muß sich dem Sozialen gegenüber öffnen und sein Büro verlassen, um auf die entsprechenden Bevölkerungsschichten zuzugehen,[51] während der Sozialarbeiter sich gegenüber der Klinik öffnen muß. Zur traditionellen Quali-

49 J. Furtos, J.-B. Pommier, V. Collin, *Réseaux et politique de santé mentale: mutualisation et spécificités des compétences*, a. a. O., S. 27.

50 Umfangreiches Material findet man bei J. Ion (Hg.), *Le Travail social en débat*, Paris 2005. Die Ausgabe von *Esprit* vom März-April 1998, die von J. Donzelot und J. Roman herausgegeben wurde, »Où va le travail social?«, hatte eine Landkarte der Transformationen dieses Berufs skizziert.

51 »Der Beruf, den wir gelernt haben«, schreibt eine Psychiaterin, die sehr stark im sozialen Bereich engagiert ist, »ist nicht mehr der, dessen Ausübung man von uns fordert: Wir müssen mobil und sehr aktiv sein, in verschiedenen Pflegeeinrichtungen und auf verschiedene Weisen arbeiten, während man uns im wesentlichen eine statische institutionelle Praxis mit Langzeitpatienten gelehrt hat.« D. Boissinot Torres, »La santé mentale en population générale. Une expérience dans les quartiers nord de Marseille«, M. Joubert (Hg.), *Santé mentale, ville et violences*, a. a. O., S. 197.

fikation, die klassischerweise einen Beruf definiert, müssen Kompetenzen hinzukommen, die darin bestehen, etwas anderes zu tun als das, was von der beruflichen Ausbildung vorgesehen war. Jenseits des brennenden Problems der Durchlässigkeit zwischen den Gesundheitsbelangen der Kliniker und dem Sozialen und Medizinisch-Sozialen haben sich Veränderungen großen Ausmaßes in der Berufsidentität ergeben: Sie bestehen darin, psychologische Kompetenzen ins Zentrum des Berufs zu integrieren, die sich im Engagement der Persönlichkeit des Sozialarbeiters ausdrücken: Wie Akteure und Beobachter ständig wiederholen, »gehört das Unbehagen der Betreuungspersonen zur psychosozialen Klinik dazu, es ist schon fast deren Voraussetzung«.[52] Um ein guter Helfer zu sein, muß man vom Leiden der Hilfsbedürftigen angesprochen werden. Die Arbeit entfaltet sich in »soziopsychischen Dispositiven«: Sie sind »sozial« im Sinne sozialpolitischer Maßnahmen und »psychisch«, weil der Hauptbezugspunkt, der zum Handeln mobilisiert wird, der Begriff des psychischen Leidens ist, »ein Anhaltspunkt, um das auszusprechen, was anders nicht benannt werden kann, und weil es diese kognitiven Ressourcen sind, die anscheinend mehr und mehr dazu beitragen sollen, die betroffenen Personen zu bestimmen, für die diese Dispositive gedacht sind«.[53] Die psychosoziale Klinik impliziert, daß der Psychologe oder der Psychiater den sozialen Kontext einbezieht und daß der Sozialarbeiter die Aufmerksamkeit auf das psychische Leiden richtet.

Die vornehmliche Aufgabe der Sozialarbeit besteht darin, dabei zu helfen, daß eine Person, eine Familie oder eine Gruppe von Personen Zugang zu den Rechten erlangt, die die Gesellschaft ihr verleiht, und soziale Bindungen zu schaffen oder diese wiederherzustellen. Die Sozialarbeit soll sich ausgehend von den Erwartungen des Nutznießers, seiner Probleme, der Wahrnehmung, die er von seinem eigenen Werdegang hat, von seinem sichtbaren oder noch zu verwirklichenden Potential entwickeln. Sie soll ihm ermöglichen, Akteur seiner Beziehung zur Gesellschaft und der Wiederaneignung seiner Rechte zu werden.[54]

52 J. Furtos, »Souffrir sans disparaître«, in: J. Furtos, C. Laval (Hg.), *La Santé mentale en actes. De la clinique au politique*, a. a. O., S. 13.
53 J. Ion, »Einleitung« zu J. Ion et al., *Travail social et »souffrance psychique«*, a. a. O., S. 12.
54 Rat für Wirtschaft und Gesellschaft, *Mutations de la société et travail social*, Journaux officiels, 2000.

Die Sozialarbeiter sind ratlos, weil sie ihren Beruf Schritt für Schritt in dem Maße gewechselt haben, in dem die soziale Krise um sich griff: Ihre beruflichen Bezugspunkte haben sich von der traditionellen Psychopädagogik zur neuen therapeutischen Betreuung verschoben, die in der Klinik der aufgelösten Bindungen besteht. Das Problem, das der Sozialarbeiter behandelt, wird fortan die Beziehung sein, und die berufliche Qualität, die man von ihm verlangt, ist das Zuhören,[55] mit anderen Worten, die Fähigkeit des Psychotherapeuten, so zu handeln, daß die Patienten ein Hilfegesuch ausdrücken können, ob es nun um eine individualisierte oder um eine kollektive Hilfe geht – in letzterem Fall spielt er die Rolle eines Gruppenförderers. Das Berufsmodell läßt sich als ein »Zugehen auf« die betreffenden Bevölkerungsschichten und die Orte des Leidens bestimmen, anstatt auf ein Hilfegesuch zu warten, und als ein »gemeinsames Handeln mit« diesen Bevölkerungsschichten, indem man das entsprechende Handeln, ausgehend von den Besonderheiten der hilfsbedürftigen Person, mit ihr gemeinsam entwirft.

Dieses Doppelmodell wird von Soziologen beschrieben, die die neue Sozialarbeit zur selben Zeit analysieren, wie sie von den Institutionen gefördert und in ihren Rahmen eingefügt wird. So schlägt etwa 2007 ein Bericht des Obersten Rates für Sozialarbeit vor, eine neue Beziehung zur Armut durch eine Vorgehensweise herzustellen, indem »man gemeinsam mit den Ärmsten handelt«, »man gemeinsam mit ihnen Antworten entwirft, die an ihre Bedürfnisse und ihre Interessen angepaßt sind«.[56] Die Sozialarbeit hat ihren Sinn geändert: Er liegt weniger in der Pädagogik als in der Therapie durch die Betreuung persönlicher Schicksale, und er bezieht sich weniger darauf, zur Einsicht zu

---

55 B. Ravon, »Vers une clinique du lien défait?«, in: J. Ion et al., *Travail social et »souffrance psychique«*, a. a. O., S. 30.

56 In dem zitierten Bericht, siehe den dritten Teil »Refonder l'accompagnement social sur des pratiques d'alliance«. Eine der Dimensionen der Hilfebeziehung ist »der Gebrauch der Ressourcen des Betroffenen, indem man seine Fähigkeiten unterstützt und seine Kompetenzen entwickelt, [was] eine Voraussetzung für den gemeinsamen Entwurf eines Projekts mit der jeweiligen Person ist, und zwar insbesondere durch die Reaktivierung ihres eigenen Beziehungsnetzes.« Generaldirektion des Gesundheitswesens, Generaldirektion des Sozialdienstes, *Souffrances ou troubles psychiques*, a. a. O., 2005, S. 10.

verhelfen, als darauf, die Selbstachtung zu erhöhen, die das Vertrauen wiederherstellt.

Seit dem Ende der 1980er Jahre wurden mehrere Berichte über die Veränderungen der Sozialarbeit veröffentlicht, und zwar als sich die Vorstellung von transversalen politischen Maßnahmen in Frankreich durchsetzte, die den Menschen mit dem Ziel, ihn zu begleiten und ihm Verantwortung zu geben, ins Zentrum stellen. 1996 zielt ein Bericht des Obersten Rats für Sozialarbeit auf eine Klärung des neuen Bezugspunkts des Berufs ab: Die soziale Hilfsintervention, die sich auf die Person bezieht, folgt auf die soziale Intervention individualisierter Hilfe. Andere benachbarte neue Begriffe, wie zum Beispiel »die soziale Bindung, der Akteur, die Person«[57] sind Gegenstand der Reflexion. Denn dieser Bericht erinnert wie viele andere an die eigene Not der Sozialarbeiter angesichts der Probleme, mit denen sie sich auseinandersetzen müssen, sowie an den Mangel an Orientierungen, der sie daran hindert, die neue Arbeit der Betreuung von Menschen erfolgreich zu bewältigen. Supervisionen oder Gesprächsgruppen werden mit dem Ziel veranstaltet, den Helfern dabei zu helfen, auf überlegte Weise ihre Schwierigkeiten mit den betroffenen Personen oder Klienten zu verarbeiten (Wutausbrüche, wiederholte Mißerfolge, Ausdruck von Symptomen des Wahnsinns usw.). In diesen Gruppen formulieren die Sozialarbeiter ihre Probleme auf allen Ebenen, »vom Streitgespräch mit dem Klienten bis zur Tendenz öffentlicher politischer Maßnahmen bei den Beziehungen zwischen der Institution und ihren Partnern oder ihrer Verwaltung der Vormundschaft. In diesen ›klinischen‹ Raum bringen die Teilnehmer soziale Fragestellungen ein.«[58] Helfer wie Hilfeempfänger sollen begleitet werden, denn die einen wie die anderen handeln, indem sie ihre persönlichen Dispositionen in einer Kette von Beziehungen mobilisieren.[59] Für diesen Wandel der Berufsrolle der Sozialarbeiter ist die Arbeit an sich selbst unverzichtbar. Sie hat einen entscheidenden Einfluß auf die

57 Oberster Rat für Sozialarbeit, L'Intervention sociale d'aide à la personne [1996], Rennes, ENSP, 1998, S. 16.

58 J.-B. Pommier, »Quand les aidants demandent de l'aide«, in: J. Ion et al., Travail social et »souffrance psychique«, a. a. O., S. 181.

59 »Angesichts von sogenannten ›psychisch leidenden‹ Personen kann die helfende Person nur dann arbeiten, wenn sie akzeptiert, von der Beziehung betroffen zu sein und sich in ihr besonders zu engagieren.« J. Ion et al., Travail social et »souffrance psychique«, a. a. O., S. 195.

Möglichkeit, daß die Hilfeempfänger ihre Schwierigkeiten überwinden, indem sie an sich selbst arbeiten, wobei sie in den soziopsychischen Dispositiven dieselbe Form von Erarbeitung vornehmen. Die Wörter »Subjekt«, »Akteur«, »Person« oder gar »Urheber« sind Korrelate dieser Art des Handelns. Die Grundidee besteht darin, daß die Person der Ursprung und das Ziel der Intervention ist, und diese Intervention soll »das Potential der Person [berücksichtigen], [...] das Erzieherische wieder in das Soziale zurückversetzen und dem Subjekt gestatten, seine Staatsbürgerschaft auszuüben«.[60]

Die neuen Bezugspunkte für den Beruf des Klinikers und des Sozialarbeiters sind durch die Tatsache gekennzeichnet, daß die Fachleute etwas anderes tun als das, was sie traditionellerweise taten. Diese Berufe sind zugleich »verschwommen« (dieses Wort kommt ständig vor[61]) und erfordern, daß die Fachkraft als Person[62] handelt – von hier aus ergibt sich die Rolle des Unbehagens der Fachleute als Ausgangspunkt für das Handeln. Zu den beruflichen Qualifikationen müssen persönliche Kompetenzen hinzukommen. Es handelt sich um Berufe, bei denen es um die Herstellung von Beziehungen oder um Vermittlung geht. Sie kümmern sich um die vielfältigen Probleme einer betroffenen Person oder eines Klienten, anstatt auf ein ganz bestimmtes Bedürfnis zu reagieren. Das ist das Modell des Unternehmers, angewandt auf sozialpolitische Maßnahmen und die Solidarität.[63] Der Sozialarbeiter vereint die Fähigkeit des Handelns angesichts einer unge-

60 Oberster Rat für Sozialarbeit, *Souffrances ou troubles psychiques*, a. a. O., S. 18.

61 G. Jeannot, *Les Métiers flous. Travail et action publique*, Toulouse 2005.

62 »Die Subjektivität der Fachkräfte«, schreibt ein Experte für die Bewertung öffentlicher politischer Maßnahmen, »ist eine Ausgangsbedingung für die Umsetzung gezielter Sozialpolitik.« P. Warin, »La subjectivité au cœur du changement du modèle de protection sociale«, in: F. Cantelli, J.-L. Genard, *Action publique et subjectivité*, Paris, LGDJ, 2007, S. 68. Die Qualifikation der Helfer, erläutert er, wird durch »eine Entwicklung der Berufe unter dem Gesichtspunkt von Beziehungskompetenzen« modifiziert. S. 72.

63 Zum Erscheinen des unternehmerischen Handlungsstils im Kontext der Armut siehe A. Ehrenberg, »L'esprit d'entreprise dans la société ou la solidarité sans assistance«, in: *Le Culte de la performance*, a. a. O., S. 241-244. Zum unternehmerischen Handlungsstil im öffentlichen Handeln siehe G. Jeannot, *Les Métiers flous. Travail et action publique*, a. a. O., Kapitel 4.

wissen Zukunft und die Fähigkeit, die verschiedenartigen Ressourcen des Unternehmers zu mobilisieren, mit dem Zuhören des Psychotherapeuten, der seine Aufmerksamkeit auf das Potential der Hilflosesten lenkt. Denn das Handeln bezieht sich auf dieses Potential, wie reduziert es auch sein mag. Mit welchem Ziel? Das Subjekt soll in die Lage versetzt werden, Chancen der Wiedereingliederung zu nutzen, wie brüchig diese auch sein mögen. Diese zweifache Kompetenz ist die Triebfeder des Handelns. Im Diskurs über die Verschwommenheit ist von einer ganz bestimmten Entität die Rede, die alles Handeln durchzieht: die Autonomie. Die Herabsetzung durch die Verwendung des Ausdrucks »verschwommen« deutet vor allem darauf hin, daß man die Handlungsweisen von heute durch die Brille von gestern betrachtet, denn die Autonomie kann nur als ein offener Prozeß charakterisiert werden.

Wiederherstellung des Narzißmus, Selbstachtung, Kompetenzen

Dieses Vokabular der Aktivierung enthält als Schlußstein die Begleitung von Menschen und als Ziel ihr Potential, das es zu entwickeln oder zu steigern gilt. Diese Arbeit der Rehabilitation (oder der Selbsthilfe) ist eine wesentliche Praxis der seelischen Gesundheit. Der dabei realisierte Handlungstyp und seine Zweckbestimmungen werden von dem Soziologen Michel Joubert zusammengefaßt, der seit dreißig Jahren das Feld des Departements Seine-Saint-Denis vermißt: Für die Hilflosesten ist die seelische Gesundheit

> die Grundlage für die Rehabilitationsarbeit: die Menschen aus der Stigmatisierung und der Scham herausbringen; niederschmetterndes Leid lindern; wieder eine Grundlage für Achtung und Respekt finden; Schritt für Schritt an Boden hinsichtlich der Prozesse der Disqualifizierung und des Zerfalls zurückgewinnen. Diese Dinge werden zu wahrhaften Schlüsselbegriffen. Wir sind recht weit entfernt von der Geisteskrankheit: Die Probleme, an denen man arbeiten müßte, erscheinen künftig als eng verbunden mit der Problematik der ›sozialen Bindung‹.[64]

64 M. Joubert, F. Bertolotto, »Politiques locales, actions de proximité et de prévention en santé mentale «, a. a. O., S. 231.

Die Arbeit an den persönlichen Dispositionen und an der sozialen Bindung stellt zwei Beschreibungsweisen derselben Handlungen dar. Die Psychologie ist kein Zusatz zur Sozialpolitik, sondern deren wesentliches Instrument.

Die neuen Berufe und die neuen Dispositive, die ab der Mitte der 1980er Jahre in Erscheinung treten (wie zum Beispiel die Unternehmen zur Wiedereingliederung), sind Praktiken der Schnittstelle, der Vermittlung, der Herstellung von Beziehungen. Sie befassen sich weniger mit besonderen Problemen als vielmehr mit Bürgern in Not, deren Weg sie begleiten,[65] und versuchen, ein Mindestmaß an Selbstvertrauen wiederherzustellen mit dem Ziel, ihnen dabei zu helfen, sich zu verändern, sich in Bewegung zu setzen, vom Eingeschlossensein in einer passiven Position, wo man nur Dinge erleidet, zu einer aktiven Position überzugehen. Sie wieder ins Spiel zurückzubringen bedeutet beispielsweise, daß sie dazu befähigt werden sollen, berufliche Bildungsangebote zu nutzen oder zu aufmerksameren Eltern zu werden, was auch immer die Schwierigkeiten des Lebens sein mögen. Hier sind das Leiden oder das Unbehagen ein Grund zum Handeln, ein Bezugspunkt, um die verschiedenen lokalen Akteure *und* die verschiedenen Probleme derselben Person zusammenzubringen.

Betrachten wir das Beispiel der Plattform für individuelle Entwicklung (Plate-forme de développement individuel, PFDI) von Issy-les-Moulineaux. Die PFDI richtet sich an eine Klientel von RMI-Empfängern, die folglich schon relativ weit von der Arbeitswelt entfernt ist. Diese Menschen sind »zwischen Depression, Hoffnungslosigkeit und Verzweiflung gefangen, sie scheinen durch die verschiedenen Hilfesysteme für die Rückkehr zum Arbeitsplatz durchzufallen, woraus sich ihre wiederholten Mißerfolge bei Wiedereingliederungsmaßnahmen ergeben«.[66] Sie sind

---

65 »Die Begleitung der Hilfesuchenden, die sich auf diese verschiedenen Fertigkeiten im Bereich der Vermittlung beruft (Diagnose, Orientierung, Aushandlung) ist zu einem neuen Paradigma der Sozialpolitik geworden [...]. Unter diesen Umständen ist die soziale Intervention durch eine Verschiebung zur sozialen Bindung und zur Eingliederung ausgehend von der Ausarbeitung individueller Projekte charakterisiert, die einen Vertrag mit der jeweiligen Person umfaßt.« P. Warin, »La subjectivité«, a. a. O., S. 72.

66 F. Audet, A. Caro, S. Marini, P. Marcuse-Daguillon, E. Serin, J.-P. Vilanova, »La plate-forme de développement individuel d'Issy-les-Moulineaux«, in: M. Joubert (Hg.), *Santé mentale, ville et violences*, a. a. O., S. 295.

durch ihr Leiden völlig blockiert. Die Plattform wurde 1997 von einer lokalen Eingliederungsvereinigung mit dem Ziel geschaffen, die persönlichen Probleme durch Reden zu lösen und die Aufnahme von Beziehungen mit verschiedenen örtlichen Partnern zu erleichtern, die in der einen oder anderen Hinsicht in den Eingliederungsprozeß einbezogen sind. Das Team besteht aus Psychologen, einem Psychoanalytiker, einer Sozialästhetikerin (und einer Sekretärin). Ziel ist es, den Menschen die Zeit zu geben, die sie dafür brauchen, um ihre Schwierigkeiten auf allen Ebenen zu formulieren, damit sie »den Weg einer möglichen Wiedereingliederung auf autonome Weise einschlagen können«.[67] Die psychopathologische Situation ist folgende: »Die Dissoziation und die Abwehrmechanismen zeugen von einer Gleichgültigkeit, die jeden Wunsch nach Arbeit, nach Beziehungen, nach Bindungen zunichte machen würde. Außerdem stellen wir einen Zusammenbruch der Fähigkeiten symbolischer Verarbeitung fest, der manche zu sprunghaften Handlungen gegen sich selbst oder gegen ihre Umgebung führt.«[68] Diesem Bild begegnet man ständig. Die Arbeit der Psychologen besteht in der Herstellung von Bindungen, und zwar umso mehr, als die beruflichen Brüche oft von weiteren Brüchen begleitet werden, die diese Menschen in den Teufelskreis der Ausgrenzung abgleiten lassen. Diesen Situationen gingen oft Situationen frühzeitigen Mangels und der Trauer im Leben voraus. Die Arbeit an den Dispositionen des Individuums bedeutet, daß man sowohl die Beziehungen als auch den zeitlichen Werdegang einbezieht. Die depressive Tonart wird durch »ein starkes Schuldgefühl im Hinblick auf enttäuschte Ideale« geprägt, und die Menschen fühlen sich in »Phänomenen der Bindungsauflösung«[69] gefangen. Halten wir fest, daß dieses Bild im Sinne der Psychiatrie offenkundig pathologisch ist. Das soziale Leiden läßt eine psychopathologische Blütezeit aufkommen. Die verwendeten Techniken und Maßnahmen sind verschiedenartig: Körpertechniken, insbesondere sophrologische Entspannung und ästhetische Pflege, aber vor allem therapeutische Gespräche (»Raum für die Wiederherstellung des Narzißmus«[70]). Die Wiederherstellung des Narziß-

---

67 Ebd., S. 297.
68 Ebd., S. 298.
69 Ebd., S. 299.
70 Ebd., S. 302.

mus und die Wiederherstellung von Bindungen sind die institutionellen Besonderheiten der Plattform. »Die PFDI versucht, in ihrer Begleitungsfunktion den Menschen ein Gefühl von Sicherheit zu geben, um ihnen dabei zu helfen, sich Prüfungen oder auch Mißerfolgen zu stellen, denen sie auf ihrem ganzen Lebensweg begegnen werden.«[71] Auf die Unfähigkeit, die die narzißtischen Abwehrmechanismen hemmt und zerstört, antwortet man durch die Stärkung jener Fähigkeiten, die gestatten, daß sich »die Bewegungen der Regression und der Autonomie, ihr ständiges Hin und Her, [vollziehen]«. Das Team bewältigt ebenfalls seine eigene gemeinsame Reflexionsarbeit, die sich auf den Begriff der »institutionellen Hülle« bezieht, welche »eine Art von psychischer Haut«[72] darstellt. Die therapeutischen Tätigkeiten werden durch die Netzwerkarbeit vervollständigt, damit ein Arbeitsplatz, ein Bildungsangebot oder eine Tätigkeit den Patienten dabei helfen kann, eine Verankerung in der Wirklichkeit zu finden. Es geht um eine Ermöglichung, nicht im Sinne des Erlaubens, sondern des Ausbildens einer Fähigkeit. Die Psychotherapie ist immer eine Arbeit an der Beziehung und an der Zeit. Das Ziel besteht darin, daß die Menschen imstande sind, trotz ihrer Schwierigkeiten ihr Leben zu meistern. Das nennt man in der Psychiatrie psychosoziale Rehabilitation.

In der öffentlichen Psychiatrie werden Maßnahmen zur psychosozialen Rehabilitation, die sich auf Patienten mit schweren psychiatrischen Störungen richten, seit Anfang der 1990er Jahre umgesetzt. Heute stellen sie ein Hauptanliegen der Psychiatrie dar, weil die Norm darin besteht, daß der psychotische Patient, dessen Pathologie im allgemeinen chronisch ist, im Gemeinwesen (oder der Gemeinschaft) leben kann. Außerdem gibt es sehr gute Gründe für die Annahme, daß das für die Geisteskranken besser ist. Die Arbeiten zu kognitiven und sozialen Kompetenzen sind übrigens seit den 1970er Jahren zum Gegenstand intensiver Forschungen in der Psychiatrie der Vereinigten Staaten geworden, als die Enthospitalisierung als wichtiges Phänomen in Erscheinung trat. Die Zahl der Geisteskranken in der Gemeinschaft übersteigt seit der Mitte des Jahrzehnts die der Internier-

71 Ebd., S. 306.
72 Ebd., S. 307.

ten. Diese Arbeiten entsprechen der Einrichtung der *Community-Care*-Programme.[73]

Das Problem, auf das die psychosoziale Rehabilitation reagiert, wird in einer Arbeit von 1992 über den kognitiv-behavioralen Ansatz der Behandlung chronischer Psychotiker treffend formuliert: »Eine gewisse Anzahl von Patienten, die außerhalb der Mauern des psychiatrischen Krankenhauses leben, empfinden ihr Leben auf den Besuch der verschiedenen Institutionen des Sektors begrenzt, der einen neuen chronischen Charakter annimmt [...], wenn es nicht direkt die Vernachlässigung oder die völlige Zurückgezogenheit in der Wohnung ist, die einer regelrechten ›spontanen Internierung‹ gleicht.«[74] Diese Formulierung gewinnt sicherlich den Konsens von Fachleuten und Vereinigungen von Patienten und ihrer Familien. Der Geisteskranke fühlt sich im Gemeinwesen entfremdet, das ihm wie eine Anstalt ohne Mauern erscheint (und daher nicht mehr die Bedingungen erfüllt, die aus dem Krankenhaus eine Anstalt, ein Refugium machen), wodurch sich der Zustand des Kranken verschlimmert, anstatt daß ihm eine günstige Umgebung geboten wird.

Die psychosoziale Rehabilitation »offenbart eine tiefe Veränderung der Anliegen der Fachleute«, deren Ziele »um die Bedürfnisse der betroffenen Personen und ihrer Umgebung strukturiert sind«, schreibt Denis Leguay in der Einleitung zu einer Sonderausgabe von *L'Information psychiatrique* von 2006, die dem vierten Kongreß der Bewegung der psychosozialen Rehabilitation vom Oktober 2005 gewidmet ist. Die therapeutischen Methoden, verdeutlicht Leguay,

> machen immer mehr den Anschein, als gäben sie der Heilung der Kranken (wagen wir es ruhig!) die größten Chancen. Da sie aus der ›empiriegeleiteten Medizin‹ hervorgegangen sind, oder einfacher noch aus einem Konsens, und von einer Forschung ohne Apriori inspiriert werden, bestehen sie aus diversifizierten Programmen, die im Rahmen

---

73 Siehe insbesondere D. Mechanic, *Mental Health and Social Policy. The Emergence of Managed Care*, Boston u. London 1999 (4. Aufl.); dt.: *Psychiatrische Versorgung und Sozialpolitik*, übers. v. S. Wiltschek u. J. Bergmann, München 1975. Zu einer Fallstudie eines Programms (in Kansas) siehe J. Floersch, *Meds, Money and Manners. The Case Management of Severe Mental Illness*, New York 2002.

74 O. Chambon, M. Marie-Cardine, *La Réadaptation sociale des psychotiques chroniques. Approche cognitivo-comportementaliste*, Paris 1992, S. 8.

einer Globalisierung der Verfahrensweisen, der Werkzeuge und Bewertungsinstrumente aus sich ergänzenden Interventionen zusammengesetzt und auf erwartete und gemessene Ergebnisse ausgerichtet sind. Die Mittel sind diejenigen, die die Patienten, die ihre Funktion als Staatsbürger ausüben, [...] im Gesundheitsbereich wie im medizinisch-sozialen Bereich für eine bessere Lebensqualität, wenn möglich ohne Nachteil, fordern.[75]

Das Ziel der Rehabilitation besteht darin, »der Person, die an psychiatrischen Störungen leidet, zu gestatten, das bestmögliche Leben in der Umgebung ihrer Wahl sowie die Mittel zu dessen Verwirklichung zu erlangen (Psychoedukation, Einübung sozialer Fertigkeiten, kognitiver Förderunterricht, Aktivismus, soziale und familiäre Unterstützung, Hilfe bei Arbeitsplatz und Wohnung)«.[76] Hier gehen die Bezüge stärker auf behavioristische und kognitivistische als auf psychodynamische Modelle, aber sie konvergieren in dem Ziel, die Menschen in die Lage zu versetzen, ein autonomes Leben zu führen. Der Schlüsselbegriff ist der der »Funktionsweise«. Er bezeichnet behindernde Auswirkungen von Symptomen im Sozialleben. Wie eine Arbeit über die Planung des Bedarfs im Bereich der seelischen Gesundheit betont, »sind die Wechselwirkungen zwischen den Geistesstörungen und der sozialen Funktionsweise so, daß die Grenzen zwischen der Welt der Pflege und der der Wiederanpassung umso schwieriger zu ziehen sind, je mehr man sich der Beschreibung erlebter Situationen von Personen mit seelischen Gesundheitsproblemen nähert«.[77] Die psychosoziale Klinik und die seelische Gesundheit formen eine Sprache des Handelns, die diese beiden Aspekte mit-

75 D. Leguay, »La psychiatrie avance avec la réhabilitation«, in: L'Information psychiatrique, April 2006, Bd. 82, Nr. 4, S. 277-278. Zur Entwicklung von Wahlmöglichkeiten bei einem amerikanischen Rehabilitationsprogramm siehe A. M. Lovell, S. Cohn, »The elaboration of ›choice‹ in a program for homeless persons labeled psychiatrically disabled«, in: Human Organization, 1998, Bd. 57, Nr. 1.

76 E. Giraud-Baro, G. Vidon, D. Leguay, »Soigner, réhabiliter: pour une reformulation de l'offre de soins et de services«, in: L'Information psychiatrique, April 2006, Bd. 82, Nr. 4, S. 282.

77 V. Kovess, A. Lesage, B. Boisguerin, L. Fournier, A. Lopez, A. Ouellet, Planification et évaluation des besoins en santé mentale, Paris 2001, S. 13.

einander verschränkt, indem sie die Arbeit an der sozialen Beziehung ins Zentrum ihrer Anliegen stellen.

In dieser neuen Situation des Geisteskranken wird die *Stigmatisierung* zu einem Problem, und die *Selbstachtung* zum Ziel, während sie im Rahmen einer krankenhauszentrierten Betreuung kaum von Bedeutung waren. Die Stigmatisierung ist ein Hindernis für die Sozialisierung, und damit auch für die Betreuung des Patienten, der Selbstachtung und Anerkennung braucht, um ein autonomes Leben in einem Kreislauf von Tugenden führen zu können, der seine Symptome bessert (in welchem Sinne könnte die Selbstachtung eine praktische Kategorie im Krankenhaus sein?). Die Anerkennung dessen, daß die Krankheit eine psychische Behinderung erzeugt, stellt folglich eine geeignete Strategie dar, wenn man über eine krankenhauszentrierte Ambulanz hinausgehen will, nämlich in Richtung auf eine wirkliche Integration ins Sozialleben, das so nahe wie möglich an dem eines normalen Menschen liegt. Die psychosoziale Rehabilitation ist Gérard Massé, Präsident der nationalen Mission für die Unterstützung seelischer Gesundheit, zufolge ein Mittel, »wichtige Entwicklungen der Bestrebungen von Patienten [zu berücksichtigen], ob sie sich nun als solche ansehen oder nicht. Neue Generationen von Betroffenen und ihren Angehörigen akzeptieren eine Marginalisierung immer weniger [...]. Der Wunsch, ein erhaltenes Potential bestmöglich zur Geltung zu bringen, ist zu einer unmittelbaren Folge der Selbstachtung geworden.« Wenn die Geisteskranken aus dem Krankenhaus herauskommen, sind sie zu modernen Menschen geworden. Massé ist der Ansicht, daß die meisten im Ausland gemachten Erfahrungen zeigen, daß zwei Drittel der chronisch psychotischen Patienten aus dem Krankenhaus entlassen werden können. »Die meisten dieser Patienten verbessern zwar durch ihren Auszug nicht ihre psychiatrischen Symptome, aber ihre sozialen Fertigkeiten, ihr Nachbarschaftsnetz, ihre Lebensqualität gestatten ihnen, in Umgebungen zu leben, die deutlich weniger restriktiv sind als das Krankenhaus.«[78]

Auf welche Weise gelingt es, aus dem Teufelskreis von Verantwortung und Schuld auszubrechen? Die psychosoziale Klinik in ihrer Anwendung auf einen prekären Personenkreis gehört zu einem Modell der Rehabilitation. Es geht darum, Menschen durch

---

78 G. Massé, »Pour une réhabilitation sociale à la française«, in: *L'Information psychiatrique*, April 2006, Bd. 62, Nr. 4, S. 292.

ein Bündnis von Partnern bei der Selbsthilfe zu unterstützen – das ist mit »gemeinsamem Entwurf« gemeint. Er ist eine Hilfebeziehung, die die Reaktivierung von Menschen verwirklicht, die ihrer Situation völlig ausgeliefert sind. Die psychotherapeutische Dimension besteht in der Ausarbeitung dessen, die eigene Verantwortung inmitten vielfältiger Umstände zu verorten, die zur Situation der Hoffnungslosigkeit geführt haben. Die Therapie sozialisiert die Verantwortung, und in diesem Sinne ist die Klinik zugleich psychologisch und sozial. Lazarus und Strohl betonten schon 1995, daß eine solche »Hilfe, die Personen zuteil wird, um ihnen zu ermöglichen, ihr Leiden geistig zu verarbeiten, Auswirkungen hat: Im gegenwärtigen Stadium der örtlichen Mission von Brest machen sich die jungen Leute nicht nur klar, daß sie mehr die Opfer einer sozialen Situation als eines persönlichen Fehlers sind, sondern auch, daß sogar sie, die Ausgestoßenen, über kollektive Ressourcen verfügen, die sie gemeinsam mobilisieren können.«[79] Die Bearbeitung des Leidens, die die psychosoziale Klinik praktiziert, ist eine Technik zur Verringerung des Schuldgefühls und der Scham, deren Überhandnehmen das Subjekt am Handeln hindert. Sie beinhaltet, daß die Menschen in die Lage versetzt werden, zwischen der kollektiven Verantwortung, jener der Situation und der persönlichen Verantwortung unterscheiden zu können und somit aus einer Verwirrung auszubrechen, die sie am Handeln hindert. Es geht hier ganz eindeutig um Praktiken, die das persönliche Unglück mit der gestörten sozialen Beziehung verbinden. »Häufig haben die Leute das Gefühl, in ihrer Situation alleine, und daher für sie individuell verantwortlich zu sein, und das führt sie zu Mißerfolgsverhalten oder zu fehlender Kampfbereitschaft.«[80] Dieses Gefühl isoliert sie von der Gesellschaft der Menschen. Deshalb ist der Narzißmus in der Sprache der Psychoanalyse oder die Selbstachtung in der Sprache der Psychologie heute ein wichtiger gesellschaftlicher Begriff. Die Selbstachtung ist die aktive geistige Entität, deren Schwinden Untätigkeit und deren Zunahme Handeln bedeutet. Sie ist der Operator, der den Übergang des Subjekts von der Passivität und dem Leiden zur Aktivität und damit zur seelischen Gesundheit ermöglicht, die eine soziale Gesundheit ist.

79 A. Lazarus, H. Strohl, *Une souffrance qu'on ne peut plus cacher*, a. a. O., S. 32.
80 Ebd., S. 38.

Jenseits der psychosozialen Klinik ist der Begriff der Selbstachtung einer der am häufigsten vorkommenden Begriffe in den mannigfachen Berichten zur seelischen Gesundheit, die seit etwa zwanzig Jahren veröffentlicht wurden:[81] Eine gesunde Selbstachtung zu erlangen oder seinen Narzißmus wiederherzustellen, je nach dem Sprachspiel, das man bevorzugt, vollzieht sich durch die Einübung von Kompetenzen vom psychosozialen Typus. Eine zweifache Arbeit an der Situation und an sich selbst ist nötig, um sich selbst zu achten, und Selbstachtung bedeutet, handeln zu können.

So betont beispielsweise einer jener zahlreichen Berichte über die Sozialarbeit, daß »die Ausgrenzung aus einem Verlust all dessen resultiert, was die soziale Identität des Individuums begründet«. Dieser Verlust manifestiert sich in einem psychischen Leiden, das das Individuum schließlich lähmt. Umgekehrt beruht die seelische Gesundheit auf der Existenz dieser Grundlagen der Identität: »Die wichtigsten Determinanten der seelischen Gesundheit scheinen jene zu sein, die die Beherrschung des eigenen Lebens, die Identität und die Würde, die sozialen Bindungen und die Gefühle des Zusammenhalts und der Bedeutsamkeit betreffen.«[82] Man sieht hier, daß die verwendeten Begriffe nicht mehr jene der Pathologie sind, denn wir haben es nicht mit dem Sonderbereich der Geisteskrankheit, sondern mit dem allgemeinen Bereich des gesellschaftlichen Lebens zu tun. Die psychosoziale Klinik ist eine therapeutische Praxis, aber weniger im eingeschränkten Sinne der Betreuung als in einem weiteren Sinne, der darin besteht, das Individuum aus einer Position, in der es Dinge erleidet, zu einer Position zu bringen, in der es handelt.

Wir verstehen nun, daß es eigentlich keinen Unterschied mehr gibt zwischen den Kriterien, die das psychologische Gleichge-

---

81 Unter den vielen Vorschlägen des Maßnahmenplans Cléry-Melin von 2003 hat die Förderung der seelischen Gesundheit »die Entwicklung von Kompetenzen zum Ziel, die sowohl auf dem Erwerb von Kenntnissen, der Beherrschung von Denk- und Handlungsmethoden, als auch auf der Entwicklung von Einstellungen, wie zum Beispiel insbesondere der Selbstachtung, beruhen.« P. Cléry-Melin, V. Kovess, J.-C. Pascal, *Plan d'action pour le développement de la psychiatrie et la promotion de la santé mentale*, Ministerium für Gesundheit, Familie und behinderte Personen, 15. September 2003.

82 Generaldirektion des Gesundheitswesens, Direktion für soziale Maßnahmen, *Souffrances ou troubles psychiques*, a. a. O., S. 9.

wicht einer Person charakterisieren, und jenen, die sich auf ihre Fähigkeit zur Sozialisation beziehen. Die seelische Gesundheit ist ein Äquivalent für die gelungene Sozialisation, weil seelisch gesund zu sein gleichbedeutend damit ist, aus sich selbst auf kohärente und beherrschte Weise handeln zu können. Deshalb ist sie ein synkretistischer Begriff, der in die Zuständigkeit von gesundheitspolitischen und sozialpolitischen Maßnahmen fällt.

»Der Begriff der seelischen Gesundheit«, so ein Bericht des Hohen Komitees zur öffentlichen Gesundheit von 1994, »sollte von einer Optimierung der Ausdrucksmöglichkeiten des Lebensprojektes eines jeden begleitet werden. Diese würde voraussetzen, daß man den Menschen in seinem Wachstum begleitet«. Da es sich eher um ein Lebensprojekt als ein Betreuungsprojekt handelt, schließt die seelische Gesundheit die Psychopathologie zwar ein, ordnet sie aber als eines ihrer Handlungsfelder unter. »Es ist daher schwierig«, fährt dieser Bericht fort, »bei der seelischen Gesundheit von einem Begriff der Norm zu sprechen. Es kann sich nur um eine Annäherung an das handeln, was man zu einem gegebenen Zeitpunkt und in einem bestimmten Zusammenhang für gut hält. Der Begriff der seelischen Gesundheit sollte sich also gemeinsam mit der Entwicklung der Gesellschaften und der Denksysteme der Menschen entwickeln.«[83] Der Bericht fährt mit der Betonung der Autonomie des Individuums fort und der Notwendigkeit, die eigene Originalität und »psychische Unversehrtheit« zu wahren. In einer Arbeit, die den Problemen der Planung und Organisation der Psychiatrie gewidmet ist, heben die Autoren die Tatsache hervor, daß

die seelische Gesundheit das Gefühl und die Überzeugung beinhaltet, daß man Rechte, Wert, Macht und einen gewissen Grad der Kontrolle und des Einflusses auf das besitzt, was einem zustößt. Sie impliziert auch ein Verständnis und Akzeptieren der Tatsache, daß uns und anderen psychologische Probleme zustoßen können und daß jedermann zu bestimmten Zeiten im Leben davon betroffen ist. Die seelische Gesundheit beinhaltet positive Gefühle gegenüber sich selbst und den anderen, das Gefühl, glücklich, froh und geliebt zu sein.[84]

83 Haut Comité à la Santé publique, *La Souffrance psychique des adolescents et des jeunes adultes*, ENSP, Reihe *Avis et rapports*, Februar 2000, S. 16, 7 und 8.
84 V. Kovess, A. Lopez, J.-C Pénochet, M. Reynaud, *Psychiatrie 2000. Organisations, évaluations, accréditation*, Paris 1999, S. 9.

In diesen doch sehr technischen Arbeiten zeichnet sich eine Problematik *des guten Lebens* ab, eine Problematik, die man überall wiederfindet, von der Literatur über die persönliche Entwicklung bis zur psychosozialen Rehabilitation über die mannigfachen politisch-administrativen Berichte, die seit zwanzig Jahren veröffentlicht werden. Zu lernen, man selbst zu sein, und zu lernen, mit den anderen zusammenzuleben, sich auseinanderzusetzen, sich selbst zu verwirklichen usw. sind ein und dasselbe, weil die Kriterien der guten seelischen Gesundheit und die Kriterien der gelungenen Integration identisch sind. Die Psychologie liefert in ihren psychoanalytischen, humanistischen oder kognitivistischen Versionen das ganze notwendige Vokabular zur Beschreibung und Messung der Grade seelischer Gesundheit, die zugleich auch Grade der Autonomie sind.

Empowerment *auf französische Art?*

Die Praxis der psychosozialen Klinik besteht darin, daß man seine Klienten in die Lage versetzt, zwischen einer imaginären, zwar verständlichen, aber unvernünftigen Verantwortung, die sie in der Passivität einschließt, und einer wirklichen Situation zu unterscheiden, die sich aus einer Verzahnung von Behinderungen ergibt, in denen sie gefangen sind. Sie stellt sich als eine Praxis der Verminderung des Unglücks – des Schuldgefühls, der Scham, der Hoffnungslosigkeit, der Angst – durch psychotherapeutische Techniken dar, die die Menschen im Hinblick auf ihre Fähigkeiten, ihre Situation zu verändern und selbst zu handeln, neu positionieren. In der französischen Sprache ausgedrückt, geht es darum, diesen Menschen zu ermöglichen, zu »Subjekten« zu werden, sie wieder in ein gemeinsames Menschsein einzugliedern, das ihnen die Kraft gibt, gegen das Unglück oder das Mißgeschick zu kämpfen. Diese Kraft ist die Fähigkeit, ihre eigenen kognitiven und sozialen Ressourcen zu nutzen, die durch den narzißtischen Zusammenbruch erschüttert oder zerstört wurden. Sie ist das, was die Amerikaner *empowerment*[85] nennen.

85 Für Laurent El Ghozi begünstigen die Gesundheitsdiagnosen, die in mehreren Vierteln von Nanterre eingeführt wurden, »das persönliche *empowerment* verschiedener Akteure der Gruppe durch den informellen und respektvollen Austausch eines jeden, was auch immer sein Bildungsniveau sei, und [verbessern] darüber hinaus die Kompetenzen und Fähig-

In den Vereinigten Staaten hat die Konzentration von Armut in den *inner cities* in den 1960er Jahren Anlaß zu einer Debatte gegeben, deren Grundlinien Jacques Donzelot nachgezeichnet hat, wobei er zwei Optionen unterschied. Die Option *place* besteht darin, in bestimmte Orte zu investieren, um die Armut zu kompensieren und ein soziales Umfeld bereitzustellen, das dem Umfeld der Mittelschicht entspricht. Die Option *people* zielt darauf ab, sich um die Menschen zu kümmern, indem man ihre persönlichen Fähigkeiten stärkt: Es geht darum, sie bei ihrer Selbsthilfe zu unterstützen, indem man das Selbstvertrauen (*self-reliance*) stärkt.[86] Diese Wahl wurde von den Amerikanern getroffen. Die psychosoziale Klinik ist ein *empowerment* auf französische Art: Sie ist ein *empowerment*, weil sie die Macht zum Handeln jenen zurückgibt, die keine mehr haben, sie versetzt sie in die Lage, sich mit neuen Anforderungen der Wiedereingliederung auseinanderzusetzen; auf französische Art, weil sie einerseits den Neoliberalismus anprangert, die Auslieferung der Individuen und der Gesellschaft an die Kräfte des Marktes, und weil sie andererseits die Verschiedenartigkeit der Situationen durch das Attribut des sozialen Leidens vereinheitlicht. Das *empowerment* auf französische Art führt daher erneut das Schauspiel der Ordnung und des Fortschritts in einem Zusammenhang auf, in dem die soziale Frage kein fester Bezugspunkt mehr ist, um wirkungsvoll zu handeln, sondern nur noch, um das Unglück anzuprangern. Der Grund dafür hat mit der Krise des Fortschritts zu tun, die alles übrige nach sich zieht.

Der soziale Fortschritt ergab sich automatisch aus dem ökonomischen unter der Schirmherrschaft des republikanischen Staats, der dessen Dividenden umverteilte, während er zugleich die finanziellen Mittel besaß, den Sozialschutz zu erweitern. Dieser Tugendkreis des Schutzes garantierte die gemeinsame Solidarität angesichts von Risiken, die jedermann treffen konnten. Seit dem Beginn der 1980er Jahre ist er zu einem Teufelskreis geworden: die gestiegenen Defizite der öffentlichen Finanzen und das hohe

---

keit zum Handeln seitens der Gemeinschaft.« »Santé mentale: la part des villes«, in: J. Furtos, C. Laval, *La Santé mentale en actes. De la clinique au politique*, a. a. O., S. 282. Zu den Aktionen für seelische Gesundheit in Givors siehe in demselben Band den Beitrag des Bürgermeisters von Givors, Martial Passi, »La souffrance psychique dans l'espace public: une question politique?«, ebd., S. 295-300.

86 J. Donzelot et al., *Faire société*, a. a. O., erster Teil.

Niveau der Arbeitslosigkeit treiben die Spirale an. Da der Fortschritt in eine Krise geraten ist, wird der Widerstand gegen die neue Ordnung des Neoliberalismus zum Bezugspunkt der Anprangerung sowie gleichzeitig auch zu einem Ansatzpunkt für das Handeln. Die psychosoziale Klinik ist eine Praxis der Autonomie, die die französischen Ambivalenzen verkörpert: Sie ist paradigmatisch für die Mobilisierung der Gesellschaft angesichts der Erneuerung von Ungleichheiten, aber sie begreift ihr Handeln im Pessimismus der Entinstitutionalisierung. Das soziale Leiden ist ein Ausdruck des Antiliberalismus, der mit der Veränderung der Verhältnisse zwischen Gesellschaft und Staat konfrontiert ist – »die Weihe der staatsbürgerlichen Gesellschaft« ist, wie wir gesehen haben, eine Weihe in Ermangelung des Staats.

Diese Praxis der Stärkung der Macht, aus sich selbst zu handeln, entwickelt sich also in einer Ambivalenz gegenüber der Autonomie. Die Sozialarbeiter, die Kliniker und Soziologen erinnern unablässig daran, daß diese Art zu handeln auf einem Mangel an Institutionen beruht (man paßt sich, so gut es geht, dem neuen Kapitalismus an), wodurch die untergeordnete Stellung des Wertes der Autonomie treffend hervorgehoben wird. Die psychosoziale Klinik bezeugt vielleicht einen Widerstand gegen die Übel des Neoliberalismus, aber gewiß mehr noch die Gestaltung der Institution des »Persönlichen« in der französischen Gesellschaft, und zwar in der Sprache der sozialen Frage.

Seit der Mitte der 1980er Jahre hat sich also eine neue Art und Weise, auf die Probleme der Armut zu reagieren, entwickelt und wurde von einer Vielzahl von Maßnahmen begleitet, allerdings ohne daß man eine umfassende Lehre daraus gezogen hätte. Aus diesem gewaltigen Feld von Erfahrungen drängt sich der Eindruck der Balkanisierung des Handelns auf, während Berichte auf Berichte folgen, um an die ungenügende Anbindung des Gesundheitswesens an das Sozialwesen zu erinnern. Das Fehlen von Bewertungen dessen, was funktioniert und was weniger oder gar nicht funktioniert, außerdem das Fehlen einer nationalen Vermittlungsstelle, die die wirkungsvollen Handlungen oder Maßnahmen weiterverbreiten könnte, geben den Akteuren das Gefühl, am Rande zu arbeiten, herumzubasteln, das zu kompensieren, was der Staat nicht zu tun in der Lage ist. – »Die Fachleute sowie die Beobachter«, stellen Joubert und Bertolotto fest, »können durch diese Vermehrung von Logiken der Intervention, die nicht von einer Regulierungsinstanz begleitet wird, nur verwirrt werden.«[87] Infolgedessen wird das, was als ein Brodeln der bürgerlichen Gesellschaft angesichts der neuen Entwicklung der Welt erscheinen könnte, als ein Handeln aufgrund eines Mangels angesehen – ein Mangel an Institutionen und ein Mangel an Staat.

Die Befähigung des Individuums, Akteur seiner eigenen Veränderung zu sein, oder der neue Geist der Institutionen

Anhand einer Bemerkung von Cornelius Castoriadis über die drei »unmöglichen« Berufe Freuds können diese Praktiken der Autonomie auf einer logischen Ebene bestimmt werden: regieren, erziehen, psychoanalysieren. – Freud hat niemals erklärt, was er mit »unmöglich« meinte. Diese drei Berufe haben die Entwicklung von Praktiken gemein, die darauf abzielen, die Menschen zu ändern. Es gibt zwei Weisen, diese Praktiken aufzufassen. In einer behavioristischen Psychiatrie oder einer autoritären Pädagogik, erklärt Castoriadis, »ist der Zweck der Tätigkeit im Geiste des Handelnden schon völlig bestimmt«,[88] wobei der Patient oder der Schüler sich gegenüber dem Psychiater oder dem Pädagogen in der Position des Erleidenden befinden. Das ist jedoch bei einer Psychoanalyse keineswegs der Fall, bei der das Ziel »nicht leicht in festgelegten und spezifischen Begriffen definiert werden kann«, denn das, was hier anvisiert wird, ist die Entwicklung der Aktivität des Patienten. Das Ziel der Psychoanalyse »ist die menschliche Autonomie [...], für die das einzige ›Mittel‹ zur Erreichung dieses Ziels die Autonomie selbst ist«.[89]

Um diesen Satz anders denn als Teufelskreis zu verstehen, muß man folgende Unterscheidung einführen. Bei einer Handlung gibt es nicht nur einen Agenten und einen Patienten, denn der Student, dem man eine Anweisung gibt, oder der Patient, dem man eine Therapie verschreibt, tun beide etwas (wie zum Beispiel eine Seminararbeit schreiben oder ein Medikament einnehmen). Sie handeln zwar selbst, aber auf untergeordnete Weise. Man

87 M. Joubert, F. Bertolotto, »Politiques locales actions de proximité et de prévention en santé mentale«, a. a. O., S. 236.
88 C. Castoriadis [1987, 1989], »Psychanalyse et politique«, in: Le Monde morcelé. Les carrefours du labyrinthe, 3, Paris 1990, S. 175.
89 Ebd., S. 179.

muß eine Präzisierung einführen, die berücksichtigt, daß es Grade des Handelns gibt, was die Unterscheidung eines Hauptagenten (in diesem Fall des Professors und des Arztes) und eines unmittelbaren Agenten (des Studenten und des Patienten) gestattet. »Man kann diejenige Handlung eines Agenten die eigentliche Handlung nennen, die de facto in keiner Weise als die Handlung eines anderen erscheint. Wenn der Agent etwas tut, ohne daß jemand ihn dazu veranlaßt, kann man sagen, daß er es von sich selbst aus tut. Das ist ein anderer Ausdruck dafür, daß das Individuum der Hauptagent, und nicht nur der unmittelbare Agent seiner Handlung ist.«[90] In dem Paar von Partnern, die der Psychoanalytiker und sein Patient bilden, vollzieht sich die Handlung auf solche Weise, daß letzterer nicht der unmittelbare Agent, sondern der Hauptagent der Handlung ist, in diesem Falle der Handlung des Sich-Veränderns. Das läßt sich sehr gut an der Auffassung der Heilung erkennen, die Freud auf der letzten Seite der *Studien über Hysterie* erklärt, indem er die Art von Veränderung charakterisiert, die sich bei dem Patienten einstellt: »Sie werden sich überzeugen, daß viel damit gewonnen ist, wenn es uns gelingt, Ihr hysterisches Elend in gemeines Unglück zu verwandeln. Gegen das letztere werden Sie sich mit einem wiedergenesenen Seelenleben besser zur Wehr setzen können.«[91] Oder, um es anders auszudrücken, man kann der Agent seiner eigenen Veränderung sein. Die Psychoanalyse stellt eine Art von Beziehung zwischen zwei Partnern her, die auf solche Weise professionell eingerichtet wird, daß der Patient der Hauptagent seiner eigenen Veränderung ist. Die Autonomie, die zugleich als Mittel und als Zweck erscheint, ist in Castoriadis' eigenen Begriffen die Schaffung eines »anderen Seins«.[92] So betrachtet, bleibt die The-

90 V. Descombes, *Le Complément de sujet*, a.a.O., S. 96. »Die Grade des Handelns« ist die Überschrift des Kapitels dieses Buchs, aus dem das Zitat stammt.

91 S. Freud, J. Breuer [1894], *Studien über Hysterie*, Frankfurt/M. 1979, S. 246.

92 C. Castoriadis, »Psychanalyse et politique«, a.a.O., S. 179. Castoriadis nimmt die Formulierung auf, in der »es« durch »ich« ersetzt wird, und meint, daß »das Ich zu einer reflektierenden Subjektivität werden muß, die zur Überlegung fähig und mit einem Willen begabt ist.« S. 177. Hier folge ich Castoriadis nicht, der am Ende wieder in eine Egologie zurückfällt (siehe V. Descombes, *Le Complément de sujet*, a.a.O., S. 208-211), halte jedoch an der Vorstellung fest, daß es um einen bestimmten Geist des Handelns geht.

rapie mysteriös, aber als eine Handlungsweise verstanden, ist sie vollkommen folgerichtig.

Der Handlungsstil, der von der psychosozialen Klinik und im weiteren Sinne von zahlreichen Praktiken auf dem Gebiet der seelischen Gesundheit verfolgt wird, besteht also darin, das Individuum von der Passivität zur Aktivität zu führen, indem man mit ihm an seinen Fähigkeiten arbeitet, mit seiner Situation zurechtzukommen – das ist die Stärkung der psychosozialen Kompetenzen – und, unterstützt von einer Begleitung, sich *von sich selbst aus* zu wandeln – hier muß man wohl zugeben, daß es uns schmerzlich an detaillierten Beobachtungen und Feinanalysen all dieser Praktiken mangelt. Dieser Handlungsstil verwandelt Leiden in Fragen und diese Fragen in Handlungen. Gewiß geht es auch darum, den Leuten das Schuldgefühl zu nehmen, aber noch tiefer geht es darum, aus dem auszubrechen, was man in der Umgangssprache einen Teufelskreis nennt, in dem die Patienten, die Klienten oder Subjekte – auf den Ausdruck kommt es hier nicht an – eingeschlossen sind. Die Dimension der Gegenübertragung, die im Unbehagen der Helfer und ihrem Engagement »als Person«, wie man sagt, besteht, ist für den Geist dieser Praktiken wesentlich. Kompetenzen, Selbstveränderung, Begleitung sind die drei Modalitäten dieser Interventionsformen, die sich nach Regeln verbreitet haben, deren Zweck darin besteht, das Individuum in die Lage zu versetzen, Agent seiner eigenen Veränderung zu sein.

Alle diese sozialen Bedeutungen haben Eingang in unsere Sitten gefunden und haben sich in unsere Gewohnheiten eingefügt. Man bezieht sich täglich auf sie, fast ohne daran zu denken. Sie bilden eine globale Konstellation von Wertvorstellungen, das heißt in den bereits zitierten Begriffen von Fauconnet und Mauss, »eine Gesamtheit von bereits völlig eingerichteten Akten und Vorstellungen, die die Individuen vorfinden und die sich ihnen mehr oder weniger aufdrängen«. Sie sind die Institutionen des Sinnes der Autonomie. Und dieser eingerichtete Sinn, den man in mannigfachen Praktiken (wie zum Beispiel in der Psychoanalyse, in der psychosozialen Klinik oder in den Maßnahmen zur Rehabilitation), und nicht in unserem Kopf findet, diese gesellschaftliche Vorstellung, sind jene »unmöglichen« Praktiken, die an der Fähigkeit arbeiten, Agent der eigenen Veränderung zu sein. In etwa dreißig Jahren haben sich diese »unmöglichen« Berufe verbreitet, indem sie zweifellos mehrere Modelle abgewandelt haben, die zu untersuchen bleiben. Obwohl sie unter dem Etikett »verschwommener« Berufe präsentiert wurden, legen sie eine starke Kohärenz an den Tag: Ihr Ziel ist es, Veränderungen hervorzubringen, die sich eben gerade nicht ereignen könnten, wenn das Individuum sie nicht von sich selbst aus zustande brächte – diese Berufe verbreiten übrigens recht häufig nur gegen ihren eigenen Willen Modelle für unmögliche Berufe. Im Glauben an eine neue Persönlichkeit, die aus der Schwächung der sozialen Bindung hervorgeht, findet man die Einrichtung von Praktiken, deren Logik ihren Grund darin hat, daß sie Fähigkeiten entwickeln, Agent der eigenen Veränderung zu sein.

Was wir gerade seitens der psychosozialen Klinik und im weiteren Sinne seitens der seelischen Gesundheit gesehen haben, ist Teil einer globalen Veränderung des Geistes des Handelns.

Die amerikanische Krise
der französischen Gesellschaftstheorie

Der Literaturhistoriker Claude Digeon hatte 1959 ein Buch mit dem Titel *La Crise allemande de la pensée française* veröffentlicht. Darin zeigte er, daß Frankreich sich während der vierzig Jahre, die auf die Niederlage von 1870 folgten, im Spiegel Deutschlands definierte. Vor dem Krieg sahen sich die französischen Republikaner zugleich als Patrioten und als Universalisten, danach wurden sie zu Nationalisten. Die Niederlage stellte für sie »den unmittelbarsten Beweis [dafür dar], daß sie in der Illusion gelebt hatten, daß ihre Werte, die im Prinzip universal waren, auch in der Wirklichkeit nicht erschüttert werden konnten«.[93] Heute haben wir es mit einem analogen Phänomen zu tun: Die leidenschaftliche Anprangerung des sozialen Leidens hat ihren Grund in der Konfrontation ihres Antiliberalismus mit einer Welt, deren ideologische Substanz liberal und amerikanisch ist. Das Prinzip der sozialen Frage wird zwar durch die Tatsachen erschüttert, aber man beansprucht es auch weiterhin im Sinne eines Kriteriums, das sich auf folgende Weise bestimmen läßt. Dieses Kriterium setzt die Stabilität der Vergangenheit, in der die Herrschaftsverhältnisse auch Verhältnisse des Schutzes waren, der Instabilität der Gegenwart entgegen, in der die Herr-

93 L. Dumont, *L'Idéologie allemande*, a. a. O., S. 277.

schaftsverhältnisse ihren Vorteil des Schutzes zugunsten einer Prekarisierung des Lebens verlieren, und zwar auch bei den stabilen Arbeitsplätzen.[94] Ob die Analyse zeigt, daß das Streben nach Autonomie vom Kapital instrumentalisiert wurde, oder ob sie sich auf das Verschwinden des Nutzens der Heteronomie konzentriert, so werden doch die Prekarität, die Verwundbarkeit, die Brüchigkeit, all diese Übel des sozialen Leidens von der Autonomie hervorgebracht und stellen die grundlegenden Merkmale dieser neuen Situation dar, in der die soziale Bindung schwächer ist, wenn man sie mit der Vergangenheit vergleicht. Die Vergangenheit ist die Norm der wahren Gesellschaft.

Auf einer soziologischen Ebene inszenieren die beiden fortschrittlichen und reaktionären Versionen der Erzählung der Autonomie Spannungen, die für den französischen Individualismus spezifisch sind und denen sie Form und Sinn verleihen. Sie sind Abwandlungen eines Bestands von Themen, die für die demokratische Kultur Frankreichs wesentlich sind: Die Konfrontation von Ordnung und Fortschritt, die Institution als Vermittlung zwischen dem Individuum und dem Universalen, die Erinnerung an die Prinzipien (die Versprechungen sind) der Französischen Revolution, die die Republik noch erfüllen muß. Das ist die Rhetorik der Gruppe, die in eine Erzählung gegossen wird und Begriffe, Rechtfertigungen und Rationalisierungen für die Akteure liefert. Das Thema der Prekarisierung der Existenz ist sogar zu einer literarischen Gattung geworden, in der man jene durch die gesellschaftlichen Pathologien ruinierten Lebensläufe erzählt und von jenen »Subjekten« spricht, die am Mangel gesellschaftlicher Achtung leiden und in ihrem richtigen Wert nicht anerkannt werden. Auch wenn diese Erzählungen, die eine politische Entladung beschwören, zur individualistischen Utopie gehören, die die gesellschaftlichen Beziehungen an ethische Beziehungen angleicht, und die mir keine große praktische Reichweite zu haben scheinen, weil sie eine Beobachterposition einnehmen, die an das moralische Gewissen appelliert (wie wir im vorangehenden Kapitel gesehen haben), so sind sie doch auch Ausdruck eines Zusammenhangs, dessen Kollektivpsychologie sie reproduzieren.

Während Frankreich eines der seltenen Länder der westlichen

---

94 Diese These wird von R. Castel im einzelnen in *Les Métamorphoses de la question sociale. Une chronique du salariat*, Paris 1995, entwickelt.

Welt ist, wo die Ungleichheiten über dieselbe Zeitspanne hinweg nicht zugenommen haben und wo die aufsteigende Mobilität für die nach 1940[95] geborenen Generationen vorherrschend bleibt, sind die Franzosen doch auch dasjenige europäische Volk, dessen Bürger am meisten Angst davor haben, in der Deklassierung, der Armut, der Prekarität oder der Ausgrenzung zu landen.[96] In dieser »Gesellschaft der Herausforderung«, in der »die Angst vor der Deklassierung«[97] herrscht, ist die Sprache der leidenschaftlichen Anprangerung, die sich auf eine »anthropologische Umwälzung« oder auf die »Banalität des Bösen« beruft, in gewissem Sinne gerechtfertigt, denn die französische Gesellschaft ist tatsächlich mit einer Umwälzung konfrontiert: Die französische Furcht vor der Auflösung sozialer Bindungen ist geprägt durch das kollektive Gefühl einer Solidaritätskrise der Gesellschaft, die eine Krise unserer Weise ist, eine Gesellschaft zu bilden. Das »Ende der Vertikalität«, das »Verschwinden der Heteronomie«, die »Welt ohne Übertretung« sind Kampfbegriffe, die an den Widerstand appellieren angesichts einer Welt, in der jeder durch die Schwächung der sozialen Bindungen von Hemmnissen befreit wäre. Diese Begriffe sind Bestandteile eines Rituals, das insofern symbolisch ist, als es die Ursache des Übels bei einem Gegner ver-

95 M. Boisson, C. Collombet, J. Darmon, B. Delaveau, J. Tournadre, B. Verrier, *La Mesure du déclassement*, Arbeitspapier des Rats für strategische Analyse, Juli 2009. »Auch wenn das Verhältnis der sozialen Mobilität (der Anteil der Aufsteiger im Verhältnis zum Anteil der Absteiger) die Tendenz hat, sich abzuschwächen, bleibt doch die aufsteigende soziale Mobilität vorherrschend: Für alle Generationen, die nach 1940 geboren wurden, bleibt die Gesamtbewegung der Gesellschaft positiv – wobei die ›Aufsteiger‹ etwa 40 % einer Altersklasse darstellen, das heißt fast das Doppelte der ›Absteiger‹.« S. 9. »Frankreich verzeichnet im Gegensatz zur Mehrheit der OSZE-Länder keine Zunahme an Ungleichheiten. Die Mittelschicht erfuhr eine mäßige, aber regelmäßige Zunahme ihres Einkommens; sie ist größer als vor zwanzig Jahren. Das Sicherheitsnetz bleibt tragfähig, auch wenn es in seinen Prinzipien und Zweckbestimmungen neu begründet werden muß. In struktureller Hinsicht halbieren die Leistungen die Armutsrate; in konjunktureller Hinsicht mildert das Sicherheitsnetz die Auswirkungen der Krise stark ab und ermöglichte bis heute die Aufrechterhaltung des Konsums.« S. 109.
96 Siehe den Überblick über Umfragen in: J. Darmon, *Questions sociales: analyses anglo-saxonnes. Socialement incorrect?*, Paris 2009, S. 134-140.
97 Y. Algan, P. Cahuc, *La Société de défiance*, Paris 2008; E. Maurin, *La Peur de déclassement. Une sociologie des récessions*, Paris 2009.

ortet und diesen Gegner dadurch auszutreiben beabsichtigt, daß es all das in der Vergangenheit feiert, was mit der kollektiven Solidarität zu tun hatte, und die Erinnerung an ihre Härte und ihre Gewaltsamkeit verdrängt. Im Unterschied zu dem, was sich in den Vereinigten Staaten ereignet, befindet sich bei uns eine ganze Welt im Belagerungszustand, eine Lebensweise, die bis in ihr Innerstes erschüttert ist – hierher rührt die von vielen Akteuren und Beobachtern geteilte Überzeugung des Verfalls der gesellschaftlichen Verpflichtung, einer Krise des Symbolischen, einer Entinstitutionalisierung, was ebenso viele äquivalente Attribute für die französische Form der individualistischen Beunruhigung sind.

Die persönliche Dimension oder der große Wandel der Gleichheit

Diese Attribute bringen in der Sprache der sozialen Frage eine tiefe Verunsicherung zum Ausdruck angesichts des heutigen Problems der Ungleichheiten. Die »Prekarisierung der Existenz« liefert das Lektüreraster eines großen Wandels, der die Bedrohungen der Auflösung sozialer Bindungen in demselben Verhältnis wachsen sieht, wie die Blindheit gegenüber den Wandlungen der Gleichheit zunimmt, die eine persönliche Dimension hervorheben, welche zuvor nicht zählte. Sie bezeichnet die Schwierigkeit, das wahrzunehmen, worin die große Veränderung besteht: Die Autonomie als Zustand ist eine Veränderung der Gleichheit. Was für eine Veränderung?

Die Ungleichheiten »deuten immer weniger auf die gesellschaftliche Arbeitsteilung zwischen großen Kategorien von Beschäftigten hin und immer mehr auf die Vorstellung einer ungleichen Verteilung persönlicher Fähigkeiten, den Forderungen des Arbeitsmarkts nachzukommen«.[98] Die *gesellschaftliche* Ungleichheit der Verteilung *persönlicher* Fähigkeiten ist das *Hauptproblem* der Ungleichheiten. Daher nimmt man sie als persönlichen Mißerfolg auf sich, wobei sich dies als soziales Leiden äußert, bei dem die Dimension des Verlusts, des Mangels, des

---

98 E. Maurin, *L'Égalité des possibles. La nouvelle société française*, Paris 2001, S. 71.

Defizits im Hinblick auf die gesellschaftlichen Erwartungen den Schlüssel des Ganzen darstellt.[99]

Auf der politischen Ebene besteht das ganze Problem in der Einsicht, daß die von der psychosozialen Klinik praktizierte Handlungsweise weit davon entfernt ist, ein Zeichen oder eine Folge der Entinstitutionalisierung, eines standardisierten Handelns zu sein, das keinen wirklichen Wert besitzt, sondern daß das genaue Gegenteil der Fall ist. Das Fallenlassen eines Teils der Bevölkerung und das Risiko einer Entsolidarisierung der Gesellschaft haben eine bestimmte Konsequenz, die zeigt, worin die politische Alternative zum Widerstand besteht. Jacques Donzelot hat dafür eine klare Formulierung geliefert:

> Die Rolle des Politischen kann es nicht mehr sein, sich auf die objektive Solidarität zu stützen, um das Bewußtsein und die Praktiken der Gerechtigkeit zu entwickeln, die sie verlangt. Es ist nicht mehr der Garant oder der Leiter des Fortschritts, sondern dasjenige, das die bürgerliche Gesellschaft antreibt, einen gesellschaftlichen Zusammenhalt herzustellen angesichts einer Wettbewerbssituation, die diesen Zusammenhalt sowohl bedroht als auch als Trumpf für den wirtschaftlichen Erfolg geltend macht. Es hat [...] einen Zustand angenommen, der jeden ›in die Lage versetzt‹ zu handeln, an dem Spiel teilzunehmen,

99 Wie Stéphane Beaud in seiner Untersuchung zu den Kindern der schulischen Demokratisierung zeigte 80(% *au bac... et après?*, Paris 2002), hat das Ziel einer Erfolgsquote von 80 % beim Abitur »das Feld der Möglichkeiten« für die Familien der unteren Volksschichten eröffnet, das heißt das Verlassen der Arbeitersituation. Diese Bestrebungen wurden enttäuscht, weil der Stil der gesellschaftlichen Selektion sich in dem Maße verändert hat, wie sich der Bereich von Möglichkeiten öffnete (Abitur machen und dann studieren gehen): die Verlängerung der Studienzeiten hat diese jungen Leute »zu einer Zwischenposition [geführt], und zwar sowohl auf der schulischen Ebene als auch auf der beruflichen: Sie befinden sich weder auf der Seite des Erfolgs noch auf der des völligen Mißerfolgs. Was in ihrem Fall häufig verdeckt wurde, ist die psychologische und moralische Erschütterung, die durch ihr Eintauchen in ein Universitätsstudium hervorgerufen wurde.« Beaud kontrastiert die Situation von zwei Generationen: »Das vorzeitige Eintreten in die Erwachsenenwelt und die Verpflichtung, sich schon in jungen Jahren mit den ›Schwierigkeiten‹ des Lebens auseinanderzusetzen (die Arbeit in der Fabrik, die familiäre Verantwortung), hatten eine Verhärtung der Eltern zur Folge. Heute scheinen ihre Kinder, die in der Betriebsform eines ausgedehnten Studiums gebildet wurden, im Gegensatz dazu durch die Situation der doppelten Abhängigkeit, nämlich der materiellen und intellektuellen, in der sie sich befinden, erschüttert und fast schon infantilisiert.« S. 309.

und alle dazu befähigt, ein Ganzes zu bilden, das durch äußere Ziele (die Wettbewerbsfähigkeit) und innere Ziele (ein Ideal des gemeinsamen Lebens) vereint wird.[100]

Man verringert die Ungleichheit der Kompetenzen nicht dadurch, daß man die Status vermehrt, sondern dadurch, daß man denen, die an dieser Ungleichheit leiden, ermöglicht, Chancen zu ergreifen. Die Gesamtheit der Arbeiten über den Wohlfahrtsstaat läuft auf folgenden Punkt hinaus: Es geht darum »zu wissen, wie man sich um die Verlierer kümmert«.[101] Die Antwort auf die neue Situation stellt die Gleichheit des Schutzes wieder in Frage, und ihr Ergebnis ist vor allem eine Balkanisierung der Beschäftigungssituation,[102] die diese depressive Atmosphäre erzeugt. Worin besteht diese Antwort?

Eine der großen Schwierigkeiten, die sich für die Analyse und die Bewertung der neuen Wirklichkeit stellen, mit der wir konfrontiert sind, liegt in den Wörtern, mit denen sie beschrieben wird. Nehmen wir das als Ausgangspunkt, was Sylvie Quesemand Zucca in ihrem Buch über die Betreuung von Menschen ohne festen Wohnsitz schreibt:

Seit einigen Jahren beobachte ich bei Supervisionen oder Bildungsveranstaltungen, daß sich ein neuer Sprachcode entwickelt: ›Transparenz‹, ›Nutzervertrag‹, ›menschliche Ressource‹, ›Partner‹, ›Leistungserbringer‹, ›Nutznießer‹. Wörter aus dem Management sind in unser Privatleben ebenso eingedrungen wie in die Sozialarbeit. Da man ihren ursprünglichen Sinn nicht kennt, geben sie Anlaß zu vielen Widersinnigkeiten. Sie vermitteln uns die Vorstellung eines Menschen, der austauschbar ist (die ›Transparenz‹) und der Verwaltungsmacht unterliegt, deren ›Ziele‹ darin bestehen, die ›Kompetenzen‹ zu regulieren und an die Gesetze des Marktes anzupassen.[103]

Sehr viele Fachleute aus der ersten Reihe teilen diese Ansicht. Angesichts des Elends stellen diese Wörter die vollkommenste Anstandslosigkeit unter Beweis. Sie gehören zum Vokabular des

100 J. Donzelot, »Refonder la cohésion sociale«, in: *Esprit*, Dezember 2006, S. 13.
101 G. Esping-Andersen, »Quel État-providence pour le xxie siècle?«, a. a. O., S. 124.
102 Siehe insbesondere P. Cahuc, A. Zylberberg, *Le Chômage. Fatalité ou nécessité?*, Paris 2004.
103 S. Quesemand Zucca, *Je vous salis ma rue*, a. a. O., S. 130.

Neoliberalismus und seiner Vermarktung der Welt. Ihr Gebrauch wird im Namen unserer Vorstellungen von Solidarität kritisiert. Sylvie Quesemand Zucca fügt hinzu: »Auch wenn das Ziel tatsächlich darin besteht, der Idee des Austauschs einen Wert einzuräumen, ist doch ein wirklicher Gesellschaftsvertrag im gesellschaftlichen Maßstab notwendig.«[104] Nun existieren aber die Bestandteile eines solchen Vertrags bereits, der Vertrag verwendet genau diese Wörter, und sie stehen sogar im Zentrum der europäischen Debatten für einen neuen Sozialstaat.

Die Vorgehensweise des Kampfes gegen die Ungleichheiten, die darin besteht, die Menschen in die Lage zu versetzen, Chancen zu ergreifen, teilt sich zwischen zwei großen Optionen auf, über die eine gewaltige Literatur existiert, von der ich jedoch nur die Prinzipien angeben möchte.[105] Die erste Option erneuert die liberale Tradition. Sie bezieht sich auf eine Demokratie von Eigentümern nach dem Modell, das von John Rawls propagiert wird. Ihr zufolge soll das Individuum dadurch aktiviert werden, daß man es mit Kapitalien oder Aktiva ausstattet, die es wie der Chef eines Unternehmens verwaltet: »Die Idee ist nicht nur, denen zu helfen, die aufgrund von Unfällen oder Mißgeschicken zu

---

104 Ebd., S. 130.

105 J. Boissonnat (Berichterstatter), *Le Travail dans vingt ans*, a. a. O., wo man die ersten Vorschläge im Zusammenhang mit dem »Tätigkeitsvertrag« findet; P. Rosanvallon, *La Nouvelle Question sociale*, Paris 1995, schlägt vor, die Sozialpolitik am individuellen Werdegang auszurichten; A. Supiot (Hg.), *Au-delà de l'emploi: transformations du travail et devenir du droit du travail en Europe*, Paris 1999; G. Esping-Andersen et al., *Why We Need a New Welfare State* (dieses Buch wurde von der belgischen Präsidentschaft der EU nach dem Gipfel von Lissabon in Auftrag gegeben); B. Gazier, *Tous sublimes. Vers un nouveau plein-emploi*, Paris 2003, gibt einen Überblick über europäische Arbeiten zu den »traditionellen Arbeitsmärkten«; J. Gautié, »Marchés du travail et protection sociale: quelles voies pour l'après-fordisme?«, in: *Esprit*, November 2003. Der Autor stellt fest: »Bildung und Aktivierung haben dasselbe Ziel: die Steigerung der Autonomie und der Chancen der Individuen (was die Angelsachsen mit *empowerment* bezeichnen), um ihnen zu ermöglichen, ihre Projekte erfolgreich abzuschließen, anstatt sie nur zu unterstützen oder zu entschädigen.« S. 96; zu einer umfassenden und differenzierten Bilanz der politischen Aktivierungsmaßnahmen siehe J.-C. Barbier, »Pour un bilan du *workfare* et de l'activation de la protection sociale«, ⟨www.laviedesidées.fr⟩, 4. November 2008. Hier greife ich denjenigen Teil des Aufsatzes von Jérôme Gautié auf, der den Titel trägt »Deux paradigmes pour le post-fordisme«, S. 94-115.

Verlierern geworden sind (obwohl man auch das tun muß), sondern vielmehr alle Staatsbürger in die Lage zu versetzen, sich um
ihre eigenen Angelegenheiten zu kümmern und an der gesellschaftlichen Zusammenarbeit auf der Basis von gegenseitigem
Respekt unter Bedingungen der Gleichheit teilzunehmen.«[106] Sie
gehört zu einem Individualismus der Bereicherung: Das Individuum wird nach dem Vorbild des Aktionärs betrachtet, der über
Kapital verfügt, das er frei einsetzen kann, um es in seine Bildung, seine Gesundheit usw. zu investieren. Die Gleichheit wird
durch eine Freiheit der Wahl begriffen, die analog zu der eines
Konsumenten ist. Deshalb verwendet man zur Bezeichnung dieses Ansatzes häufig den Ausdruck der Marktgesellschaft mit
menschlichem Antlitz.

Bei der zweiten Option bezieht man sich auf Amartya Sen: Es
genügt nicht, das Individuum mit Kapital auszustatten, denn die
Armut ist das Ergebnis einer Anhäufung von Verwundbarkeiten,
die die Wahlmöglichkeiten des Lebens drastisch verringern. Zunächst muß man die wirklichen Möglichkeiten der Menschen
berücksichtigen, Ressourcen zu mobilisieren, um ihre Vorhaben
auszuführen. Die Fähigkeiten zeichnen sich durch drei Dimensionen aus: Kompetenzen der Person (die *skills*, die die individuelle Seite darstellen), die Gelegenheiten, die ihr zugänglich sind
(die *opportunities*, die die soziale Seite darstellen), die Rechte
und Mittel (die *entitlements*, die die normative Seite vertreten).
Sens Ansatz öffnet eine gewaltige Baustelle, auf der die Versöhnung von Freiheit und Gleichheit möglich ist, ihre Verschränkung anstatt die Wahl zwischen der Unterordnung einer Kategorie unter die andere.

> Der Ansatz, der von den Fähigkeiten ausgeht, veranlaßt eine erneute
> Betrachtung der Verhältnisse zwischen wirtschaftlicher Effizienz, indi-
> vidueller Verantwortung und gesellschaftlicher Billigkeit. Obwohl
> dem Prinzip der individuellen Verantwortung eine zentrale Stellung
> eingeräumt wird, macht dieser Ansatz daraus doch keinen Ersatz für
> die kollektive Verantwortung, sondern verlagert diese vom Schutz der
> Menschen auf die gleiche Verteilung von Handlungsmöglichkeiten.[107]

106 J. Rawls, Vorwort zur französischen Ausgabe von *Eine Theorie der Gerechtigkeit*, Paris 1987, S. 13, zitiert von J. Gautié, »Marché du travail
   et protection sociale«, a. a. O., S. 101.

107 B. Zimmerman, »Capacités et enquête sociologique«, in: J. de Munck,
   B. Zimmerman (Hg.), *La Liberté au prisme des capacités*, a. a. O.,
   S. 116.

In dieser Perspektive ist der Schutz nicht mehr der höchste Wert. Man muß in Beziehungspolen denken: Alles, was zum Schutz gehört, wird politischen Maßnahmen untergeordnet, die den Individuen ermöglichen, Fähigkeiten zu entwickeln.

Der Begriff der Fähigkeit gestattet die Neudefinition der Substanz der gesellschaftlichen Solidarität in einer Welt der Mobilität und allgemeinen Konkurrenz, die sich in dreißig Jahren durchgesetzt hat. Die persönliche Verantwortung wird traditionellerweise auf der Seite der Freiheit lokalisiert und als Thema der Rechten betrachtet. Sie hat Eingang in das Problem der Ungleichheiten gefunden. Das Wesen der neuen Ungleichheiten impliziert die individuelle Verantwortung, und zwar aus einem Grund, den Gøsta Esping-Andersen zusammenfaßt:

Die Ironie besteht darin, daß die gesellschaftliche Klasse vielleicht weniger sichtbar, ihre Bedeutung aber zweifellos umso entscheidender ist. In den Wissensökonomien hängt die Chancengleichheit im Leben von den eigenen persönlichen Fähigkeiten und von der eigenen Akkumulation von Humankapital ab. Es ist völlig gesichert, daß der Einfluß des gesellschaftlichen Erbes heute genauso stark ist wie gestern – insbesondere im Hinblick auf die kognitive Entwicklung und den Bildungserwerb.[108]

Der Ansatz, der von den Fähigkeiten ausgeht, erneuert die praktische und theoretische Reflexion auf das gemeinsame Gut und damit auf die Art und Weise, wie wir eine Gesellschaft bilden. Es gibt wohl nur wenige Themen, die so entscheidend dafür sind, einen Inhalt zu liefern, der über die Grenzen der leidenschaftlichen Anprangerung hinausgeht, und das gemeinsame Leben in einem globalen Kontext zu klären, in dem die Begriffe, die für die Industriegesellschaft verwendet wurden, keinen Anhalt mehr geben für die menschlichen Dilemmata, die vom Lauf der Welt erzeugt werden. Dieser Ansatz bietet eine neue Sprache des politischen Handelns, die es ermöglicht, den Verfall des politischen Willens zur Kenntnis zu nehmen, diese Vorstellung, die für die französische Tradition des Staats als Stifter des Sozialen so wesentlich ist. Diesen Verfall zur Kenntnis zu nehmen bedeutet keine Entpolitisierung, sondern die Anerkennung der Tatsache, daß wir uns in einer neuen politischen Gesamtlage befinden, und zwar aus dem

---

108 G. Esping-Andersen, »Toward the good society once again?«, in: G. Esping-Andersen et al., *Why We Need a New Welfare State*, a. a. O., S. 3.

einfachen Grund, daß die Gesellschaft, in der wir leben, nicht diejenige ist, deren Verschwinden die leidenschaftliche Anprangerung bedauert. Tocqueville hat das Prinzip dafür in seinem Kapitel »Warum die Leidenschaft für allgemeine politische Ideen bei den Amerikanern nie so stark gewesen ist wie bei den Franzosen« benannt: »Wenn also ein Gegenstand vorliegt, bei dem die blinde und uneingeschränkte Hinnahme allgemeiner Ideen für die demokratischen Völker besonders gefährlich ist, erfolgt die beste Berichtigung dadurch, daß sie sich täglich und in praktischer Art damit befassen; sie werden dann eher gezwungen sein, auf Einzelheiten einzugehen, und an den Einzelheiten werden sie die Schwächen der Theorie erkennen.«[109] Den allgemeinen Ideen, die das individuelle und das gemeinsame Übel dadurch vereinen, daß sie eine Mobilisierung im Widerstand gegen den Gegner zu erreichen versuchen, muß eine politische Wissenschaft entgegengesetzt werden, die sich um die Einzelheiten der jeweiligen Hindernisse kümmert.

Diese politische Wissenschaft wird seit der Mitte der 1990er Jahre mit dem Ziel gefördert, die öffentliche Familien-, Schul- und Arbeitspolitik zu reformieren, indem man den Verlauf der Entwicklung des Individuums über sein ganzes Leben hinweg ins Zentrum des Handelns stellt. Das Prinzip scheint mir darin zu bestehen, eine gemeinsame Fähigkeit der Gesellschaft im Hinblick auf individuelle Leistungen auszubilden. Wie der Bericht des Rats für strategische Analyse vom Juli 2009 über die Deklassierung betont, handelt es sich um einen »dynamischen Ansatz, bei dem der Wohlfahrtsstaat eingreift, um der Deklassierung vorzubeugen oder, wenn es schon dazu gekommen ist, um die Menschen wieder auf eine positive Bahn zu bringen«.[110] Diese politischen Maßnahmen schließen insbesondere eine massive Investition in die Kindheit und die frühe Kindheit ein, die die entscheidendste Periode für die Reproduktion gesellschaftlicher Ungleichheiten ist. Diese Investition zielt darauf ab, frühzeitig auf die Risiken der Verwundbarkeit einzuwirken. Und vor allem implizieren diese politischen Maßnahmen eine Modifikation des Prinzips gesellschaftlicher Rechte, indem die »Chancengleichheit während des ganzen Lebens berücksichtigt wird«: »Ein nied-

---

109 A. de Tocqueville, *Über die Demokratie in Amerika*, Bd. 2, a. a. O., S. 32.
110 M. Boisson et al., *La Mesure du déclassement*, a. a. O., S. 100.

riger Lohn oder ein minderwertiger Arbeitsplatz stellen nicht schon an sich selbst eine Bedrohung für das Wohlbefinden des Bürgers dar, vorausgesetzt, daß diese Erfahrung nur eine gewisse Zeit anhält; sie werden erst dann dazu, wenn sich die Menschen in ihnen eingesperrt fühlen. Man sollte also das Leitprinzip der gesellschaftlichen Rechte [...] als eine grundlegende Gesamtheit von *Garantien für Lebenschancen* neu definieren.«[111]

Die Idee erscheint in Frankreich im Boissonnat-Bericht von 1995 unter dem Namen »Tätigkeitsvertrag« und in dem Bericht des Juristen Alain Supiot für die EU von 1999, der »die berufliche Stellung von Personen« in Form von Sonderziehungsrechten zu definieren versuchte, was immer der Status der Person sein mag (arbeitslos, in Ausbildung oder in einem Arbeitsverhältnis). Sein Prinzip ist, daß man von einer passiven und unwirksamen Verteidigung des Arbeitsplatzes zu einer aktiven Absicherung des Werdegangs von Personen übergehen muß, indem man die verschiedenen Typen von Arbeitsverträgen in einem umfassenderen Vertrag vereinheitlicht, der an die Person gebunden ist, und zwar unabhängig von ihrer Situation. Dieser Vertrag integriert die Flexibilität, indem die Übergänge zwischen den Situationen abgesichert werden (Arbeitslosigkeit, Ausbildung, Elternurlaub, Teilzeitarbeit usw.). Die Perspektive dieses neuen Wohlfahrtsstaats ist dynamisch, auf individuelle Werdegänge zentriert, und nicht statisch, auf die Situationen und den Status fixiert. Diese Perspektive steht auch im Zentrum der europäischen Vision: Der Gipfel der Staatschefs, der 1997 in Luxemburg stattfand, hat diese europäische Strategie bezüglich der Arbeit ausgesprochen. Sie wurde auf dem Gipfel von Lissabon im Jahr 2000 bestätigt. Aber dieser Ansatz geht über Fragen des Arbeitsplatzes hinaus, er betrifft die Gesamtheit der Aufgabenbereiche des Wohlfahrtsstaats. Wie Esping-Andersen noch einmal betont, »ist es dem Wohlfahrtsstaat der Nachkriegszeit zweifellos gelungen, die Lebensbedingungen zu egalisieren, aber er ist daran gescheitert, sein Versprechen zu halten, die Chancen, die mit einer bestimmten gesellschaftlichen Herkunft verbunden sind, und geerbte Behinderungen voneinander zu trennen. Abgesehen von ideologi-

111 G. Esping-Andersen, »Quel État-providence pour le XXIe siècle?«, a. a. O., S. 126. Hervorhebung des Autors.

schen Betrachtungen, sollte es offensichtlich sein, daß wir uns nicht erlauben können, *nicht* egalitär zu sein.«[112]

Die Autonomie als Bestrebung bedeutete eine gestiegene Kontrolle über das eigene Leben, die sich auf einen wirtschaftlichen Fortschritt stützte, der einen sich erweiternden sozialen Schutz ermöglichte. Die Autonomie als Zustand ordnet den Schutz des Individuums gegenüber Ungleichheiten seiner Fähigkeit unter, persönliche Ressourcen zu entfalten. Wir haben es mit neuen Lebensentwürfen und mit neuen Lebensweisen zu tun, die die Familie, die Arbeit, die Schule, die Lebensalter betreffen, und zugleich erleben wir das Ende des Wohlfahrtsstaates, wie er sich im Laufe des 20. Jahrhunderts konstituiert hat: Wir leben in einer Gesellschaftsform, in der man sich in sehr zahlreichen und heterogenen sozialen Situationen persönlich engagieren muß. Das bedeutet, daß die Persönlichkeit zu einer Hauptsorge und einer gemeinsamen Frage wird: Ohne eine gute Selbststrukturierung ist es unmöglich, selbständig auf geeignete Weise zu entscheiden und zu handeln – von hier ergibt sich die Identität der Kriterien für seelische Gesundheit und für eine gelungene soziale Integration. Wir leben nicht mehr in einer Zeit der disziplinarischen Dressur der Körper, die fügsam und nutzbar gemacht werden sollen, wie eine berühmte Formulierung Michel Foucaults besagt, sondern in einer Welt, in der es darum geht, die persönlichen Ressourcen zu mobilisieren und zu steigern, indem man politische Maßnahmen begünstigt, die den Individuen ermöglichen, die Agenten ihrer eigenen Veränderung zu sein. Nichts verpflichtet uns dazu, Gefangene unserer großen Erinnerungen zu bleiben.[113]

Dieser Schlußfolgerung muß jedoch eine Einschränkung hinzugefügt werden, und zwar eine große. Trotz der Bedeutung der

112 G. Esping-Andersen, »Toward the good society once again?«, in: G. Esping-Andersen et al., *Why We Need a New Welfare State*, a. a. O., S. 3. Hervorhebung des Autors.
113 J.-C. Barbier, F. Colomb und P. K. Madsen stellen fest, daß »der Allzweckbegriff ›Flexicurity‹ (Flexibilität durch Sicherheit) in seinen Zielsetzungen fortan so verschiedenartig ist, daß er jedes beliebige institutionelle Arrangement bezeichnen könnte«. J.-C. Barbier, F. Colomb, P. K. Madsen, *Flexicurity. An open method of coordination at the national level?*, Arbeitspapiere des Zentrums für Ökonomie der Sorbonne, 2009, Nr. 46, S. 19. Sie präzisieren jedoch, daß die französische Gesellschaft im Laufe der Jahre 2003-2007 »im Begriff war, die Notwendigkeit systematischer und systemischer Reformen zu erfassen.« S. 20.

Literatur, die diesem Thema gewidmet ist, bleibt die politische Debatte über die Antworten auf die Krise des Wohlfahrtsstaats in einer Randposition. Die Schwierigkeit, die neuen Probleme *darzustellen*, und zwar so, daß die Ansicht darüber zu einer etwas klareren Vorstellung der Einsätze und Wahlmöglichkeiten gelangt, ist die Schwierigkeit, sie ins Zentrum der politischen Debatte zu bringen: Kompetenz, Fähigkeit, Chance – diese Wörter verletzen die französischen Prinzipien, weil sie unserer Vorstellung von Solidarität völlig entgegengesetzt zu sein scheinen, während sie doch der gemeinsame Fundus der Gesamtheit des amerikanischen politischen Spektrums sind. In Frankreich haben wir daher einen gewichtigen Grund, uns als eine Gesellschaft des Unbehagens vorzustellen: Die Welt ist liberal geworden. Die französische Skepsis gegenüber der Demokratie unterscheidet sich zwar von der amerikanischen, aber sie hat auch Seinsgründe, die tiefer und tragischer sind als jene.

Das Unbehagen: erkenntnistheoretisches Hirngespinst und soziologische Wahrheit

In den beiden Versionen der französischen Erzählung der Autonomie, der reaktionären und der fortschrittlichen, ist es zwar durchaus die Gesellschaft, die verschwindet, aber nur unter der Bedingung, daß man präzisiert, daß das Verschwinden in der verwendeten Konzeptualisierung stattfindet, und nicht in der Wirklichkeit. Vom erkenntnistheoretischen Standpunkt aus betrachtet, sind diese beiden Versionen Gefangene einer individualistischen Soziologie, die sie in praktischen und begrifflichen Sackgassen einschließt.

Auf der praktischen Ebene sind sie dazu verdammt, Bilder des Unglücks aufzuhäufen, ohne die Mittel anzugeben, es zu überwinden, denn man sieht nicht, in bezug worauf und wie man handeln soll. Was den zweiten Punkt betrifft, so stoßen sie sich an der Schwierigkeit, sich das Individuum als ein gesellschaftliches Wesen vorzustellen, indem sie sich im Teufelskreis des Gegensatzes zwischen Individuum und Gesellschaft um die eigene Achse drehen. Wenn diese Schwierigkeit eine echte ist und, so würde ich hinzufügen, wenn sie durch die Tatsache noch gesteigert wird, daß die Werte der Autonomie die individualistischen Vorstellungen des Gesellschaftslebens verstärken, dann ist sie in der individualistischen Soziologie unüberwindlich, weil diese egalitär und nicht hierarchisch denkt: Sie setzt das Individuum der Gesellschaft entgegen, anstatt zu beachten, daß die Werte der wechselseitigen gesellschaftlichen Abhängigkeit immer den Werten der Unabhängigkeit hierarchisch untergeordnet sind, daß sie notwendig von ihnen umschlossen werden. Indem sie sich allein auf die Auflösung sozialer Bindungen konzentriert, verdrängt diese Soziologie nicht nur die notwendige Auflösung der Abhängigkeitsbeziehungen, ohne die es keine demokratische Gesellschaft gibt, eine Gesellschaft, die dem erstbesten seine Chance gibt, etwas aus sich zu machen, sondern sie geht auch nur die Hälfte des Weges, indem sie den Dingen gegenüber blind bleibt, die sich erneut vor unseren Augen in der heutigen demokratischen Kultur abspielen. Sie ist unempfänglich für die Tatsache, daß die gesellschaftlichen Formen der Demokratie der Geschichte unterliegen und daß die Zeit zwischen 1945 und 1980 kein ewiges Modell der Demokratie definiert. Hier muß man sich auf Claude Lefort, den Philosophen der Demokratie (und des Totalitarismus) beziehen, der den Akzent auf folgenden wesentlichen Punkt legt. Die Demokratie ist jene Gesellschaftsform, die mit einer grundlegenden und unvermeidlichen Ungewißheit konfrontiert ist – grundlegend, weil unvermeidlich –, welche sich aus der Auflösung der Abhängigkeitsbeziehungen ergibt: »Solange das Abenteuer der Demokratie andauert und sich die widersprüchlichen Elemente verschieben, bleibt der Sinn des Kommenden in der Schwebe. Die Demokratie offenbart sich somit als die geschichtliche Gesellschaft schlechthin, eine Gesellschaft, die die Unbestimmtheit in ihrer Form aufnimmt und bewahrt.«[114] Das Nichtverstehen dieses Punktes nährt die französische Skepsis gegenüber der Demokratie, und deshalb muß diese Skepsis bekämpft werden. Aber zugleich ist es der Lektion Stanley Cavells zufolge notwendig, den Anteil der Wahrheit an dieser Skepsis herauszustellen.

Auf die Frage, die in der Einleitung zu diesem Buch gestellt wurde – Unbehagen in der Kultur oder Veränderung des Geistes der Institutionen? –, lautet die Antwort, die im Verlauf all dieser Seiten entwickelt wurde, offensichtlich, daß das eine und das andere miteinander verflochten sind: Das Unbehagen ist ein Unbehagen angesichts der Veränderungen des Geistes der Institutio-

114 C. Lefort, *Essais sur le politique. XIXe-XXe siècle*, Paris 1986, S. 25.

nen, die Veränderungen in der Handlungsweise sind. Anhand des Unbehagens werden Befürchtungen formuliert und in eine vertraute Sprache gebracht, die jeder Franzose spontan erkennt, ob er nun zustimmt oder nicht, Befürchtungen, die sich aus der Konfrontation unserer antiliberalen institutionellen Arrangements mit einem liberalen Kontext ergeben. Die Veränderungen werden darin als Verfall charakterisiert und wahrgenommen (Autoritätsverlust der Institutionen, Prekarisierung des Lebens, Orientierungsverlust usw.), und ihre Zielscheiben sind die Werte der Wahl und des Wettbewerbs, die als Symbole einer Krise unseres Zusammenlebens erscheinen. Ihr Preis bemißt sich nach jenen neuen psychischen Leiden. Der Stoff dieses Diskurses ist die französische Soziallehre, die die Autonomie wertschätzt, aber als Unabhängigkeit, und auf die Gleichheit Wert legt, aber als Schutz. Der französische Konflikt bezüglich der Autonomie ist mit deren Beziehung zu den Werten und Normen des Wettbewerbs einerseits und mit der Verschiebung der Gleichheit des Schutzes zur Chancengleichheit andererseits verbunden. Auf dieser Bühne spielen sich unsere Familiendramen ab und entwickelt sich unsere Gruppenrhetorik.

Wenn man nun die beiden Versionen als Inszenierung unserer Kollektivpsychologie in ihrer Anprangerung der zeitgenössischen Formen der Auflösung sozialer Bindungen betrachtet, kehren sie die Hierarchie um, indem sie die untergeordneten Werte der Unabhängigkeit in den Vordergrund stellen und eben an deren Bedeutung erinnern. Die leidenschaftliche Form des Diskurses berührt etwas Wesentliches am Zustand der Demokratie, zumindest in Frankreich und wohl auch im übrigen Europa: Die Notwendigkeit der Utopie einer anderen Gesellschaft, das Streben nach anderen Verhältnissen zwischen den Menschen, die gerechter, schöner und menschlicher sind als diejenigen, zu denen das gewöhnliche Leben verurteilt. Diese Frage stellt sich in den Vereinigten Staaten nur am Rande, denn die Amerikaner haben die revolutionäre Utopie nie gekannt, sondern jene der Verfolgung des Glücks in einem Land der – nach der üblichen Formel – unbegrenzten Möglichkeiten. Da Amerika selbst eine utopische Vorstellung, ein neues Jerusalem ist, braucht es nicht überboten zu werden.

Der Verfall der Institutionen, die Schwächung der sozialen Bindung, die neuen Pathologien, die von den Idealen erzeugt werden, nähren die Erinnerung an diese Werte. Aber diese Themen sind auch zugleich die der schmerzlichen Erzählung der Schwierigkeit Frankreichs, eine praktische und glaubwürdige Antwort auf die profunde Erneuerung der Ungleichheiten zu liefern, die sich aus den Wandlungen unserer Lebensweisen ergibt – insofern hat das Unbehagen einen wahren Kern.

Diese Rhetorik bildet das unsichtbare und zugrundeliegende Gewebe unserer Lebens-, Denk- und Handlungsweisen, sie ist das Gegebene, auf das wir uns unbewußt stützen, der Boden, der unsere Vorstellungen der gesellschaftlichen Beziehungen speist. Diese Vorstellungen sind es jedoch, die eine Interpretation der Einsätze der neuen Situation erschweren, weil die Solidarität der Gesellschaft gegenüber jedem sich fortan durch Wörter und Begriffe vollzieht, die zum »Liberalismus« zu gehören *scheinen*, während der entscheidende Punkt, um den es bei ihnen geht, darin liegt, daß sie das neue Paradigma darstellen, in dessen Rahmen die Probleme der Gerechtigkeit, des Kampfes gegen die Ungleichheiten, der Solidarität, der Beziehungen zwischen der individuellen und der kollektiven Verantwortung bearbeitet werden. Diese Rhetorik ermöglicht nicht die Erkenntnis, daß es sich im Zusammenhang mit diesem Vokabular um tiefe Fragen handelt, die die heutigen Dilemmata und die Weise, sich mit ihnen auseinanderzusetzen, betreffen. Sie ist blind gegenüber den neuen soziologischen Koordinaten der Ungleichheit – die ungleiche Verteilung persönlicher Fähigkeiten – und gegenüber den politischen Konsequenzen, die man daraus ziehen sollte. Sie gestattet nicht den geringsten Fortschritt im Hinblick auf diese Schwierigkeit und auf die Hindernisse, die durch sie aufgeworfen werden. Wenn man an einer solchen Rhetorik festhält, dann bleibt man Gefangener der »Wortmystik«, von der Mauss spricht: Es gibt die von Natur aus guten Wörter (Gerechtigkeit, Gleichheit, Solidarität usw.) und die schlechten (Kompetenz, Fähigkeit, Transparenz, Chance, Steuerungssystem usw.). Nun sind es aber eher neue Verwendungen dieser Begriffe, die sich in der französischen Gesellschaft gerade etablieren, die der Neuentwicklung des Wohlfahrtsstaats, eines neuen Sozialstaats oder eines neuen Gesellschaftsvertrags, der der Autonomie als Zustand entspricht. Das Problem besteht nicht darin, ob man über diesen Zustand glücklich oder betrübt ist – das politische Urteil ist keine Frage des Geschmacks. Das Problem liegt in der Klärung dessen, was hier vor sich geht. Wenn man sich von der Wortmystik verführen läßt, von der Vorstellung, daß die Wörter in sich selbst ihren Gebrauch und ihre Bedeutung enthalten, wird man unempfänglich dafür, daß dieses Vokabular eine andere als nur rhetorische Substanz der Solidarität der Gesellschaft mit denen, die der Leistungskult auszugrenzen scheint, enthält und in der Folge das öffentliche Handeln zu erneuern gestattet. Diese Erneuerung stößt sich jedoch an jenem Lektüreraster der Welt, das die »soziale Frage« ist, und der rituellen Macht, die sie auch heute noch hat und die ihr erlaubt, das Übel *in der Einbildung* auszutreiben, indem man eine Vergangenheit feiert, die ihre Versprechungen noch nicht erfüllt hat.

Auf der erkenntnistheoretischen Ebene haben wir also durchaus die Mittel, um zwischen dem psychologischen und dem gesellschaftlichen Menschen zu unterscheiden. Vor allem aber müssen wir unsere Begriffe verändern.

Schluß

Wahlverwandtschaften
oder die individualistische Haltung
gegenüber ihren Gegnern

Die Vorstellungen, die sich ein Mensch von der Wirklichkeit macht, durchwalten die gesellschaftlichen Beziehungen zu seinen Mitmenschen. ›Durchwalten‹ ist sogar ein zu schwacher Ausdruck: gesellschaftliche Beziehungen sind Manifestationen von Realitätsvorstellungen.

Peter Winch
*Die Idee der Sozialwissenschaft
und ihr Verhältnis zur Philosophie*[1]

[...] es ist vielmehr für unsere Untersuchung wesentlich, daß wir nichts *Neues* mit ihr lernen wollen. Wir wollen etwas verstehen, was schon offen vor unsern Augen liegt. Denn *das* scheinen wir, in irgendeinem Sinne, nicht zu verstehen.

Ludwig Wittgenstein
Philosophische Untersuchungen, 1953, § 82[2]

Die Masse psychischen Leidens, das überall hervorquillt, soll ein Zeichen dafür sein, daß wir nicht mehr in einer »wahren« Gesellschaft leben. Das ist die Verwirrung, in die uns jene geläufige Vorstellung stürzt, die ich in dieser Arbeit auflösen wollte, indem

---

1 Peter Winch, *Die Idee der Sozialwissenschaft und ihr Verhältnis zur Philosophie*, a. a. O., S. 34.
2 Hervorhebung des Autors.

484

ich die Lage Frankreichs anhand der Lage Amerikas relativierte. Am Ende des zu diesem Zweck präsentierten »Dossiers«, in dem wir psychoanalytische, soziologische und philosophische Argumente bewerten konnten, können wir drei Lehren ziehen: über den Vergleich, über den Individualismus und über den Status des psychischen Leidens und der seelischen Gesundheit in unseren Gesellschaften.

Amerikanischer Liberalismus und französischer Antiliberalismus

Die Pathologien des Ideals zeugen von einer ganzen gesellschaftlichen Dramaturgie, von einer ganzen Reihe sozialpolitischer und praktischer Fragen mit Bezug auf uns selbst, auf unsere Beziehungen zu anderen sowie zugleich auf den Zustand unserer Gesellschaften und ihre Entwicklung. Darin offenbaren sich implizite Vorstellungen darüber, welche Auswirkungen eine gestörte soziale Beziehung für das Individuum hat. Dabei geht es sowohl um eine ungewisse Aufteilung zwischen individueller und kollektiver Verantwortung als auch um Gerechtigkeit und Ungerechtigkeit, um das Gute und das Böse. Anhand dieser Pathologien haben wir daher in großen Zügen untersucht, wie die Kausalbeziehungen zwischen gesellschaftlichen Verhältnissen und persönlichem Unglück in zwei verschiedenen Gesellschaften formuliert werden. Wem soll man die Ursache des Unglücks zuschreiben? Worin besteht seine Bedeutung? Wie läßt es sich reduzieren? Frankreich und die Vereinigten Staaten zeichnen sich durch zwei verschiedene Arten der Verknüpfung des individuellen Übels mit dem kollektiven aus. Und wenn es hier einen Unterschied gibt, dann deshalb, weil die Art zu denken und zu handeln in diesen beiden Ländern nicht dieselbe ist. Wir konnten feststellen, inwieweit die soziologischen, psychoanalytischen und philosophischen Begriffe mit den kollektiven Vorstellungen verbunden sind, die jede Gesellschaft von sich selbst hat; inwieweit die gesellschaftlichen Beziehungen den Ausdruck von »Vorstellungen, die sich ein Mensch von der Wirklichkeit macht«, in Betracht ziehen müssen.

Die beiden Arten der Verbindung von individuellem und gemeinsamem Übel hängen jeweils davon ab, wie die Autonomie aufgefaßt und praktiziert wird: in Frankreich als Unabhängigkeit, beurteilt nach dem Schutz durch den Staat, der die Solidarität der Gesellschaft jedem gegenüber verkörpert; in den Vereinigten Staaten als Unabhängigkeit, Wettbewerb und Kooperation, gemessen an einer individuellen Moral, die das Äquivalent zur gesellschaftlichen Ordnung ist. Die Unabhängigkeit selbst besitzt in beiden Fällen eine unterschiedliche Bedeutung. Der vom Staat geschützten Unabhängigkeit steht eine andere Form entgegen, die mit dem persönlichen Schicksal zu tun hat, für das die Rolle des Bundesstaats im wesentlichen darin besteht, die gleiche Freiheit von rechtlichen Regelungen zu garantieren. Bei den Amerikanern wird die Gleichheit mit Bezug auf den Begriff der Chance verstanden und in Frankreich mit Bezug auf den Begriff des Schutzes. Aus diesem Grund bedeutet Wettbewerb dort Billigkeit und Wahlmöglichkeiten für die Individuen, während er hier deren Unterwerfung unter die Kräfte des Marktes konnotiert.

Bei unserer Hin- und Herbewegung zwischen Frankreich und den Vereinigten Staaten sind wir unablässig den Wörtern »Institution« und »Persönlichkeit« begegnet, und zwar mit der Vorstellung, daß *Frankreich* die Institution hat und *Amerika* die Persönlichkeit. Die Pathologien des Ideals waren bei den Amerikanern Ausdruck einer Krise *ihres* Persönlichkeitsbegriffs; heute sind sie in Frankreich Ausdruck einer Krise des *französischen* Begriffs der Institution. Der Kern des Gegensatzes zwischen den beiden Individualismen bezieht sich auf die Definition und Stellung der individuellen Verantwortung im Gesellschaftsleben. In den Vereinigten Staaten erscheinen die Pathologien des Ideals als Symptom eines Mangels an individueller Verantwortung, der die Sehnsucht nach einem verschwundenen Gleichgewicht zwischen der selbstverwalteten Gemeinschaft und einem unverblümten Individualismus nährt; in Frankreich sind sie dagegen Zeichen eines Übermaßes an individueller Verantwortung, das das Unbehagen in der Kultur verstärkt; dort hat man ein Zuviel an Staat beanstandet; hier beklagt man seinen Rückzug. Während die amerikanische Erzählung die individuelle Verantwortung problematisiert, die sich nicht mehr an der Verfolgung des öffentlichen Glücks beteiligt, kritisiert die französische Erzählung die Tatsache, daß Individuen und Gesellschaft sich selbst überlassen werden. Der Narzißmus symbolisierte bei den Amerikanern einen *Mangel* an persönlicher Verantwortung; in Frankreich symbolisiert er deren *Übermaß*. Auf der einen Seite des Atlantiks gibt es eine Krise der *self-reliance*, des vermeintlichen Verfalls persönlicher Verantwortung; auf der anderen eine Krise der Gleichheit und eine politische Befürchtung angesichts der Ohnmacht des Staats, die Solidarität der Gesellschaft gegenüber dem vermeintlichen Übermaß an persönlicher Verantwortung geltend zu machen. In Amerika sind die Gegenstände dieser Besorgnisse mit dem Begriff des Vertrauens verknüpft, in Frankreich mit dem der Autorität.

Beide Sprachspiele offenbaren dieselbe Beunruhigung hinsichtlich der Auflösung gesellschaftlicher Bindungen, indem sie an die Werte der wechselseitigen gesellschaftlichen Abhängigkeit erinnern. Aber das eine bringt dies durch den Bezug zum moralischen Individualismus zum Ausdruck, während sich das andere auf die Solidarität der französischen Gesellschaft bezieht. In der Tradition des französischen Individualismus ist die französische Denkweise politisch und neigt dazu, sich das Soziale in Begriffen von Kräfteverhältnissen zwischen Gegnern vorzustellen; in der amerikanischen Tradition ist die Denkweise moralisch und hat die Tendenz, das gesellschaftliche Leben in Begriffen persönlicher Verantwortung aufzufassen.

Selbst die Ausdrucksformen des Unbehagens, die ab dem letzten Viertel des 20. Jahrhunderts in Erscheinung getreten sind, haben eine Gestalt angenommen, die für jede der beiden Gesellschaften eigentümlich ist. In den Vereinigten Staaten gaben das Ende des liberalen Zyklus und die Transformationen des Kapitalismus unmittelbar im Gefolge des Narzißmus Anlaß zu mannigfaltigen Syndromen nach dem Modell protestantischer Sekten, der selbstverwalteten Gemeinschaft und des Individuums als Kirche. In Frankreich hat das soziale Leiden die Verschiedenartigkeit der Situationen nach dem zentralistischen Modell der Vermittlung zwischen dem Individuum und dem Universellen durch den republikanischen Staat und das in seiner Not vereinte Volk vereinheitlicht. Auch wenn sich seit etwa 15 Jahren Patientenvereinigungen bilden, die sich um spezifische Syndrome herum gruppieren, bleiben sie in Frankreich doch in einer Randposition.

Wenn *die Franzosen* ein Problem mit den Chancen haben, so haben die Amerikaner ein Problem mit dem Schutz, wie es die Debatten von 2009 über die Reform der Krankenversicherung zeigen, in denen der Hauptkonfliktpunkt die Rolle des Bundesstaats betrifft. In einem Leitartikel vom Sommer 2009 gibt der

Nobelpreisträger Paul Krugman ein lehrreiches Beispiel. Auf einer Tagung rügt ein Mann einen Kongreßabgeordneten, denn er sorgt sich um die Risiken, die damit verbunden sind, daß sich die Bundesregierung um »sein« Medicare (Krankenversicherung für Personen, die älter als 65 Jahre sind) kümmert. Nun ist Medicare jedoch ein völlig öffentliches Programm, und die Erhebungen zur Zufriedenheit zeigen, daß die Versicherten damit viel zufriedener sind als mit den Sicherheitsleistungen privater Versicherungen. Darüber hinaus ist das wichtigste Privatsystem, das der Unternehmen, stark reguliert und durch Bundesregelungen eingeschränkt, was aus ihm ebenfalls eine Art von zufriedenstellender Sicherheitsleistung für die Versicherten macht. Daraus ergibt sich Krugmans Schlußfolgerung: »Diejenigen Amerikaner, die ordentliche Krankenversicherungsleistungen beziehen, sollten der Regierung danken.«[3] Und genau das denkt gewiß auch jeder Franzose. Von dieser Seite des Atlantiks aus gesehen, haben die amerikanischen Debatten etwas Exotisches, und wir stellen uns die Frage, wie es möglich ist, daß man eine universale Krankenversicherung nicht akzeptiert: Alle Daten zeigen, daß das amerikanische System zugleich teurer und weniger effizient ist als alle Systeme der entwickelten Länder, was hier ganz konkret bedeutet, daß es wenig Schutz bietet. Aber bei den Amerikanern wie bei den Franzosen stehen die nationalen Mythologien im Zentrum der Debatten:[4] Die Rationalität der ausgetauschten Argumente ist von ihnen durchdrungen, wodurch sich die Kraft der rituellen Dimension im Gesellschaftsleben und der logischen Dressur zeigt, die in der Tatsache besteht, daß man in dieser oder jener Nationalgesellschaft sozialisiert wurde.

Allerdings sind die Amerikaner trotz ihrer Gespaltenheit im Begriff, eine Art von universellem Schutz innerhalb der Krankenversicherung einzuführen, einen Schutz, der nicht an die individuelle Verantwortung appelliert; und die Franzosen sind ihrerseits dabei, trotz ihrer Gespaltenheit einen Hauch von Chance einzuführen, der sich auf die persönliche Fähigkeit innerhalb der Gleichheit des Schutzes beruft. Die Amerikaner versuchen, auf

---

3 P. Krugman, »America's health care truth«, in: *International Herald Tribune*, 1.-2. August 2009.
4 Woran ein anderer prominenter Leitartikelautor, nämlich Roger Cohen, erinnert, der Frankreich übrigens sehr gut kennt, »The public imperative«, in: *The New York Times*, 4. Oktober 2009.

die Krise des Begriffs der Chance, die schließlich die neokonservative Wende hervorgebracht hat (was durch einen deutlichen Anstieg der sozialen Ungleichheiten und eine enorme Verschuldung der Haushalte geprägt ist), mit der Einführung des Schutzes zu antworten; in Frankreich wird dagegen versucht, auf die Krise des Begriffs des Schutzes mit der Einführung des Begriffs der Chance und verwandter Begriffe zu reagieren.

In Form einer Karikatur könnte man sagen, daß in den Vorstellungen, die jede Gesellschaft sich von sich selbst macht, die Amerikaner ein Selbst, aber keine Institution haben, während die Franzosen eine Institution, aber kein Selbst besitzen. In Wirklichkeit ist die persönliche Behauptung in den Vereinigten Staaten jedoch eine Institution, und in Frankreich ist sie im Begriff, zu einer solchen zu werden, aber wegen der Gespaltenheit der Franzosen auf ihre eigene Weise. Denn die persönliche Wende stellt die antiliberale Art und Weise, sich die Verhältnisse zwischen Staat, Gesellschaft und Individuum vorzustellen, in denen die »Gesellschaft« das schwächste Glied darstellt, in Frage. Es gibt zwar eine Entinstitutionalisierung, aber von einem antiliberalen Gesichtspunkt aus. Und dieser Gesichtspunkt wird nicht nur offiziell verteidigt: Er stellt eine gemeinsame implizite Kultur dar. In einer etwas soziologischeren Sprache muß man vielmehr sagen, daß in den Vereinigten Staaten die öffentliche (auf Bundesebene stattfindende) Intervention der moralischen Verantwortung des Individuums untergeordnet bleiben soll. In Frankreich soll dagegen umgekehrt der Appell an die individuelle Verantwortung dem Schutz durch den Staat, der die kollektive Solidarität der Gesellschaft manifestiert, untergeordnet sein, um überhaupt einen positiven Wert zu haben und die Zustimmung der öffentlichen Meinung zu gewinnen.

Diese Gegensätze dürfen nicht als allzu starr angesehen werden. Amerika und Frankreich sind nicht wesensverschieden. Beide Länder legen nur den Akzent auf Elemente, die für jedermann wertgeladen sind – die keine Wesenheiten oder in sich abgeschlossene Entitäten sind, sondern vielmehr miteinander verbundene Pole, die sich in hierarchischer Ordnung gegenüberstehen. Für uns ist der Begriff der Chance nicht weniger bekannt als es für die Amerikaner der Begriff des Schutzes ist, aber jede Gesellschaft stattet diese Begriffe mit einem entgegengesetzten Wert aus. Und heute ist wohl in Frankreich die entscheidende Frage, die Beziehungen zwischen Chancengleichheit und Gleichheit des

Schutzes auf solche Weise zu klären, daß der Wert der ersten zunimmt. Vielleicht entsteht daraus eine Situation, in der man sich etwas weniger um die Autorität der Institutionen und etwas mehr um das Selbstvertrauen der Individuen sorgt, vor allem jener, die das Opfer sozialer Ungleichheiten sind.

Um den Individualismus richtig zu verstehen, muß zuvor die Hierarchie bedacht werden

Als Gruppenrhetoriken verleihen sowohl die amerikanische Jeremiade als auch die französische Lehre vom Verfall den Dilemmata, die zwei individualistischen Gesellschaften eigentümlich sind, Inhalt und Form und brauchen keiner Kritik unterzogen zu werden. Es handelt sich um zwei Variationen, anhand derer sich die für den Individualismus wesentliche Schwierigkeit, eine Gesellschaft zu bilden, formulieren läßt. Von diesem Standpunkt aus sind sie weder zu loben noch zu tadeln. Es ging hier vielmehr darum, auf ihre Seinsgründe und ihre Kohärenz hinzuweisen, indem sie in ihren nationalen Zusammenhang gestellt wurden.

Dagegen habe ich sie als Soziologien oder Sozialphilosophien diskutiert und kritisiert, weil ihr Individualismus sie dazu treibt, eine Kollektivpsychologie zu reproduzieren, in der sie gefangen bleiben. Die individualistischen Soziologien verkennen nämlich, daß die Werte der wechselseitigen Abhängigkeit eine Unterordnung erfahren müssen, was auch tatsächlich der Fall ist, damit eine individualistische Gesellschaft, deren höchste Werte die Freiheit und die Gleichheit sind, überhaupt existieren kann – und wenn sich eine Umkehrung dieser beiden Werte ergibt, dann haben wir es ganz einfach mit dem Totalitarismus zu tun. Sie sind blind gegenüber diesem unverzichtbaren hierarchischen Aspekt der demokratischen Gesellschaften und neigen folglich dazu, nur die Auflösung gesellschaftlicher Bindungen zu sehen. Als Folge davon sind sie, wie wir gezeigt haben, dazu verurteilt, sich damit zu begnügen, nach dem Modus der leidenschaftlichen Anprangerung an den untergeordneten Wert zu erinnern. Dieser Modus ist durch das Ritual der Austreibung des gegenwärtigen Übels und das Feiern der Vergangenheit geprägt.

Das Problem mit dem Individualismus besteht darin, daß man bei dieser Position immer wieder zu den Anfangsgründen zurückkehren muß, denn man spricht das Wort so aus, als ob es sich um etwas Individuelles handelte, während es doch um einen *gemeinsamen Geist* geht. 1898 schreibt Durkheim, daß man damit aufhören soll, den Individualismus mit dem Egoismus (wie Tocqueville schon 1840 betont) oder dem Utilitarismus zu verwechseln: »Der Individualismus [...] ist nicht die Verherrlichung des Ich, sondern des Individuums im allgemeinen. Seine Triebfeder ist nicht der Egoismus, sondern die Sympathie für all das, was zum Menschsein gehört.« Man kann nur dann eine Disposition zur Sympathie für jeden Menschen haben, wenn man ihn als Mitmensch betrachtet. Durkheim fügt einen entscheidenden Punkt hinzu: »Eine verbale Ähnlichkeit konnte den Eindruck erwecken, daß der *Individualismus* sich notwendig von *individuellen* oder gar egoistischen Gefühlen ableite. In Wirklichkeit ist die Religion des Individuums eine gesellschaftliche Einrichtung.«[5] Auf diese Weise formulierte Durkheim, was Wittgenstein dreißig Jahre später als »eine der großen Quellen philosophischer Verwirrung« betrachtete: die (individuelle) Substanz hinter dem Substantiv (Individualismus) zu suchen.[6] Die Verwirrung, die über den Individualismus herrscht, hat ihren Grund in diesem ständigen Hinübergleiten vom Substantiv zur Substanz. Er ist eine Lebensweise, eine Lebensform, dessen gemeinsamer Geist darin besteht, jedem Individuum, sich selbst wie den anderen, einen Wert zuzuschreiben, und zwar deshalb, weil die Gleichheit aus jedem Menschen einen Mitmenschen macht.

Das hierarchische Denken ermöglicht ein Verständnis dafür, daß die individualistischen Soziologien zwei Frageebenen miteinander verwechseln. Auf diese Weise vermischen sie ein falsches Problem mit einem richtigen. In der Moderne sehen sie eine Inkohärenz, weil sie das Gemeinschaftsleben in den individualistischen Begriffen des Gegensatzes zwischen Individuum und Gesellschaft denken – auf französischer Seite manifestiert sich diese Wahrnehmung in der Vorstellung, daß die Institution dem Individuum Grenzen auferlegt, damit es sich vergesellschafte. Angesichts dessen habe ich vorgeschlagen, die Alternative des hierarchischen Denkens Dumonts in Betracht zu ziehen. Wenn man diesem Ansatz folgt, bezieht man die grundlegende Tatsache

5 É. Durkheim [1898], »L'individualisme et les intellectuels«, in: *La Science sociale et l'action*, Texte, herausgegeben von J.-C. Filloux, Paris 1970. Hervorhebung des Autors.
6 L. Wittgenstein [1958], *Das Blaue Buch*, Frankfurt/M. 1984, S. 15.

der Unterordnung des Holismus unter den Individualismus ein: Der Individualismus umfaßt seine entgegengesetzte Bedeutung, die im Holismus besteht, indem er diesem eine untergeordnete Position einräumt. Infolgedessen erscheinen unsere Gesellschaften genauso kohärent wie jede beliebige sogenannte traditionelle Gesellschaft: Die Institution gesellschaftlicher Bedeutungen, die jedem Individuum den höchsten Wert verleihen, impliziert eine Unterordnung der Werte der wechselseitigen Abhängigkeit. Diese untergeordnete Position kann Akteure und Beobachter dazu führen, sie aus dem Blick zu verlieren – und das ist sogar eine verbreitete Einstellung –, aber das ist mitnichten ein hinreichender Grund für die Annahme, daß sie verschwunden ist und daß wir keine Gesellschaft mehr bilden.

Dagegen sind unsere Gesellschaften durchaus mit Problemen der sozialen Kohäsion konfrontiert, die sich aus dem Verlust der Wirksamkeit von Schutzsystemen und dem Kampf gegen die Ungleichheiten ergeben, die sich im Laufe des 20. Jahrhunderts entwickelten – genau darauf beziehen sich unsere Debatten in Europa seit dem Beginn der 1990er Jahre. Auch wenn es keine Wundermittel gibt für die französische Gesellschaft, so hat die intellektuelle Hauptschwierigkeit doch mit dem Nebel zu tun, der den Paradigmenwechsel der Ungleichheiten umgibt und gegenüber dem unsere institutionellen Abmachungen wirkungslos sind. Die rituelle Erinnerung an den Verfall des Zusammenlebens hält die Verwirrung aufrecht: Die persönliche Wende des Individualismus ist keine Psychologisierung, sondern die Einrichtung von Praktiken, die darauf abzielen, Fähigkeiten zu entwickeln, Akteur der eigenen Veränderung zu sein. Sie verweist notwendig auf die Klärung des neuen Verhältnisses zwischen Chance und Schutz.

Jedenfalls genügt es weder, die individualistische Soziologie zu kritisieren, noch an die Alternative zu erinnern, die im hierarchischen Denken besteht, wie wir es dieses ganze Buch hindurch getan haben. Auf einen letzten Punkt muß noch hingewiesen werden. Er besteht darin, die verborgene Tiefe in dem Schlüsselgedanken eines Verhältnisses zwischen gesellschaftlichen Beziehungen und psychischem Leiden hervorzuheben, indem man ihn innerhalb einer Einstellung verortet, die für jede Gesellschaft wesentlich ist. Die Wortführer unserer Dramaturgien erkennen nicht, daß »etwas schon Offenbares«, Natürliches und Notwendiges in diesem Schlüsselgedanken liegt, weil sie ihn auf eine

Kausalbeziehung zwischen Leiden und gesellschaftlichen Verhältnissen reduzieren.

Die seelische Gesundheit, eine individualistische Behandlung des Leidens

Die amerikanischen und französischen Sprachspiele legen die Vermutung nahe, daß unsere Gesellschaften insofern eine Ausnahme darstellen, als sie psychisches Leiden hervorbringen, das mit Unregelmäßigkeiten der gesellschaftlichen Beziehungen verbunden ist. Von ihrer Leidenschaft für große Phrasen fortgetragen, vermitteln sie den Eindruck, daß die traditionellen Gesellschaften ein psychologisches Paradies wären. Nun stellen zwar alle menschlichen Gesellschaften eine bestimmte Beziehung zwischen dem gemeinsamen und dem individuellen Übel her, aber nur unsere eigenen haben ein Interesse am psychischen Leiden, das überdies erst jüngeren Ursprungs ist. Diese Sprachspiele drücken eine Haltung aus, die man mit dem Philosophen Peter Winch die Haltung gegenüber der Kontingenz nennen kann. Sie besteht darin, den Anteil am Erlittenen anzuerkennen, den ein Leben ausmacht.[7] Ihr bevorzugter Bereich ist die Art und Weise, wie eine Gesellschaft das Unglück behandelt und das Leiden, das daraus entsteht. Das Übel, das Unglück und die Krankheit sind ihr Stoff. Dieser Anteil des Leidens am Gesellschaftsleben wird von der Soziologie und der Anthropologie nur schlecht abgeschätzt, insofern diese Disziplinen dazu neigen, das Leiden zu verdinglichen. Unsere Gesellschaften des Massenindividualismus weisen von diesem Standpunkt absolut nichts Besonderes auf, und auch hier muß man diese Frage von ihrer metaphysischen Höhe herunterbringen, um sie in den Bereich des Üblichen hineinzustellen.

Bei den Praktiken, die zur Haltung gegenüber der Kontingenz gehören, spielt sich ein Schauspiel ab, »in dem man nicht nur Weisen der (symbolischen) Behandlung von Unglück und die störenden Auswirkungen findet, die es auf die Beziehungen eines Menschen zu seinesgleichen hat, sondern auch Umstände, die ermöglichen, daß das Leben trotz dieser Störungen weitergehen

7 P. Winch, »Understanding a primitive society«, in: *American Philosophical Quarterly*, Oktober 1964, Bd. 1, Nr. 4.

kann«.[8] Mit anderen Worten: Bei diesen Praktiken sind zwei Aspekte miteinander verbunden, ein operativer und ein symbolischer. Auf der operativen Ebene handelt es sich um Versuche, das Übel zu beherrschen und das Leiden zu verringern. Auf der symbolischen Ebene bringen diese Praktiken eine spirituelle Dimension zum Tragen, die sich auf den Sinn des Unglücks und den Sinn des Lebens bezieht. Der Versuch der Beherrschung des Übels und die Suche nach seinem Sinn: Tun wir nicht genau das, wenn wir uns einer Psychoanalyse, einer humanistischen oder gar einer kognitiven Therapie unterziehen? Tun wir nicht genau das, wenn wir uns beispielsweise fragen, ob unser Gehirn, unser Unbewußtes oder die Gesellschaft die Ursache für unser Übel sind? Wenn sie es sind, entbindet uns das von unserer Verantwortung für das, was uns zustößt? Und wenn es uns nicht gelingt, das Übel zu beherrschen, versuchen wir es dann nicht zu akzeptieren, es in unser Leben einzubeziehen, um trotz allem weiterzuleben, uns damit abzufinden, wie man sagt? Wir wollen uns von dem befreien, dem wir unterworfen sind, und zugleich den Sinn dieses Unterworfenseins verstehen. Im menschlichen Leben sind das Nützliche und das Symbolische nicht nur nie voneinander getrennt, sondern hängen vielmehr voneinander ab.

Es ist durchaus möglich, die amerikanischen und französischen Dramaturgien im Hinblick auf die Zusammenhänge zwischen der Störung der Persönlichkeit und der Störung der sozialen Beziehungen als zwei Versionen der individualistischen Haltung gegenüber einer *besonderen* Art von Kontingenz zu betrachten. Tatsächlich geht es auch nicht um irgendeine Art von Kontingenz: Das Übel gehört *sowohl* zum gemeinsamen Unglück *als auch* zur individuellen Krankheit, die häufig in einem solchen Maß miteinander verflochten sind, daß es schwierig ist, den Anteil des einen und den des anderen zu bestimmen. Das gemeinsame Unglück zeigt sich im psychischen Leiden des Individuums, das seinen soziologischen Prüfstein darstellt. Diese Besonderheit, die Übel, Unglück und Krankheit miteinander verschränkt, veranlaßt die Rede von sozialen Pathologien, von Pathologien der Moderne, der Postmoderne, der Demokratie usw. aufgrund von Entlehnungen aus der Sprache der Psychopathologie (hier: der Psychoanalyse) und der Sprache der Gesellschaft. Die sozialen Pathologien sind sozial, insofern sie das individuelle Übel mit

8 Ebd., S. 321.

494

dem gemeinsamen Übel vereinen. Das tut nun aber jede menschliche Gesellschaft, und in diesem Sinne ist der Individualismus im Gegensatz zu dem, was die individualistischen Soziologien postulieren, keineswegs eine Ausnahme, sondern nur eine besondere Form des Menschseins.

Einer Leidensart Ausdruck zu verleihen, indem das individuelle Übel – das psychische Leiden – mit dem gemeinsamen Übel – der Auflösung gesellschaftlicher Bindungen – verschränkt wird, ist kein Zeichen für den Verfall des Zusammenlebens im Sinne der Lesart der republikanischen Reaktion, oder für das, was uns im Sinne der Lesart des individualistischen Progressismus am Zusammenleben hindert. Es gehört vielmehr zu einer Notwendigkeit, die für *unser* Gemeinschaftsleben eigentümlich ist.

Es ist durchaus die Frage nach dem Übel, die sich anläßlich des psychischen Leidens stellt. Sie speist die gesellschaftliche Dramaturgie dieser Sprachspiele und stärkt ihre Anziehungskraft. Für uns Individuen bezeichnet das Übel die Krankheit und das Fehlverhalten, und diese beiden Entitäten stehen in einem Gegensatz, vom Standpunkt der persönlichen Verantwortung aus gesehen. Sie bilden natürlich nur einen graduellen Gegensatz, da die Verhaltensweisen (der Ernährung, des Alkoholkonsums usw.) der Individuen am Ursprung zahlreicher Krankheiten stehen (Krebs, Herz-Kreislauf-Krankheiten). Aber es gibt einen Bereich, in dem die Krankheit und das Fehlverhalten sich miteinander vermischen wie nirgendwo sonst, nämlich den Bereich der seelischen Krankheit. Die Erweiterung dieses Bereichs hat für die Gesellschaft der Autonomie schließlich eine Sprache des Leidens geliefert. Diesen Punkt möchte ich noch erläutern.

Die Autonomie ist eine Veränderung in der Handlungsweise. Diese Veränderung wird notwendig von einer Modifikation des Erleidens begleitet.

Mit der Autonomie wird die Agentenrolle des Individuums stark betont, und zwar auch in Situationen, die starken Zwängen unterliegen, wie wir gesehen haben; mit ihr muß das »Selbst« sich behaupten, die Persönlichkeit sich zeigen, das Individuum reflektierend werden, und es muß sich positiv wertschätzen, über hinreichend tragfähige narzißtische Ressourcen verfügen, um handeln zu können; mit ihr scheint das gesellschaftliche Leben einen persönlicheren Ton anzunehmen, das Handeln scheint sich stärker auf etwas Innerliches, etwas »Dispositionales« als beim mechanischen Gehorsam zu beziehen. Die Autonomie nimmt das Sein des Menschen in Anspruch und nicht nur seinen Körper. Folglich impliziert sie gegenüber dem, was noch vor dreißig Jahren geschah, einen erhöhten Grad von Verantwortung des Handelnden im Hinblick auf sein Handeln. Es kam zu einer Identifikation des Handelnden mit der Handlung wie im klassischen Wirtschaftsliberalismus. Daraus geht ein völlig neuer Status der persönlichen Verantwortung hervor.

Hier hat dasjenige seinen Ort, um das es bei der so entscheidenden Rolle des Affekts (der Subjektivität, der Emotionen und der moralischen Gefühle) heute geht. Die Veränderung der Beziehungen zwischen dem Patienten und seiner Leiden zeigt sich in diesen *neuen Weisen des Erleidens*, nämlich den Pathologien des Ideals und, allgemeiner, den Störungen der individuellen Subjektivität, welche von den Begriffen der seelischen Gesundheit und des seelischen Leidens bezeichnet werden (Depression, Sucht, Trauma, Angst, aber auch soziale Phobie, Hyperaktivität des Erwachsenen usw.).

Die Autonomie besteht in einer Akzentverschiebung hin zur Aktivität des Individuums, aber sie ist zugleich auch etwas Passives, das man erleidet: Der Affekt, die Erkrankung, das Leiden, die Passivität, diese Begriffe bezeichnen gerade all das, was man erleidet, die Tatsache, betroffen zu sein und sich um etwas zu sorgen. Der neue Status des psychischen Leidens ist Ausdruck eines *Leidensstils*, der an die Autonomie gebunden ist. Die Stellung, die man der seelischen Gesundheit, dem psychischen Leiden und den Gefühlen einräumt, ist die Frucht eines Zusammenhangs, in dem die Ungerechtigkeit, der Mißerfolg, das abweichende Verhalten, die Unzufriedenheit oder die Frustration die Tendenz haben, nach ihrem Einfluß auf die individuelle Subjektivität und auf die Fähigkeit bewertet zu werden, ein autonomes Leben zu führen. Hier gibt es eine Verflechtung von Fehlverhalten, Mißerfolg, Unglück und Krankheit, wovon die seelische Gesundheit und das psychische Leiden ein Hauptkristallisationspunkt sind. Diese Phänomene sind die Ausdrucksform, die das Leiden annimmt, wenn sich alle Werte und Normen am Handeln, an der Aktivität des Individuums orientieren. Die Autonomie läßt also ganz folgerichtig eine affektive Dimension hervortreten, deren Rolle zuvor vernachlässigt werden konnte – sie stellte weder ein Problem noch einen Wert dar.

Die Psychoanalyse ist eine Medizin der Leiden, die sich gemäß des Freud'schen Triptychons in Form von Symptomen, Hemmungen und Ängsten zeigen. Ihre Praxis besteht darin, diese Leiden in Fragen zu verwandeln, und zwar durch den Hinweis auf die wechselseitige Abhängigkeit der persönlichen Setzungen, die das Individuum in den Teufelskreis der seelischen Krankheit geführt hat, und diese Fragen in Handlungen – das Ziel der Technik, schreibt Freud, ist »die praktische Genesung des Kranken, die Herstellung seiner Leistungs- und Genußfähigkeit«.[9] Die Psychoanalyse, deren ganze Konzeptualisierung darauf abzielt, wie ein System von Beziehungen (zwischen dem Vater, der Mutter und den anderen Personen des familiären Dramas) ein einzigartiges Individuum affiziert, ohne daß es etwas davon weiß – unbewußt –, hat die *persönliche* Sprache zur Beschreibung der Wirkungen der gesellschaftlichen Beziehungen in Begriffen des psychischen Leidens geliefert. Ihre Begriffe haben sich auf das gesellschaftliche Leben ausgedehnt und dienten so als Stütze für die Übertragung auf ein neues Objekt der traditionellen Sorge um die Auflösung sozialer Bindungen: die individuelle Subjektivität.

Das hat zweifellos damit zu tun, daß die Psychoanalyse im 20. Jahrhundert das große Vorbild der individualistischen Haltung gegenüber der Kontingenz war. Sie hat sowohl eine praktische Methode für die Heilung des psychischen Ungemachs als auch eine Form entwickelt, über den Sinn dieses Ungemachs nachzudenken, die sich ausschließlich auf das Einzigartige als solches konzentrieren. Dieses ist der höchste Wert der Kur. Deshalb glauben die meisten Psychoanalytiker, zumindest die französischen, wie einer von ihnen schreibt, »daß jeder Fall in seiner Einzigartigkeit studiert werden muß, genauso als ob wir nichts von der Theorie wüßten«.[10] In diesem Verhältnis zum Patienten hat die Psychoanalyse ihre Instrumente entwickelt: Der Patient ist es, der den Traum interpretiert, und nicht der Kliniker; seine verborgensten Phantasievorstellungen – deren er sich nicht einmal bewußt ist, die ihn aber im Innersten betreffen – bringt sie ans Tageslicht; dadurch, daß sie das Individuum in eine soziale Beziehung stellt, die ihm ermöglicht, die wechselseitige Abhängigkeit seiner persönlichen Setzungen zu klären, kann es »die *Frei-*

9 S. Freud [1904], »Die Freudsche Psychoanalytische Methode«, in: *Studienausgabe: Schriften zur Behandlungstechnik*, Frankfurt/M. 1975, S. 105.

10 J. Clavreul, *Le Désir et la Loi. Approches psychanalytiques*, Paris 1987, S. 40.

heit [gewinnen], sich so oder anders zu entscheiden«,[11] und nicht
dafür, diesem oder jenem gesellschaftlichen oder therapeutischen
Ideal zu folgen.

Damit die Begegnung zwischen Psychoanalyse, Soziologie und
politischer Theorie zustande kam, mußte sich das Interesse der
Psychoanalytiker von den Übertragungsneurosen auf die Charakterneurosen verschieben. Diese Verschiebung, die am Rande
mit gesellschaftlichen Veränderungen verbunden war (siehe Kapitel 2), aber »Charaktere« und »Persönlichkeiten« hervorbrach-
te, die im Alltagsleben erkennbar waren, begleitet von einer ganzen Reihe operativer Begriffe (Narzißmus, Grenzzustände, Ich-
Ideal, Identifizierung, Spaltung, Abwehrmechanismen usw.), hat
den gesellschaftlichen Verwendungen der seelischen Krankheit
Substanz verliehen. Das Ich-Ideal, das in der Psychoanalyse derjenige Begriff ist, demzufolge das Individuum die gesellschaftlichen Ideale verinnerlicht, nahm in solchem Maß an Wert zu, daß
dieser den Begriff des Über-Ich in den Schatten stellte. Bei diesen
Verschiebungen wurden Begriffe verwendet, mit denen erklärt
werden konnte, wie die Wirklichkeit, und nicht nur die Phantasievorstellung, die Menschen leiden läßt, wobei insbesondere die
Verlustängste (der Bindungen, der Arbeit, der anderen) hervorgehoben wurden. Durch das reichhaltige Vokabular der Charakterneurosen sind die Neurosen zu Sozialpathologien geworden;
durch sie sind die psychologischen Symptome, die psychischen
Leiden, die Persönlichkeitsstörungen zu einem Problem der Gesellschaft geworden; durch sie wurde die Psychoanalyse zur Hervorhebung der subjektiven Aspekte der Veränderungen der gesellschaftlichen Normativität eingesetzt. Auf diese Weise haben
die Transformationen der Psychoanalyse die Ausarbeitung einer
Gesamtheit gesellschaftlicher Bedeutungen ermöglicht, wobei
das individuelle psychische Leiden mit gesellschaftlichen und politischen Einsätzen in Verbindung gebracht wurde – also neue
Sprachspiele, neue Formen des Ausdrucks von Gefühlen. Parallel dazu wurden »unmögliche« Praktiken etabliert – ohne daß
man dafür eine Gesamtbilanz aufstellen könnte –, die darin bestehen, das Individuum aus einer passiven Haltung, in der es seine Situation erträgt, zu einer aktiven Haltung zu bringen, und
zwar durch Methoden, deren Ziel es ist, die Fähigkeiten zu ent-

---

11 S. Freud [1923], »Das Ich und das Es«, a. a. O., S. 317, Anm. 1.

wickeln, Akteur der eigenen Veränderung zu sein – was schließlich jede Psychotherapie tut.

Diese Veränderungen der Psychoanalyse sind Teil eines allgemeineren Phänomens der Verschiebung der Psychiatrie zur seelischen Gesundheit. Die Geisteskrankheit ist oder war ein besonderes Problem, das zu einem medizinischen Sondergebiet gehört, der Psychiatrie. In diesem Rahmen war das psychische Leiden ein Aspekt der Geisteskrankheit. Künftig ist es umgekehrt. Der große Unterschied zwischen der Psychiatrie und der seelischen Gesundheit läßt sich in einfachen Begriffen formulieren: Die Psychiatrie ist eine *lokale Sprache*, die auf die Identifizierung und Behandlung besonderer Probleme spezialisiert ist (Krankheiten der Vorstellungen, Pathologien der Einbildungskraft, die das Beziehungsleben stören). Die seelische Gesundheit ist eine *globale Sprache*, die den Konflikten und Dilemmata des zeitgenössischen gesellschaftlichen Lebens Form und Sinn verleiht, indem sie Problemen, die ganz allgemein mit sozialen Interaktionen verknüpft sind, Ursachen oder Gründe zuschreibt. Die seelische Gesundheit betrifft im Unterschied zur traditionellen Psychiatrie nicht nur die Gesundheit, sondern auch *die Gesellschaftlichkeit* des heutigen Menschen.

Im Übergang von der Psychiatrie zur seelischen Gesundheit sind diese Pathologien zu gesellschaftlichen Leiden geworden, das heißt zu individuellen Leiden, die ihre Bedeutung in den Störungen der Gruppe (des Unternehmens, der Armut, der Gesellschaft im Ganzen) finden. Sie sind zu zwangsläufigen Ausdrucksformen von Gefühlen geworden, die zur Behandlung dieser Störungen auffordern. Fortan darf man heute nicht nur keine Krankheit, sondern auch keine gesellschaftliche Problemsituation (die Straffälligkeit von Jugendlichen, die Arbeitslosigkeit, die Zuteilung des RMI, die Beziehung zwischen Angestellten und Kunden oder Betroffenen usw.) mehr angehen, ohne das psychische Leiden in Betracht zu ziehen und ohne auf die Wiederherstellung der seelischen Gesundheit abzuzielen. Die psychische Schädigung betrifft tatsächlich jede Institution (Schule, Familie, Unternehmen oder Justiz) und mobilisiert die verschiedenartigsten Akteure (Kliniker aller Art, Ärzte und Nicht-Ärzte, Sozialarbeiter, Erzieher, die Leitung von Personalabteilungen, religiöse und spiritualistische Bewegungen usw.). Im Unterschied zur Psychiatrie vollzieht die seelische Gesundheit eine Unterordnung der Psychopathologie als einen ihrer Zuständigkeitsbereiche neben anderen (Arbeit, Erziehung, Familienleben usw.). Sie betrifft genausosehr die allgemeinen Probleme des gesellschaftlichen Lebens wie die besonderen Probleme, nämlich die seelischen Krankheiten. Sie läßt sich also gut durch das systematische In-Beziehung-Setzen individueller Leiden und gesellschaftlicher Beziehungen charakterisieren. Das Eigentümliche der seelischen Gesundheit besteht darin, *eine Bedeutung des Übels als Unbehagen festzulegen.* Nicht jede Geisteskrankheit und jedes psychische Leiden ist zugleich auch ein Übel der Gruppe. Es wird zu einem solchen, wenn man Gründe hat, irgendeine gesellschaftliche Kausalität einzuführen. Die behandelten Übel betreffen zugleich die Gruppe und das Individuum.

Von den Übertragungsneurosen zu den Charakterneurosen, von der Psychiatrie zur seelischen Gesundheit hat sich schrittweise eine Sprache der Leiden entwickelt, die von einer allgemeinen Haltung der individualistischen Gesellschaften gegenüber der Kontingenz zeugt. Diese Sprache bringt heute die Manifestationen vielfältiger Formen von Widrigkeiten *im individuellen Handelnden* zum Ausdruck, die durch gesellschaftliche Beziehungen erzeugt werden. Sie charakterisiert eine Haltung, die die Problematisierung des Selbst und des Gemeinschaftlichen miteinander vereint. Die Verschränkung seelischer und gesellschaftlicher Fragen zeigt, daß die seelische Gesundheit viel mehr als bloß eine Forderung nach Gesundheit ist: eine gesellschaftliche Form, eine Sprache des Unglücks, in der Mißerfolg und Erfolg, Gerechtigkeit und Ungerechtigkeit, das Gute und das Böse ausgedrückt werden. Unsere Interpretationen des gesellschaftlichen Übels vollziehen sich in Begriffen von Sozialpathologien, psychischen Leiden, von Unbehagen usw. In der Sprache der seelischen Gesundheit drücken sich nunmehr zahlreiche Konflikte und Spannungen des Lebens in der Gesellschaft aus, und aus ihrem Vokabular schöpfen wir Handlungsgründe und Möglichkeiten, auf diese Konflikte und Spannungen einzuwirken. Anhand ihrer Begriffe verstehen wir unsere persönlichen Übel als gemeinsame Übel und können eine Bedeutung für unser individuelles Unglück finden, die über uns hinausgeht, auch wenn es uns nicht gelingt, diese Übel praktisch zu reduzieren. Im Garten der pathologischen Spezies, die die seelische Gesundheit umfaßt, haben wir eine Sprache für die individualistische Form der menschlichen Beunruhigung gefunden, für die Befürchtung, daß die unvermeidliche Auflösung von Abhängigkeitsverhältnissen, ohne die es keine freien und gleichen Individuen gibt, womöglich zu einer wirklichen Trennung führt. Mit diesen Spezies können wir von unseren Übeln Gebrauch machen, um eine Gesellschaft zu bilden. Sie sind fortan die Wahlerkrankungen[12] der Gesellschaft des Menschen als Individuum.

12 Ich übernehme den Ausdruck von Andras Zempleni, »Entre ›sickness‹ et ›illness‹: de la socialisation à l'individualisation de la maladie«, in: *Social Science and Medicine*, 1988, Bd. 27, Nr. 11, S. 1173.

Literaturverzeichnis

Abbott, A., *The System of Professions. An Essay on the Division of Expert Labor*, Chicago u. London 1988.

Abdelouahed, H., »Argument«, in: *Cliniques méditerranéennes*, 2005, Nr. 72, S. 5-6.

Abraham, K. [1919], »Über eine besondere Form des neurotischen Widerstandes gegen die psychoanalytische Methodik«, in: *Psychoanalytische Studien*, Bd. 2, Frankfurt/M. 1971, S. 254-261.

Abraham, K. [1925], »Psychoanalytische Studien zur Charakterbildung«, in: *Psychoanalytische Studien*, Bd. 1, Frankfurt/M. 1971, S. 184-226.

Agence régionale pour l'amélioration des conditions de travail (ARACT), Languedoc-Roussillon, *L'Évaluation et la prévention des risques professionnels. L'amélioration des conditions de travail dans les centres sociaux*, 2007.

Alexander, F., »The Neurotic Character«, in: *The International Journal of Psychoanalysis*, 1930, Nr. 11, S. 292-311.

Alexander, F., French, T. M. et al., *Psychoanalytic Therapy. Principles and Application*, New York 1946.

Alezrah, C., »Réflexions sur l'évolution dans le temps des demandes et des réponses dans un secteur type«, in: *L'Information psychiatrique*, Mai 2004, Bd. 80, Nr. 5, S. 379-386.

Algan, Y., Cahuc, P., *La Société de défiance*, Paris 2008.

Amiel, G., »›Errer‹ *humanum est*«, in: J.-P. Lebrun (Hg.), *Les Désarrois nouveaux du sujet*, Toulouse 2001, S. 103-112.

Anderson, Q., »John Dewey's American Democrat«, in: *Daedalus,* Sommer 1979, Bd. 108, Nr. 3, S. 145-149.

Andrieux, A., Lignon J., *L'Ouvrier d'aujourd'hui*, Paris 1960, Reihe »Médiations«, 1966.

Anonym, »L'Exercice de la psychanalyse«, in: *Le Débat*, Nr. 32, Juni 1984, S. 133-136.

Anzieu, D., »La psychanalyse au service de la psychologie«, in: *Nouvelle revue de psychanalyse*, Herbst 1979, Nr. 20, »Regards sur la psychanalyse en France«, S. 59-75.

Arendt, H., *Über die Revolution*, München 1963.

Aronowitz, R. [1998], *Les maladies ont-elles un sens?*, Paris 1999.

Aubert, N. (Hg.), *L'Individu hypermoderne*, Toulouse 2004.

Auden, W. H. [1939], »In Memory of Sigmund Freud«, in: *Another Time*, London 1940, zitiert aus: ⟨www.poets.org/viewmedia.php/prmMID/15543⟩.

Audet, F., Caro, A., Marini, S., Marcuse-Daguillon, P., Serin, E., Vilanova, J.-P., »La plate-forme de développement individuel d'Issy-les-Moulineaux«, in: M. Joubert (Hg.), *Santé mentale, ville et violences. Questions vives sur la banlieue*, Ramonville-Sainte-Agne 2003, S. 295-312.

Baranes, J.-J., Rabain, J.-F., »Argument«, in: *Revue française de psychanalyse*, März-April 1990, Bd. 54, Nr. 2, »Les cas difficiles«, S. 307-308.

Barbier, J.-C., »La Précarité, une catégorie française à l'épreuve de la comparaison internationale«, in: *Revue française de sociologie*, April-Juni 2005, Bd. 46, Nr. 2, S. 351-371.

Barbier, J.-C., »Pour un bilan du workfare et de l'activation de la protection sociale«, ⟨www.laviedesidées.fr⟩, 4. November 2008.

Barbier, J.-C., Colomb, F., Madsen, P. K., *Flexicurity. An Open Method of Coordination at the National Level?*, Arbeitsunterlagen des Zentrums für Ökonomie der Sorbonne, Nr. 46, 2009.

Barthélémy, C., *L'Homme et la Folie*, Bericht für die Generalstände der Psychiatrie, Montpellier, ⟨www.eg-psychiatrie.com⟩, 6. Juni 2003.

Battan, J. F., »The ›New Narcissism‹ in 20th Century America: The Shadow and Substance of Social Change«, in: *Journal of Social History*, 1983, Bd. 17, Nr. 2, S. 199-220.

Baudelot, C., Gollac, M., *Travailler pour être heureux? Le bonheur et le travail en France*, Paris 2003.

Beaud, S., Pialoux, M., *Violences urbaines, violences sociales. Genèse des nouvelles classes dangereuses*, Paris 2003, Hachette, Reihe »Pluriels«, 2005.

Becker, J.-J., Bernsein, S., *Victoires et frustrations, 1914-1929. Nouvelle histoire de la France contemporaine*, Paris 1990, Bd. 12.

Bell, D., *Die kulturellen Widersprüche des Kapitalismus*, übers. v. I. Presser, Frankfurt/M. 1991 (Originalausgabe 1976).

Bellah, N. R., Madsen, R., Sullivan, W. M., Swindler, A., Tipton, S. M., *Habits of the Heart. Individualism and Commitment in American Life*, Berkeley u. Los Angeles 1985; dt.: *Gewohnheiten des Herzens*, übers. v. I. Peikert, Köln 1987.

Bellah, N. R., Madsen, R., Sullivan, W. M., Swindler, A., Tipton, S. M., *The Good Society*, New York 1991.

Bellow, S. [1944], *Dangling Man*, Penguin Books 1996; dt.: *Der Mann in der Schwebe*, übers. v. W. Hasenclever, Köln 1996.

Bellow, S. [1975], *Humbolt's Gift*, Penguin Books 1996; dt.: *Humboldts Vermächtnis*, übers. v. W. Hasenclever, Köln 1980.

Bellow, S. [1983], »Chicago: The City That Was, the City That Is«, in: *It All Adds Up*, Penguin Books 2007, S. 240-245; dt.: *Wie es war, wie es ist: von der dunklen Vergangenheit in die ungewisse Zukunft*, übers. v. H. Pfetsch, Köln 1995, S. 227-237.

Benveniste, E. [1958], »De la subjectivité dans le langage«, in: *Problèmes de linguistique générale*, Paris 1966, Bd. 1, S. 252-266; dt.: »Über die Subjektivität in der Sprache«, in: *Probleme der allgemeinen Sprachwissenschaft*, übers. v. W. Bolle, Frankfurt/M. 1977, S. 287-297.

Bercovitch, S., *The Puritan Origins of the American Self*, New Haven u. London 1975.

Bercovitch, S., *The American Jeremiad*, Madison 1978.

Bergeret, J., »Limites des états analysables«, in: *Nouvelle revue de psych-analyse*, Herbst 1974, Nr. 10, »Aux limites de l'analysable«, S. 107-122.

Bergeret, J., *La Dépression et les États-Limites*, Paris 1975.

Bergman, M. S. [1999], »La Dynamique de l'histoire de la psychanalyse: Anna Freud, Leo Rangell et André Green«, in: G. Kohon (Hg.), *Essais sur »La Mère morte« et l'œuvre d'André Green*, Paris 2009, S. 273-281.

Bétourné, F., *Lacan-L'index. Les complexes familiaux. 1938*, Paris 2002.

Billiard, I., *Santé mentale et travail. L'émergence de la psychopathologie du travail*, Paris 2001.

Bishop, B., *The Big Sort. Why the Clustering of Like-Minded America Is Tearing Us Apart*, Boston u. New York 2008.

Blum, H. P. (Hg.), *Dix ans de psychanalyse en Amérique. Anthologie du »Journal of the American Psychoanalytic Association«*, Paris 1981.

Body-Gendrot, S., »Une Vie privée française sur le modèle américain«, in: P. Ariès, G. Duby (Hg.), *Histoire de la vie privée*, Paris 1987, Bd. 5, S. 529-579.

Boissinot-Torres, D., »La Santé mentale en population générale. Une ex-périence dans les quartiers nord de Marseille«, in: M. Joubert (Hg.), *Santé mentale, ville et violences. Questions vives sur la banlieue*, Ra-monville-Sainte-Agne 2003.

Boisson, M., Collombet, C., Darmon, J., Delaveau, B., Tournadre, J., Verrier, B., *La Mesure du déclassement*, Arbeitsunterlage des Rats für strategische Analyse, Juli 2009.

Boissonnat, J. (Kommissionsbericht unter der Präsidentschaft von), *Le Travail dans vingt ans*, Paris 1995.

Boltanski, L., Chiapello, E., *Le Nouvel Esprit du capitalisme*, Paris 1999.

Bourdieu, P. (Hg.), *La Misère du monde*, Paris 1993; dt.: *Das Elend der Welt*, Konstanz 1997.

Bres, Y., *Freud et la psychanalyse américaine: Karen Horney*, Paris 1970.

Brun, C., *Risques psychosociaux. Guide pour une démarche de préventi-on pluridisciplinaire*, ARACT Aquitaine, Oktober 2005.

Brunei, V., *Les Managers de l'âme. Le développement personnel en entre-prise, nouvelle pratique de pouvoir?*, Paris 2004.

Cavell, S. [1979], *Der Anspruch der Vernunft: Wittgenstein, Skeptizis-mus, Moral und Tragödie*, übers. v. Ch. Goldmann, Frankfurt/M. 2006.

Cavell, S., »Being Odd, Getting Even«, in: *In Quest of the Ordinary, Li-nes of Skepticism and Romanticism*, Chicago u. London 1988, S. 105-149.

Cavell, S., »La Passion«, in: *Quelle philosophie pour le xxᵉ siècle?*, Paris 2001, S. 333-386.

Chambon, O., Marie-Cardine, M., *La Réadaptation sociale des psychotiques chroniques. Approche cognitivo-comportementaliste*, Paris 1992.

Champion, F., *Les Laïcités européennes au miroir du cas britannique, xvᵉ-xxᵉ siècle*, Rennes 2007.

Chapireau, F., »Trajectoires des personnes hospitalisées durablement en psychiatrie«, in: *L'Information psychiatrique*, Dezember 2004, Bd. 80, Nr. 10, S. 793-798.

Charbonneau, M.-A., *Science et métaphore. Enquête philosophique sur la pensée du premier Lacan (1926-1953)*, Québec 1997.

Chatzis, K., Conink, F. de, Zarifian, P., »L'Accord A. Cap 2000: la ›logique de la compétence‹ à l'épreuve des faits«, in: *Travail et emploi*, 1995, Nr. 64, S. 35-47.

Clavreul, J., *Le Désir et la Loi. Approches psychanalytiques*, Paris 1987.

Clecak, P., *America's Quest for the Ideal Self. Dissent and Fulfillment in the 60s and 70s*, Oxford u. New York 1983.

Cléry-Melin, P., Kovess, V., Pascal, J.-C., *Plan d'action pour le développement de la psychiatrie et la promotion de la santé mentale*, Ministère de la santé, de la famille et des personnes handicapées, 15. September 2003.

Cohen, R., »The Public Imperative«, in: *The New York Times*, 4. Oktober 2009.

Cohidon, C., »Prévalence des troubles de santé mentale et conséquences sur l'activité professionnelle en France dans l'enquête ›Santé mentale en population générale: image et réalité‹«, Reihe Santé travail, August 2007.

Coldefy, M., »Les Secteurs de psychiatrie générale en 2000«, in: *Études*, DREES, März 2004, Nr. 42.

Conseil économique et social (CES), *Mutations de la société et travail social*, Journaux officiels 2000.

Conseil supérieur du travail social (CSTS) [1996], *L'Intervention sociale d'aide à la personne*, Rennes 1998.

Coppet, D. de, »De l'Action rituelle à l'image. Représentations comparées«, in: *Philosophie et anthropologie*, Paris 1992, S. 115-129.

Cousin, O., »Les Ambivalences du travail. Les salariés peu qualifiés dans les centres d'appel«, in: *Sociologie du travail*, 2002, 44, S. 459-520.

Cramer, B., Flournoy, O., »Panel on ›The Changing Expectations of Patients and Psychoanalysts Today‹«, in: *The International Journal of Psychoanalysis*, 1976, Nr. 57, S. 419-427.

Crozier, M., *Le Mal américain*, Paris 1980.

Crozier, M., »La Crise des régulations traditionnelles«, in: H. Mendras (Hg.), *La Sagesse et le Désordre. France 1980*, Paris 1980, S. 371-387.

Cushman, P., *Constructing the Self, Constructing America. A Cultural History of America*, Boston 1995.

Daco, P., *Les Prodigieuses Victoires de la psychanalyse*, Paris 1973.

Daco, P., *Les Triomphes de la psychanalyse*, Paris 1977.

Darmon, J., *Questions sociales: analyses anglo-saxonnes. Socialement incorrect?*, Paris 2009.

Davezies, P., »Souffrance au travail: le risque organisationnel«, Kongreß-bericht der Tagung des CISME, Februar 2004, ⟨www.philippe.dave-zies.free.fr⟩.

Davezies, P., »Activité, subjectivité, santé«, in: L. Théry, *Le Travail intenable*, Paris 2006, S. 138-170.

Davoine, L., Méda, D., »Place et sens du travail en Europe: une singularité française?«, *Documents de travail*, Centre d'étude de l'emploi (CEE), Februar 2008, Nr. 96-1.

Dayan, M., »D'un ci-devant Sujet«, in: *Nouvelle revue de psychanalyse*, Herbst 1979, Nr. 20, »Regards sur la psychanalyse en France«, S. 77-101.

Debout, M., »Le harcèlement moral au travail«, Mitteilung des Conseil économique et social (CES), 11. April 2001.

Dejours, C, *Souffrances en France. La banalisation de l'injustice sociale*, Paris 1998.

Dejours, C., Bègue, F., *Suicide et travail: que faire?*, Paris 2009.

Delrieu, A., *Sigmund Freud. Index thématique*, Paris 1997.

Demoulin, C., »L'Amour dans le discours du capitaliste«, in: J.-P. Lebrun (Hg.), *Les Désarrois nouveaux du sujet*, Toulouse 2001, S. 245-253.

Descombes, V., *Proust. Philosophie du roman*, Paris 1987.

Descombes, V., *Philosophie par gros temps*, Paris 1989.

Descombes, V., *Les Institutions du sens*, Paris 1996.

Descombes, V., *Le Complément de sujet. Enquête sur le fait d'agir de soi-même*, Paris 2004.

Didion, J., *L'Amérique. Chroniques*, Vorwort von P.-Y. Pétillon, Paris 2008.

Direction générale de la santé, Direction de l'action sociale, *Souffrances ou troubles psychiques: rôle et place du travailleur social*, 2005.

Direction générale de l'action sociale et Conseil supérieur du travail social, *Le Travail social confronté aux nouveaux visages de la pauvreté et de l'exclusion*, Rennes 2007.

Direction générale de l'action sociale et Conseil supérieur du travail social, *Décloisonnement et articulation du sanitaire et du social*, Rennes 2007.

Donnet, J.-L., »Le Centre de consultations et de traitements psychanalytiques Jean-Favreau« (Gespräch mit N. Gougoulis), in: *Revue française de psychanalyse*, Oktober 2006, Bd. 70, S. 1015-1041.

Donzelot, J., *L'Invention du social*, Paris 1984.

Donzelot, J., Roman, J., »Où va le travail social?«, in: *Esprit*, März-April 1998.

Donzelot, J., Mévele, C., Wivekens, A., *Faire société. La politique de la ville aux États-Unis et en France*, Paris 2003.

Donzelot, J., »Refonder la cohésion sociale«, in: *Esprit*, Dezember 2006, S. 5-23.

Doubrovski, S., »Vingt propositions sur l'amour-propre: de Lacan à La Rochefoucauld«, in: *Confrontations*, Frühjahr 1980, Nr. 3, S. 51-67.

Dubief, H., *Le Déclin de la IIIe République, 1929-1938. Nouvelle histoire de la France contemporaine*, Paris 1976, Bd. 13.

Du Bois, C., »The Dominant Value Profile of American Culture«, in: *American Anthropologist*, Dezember 1955, Bd. 57, Nr. 6, S. 1232-1239.

Dufour, R.-D., *L'Art de réduire les têtes. Sur la nouvelle servitude de l'homme libéré à l'âge du capitalisme total*, Paris 2003.

Dujarrier, M.-A., *L'Idéal au travail*, Paris 2006.

Dumont, L., *Homo hierarchicus. Le système des castes et ses implications*, Paris, 1966; dt.: *Gesellschaft in Indien: die Soziologie des Kastenwesens*, übers. v. M. Venjakob, Wien 1976.

Dumont, L., *Essais sur l'individualisme. Une perspective anthropologique sur l'idéologie moderne*, Paris 1983; dt.: *Individualismus: Zur Ideologie der Moderne*, übers. v. U. Pfau und A. Russer, Frankfurt/M. 1991.

Dumont, L., *L'Idéologie allemande. France-Allemagne et retour*, Paris 1993.

Dumortier, L., »Réflexions d'un médecin du travail«, in: *Projet*, Februar 1970, Nr. 42, S. 181-194.

Durkheim, É. [1894], *Les Règles de la méthode sociologique*, Paris 1973; dt.: *Die Regeln der soziologischen Methode*, hg., eingel. u. übers. v. René König, Frankfurt/M. 1984.

Durkheim, É., *Sociologie et philosophie*, hg. v. B. Karsenti, Vorwort v. C. Bouglé, Paris 1994; dt.: *Soziologie und Philosophie*, übers. v. E. Moldenhauer, Frankfurt/M. 1976.

Durkheim, É., »L'Individualisme et les intellectuels«, in: *Revue bleue*, 1898, 4. Folge, Bd. 10, S. 7-13.

Durkheim, É. [1899], »Une Révision de l'idée socialiste«, in: *Textes*, Bd. 3: *Fonctions sociales et institutions*, Paris 1975, S. 163-172.

Durkheim, É., *Leçons de sociologie*, Paris 1950; dt.: *Physik der Sitten und des Rechts*, übers. v. M. Bischoff, hg. v. H.-P. Müller, Frankfurt/M. 1991.

Eagle, M. N., Wolitski, D. L., »Psychoanalytic Theories of Psychotherapy«, in: K. Freedham (Hg.), *History of Psychotherapy. A Century of Change*, Washington DC, American Psychological Association 2003, S. 109-158.

Ehrenberg, A., *Le Culte de la performance*, Paris 1991; Hachette, Reihe »Pluriel«, 1996.

Ehrenberg, A., *L'Individu incertain*, Paris 1995; Hachette, Reihe »Pluriel«, 1996.

Ehrenberg, A., *La Fatigue d'être soi. Dépression et société*, Paris 1998; »Poches Odile Jacob«, 2000; dt.: *Das erschöpfte Selbst*, übers. v. M. Lenzen u. M. Klaus, Frankfurt/M. 2008.

Ehrenreich, B., *Bright-Sided. How the Relentless Promotion of Positive Thinking Has Undermined America*, New York 2009.

Eisenstein, V. N., »Psychothérapie différentielle des états limites«, in: *The Psychiatric Quarterly*, 1951, Bd. 25, Nr. 3, wiederabgedruckt in: G. Bychowski, J.-L. Despert, *Techniques spécialisées de la psychothérapie*, Paris 1958, S. 255-270.

Eissler, K., »The Chicago Institute of Psychoanalysis and the Sixth Period of Development of Psychoanalytic Technique«, in: *The Journal of General Psychology*, 1950, Nr. 42, S. 103-157.

El Ghozi, L., »La Santé mentale dans la cité«, in: M. Joubert, *Santé mentale, ville et violences. Questions vives sur la banlieue*, Ramonville-Sainte-Agne 2003, S. 253-263.

El Ghozi, L., »Santé mentale: la part des villes«, in: J. Furtos, C. Laval, *La Santé mentale en actes. De la clinique au politique*, Ramonville-Sainte-Agne 2005, S. 275-293.

Elias, N. [1970], *Was ist Soziologie?*, München 1971.

Elias, N. [1939], *Die Gesellschaft der Individuen*, hg. v. M. Schröter, Frankfurt/M. 1987.

Esping-Andersen, G., »Quel État-providence pour le xxᵉ siècle? Convergences et divergences des pays européens«, in: *Esprit*, Februar 2001, S. 122-150.

Esping-Andersen, G. (in Zusammenarbeit mit D. Gallie, A. Hemerijck und J. Myles), *Why We Need a New Welfare State*, Oxford u. New York 2001.

Esping-Andersen, G., »Towards the Good Society, Once Again«, in: G. Esping-Andersen (in Zusammenarbeit mit D. Gallie, A. Hemerijck und J. Myles), *Why We Need a New Welfare State*, Oxford u. New York 2001, S. 1-25.

Fauconnet, P., Mauss, M. [1901], »Sociologie«, in: M. Mauss, *Œuvres*, hg. v. V. Karady, Paris 1969, Bd. III, S. 139-177.

Febvin, M., »Renouer avec la parole«, in: J.-P. Lebrun (Hg.), *Les Désarrois nouveaux du sujet*, Toulouse 2001, S. 141-151.

Fédida, P., »À propos du ›retour à Freud‹«, in: *Nouvelle revue de psychanalyse*, Herbst 1979, Nr. 20, »Regards sur la psychanalyse en France«, S. 103-118.

Fenichel, O. [1945], *La Théorie psychanalytique des névroses*, Vorwort v. M. Fain, Paris 1979.

Ferenczi, S. [1922], »Considérations sociales dans certaines névroses«, in: *Psychanalyse*, Paris 1974, Bd. 3 (1919-1926), S. 188-192.

Ferenczi, S. [1928], »Die psychoanalytische Therapie des Charakters«, in: *Bausteine zur Psychoanalyse*, Bd. 3, Bern 1964, S. 432-445.

Ferreras, I., »Une nouvelle critique du travail contemporain. Les caissières de supermarché et la question démocratique«, in: *Contretemps*, April 2009, ⟨www.contretemps/eu/print/364⟩.

Ferreras, I., »De la dimension collective de la liberté individuelle. L'exemple des salariés à l'heure de l'économie de service«, in: J. de Munck, B. Zimmerman (Hg.), *La Liberté au prisme des capacités. Amartya Sen au-delà du libéralisme*, Paris, Éditions de l'EHESS, »Raisons pratiques«, Nr. 18, 2008, S. 281-296.

Floersch, J., *Meds, Money and Manners. The Case Management of Severe Mental Illness*, New York 2002.

Forrester, J., *Dispatches from the Freud Wars. Psychoanalysis and its Passions*, Cambridge (Mass.) u. London 1997.

Freud, S. [1904], »Die Freudsche psychoanalytische Methode«, in: *Studienausgabe: Schriften zur Behandlungstechnik*, Frankfurt/M. 1975, S. 99-106.

Freud, S. [1908], »Die ›kulturelle‹ Sexualmoral und die moderne Nervosität«, in: *Kulturtheoretische Schriften*, Frankfurt/M. 1986, S. 9-32.

Freud, S. [1913], »Die Disposition zur Zwangsneurose«, in: *Zwang, Paranoia und Perversion*, Studienausgabe, Bd. VII, Frankfurt/M. 1989, S. 105-117.

Freud, S. [1913], »Das Interesse an der Psychoanalyse«, in: *Gesammelte Werke*, Bd. VIII, 4. Aufl., Frankfurt/M. 1964, S. 389-420.

Freud, S. [1914], »Zur Einführung des Narzißmus«, in: *Psychologie des Unbewußten*, Studienausgabe, Bd. III, Frankfurt/M. 1975, S. 37-68.

Freud, S. [1929], »Das Unbehagen in der Kultur«, in: *Kulturtheoretische Schriften*, Frankfurt/M. 1986, S. 191-270.

Freud, S. [1923], »Das Ich und das Es«, in: *Psychologie des Unbewußten*, Studienausgabe, Bd. III, Frankfurt/M. 1975, S. 273-330.

Freud, S. [1924], »Das ökonomische Problem des Masochismus«, in: *Psychologie des Unbewußten*, Studienausgabe, Bd. III, Frankfurt/M. 1975, S. 339-354.

Freud, S. [1921], »Massenpsychologie und Ich-Analyse«, in: *Kulturtheoretische Schriften*, Frankfurt/M. 1986, S. 61-134.

Freud, S. [1915-17], *Vorlesungen zur Einführung in die Psychoanalyse*, Studienausgabe, Bd. I, Frankfurt/M. 1989.

Freud, S., Breuer, J. [1894], *Studien über Hysterie*, Frankfurt/M. 1979.

Friedmann, G., *Où va le travail humain?*, Paris 1963; dt.: *Zukunft der Arbeit*, übers. v. B. Lutz, Köln 1953.

Froté, P., *Cent ans après*, Paris 1998.

Fromm, E. [1932], »Die psychoanalytische Charakterologie und ihre Bedeutung für die Sozialpsychologie«, in: E. Fromm, *Gesamtaus-*

gabe: Analytische Sozialpsychologie, Bd. 1, Stuttgart 1980, S. 59-77.

Fromm, E. [1934], »Die sozialpsychologische Bedeutung der Mutterrechtstheorie«, in: E. Fromm, *Gesamtausgabe: Analytische Sozialpsychologie*, Bd. 1, Stuttgart 1980, S. 85-109.

Fromm, E., *Analytische Sozialpsychologie und Gesellschaftstheorie*, Frankfurt/M. 1970.

Furet, F., *Penser la Révolution française*, Paris 1978.

Furet, F., *Le Passé d'une illusion. Essais sur l'idée communiste au XXᵉ siècle*, Paris 1995.

Furet, F., Ozouf, M. (Hg.), *Dictionnaire critique de la Révolution française*, Paris 1988.

Furet, F., Ozouf M. (Hg.), *Le Siècle de l'avènement républicain*, Paris 1993.

Fullford, R., »David Riesman's *The Lonely Crowd*«, in: *The National Post*, 3. Juli 2002.

Furtos, J., Pommier, J.-B., Collin, V., *Réseaux et politique de santé mentale: mutualisation et spécificités des compétences*, ORSPERE – Service communal d'hygiène et de santé de Bourgoin-Jallieu, Oktober 2002.

Furtos, J., Laval, C. (Hg.), *La Santé mentale en actes. De la clinique au politique*, Ramonville-Sainte-Agne 2005.

Gallie, D., »The Quality of Working Life in Welfare Strategy«, in: G. Esping-Andersen (in Zusammenarbeit mit D. Gallie, A. Hemerijck und J. Myles), *Why We Need a New Welfare State*, Oxford u. New York 2001, S. 96-129.

Gauchet, M., *La Religion dans la démocratie. Parcours de la laïcité*, Paris 1998.

Gauchet, M., *La Démocratie contre elle-même*, Paris 2002.

Gauchet, M., »Conclusion: vers une mutation anthropologique? (Gespräch mit N. Aubert und C. Haroche)«, in: N. Aubert (Hg.), *L'Individu hypermoderne*, Toulouse 2004, S. 291-301.

Gaulejac, V. de, »Le Sujet manqué, l'individu face aux contradictions de l'hyper- modernité«, in: N. Aubert (Hg.), *L'Individu hypermoderne*, Toulouse 2004, S. 129-143.

Gaulejac, V. de, *La Société malade de la gestion. Idéologie gestionnaire, pouvoir managérial et harcèlement social*, Paris 2005.

Gautié, J., »Marchés du travail et protection sociale: quelles voies pour l'après-fordisme?«, in: *Esprit*, November 2003, S. 78-115.

Gazier, B., *Tous sublimes. Vers un nouveau plein-emploi*, Paris 2003.

Gerstle, G., »The Protean Character of American Liberalism«, in: *The American Historical Review*, Oktober 1994, Bd. 99, S. 1043-1073.

Giddens, A., *Die Konstitution der Gesellschaft*, 3. Aufl., Frankfurt/M. 1997.

Ginsbourger F., »Ressourcer la critique de l'organisation du travail. Que nous disent les suicides professionnels?«, in: *CFDT-Cadres*, November 2009, Nr. 437, S. 75-77.

Giraud-Baro, E., Leguay, D., »L'Avenir de l'interface médico-sociale en psychiatrie«, in: V. Kovess, A. Lopez, J.-C. Pénochet, M. Reynaud, *Psychiatrie années 2000. Organisations, évaluations, accréditation*, Paris 1999, S. 106-112.

Giraud-Baro, E., Vidon, G., Leguay, D., »Soigner, réhabiliter: pour une reformulation de l'offre de soins et de services«, in: *L'Information psychiatrique*, April 2006, Bd. 82, Nr. 4, S. 281-286.

Glück-Vanlaer, N., »Nouvelles modalités de la rencontre psychiatrique: à propos des nouvelles pratiques de secteur«, in: *L'Information psychiatrique*, Februar 2003, Bd. 79, Nr. 2, S. 143-146.

Green, A., *Narcissisme de vie, narcissisme de mort*, Paris 1983.

Green, A., »L'Exercice de la psychanalyse«, in: *Le Débat*, November 1984, Nr. 32, S. 126-133.

Green, A., *La Folie privée. Psychanalyse des cas-limites*, Paris 1990.

Green, A. W., »Sociological Analysis of Horney and Fromm«, in: *The American Journal of Sociology*, Mai 1946, Bd. 51, Nr. 6, S. 533-540.

Greenson, R. R., »On Screen Defense, Screen Hunger and Screen Identity«, in: *Journal of the American Psychoanalytic Association*, 1958, Nr. 6, S. 242-262.

Groethuysen, B. [1927], *Origines de l'esprit bourgeois en France*, Paris 1977.

Guignard, F., »Impasses et issues pour le concept de névrose aujourd'hui«, in: *Revue française de psychanalyse*, Oktober 2003, Bd. 67, Nr. 4, »Névroses«, S. 1159-1171.

Guillemin, J., »Sujet, vérité et séparation«, in: *Revue française de psychanalyse*, November-Dezember 1991, Bd. 55, Nr. 6, »Le sujet«, S. 1583-1590.

Hale, N., *The Rise and Crisis of Psychoanalysis in the United States. Freud and the Americans. 1917-1985*, Oxford u. New York 1995.

Hamby, A. L., »The Vital Center, the Fair Deal and the Quest for a Liberal Political Economy«, in: *The American Historical Review*, Juni 1972, Bd. 77, Nr. 3, S. 653-678.

Hartmann, H., »Comments on the Psychoanalytic Theory of the Ego«, *Psychoanalytic Study of the Child*, 1950, Bd. V, S. 74-96.

Hartmann, H. [1939], *Ich-Psychologie und Anpassungsproblem*, Stuttgart 1970.

Haut Comité à la santé publique, *La Souffrance psychique des adolescents et des jeunes adultes*, ENSP, Februar 2000.

Henderson Global Investor, *Less Stress, More Value*, Henderson's 2005 Survey of Leading UK Employers, 2005.

Hewitt, J. P., *Dilemmas of the American Self*, Philadelphia 1989.

Hewitt, J. P., *The Myth of Self-Esteem. Finding Happiness and Solving Problems in America*, Palgrave 1998.

Hirigoyen, M.-F., *Le Harcèlement moral. La violence perverse au quotidien*, Paris 1998.

Hirigoyen, M.-F., *Le Harcèlement moral dans la vie professionnelle*, Paris 2001.

Hoffmann, S., *Sur la France*, Paris 1976.

Hoggart, R. [1988], *33 Newport Street*, Paris 1991.

Honneth, A. [1994], »Pathologien des Sozialen«, in: A. Honneth (Hg.), *Pathologien des Sozialen*, Frankfurt/M. 1994, S. 9-69.

Honneth, A., »Organisierte Selbstverwirklichung. Paradoxien der Individualisierung«, in: A. Honneth (Hg.), *Befreiung aus der Mündigkeit. Paradoxien des gegenwärtigen Kapitalismus*, Frankfurt/M. 2002, S. 141-158.

Honneth, A., »Objektbeziehungstheorie und postmoderne Identität«, in: A. Honneth, *Unsichtbarkeit*, Frankfurt/M. 2003, S. 138-161.

Honneth, A. »Eine soziale Pathologie der Vernunft. Zur intellektuellen Erbschaft der kritischen Theorie«, in: Ch. Halbig, M. Quante (Hg.), *Axel Honneth: Sozialphilosophie zwischen Kritik und Anerkennung*, Münster 2004, S. 9-31.

Honneth, A., »Paradoxien des Kapitalismus. Ein Forschungsprogramm«, in: *Berliner Debatte Initial*, 2004, Nr. 15, S. 4-17.

Honneth, A., »Anerkennung als Ideologie«, in: *WestEnd*, 2004, Nr. 1, S. 51-70.

Honneth, A., Hartman M., »Paradox of Capitalism«, in: *Constellation*, 2006, Bd. 132, Nr. 1, S. 42-58; dt.: »Paradoxien des Kapitalismus«, in: *Beliner Debatte Initial*, 2004, Nr. 15, S. 4-17.

Horney, K. [1937], *Der neurotische Mensch unserer Zeit*, übers. v. G. Lederer-Eckhardt, Stuttgart 1951.

Horney, K., »What Is a Neurosis?«, in: *The American Journal of Sociology*, November 1939, Bd. 45, Nr. 3, S. 426-432.

Institut de veille sanitaire, *Santé mentale et travail*, 4. wissenschaftliche Tagung der Abteilung »Santé travail«, 26. März 2009, Zusammenfassung der Vorträge, ⟨www.invs.sante.fr⟩.

Institut national de recherche et de sécurité, *Absentéisme, usure, fatigue, turnover, mal-être. Et s'il y avait du stress dans votre entreprise?*, Oktober 2006, ⟨www.inrs.fr⟩.

Institut national de recherche et de sécurité, *Dépister les risques sociaux*, Dezember 2007, ⟨www.inrs.fr⟩.

Ion, J. et al., *Travail social et »souffrance psychique«*, Paris 2005.

Ion, J. (Hg.), *Le Travail social en débat*, Paris 2005.

Iribarne, P. d', *La Logique de l'honneur*, Paris 1993.

Jaeger, M., »L'Articulation du sanitaire et du médico-social«, in: R. Lepoutre, J. de Kervasdoué (Hg.), *La Santé mentale des Français*, Paris 2002, S. 339-351.

Jalley, E., *Freud, Wallon, Lacan. L'enfant au miroir*, Paris 1998.

Jaume, J., *Tocqueville. Les origines aristocratiques de la liberté*, Paris 2008.

Jeannot, G., Veltz, P. (Hg.), *Le Travail entre l'entreprise et la cité*, La Tour d'Aiguës 2001.

Jeannot, G., *Les Métiers flous. Travail et action publique*, Toulouse 2005.

Joubert, M., (Hg.), *Santé mentale, ville et violences. Questions vives sur la banlieue*, Ramonville-Sainte-Agne 2003.

Joubert, M., Bertolotto, F., »Politiques locales, actions de proximité et de prévention en santé mentale. Enjeux pour les politiques publiques«, in: M. Joubert (Hg.), *Santé mentale, ville et violences. Questions vives sur la banlieue*, Ramonville-Sainte-Agne 2003, S. 229-251.

Kahn, L., *Fictions et vérités freudiennes. Entretiens avec M. Enaudeau*, Paris 2004.

Kannas, S., »Des Enjeux considérables«, in: *Pluriel*, Oktober 1999, Nr. 19, ⟨www.mnasm.com⟩.

Kannas, S., »Crise de la société, crise de la psychiatrie«, in: *L'Information psychiatrique*, Februar 2003, Bd. 79, Nr. 2, S. 147-150.

Karasek, R. A., »Job Demands, Job Decision Latitude, and Mental Strain: Implications for Job Redesign«, in: *Administrative Science Quarterly*, 1979, Nr. 24, S. 285-308.

Katz, A. H., »Self-Help and Mutual Aid: An Emerging Social Movement?«, in: *Annual Review of Sociology*, 1981, Nr. 7, S. 29-55.

Kay, J., »Toward a Clinically More Useful Model for Diagnosing Narcissistic Personality Disorder«, in: *The American Journal of Psychiatry*, November 2008, Bd. 165, Nr. 11, S. 1379-1382.

Kernberg, O. [1970], »À propos du traitement des personnalités narcissiques«, in: H.-P. Blum (Hg.), *Dix ans de psychanalyse en Amérique. Anthologie du »Journal of the American Psychoanalytic Association«*, Paris 1981.

Kernberg, O., »Narcissisme normal et narcissisme pathologique«, in: *Nouvelle revue de psychanalyse*, Frühjahr 1976, Nr. 13, »Narcisses«, S. 181-204.

Kestemberg, E., Lebovici, S., »Réflexions sur le devenir de la psychanalyse«, in: *Revue française de psychanalyse,* Januar-April 1975, Bd. 39, Nr. 1-2, S. 27-57.

Kirshner, A., »Kohut et la science de l'empathie«, in: *Revue française de psychanalyse*, Juli 2004, Bd. 68, Nr. 3, »L'empathie«, S. 801-809.

Kloppenberg, J. T., »Who's Afraid of the Welfare State?«, in: *Reviews in American History*, Bd. 18, Nr. 3, September 1990, S. 395-405.

Kloppenberg, J. T., »In Retrospect: Louis Hartz's ›The Liberal Tradition in America‹«, in: *Reviews in American History*, September 2001, Bd. 29, Nr. 3, S. 460-478.

Kluckhohn, C., »Shifts in American Values«, in: *World Politics*, Januar 1959, Bd. 11, Nr. 2, S. 251-261.

Knight, R. P., »The Present Status of Organized Psychoanalysis in the United States«, in: *Journal of the American Psychoanalytic Association*, 1953, Nr. 1, S. 197-221.

Kohut, H. [1971], *Le Soi. La psychanalyse des transferts narcissiques*, Paris 1974.

Kollektiv, *Nous, travailleurs licenciés. Les Effets traumatisants d'un licenciement collectif*, Paris 1976.

Kovess, V., Lopez, A., Pénochet, J.-C., Reynaud, M., *Psychiatrie 2000. Organisations, évaluations, accréditation*, Paris 1999.

Kovess, V., Lesage, A., Boisguerin, B., Fournier, L., Lopez, A., Ouellet, A., *Planification et évaluation des besoins en santé mentale*, Paris 2001.

Krugman, P., »America's Health Care Truth«, in: *International Herald Tribune*, 1.-2. August 2009.

Krugman, P., »Missing Richard Nixon«, in: *The New York Times*, 30. August 2009.

Kurzweil, E., *The Freudians. A Comparative Perspective*, New Haven u. London 1989.

Lacan, J. [1938], »Les Complexes familiaux dans la formation de l'individu. Analyse d'une fonction psychologique«, in: *Autres écrits*, Paris 2001, S. 23-84.

Lacan, J. [1947], »La psychiatrie anglaise et la guerre«, in: *Autres écrits*, Paris 2001, S. 101-120.

Lacan, J. [1948], »L'Agressivité en psychanalyse«, in: *Écrits*, Bd. 1, Paris 1966, S. 100-123.

Lacan, J., Cénac, M. [1950], »Introduction théorique aux fonctions de la psychanalyse en criminologie«, in: *Écrits*, Bd. 1, Paris 1966, S. 124-149.

Lacan, J. [1953], »Fonction et champ de la parole et du langage en psychanalyse«, in: *Écrits*, Bd. 1, Paris 1966, S. 111-208; dt.: »Funktion und Feld des Sprechens und der Sprache in der Psychoanalyse«, in: *Schriften I*, übers. v. K. Laermann, Freiburg 1973, S. 71-169.

Lacan, J. [1955], »Variantes de la cure-type«, in: *Écrits*, Bd. 1, Paris 1966, S. 322-361.

Lacan, J. [1956], »La Chose freudienne«, in: *Écrits*, Bd. 1, Paris 1966, S. 398-433.

Lacan, J., *Le Moi dans la théorie de Freud et dans la technique de la psychanalyse*, Paris 1978, hg. v. J.-A. Miller; dt.: *Das Ich in der Theo-*

rie Freuds und in der Technik der Psychoanalyse, übers. v. H.-J. Metzger, Freiburg 1980.

Lacan, J., *L'Angoisse. Séminaire, Livre x*, Paris 2004; dt.: *Die Angst: Das Seminar von Jacques Lacan*, Bd. 10, übers. v. H.-D. Gondek, Wien u. Berlin 2010.

Lacan, J., *Le Mythe individuel du névrosé*, Paris, Seuil, 2007; dt.: *Der individuelle Mythos des Neurotikers oder Dichtung und Wahrheit in der Neurose*, übers. v. H.-D. Gondek, Wien 2008.

Lagache, D., *L'Unité de la psychologie*, 7. Aufl., Paris 2004.

Lallement, M., *Le Travail. Une sociologie contemporaine*, Paris 2007.

Lane, R. E., »Government and Self-Esteem«, in: *Political Theory*, Februar 1982, Bd. 10, Nr. 1, S. 5-31.

Laplanche, J., Pontalis, J.-B., *Vocabulaire de la psychanalyse*, Paris 1967.

Lasch, C. [1978], *Das Zeitalter des Narzißmus*, übers. v. G. Burmundt, München 1980.

Laval, C., »L'Extension de la clinique au sein du RMI«, in: J. Ion et al., *Travail social et »souffrance psychique«*, Paris 2005, S. 95-123.

Lazarus, A., Strohl, H., *Une Souffrance qu'on ne peut plus cacher*, DIRMI, DIV, 1995; Paris 2004.

Leach, W., *Lands of Desire. Merchant, Power, and the Rise of a New American Culture*, New York 1993.

Lears, T. J. Jackson, *No Place of Grace. Antimodernism and the Transformations of American Culture. 1880-1920*, New York 1981.

Le Bouffant, C., Peulet, J.-P., Thollet, G., *Le Guide de l'élu d'entreprise contre le harcèlement moral au travail*, Paris 2001.

Lebovici, S., »L'Identité du psychanalyste«, in: *Le Débat*, November 1984, Nr. 32, S. 180-189.

Lebrun, J.-P., *Un Monde sans limite. Essai pour une clinique psychanalytique du lien social*, Ramonville-Sainte-Agne 1997.

Lebrun, J.-P. (Hg.), *Les Désarrois nouveaux du sujet*, Toulouse 2001.

Lebrun, J.-P., »Malaise dans la subjectivation«, in: J.-P. Lebrun (Hg.), *Les Désarrois nouveaux du sujet*, Toulouse 2001, S. 13-101.

Lefort, C., *Essais sur le politique. xixe-xxe siècles*, Paris 1986.

Lefort, C., *Écrire. A l'épreuve du politique*, Paris 1992.

Le Gaufey, G., »Sur l'étal du vignétiste«, in: *Quid Pro Quo*, September 2006, Nr. 1, S. 15-21.

Légeron, P., *Le Stress au travail*, Paris 2001, »Poches Odile Jacob«, 2003.

Le Goff, J. P., »Que veut dire le harcèlement moral?«, in: *Le Débat*, Januar-Februar 2003, Nr. 123, S. 141-162.

Legendre, P., *L'inestimable Objet de la transmission. Étude sur le principe généalogique en Occident*, Paris 1985.

Lesourd, S., »Les Désarrimés de la loi«, in: J.-J. Rassial (Hg.), *Y a-t-il une psychopathologie des banlieues?*, Toulouse 1998, S. 33-41.

Lesourd, S. (Hg.), »Psychopathologie et psychanalyse du lien social«, in: *Cliniques méditerranéennes*, 2007, Nr. 1, Bd. 75.

Lesourd, S., »Argument«, in: *Cliniques méditerranéennes*, 2007, Nr. 1, Bd. 75, S. 11-12.

Lesourd, S., »La Mélancolisation du sujet postmoderne ou la disparition de l'Autre«, in: *Cliniques méditerranéennes*, 2007, Nr. 1, Bd. 75, S. 13-26.

Lewis, P., »Christopher Newman's Haircloth Shirt: Wordly asceticism, conversion, and Auto-Machia in *The American*«, in: *Studies in the Novel*, Herbst 2005, Bd. 3, S. 308-328.

Linhart, D., *Travailler sans les autres?*, Paris 2009.

Lipovetsky, G., *L'Ère du vide. Essais sur l'individualisme contemporain*, Paris 1983; dt.: *Narziß oder die Leere*, übers. v. M. Meßner, Frankfurt/M. 1991.

Lipset, S. M. [1963], *The First New Nation. The United States in Historical & Comparative Perspective,* New York u. London 1979.

Lipset, S. M., *American Exceptionalism. A Double-Edged Sword*, New York u. London 1996.

Lorenz, E., Valeyre, A., *Les Formes d'organisation du travail dans les pays de l'Union européenne*, Arbeitsunterlage des Centre d'études de l'emploi, Juni 2004, Nr. 32.

Lovell, A. M., Cohn, S., »The Elaboration of ›Choice‹ in a Program for Homeless Persons Labeled Psychiatrically Disabled«, in: *Human Organization*, 1998, Bd. 57, Nr. 1, S. 8-20.

Lunbeck, E., »Borderline Histories: Psychoanalysis Inside and Out«, in: *Science in Context*, 2006, Bd. 19, Nr. 1, S. 151-173.

Lutz, T., »Varieties of Medical Experience: Doctors and Patients, Psyche and Soma in America«, in: M. Gijswijt-Hofstra und R. Porter (Hg.), *Cultures of Neurasthenia. From Beard to the First World War*, Amsterdam u. New York 2001, S. 51-76.

Lynd, R., Lynd, M. R., *A Study in Modern American Culture*, San Diego, New York u. London 1929.

McGee, M., *Self-help, Inc. Makeover Culture in American Life*, Oxford u. New York 2005.

Mclntyre, A., *Der Verlust der Tugend*, Frankfurt/M. 1987 (Originalausgabe 1981).

McLaughlin, N., »How to Become a Forgotten Intellectual: Intellectual movements and the Rise and Fall of Eric Fromm«, in: *Sociological Forum*, Juni 1998, Bd. 13, Nr. 2, S. 215-246.

McLaughlin, N., »Origin Myths in the Social Sciences: Fromm, the Frankfurt School and the Emergence of Critical Theory«, in: *Canadian Journal of Sociology/Revue canadienne de sociologie*, Winter 1999, Bd. 24, Nr. 1, S. 109-139.

Major, R., »L'Inconscient, une décision politique«, in: *Confrontations*, »Les Machines analytiques«, Frühjahr 1980, S. 175-178.

Makari, G., *Revolution in Mind. The Creation of Psychoanalysis*, New York 2008.

Marcuse, H. [1964], *Der eindimensionale Mensch*, Neuwied 1967.

Martin, J.-P., »La Récusation de l'aide comme symptôme«, in: *Rhizomes*, September 2000, Nr. 2, S. 4.

Martin, J.-P., »La Santé mentale est-elle une alternative à la psychiatrie?«, in: M. Joubert (Hg.), *Santé mentale, ville et violences. Questions vives sur la banlieue*, Ramonville-Sainte-Agne 2003, S. 313-326.

Maisondieu, J., »De l'exclusion pathogène au syndrome d'exclusion«, in: *Rhizomes*, März 2001, Nr. 4, S. 14.

Maisondieu, J., »Citoyenneté et santé mentale«, in: M. Joubert (Hg.), *Santé mentale, ville et violences. Questions vives sur la banlieue*, Ramonville-Sainte-Agne 2003, S. 155-176.

Massé, G., »Pour une réhabilitation sociale à la française«, in: *L'Information psychiatrique*, April 2006, Bd. 62, Nr. 4, S. 481-493.

Maurin, E., *L'Égalité des possibles. La nouvelle société française*, Paris 2001.

Maurin, E., *La Peur de déclassement. Une sociologie des récessions*, Paris 2009.

Mauss, M. [1921], »L'Expression obligatoire des sentiments«, in: *Œuvres*, Bd. 3, Paris 1969, S. 269-278.

Mauss, M. [1924], »Rapports réels et pratiques de la psychologie et de la sociologie«, in: *Sociologie et anthropologie*, mit einer Einführung von C. Lévi-Strauss, 4. Aufl., Paris 1968, S. 285-308; dt.: »Wirkliche und praktische Beziehungen zwischen Soziologie und Psychologie«, in: *Soziologie und Anthropologie*, Bd. 2, übers. v. H. Ritter, Wiesbaden 2010, S. 145-173.

Mauss, M. [1929], »L'Âme, le nom, la personne«, in: *Œuvres*, Bd. 2, Paris 1968, S. 131-134.

Mayer, N., »L'Atelier et la boutique: deux filières de mobilité sociale«, in: S. Berstein, O. Rudelle, *Le Modèle républicain*, Paris 1992.

Mechanic, D., *Mental Health and Social Policy. The Emergence of Managed Care*, 4. Aufl., Boston u. London 1999; dt.: *Psychiatrische Versorgung und Sozialpolitik*, übers. v. S. Wiltschek u. J. Bergmann, München 1975.

Melman, C., *L'Homme sans gravité. Jouir à tout prix* (Gespräch mit J.-P. Lebrun), Paris 2002.

Mendras, H., *La Seconde Révolution française. 1965-1984*, Paris 1988.

Mercuel, A., »Équipes mobiles spécialisées en psychiatrie et précarité. Un bilan et ses perspectives«, in: *Pluriels*, Juni 2007, Nr. 67, S. 1-4.

Miller, J.-A., »Le Statut du psychanalyste«, in: *Le Débat*, 1984, Nr. 30, S. 186-188.

Miller, P. (Hg.), *The American Puritans. Their Prose and their Poetry*, New York 1956.

Modell, J., »The Inner American«, in: *The Journal of Social History*, Herbst 1983, Bd. 17, Nr. 1, S. 139-145.

Morel, S., *Les Logiques de la réciprocité. Les transformations de la relation d'assistance aux États-Unis et en France*, Paris 2000.

Morin, E., *Commune en France. La métamorphose de Plodémet*, Paris 1967.

Morin, E., *L'Esprit du temps*, Paris 1962.

Moscovici, S., *La Psychanalyse, son image et son public*, Paris 1961.

Musil, R. [1912], »Das Geistliche, der Modernismus und die Metaphysik«, in: *Prosa und Stücke, Kleine Prosa, Aphorismen, Autobiographisches, Essays und Reden, Kritik*, Hamburg 1978, S. 987-992.

Musil, R. [1922], »Das hilflose Europa oder Reise vom Hundertsten ins Tausendste«, in: *Prosa und Stücke, Kleine Prosa, Aphorismen, Autobiographisches, Essays und Reden, Kritik*, Hamburg 1978, S. 1075-1094.

Nacht, S., »Rôle du moi autonome dans l'épanouissement de l'être humain«, in: *Revue française de psychanalyse*, Mai-Juni 1967, Bd. 31, Nr. 3, S. 429-432.

Narot, J.-F., »La Thèse du narcissisme: de l'usage des concepts psychanalytiques dans le champ sociologique«, in: *Le Débat*, März-April 1990, Nr. 59, S. 73-192.

Neyraut, M., »Personne n'est personne«, in: *Nouvelle revue de psychanalyse*, Herbst 1979, Nr. 20, »Regards sur la psychanalyse en France«, S. 163-167.

Noiriel, G., *Les Ouvriers dans la société française. XIXe-XXe siècle*, Paris 1986.

Nora, P., »Aliénation«, in: *Le Débat*, Mai-August 1988, S. 174-178.

Ohayon, A., *Psychologie et psychanalyse en France. L'impossible rencontre (1919-1969)*, Paris 2006, mit einem neuen Nachwort des Autors.

Oppenheimer, A., *Kohut et la psychologie du self*, Paris 1996.

Ortigues, E., *Le Discours et le symbole*, Paris 1962.

Ortigues, E., *Le Monothéisme. La Bible et les philosophes*, Paris 1999.

Ozouf, M., »Égalité«, in: F. Furet, M. Ozouf (Hg.), *Dictionnaire critique de la Révolution française*, Paris 1988, S. 696-710.

Ozouf, M., »Liberté«, in: F. Furet, M. Ozouf (Hg.), *Dictionnaire critique de la Révolution française*, Paris 1988, S. 763-775.

Palaci, J., »Réflexions sur le transfert narcissique et la théorie du narcissisme de Heinz Kohut«, in: *Revue française de psychanalyse*, Januar-April 1975, Bd. 39, Nr. 1-2, S. 279-314.

Parker, J., »Degrees of Separation. A Survey of America«, in: *The Economist*, 16. Juli 2005, S. 1-14.

Passi, M., »La Souffrance psychique dans l'espace public: une question politique?«, in: J. Furtos, C. Laval (Hg.), *La Santé mentale en actes. De la clinique au politique*, Ramonville-Sainte-Agne 2005, S. 295-300.

Pegula, S. M., »An Analysis of Workplace Suicides, 1992-2001«, 28. Januar 2004, Bureau of Labor Statistics, ⟨www.bls.gov/opub/cwc/sh20040126aro1pl.htm⟩.

Peretti, J.-M. (Hg.), *Tous reconnus?*, Paris 2005.

Perm, C., »Speaking of Modernity. A Review Essay on Habits of the Heart and Other Recent Works on American Culture«, in: *Cultural Anthropology*, November 1986, Bd. 1, Nr. 4, S. 425-446.

Pétillon, P.-Y., *La Grand-Route. Espace et écriture en Amérique*, Paris 1979.

Pétillon, P.-Y., *L'Europe aux anciens parapets*, Paris 1986.

Pétillon, P.-Y., »Paysages mentaux de la drogue: voyages transatlantiques«, in: A. Ehrenberg (Hg.), *Individus sous influences. Drogues, alcools, médicaments psychotropes*, Paris 1991, S. 123-146.

Pétillon, P.-Y., *Histoire de la littérature américaine. Notre demi-siècle, 1939-1989*, Paris 1992.

Pézé, M., *Ils ne mouraient pas tous, mais tous étaient frappés. Journal de la consultation Souffrance et Travail 1997-2008*, Paris 2008.

Pias, R., »Aux origines des thérapies comportementales et cognitives: psychanalyse, béhaviorisme et scientisme aux États-Unis 1906-1970«, in: F. Champion (Hg.), *Psychothérapie et société*, Paris 2008, S. 143-166.

Pingaud, B., »Les Contrebandiers de l'écriture«, in: *Nouvelle revue de psychanalyse*, Herbst 1979, Nr. 20, »Regards sur la psychanalyse en France«, S. 141-162.

Piotet, F., »Nachwort« zu M. Buscatto, M. Loriol, J.-M. Weiler (Hg.), *Au-delà du stress. Une sociologie des agents publics au contact des usagers*, Toulouse 2008, S. 261-267.

Piver, K. S., »Philip Rieff: The Critic of Psychoanalysis as Cultural Theorist«, in: M. S. Micale, R. Porter (Hg.), *Discovering the History of Psychiatry*, Oxford u. New York 1994, S. 191-215.

Pontalis, J.-B., »Bornes ou confins?«, in: *Nouvelle revue de psychanalyse*, »Aux limites de l'analysable«, Herbst 1974, Nr. 10, S. 5-16.

Pontalis, J.-B., »Le Métier à tisser«, in: *Nouvelle revue de psychanalyse*, Herbst 1979, Nr. 20, »Regards sur la psychanalyse en France«, S. 5-12.

Pontalis, J.-B., »Non, deux fois non. Tentative de définition et de démantèlement de la ›réaction thérapeutique négative‹«, in: *Nouvelle revue de psychanalyse*, Herbst 1981, Nr. 24, »L'emprise«, S. 53-73.

Prost, A., »Frontières et espaces du privé«, in: P. Ariès, G. Duby (Hg.), *Histoire de la vie privée*, Paris 1987, Bd. 5, S. 13-153.

Putnam, R., *Bowling Alone. The Collapse and Revival of American Community*, New York u. a. 2000.

Quérouil, O., »Des Expériences encore partielles«, in: Pluriel, Nr. 21, »Exclusion: vers une clinique psychosociale?«, März 2000, ⟨www.mnasm.com⟩.

Quesemand Zucca, S., Je vous salis ma rue. Clinique de la désocialisation, Paris 2007.

Rabinbach, A., The Human Motor. Energy, Fatigue, and the Origins of Modernity, Berkeley u. Los Angeles 1990; dt.: Motor Mensch: Kraft, Ermüdung und die Ursprünge der Moderne, übers. v. E. M. Vogt, Wien 2001.

Rabow, J., »Psychoanalysis and sociology«, in: Annual Review of Sociology, 1983, Bd. 9, S. 555-578.

Rangell, L., »Panel Report. The Borderline Case«, in: Journal of the Psychoanalytic Association, 1955, Nr. 3, S. 285-298.

Rangell, L., »Prospect and Retrospect. An Interim Report by the President«, in: Journal of the American Psychoanalytic Association, 1962, Nr. 10, S. 227-257.

Rangell, L., »Psychanalyse et changement. Essai sur le passé, le présent et l'avenir«, Bericht auf dem 29. Internationalen Kongreß für Psychoanalyse, London, Juli 1975, in: Revue française de psychanalyse, Januar-April 1975, Bd. 39, Nr. 1-2, S. 315-337.

Rapp, D., »The Reception of Freud by the British Press: General Interest and Literary Magazines, 1920-1925«, in: Journal of the History of the Behavioral Sciences, April 1988, Bd. 24, Nr. 2, S. 191-201.

Rassial, J.-J., Le Sujet en état-limite, Paris 1999.

Rassial, J.-J., Y a-t-il une psychopathologie des banlieues?, Toulouse 1998.

Raynaud, P., »Révolution américaine«, in: F. Furet, M. Ozouf, Dictionnaire critique de la Révolution française, Paris 1988, S. 860-871.

Raynaud, P., »L'Idée républicaine et ›Le Fédéraliste‹«, in: F. Furet, M. Ozouf, Le Siècle de l'avènement républicain, Paris 1993, S. 57-79.

Rayou, P., »Derrière la demande de droits, il y a l'expression d'une souffrance«, in: Le Monde, 25.-26. November 2001, S. 10.

Ravon, B., »Vers une clinique du lien défait?«, in: J. Ion et al., Travail social et »souffrance psychique«, Paris 2005, S. 25-58.

Rebuffo, L. P., »Why There Is So Much Conservatism in the United States and Why Do So Few Historians Know About It«, in: The American Historical Review, April 1994, Bd. 99, Nr. 2, S. 438-449.

Renault, E., Le Passant ordinaire, Juni-Juli 2000, Nr. 29, ⟨www.passantordinaire.com/revue/29-148.asp⟩.

Reynaud, E., »Le Militantisme moral«, in: H. Mendras (Hg.), La Sagesse et le Désordre. France 1980, Paris 1980, S. 271-286.

Richard, F., Psychothérapies des dépressions narcissiques, Paris 1989.

Rieff, P., The Triumph of the Therapeutic. Uses of Faith After Freud, Chicago u. London 1966; 1987 mit einem neuen Vorwort.

Riffault, H., Tchernia, J.-F., »Les Européens et le travail: un rapport plus personnel«, in: *Futuribles*, Juli-August 2002, Nr. 277, S. 63-80.

Riesman, D. (in Zusammenarbeit mit R. Denney und N. Glazer) [1950], *Die einsame Masse*, übers v. R. Rausch, Vorwort v. H. Schelsky, Darmstadt 1956; frz.: *La foule solitaire*, Vorwort v. E. Morin, Paris 1964.

Roberts, B. W., Helson, R., »Change in Culture, Change in Personality: The Influence of Individualism in a Longitudinal Study of Women«, in: *Journal of Personality and Social Psychology*, 1997, Bd. 72, Nr. 3, S. 641-651.

Rosanvallon, P., *La Crise de l'État providence*, Paris 1981.

Rosanvallon, P., *L'État en France. De 1789 à nos jours*, Paris 1990.

Rosanvallon, P., *La Nouvelle Question sociale*, Paris 1995.

Rosanvallon, P., »La République du suffrage universel«, in: F. Furet, M. Ozouf (Hg.), *Le Siècle de l'avènement républicain*, Paris 1993, S. 371-390.

Rosanvallon, P., *La Démocratie inachevée. Histoire de la souveraineté du peuple en France*, Paris 2000.

Rosanvallon, P., *Le Modèle politique français. La société civile contre le jacobinisme de 1789 à nos jours*, Paris 2004.

Roudinesco, E., »M. Pichon devant la famille«, in: *Confrontations*, 1980, Nr. 3, S. 209-225.

Roudinesco, E., *La Bataille de cent ans. Histoire de la psychanalyse en France. 2. 1925-1985*, Paris 1986.

Roussillon, R., »Les Situations extrêmes et la clinique de la survivance psychique«, in: J. Furtos, C. Laval, *La Santé mentale en actes. De la clinique au politique*, Ramonville-Sainte-Agne 2005, S. 221-238.

Rubin, J. H., *Religious Melancholy and Protestant Experience in America*, New York u. Oxford 1994.

Salman, S., »Fortune d'une catégorie: la souffrance au travail chez les médecins du travail«, in: *Sociologie du travail*, 2008, Nr. 50, S. 31-47.

Sandler, J., Dreher, A. U., *Que veulent les psychanalystes? Le problème des buts de la thérapie analytique*, Paris 1991.

Sass, L., »The Borderline Personality«, in: *The New York Times Magazine*, 22. August 1982.

Schlesinger Jr., A. [1956], »Liberalism in America. A Note for Europeans«, in: *The Politics of Hope and The Bitter Heritage. American Liberalism in the 1960s*, Neuauflage Princeton 2008, S. 83-93.

Schnapper, D., »Rapport à l'emploi, protection sociale et statuts sociaux«, in: *Revue française de sociologie*, 1989, Bd. 30, Nr. 1, S. 3-29.

Schneider, M., *Big Mother. Psychopathologie de la vie politique*, Paris 2002.

Sennett, R. [1974], *Verfall und Ende des öffentlichen Lebens: die Tyrannei der Intimität*, übers. v. R. Kaiser, Frankfurt/M. 1983.

Shklar, J., »Thomas Jefferson et une république étendue«, in: F. Furet, M. Ozouf (Hg.), *Le Siècle de l'avènement républicain*, Paris 1993, S. 83.

Shklar, J., *La Citoyenneté américaine. La quête de l'intégration*, Paris 1991.

Siegel, F., »The Agony of Christopher Lasch«, in: *Reviews in American History*, September 1980, Bd. 8, Nr. 3, S. 285-295.

Siegrist, J., »Social Exchange and Health: Proposed Sociological Framework«, in: *Social Science and Medicine*, 2000, Nr. 51, S. 283-293.

Sirinelli, J.-F., »Des Boursiers conquérants? École et ›promotion républicaine‹ sous la IIIᵉ République«, in: S. Berstein, O. Rudelle, *Le Modèle républicain*, Paris 1992, S. 243-262.

Sivadon, P., Amiel, R., *Psychopathologie du travail*, Paris 1969.

Smith, M. B., »The Authoritarian Personality: A re-review«, in: *Political Psychology*, 1997, Bd. 18, Nr. 1, S. 159-160.

Spates, J. L., »The Sociology of Values«, in: *Annual Review of Sociology*, 1983, Bd. 9, S. 27-49.

Stein, M., »The Establishment of the Department of Psychiatry in the Mount Sinai Hospital: A Conflict Between Neurology and Psychiatry«, in: *Journal of the History of the Behavioral Sciences*, Sommer 2004, Bd. 40, Nr. 3.

Stoloff, J.-C., *Interpréter le narcissisme*, Paris 2000.

Smirnoff, V., »De Vienne à Paris«, in: *Nouvelle revue de psychanalyse*, Herbst 1979, Nr. 20, »Regards sur la psychanalyse en France«, S. 13-58.

Suleiman, E. N., *Les Élites en France. Grands corps et grandes écoles*, Paris 1978.

Sunstein, C. R., »The Enlarged Republic. Then and Now«, in: *The New York Review of Books*, 26. März 2009, S. 45-48.

Supiot, A. (Hg.), *Au-delà de l'emploi. Transformations du travail et devenir du droit du travail en Europe*, Paris 1999.

Taylor, C. [1989], *Les Sources du moi. La formation de l'identité moderne*, Paris 1998; dt.: *Quellen des Selbst: die Entstehung der neuzeitlichen Identität*, übers. v. J. Schulte, Frankfurt/M. 1996.

Tessier, H., *La Psychanalyse américaine*, Paris 2005.

Théry, I., *La Distinction de sexe. Pour une autre approche de l'égalité*, Paris 2007.

Tierney, J., »All You Need, France, Is Donald Trump«, in: *International Herald Tribune*, 29. März 2006.

Tocqueville, A. de [1835, 1840], *De la démocratie en Amérique*, Vorwort, Biographie und Bibliographie v. F. Furet, 2 Bde., Paris 1981; dt.: *Über die Demokratie in Amerika*, übers. v. H. Zbinden, 2 Bde., Zürich 1987.

Touraine, A., *La Société postindustrielle. Naissance d'une société*, Paris 1969; dt.: *Die postindustrielle Gesellschaft*, übers. v. E. Moldenhauer, Frankfurt/M. 1972.

Touraine, A., *Le Communisme utopique. Le mouvement de mai 1968*, Paris 1968.

Touraine, A., »Existe-t-il encore une société française?«, in: D. Schnapper, H. Mendras (Hg.), *Six manières d'être européen*, Paris 1990, S. 143-171.

Trom, D., »La Critique sociale vue de Paris et de Francfort«, in: *Esprit*, Juli 2008, S. 108-126.

Turkle, S. [1978], *La France freudienne*, Paris 1982.

Turner, R. H., »The Themes of Contemporary Social Movements«, in: *The British Journal of Sociology*, 1969, Bd. 20, Nr. 4, S. 390-405.

Turner, R. H., »The Real Self: From Institution to Impulse«, in: *The American Journal of Sociology*, März 1976, Bd. 81, Nr. 5, S. 989-1016.

Vasseur, C., *La Psychiatrie et la Relation soignante*, Juni 2003, ⟨www.eg-psychiatrie.com⟩.

Veil, C., »Hygiène mentale du travailleur«, in: *Projet*, Februar 1970, Nr. 42, S. 168-180.

Veltz, P., »Le Travail en réseau: tendances et tensions«, in: G. Jeannot, P. Veltz (Hg.), *Le travail, entre l'entreprise et la cité. Colloque de Cerisy*, La Tour d'Aiguës 2001, S. 287-300.

Veltz, P. [2000], *Le nouveau monde industriel*, durchgesehene und erweiterte Auflage, Paris 2008.

Verhaege, P., »Vers un nouvel œdipe: pères en fuite«, in: *Revue française de psychanalyse*, 2002, Bd. 68, Nr. 1, »Familles d'aujourd'hui«, S. 145-158.

Vérin, H., *Entrepreneurs, entreprises. Histoire d'une idée*, Paris 1982.

Veroff, E., Douvan, E., Kulka, R. A., »Social Class and the Use of Professional Help for Personal Problems: 1957 and 1976«, in: *Journal of Health and Social Behavior*, März 1979, Bd. 20, Nr. 1, S. 2-17.

Viderman, S., »La Machine déformatrice«, in: *Confrontations*, »Les Machines analytiques«, Frühjahr 1980, S. 23-39.

Wallerstein, R. S., »Psychoanalysis and Psychotherapy: A Historical Perspective«, in: *International Journal of Psychoanalysis*, Nr. 70, S. 563-559.

Wallerstein, R. S., »Psychoanalytic Perspectives on the Problem of Reality«, in: *Journal of the American Psychoanalytic Association*, 1973, Bd. 21, Nr. 1, wiederabgedruckt in: H. P. Blum (Hg.), *Dix ans de psychanalyse en Amérique. Anthologie du »Journal of the American Psychoanalytic Association«*, Paris 1981.

Warin, P., »La Subjectivité au cœur du changement du modèle de protection sociale«, in: F. Cantelli, J.-L. Genard, *Action publique et subjectivité*, Paris 2007, S. 65-76.

Weber, M., *Die protestantische Ethik und der Geist des Kapitalismus*, München 2004.

Widlöcher, D., »L'Hystérie dépossédée«, in: *Nouvelle revue de psychanalyse*, »L'Idée de guérison«, Frühjahr 1978, Nr. 17, S. 73-87.

Wightman Fox, R., Jackson Lears, T. J. (Hg.), *The Culture of Consumption. Critical Essays in American History. 1880-1930*, New York 1983.

Winch, P. [1958], *Die Idee der Sozialwissenschaft und ihr Verhältnis zur Philosophie*, Frankfurt/M. 1974.

Winch, P., »Understanding a Primitive Society«, in: *American Philosophical Quaterly*, Oktober 1964, Bd. 1, Nr. 4, S. 307-324; dt.: »Was heißt ›eine primitive Gesellschaft verstehen?‹«, in: R. Wiggershaus (Hg.), *Sprachanalyse und Soziologie*, Frankfurt/M. 1975, S. 59-102.

Winnicott, D., *Lettres vives,* übers. und mit Anmerkungen v. M. Gribinski, Paris 1989.

Winock, M., »L'Antiaméricanisme français«, in: *L'Histoire*, November 1982, S. 6-20.

Wittgenstein, L., »Bemerkungen über Frazers ›The Golden Bough‹«, in: R. Wiggershaus (Hg.), *Sprachanalyse und Soziologie*, Frankfurt/M. 1975, S. 37-57.

Wittgenstein, L. [1953], *Philosophische Untersuchungen*, Frankfurt/M. 1982.

Wittgenstein, L. [1958], *Das Blaue Buch*, Frankfurt/M. 1984.

Wrong, D., »›The Lonely Crowd‹ Revisited«, in: *Sociological Forum*, Juni 1992, Bd. 7, Nr. 2, S. 381-389.

Zafiropoulos, M., *Lacan et les sciences sociales*, Paris 2001.

Zaretsky, G. E. [2004], *Le Siècle de Freud. Une histoire sociale et culturelle de la psychanalyse*, Paris 2008.

Zarifian, P., *Le Modèle de la compétence. Trajectoires historiques, enjeux actuels et propositions*, Paris 2001.

Zempleni, A., »Entre ›sickness‹ et ›illness‹: de la socialisation à l'individualisation de la maladie«, in: *Social Science and Medicine*, 1988, Bd. 21, Nr. 11, S. 1171-1182.

Zimmerman, B., »Capacités et enquête sociologique«, in: J. de Munck, B. Zimmerman (Hg.), *La Liberté au prisme des capacités. Amartya Sen au-delà du libéralisme*, Paris 2008, S. 113-137.

Zimmerman, F., »The Love-Lorn Consumptive: South Asian Ethnography and The Psychosomatic Paradigm«, in: *Anthropology of Medicine*, 1991, Nr. 7, S. 185-195.

Zussman, R., »Still Lonely After All These Years?«, in: *Sociological Forum*, März 2001, Bd. 16, Nr. 1, S. 157-166.

Danksagung

Mein herzlichster Dank für ihre Lektüre und unsere Diskussionen geht an Pierre-Henri Castel, Jonathan Chalier, Françoise Champion, Jaques Donzelot und Jean-Luc Fidel. Ebenfalls möchte ich mich bei Cathy Dubois für ihre Kommentare zu den Kapiteln 7 und 8, bei Jacques André für seine Lektüre des Kapitels 4 und *last, but not least* bei Corinne Ehrenberg, meiner Partnerin, für die Gespräche bedanken, die die Ausarbeitung eines Buchs begleiten und die darüber hinaus das Leben selbst ausmachen.

Namenregister

Emerson, Ralph Waldo 47, 59, 61, 62, 64, 141, 187, 189, 193, 194
Erb, Wilhelm 315
Erikson, Erik 116, 145
Esping-Andersen, Gøsta 399, 401, 475, 477
Ey, Henri 246

Fabius, Laurent 303
Fauconnet, Paul 356, 466
Fenichel, Otto 109
Ferenczi, Sandor 104, 108, 109, 126, 211, 332
Ferreras, Isabelle 410
Fosdick, Harry Emerson 72
Foucault, Michel 478
Franklin, Benjamin 168
Freud, Anna 111, 112, 114, 119, 120, 127, 235
Freud, Sigmund 17, 31, 71, 73, 74, 75, 76, 77, 79, 88, 90, 95, 97, 98, 99, 100, 101, 102, 103, 104, 105, 107, 113, 115, 116, 119, 120, 121, 122, 126, 130, 136, 145, 152, 156, 182, 210, 211, 215, 216, 217, 219, 220, 223, 226, 230, 231, 232, 237, 238, 241, 243, 247, 248, 249, 253, 254, 255, 256, 261, 262, 313, 314, 315, 316, 317, 319, 334, 335, 336, 342, 343, 352, 390, 391, 392, 416, 442, 464, 465, 496, 497
Friedmann, Georges 369
Fromm, Erich 76, 77, 78, 79, 89, 91, 108, 115, 119, 130, 152, 161, 345
Fromm-Reichmann, Frida 108
Furet, François 270, 274, 278, 361, 397
Furtos, Jean 424, 430, 434, 441

Gauchet, Marcel 319, 338, 339, 340, 341, 342, 344, 345, 357, 358

Giddens, Anthony 27, 294
Gill, Merton 127
Gollac, Michel 373, 401
Goodwin, George 51
Graham, William Franklin »Billy« 151
Green, André 118, 210, 234, 235, 236, 237, 238, 239, 242, 251, 254, 260, 312, 320
Greenson, Ralph 115, 117
Grégoire, Ménie 249

Habermas, Jürgen 378, 388, 390
Hartmann, Heinz 116, 119, 120, 121, 122, 127, 131, 132, 134, 135, 136, 181, 209, 236, 264, 265
Haydn, Joseph 83
Hegel, Georg Wilhelm Friedrich 62, 254, 389
Hemingway, Ernest Miller 82
Hirigoyen, Marie-France 418
Hitler, Adolf 110
Hoffmann, Stanley 264, 278, 280, 284
Honneth, Axel 388, 389, 390, 391, 392, 394, 396
Horkheimer, Max 77, 390, 391
Horney, Karen 76, 77, 79, 80, 89, 106, 119
Hugo, Victor-Marie 249
Hyppolite, Jean 254

James, William 70
Janet, Pierre 73
Janov, Arthur 250
Jefferson, Thomas 56, 58, 64, 65, 168, 271
Jeliffe, Smith Ely 75
Jesus Christus 72
Johnson, Lyndon Baines 39, 143
Joubert, Michel 451, 463
Jung, Carl Gustav 75

Kahn, Laurence 332